동서양정치사상사 1

김영두 지음
지기영 고쳐씀

법영사

군 말

나는 원래 학부는 연세 대학교에서 행정학을 했는데 요즘 말로 '코드'가 맞지 않아 대학원을 고려대학교로 옮기면서 정치학을 전공했다. 그리고 지도교수인 김영두 교수님의 "동서 정치사상사"를 처음 만난 것은 대학원에 들어간 1966년이었다.

이 책에는 명사, 동사의 경계가 없고 곳곳에 몇 개의 의미구절이 한 문장에 엮이어 있어 읽기가 어렵고 막히면 몇 번이고 이리저리 마치 퀴즈를 풀듯이 읽어 나가야 하는데 읽는 이들은 그 맛과 멋에 빠지든가 아니면 포기하든가 둘 중에 하나를 하게 된다.

나는 몇 번이고 반추(反芻)해야 하는 게 재미도 있었지만 그 풀고 났을 때 분명하게 떠오르는 사상적 관점, 혜안(慧眼)이랄 수밖에 없는 어떤 경지(境地)와 그 도도한 격조(格調)에 쾌감을 느꼈던 것 같다. 흔히 만나던 진부하고 도식적인 문장들이 질퍽거리는 읽을거리들 사이에서 말이다.

그리고 그때 '이 다음 늙고 할 일 없으면 이 책이나 번역(?)해야겠다.'고 말했던 것은 분명하게 기억한다. 말이 씨가 된다고 그럴 수 있는 때가 왔고 그래서 이렇게 이 책을 세상에 내놓게 되었다.

나는 학자가 아니다. 꿈에도 그런 생각한 적도, 할 계제(階梯)도 없었지만, 사실 되고 싶지도 않았다. 사실 지금도 친구인 출판사 사장이 교정을 한 번 더 보라느니, 인덱스(Index)를 만들라느니 하지만 난 답답해서 그런 거 하고 싶지가 않다. 고(高)사장 보고 '책을 읽으려고 사냐? 트집 잡으려고 사냐? 그냥 놔 둬-'

이래가지고는 아예 학자하고는 거리가 멀다는 거 나도 잘 안다. 그러니까 이렇게 막일이나 하면서 살게 되는 거, 하다못해 우리 집 강아지 '짱아"까지도 날 우습게 보는 거, 다른 식구한테는 못해도 나한테는 물고 덤비고 멋대로 하니까, 다 아는데, 그런데 뭐?

선생님 책이 출판된 해가 단기 4292년이니 서기로는 1959년이다.

그러니까 집필 시간을 생각하면 6·25 전쟁이 끝난 지 얼마 않은 때니 무슨 변변한 참고 서적이 있었겠는가? 그런 상황에서 이런 글을 쓸 수 있었던 것은 선생님의 천재성(?)이라고 생각한다, 어느 일요일 "반야심경" 특강을 하셨는데, 벗겨진 이마를 손바닥으로 탁 처가시면서 색계(色界)와 공계(空界)가 그 경계를 허물며 자유롭게 어우러지는 황홀한 경지를 풀어 나가시던 모습이, 내용은 잊었지만 말씀에 푹 빠져 감탄하던 기억이 지금도 난다. 그때 느낀 게 이 분 천재아냐?이었다.

그러나 지금은 50년이 지났고 나는 훨씬 풍부한 자료를 접할 수 있으니, 책의 여기저기 뻥뻥 뚫린 자리들을 메우고 부족한 부분을 더하고 전체의 틀도 다시 바로 잡을 수밖에 없었다. 선생님은 전체를 11개 장(章)으로 구성해서, 그 중에 2개 장 만을 동양 정치사상으로 배정했는데, 지금 내가 고친 모양새로 바꾸는 데는 다만 장, 절(節)들을 조절했을 뿐 내용에서의 큰 변화는 없었다.

이 책을 고쳐 쓰면서 꼭 그렇게 마음먹은 것은 아니었지만 내 자신이 궁금한 것이나 좀 더 알고 싶은 것이 생각날 때 주석(註釋)을 달다 보니 제법 마음에 드는 내용이 된 것 같고, 더구나 교정본을 받아 보니 주석이 아래 깔려있어 본문에 생동감(生動感)을 주는 것 같아 기분이 좋았다.

사실 거의 모든 문장(文章)들을 고쳐 쓰면서 많은 부분에서 망설였는데, 그건 선생님 식으로 말하자면 글이 발딱발딱 서야 하는데 나는 그걸 다 눕히는 작업을 하다 보니 과연 내가 잘하고 있는 것인가 하는 의구심도 들곤 했다.

학자도 아니면서 책을 썼다는 데는 변명이 좀 필요한 것 같다.

선생님은 '정치학은 요컨대 가치 있게 잘 살아 함께 행복됨을 증진하여 보자는 학문'으로 '정치사상은 요컨대 사상가의 인격지위가 가장 핵심적인 본질을 구성하고 있는 방향에서 해석되어야 할 필요가 있다고 믿는다.'고 하셨다.

결국 사람들 살아가는 얘기고 사상가들을 잘 이해해야 된다는 말씀인데, 다른 것은 몰라도 거리를 두고 세상을 보는 일이라면 내가 좀 할 수 있는 게 아닌 가했다.

근 20년 전에 배낭 하나만 메고 인도를 반년 넘게 떠돌면서 손에는 '초발심자경문(初發心自警文)' 한 권, 마음에는 '하심(下心)' 하나 품고 다녔다. 깨달음 같은 건방진 생각해본 적 없고 오직 아상(我相)이 겨자씨만큼 작아지길 바랄 뿐이었다. 그리고 그 이후 2, 3년 간격으로 세 번 더, 한 삼 개월씩 티벳, 인도 등으로 나그네가 되어 아무 생각 없이 흰 구름 따라 흘러 다녔다. 이게 내가 인간들의 삶을 좀 띠어놓고 볼 수 있다는 변명이 될 수 있을까?

조금 덧붙이자면 사실 부끄럽게도 나는 책을 손에서 놓지를 못하고 살아 왔는데, 아마도 거기가 내 피난처였기 때문이지 딴 뜻은 없었다. 그래도 그게 이번에는 도움이 된 것 같았다.

이게 내 변명이다.

그럼 다른 얘기, 정치사상사 책들, 특히 동양정치사상사 부문은 극소수 번역본을 빼면 한국 학자들이 쓴 것들은 수(數)에서나 질(質)에서 너무 빈약하다고 느껴왔다.

그리고 이게 나를 어쭙지않은 일을 하게 만든 두 번째 동기이다.

선생님은 마키아벨리까지, 송(宋)나라 까지만 쓰셨다. 이제 그 후편을 내가 맡을 가해서 손을 대고 있다. 나를 말려 줄 만한 책들이 좀 나왔으면 하는 희망을 가져본다.

티벳 수미산에서 만난 K 대학 문예창작 대학원 최규익 교수, 충남대학교 정신과 박사인 의사 김민구, 그리고 막내들 염군과 재용이 내가 비록 너희들 협박(?)에 의해 하는 인사말이기는 하지만, 그래도 너희들은 15년을 만나오지만, 언제나 나를 세상살이에서 벗어나게 해주는 유쾌한 친구들이고, 내가 이 책을 쓸 수 있는 힘이 되어 준 것은 사실인 것 같다.

그리고 친구 이진현, 처음 책을 쓸 때 워드(Word)를 쳐보지도 않은 나를 위해 그 일을 맡아 이 일에 엄두를 낼 수 있었던 거, 내 아들 친구이고 내 친구이기도 한 이현종, 내 뜻을 어겨가며 이렇게 멋진 표지를 디자인 해준 거, 고맙다 들 …

김중위 형님, 백수 때나, 국회의원. 장관 때나 40년, 한결같은 우정에, 당연하지만 흔치도 않은, 그리고 추천사 써주신 거 감사합니다.

법영사 고준영 사장. 책 출판을 제의하자 읽어 보지도 않고 O.K. 50년 세월의 거리를 단 한 번에 날려버린 쾌속구(快速球), 고맙다. 그리고 빼놓을 수 없는 친구 치과의사 한남수. 이번 일 주선(周旋)한 것 뿐 아니라, 그래 늘 고마웠다.

가족들에게는, 미국에 계신 분들에게도 늘 미안하게 생각하고 살아왔다.

우리 아들 충근이 딸 연우, 그리고 와이프 이 책이 니들에게 조그만 위안이라도 되었으면, 나로서는 더 바랄 게 없겠다.

2011. 8. 1

저자 지기영

추천사(推薦辭)

김영두(金永斗)교수는 우리들의 은사다.

우리들이란 그의 "동서 정치사상사"를 고쳐 쓰고 다시 편집하여 출판하는 지기영(池棋永)형과 나를 두고 하는 얘기다. 지형과 필자는 대학원에서 만났다. 60년대 후반의 일이다. 지형이나 필자나 모두 대학을 졸업하고 군복무도 마친 다음 뒤늦게 대학원에 입학한 입장이었다. 당시 필자는 한국의 지성지라는 "사상계(思想界)"의 편집장을 맡아 일하고 있을 때였다.

김영두 교수가 가르치는 정치학설사는 전공이 아니더라도 반드시 들어야 할 필수과목이었기 때문에 우리는 열심히 강의를 들었다. 필자의 경우는 그의 강의를 학부시절부터 줄곧 들어온 터여서 다소 그의 강의에 익숙하였지만 지형은 꽤나 난해한 그의 강의를 처음 들으면서도 잘도 적응하였다.

그의 강의가 난해하다고한 이유는 그의 어법이 독특하고 문장이 난삽하였던 데에도 이유가 있지만 워낙 해박한 지식이 우리를 압도하였기 때문이다. 더구나 그분은 독실한 불교도로 그의 사상 밑바탕에는 언제나 불교 철학이 자리하여 일반 학설사 내용을 넘어 불교는 종교이자 정치원리로 중생이 바로 부처라는 불교의 원리야 말로 평등의 원리요, 민주주의 사상임을 말씀하셨다.

선생님은 폭군방벌(Monarchomachen) 사상에 대한 강의에서도 종교개혁에서 느닷없이 동양의 정치사상으로 날아오면 학생들은 정신을 차리지 못한다. 우리는 그로부터 자연법사상과 양검논(Two-Sword Theory)과 사회계약(Social Contract)을 배웠고 아리스토텔레스와 홉스, 로크와 루소와 밀과 밴담을 배웠다. 그러면서도 그는 치자(治者)와 피치자의 도덕적 윤리에 따른 도학정치를 강조한 동양의 정치이론이나 플라톤의 철인(哲人)군주 정치사상의 뿌리가 어찌 그리도 같은가를 역설하였다.

또한 민주주의 사상이 서양의 전유물로만 알고 있던 우리들에게 평등을 이상으로 삼고 발전되어 온 민주주의 사상이 서양보다 먼저 동양일 수밖에 없는 연유를 그는 누누이 실증적으로 증명해 주기도 하였다.

그의 강의를 이해하려면 우리는 많은 자료를 나누어 보아야 했고 이런 것이 필자와 지형을 가깝게 만드는 동기가 되었고 또 만나서 하는 대화가 선생님에 대한 얘기가 중심일 수밖에 없었다. 그리고 이런 대화의 교유(交遊)가 40년을 넘었다.

필자가 등한히 해 마지않던 정치사상을 그는 아직도 천착하면서 정치사상의 동서비교가 어느 누구로부터도 선생님의 저술을 능가하는 책이 보이지 않는데 자못 안타까워하고 있었다.

선생님의 저술은 벌써 반세기 전의 것이다. 선생님이 돌아가신 지도 근 30년이 가까워진다. 우리말에 동명사(動名詞)가 없는 것이 아쉽다고 하면서 스스로 "국가하고 자유한다"는 말을 만들어 쓰던 그의 글을 이해하고 번안하는 것이 결코 쉽지 않은 일이다.

필자의 "사상계"시절, 선생님의 살림에 보탬이라도 될까 싶어 원고를 청탁한 경우가 한번이 아니었다. 그럴 때마다 깜짝 놀랄 일은 그 문체의 고전성과 표현 언어의 적정성에 있었다. 분명히 편집자의 권한으로 손을 보고 싶은 생각이 간절했지만 막상 손을 대려고 하면 도저히 손을 댈 수 없는 적확성(的確性)을 발견하게 되는 것이다. 선생님의 글의 묘미가 바로 거기에 있었던 것이다. 그런 글을 하나하나 음미하면서 글의 맛과 빛깔에 영향을 주지 않으면서 고쳐 쓴다는 것은 여간 정성이 아니고서는 불가능한 일이다.

석사학위 논문으로 "자연법사상이 근대 민주주의에 미친 영향"을 써서 선생님으로부터 극찬을 받았던 지기영형이 이제 선생님에 대한 흠모와 정치사상사에 대한 천착으로 이러한 책을 출판하게 되니 새삼

감개무량하다. 젊은 날의 열정이 아직도 그의 가슴에 살아있음이요 선생님에 대한 존경과 우리들의 우정이 아직 식지 않고 있음이다.

진심으로 축하해 마지않는다. 시대를 괴로워 할 줄 아는 사람이면 누구나 한번쯤 읽고 나서 이 시대의 화두를 찾아봄직 하지 않을까 싶다.

고려대학교 정책대학원 초빙교수
명예 행정학 박사 김중위(金重緯)

차 례

제 1 장 서양 고대 정치사상

제 2 장　고대 동양 정치사상

제 3 장 서양 중세 정치사상

제 4 장 중세 동양 정치사상의 발전

제 1 장 | 서양 고대 정치사상

제 1 절 그리스 도시국가

1. 서 론[1)]

고대 그리스 도시국가(Polis)는 지중해를 중심으로 한 인간생활의 역사가 그리스 풍토라는 특수한 환경조건에 적응하여 나타난 것이다.

이 반도는 수많은 산맥과 계곡이 이 지역을 구획지어 가로막고 있으며, 또한 농업에 필요한 적당한 크기의 토지와 좋은 토질의 혜택도

---

1) 그리스인들의 조상으로 알려진 인도-유럽인들의 본거지는 중앙아시아와 터키의 아나톨리아로 알려졌다. 인도-유럽인들의 이동은 광범위하였다. 기원전 2000년경에 이들의 한 지류(支流)가 인도 대륙의 북부로 침입하여 인더스 문명의 주인공들인 드라비다족을 대륙의 남부로 몰아냈다. 그리고 같은 시기에 다른 한 지류가 유럽에 닿아 엄청난 파괴를 자행하였다. 그리스인들은 이 난폭한 침입자들의 후예인 것이다[고대 그리스의 역사. 토마스 마틴].
고대 그리스는 이집트와 동부지중해의 앗시리아, 바빌로니아로 이어지는 오래된 문명과 접촉하여 새로운 기술, 종교적 사상 그리고 예술에 대한 아이디어를 얻었다.
그리스인들이 형성하였던 미케네 문명은 크게는 에게 문명에 속한다. 에게 문명 초기에는 트로이에 이어 크레타 섬을 중심으로 하는 미노아 문명이 세력을 떨쳤으나 후반에는 펠레포네소스에 위치한 미케네 중심으로 한 미케네 문명이 그들을 계승하였다. 이들의 종교는 여신(女神)을 주로 하는 자연 숭배적인 것이었다.
한편 전설에 의하면 미케네는 트로이 원정의 총지휘관으로 출전한 아가멤논이 그의 아버지 아트레우스와 함께 지배하고 있었다고 한다. 기원전 1200년경에 절정기에 이른 이들은 B.C. 1100년경에 도리아인의 침입과 내분(內紛)으로 인하여 철저하게 파괴되어 그 후 약 이 삼백년간 암흑시대를 거치게 된다.
B.C. 850년경에 그리스어를 표기(表記)하기 위하여 페니키아로부터 알파벳을 차용(借用)하여 문자를 갖게 되었고, B.C. 750년경에 쓰여 진 호메로스의 『일리아드와 오디세이아』가 이 문자에 힘입은 것이다. 이러한 배경에서 그리스 도시국가들은 조직되어 설립하기 시작하였다. 그리고 이 시기의 서유럽은 야만 상태였다.

받지 못하였다. 그러나 대신 해언의 요철(凹凸)이 심하여 여러 곳에 쉽게 항만시설을 만들 수 있어 일찍부터 고대 동방 여러 나라의 문명과 접촉할 수 있는 위치에 없다.

그들은 일찍이 이집트, 바빌로니아의 문명을 비롯하여 앗시리아 제국의 흥망을 보았고 페니키아인의 해상무역에 자극을 받았다. 또한 페르시아제국이 팽창하여 이 세력이 유럽대륙을 향하였을 때, 그 관문(關門)으로서의 시련에 부닥치기도 했다.

한편 후일에 서양세계의 위대한 종교를 탄생시킨 팔레스타인에서는 오래 전부터 스스로를 이스라엘이라고 호칭하는 히브리인들이 독특한 생활사를 일구고 있었다.

기원전 20세기경 아브라함에게 인솔되어 팔레스타인으로 이주하였던 이들 셈족은 주위의 강대한 국가들의 박해를 받아 유랑하였으나 이들은 민족신을 신봉하는 정신이 철저하여 그들만의 독특한 역사를 지켜나가고 있었다.

이들은 기원전 8세기 전기에 이스라엘왕국이 멸망된 후에 소위 바빌론의 유수(幽囚)된 민족으로서의 아픈 역사를 경험하였으며 페르시아가 바빌로니아를 멸망시킴으로써 해방되어 고국으로 귀환한 것이 기원전 6세기 중엽이었다.[2)] 그리고 그리스세계는 다음세기에 바로 그 페르시아 세력과 충돌하여 정국(政局)이 일대 전기(轉機)를 겪게 되었다.

그리스세계는 이스라엘 민족사와는 별개의 생활권으로 종교, 정치, 문화적으로 전혀 다른 특징을 발전시켰다. 비교적 안정적 발전을 해오던 그리스의 도시국가[3)]들에게 가장 큰 충격은 메소포타미아 문명의

---

2) 헤브라이(Hebrai)인들은 B.C. 1400-1200경에 파레스타인(가나안)에 정주.
B.C. 1000년경 다비드(Devid)는 예루살렘에 도읍을 정하고 솔로몬(Solomon)대에 전성기를 이루었다. 그의 사후에 왕국은 북의 이스라엘과 남의 유다(Judah)왕국으로 분열되었다.
B.C. 722년에 앗시리아는 북부 왕국이었던 이스라엘을 침공하여 그들을 복속시켰다. 그 이후 바빌로니아는 B.C. 606년에 네브카드네자르왕이 앗시리아의 니베른을 함락시켜 멸망시켰고 B.C. 586년에는 예루살렘을 접수하고 유태인을 포로로 끌고 갔다. 그리고 B.C. 538년에 페르시아의 왕 카를로스가 바빌로니아를 격침시킴으로 유태인들은 예루살렘으로 귀환할 수 있었다.

후예인 페르시아제국의 침공을 받은 것이었다. 전체 그리스의 도시국가들은 스파르타와 아테네의 주도 아래 힘을 모아 페르시아의 제국주의 침략을 격퇴시켰다(BC490-479).

그러나 전쟁 이후 이 두 도시국가의 알력으로 펠레포네소스전쟁(BC432-404)을 치르게 된다.

그리스 도시국가들은 비록 페르시아와의 전쟁을 승리로 이끌었으나 그 여파로 치르게 되는 그리스세계의 내전인 펠레포네소스전쟁[4]으로 혼돈과 궤멸(潰滅)로 이어졌다.

그리스의 정치사상은 스파르타에의 승리와 아테네의 패배로 끝난 펠레포네소스전쟁 후에 이 두 도시국가의 정치체제와 경험을 비교 고찰하는 과정에서 성립한 것이다.

전반적으로 그리스 정치사상의 배경은 그리스가 지중해를 중심으로 하는 해상무역을 생활의 근거로 이룩한 도시국가로서의 역사를 발전시킨데 있다. 이는 농업을 기반으로 광대한 지역에 세운 동양의 전제(專制)국가와는 다를 수밖에 없는 정치사회적 관계를 형성하였던 것이다.[5]

---

3) 도시국가의 규모는 매우 작았다. 가장 크다고 알려진 아테네가 신전(神殿)을 중심으로 한 도시의 인구는 약 30만 정도였고 면적은 사방 40Km 내외였다. 경제의 근간은 농업과 해외 무역이었고 농업은 노예제도에 의존하였다. 이들은 일종의 신정(神政)국가로서 국가 공동체의 선(善)과 가치는 개인에 우선(優先)하는 것이었다. 이들에게 근대적 의미의 '개인'은 부차적(副次的)인 것이고 권리는 외부의 침해에 대응하는 법적 의미가 아니고 최고선의 실현체인 공동체에 참여할 수 있는 권리였다.
그리하여 자신의 삶의 완성은 도시국가의 생활을 통하여 충족되는 것이다.

4) 이 당시 그리스는 아테네를 중심으로 하는 델로스 동맹과 스파르타가 주도하는 펠로포네소스 동맹으로 양분되어 대립하고 있었다. B.C. 431-404년에 걸쳐 아테네와 스파르타가 각기 자기편 동맹시들을 거느리고 싸운 전쟁으로 스파르타의 승리로 끝났다. 이 전쟁은 아테네가 대표하는 민주정과 스파르타의 과두정간의 싸움이기도 하였다 각 도시국가에서 이 두 정체간의 싸움이 계속되었던 것이다.
전쟁의 원인은 델로스동맹을 지배하는 아테네가 횡포를 부려 제시(諸市)의 자치를 범(犯)하고 위협한 때문이었다. 직접적인 동기는 코르키라와 코린토스의 싸움에 아테네가 코르키라의 편을 들어 끼어든 데 있었다(B.C. 433). 아테네에 불만을 품고 있던 메가라와 코린토스가 펠로포네소스 동맹회의를 열고 아테네와의 전쟁을 결의, 스파르타를 부추겨 전쟁을 개시하였다. 패전한 아테네는 델로스동맹을 해산하고 과두정부를 만들었다. 이후로 아테네는 정치적 경제적 중심이 아니라 문화의 중심으로만 남게 되었다.

5) 중국의 황제(皇帝)와 그 신민(臣民)간의 관계는 메소포타미아의 황제나 이집트의 파

사실 그리스, 로마세계는 페니키아인이 지중해 각 지방을 중개 무역하며 번영하였던 뒤를 이어 흥융(興隆)하였다. 도시국가적 사회형태도 일찍이 페니키아인에 의하여 항만에 형성 되었었다. 이들의 식민지 건설은 지중해상의 크고 작은 섬들과 멀리 카르타고와 스페인의 남해안까지 이르렀다. 그러나 이들은 상업적 이윤 추구에만 관심을 가져 식민지 경영의 계획성도 없었고, 비록 소규모의 도시국가적 형태를 갖춘 조직이지만 그에 대한 통치능력도 없었다.

이에 비해 그리스인이 페니키아의 상권을 대체하고 발전시킨 도시국가들은 생활조직에 있어 고도의 합리성을 이루어 나갔다. 인도-게르만 종족으로 남하(南下)하여 그리스 원주민을 정복한 아케아인 중 일부인 이오니아인은 아테네와 소아시아 연안을 점거하고, 상업무역을 중심으로 한 도시국가에 민주형식을 일찍부터 성공적으로 정비하였다.

그리스의 문화와 정치사상상의 특질은 이러한 역사적 환경에서 실질적 효과를 얻게 된 것이다.

호오머(Homer)[6]에 의하면 그리스인도 초기에는 가부장적인 군왕을 가졌다고 한다. 그러나 아테네에서 그 시기는 간단히 지나갔고 귀족중심의 정치가 기원전 7세기 전에 이미 민주적 원리에 기초하여 성립하였다. 그리고 기원전 682년에는 귀족 전체에서 선임하는 9인의 집정관(Archon)의 임기도 1년으로 단축되었다.

집정관 중 한 사람이었던 솔론(Solon)[7]이 귀족에 항거하는 평민의 정치세력과 타협하여 비록 토지소유 정도에 따라 차별하는 제도이기

라오와 그 신민과의 관계와 주목할 만한 유사성을 보인다. 그런데 그리스인들은 이들과 본질적으로 구별되는 어떤 것을 지니고 있다(Sabine 정치사상사 p.41).

6) Homeros : B.C. 802(?)-750. 그리스의 시인. 유럽 문학의 최고 최대의 서사시인 『일리아드와 오디세이아』의 작자(作者)이다. 서아시아의 스미르나와 키오스 섬을 중심으로 활동. 이오스 섬에서 사망.

7) Solon : B.C. 640(?)-560(?). 아테네의 정치가, 시인. B.C 594년에 집정관 겸 조정자로 선정되어 국가의 전권(全權)을 위임받았다. 『솔론의 개혁』은 빈부의 극심한 차이로 인한 사회 불안의 요소를 제거하고 민주정을 확대하는데 주안점이 있었다. 시민을 토지재산의 크기에 따라 4등급으로 나누고 그에 따른 정치참여 권리를 제한하였다. 그러나 제4급의 노동자라도 민회(民會)에 참석하거나 재판에 호소할 수 있게 하였다.

는 하나 인민에게 참정권을 부여하게 된 것이 기원전 6세기 초이다. 아테네의 민주의식은 이 개혁으로 급속하게 자극되었다.

그리하여 정권 구성에서 제외되었던 상공업자중 부유층은 머지않아 정권을 폭력적으로 찬탈하는 데까지 이르렀다. 그렇게 성립된 정권인 페이시스트라토스(Peisistratos)[8]와 그의 아들 히피아스의 참주정치가 약 30년간 계속되었다. 그러나 아테네는 끝내 이 폭군들을 몰아낸 뒤에 크라이스테네스(cleissthenes)[9]에 의하여 민주개혁이 획기적으로 이루어졌다.

2. 정치 운영

그리스 도시국가들의 정치 운영을 이해하는 데는 아테네(Athene)[10]를 중심으로 살펴보는 것이 일반적인 접근 방법이다. 사실 그리스민족의 정치적 성격도 씨족 중심의 꾸준한 전통에서 유래한 것이다.

종교적 사법적으로 게노스(Genos)[11]는 강력히 통제되었고, 이를 구성한 가족은 몇 개의 씨족을 합하여 씨족모임인 부족(Phatria)에 흡수되고 더 나아가 민족(Pyle)을 형성하였던 것이다.

---

8) Peisistratos : B.C 600(?)-527. 아테네의 참주(僭主). 메가라와의 싸움(B.C 565년경)에서 명성을 날렸다. 트라키아에서 재산을 모아 용병을 거느리고 귀국하여 무력으로 참주정을 수립하였다. 그러나 그는 솔론의 국법을 준수하여 온화하고도 훌륭한 정치를 하였다.

9) Cleisthenes : B.C 6세기 아테네의 명문에서 태어났다. 페이시스트라토스 통치 때에 망명하였다가 그 정권이 무너진 뒤에 귀국하여 개혁을 단행하였다. 그는 군사적 단위로서 10부족을 만들고 데모스(區)를 제정하였다. 이 개혁으로 귀족은 그 권력의 지반을 잃었다. 또 오스트라키스무스(Ostrakismus) 탄핵법 일명 도편(陶片)제도를 제정하였다. 이제도는 아테네에 위험한 인물로 생각되는 사람에게(그의 죄가 있는가와는 관계없이) 투표로서 사기조각을 던져 일정 수가 넘어서면 그를 아테네에서 추방하였다.

10) 아테네라는 이름은 이 도시국가의 수호신인 '아테나 여신(女神)'에서 유래된 것이다. 이것은 그리스 당시의 도시국가들이 신정(神政)국가이었음을 상징하는 것이다. 도시의 중심에는 반드시 신전이 있었고 모든 정치 행위의 정당성은 그 이름에 의지하였다.

11) Genos는 씨족을 의미한다. 그 위에 부족(Phatria) 그리고 그 위에 부족집단(Pyle)을 형성하는 기초 단위이다. 당시 아테네에는 약 90개의 게노스가 있었다. 구성원의 자격은 엄격하여 적자(嫡子)만이 승인을 받아 구성원이 되었다.

도시국가는 이러한 부족사회를 형성한 씨족이 소가족으로 해체(解體)되는 과정을 거쳐 이루어졌다. 즉 지역적으로 분산하여 촌락을 형성하였던 혈통 위주의 씨족이 주로 상업경제의 이익을 중심으로 재편성되어 개별적인 거주지역을 형성함으로써 촌락공동체가 되었고, 이를 통합하여 도시국가가 성립된 것이다.

아테네 민주주의는 이 도시국가를 형성한 씨족 구성원이 권리를 쟁취한 과정에서 구성된 것이며 따라서 그들 민주절차의 운영이 그러한 아테네인의 직계 후손 성인 남자에 의하여 장악된 것은 당연한 일이다.

그들의 민주의식은 난숙(爛熟)하였다. 그들이 생각하는 참정권의 의미는 공직자를 선출하는 선거권의 범위를 넘어서 스스로가 공직(公職)에 취임할 권리(피선거권)와 그에 대한 평등한 기회를 갖는 것이다.[12] 이러한 내용의 실천이야 말로 그리스 정치사상에서 나타나는 도시국가의 성격을 가장 특징적으로 표출(表出)하고 있다.

아테네 시민의 삶은 조화로운 공동생활을 통해 그 의미를 확충(擴充)함으로써 비로소 각 개인의 이상(理想) 실현이 가능한 것이다. 가족, 친구, 재산 등은 아테네 공동생활체의 한 단계나 부분적 의미만을 갖는다. 즉 개인의 관계 내지 권리는 국가의 최고선(最高善)에 조화되므로 향유(享有) 내지는 완성될 수 있는 것이다. 종교도 개인이 아닌 공동체 종교이고 종교 의식(儀式)은 시민의 축제였다.

아테네라는 생활 공동체는 시민들이 헌신(獻身)해야 할 가장 숭고한 대상이었다. 따라서 도시국가에의 적극적인 참여가 곧 자기실현이며 피선거권의 제한은 곧 생활의 박탈(剝奪)을 의미하게 된다. 따라서 자격 있는 시민은 교대로 관직에 나아갔고 이를 선출하는 방법에는 투표 이외 추첨제도[13]가 겸용되었다.

---

12) 당시 아테네 인구는 약 30만 명이고 이들 중 시민권을 가진 성인은 약 5만 명이었다. 그 중 3분의 1인 17,000면 가량이 공무에 종사하였다(『서양의 역사와 문화』, 한양대학교 서양사 연구실 편, p.37).

13) 추첨(抽籤)제도의 전제는 시민권을 가진 같은 계층시민들 간의 동질성(同質性)에 있다. 그러나 이 제도의 시행범위는 전문성을 필요로 하는 분야에는 결코 적용되지 않

아테네의 민주주의는 기원전 5세기 후반 페리크레스(Pericles)[14]의 탁월한 정치에 의하여 황금기에 도달하였다. 그 운영은 거의 민주제도의 극치에 이르렀으며 이때의 여러 특징이 후일 민주정치의 문제들을 논의하는 토대가 되었다.

아테네의 기본적인 정치 구조는 20세 이상의 모든 남자 시민이 참석하는 민회(Ecclesia)와 500인 위원회 그리고 30세 이상의 다수(약 2,000명)의 배심원으로 구성된 법원(Heliaea)의 세 기관으로 이루어졌다. 정치 행정상의 기능을 담당하는 500인 위원회(Council)는 전체 주민을 10개의 부족으로 분할하고 각 부족단위에서 50인의 관리를 선출함으로써 이루어져 임기 1년의 회의체를 구성하였다. 이들은 민회(民會)(Ecclesia)에 제출할 법안을 작성하는 외에 재정 및 군사통수권 등의 집행기능을 수행하였으나 민회의 결의에 의존하였음은 물론 항시 그들의 통제 감독을 받았다. 더욱이 외교정책과 군사적 기능의 일부는 성인남자로서 시민권을 가진 사람들 전원으로 구성된 민회가 장악하여 직접 민주정치를 운영하였다.

법원에는 다수의 인민배심원이 참가하였고 결정은 다수결 원칙에 따랐으며 소위 장군단(將軍團) 재판소에는 각 구 1인씩 직접 선출된 10명의 장군이 충당되었다.

일반 평민도 보레(Boule)[15]에 대의원을 선출할 수 있게 하였을 뿐 아니라 오스트라키스므스(Ostrakisamus)탄핵법－일명 도편(陶片)제도－제정으로 인민이 투표에 의해 유해한 통치자를 방축(放逐)할 수 있게 하였다. 그러나 아테네 민주정은 끝내 고전적인 사회 여건에 제약(制約)

았다. 예를 들면 장군직이나 사령관직까지 확대하려는 시도는 없었다.

14) Pericles : B.C. 495-429. 아테네 최대의 정치가. 군인 변론가이며 크레이스테네스의 질손(姪孫)이다. 소피스트적인 교육을 받았으며 대단히 웅변적이었다. 명문(名門)집안 출신이었으나 민주파의 지도자가 되어 B.C 462년 귀족세력의 거점인 아에로스파구스(Aerospagus)회의의 권한을 박탈하여 민회 평의회에 실권을 넘겨주었다.
델로스동맹의 지배를 강화하고 이들을 거의 속국화하여 이때부터 아테네는 제국으로 불리게 된다.

15) 보레(Boule)의 본래 뜻은 원로원 자문위원회였으나 후에 입법 행정 기능을 갖는 대표자회의로 되었다(Webster 사전).

이 되었다.

참정권을 가진 아테네인 직계의 시민은 주민 중 소수에 불과하였고 부녀자를 비롯하여 거주외인(居住外人), 전쟁포로로서의 노예 등은 제외되었다. 이러한 아테네의 민주정은 스파르타(Sparta)의 정치운영과 늘 비교 고찰(考察)되었다.

스파르타는 농업경제를 본위로 하는 보수주의적 정책 성격을 가졌으며 아테네와 함께 그리스 세계를 대표하는 양대 정치세력을 구성하고 있었다. 도리아인이 펠로포네소스 반도에 건설한 스파르타에는 정치적 사회적으로 주민의 자격을 엄중히 구별하였고 소수의 스파르타인이 전권을 장악하는 귀족주의 정치정통이 견지(堅持)되었다.

30세 이상의 모든 스파르타인 남자가 의회를 구성하였으나 정치의 실권은 매년 다시 뽑는 5인의 정무장관(Ephoros)이 장악하여 경찰권을 포함한 강력한 행정기능을 수행하였다. 이외에 60세 이상인 28명의 종신의원으로 구성되는 원로원이 있어 민회(民會)에 제출하는 의안을 심의할 뿐만 아니라 중죄에 대한 재판권을 행사하였다.

민회는 의안을 통하여 중요한 정치사안(事案)을 결정하는 이외에 원로원과 기타 관리를 선임하는 민주기능도 가지고 있었다. 그러나 무엇보다도 스파르타 정치제도의 정신은 2인의 군왕제에 나타난다. 즉 왕은 국가의 수장으로 모든 기관 위에 군림하였으나 양자 간에 견제로 폭군화가 방지하도록 계획되어 오직 스파르타인의 국가 상징으로서만 존재하게 되었다. 그리고 귀족들의 전횡을 막기 위하여 정무장관을 매년 개선(改選)하였다.

스파르타의 헌법 즉 리쿨구스(Lycurgus)헌법[16]에는 교육, 결혼, 식생활 내지 훈련에 이르기까지 국가가 공영하도록 규정하였다. 또한 국민의식을 수련하기 위하여 상무정신(尙武精神)을 앙양하고 단체 생활력

16) 고대 그리스 시대의 스파르타 헌법. 그 입법자가 리쿨구스라 하여 붙여진 이름이다. 그러나 그의 생몰연대는 알려진 것이 없으며 그를 신이었다고 주장하는 학자들이 많고 또한 그리스 전역에서 같은 이름의 신이 숭배되기도 한다. 그는 델포이의 아폴로 신전에서 신탁을 받아 법률을 만들고 민회 장로회 민선관 등을 설치하고 공동식탁, 금은화의 사용 금지, 소년 교육, 가족제도 등을 정하였다고 한다.

을 강화하였다. 스파르타의 이러한 엄격한 제도상의 규율은 비교적 정치적 안정과 군사적 성공을 이룰 수 있었다. 그러기 때문에 스파르타 제도는 항상 아테네와 대비적으로 고찰하는 대상이 되었다. 그리고 그리스에는 이 두 도시국가의 정치적 성격의 중간적 위치에 있는 수많은 도시국가들이 각기 환경조건에 따라 다소간의 차이가 있는 정치 체제를 만들어 왔다. 그러나 제 도시국가간에는 혈연적 지연적으로 공동 유대를 가지고 교섭하였고, 그리스 전체는 일종의 통일적 분할 상태에 있었다. 이러한 현상 즉 완전한 통일을 유보(留保)한 상태는 사실 그리스민족의 독립적인 자율성과 활발한 창조성에서도 연유한 것이다.

무엇보다도 도시국가의 특징은 시민권(市民權)이라는 민주주의의 기초 구성단위 개념에 있다. 그런데 그 시민권은 도시국가의 원래의 조직 성격에서 비롯된 것이다. 즉 생활 공동체를 방위하는 의무가 시민권을 향유하는 전제조건이었던 것이다.

3. 도시국가의 몰락

도시국가가 갖고 있는 원래부터의 독립적인 조직성격은 전체 그리스를 통일적인 분할 상태로 이끌었다. 도시국가의 성장기에는 폐쇄적이고 자족적인 성격이 현저하여 그리스의 도시국가간에 비교적 독립성이 잘 유지되었다. 그러나 이러한 도시국가간의 관계는 일정한 단계를 거친 후에는 변화가 필연적으로 나타났다.

도시국가는 기원전 6세기부터 사회적 경제적인 동요로 진통을 겪기 시작하였다. 혁명적인 폭풍은 팽창하는 상업자유의 도시인 아테네에서 특히 심각하였다. 화폐 발행의 증가와 노예 노동인구가 급증한 한편 부의 독점화가 심화되었기 때문이다. 사실상 그리스세계의 팽창규모는 전체적으로는 수많은 소아시아, 북아프리카, 남이탈리아 연안의 식민 도시국가들과 본토 도시국가들을 아울러 거의 1천 개에 달하였다는데서 볼 수 있다.

이러한 과정에서 그 동요의 예의 하나로 메가라[17]에는 신흥중산계급이 대두하여 도덕성이 타락하고 배금주의가 판을 쳐 정치적으로 불안한 요소로 작용하였다. 데오그니스(Theognis)[18]가 이를 한탄한지 머지않아 아테네에는 페이시스트라토스에 의한 참주(僭主)정치가 나타났다. 그리고 크라이스테네스의 개혁단계에 들어서는 신흥 중간계급을 중심으로 계급적 차별을 지양하려는 노력도 기울였다. 따라서 보다 개명된 문화와 생활 질서를 동경하는 많은 사람들이 아테네로 모여들었다.

페리클레스(Pericles)가 전몰장병을 추모한 연설에는 아테네의 명암 양면이 스며있다. 민주정치를 찬미하는 그가 '정치형태에 관하여 우리는 창조적이며 남을 모방한 것이 아니다.' '공적(公的) 생활에서 향유하는 모든 자유는 사생활에도 확대 된다.' 또한 그가 '개인자유가 애국주의－국가에의 헌신(獻身)과 양립할 수 없는 것이 아니다.'라고 할 때에 아테네 민주정신은 정당히 평가되었다. 그리고 '웅장한 정신을 잃지 않으면서도 소박한 심정에서 오만(傲慢)함이 없고 부는 유용(有用)할 때만 행사한다.'고 시민의 덕(德)을 예찬하였다.

그러나 '가난을 고백하는 것은 수치스러운 일이 아니다. 불명예스러운 것은 그것을 회피(回避)할 아무런 노력도 하지 않는데 있다.'고 하고 뒤이어 '각자의 이욕(利慾)을 위해 이웃과 다투면 안 된다.' 하였을 때에 그 말의 이면에는 당시 사태의 추세에 비추어 자유에 대한 일종의 불안과 함께 그에 대한 기원(祈願)이 포함된 것이다.

드디어 아테네의 민주와 자유는 페라클레스의 죽음과 함께 그 건실한 생명력은 과거의 일로 추억거리가 되었다. 아테네는 금권 중심의 과두(寡頭)정치로 변모하였고 정책의 방향 역시 시칠리아를 거쳐 메로스에 대한 제국주의적 정복으로 내달리어 그리스 전체의 도시국가들

---

17) 메가라는 그리스 남부 코린트 남단에 있는 도시. 페리클레스가 이들을 아테네의 시장에서 밀어낸 것이 펠레포네소스 전쟁의 원인 중 하나가 되었다.

18) Theognis : 메가라의 시인(詩人). B.C 6세기에 활약. 그는 항상 귀족적인 분위기를 선호하고 일반 민중에 대해 매우 심한 증오심으로 가득 차 있었다. 귀족제 사회의 붕괴에 대한 지적인 증오와 민중을 모멸하는 말을 하면서 우애(友愛)의 위대함과 귀족의 긍지와 자존심을 역설하였다.

간의 관계는 파국으로 치달았다.

아낙사고라스(Anaxagoras)가 부(富)로 인한 특권정치가 되여서는 안 된다고 페라클레스 정신에 입각하여 호소하였으나 소용이 없었다. 침략을 받은 메로스가 강자 약자 모두의 공동이익을 주장하며 국제정의를 상기시키고 강권행사를 하는 자의 운명이 영구하지 못할 것이라 경고하였으나 이 역시 무시되었다.

그리스 도시국가들은 동방 페르시아제국의 침략에 직면하여 대동단결하여 이를 격퇴시켰으나(B.C. 490-479) 외적을 방위하는 공동생활 중에 그들 사이에 틈이 생겨 반목질시(反目嫉視)와 정치적인 의욕(意慾)이 서로 어긋나 대립되었다.[19)]

마침내 이러한 현상은 그리스 세계의 양대 세력인 아테네와 스파르타의 투쟁으로 발전하였다. 이 펠로포네소스전쟁으로 스파르타는 패권을 확립하게 되었다. 그러나 그리스 도시국가의 운명은 이미 쇠락(衰落)하는 단계에 들어갔다. 패전한 아테네사회는 계급 차이가 현격한 무정부적인 대립과 당쟁과 알력으로 격동하였다. 스파르타의 세력도 그리스세계에 대한 페르시아의 보복적인 농락으로 그 힘이 쇠퇴하여 한때 테에베[20)]로 패권(覇權)이 옮겨졌으나 그것도 길지 못하였다.

---

19) 초기부터 그리스 도시국가들은 동일한 언어와 신탁(神託), 그리고 종교적 숭배로 그들 의식에 민족이라는 이념이 새겨져 있어 외부인을 야만인으로 불렀다. 그리스 전역에 분립(分立)되어 있는 도시국가의 정치를 특징짓는 가장 중요한 Keyword는 동맹(同盟)과 시민권(市民權)이었다. 이들을 공존(共存)할 수 있게 하는 정치이념은 '조화(調和)와 균형(均衡)'이라는 공공의 덕목에 근거한 동맹관계였던 것이다. 이 이념은 한 도시국가 안에서는 자격 있는 인민 모두에게 정치 참여의 길이 열려 있는 시민권의 이념적 근거이기도 했다.
조화와 균형은 그리스 이성(理性)의 승리이고 그리스 정신의 본질이었던 것이다. 페르시아와의 전쟁이 가져온 그리스 사회의 폐해(弊害)는 이 정신적인 자산(資産)을 망실(忘失)한 것이다. 전쟁 더군다나 그 승리는 힘과 열광의 세계에 그들의 혼(魂)을 빼앗기고 디오니소스적인 혼란이 그들을 탐욕에 휩쓸려 들게 하고 말았다. 이제 본래의 동맹의 이념은 사라지고 아테네는 동맹 안의 패자(覇者)로 군림하여 온갖 패악(悖惡)을 자행(恣行)하였다. 이러한 아테네의 덕을 상실한 정신이 그들 내정(內政)에도 그대로 나타났던 것이다.

20) Thebes : B.C. 3000년경부터 주민이 살았던 흔적이 있다 페니키아 문자의 그리스문자화(文字化)는 이곳에서 이루어졌다. B.C 371년 스파르타를 무찌르고 한 동안 그리스의 패권을 잡았으나 B.C 362년에 패권을 잃었다.

기원전 4세기경부터 도시국가의 전통이 와해되어 주민의 이산(離散)이 진행되었을 뿐 아니라 때로 매국적인 배신행위도 횡행(橫行)하였다.[21] 그리고 최종적으로 마케토니아왕 필리프스 2세의 무력 앞에 마지막 동맹이 돼버린 아테네, 테에베 연합군이 패배함으로서 그리스 도시국가들은 그 독립적 지위를 상실하였다(케에로니아전 B.C. 339). 그리고 필리프스 2세의 아들 알렉산드로스가 도시국가의 정치적 결합을 금지한 후에는 형해(形骸)만이 남아 그 존속을 유지하여 머지않아 로마정복에 휩쓸리어 갔다.

4. 결 어

고대 그리스세계의 정치 경험은 위대한 정치사상을 자극하기에 충분한 것이었다. 그리스세계에서는 모든 정체의 흥망 교체와 아울러 각기 다른 성격의 사회적 경제적 알력이 협소한 판국에서 부딪쳤다. 그 경험은 치밀하게 표현되었고 분명하게 인식될 수 있었다.

그리스의 위대한 정치사상이 형성되는 데에는 그들의 생활감정이 밑받침된 문화적인 요소도 영향을 주었다. 그리스인의 명랑한 성격과 지성 그리고 활발한 생활력은 주로 지중해의 풍토에서 영향을 받은 것이다. 온화한 기후와 밝고 수려(秀麗)한 해양성 풍토에서 배양된 그들의 지능은 이성(理性)의 자유를 확신하였고 정신적으로 타인(他人)을 포용하는 여유를 가질 수 있어 그들의 특유한 토론문화를 꽃피웠다. 모든 문화예술의 지순(至純)한 아름다움에 대한 열정적인 바램 역시 이러한 기후조건에서 자연스럽게 성장하였다.

도시국가 생활이 점차로 다양해지면서 철학적 사고는 그 종합을 기원하는 원대한 이념을 추구하게 되었고 그들에 의하여 서양의 정치철학은 기반을 수립하게 되었다.[22]

---

21) 알키비아데스(Alcibiades. B.C 450-404)의 행위에서 상징적으로 볼 수 있다. 그는 페리클레스의 사촌으로 그의 사후에 펠레포네소스 전쟁을 다시 일으켰다. 자신이 시칠리아 원정군 사령관이 되었으나 정적들의 모함으로 스파르타로 망명, 다시 페르시아로 갔다가 자살하였다.

그리스인들은 너무나 현실적이고 인간적이었다. 스파르타가 비교적 농업에 집착하고 전통을 제도적으로 고수하였으나, 그리스세계의 일반적 생활사정은 상업과 무역의 이익을 추구하며 그 안에서 희망적인 생활설계를 찾는 진취적인 그러나 현실적이었다.

그들의 주신(主神)인 제우스(Zeus)는 일종의 인간적인 영웅신이었고 주신(酒神) 디오니소스(dionysos)[23]는 삶의 구속과 의무에 도전하는 격정의 자유를 상징하였다.

인간같이 희로애락(喜怒哀樂)하며 인간 이상으로 골육상쟁(骨肉相爭)과 복수를 일삼는 그리스 제신들의 면모는 타민족신들 특히 헤브라이인들의 신과 비교하였을 때 그리스인들의 자유로운 세계관과 문화 감성을 표현한 것이다. 그러나 디오니소스의 생명에의 충동(衝動)과 격정은 후일 그리스 이성에 초월적인 힘을 실어주는 중대한 요소로 작용하게 된다.

동방세계에서 온 현자 또는 영웅으로 전하여지는 올페우스(Orpheus)[24]

---

22) 그리스의 정치철학이 정치사상의 비조(鼻祖)로 승인되는 데는 그들이 정치철학의 기본 개념들 즉 정의, 자유, 입헌정부, 준법정신 등을 정리하였고 정치학에서 가장 중요한 정치적 이상(理想)을 논하고, 정치체제를 구분한 공적을 먼저 꼽을 수 있다.

23) 디오니소스는 그리스신화의 주신(酒神)이다. 아폴론(Apollon)이 제우스신의 대리인으로 이성적인 반면에 디오니소스는 인간의 비이성적인 측면을 표출한다. 아폴론은 또한 신탁의 예언으로 인간의 미래를 알려주는데 사실상 자연에 대한 이해와 역사적 경험이 일천(日淺)한 그리스인들이 그 신탁에 의존하는 심리적 중요성은 우리가 이해할 수 있는 범위를 넘었다고 한다.
아폴론은 인간 사회의 최상의 귀족층을 상대하는데 반해 디오니소스는 일반 대중에 의해 숭배되었다. 디오니소스신을 경배하는 의식은 도취와 황홀경에서 신과의 합일을 갈구하는 열광적인 것이었다. 그 중의 한 제례(祭禮)는 이름이 '오레이바시아'라고 하는 산(山) 춤으로 한밤에 여자들이 담쟁이 넝쿨을 감은 지팡이를 흔들며 난무(亂舞)하는 매우 거칠고 야성적이 것이었다. 그러나 이들의 행위는 현세적인 것으로 아폴론과 함께 하나의 세계의 양면성을 이룰 뿐 결코 오르페우스교처럼 죽음 후의 피안(彼岸)을 상정(想定)하는 것은 아니다.

24) 에릭. R. 도즈(Eric. R. Dodds)는 그의 저서 『그리스인들과 비이성적인 것』에서 오르페우스라고 할 때 오르페우스라는 사람과 오르페우스교가 있는데 이 둘은 별개의 것이라고 한다.
오르페우스는 고향이 트라키아이고 그리스인이며 아폴론신을 숭배하고 그 신을 시중드는 자이다. 그는 시인, 주술사, 종교 지도자 및 신탁을 알리는 직업을 가졌다. 그와는 별도로 오르페우스교는 동방 아마도 흑해 부근으로부터 전래된 것으로 보인다.
'혼(魂)은 신체가 가지는 목숨 혹은 영(靈)'으로 이는 신에게서 기원한 신비적 자아에 의하면 천상(天上)과 세속 생활은 구별된다고 하였다. 그는 하늘나라의 청정(淸淨)을 말하고 이에 대비되는 지상세계의 오탁(汚濁)으로부터 인간의 구제와 해탈을 지시하는 설교를 하여 매우 큰 감화를 끼쳤다. 이는 후일 플라톤에 많은 영향을 주었다.

인도 게르만족 특히 북방 게르만족의 현실주의적 성향은 그리스에 이르러 밝고 명석한 문화적 성격으로 발전하였다. 그러나 지중해는 그리스뿐 아니라 아프리카 서아시아 등의 여러 세력에 접해 있었다. 그러한 지중해의 지정학적 여건 아래서는 오랜 기간의 평화와 안정을 기대할 수는 없는 것이다.

중세 기독교에 의한 완전히 다른 성격의 영향이 유럽 전역을 대상으로 새로운 질서를 형성하게 되는데 앞서 그리스는 서구의 역사성격을 고전적 축소 형태로 먼저 겪어 나갔다. 그리스세계를 이어 고대세계의 최종 무대를 대표하는 위대한 로마세계도 지중해에 포위된 도시국가로서 출발하였고 그리스문화의 영향에서 자라났던 것이다.

올림피아 산에는 헤라스 세계의 주신 제우스(Zeus)의 신전이 있었고 이 신전 앞에서는 4년마다 호메로스의 시를 애송하는 그리스인의 제전이 거행되었다. 이 제전에는 여러 도시국가의 시민이 앞 다투어 참여하여 젊은이들의 운동경기와 준비된 연극이 제우스신의 영광에 보답하는 행사로서 그리스인들은 이를 그들의 최고의 축제로 만들었다. 종교적 의식(儀式)이 시민적 축제로 개방되는 자유로운 이성은 그리스인들이 누구인가를 가장 잘 보여주는 예라 하겠다.

(自我)라고 한다. 이들은 혼과 신체를 다투게 하여 금욕적이라는 종교적 태도를 유럽 문화에 이식하였다. 이것을 '그리스인들의 혈관에 흐르는 한 방울의 낯선 피'라고 하여 그리스인들과는 이질적임을 그들도 알고 있었다(동서 p.112).

이들은 1. 신체는 혼의 감옥이며, 2. 영혼이 다른 생명체의 몸을 빌려 태어날 수 있으므로 육식(肉食)을 금하고 채식을 하였으며, 3. 종교적 의식을 통하여 영혼을 정화(淨化)하여야 하며, 4. 윤회(輪回)는 당연한 것으로 혼이 신체와 분리되므로 이 혼이 어디서 왔는가라는 질문에서 추론되는 결과라는 것이다. 그런데 이 모든 것이 피타고라스학파에 그대로 수용되었다. 그러나 피타고라스학파의 영혼설은 이집트의 영향을 받았다고 한다.

제 2 절 플라톤 이전의 철학

1. 사상적 연원

그리스인은 기원전 6.7세기경 귀족과 평민이 권력을 다투는 과정에서 사회적 자각과 아울러 정치의식이 고양(高揚)되었다. 이 시대에는 자연관찰에 의한 우주론도 활발히 성행하였고 인간사회가 구성하는 공동체에 대한 의식과 그 올바름을 판단하는 정치적 견해도 상당한 수준에 이르렀다. 그리스 정치사상은 자연철학에서 사물을 인식하고 사고하는 사유형식이 개척되어 비로소 학문적 영역에 오르게 되었다.

한편 그리스인 심정에는 디오니소스적인 면이 농후(濃厚)하여 인간 본성은 자유로워야 한다는 것을 의심하지 않았고 낙천적이고 영웅적인 정서에 익숙하였다. 그러나 이러한 자유스러운 생각은 사회의 조화로운 공동생활을 위해서는 필연적으로 개인의 자유가 제어(制禦)될 수밖에 없다는 사회적 모순(矛盾)에 부딪쳤다.

그러한 모순은 현실 정치에서는 정치권력을 상징하는 군주와 인민 간의 대결로 즉 군주정과 민주정 사이의 갈등이 표출되는 양상으로 나타났다. 그리고 인간의 야망을 디오니소스로 신격화한 그리스인들의 영웅적인 정서는 군주정을 간단히 극복하였으나 귀족층과 급진적인 민주성격이 대립하는 단계의 사태는 쉽게 해결할 수 없었다. 그런 어려움을 극복하고 민주세력이 승리하였으나 이 과정에서 폭력적인 요소도 항시 있어 왔다. 이러한 정치투쟁을 통해 정의감은 단순히 디오니소스적 감성의 수준을 넘어 날카로운 이론으로 다듬어져 갔다. 그리고 그들은 폭군에 대한 정의(定意)를 단지 정치적 악행을 저질렀는가를 판단하는데 그치지 않고 더 나아가 권력 운영이 정당하고 합법적인가라는 관점에까지 확대하였다. 그들은 전제군주를 인정하지 않았다. 권력 찬탈자가 참주(僭主)로서 폭군시(暴君視)되는 것은 그가 국가 공동체의 기율(紀律)을 어긴 때문이며 그러한 행위가 죄악이라는 통념에 이른 것은 올페우스적 관념에 영향을 받은 것이다.[1)]

올페우스에 의하면 지상세계의 오탁(汚濁)은 인간을 가공할 윤회에 얽매이게 한다. 현세의 생명은 무한한 생사에 묶이어 권태롭고 고통스러운 것이다. 이를 해탈하여 진정한 생명을 얻기 위하여 인간은 청정(淸淨)하고 선(善)한 생활을 하며 최종적으로 신과 합치하는 법열경(法悅境)에 이르지 않으면 안 된다. 이는 현세적 욕구를 억제하는 것으로 그리스 원래의 감성과는 쉽게 융화하기 어려웠다. 이성(理性)과 격정적 의욕이라는 이율배반적인 동요는 일찍이 정치사상에 나타난다.

헤시오도스(Hesiodos)[2)]는 우주의 질서가 맹목적인 힘에 의하여 이끌린다는 생각에 대항하여 그 질서에 합목적적인 정의를 인정하고 그

1) 에릭 도즈는 그의 저서 『그리스인들과 비이성적인 것』의 제2장을 "수치문화에서 죄의 문화로"라고 이름하여 이 문제를 다루고 있다.
호메로스는 '인간이 알고 있는 가장 강한 도덕적(道德的) 힘은 신(神)에 대한 공포가 아니라 공공(公共)의 견해를 존중하는 마음이다.'라고 하였다. 인간에게 가장 좋은 것은 공적인 명예를 누리는 것이다. 일리아드에서 헥토르는 운명의 위기를 맞아 트로이의 여인들을 볼 면목이 없다고 말하며 두 눈을 부릅뜬 채 죽는다(22권 105행). 이것은 한 인간이 공동체에 대한 의무에 실패하였을 때 가지게 되는 수치심이며 이는 삶의 가치와 사회의 지배적 권위가 인간사회 공동체에 내재한다는 자연스러운 믿음에서 비롯되는 감정이다. 수치는 행위자와 그가 속한 공동체가 일체임을 전제로 행위자 내면의 문제이지만 죄(罪)는 신(神) 또는 지배적 권위와 개인간의 갈등에서 비롯되는 것이다.
고대 그리스에서는 종교의 진화 과정에서 불안과 공포가 부인할 수 없을 만큼 성장했다. 그와 비례하여 엄격한 가부장적 권위의 형태가 그리스신들 특히 제우스에서 그의 횡포로 나타났다. 그리고 그러한 가부장적 횡포는 인간 사회에서도 가족 간의 관계에 투영되어 심리적 불안이 팽배하였다. 죄의식의 원천은 권위로부터 인정받지 못한 욕망들을 억제하는 데서 비롯된다고 한다. 그러나 그리스인들에는 이런 심리 과정에서 형성된 죄의식보다는 오르페우스의 영향이 더 직접적인 것이었다.
이제 그리스 사회 본래의 성격인 '수치문화'에 '죄'라는 의식이 스며들게 된 것이다. 기독교에서 볼 수 있듯이 죄의식은 이원론에 기초한 서양 종교에는 필연적인 요소이며 그리스에서 그러한 과정이 진행되기 시작한 것이다.

2) Hesiodos : B.C 8세기말경 사람으로 추측. 그리스의 서사시인 호메로스를 정점으로 하는 '이오니아 파'와 대조를 이루는 '보이오티아파'를 대표한다. 오락성이 짙고 화려한 이오니아 파에 비하여 그의 작품은 종교적, 교훈적, 실용적인 면이 두드러지고 중후한 성격이었다. 제우스가 관장하는 정의에 대한 믿음으로 살아가려고 힘쓴 그의 사상은 그리스 윤리관을 떠받혀 왔다. 현존하는 작품은 신의 계보에 대한 『신통기(神統記)』와 『노동과 나날』이 있다.

승리를 확신하였다. 그리고 폭군은 신(神)이 벌(罰)할 것이라고 하여 그의 생각을 다시 강조하였다. 그는 정치가의 자격은 제우스 같은 천품을 가져야 한다며 음악에 의한 정서적 훈련의 필요성도 언급하였다. 이러한 헤시오도스의 철학적 통찰은 후일 플라톤의 정치사상이 반드시 그 자신의 천재적인 독창성에만 기인한 것이 아님을 보여준다. 그러나 그는 동시에 플라톤이 적대적으로 대하던 소피스트들과도 소통하는 견해를 가졌다. 예를 들면 골기아스(Gorgias)[3]같이 변론술의 필요성을 주장하였다. 그는 통치자의 감미로운 언변은 인민들에게 그가 바른 판단을 한 것같이 믿게끔 한다고 말하였다.

헤시오도스의 정의감은 그리스 최초의 위대한 개혁가인 솔론(Solon)에 의해서 보다 합리적이고 구체적으로 표현되었다. 솔론은 폭력은 '정의의 신 제우스(Zeus)에 의하여 처벌되고 인간의 악은 그 자신의 책임으로 돌아간다.'고 생각하였다. 선(善)한 질서는 모든 인민이 그것이 정의로운 길임을 승인하고 동의함으로써 보장되는 것이다. 따라서 이를 위하여서는 부정을 저지른 자들에게는 그들이 어떠한 신분층이든 그들 권위에 복종하지 않고 이에 대항하기 위하여 단결할 것이 필요하다고 하였다.

국가가 합법적이라는 근거는 그 구성원 모두가 국가의 존재 의의를 믿고 필요를 신뢰하는 데 있다. 그리고 사회의 적(敵)이란 정당한 통제를 받아들이지 않고 오로지 병들고 바르지 못한 사회를 좋아하는 부류를 가리킨다.

솔론은 이처럼 올바른 사회를 위한 일반적인 이론을 펼친 데 그치지 않고 더 나아가 빈부의 격차가 혼란의 원인임을 확신하였다. 그리고 무질서는 가진 자나 못가진 자 모두에게 기피되어야 할 공동의 적이라고 생각하였다. 무질서 속에서는 부패가 있게 되고 결국에는 모

3) Gorgias : B.C. 483(?)-376. 고대 그리스의 철학자. 시칠리아 출신으로 대표적인 소피스트다. 그의 웅변은 많은 사람들의 찬사를 받았다. 엠페도클레스의 제자가 되지만 엘레아학파 제논의 영향을 많이 받았다. 그의 불가지론에서는 '아무것도 존재하지 않는다. 존재한다 하여도 이해돼지 않는다. 이해된다 하여도 남에게 전할 수가 없다.'는 것을 증명하려 하였다.

든 인민이 일 인의 폭군에게 압제되는 파국에 이른다고 설복하였다. 이러한 솔론은 실제 정책에서는 절충적인 중용이 되도록 노력하였다. 통치자로서의 그에게 새로운 사회문제로 대두된 것은 부유한 상인층이 급속히 늘어나는 현상이었다. 그러나 그는 정직한 노동에 의한 부의 축적은 항상 장려하는 태도였다. 그는 귀족과 평민을 구별하는 전통적인 관념을 고수하려 하였고 다만 평민에게 참정권을 행사할 법적 지위를 부여하되 그것은 토지 소유량에 따른 차별적인 것이었다.[4)]

이러한 참정권의 차등이 의도하는 바는 정신적인 능력의 차이[5)]에 따라 그 사회적 지위를 구별한다는 것인데 이러한 사회 구성의 분류 원칙에 플라톤은 물론 아리스토테레스 역시 솔론의 개혁을 찬양하는 본뜻이 있었다. 그런데 기원전 6세기에 이미 이토록 개명적(開明的)인 정치개혁과 아울러 정치사상이 세련되고 고양되었으나 반면 힘의 지배를 주장하는 사이비 정치사상도 상당한 정도에까지 이르렀다.

데오그니스(Theognis)에 의하면 좋은 문벌이 사회의 선을 지배한다. 그리고 일반 인민은 악하고 빈곤한 자들이다. 저급한 자와는 사귀지 아니하고 가난한 자에 대한 원조는 마치 큰 바다에 씨를 뿌리는 것과 같이 실효가 없는 것이라고 까지 말하였다. 그러나 그는 정의는 선에 속하는 것이며 저급한 자 이외의 인민은 보살펴져야 한다고 하였다.

이와 같이 기원전 6·7세기에 이미 한 두 세기 후에 나타나는 소피스트(Sophist)들의 사상적 풍모(風貌)의 자취를 볼 수 있다. 그리스 사상이 학문적 사색단계에 들게 되는 기회와 인연은 이러한 사상적 분위기의 성숙에 이어 소아시아중심의 자연철학의 사상가들에 의해 준비된 것이다.

---

4) 당시에 아테네는 유파트리데(Upatride)라는 귀족들에 의하여 정치권력이 독점되어 있었다. 솔론의 개혁의 정치적인 의미는 종래 출생신분에 의한 정치권력에의 참여기준을 재산권으로 바꾼데 있다. 부(富)의 정도에 따라 정치참여 권리도 결정되는 것이다(Dunning, 『Political Theories』, p.12).

5) 이처럼 재산권의 차이를 곧바로 정신적인 능력의 차이라고 한 것은 부(富)가 주는 여러 가지 혜택 즉 교육의 기회, 상류사회에 접할 기회, 가문의 전통 등 정신적 성장 조건을 그대로 정신 능력으로 인정한 것이다.

2. 자연철학자[6)]

미레토스(Miletus) 학파는 탈레스(Thales)[7)]로부터 비롯된다. 그리고 철학과 과학이 그와 함께 시작되었다. 탈레스와 아낙시만드로스(Anaximander)[8)] 그리고 아낙시메네스(Anaximenes)[9)]로 대표되는 이들은 이오니아 지방의 미레토스 출신으로 스승과 제자의 관계였다. 그들이 탐구하고자 한 것은 세계는 무엇으로 구성되어 있는가와 변화하는 현상에 내재하는 영속(永續)적인 어떤 것을 규명하려는 데 있었다. 이러한 일반성에 대한 인식이 바로 그리스인 사유의의 특징이었다.

그리스 일곱 현자 중의 한 사람인 탈레스(Thales)는 그리스의 인간적 자연주의에 최초로 철학적 사유 형식을 개척하여 물질 실재론(實在論)을 주장하였다. 그에 의하면 우주를 구성하는 근본 실재는 물이며 지구는 물 위에 떠 있다는 것이다. 그리고 자석이 철을 움직이게 하는 힘은 혼(魂)을 가진 까닭이며 모든 물질에는 동시에 신적 요소가 충만하여 있다고 하였다 .

아낙시만드로스는 철학자이며 천문 지리적 지식에 밝았다. 세계만물의 근본적인 것은 비경험적이며 규정짓기 어려운 원시물질(Apeiron. 無限者)이고 모든 물체는 그로부터 생성한다. 이것은 신적이고 영원불

---

6) 이오니아학파 또는 미레토스학파로 불리는 이들은 인간의 자연 현상에 대한 이해를 신화적 해석에서 벗어나 최초로 이성의 발견과 이에 의한 관찰의 세계를 추구하기 시작하였다. 이들은 일종의 계몽주의자들이었다.

7) Thales : B.C. 624-546. 그리스 최초의 철학자 7현인의 한 사람. 소아시아 연안의 그리스 식민지 밀레토스 사람. 페니키아인 혈통으로 이집트에서 수학과 천문학을 배웠다. B.C. 585년 5월 28일의 일식(日蝕)을 예언하였다. 만물의 근원은 물이라고 하였는데 이는 물이 생명을 위하여 불가결한 것이고 고체, 액체, 기체의 세 상태로 나타나서 그렇게 추정한 것 같다.

8) Anaximandros : B.C. 610-546. 탈레스의 제자. 산문(散文)으로 자연에 대하여 언급한 최초의 사람이다. 또한 최초의 철학적 변신론(辯神論－신 또는 악의 존재를 변호하는 논의)을 저술했다.

9) Anaximenes : B.C. 585-525. 아낙시만드로스의 제자. 만물의 생성 소멸의 근원을 공기라고 하였다. 공기의 양(量)적 변화에 따라 불, 물 혹은 흙이 생긴다는 일원론으로 아낙사고라스와 원자론자들에 많은 영향을 주었다.

멸한다. 이 원시물질에는 대립되는 요소들 내지 성질들이 잠재 또는 가능한 형태로 융해되어 있다. 따라서 그 성격은 중성적이고 이들 대립되는 성질들은 상호 간에 순환하며 영속적인 운동을 한다고 하였다. 이러한 사상의 기저에는 조화와 균형에 대한 이상(理想)이 깔려 있다. 그는 부정의(不正義)를 균형이 없는 상태라고 규정하였다.

아낙시메네스(Anaximenes)에 의하면 근본물질은 공기이며 영혼도 이에 속한다. 불은 순화된 공기이며 압축된 공기는 처음 불이 되고 그 압축 정도에 따라 땅이 되고 돌이 된다.

헤라크레이토스(Heraclitus)[10]는 미레토스학파의 전통에 따라 근본물질에 대한 탐구를 그의 철학의 시발점으로 하여 그는 이를 불이라 하였다. 그는 이 불의 기능을 범신론적인 이념에까지 결부시켜 자연은 물질(Physics)로서 진실한 것이며 동시에 윤리적 규범성을 내재한다는 입장을 취하였다. 그가 말하는 만물유전(萬物流轉)이라는 우주의 법칙은 그것이 항구 불변하는 일자(一者)의 현실상(現實像)임을 보여 준다. 그는 존재는 끊임없이 변하면서 통일성을 유지한다고 생각하였다. 그 변화는 대립하는 긴장들의 조화 즉 활줄과 활대의 관계로 이것이 세계를 살아 움직이게 하는 운동의 원리이다. 그의 생각은 균형의 기본적 성립 요인은 투쟁에 의하여 유지되며 그 힘을 생명의 원천이라고 본다.

모든 사물은 다른 물질을 태워 없애면서 그때 생기는 불꽃같이 다른 사물의 소멸에서 생기(生起)하는 것이다. 그 순환의 고리에서 보면 '모든 가멸적(可滅的)인 것은 불멸적인 것이고 불멸적인 것은 가멸적이다.' 하나의 생존은 타자의 사멸에 의지하여 생기하므로 이 생기는 동시에 타자의 생존을 소멸케 하는 것이다. 세계는 반대되는 여러 요소들이 합성되는 통일이고 '모든 것은 일자(一者)에서 연유한다. 그리

10) Herakleitos : B.C. 540(?)-480(?). 그리스의 철학자. 엠페소스왕가 출신. 그는 때로 오만불손하여 호메로스나 피타고라스 등 시인 철학자까지 통렬하게 비방하였다. 그가 '만물은 유전한다.'고 한 것은 우주는 서로 상반하는 것의 끊임없는 다툼에서 생겨난다는 뜻이었다. '싸움은 만물의 아버지요 만물의 왕이다.' 그러나 그러한 다툼 중에도 그 속에 숨겨져 있는 조화(調和)를 발견하였고 그것을 '반발조화'라 하여 이것이 세계를 지배하는 로고스(Logos, 理法)라 하였다.

고 모든 사물에서 귀납되는 일자만이 신(神)이고 다자(多者)는 덜 진실한 것이다.' 따라서 그는 '인간이 실천하는 신비는 신성하지 못한 신비 즉 미신이다.'라고 하였다. 그가 신비라고 할 때 그것은 자연에 내재하며 현실을 규율하는 비밀이다. 원리상으로는 인간도 자연적인 성품에 그 비밀의 힘을 가지고 있으나 개인 인격은 본원적인 깨달음에 이를 수 없어 그 비밀에 접근할 수 없다. 그는 당시 디오니오스적 색체가 강한 종교에 대하여서는 대체로 반대하는 태도를 취하였지만 자연철학자들의 과학적 이론에는 이를 대체로 묵인하였다.

헤라이크레토스는 에레아(Ellea)학파[11)]의 본원적 존재를 일자로 보는 형이상학적 태도를 따랐다. 그러나 에레아학파가 항구 불변하는 존재형식이라는 원리에 머물러 현실사물의 다양성과 그 변화를 설명하는 이론이 되기 부족하였는데 그는 이 면을 보완하였던 것이다.

사실 이오니아인 헤라크이레토스는 그들 선배 미레토스학파의 과학적인 실재론에 비하면 보다 형이상학적이고 신비에 가깝다. 그런데 이러한 물리와 정신세계를 아우르는 규법(Nomos)이 자연현상을 규율한다는 자연철학이 후세 정치사상에 꾸준히 내포되어 있는 자연법사상(自然法思想)의 위대한 기초를 설정한 것이다. 즉 자연의 로고스(Logos) 자체가 규범적인 뜻이 되어 역사세계를 규율하는 우주론이 된 것이다.

헤라크레이토스는 호메로스가 그의 시(詩)에서 신을 모독하였다고 신랄(辛辣)하게 비판하며 그를 명인열전에서 축출하고 매질을 해야 한다고 하였다. 이는 후대에 플라톤도 같은 태도를 보였다. 그는 변질된 당시 민주정치에 항의하였고 대중에게 선행을 하게 하려면 힘이 행사되어야 한다고 믿었다.

자연철학이 풍미한 기원전 5세기의 그리스세계는 또한 대부분이 이

---

11) Elea 학파는 B.C. 5세기 남부 이탈리아 엘레아에서 일어난 그리스철학의 학파로 날카로운 논리적 사고가 특징이다. 진실한 의미에서 있는 것은 불생불멸의 유(有)일 뿐이라는 일원론의 입장이다. 현상계의 다양한 모습과 변화를 지각하는 감각은 미망(迷妄)일 뿐이라고 한다. 이들은 이오니아학파의 자연철학이 '하나의 근본 물질'이 운동 변화한다고 주장하는 논리를 깨트린 것이다. 이들은 파르메니데스와 그의 제자 제논으로 대표된다.

역 출신인 소피스트(Sophist)[12)]들이 활약한 시기이기도 하였다. 소피스트들 역시 자연철학의 영향을 받아 그들의 사유형식에 학문적인 인식의 태도를 취하게 된 것이다. 다만 소피스트들은 자연철학과는 반대로 인식대상을 인간 자체에 두었다. 그런 까닭에 그들의 논의(論議)는 정치사상적인 특질을 띄우게 되어 협의(狹意)의 정치사상은 그들에 의하여 개척되었다. 그들은 인간의 주관적 입장에서 사회현상을 판단하였으나 자연철학의 영향으로 대상을 실증적으로 이해하는 이론을 구성하게 된 것이다.

이러한 자연철학과 소피스트들은 기원전 5세기말부터 정식으로 형

---

12) 소피스트의 본래의 뜻은 [현명한 사람]이다. 이들은 기원전 5세기 후반 그리스 전역에서 여행을 하며 아테네로 모여 들었다. 그리고 14세까지 기초교육을 마친 젊은 이들을 상대로 출세지향적인 수사학과 웅변술 등 전문교육을 하였다. 이러한 교육은 아테네가 도시경제에서 제국경제로 이행하는 경제적 혁명기의 혼란으로 사회 정치적인 필요가 형성되고 특히 페리클레스의 적극적인 후원에 힘입은 바가 크다. 그들을 비난하는 요지는 ;
   1. 우정과 감사의 차원에서 전수되어야 할 '지혜와 덕'에 대한 교훈을 돈을 받고 팔았고,
   2. 진지한 사상가들이 아니어서 한 문제에 대하여 모순된 둘 이상의 대답으로 농(弄)하고,
   3. 그들의 가르침은 부도덕한 것이었다는 것이다.
   이들이 후세에 부정적인 인상으로 남아있고 철학사(哲學史)에 아무런 역할도 못하고 오히려 방해만 되었을 뿐이라는 의식을 일반인이 갖게 된 것은 서양 철학사를 주도한 두 사람 즉 플라톤에게 경멸당하고 아리스토텔레스가 그들을 사상가로 받아들이지 않아 그들에 대한 기록을 남기지 않은 데 있다.
   그러나 그들의 철학사상의 선구적 역할은 그들이 탐구한 대상이
   1. 인식론(認識論)과 지각(知覺)이론에서의 철학적인 문제
   2. 지식의 사회학적 추구로 상고주의(尙古主義)(즉 옛 것을 숭상하여 정당성을 현실논리가 아니라 선대에 있었던 사실에서 찾으려는 생각)를 반대하였고,
   3. 사리(事理)의 논증을 통해 이해될 수 없는 영역은 없다는 합리성의 신봉(信奉) 등은 이들의 존재의미를 간과(看過)할 수 없게 하는 것이다.
   이들에 대한 재평가는 일차적으로 헤겔에 의하여 한 시대적 역할을 담당한 것으로 인정받았다. 헤겔은 고대 그리스 세계를 1. 탈레스에서 아리스토텔레스, 2. 헬레니즘 그리스철학(스토아학파 등), 3. 신(新)플라톤주의의 세 시기로 나누고, 그 첫 시기를 다시 1. 탈레스에서 아낙사고라스, 2. 소피스트, 소크라데스, 3. 플라톤과 아리스토텔레스의 세 시기로 나누었다.
   즉 변증법에 따라 정(正)에 해당하는 물리적 우주론과 반(反)의 주관적 정의(定意) 원리 그리고 이들의 합(合)으로서 플라톤과 아리스토텔레스를 말한 것이다. 그로테(Grote)는 소피스트들을 개혁과 공리주의의 지적(知的) 진보의 투사(鬪士)들로 재평가하였다(소피스트 운동. 조지 B. 커퍼드(George. B. Kerferd)).

성되는 그리스 정치사상, 즉 소피스트들의 주관적 입장에 반대하는 소크라테스 그리고 플라톤 사상의 일반적인 배경이 되었다.

그리스 본래의 사상은 인간 자유주의였다. 여기에 소피스트들의 인간세계에 대한 광범위한 관심과 논리적 사변 그리고 외부로부터 온 올페우스의 종교와 미레토스 자연철학의 영향을 받아 철학적 사색을 통한 이념으로 발전하게 된 것이다. 그런데 이외에도 플라톤의 정치사상에 지배적인 영향을 끼친 것은 피타고라스학파의 수리철학이다.

피타고라스도 역시 자연 철학과 긴밀하게 관련된 사상가였다. 그러나 정신적으로는 올페우스적 입장에 가담하였고 또한 헤라크레이토스에게 비할 만한 정치사상가로서의 면모도 가졌던 것이다.

3. 수리 철학자

사모스[13]섬 출신이며 지혜의 신 아폴론의 아들이라고들 불리었던 피타고라스(Pythagoras)[14]는 처음으로 철학을 세상을 살아가는 방식으로 삼는 새로운 철학 정신을 창시(創始)하였다. 이러한 정신은 소크라테스와 플라톤에 이어지는 것이다. 그는 철학이 초연히 명상(冥想)하는 일임을 최초로 보여 주었고 이는 종교적 경향을 암시하는 것이다.

피타고라스는 폭군 폴리크라데스[15]를 피하여 사모스 섬을 떠났고 학

---

13) 사모스섬은 에게해의 남동부에 위치하고 B.C.11세기경 이오니아인이 처음으로 정착하여 식민 통상무역에 나섰다. B.C. 620년경에는 지브롤터 해협까지 진출하였다. B.C. 6세기에 참주 폴리클라테스가 나타나 번영의 절정에 이른다. 그 후 아테네의 지배하에 들어갔다.

14) Pythagoras : B.C. 582(?)-497(?). 그리스의 종교가, 철학자, 수학자. 사모스 섬 출생. 그는 당시의 밀교 형식에 따라 절제, 질박(質朴), 심신의 단련을 목표로 하고 신(神)들, 부모, 친구 그리고 계율에 대하여 절대적 신실(信實)과 자제 복종을 설파하였다. 그의 종교적 교의는 윤회와 사후(死後)의 응보를 믿었고 육식을 금했다. 이론적 방면의 연구로는 음악과 수학을 중시하였다. 천문학에서는 지구가 구형(球形)임을 확신하였고 지동설을 제창하였으나 다른 학자들의 인정을 받지는 못하였다.

15) Polykrates : B.C. 537-522(?)년까지 사모스 섬을 지배하던 참주. 수도, 축항(築港), 헤라신전 등 삼대 토목공사가 유명하다. 시인들을 궁정에 초청하여 문예를 장려하였다. 그는 이집트 원정에 참가하였다가 페르시아의 지사(知事) 오로이테스의 계략에 빠져 참사(斬死)당하였다.

원을 세운 남이탈리아의 크로톤에서는 시민들의 배반을 당하고 다시 같은 남이탈리아의 메타폰티온으로 옮겨 그곳에서 삶을 마감하였다.

사모스 섬은 무역을 하며 미레토스와 경쟁 관계에 있었고 거대한 재산을 싸놓은 폴리크라라데스의 정권 때에 최고의 번성에 이르렀다. 그러나 그는 독재자로서 자신의 두 형제를 제거하였을 뿐 아니라 강한 해군을 이용하여 해상 약탈을 자행하였다. 그리고 페르시아가 이집트를 침공하였을 때는 페르시아왕 칸비세스의 부하가 되어 원정에 가담하여 승리하도록 도왔다.

폴리크라테스는 한편 예술을 애호하여 사모스 섬을 미화하기도 하였으나 피타고라스는 그의 정부를 혐오하여 떠났다. 그가 향한 크로톤은 시바리스와 이오니아 상품을 스페인 지방까지 무역하는 상권을 놓고 격렬한 투쟁이 계속되고 있었다. 피타고라스가 도착할 즈음에 크로톤은 로크리에 의하여 패배된 직후이었으나 곧 다시 싸워 이김으로 원래 미레토스와 밀접한 관계에 있던 시바리스를 멸망시켰다.

피타고라스가 크로톤에 옮긴 동기는 그곳이 지중해상에서 의술이 가장 발달한 것으로 유명하여 그 분위기를 흠모한 까닭이라고도 한다. 메타폰티운으로 옮긴 이후 피타고라스는 스스로 신(神)적 인간임을 믿고 곧 태도 변화를 일으켜 신비적인 이적(異跡)도 하였다고 한다.

그가 세상을 이해하는 방식은 수학을 통해서였다. '모든 것은 수'이며 자연의 물리적 본질은 수리(數理)에 있다고 하였다. 이 수는 사각형, 원형, 삼각형 등으로 생각되었고 세계를 구성하는 원자(原子)가 수리적으로 여러 형상으로 조정되어 무수한 물체를 형성한다고 생각하였다.

그는 수학 이외에도 음악과 의학에도 많은 관심을 가지고 있었다. 그는 소리 자체의 본성에는 하나의 수적인 조직이 존재하며 이는 우주 본성에 대한 일종의 계시(啓示)라고 하였다. 그는 의학적인 견해에 따라 모든 형상은 질서(秩序), 비율(比率) 그리고 한도(限度)의 원칙에 따라 구성되며 건강은 대립되는 성질간의 바른 양적 관계의 유지에 있다고 생각하였다. 그런데 이러한 수리적이고 기하학적인 세계관의 배후에는 신비적인 영혼이 바탕하고 있다.

그는 영혼의 불멸과 영혼 간의 교류 그리고 생사의 윤회(輪回)를 말하였다. 인간은 현세의 나그네이고 육체는 영혼의 무덤[16]이라고 가르쳤다. 그리고 신의 뜻에 순종할 것도 말하였고 따라서 그는 많은 금기율(禁忌律)을 규정하고 있었다.

그는 이 세상에는 세 종류의 인간이 있고 이를 올림픽 경기장에서 장사를 하는 최저급자와 경기하는 중간자들 그리고 오직 구경만 하는 최상급자로 비유하였다. 그는 가장 청순한 것은 학문이며 여기에 헌신하는 진정한 철학자만이 가장 효과 있게 '생의 윤회'에서 해탈한다고 하였다.

그의 금기율은 '생의 윤회'에 대한 믿음에서 기인하는 윤리관에 따른 것이다. 즉 불멸하는 영혼은 한 생명체의 절대적 완결을 의미하는 것이 아니고 여러 생명체를 전전한다. 따라서 생명 있는 존재로서 같은 세계에 사는 것은 무엇이건 친척 관계에 있다고 보았으며 그는 금수(禽獸)에게도 설교하였다고 한다.

그의 종교는 올페우스의 교의에 상통하여 '모든 가치를 눈에 보이지 않는 신의 통일'에 두어 피안을 동경하는 경향을 가졌다. '가시(可視)의 세계는 그릇되고 혼란스럽다. 안개와 암흑으로 하늘의 빛이 가려지고 저지되는 혼돈인 것이다.'라고 하였다.

플라톤이 피타고라스의 사상에서 깊은 영향을 받은 것은 그가 아테네를 떠나 편력하던 중에 남이탈리아에서 피타고라스 제자들과 접촉하게 된 기회를 통하여서였다. 그는 피타고라스와 직접 인연을 갖지는 못하였으나 피타고라스의 가르침에 대하여서는 그의 제자들을 만남으로서 잘 알 수 있었다.

피타고라스가 이념(理念)하는 사회는 남녀가 동등하고 재산을 공유하는 생활의 공동 방식에 있었다. 플라톤은 그러한 가르침에 따른

---

16) 고대 그리스의 전통에도 혼과 육체는 분리되어 있다고 생각되어 왔다. 그러나 혼(Psyche)과 몸(Somma)은 근본적으로 적대적이지 않고 혼은 몸에 대응하는 심리적인 것일 뿐이다(『그리스인들과 비이성적인 것』, 에릭 도즈, p.110).

제자들의 공동생활 양식에서 깊은 감명을 받아 그의 저서 『국가론』에서 자취를 남기었다.

무엇보다도 그의 '이데아의 세계'에 대한 기본적 구조는 피타고라스 학파 수리 철학의 초월적인 정신에 영향을 받은 것이다. 즉 수학자가 삼각형에 대한 어떤 정리(定理)를 증명할 때 그가 언급하고 있는 대상은 실재 있는 것이 아닌 것 즉 이데아이다. 이렇게 지성의 대상과 감각의 대상을 구별하고 완전하고 영원한 실재에 대한 이념은 서양의 신학은 물론 철학적 사고까지 지배하고 있는 것이다.

사상적인 영향은 시혜자(施惠者) 일방에 의하여 그렇게 되는 것이 아니며 수용자의 기본 소양과 의욕이 보다 중요한 의미로 그 영향을 완수시키는 것이다. 이러한 의미에서 본다면 플라톤에게는 이미 그러한 경향성을 충분히 가지고 있었던 것이다.

플라톤에 대한 피다고라스의 영향은 그 외에도 기본교육으로 수학을 존중하고 국가를 세 계급으로 분별하여 구상하는 태도 등에서도 볼 수 있다. 그러나 플라톤의 이테아(Idea) 철학은 피타고라스의 이상성(理想性)과 닮았으나 그의 정치사상은 확고하게 그리스 본래적인 것이다. 즉 그것은 인문주의이고 현세적이고 인간성에 대한 강한 믿음을 어느 경우에도 포기하지 않는 것이다. 플라톤은 여기에 더하여 소크라테스의 가르침과 큰 인격에 감화되어 보다 성숙한 철학적 면모를 갖추게 되었다. 소크라테스, 플라톤에 이르는 그리스세계에는 그밖에도 수많은 이채로운 사상이 빛나고 있었다.

4. 존재와 생성·변화·운동

엘레아(Elea)학파의 거두 파르메니데스(Parmenides)[17]는 순수한 엘레아

17) Parmenides : B.C. 515-445(?). 에레아 출신으로 이 학파의 시조. 철학시(哲學詩) 『자연에 대하여』가 약 160행 남아있다.
그의 사상의 중심은 '존재하는 것'만 있고 '존재하지 않는 것'은 없다는 것이다. 그는 이오니아학파의 '세계는 하나의 것이었으나(Was) 여럿으로 되었다(Become)'고 하는 것은 옳지 않다고 하였다. 그러나 그는 'be'동사를 '있다'로만 알고 '이다'임을 생

출신이며 이 도시국가에 국법을 제정해 주었다고 한다. 그는 유일자(唯一者)의 형이상학적 논리로 우주와 사물의 구성을 설명하였다.

그는 이성만이 진리의 규준(規準)이며 유(有)는 절대적인 것이고 비유(非有)는 존재하지 않으며 생각 할 수도 없다고 하였다. 따라서 유에 대한 사유(思維)의 내용은 존재와 일치 한다. 인식의 대상은 이 유(有)이며 존재하는 것은 생성도 없고 소멸도 없다. 생성이나 소멸은 오직 지각의 대상일 뿐 유일자로서는 아무런 변동도 없는 것이다. 그는 사람들이 보고 들으며 느낀다고 생각하는 모든 것이 환영(幻影)이라고 하며 오로지 지성(知性)만이 진리에 이를 수 있다고 하였다.

이렇게 말함으로서 그는 그리스인들로 하여금 처음으로 추상적(抽象的)인 사유(思惟)의 길을 걷게 하였다. 그로부터 비롯된 감각에 따른 지각(知覺)과 이성적 인식(認識)을 구별하는 일은 그 후 서구 철학사 전체에 걸쳐 계속된다.

그는 우주의 통일을 극단적으로 주장하였다. 존재는 전체가 하나이며 동시에 만물인 것이다. 그의 생각에 따르면 있는 모든 것은 한 가지 실체의 불변(不變) 부동(不動)의 한 덩어리로서 영원하고 변화 없는 정지 속에 머물러야 한다. 그에게는 허공(虛空)은 존재하지 않으므로 있을 수가 없고 따라서 운동할 공간 자체가 부정되어 모든 것은 정지

각하지 않았다. 'become' 역시 '생성됨'만으로 이해하고 '--이 --으로 됨' 즉 변화로 생각하지 못하였다. 가령 '뜨거운 것이 뜨겁지 않은 것으로 됨'이라고 하였을 때 뜨거운 '것'은 그대로 있고 '뜨거운'만 바뀐 것을 이해하지 못한 것이다.

'열(熱)이나 색깔에 있어서의 짙음이나 또 생명이 그 반대되는 것들 곧 냉(冷), 밝음, 죽음으로 바뀌었다.'고 말할 것이 아니라 '열이나 짙음 또는 생명이 그 구체적인 대상을 떠나 버렸으며 그 밖의 다른 것이 그 속에 대신 자리 잡게 되었다.'고 설명할 수 있었던 것은 플라톤에 의해 가능했다. 그러나 그 역시 그 바뀜에 대하여는 '신비적 방법으로 들어간다.'고 밖에 설명할 수 없었다. 그러나 아리스토텔레스는 이를 '가능태(可能態)'로 적절하게 설명했다. 그러나 이러한 논리적 진전(進展)은 지엽적(枝葉的)인 것이다.

파르메니데스의 중요성은 그가 환영(幻影)이라고 밀어붙인 그것들, 하이데거의 표현을 빌리자면 '존재자' 즉 '특수한 것'이며 이러저러한 '종류의 것'이며 '개별적인 것'을 가장 일반적인 '존재'와 구별한 데 있다.

피타고라스가 종교적 영감에서 이원론의 세계를 개진(開進)한 데 비해 그는 철학에서 추상적, 연역적 사유의 (따라서 논리적으로 이원론일 수밖에 없는) 길을 열어 서양 철학의 자리를 마련, 플라톤으로 하여금 형이상학을 개시할 수 있도록 한 것이다.

되어 있을 수밖에 없는 것이다.

이러한 그의 존재의 철학은 후에 존재론(存在論)과 인식론(認識論)이라는 서양철학의 중심 개념의 기원(起源)이 된다.

파르메니데스 이후의 그리스 철학은 결코 이전과 같을 수 없었다. 소크라테스도 청년기에 그를 심방하여 학업을 받았다고도 하며 그런 인연으로 플라톤의 이데아(Idea) 역시 파르메니데스의 사상에 영향을 받았다.

이오니아학파의 전통을 이어 받은 아낙사고라(Anaxagoras)[18]가 아테네에서 활약한 시기는 기원전 462년에서 432년으로 추산된다. 그는 심령(心靈)의 힘이 최고이며 그것이 일체의 생명을 주재하는 것이라 설명하였다. 심령은 동물에 있어서도 인간과 다름없이 선하고 통일적이며 무한하고 자율적이고 모든 행동은 심령에 근원한다. 이러한 정신주의는 플라톤의 이념과 관계되어 있다. 그리고 아무리 미세한 존재라 할지라도 그 안에는 서로 반대되는 요소를 포함한다. 그는 흰 눈(雪)의 한 부분이 검다고까지 지적하였다. 그러나 플라톤은 아낙사고리스와는 대립되는 입장에 있었던 사상가에게서도 많은 자극을 받았다.

엠페도크테스[19]는 지·수·화·풍(공기)(地·水·火·風)의 4대 요소를 우주의 근본물질이라고 하였다. 그는 누구나 믿는 감관의 증거를 조화시키기 위하여 그때까지 철학자들이 근본 재료로 삼은 물, 불, 공기

---

18) Anaxagoras : B.C. 500(?)-438. 그리스의 철학자. 이오니아의 클라저메네에서 출생. 페리클레스와 친교를 맺고 있었다. 엘레아학파의 학설에 의하여 위기를 맞은 이오니아 자연철학의 전통을 구하려 하였다.
그는 생성과 소멸을 부정하고 만물은 처음부터 있었고 혼합과 분리가 있을 뿐이라고 주장하였다. 만물의 종자(種子)에는 만물이 포함되어 있고 다만 지성(知性)만이 순수하고 가장 정미(精微)하다. 지성은 만물에 질서를 주며 모든 지식을 가능하게 한다. 그는 우주의 변화를 다스리고 정돈하는 우주 배후의 정신을 인정하였다. 이는 데모크리투스 등의 원자론(原子論)의 유물론적 입장과 대립적 입장에 서있는 것이다.

19) Empedocles : B.C. 490(?)-430. 고대 그리스 철학자. 시칠리아 출생. 만물의 근본은 흙 공기 불 물로 구성되어 있으며 이 불생·불멸·불변의 네 원소가 사랑과 투쟁의 힘에 의해 순환한다고 한다.
그는 두 편의 시(詩) 『정화(淨化)』와 『자연에 대하여』를 저술하였는데 『정화』에서는 신령(神靈)의 윤회를 논하고 있다. 그는 자신을 신격화하기 위하여 아트나 화구(火口)에 투신하였다고 한다.

외에 제4의 물질로 흙을 더하였다. 아리스토텔레스는 이를 '4원소'라고 불렀고 불교에서도 이 넷을 우주의 구성 물질로 보고 있다.

그는 피타고라스와 많이 닮은 삶을 살았다. 시칠리아 남해안에 있는 아크라가스 시민이며 민주정치가이었던 그가 유난히 민주와 전제파 사이의 투쟁이 끊이지 않았던 그곳에서 추방된 사실이 후에 시칠리아의 정치를 개혁하고자 세 번이나 그곳에 다녀온 아테네 시민 플라톤에게 많은 관심을 갖게 하였다.

엠페도크레스는 예언가인 동시에 기적도 행하여 피타고라스같이 철학자, 예언자, 과학자로 살았으며 스스로 신이라는 증명을 자살로서 실천하였다고 한다. 사실 그는 플라톤 같은 천품도 가졌었다. 시인이고 정치가이기도 하여 한 인격에서 과학과 정치가 조화를 이루었다.

파르메니테스 이후에는 스스로 살아있는 것으로서 운동한다는 소박한 이오니아학파의 실체 개념은 유지될 수 없게 되고 별도의 동적(動的) 원인을 제시하여야 만하게 되었다. 이에 대한 그의 논리 즉 『사랑과 투쟁』은 그의 이론의 중심 개념이다.

그는 지수화풍(地水火風)은 영원하며 사랑과 투쟁이라는 상반되는 힘에 의하여 모이고 흩어지는데 따라 각기 다른 물질이 형성 된다고 하였다. 사물의 주행(周行)은 우월한 힘과 열등한 힘이 교차하며 운행된다.

황금기는 사랑의 힘이 절대적으로 우월하여 4대요소가 투철하게 조합되는 때이고 그 극치에 이르면 투쟁의 요소가 점차로 대두하여 4대요소가 흩어지게 된다. 그리고 다시 사랑의 힘이 나타난다.

지수화풍의 조합은 일시적이고 다만 요소에 불과할 뿐이고 사랑과 투쟁이 있게 됨으로써 영원성이 따르게 된다. 공간적으로는 황금기에는 투쟁은 바깥쪽에 있고 사랑이 안에 있다. 투쟁이 시작되어 사랑이 밀려나고 투쟁이 완전하게 안쪽에 점유하면 사랑은 공간 밖으로 밀려나가 최악의 상태가 나타난다. 이렇게 만물은 끝없는 순환을 하게 된다.

엠페도크레스는 헤라크레이토스가 투쟁의 일면만을 강조한데 비하여 화합과 반발의 양면상으로 인간세계를 포함한 자연관을 철학(哲學)하였던 것이다.

그에게 있어 인간세계는 체념할 수밖에 없는 대상으로 세계는 목적을 향하여 나아가는 것이 아니고 필요와 기회에 따라 움직일 뿐이다. 그는 그 과정을 단계별 연기(年期)로 까지 추산하였다고 한다. 이러한 수리적 사유방식은 피타고라스와 닮은 바가 있다. 더욱이 그가 자신을 제신(諸神)으로부터 추방된 방랑자라고 자처함으로 스스로를 신적 인간임을 믿은 면에서도 피타고라스와 유사성을 보였다.

5. 원자론자

플라톤 같이 감수성이 풍부한 사상적 소질을 가진 사람은 그 감수성만큼 혐오도 대단한 경향이 있다. 아마도 원자론자들이 그러한 혐오의 대상에 속하는 사람들이라고 보아야 할 것이다.

원자론자 데모크리토스(Demokritos)[20]는 소크라테스와 동시대 사람으로 아난데라 출신이며 박학하여 류키푸스(Leucippus)와 함께 원자론을 효시하였다.

그에 의하면 만물은 원자(Atom)로 구성되어 있고 이 원자는 가시적인 것은 아니나 물질 존재이며 파괴할 수 없고 항상 움직이는 것이다. 그 종류는 무수하고 형상과 크기를 달리한다. 그리고 이 원자들은 떠다니는 공기와 같이 운동하며 육체와 기타 물질은 물론이고 영혼도 원자에 의하여 구성된다. 그에 의하면 생명은 가장 원시적인 원자에서 발전한 것이다. 일정 물(物)이 우리의 몸 도처 특히 두뇌와 심장에 가장 많이 모여 있다. 사상도 운동의 일종이며 물리적인 과정에 속한

---

20) Demokritos : B.C. 460(?)-370(?). 고대 그리스의 최대 자연철학자. 트라키아 출생. 스승 레우키포스의 학설을 이어받아 원자론을 대성하였다. 원자는 기하학적으로만 구별될 뿐이고 원자의 무게에 따라 원자의 운동은 영원히 계속된다.
이 운동에서 가벼운 원자는 바깥으로, 큰 원자는 안쪽으로 밀집되어 땅·공기·불·하늘이 된다. 인간의 정신은 가장 정묘(精妙)한 원자로 이루어졌다고 하여 유물론(唯物論)의 출발점이 되었다. 에피큐로스, 루크레티우스에 의하여 계승되어 후세 과학사상에 영향을 주었다.

것이다. 그런데 원자자체는 공간을 갖지 않으므로 파괴할 수도 없고 분열시킬 수도 없는 불변의 일자이나 원자 간에 운동으로 충돌(衝突) 결합한다. 그리고 일단 성립된 물체는 자연법칙의 규율에 따라 움직인다. 근본적인 제 세계와 물체는 원자의 충돌에서 발생한다.

이러한 그의 생각은 파르메니테스의 '불변의 기본입자'설과 헤라클레이토스의 '끊임없는 운동'이라는 두 학자의 영향으로 가능한 것이었다.

영혼과 불은 투명한 원자로 조합된 것이다.

유물론자인 데모크레토스도 역시 엠페도크레스와 같이 우주에는 따로 목적이 없다고 하며 그 이유는 원자는 오직 기계론적 법칙에 지배되기 때문이라고 생각하였다. 버트랜드 럿셀(B.Russel)에 의하면 그의 물리적 이론은 오늘날의 수준에 근접하며 사실에 대한 지적과 결론이 근대 이론과 동일하다는 것이다 .

데모크리토스가 유신론자 아낙사고라스에게 대항해 논전을 벌인 것은 사실이다. 플라톤은 데모크리토스에 관하여는 언급을 회피하였다. 그러나 그의 제자 아리스토텔레스는 그에 대한 상당한 이해와 평가를 그의 저술에서 표명하였다.

아낙사고라스와 데모크리토스 간의 대립적 입장은 플라톤과 아리스토텔레스가 사상적으로 결별하게 되는 계기와 그 성격이 유사하다. 이는 두 사상가 사이의 현상에 그치지 않고 정치사상사를 관통하여 양대 진영으로 갈라지는 근본적이고 중대한 철학적 테제(Thesis)인 것이다. 그런데 아테네의 문화전통에서 보면 이 외래자 데모크리토스의 사상이 이질적(異質的)인 관점을 들어 내놓은 것임은 명백하다. 그의 철학은 오랜 동안 아테네에서 무시되었고 데모크리토스 자신도 '내가 아테네에 갔을 때 아무도 나를 알아주는 사람이 없었다.'고 개탄하였다.

그는 지식을 구하려 널리 이집트와 페르시아에까지도 여행하였고 풍부한 지식과 사고의 정밀함 그리고 논리의 정확성에 있어 당대 추종할 자가 없었다. 그러나 그의 사상은 그 계기부터가 아테네의 것과는 상반되는 것이었다. 그럼에도 불구하고 그가 아테네에 남긴 자극은 중대하였다.

사대(四大) 학원의 하나를 설립한 에피쿠로스의 쾌락주의가 그와 연관되어 있고 소크라테스와 플라톤을 정신적으로 궐기(蹶起)하게 한 기원전 5세기의 소피스트들 역시 그와 사유형식에서 일맥상통하였다.

사실 데모크리토스는 세계가 지향해야 할 목적이 따로 없다고 생각하였기 때문에 쾌락에 삶의 뜻을 두었다. 그러나 그의 쾌락은 마음의 즐거움을 뜻하는 것으로 절제와 도야(陶冶)가 그것을 위한 최선의 것이라고 생각하며 일체의 격렬한 감정을 혐오하였다. 성생활을 부정하고 우정을 높이 평가한 그는 여자를 멀리하고 자손을 원치 않았는데 그 이유는 그들이 철학적 생활에 방해된다는 것이다.

이러한 에피쿠로스적 태도는 근대 공리주의자인 제레미 벤담에게도 매우 유사하게 나타난다. 그러나 사실 그는 그리스인들의 민주주의를 매우 애호하였다.

6. 소피스트

1) 소피스트들의 무대

페르시아 전쟁 후의 아테네는 민주주의의 정당한 궤도를 따르지 못하였다. 범 그리스 동맹을 주도한 페리클레스의 만년에는 이미 집권자가 권력을 남용하는 폐단이 발생하였고, 이는 페르시아에 승리한 그리스세계의 국제적 불화와 흥분된 분위기에서 자극된 혼란에 일부 원인이 있다. 페르시아와의 전쟁으로 화폐 발행의 팽창과 빈부 계급의 현격한 차이가 더욱 심각하게 진행되었고 또한 승전 이후 정권을 중심으로 토지귀족과 해상무역을 통해 부를 축척한 부유한 시민층 간에 반목과 알력이 격화되었다.

기원전 404년까지 약 30년간 계속된 펠로폰네소스 전쟁에서 아테네가 패전하였고 이 기간 동안에 민주주의의 전통이 최종적으로 파탄하여 그 혼란이 극심하였다. 펠로폰네소스 전쟁을 치루는 2년째에 유행병이 돌았다. 이로 인하여 페리클레스의 두 아들이 병으로 죽었고 그 다음해(기원전 429)에 그도 생을 끝마쳤다.

그의 사후에는 전쟁과 민주정을 함께 이끌만한 지도적 인물이 나오지 않아 권력이 소수자에게 집중하는 과두정 형태의 전제(專制)정치가 점차로 폭정화 하는 경향을 보였다. 이러한 사태는 아테네에 민주정치가 훌륭하게 운영되는 시기에는 볼 수 없었던 현상이었다. 그러나 이제 시민들은 날로 기울어져 가는 국정에 대하여 특히 군권을 장악하고 전횡하는 정부에 대하여 항의하는 태도로 나아갔다.

사실 플라톤이 그의 『국가론』에서 '어느 국가도 부자와 가난한 계층으로 분별되어 있지 않은 곳은 없다.'고 쓴 것은 펠레포네소스 전후(戰後) 모든 그리스세계에 적용되는 말이다. 페리클레스 이후의 과두정치의 폭정으로 인한 사회적 불안은 젊은이들로 하여금 출세를 위한 지식과 정치인으로 타인을 설득할 수 있는 변론(辯論)에 적극적 관심을 갖게 하였다.

이러한 세태 하에서 소피스트들은 부유하고 젊은 시민계층의 정권을 획득할 수 있는 방법을 배우려는 열의와 그를 위해 구체적으로 수련하고자 하는 사회적 요청에 따라 등장한 직업적 교사이다. 그들 대부분은 거류외지인이며 대가를 지불할 수 있는 사회층, 주로 청년들을 대상으로 활약하였다.

플라톤은 소피스트들이 보수를 받고 지식을 파는 행위를 매우 증오하였다. 그리고 진솔하지 못한 소피스트들에 대비되어 더욱 커 보이는 소크라테스의 위대한 인격에 감화되어 이상주의적인 정치사상을 표명하였던 것이다. 그러나 소피스트들의 활동은 대체적으로 아테네의 현실에 적합한 방향을 취한 것이며 획기적으로 그리스문화에 정치학설을 개척한 역사적 의미를 갖는다.

그리스인은 해상무역 그리고 전쟁을 통하여 여러 가지 다른 정치적 사회제도와 관행을 경험하였고 따라서 한 도시국가에 국한된 고립된 생활의식을 벗어난 개방적이고 합리적인 사유를 지향하였다. 당시 그리스세계에는 참된 지식이라면 철학적 세계관 내지 인생관을 내포하고 있어야만 한다는 사회적 통념은 이미 성립되어 있었다. 따라서 아테네의 지성(知性)은 인간성에 대한 신념을 간과한 소피스트들을 상대하여 본원적인 세계관을 회복하려 노력하였다.

자연철학자들의 우주관과 그리고 학문적인 통찰과 사유형식의 영향으로 인생을 합리적으로 살펴 볼 수 있게 된 아테네인들 특히 지각있는 젊은 세대는 당시 정치적인 환경 조건에 대하여 다급한 변화의 필요성을 생각하게 되었다.

당시의 정치·사회적 실정은 튜키디데스(Thucydides)[21]가 펠레포네소스 전쟁 시기의 그리스 여러 도시국가들의 상항을 묘사한 다음 문구에서 사회분위기 특히 젊은이들의 모습을 미루어 살펴 볼 수 있다.

'맹목적인 과감한 행동이 정직한 용기라고 생각되었다. 신중한 조심스러움은 겁 많은 자의 변명이며 절제는 아녀자 같은 빈약함을 미덕으로 가장한 것이 되고 지적인 탐구는 아무것도 하지 않는다는 뜻이 되어 광란적인 정력이 남자의 진정한 자격이 … 폭력을 믿었고 … 파당의 유대가 혈연보다 강력하였고 … 선의(善意)의 표징(標徵)은 도리어 죄악의 시녀로 간주되어 버렸다.'(History 82).

말하자면 디오니소스적인 개방(開放)된 힘이 반동적인 자유로 연출되었던 것이다.

소피스트들이 이성적인 자연철학자들과 사상적 계통에 깊은 인연이 있다고는 하나 정치적으로 불안한 동요시기에 궤변(詭辯)을 일삼는 행각은 아테네 지성에게 그들을 다시 평가하게끔 하였다. 일반적으로 소피스트들은 대개 시민자격도 없고 마땅히 의탁할 곳 없이 빈한하였다. 다만 아테네의 문화적이고 비교적 자유로운 생활분위기를 흠모하여 모여들었던 거의 낭인(浪人)에 가까웠다. 이러한 시기에 아테네 당국은 전통적인 신념을 침해하는 자를 처벌할 법을 통과시켜 사상 통

21) Thucydides : B.C. 460(?)-400(?). 그리스의 역사가 아테네의 부유한 집에서 태어났다. 펠레포네소스 전쟁에서 활약하였고 기원전 424년 장군이 되었다. 암피폴리스 방위에 실패하여 추방되어 20년간 망명 생활을 하였다. 이때 전쟁을 다룬 전사(戰史)(Historia 8권)를 썼다. 최고의 고전 역사서로 객관적인 입장에서 역사를 움직이는 원동력을 구하였다. 교훈적 역사가의 시조로 연설의 기법을 삽입하여 인물 및 사건의 특징을 생생하게 부각시켰다.

제와 감시를 엄격하게 실시하였다

2) 플로타코라스

플로타코라스(Protagoras)[22]는 데모크리토스와 같은 고향인 트라키아의 마브테라 출신이다. 그에 의하면 '인간은 만물의 척도(尺度)이다. 존재하는 것을 존재한다고 하는 것도 존재하지 않는 것을 존재하지 않는다고 하는 것도 인간이다.'라고 하였다.

이 말을 플라톤은 무엇이건 인간이 선택한 신념은 그것으로 진실하다는 뜻으로 해석하려 하였고(Plato Theastets) 이후에도 지식의 주관적인 자의성(恣意性)을 인정한 것으로 생각되기도 하였다. 그러나 이 말에 대한 그의 진정한 뜻을 해명하는 데는 플로타고라스가 『신에 관하여』에서 진술한 것이 유력한 증언일 수 있다. 그는 '신에 관하여 나는 그것이 존재하는지 않는지는 알 수 없다. 그리고 어떻게 생겼는지도 알 수 없다. 왜냐하면 그것을 알기에는 방해되는 일이 많고[23] 삶은

22) Protagoras : B.C. 485(?)-414(?). 그리스 철학자. 트라키아 태생 소피스트를 자청한 최초의 인물. 아테네를 여러 번 찾았고 만년에는 시칠리아에 있으면서 명성을 떨쳤다. 그는 페리크레스의 추천으로 B.C. 441년에 아테네의 식민시 투리오의 입법위원으로도 활약하였다. '인간은 만물의 척도'라는 말로 유명하며 이는 절대적 진리의 존재를 부인하고 상대주의를 표방한 것이라는 해석도 있다 우주의 이법(理法)에 관하여 과학이 주장하는 것을 회의하고 신의 존재에 대하여 불가지론의 태도였다.

23) 하이데거는 이 '방해'라는 말을 존재자의 비개현성(非開顯性), 즉 은닉성(隱匿性)으로 이해하였다. 그는 '프로타고라스가 존재자에 대한 인간의 관계를 규정하는 방식은 존재자의 비은닉성(非隱匿性)을 그때그때마다의 세계 경험의 범위에 강력히 제한하려는 것일 뿐이라는 것이다. … 이는 서구 철학의 시원을 이루는 사상가들 아낙시만드로스 헤라클레이토스 그리고 파르메니데스의 형이상학적인 근본 입장에서 행해진 것이다. 따라서 프로타고라스가 "체념적"이라거나 "절대적 진리의 존재를 부인"한다는 등의 해석은 전혀 옳은 것이 아니다. 이와는 반대로 "재판관으로서의 권한으로 객체들의 객체성을 결정하려 한다"는 것도 아니고 "신의 본질과 존재를 무조건적으로 확실한 것으로 증명하려고 하는 데카르트의 시도도 전혀 찾아 볼 수 없다"(『니체와 니힐리즘』, M.하이데거, p.210).
여기서 고대 그리스인들의 열린 이성(理性)의 모습을 볼 수 있다. 그러나 로마 멸망 후 서구인들은 그리스어를 몰랐고 전통은 단절되었다. 17세기 서구인들이 가지게 된 하나님과 세계의 기원과 인간의 본성 그리고 세계의 질서에 대한 철학적 개념들은 그리스 사람들로부터 이어받은 것과는 놀라울 정도로 다르다.
하이데거는 'Subjectum(주체 ; 그 근저에 가로 놓여 있는 것 즉 자체로부터 이미 현존하고 있는 것)이라는 본질 개념으로부터 인간, 자아 내지 "자아성"이라는 개념을 멀리 해야 한다. 왜냐하면 그리스에서는 돌, 식물, 동물들도 모두 주체이다'라고 설

어떠한 확정성도 없고 짧기도 하여 …'라고 하여 마치 소크라테스의 '무지(無知)의 지(知)'와 같이 형이상학의 근본적 입장을 밝힌 것이다. 즉 인간은 주관적이고 유한하며 상대적인 존재로서 객관적이고 무한한 절대적인 진리를 말할 수 없다.

따라서 사물에 관한 인간의 지식은 그 진실과는 아무런 관계가 없는 것일지도 모른다. 지식은 단지 인간 자신의 주관에 머물러 그 사람의 지식은 그에게 진실하고 다른 사람의 지식은 다른 사람에게 진실하다는 뜻에서 인간이 만물의 척도라고 한 것이다. 이는 프로타고라스가 차라리 인간의 현실을 객관적으로 표현한 체념의 성격이 내포되어 있는 것이다.

그러나 동시에 만물의 척도인 인간은 '존재하는 것은 존재한다고 하고 존재하지 않는 것은 존재하지 않는다.'라고 정확하게 인식하여 판단할 수 있는 지식의 가능성을 인정한 것이다. 이에 그는 낙천적인 태도로 개인의 신념 그대로의 지식을 긍정함으로써 주관주의의 소피스트와 공통성을 갖는다.

그는 소크라테스와는 달리 타협적인 태도로 삶의 여러 모습을 관용하였다. 그는 플라톤이 기탄(忌嘆; 어렵게 여겨 꺼림)한 처세로 고매(高邁)한 지식인으로서 가장 인기 있는 청년층의 교사가 되었다. 교사로서 그의 보수는 명성에 걸맞은 대단한 것이었고 당대의 명사들과의 교제도 능난(能爛)하였다.

그는 민주주의를 지지하였다. 그는 국가가 취해야 할 올바른 방도

명한다. 그러나 중세 기독교 신학에서는 '신은 그의 생각(계산)대로 세상을 창조하였다'고 믿음으로서 돌, 식물, 동물 등 존재자 일반을 객체로의 단순한 분리가 아니라 주종(소유)의 관계로 이해하였다.
13, 14세기의 르네상스의 영향으로 그리스 인문주의가 회복되었다고 하지만 중세 천년을 기독교 교의에 의하여 완벽하게 세뇌된 서구인들이 이러한 기독교의 기본 메카니즘을 벗어나기는 불가능한 것이다.
니체가 '신은 죽었다'고 선언한 이래 신의 자리에 오른 근대 서구인은 자신들, 즉 인간이 세계의 주인으로서 그리스 시대에는 당당한 주체이었던 자연을 소유의 대상으로 전락시킨다. 자연은 다만 물질적 가치로서 계산 가능한 양화(量化)의 대상으로 하여 지배하고 있다. 이들은 형이상학 즉 존재자 전체에 대한 물음을 인간학으로 대치시키고 있는 것이다. 이러한 굴절된 시각으로는 그리스 세계를 올바르게 이해할 수 없다.

(方途)는 모든 사람이 '정의와 일반 시민으로서의 자질'에 따라 각자의 몫을 가질 수 있게 하는 것이다. 교육의 목적은 '다만 자연적 재능을 젊은 시기에 잘 훈련받아 보다 우수한 자로 하여금 선(善)한 위원회를 구성케 하는 데 있다.'고 하였다.

그는 페리클레스로부터 환대를 받아 신설 도시국가 튜리의 입법가로도 추천되었고 헤로도트스(Herodotos)[24], 유리피데스[25]와도 교제를 갖고 많은 저술도 하였다. 그만큼 정치에 대하여도 상당한 견해를 가지고 있었다.

플라톤이 그의 『대화』 중 「플로타고라스」편에서 전하는 바에 의하면 히포크라테스(의성(醫聖) 히포크라테스와는 동명이인)는 젊어서 프로타고라스에게 배우기를 열망하여 소크라테스에게 그가 자신을 받아주도록 설득해주기를 간청하였다. 그래서 이들은 플로타고라스를 심방하였다. 이 때 소크라테스는 그에게 덕이 가르쳐질 수 있는 것인가 하고 묻자 그가 자신은 정치의 덕은 가르칠 수 있다고 하였다.

프로타고라스는 정치는 정의와 경외감(敬畏感)에서 성립한다고 하며 이를 신화(神話)적으로 설명하였다. '인간은 원시 상태에서는 맹수와 자연의 위협으로부터 자신을 보존할 필요에서 집단생활을 하였다. 그러나 점차로 집단생활에 반발하고 흩어지는 경향이 나타나 제우스신은 그의 사신(使臣) 헤르메스(Hermes)[26]를 인간사회에 파견하여 상호간

---

24) Herodotos : B.C. 484(?)-425(?). 그리스의 역사가 키케로에 의하여 '역사의 아버지'라고 불리었다. 소아시아 출생. 그의 가까운 친척이 참주에게 피살되어 사모스섬으로 망명하였다. B.C. 445년경에 아테네로 이주하였다. 당시의 아테네는 전성기로 그는 페리클레스, 소포크레스 등과 친교를 맺었다. B.C. 443년 남이탈리아의 투리오에서 여생을 보냈다.
그는 많은 여행을 하였는데 북으로 스키타이, 동으로는 유프라데스의 바빌론까지, 남으로는 이집트 아프리카의 키레네까지였다. 그러한 경험을 바탕으로 '역사'를 썼으며 과거의 사실을 시가(詩歌)가 아닌 실증적인 학문의 대상으로 삼은 최초의 인물이다.

25) Euripides : B.C. 484-406. 고대 그리스의 삼대 비극시인의 한 사람. 이티카에서 출생하여 토박이 아테네시민이었다. B.C. 455년 극작가로서 데뷔하여 총 92편의 작품을 썼다. 그는 대표적인 진보사상가로 인간의 정념(情念)의 가공(可恐)할 작용을 주제로 한 작품을 많이 썼다. B.C. 408(?)년경부터 마케도니아 궁정에 몸을 의탁하고 있다가 그곳에서 사망하였다.

26) Hermes : 그리스 신화에 나오는 신(神). 주로 제우스신의 사자(使者)로서 역할을 하

의 존경과 정의를 가르침으로 사회생활의 지도원칙으로 삼게 하였다.' 그때 헤르메스가 '어떠한 방식으로 그런 것을 인간에게 심어 줄 것인가? 의술에 능한 사람이 타인에게 봉사하는 방식인가? 아니면 모든 사람이 함께 그러한 정신을 가질 수 있게 하는가?'고 물은 데 대하여 '모든 사람에게'라고 제우스는 대답하였다.

즉 '모두가 거기에 참여 하여야 한다. 만약 소수인만이 가지면 직업적 기술처럼 전횡(專橫)되어 국가가 무너진다. 국가는 나 제우스에게서 나온 법으로 설정된 것이며…'라고 하여 모든 인간이 덕의 성품을 가지게 되었지만 그러나 이는 의식적(意識的)인 관심과 노력을 통해서만 얻어지는 것이다. 따라서 덕은 교육과 훈련으로 계발(啓發)될 수 있는 것이라고 답변하였다.

플로타고라스는 공민으로서의 자격과 도덕성을 존중하고 법의 규범성과 공동의 행복을 희망하며 평민을 본위로 하는 건실한 민주정신을 가졌던 것을 의심할 여지가 없다. 그는 아리스토텔레스와 같이 인간이 정치적 동물임을 알고 있었다.

그는 문벌 중심의 귀족주의를 반대하였고 구태여 초월적인 절대권위를 인간세계에서 구하려고도 요청하려고도 하지 않았다. 그는 스스로 현실에 협력하고 조화되며 살고자 하였고 선량한 시민이 되는 것이 곧 정치선의 일반적 조건이라고 보았다.

그는 아테네의 민주원리를 따랐고 그리스 제 도시국가의 서로 다른 정치제도와 생활 관습에 대하여도 따듯한 이해를 가졌다. 각 제도나 관습에는 그 나름대로 선한 원리가 있어 그 나라 자체에 타당한 것으로 시인하였다.

정치를 잘하기 위해 세 정체(政體) 중 어느 것이 최선이냐는 데 관하여는 말하기를 거부하였다. 비교할 것이 아니라 다만 각 형태의 장점을 어떻게 효과 면에서 극대화하느냐가 중요하다고 생각하였다.

사실 플로타고라스는 제일 세대 소피스트로 다른 소피스트들과 같

였다. 손에는 케리케이온이라는 전령(傳令)의 지팡이를 들고 있는 것이 특징이다. 나그네의 수호신이며 행운 상업의 수호신이기도 하다.

이 절대적 가치의 기준을 갖고 있지 않았다. 그러나 소크라테스는 그를 소피스트들 측에 포함시키지 않았다.

그는 보다 초연한 지적 품격을 갖추어 관용적인 자유주의와 민주적인 태도를 취하여 후에 아리스토텔레스와 상통하는 입장 즉 정치를 사회적 윤리적 가치라는 관점에서 판단하였던 것이다.

3) 기타 소피스트들

자연주의 철학에 따른 논리는 소피스트들 각자 성격과 현실 관계에 따라 다각적이고 미묘한 여러 주장들이 생겨나 서로 갈등을 일으켰다. 즉 자연을 이념상의 원리(原理)로서 받아들이지 않고 변화하는 자연현상에서처럼 그 행위의 정당성을 현세에 대한 실증적(實證的)인 판단에 따라 갔던 것이다.

트리시마쿠스(Thrasymachus)[27]가 주장한 ‘강자의 이익이 정의’라는 주장은 당시 아테네의 사회상에서는 올바른 이해였다. 즉 법은 통치자가 자기에게 이익이 되게 만든 것이며 권리는 그것을 지키는 것 이외의 것이 아니다. 따라서 법의 구속력을 믿는 자는 바보이거나 겁쟁이다(Plato Rep.1).

카리크레스(Calicles)[28]는 소크라테스의 교육방법이 약자를 양성하는 것이라고 비판하였다. 관습과 도덕은 자연의 요구에 일치하는 것이 아니며 강자의 권리만이 자연권(自然權)에 해당한다고 생각하여 힘의 지배를 타당하다고 보았다. 즉 자연의 정의는 인위적 문화에 구속되지 않은 생생한 천성의 발로(發露)라 하여 소크라테스가 ‘부정을 행하는 것은 그것을 당하는 것 보다 더욱 불명예스럽다.’고 한 말을 거부하였다(Gorgias).

---

27) Thracymachus : B.C. 430-400. 기간에 활동하였다. 흑해 입구의 중요한 교역 도시인 칼케돈 출신의 소피스트. 소크라테스보다는 약 열살쯤 연하로 보인다. 그는 법은 오직 강자의 이익이라고 주장하였다. 플라톤의 『국가론』 제1권에서 소크라테스의 주요한 대화 대상자로 등장한다.

28) Calicles : 『고르기아스 론』의 저자. 그의 주장에 따르면 자연적 정의(正義)는 강자의 권리이며 법률적 정의는 다수의 약자가 자기를 지키기 위해서 친 울타리에 불과하다고 한다.

시칠리아 출신의 웅변가 고르기아스는 변론술의 정치효과를 역설하며 인간의 최고선은 타인을 지배하는 자유라 하였다. 그러나 그는 플라톤도 인정한 것처럼 비도덕적 인간은 아니었다. 당시의 그의 태도로 볼 때 그는 만물은 무(無)라고 하여 불가지론적 허무사상으로 생활이 초연하였다. '비록 무엇이 있다 하여도 그것은 인식할 수 없는 것이다. 인식된다고 가정하더라도 구별되어 이름을 가질 만큼 분명한 것도 아니다.' 이와 같이 그는 형이상학적인 회의사상으로 체념적 달관에 이르렀다. 이와는 달리 합리적으로 현실을 비판하는 태도들도 보였다.

골기아스의 제자 알키다마스(Alcidamas)[29]는 주장하기를 '신은 인간을 자유롭도록 만들었다. 자연은 아무도 노예로 만들지 않았다.'고 했고, 리코프론(Lycophron)[30]은 '법은 여러 권리를 서로 인정하도록 한 것이다.'라고 하였고, 유리피데스는 '노예와 자유인은 언어상의 차이에 불과한 것이다.'라고 하였다

크리티아스(Critias)[31]는 신의 관념이 성립되는 과정을 설명하였다. 인간은 한때 야수같이 싸웠고 폭력을 벌하기 위하여 법이 고안되었다. 그러나 범죄가 비밀스럽게 행해지자 인간 행위를 감시하여 처벌하는 항상 존재하는 권위로서 신이 생겼다는 것이다.

알키다마스가 노예제도를 반자연적인 이유로, 그리고 리크프론은 귀족제도를 인위적인 까닭으로 배척하는가 하면 히피아스(Hippias)[32]는 인간의 성선을 주장하기도 하였다. 그러면서도 실제 법률이 자연에 반(反)하는 점과 그것을 강제하는 폭군주의의 비리를 지적하였다.

소피스트인 안티폰(Antiphon)[33]도 법률이 인위적이고 정당치 못하며

---

29) Alcidamas : 기원전 5세기 사람. 소피스트. 수학자이며 고르기아스에게서 배웠다. B.C.432-411 아테네에 학교를 개설하였다. 지식이 박학(博學)하고 재치가 있었다고 한다.

30) Lycophron : 기원전 3세기의 고대 그리스 시인(詩人). 에우보이아의 칼키스에서 태어났다. 『프톨레마이오스』의 저자(著者). 델포스 왕의 초청을 받고 알렉산드리아 도서관의 희극 선정(選定)의 일을 하였다. 그의 작품으로 남아 있는 것은 1474행의 『알렉산드리아』이다.

31) Critias : 플라톤 어머니의 사촌 "30인 폭군" 중의 한사람이었다.

32) Hippias : 펠로포네소스의 미리스 출신. 그는 인간의 자연적인 욕구 구조가 평등함을 근거로 하여 인종적 사회적 차이를 초월하는 모든 인간의 평등을 주장하였다.

법을 만든 자들끼리의 수작이라 말하였다. 따라서 죄악과 불명예는 그 법에 동의하는 다시 말해 법을 만든 자와 동의한 입장에 있는 자들에만 해당 된다. 참된 법은 감각기관이 자연스럽게 받아들여 준수하는 것만이 가치 있다고 보았다.

그는 관습의 구속력이 비자연적이라고 하면서도 정의는 '시민이 정치생활에 참가하며 법규를 유린하지 않는 것이다.'라고 하였다. 그러나 다른 한편으로 사람의 행동은 타인이 보고 안 보고에 따라 적당히 다르게 할 수 있다고 하였다. 이러한 태도들이 소피스트들에 나타나는 이중성인 것이다.

그는 도시국가에 문벌에 따르는 제도상의 특전이 있어서는 안 되며 또한 그리스인이 외지인을 야만족으로 구별하는 태도를 비난하였다. 그는 인간이 자신의 욕구를 제어하고 극복하여 덕을 펼칠 수 있다고 믿으면서 또 다른 한편으로 환경조건이 인간의 성품을 제약할 수 있다고 하였다. 그는 특히 무정부주의의 해악을 두려워하였고 교육의 필요를 강조하였다. 그의 광범위한 연구는 기후와 자연 현상을 비롯하여 신과 시간의 성질에 관한 수리적(數理的) 이론에 까지 미쳤다.

또한 소피스트들 중에는 정치이론의 합리화 정도가 근대적인 수준에 근접하였고 사회계약론은 이들에 의하여 효시된 것이다. 다시 말하거니와 인간의 현실에 대한 자연주의적 접근 방법은 그 관점(View Point)에 따라 정치적 주장들은 미묘한 변화를 일으키며 다양해진다.

카리크레스는 '강자의 권리를 자연의 정의로 인정하고 법적 정의는 다수자인 약자가 강자로부터 자신들을 보호하기 위하여 합의(合意)로 설정한 보루(保壘)에 불과하다. 이러한 법은 자연의 정의가 아니므로 충분한 의지력을 가진 강자에 의하여 유린되어 없어지는 것이 마땅하다.'고 하였다.

---

33) Antiphon : B.C. ?- 430. 소피스트의 한 사람으로 원의 구적(球積)에 관한 계산법을 창안한 것으로 알려짐. 그는 '다른 이들의 면전에서는 합의된 법을 준수해야 하지만 혼자 있을 경우에는 반대로 자연의 필연성을 따라야 한다.'고 하여 자연과 인위법이 상충된다고 생각하였다. 또한 그리스인과 야만인 사이에 자연적으로 어떠한 차이가 있다고 하는 것은 부자연스러운 것이라고 함.

글로콘(Glaucon)[34]은 사회계약론을 근대적 논리로 표명하였다. 즉 인간은 경험에 비추어서 서로를 침해하지 않기로 합의하는 것이 유리하다고 이해하였다는 것이다. 그는 지배는 이기적일 수밖에 없다고 솔직하게 인정하였으나 다시 계몽된 자기 이익은 법과 정의와도 양립할 수 있다. 이러한 공리적인 사회 계약사상은 골기아스의 제자 리코프론에 의해서도 언급된 것이다(Aristotle polics 1280).

또한 파레아스(Phareas)는 평등사상을 주장하여 재산의 평등한 분배만이 사회계약의 전제라는 것을 지적하였다.

자연철학에 자극된 지성과 소피스트들의 주관주의가 결합되어 이와 같이 여러 갈래의 정치이론이 현란하게 나타난 것이 당시 아테네의 현실 상항이었다. 그리고 '인간은 만물의 척도'라는 말 그대로 제각기 다르게 주장하는 현실해석에 따른 혼란상은 도덕의 해이(解弛)를 가져왔다. 소크라테스가 보편타당한 객관적 원리 즉 진리를 내걸어 이러한 사태에 항의하게 된 것은 우연한 일이 아니었다.

이제 그리스인이 외래인을 야만족이라고 구별하여 권익을 차별하는 것은 이미 시대착오라는 단계에 들었고 이는 평등에 관한 이념이 발현(發現)하는 계기가 되기도 하였다.

자연법사상(自然法思想)도 나타나 자유의 정당성을 신과 자연의 이름으로 지지하는 주장도 있었다.

소포크레스(Sophocles)[35]에 의하면 안티고네(Antigon)에서 이미 자연법과 신화의 일치 그리고 관습법이 신화에 배치하는 바를 말하였다 한다.

---

34) Glaucon : 플라톤의 작은 형이며 큰형인 아데이만토스(Adeimantos)와 함께 『국가론』에 주요 대화자로 등장한다.

35) Sophocles : B.C. 496-406. 아테네 교외에서 출생. 그리스 삼대 비극시인의 한 사람. 아름다운 용모와 최고의 교육을 받았다. B.C. 482년 살라미스 해전(海戰)의 승리 축제에서 하프를 연주하며 무용단을 이끌었다. 그는 정치가로서도 탁월한 식견을 가졌으며 B.C. 443-442 델로스 동맹 재무장관에 임명되어 페리클레스와 더불어 10인의 지휘관직에 선출되었다. 그는 역시 삼대 비극시인의 한 사람인 아이스쿨로스에게서 비극을 배웠다. 그의 작품으로 현존하는 7편을 년대 순으로 보면 『아이아스』, 『안티고네』, 『오이디푸스왕』, 『엘렉트라』, 『트라키스의 여인들』, 『필로크레테스』, 『콜로노이의 오이디푸스』이다.

아테네의 지성은 자연을 형식주의로 이해하지 않았고 자연법을 사념(思念)할 만큼 성숙되었으나 다른 한편 그리스인들의 낙천적인 성격은 비합리적인 본능적 충동을 자연의 다른 면으로 보아 이를 부정적으로 회의(懷疑)하지는 않았다. 그러한 자유스러운 정신적 배경에서 소피스트들은 후세 정치사상의 모든 계기를 현란하게 쏟아내었다. 그러나 아테네의 사회현실은 더욱 분열되어 갔다.

소피스트들의 주관주의적 소설(所說)은 사회현상을 반영하고 그 말들은 다시 사회를 자극하는 영향을 주었다. 그리고 때로 일부 비도덕적인 주장도 기성정권의 안정을 위한 약(藥)으로 방임되기도 하였다. 여하튼 소피스트들이 아테네의 운명을 결정지었던 첫째 원인이 아니었던 것은 분명하다.

그리스 연구가 크로스트는 소피스트들이 결코 그리스의 도덕을 부패시킨 것은 아니라는 점을 지적하였다. 사실 소피스트들의 공과(功過)는 그들이 쓴 문헌이 인멸되어 자취를 찾기 어렵다. 그러나 아테네가 근원에 대한 신념을 상실하고 사상적인 무정부 상태에 까지 이르게 되는 데에 소피스트들 행각의 영향이 없었다고 할 수는 없다. 이러한 상황에서 이들의 주관적 상대성을 극복하고 삶에 대한 근원적 통찰을 통하여 궁극적 진리를 확립하려는 위대한 그리스 이성 권위의 현신(現身)인 소크라테스가 출현하였다.

7. 소크라데스(Sokrates)

조각가 소피로니코스와 어머니 화이나레테의 아들 소크라데스(BC. 469-399)는 아테네의 지도적인 시민으로서 많은 공적 활동을 하였을 뿐만 아니라 장년기에는 세 번이나 참전하였다.[36)]

그는 강인한 육체로 어려움을 잘 견디어냈을 뿐 아니라 전투에서

36) 그가 참전한 세 전투는 1. 포테이데아(Poteideia) B.C. 432-429, 2. 델리온(Delion) B.C. 424, 3. 암피폴리스(Amphipolis) B.C. 422라고 한다(『고대 그리스철학』, 프리도 릭켄(Friedo Ricken), p.35).

매우 용감하였다고 한다. 그는 부상당해 쓰러져 있는 친구 알키비아데스를 큰 위험을 무릅쓰고 구해준 적이 있었다. 그는 청년시기에 페라클레스 치하의 완숙한 민주정치를 보았고 이후 중우정치의 혼란도 경험하였다.

당시까지의 자연 철학자들은 우주의 원리를 이해하고 설명하려는데 그들의 관심이 집중되었다. 그러나 소크라테스에 있어 철학의 대상은 인생의 보편적인 목적 내지는 목표라는 근원적인 문제였다.

그는 자신과 자기근거, 즉 영혼(Psyche)과 덕(德)이라는 인간 내면에 대한 성찰(省察)로부터 진실한 세계를 추구하여 나갔다. 그것은 곧 '존재자 전체에 대한 물음' 앞에 자신을 내세우는 것이다. 그는 자기 자신을 근원으로부터 끊임없이 질문 당하는 곳에 놓아두어 그 물음의 빛으로 가득한 '막다른 벽' 안에 끝까지 머물렀다. 이러한 철학하는 마음이 곧 참다운 애지(愛知)이고 '무지(無知)의 지(知)'인 것이다.

이리하여 그는 델피의 신탁(神託)에서 그가 '그리스 세계 최고의 현자(賢者)'가 될 것이라고 선명(宣明)된 것과 관계없이 항상 '너 자신을 알라'는 최후의 명제를 안고 수행과 자기 실천에 전 생애를 바쳤다. 이를 두고 안티스테네스[37]는 소크라테스의 위대한 인격의 비밀은 '자제(自制)'에 있었다고 한 것이다. 이는 진정한 철학의 개시였고 이제까지의 사유의 흐름을 확연하게 바꾸어 놓았다.

이는 특히 소피스트들의 궤변을 허무는 가장 강력한 힘이 되었다. 그가 소피스트들에 대치하여 청년들에게 문답을 통한 가르침의 명제는 '무지(無知)의 지(知)'이었다. 그가 자각한 진리는 결코 말로 표현할 수 있는 것이 아니었다.

그는 근원적 문제의 해답은 먼저 그릇된 지식으로부터 벗어나야 한다고 생각하였다. 그가 즐겨한 '참 지(知)'에 이르는 방식은 사물의

---

37) Antisthenes : B.C. 445(?)-365(?). 그리스의 철학자. 키닉학파의 창시자 아테네에서 태어났고 고르기아스에게서 변론술을 배우고 뒤에 소크라테스의 제자가 되었다. 그의 학설의 요점은 세상의 욕심을 떠난 덕(德)만이 최상의 것이며 쾌락은 기만적이라는 것이다. 그는 소크라테스의 실질강건(實質剛健)을 찬미하여 정신적 육체적 단련을 중하게 여겼다.

'객관적 실재'를 '다만 그 나타남'과 구분하여 판단하는 것이었다. 즉 제시된 지식에 대하여 엄밀한 논리로 그 지식의 모순을 추궁하고 파헤쳐 그러한 지식은 참다운 '지'가 아니며 '무지'가 될 수밖에 없음을 논증하는 것이었다. 그는 변증의 대가였으며 반어(反語; Irony)를 즐겨 사용하였다.

소크라테스의 철학에 있어 가장 중요한 점은 '인간은 무엇이 올바른 것인가를 알면 아무도 기꺼이 그릇된 짓을 하지 않는다.'는 인간성에 대한 확고한 믿음이었다. 이것이 그를 끊임없는 지식 추구의 길로 가도록 한 것이다. 왜냐하면 그러한 신념에 따르면 지식(智識)이 곧 올바름을 실행하는 덕(德)의 요체(要體)이기 때문이다. 그리고 이러한 정신이 그리스 철학의 특징이다. 이러한 지행(知行)이 일치하는 성자(聖人)[38]의 모습은 당대 유행에 그치는 지성에 공포가 되었고 나아가서는 소수 전제정치의 아테네 집권자들에 대하여 심상치 않은 위협적 존재로 주시되었다.

근원적인 것에 대한 물음은 그것이 가지고 있는 가공할 폭발력과 함께 어디에서 분출될지를 모른 다는 점에서 잔인하리만치 두려운 대상이었을 것이다.

'땅과 나무는 나에게 아무것도 가르치지 않을 것이다. 나에게 거리의 사람을 달라' 이것이 플라톤이 전하는 아테네에 대한 소크라테스의 요청이었다. 그러나 소크라테스는 세속에 관심이 없었고 최고선으로서의 덕에 온 주의를 기울였는데 이는 후세에 키닉크 학파와 스토

---

38) 인류 역사상 성자로는 소크라테스 이외에 공자와 붓다를 들 수 있는데 이들의 공통적인 특징은 일체의 형이상학적 논리를 멀리한 점이다.
공자는 그의 제자 계로(季路)가 죽음의 의미에 대하여 묻자 '삶도 모르는 데 어떻게 죽음을 알 수 있겠는가?'라고 하며 귀신이나 사후(死後)의 얘기를 전혀 하려하지 않았다. 붓다는 독(毒) 화살을 맞은 사람을 비유하여 그를 치료하는 것이 급선무이지 그 화살을 누가 만들고 무슨 나무로 만들었는가는 중요하지가 않다고 하였다.
그들 사상에 형이상학이 보완되는 것은 그들의 추종자의 몫이었다. 다만 붓다는 힌두교의 형이상학을 그대로 수용하였다. 사실 힌두교에서는 붓다를 그들의 세 주신(主神) 중의 하나인 비쉬누신의 화신(化身)이라고 한다. 유교의 형이상학은 훨씬 이후 송(宋)나라 주희(朱熹. 1130-1200)에 와서 이기론(理氣論)으로 정립된다. 이들과는 달리 소크라데스의 경우는 플라톤에 의해 곧 바로 그 작업이 이루어졌던 것이다.

아 철학에 각각 영향을 주었다.

그에게 있어 국가는 자연의 신성한 산물이며 인위적인 공작을 초월하는 것이다. 따라서 법은 국가를 규범하는 초월적이고 객관적 성격을 가지며 정의는 법으로 규정하는 그러한 규범에 관한 지식인 동시에 행위율(行爲律)이 되는 것이다.

자연법은 형식이 아니고 실질로서의 보편타당한 원리－인간의 입장에서는 이성적인 양심 명령에 따른 규범으로서 지행(知行)의 일치를 요구하는 법도(法度)이고 덕의 조리(條理)이다. 이러한 의미에서 사실상 정의는 개인의 이성적 능력이 보편타당(普遍妥當)한 원리에 다다른 지식과 덕을 갖춘 자에 의해서만 실현될 것을 기대할 수 있는 것이다. 따라서 소크라테스는 국가의 공직을 추첨에 의하는 중우(衆愚)적인 평민 민주주의에 대하여는 명백하게 비판적인 공격을 하였다.

그는 법을 국가의 권위로서 이해하여 현실정치보다 상위의 것으로 보았다. 국가의 법은 절대적이고 준수하여야 할 존엄성이 있어 개인은 법을 어기거나 국가에 대한 반항을 범해서는 안 된다. 개인은 자기의 행위를 규율하는 여러 법률의 뜻을 알아 그에 복종할 의무가 있다. 이것이 국민으로서의 정의(正義)이다.

물론 국가의 법 중에는 분명히 정당하지 않은 것도 있다. 그러나 국민은 그 국가에 거주하는 이상 국가가 요청하는 모든 것을 이행해야 한다. 소크라테스는 국가를 부모 같은 지위로 분석하여 부권적 권위를 인정하였다. 부정한 법률에 대해서는 이를 성립시킨 사회상태 내지 조건을 개선함으로 써 그 법을 정당한 것이 되도록 고치게 할 뿐이고 아니면 국가법에 순종하거나 국가를 떠나는 수밖에 없다.

그러나 소크라테스는 이러한 국가관(國家觀)을 가지고 있으면서도 정치에 있어서는 피치자인 인민을 그 본위로 보았다. 그는 정치는 피치자의 행복을 유지하고 증진시켜야 하는 것이며, 정치가는 사회 상태에 대한 과학적인 판단과 그를 실행할 수 있는 자라야 한다. 즉 정치의 윤리성과 아울러 이를 실제로 효과 할 수 있는 기술면도 중시한 것이다.

이상(以上)이 플라톤이 서술한 『대화』에 나타나거나 일반적으로 해석되는 소크라테스의 정치사상이다.

소크라테스 자신은 저술을 남기지 않았다. 그런데 플라톤같이 극단적인 이상주의자였고, 외래문화의 영향에 반대기질이 강했던 사람에 의하여 쓰여졌으나 그럼에도 불구하고 『대화』에는 소크라테스가 자연철학적인 면이 농후하고 소피스트들의 실증적인 현실이해에 따른 점도 보인다. 이는 그가 단순한 이상주의자가 아니었음으로 어쩌면 그것은 당연한 것이었다.

델피의 신탁 이후 소크라테스는 신성한 사명감과 신념에 헌신하였을 뿐 정치에 대하여 이를 회피하는 태도로 일관하였다. 또한 그가 국가와 법에 대하여 항거하는 태도를 취하였으리라 추측할 수 있는 어떠한 단서도 없다. 그럼에도 불구하고 삼십인(三十人) 전체정치를 뒤이은 신정부는 그를 단죄하였다. 그는 아테네 귀족층과 매우 긴밀한 친분 관계에 있었는데 그것이 처형의 정치적 배경이었다고 하지만 보다는 진실이 가지고 있는 보이지 않는 힘을 그들이 두려워하였다고 보아야 할 것이다.

아테네의 종교를 무시하고 데에몬(Daemon ; 魔)을 도입하여 청년들을 부패시켰다는 판결이 한 표차로 결정되었다. 옥중을 찾아온 친구 크리토가 탈옥을 권고 하였으나 그는 이를 거절하였다.[39)]

여기에 소크라테스 인격의 위대함이 있으며 정부판결이 옳지 못했으므로 탈옥할 권리가 있다는 주장에는 이를 문제시하지 않았다.

사실 소크라테스는 아테네와 운명을 함께한 최후의 상징적인 존재였다. 심판자 중에는 그의 친구 메레투스와 아니투스도 있었다. 그러나 그들은 결코 반도덕적 인물들이 아니었고, 그들대로 아테네를 구제한다고 믿었던 것이다.

---

39) 소크라데스는 그들에게 '자네들은 한 나라가 내린 판결이 아무런 힘도 못 쓰고 개인들에 의해서 무효화되고 무력(無力)해지는데도 그 나라가 전복되지 않고 여전히 존속될 수 있다고 생각하는가?'라고 질문하였다(플라톤의 『대화 : 크리톤』).

제 3 절 플라톤

1. 배 경

플라톤(BC 427~347)이 스승인 소크라테스의 죽음을 당한 것은 그의 나이 20대 후반이고 제자가 된 지 8년이 되었을 때였다. 그는 아테네의 명문출신으로 촉망 받는 젊은이로서 당연히 상당한 공적 지위가 기대되었다. 그러한 그는 이를 단념하고 매우 굴곡이 심한 삶을 살았다.

플라톤을 위요(圍繞)한 현실적 사상적 분위기는 비교할 수 없을 만큼 매우 현란하고 복잡한 것이었다. 그는 소크라테스의 죽음 이후 일신상의 위협을 느껴 소크라테스의 추종자들과 함께 메가라로 피신하였다. 그 후에 키레네(아프리카), 이탈리아, 이집트 등을 순방하고 남이탈리아에서는 피타고라스 제자들과 만나면서 깊은 감명을 받았다,

또한 그는 스스로 철인정치(哲人政治)를 실천하고자 근 70세에 이르기까지 시칠리아의 사라쿠사를 세 번이나 찾았으나 매번 실패하였다.[1] 그러나 그는 이에 굽히지 않았던 정치가적 기질도 천품으로 타고났다. 그는 『국가론』[2]에서 정치사상의 가장 창의적이고 호화로운 심폭(深幅)

---

1) · 1차 : B.C. 390(?) 387(?). 시칠리아 동해안의 시라쿠사에서 참주 디오니시우스(Dionisious) 1세와 그의 처남 디온을 만남. 디온은 플라톤의 도덕적 정치적 이성에 지지를 보내 궁중에 머물도록 하였으나 디오니시우스와 언쟁을 하고 노예로 팔리어 갔다가 에기나(Aigina) 섬에서 몸값을 치루고 풀리어 났다.
· 2차 : B.C. 367 디오니시우스 2세에게 외삼촌인 디온이 추천하여 플라톤을 스승이자 정치적 고문의 자격으로 초빙하여 갔다. 그러나 이들 숙질간의 불화로 되돌아왔다.
· 3차 : B.C. 361 디오니시우스 2세가 다시 초빙하여 갔으나 디온의 문제로 다투고 돌아옴.

2) 플라톤의 대화편(對話篇)은 세 군(群)으로 분류된다.
첫째 군은 제일 처음 집필된 것으로 소크라테스식 대화인데 소크라테스가 등장해서 거짓을 주장하는 것에 대해 질문을 통해 그것이 편견임을 밝힌다. 그렇게 하여 신앙심, 용기, 절제, 우정, 아름다움과 그리고 의도적인 악행과 의도되지 않은 악행을 주제로 『에우티프론』, 『라케스』 등에서 다루고 있다.

을 보여 준다.

플라톤은 정치라는 주제에 대하여 체계적인 저술을 한 최초의 사상가이며 정치사상의 창시자이다. 그의 철학의 기본에는 두 가지 믿음이 있다.

그 하나는 삶의 보편적인 질문에 대한 답은 수학의 진리같이 객관적으로 발견될 수 있다는 것이고 다른 하나는 그러나 그 진리는 소수의 철학자만이 알 수 있다는 것이다.

그는 전자(前者)를 이데아(Idea)에 대한 설명으로 후자를 철인군주로 실현코자 하였다. 그리고 선(善)을 인간이 실현시켜야할 최고의 가치로 설정하였다.

처음 시칠리아 정치개혁이 실패하여 귀환한 후, 기원전 387년에 그는 전설적인 영웅 아카데모스(Akademos)를 모신 신역(神域)에 그 이름을 따서 아카데미(Akademeia)를 개설하였다. 그리고 20여년 교사생활을 하는 동안 사색을 통하여 소크라테스를 일인칭 대화자로 하여 『국가론』을 썼다. 그는 60세 쯤 두 번째 시칠리아에 부임하기 전까지 (BC367) 국가론을 완료하였다.[3)]

그리고 『국가론』을 비롯한 그 시기에 표명된 정치사상이 그 자신의 어떤 심정에서 이루어졌던가는 그가 만년에 술회한 『제7서한』이 여실히 전하여 준다.

중간 군에는 소크라테스가 타고난 교사로 등장, 정교한 철학사상을 해설한다. 『파이론』, 『향연』 그리고 『국가론』이 여기에 해당된다.

이 중간 군과 마지막 군 사이에는 지식의 정의를 내리려는 『테아니테토스』와 소크라테스가 노년의 파르메니테스를 경외하는 젊은이로 등장하는 『파르메니테스』가 있으며 여기서 이데아 이론에 대한 복잡하고 난해한 논쟁이 펼쳐진다.

『정치가론』과 『법률론』이 속하는 마지막 군에는 소크라테스가 조역 또는 아예 등장하지 않는다(『서양 철학사』 앤소니 케니(Anthony Kenny) p.74-75)

3) 이러한 김영두 교수의 견해와는 달리 세이빈 교수는 『국가론』의 집필과 『법률론』의 집필 사이에는 근 30년(또는 그 이상일지도 모른다) 정도의 간격이 있다고 보았다. 이러한 견해 차이는 두 저서에 표명된 사상내용을 어느 정도 일관된 것으로 보느냐 아니면 30년 세월의 간격이 『국가론』에서의 철인군주에 의한 지식의 통치에서 완전히 입장을 바꾸어 법치주의로 전환했다고 이해하는가에 대한 중요한 판단 근거일 수 있다.

‘남과 같이 생활을 자립하여 국사에 참여할 뜻이 있었으나 상황이 묘하게 바뀌었다. 현행 제도는 다수 인민에게 좋지 못한 사태로 변전되었다. 즉 정부는 30인의 수중에 들어갔다. 그 중에는 내 친척과 친구도 몇 사람 있어 그들은 한때 나를 가입하라고 초빙하며 그것이 바로 나를 위한 길이라고 말하였다.

나는 너무 어려서 질문하지 못하였고 그들 목적이 현재의 정의롭지 못한 생활에서 국가를 정의의 길로 구출하리라고 생각하였다. 그래서 어떻게 그들이 행동하는가에 특별히 주의하였다. 그러나 머지않아 나는 이전의 제도가 황금의 시대이었다는 생각에 이르렀다.

그들이 저지른 죄악의 하나는 소크라테스를 처벌할 목적으로 체포한 것이었다.

나는 소크라테스를 가장 정당한 사람이라고 부르기를 주저하지 않는다. 그들은 소크라테스를 그들 활동에 동참시키려 하였던 것이고 소크라테스는 이를 거부하였다. 나는 그들의 행동에 분개하여 그들과 함께 일하기를 단념하였다.

얼마 지나지 않아 30인의 정부는 붕괴하였고 나는 다시금 잠간이나마 정치활동에 들어갈 생각이었으나－이어 플라톤은 소크라테스의 무고한 죽음을 언급한 후에－나는 혼자 힘으로 정치를 바로 잡을 수 없고 옛 전통적 도덕과 관습에 사는 사람들도 거의 없고 새롭게 그런 친구를 만들게 될 것 같지도 않았다. 정치에 들어가면 자신의 태도를 온전히 지키지 못할 것이라고 생각하여 나는 혼자 악폐(惡弊)한 정치를 어떻게 고칠 것인가에 몰두하게 되었다. 나는 결국 현존하는 모든 국가는 예외 없이 악하게 제도되었고 악하게 통치되고 있다는 결론을 내렸다.

여기서 바른 교육이 도시 또는 개인이 의지할 바른 행동의 유일한 기초라 믿게 되었다, 인류에 있어 국민은 바르고 진정하게 교육된 자가 국가에서 통치권을 잡게 되던지 또는 어떤 기적에 의하여 나라에 권력을 잡은 자가 진정하게 교육되기까지는 그들의 재난을 결코 제거

하지 못할 것이라는 결론에 이르렀다.'

이 『제7서한』에서 술회한 내용은 그러나 플라톤이 소크라테스에 대한 회고와 그 자신 정치가 기질에서 격앙된 40대의 필치는 아니다. 이 서한은 시칠리아에 세 번 다녀온 경험을 기술하는 서한 중에 속해 있다. 그만큼 현실을 달관하여 스스로의 생애를 자축하기에 이른 경지에서 쓰이어 진 것이다.

플라톤이 페레폰네소스전쟁이 아테네의 패배로 종결(B.C. 404)된 것을 본 것은 20대 초반의 일이다. 그런데 패전 후의 아테네의 참상은 비할 바 없었다. 과세의 누가(累加)원칙을 채택하는 한편 국가보조를 증대하였음에도 재정과 사회의 파탄을 수습할 수 없었다.

기원전 380년에 이소크라테스(소크라데스가 아님)[4]가 이를 논평하여 '자연에서 배운 것을 따르지 않고 전쟁과 내란으로 스스로를 해쳤다.' 고 개탄하며 '어떤 자는 무정부적 방탕과 혼란에서도 자신의 목적을 달성하였으나 다른 자는 처자와 함께 타국에서 이곳저곳을 유랑한다. 많은 사람들이 먹을 것을 얻기 위하여 용병이 되어 그들의 친구에 대항하고 그들의 원수를 위하여 싸우다 죽는다.'고 말하였다(Panegyrious, p.167-8).

희곡 작가 아리스토파네스[5]는 『프락사고라스』에서 '빈부 없는 동일한 수입과 분배', '가난이 결코 어느 행동의 주요 원인이 되지 않는 …', '모든 자에게 공통 되고 모든 자에게 동일한 생활 체제'를 그 해결책으로 보았다.

---

4) Isocrates : B.C. 436-338(?). 그리스의 변론가 수사가. 아테네의 부유한 집에서 태어났으나 펠레포네소스 전쟁으로 파산. 생계를 위하여 변론가로 나섰다. 후에 변론술 학교를 창설하여 크게 성공한 정치가 변론가들을 배출하였다. 키케로도 깊은 영향을 받았다. 그의 정치적 주장은 온 그리스가 한 사람의 지도자를 세워 아시아에 대항하여야 한다고 한 것이다.

5) Aristophanes : B.C. 445-385. 그리스 최고의 희극 시인. 그는 시종 신식철학, 소피스트 그리고 선동 정치가에 반대하여 계속 풍자하였다. B.C. 423년에는 『구름』을 상연하여 소크라테스를 도마 위에 올려놓고 신식교육을 비난하였다. 열렬한 평화주의자로 B.C. 411년 『여자의 평화』에서 여성의 성적 스트라이크로 평화를 획득한다는 기발한 희곡을 보이기도 하였다.

플라톤은 이러한 현실적 사상적 분위기에서 청장년기를 보냈다. 그리고 남이탈리아에서 피타고라스 제자들의 단체 생활의 양식을 보았다. 그는 피타고라스 수리철학과 함께 그들이 명상하며 사는 생활에 깊은 인상과 감명을 받았다.[6)]

『국가론』은 이러한 시대상을 깊이 사색하여 집필한 것이다. 플라톤 이전에 이미 아테네에는 플라톤 사상의 여러 요소가 현란하게 전개되었던 점은 이미 전장에서 언급한 바 있다. 이 벅찬 문화적 사상적 동요를 안고 이룩한 플라톤의 사상적 업적은 그가 아테네 명문 출신으로서 감수성이 풍부한 천재적인 기품을 가졌다는 것이 결정적 요건이었다. 그리고 무엇보다도 소크라테스와의 어렸을 적부터의 관계가 『국가론』에서 국가를 어떻게 설정할 것인가 라는 명제를 갖는 동기를 구성한 것이다.

플라톤의 정치사상의 참된 면목을 이해하려면 용의주도하게 참구(參究)하고 판단하여야 한다. 그의 서양 정치사상상의 지위는 여러 의미에서 위대한 선구자로 후세에 막중한 영향을 영구히 지속하였다. 플라톤에게 정치는 현실에서 이루어질 수 있는 것에 대한 고려보다 그렇게 되지 않으면 안 될 당위로서의 문제였다.

그가 요구하는 것은 정치가에 대한 교육이며 그것은 절대적인 것이었다. 그의 이상주의적 세계관에 따르면 아테네는 그에게 있어 진, 선, 미가 하나로 융합한 초재적(超在的)인 실체이다. 그의 이데아 이념[7)]은 현실세계에 그 자체를 반영하는 모자적(母子的) 관계로 이해되며 목적선을 효능하도록 기능하는 것이다. 정치가는 이 이데아의 기능을 실현하여야 함으로 당연히 정치가에게 요청되는 것은 철인(哲人)으로서의

---

6) 플라톤이 '땅에 얽매인 인간의 마음과 초월적인 이데아(Idea)의 세계 사이에 다리(橋)를 본 것은 오르페우스교와 피타고라스학파에서였다.'(『희랍 철학입문』, W.K.C.거스리, p.119).

7) 플라톤에게 있어 Idea는 현대인이 생각하는 우리의 마음을 떠나 존재하지 않는 것을 연상하는 '관념(觀念)'이 아니라 그것은 충만하고 온전(穩全)하여 독립된 존재를 누렸다(W.K.C 거스리, 동서, p.120). 또한 하이데거는 '이데아란 주체로서의 우리가 파악하는 대상이 아니라 오히려 자신을 내보이는 그것에 의해 우리가 보여 지는 것과 같은 것이다.'라고 한다(하이데거, 동서, p.30).

지혜와 덕을 갖추고 동시에 도덕 실천가로서의 성품을 가져야 한다.

플라톤의 세계관은 소크라테스의 정신을 이으면서도 많은 앞서 산 사람들의 사상에서 영향을 받은 것이다. 즉 헤라클레이토스의 범신론적인 입장에서 로고스가 대립하는 다자(多者)들에 기능(機能)하여 조화와 통일을 이룬다는 생각과 아낙사고라스의 유심론적인 일자가 만물을 주재한다는 설명 그리고 이미 설립된 자연철학적인 로고스 등이 그것들이다. 이외에도 쿠세노파네스[8]의 일신교와 에레아학파의 일자본체론이 그의 사상에 상통하는 면을 갖는다.

2. 국가론(The Republic)

『정의에 관하여』라는 부제가 붙은 대화 형식의 이 책에서 플라톤은 '진정한 국가'는 개인에게 정의로운 의미로 존재하는 사회질서이며 그는 이를 이상적 형태로 구상하였다. 그는 삶에 있어 정의는 자연의 노스(Nous)에 조화하는 것이며 인간은 이데아 선을 이성(理性)에 의하여 실현시킬 수 있다고 믿었다.

1) 국가의 기원

인간의 생활은 물질적 경제적 관계에 기초한다. 생리적 필요에서 의식주를 충족시키기 위하여 집단생활을 하게 되었고 수요와 공급이 분업으로 발전하여 사회적 체제가 정비되기에 이르렀다(Rep).

국가는 이러한 사회관계가 복잡하게 됨에 따라 경제적 필요와 심리적인 원인에서 자연히 형성된 것이다. 즉 공동생활의 경제적 사정과 정신적 기능을 조정하는 통일의 과정에서 성립한 것이다.

플라톤에게 있어 자연을 지배하고 규정하는 것은 로고스(Logos)이다. 로고스는 물질적 질서에 내재하는 이데아의 기능으로 나타나며 국가

8) Xenophanes : ?-?. 고대 그리스의 시인 철학자. B.C. 6세기에 각 지방을 방랑하며 풍자시를 지었다. 그리스의 전통적인 너무나 인간적인 다신교와 그를 찬양한 호메로스와 헤시오도스를 비판하고 신은 전지전능하고 유일지고(唯一至高)하다고 하였다.

는 개인과 사회에 대하여 Logos의 정의가 실현되는 여건을 마련하여야 한다.

2) 질서의 기능

그는 사회의 질서를 인격적인 요소에 비교 대응하는 세 개의 사회계급으로 나누고 그들 간의 지배와 복종의 관계를 설명하는 것으로 기초를 세웠다. 즉 인간의 생명을 구성하는 세 요소 심령적(心靈的)인 예지(叡智), 정신적인 의지, 그리고 관능적인 욕망에 대응하여 최고의 통치자 계급, 군관계급(Guardians)과 생산자계급(Auxiliaries)으로 구별 하였다. 그리고 예지가 의지를 의지가 욕망을 지배하여 욕망과 의지가 각기의 순서에 따라 최고의 심령적 예지의 작용에 복종하여야 한다고 하였다. 그렇게 함으로서 개인 생명은 비로소 정의로운 존재로서 발전할 수 있는 것이다.

이 질서는 국가가 세 계급에 각각의 고유한 기능을 부여함으로 보장되는 것이다(Rep). 즉 탁월한 심령적 이성을 가진 지덕(智德)을 갖춘 자가 최고의 통치계급이 되어 국가 정의의 의의와 목적을 통찰하고 그것을 달성할 수 있는 공정한 수단을 찾아서 군관계급에게 그 실천을 명령한다. 비교적 우수한 인품의 용감한 자들이 군인 또는 관리계급을 구성하여 통치자의 명령을 받아 날카로운 감성으로 국가 내외에 그것을 실천한다.

생산계급은 물욕에 이끌려 바쁘게 사는 대부분의 인민으로 형성 된다. 그들은 통치자 계급의 명령에 복종함으로서 정당한 몫을 받으며 각기 기능에 따라 재화를 증산하여 국가발전의 경제적 기초를 다지는 것이다.

세 계급은 각기 그 계급에 적합한 심성 내지 재능을 가진 개인으로 구성되어 다 함께 정의롭고 행복할 수 있다. 정치선(政治善)은 각 계급이 임무수행을 하나의 유기체처럼 협조함으로서 달성할 수 있는 것이다.

국가의 정의는 그러한 선에서 충족되고 그러한 질서에 존재한다.

그리고 무엇보다 최고의 선을 수행하는 국가가 최고의 정의[9]를 실천하는 것이고 그러한 국가가 '진정한 국가'이다.

그에 따르면 정치 선의 실현을 위해 선택한 통치자 권위주의는 오히려 인민의 최고행복을 위하는 뜻에서 절대적으로 요청된 것이다. 즉 국가의 목적은 가장 넓은 의미에서 인민의 행복 증진에 있다. 그러나 행복은 무조건적인 것이 아니라는 생각이 그가 민주주의적일 수 없었던 근본 동기였다. 오직 정의로운 선에만 진정한 행복이 있다. 그러므로 현실에서 인민의 대부분은 불행한 사실을 시정하고 개선하기 위하여서는 지와 덕을 갖춘 자의 명령과 지도에 기대할 수밖에 없다. 그런데 이는 인민의 자유를 적극적으로 보장하려는 목적이기도 하다.

정치선이 '진정'한 것이어야만 인민의 행복과 자유 역시 참뜻을 갖게 된다. 즉 인민이 좋아하는 것이 곧 정치 선은 아니다. 정치선은 일시적이고 왜곡된 욕구나 방종과는 구별되는 것이다. 따라서 통치자의 정치는 본질적으로 교육의 기능이 효과적으로 발휘될 수 있어야 한다.

---

9) 정치사상에 관한 책에 가장 많이 나오는 단어들에는 정의(正義), 덕(德) 그리고 선(善)을 들 수 있다. 이들 세 용어는 행위 주체(국가이든 인간이든 다른 무엇이든)의 일정한 상태에 대한 정의(定意)로 같은 현상을 두고 그 용의(用意)점에 따라 각기 다르게 쓰이어지는 것이다. 다음은『희랍철학 입문(W.K.C. Guthrie)』에서 발췌한 것이다.
Justice (정의)는 그리스어 Dike를 영역(英譯)한 것으로 원 뜻은 길(Path)이라고 한다. 사람들이 처신(處身)하는 방식, 관습 또는 자연의 정상적인 진행을 의미하며 플라톤이 사용하기 이전에는 바른 길이라는 의미도, 어떤 의무(義務)의 암시도 없었다.
Virtue(덕)는 그리스어 Arete의 영역으로 어떤 것에 능(能)함 또는 훌륭함을 의미하였다. 소피스트들이 정치인의 Arete를 가르친다고 할 때 윤리적인 것은 아니었다. Arete는 직업과 관련되는 것으로 예를 들자면 군인에게 Arete는 용기(勇氣)이다. 그런데 소크라테스, 플라톤들은 Arete 앞에 '인간의'를 붙여－인간의 훌륭함－을 물었다. 이렇게 하여 Arete는 덕의 개념이 되어 윤리적 성격을 갖게 된다. 인간이 다른 생명체와 다른 것은 지성(知性)이 있다는 것이며 따라서 인간의 Arete는 지성의 능(能)함이며 여기서 소크라테스의 명제인 '덕은 지식이다.'가 성립된다.
Good(선)을 말하면 앞에 있는 'Arete'는 좋다, 훌륭하다는 그리스어 'Agathos'의 명사형이다. 이 Agathos(형용사)의 다른 용법으로 중성 정관사를 붙여서 추상명사로 'to agathon'이 바로 The good으로 선(善)이 된다.
이 세 용어는 소크라테스 플라톤 그리고 아리스토텔레스에 의하여 비로소 윤리적 색체를 갖게 되고 의미가 보강된 것이다. 이들의 의미를 굳이 나눈다면 덕과 선은 체(體)와 용(用)의 관계로 또한 달리 보면 덕이 정태(靜態)적 내지 목적으로서의 의미 즉 그 실체의 정통성(正統性)의 근거로 배후(背後)하는 면이 있다면 선은 동태(動態)적 측면을 나타낸다고 볼 수 있겠다. 이들에 비하여 정의는 같은 내용에서 의무감 내지 당위로서의 면을 강조한다고 보겠다.

여기에 플라톤의 정치이상의 근본적인 특질이 있다.

그가 국가 성원을 사회적 계급으로 구분 하였으나 이때의 그 계급의 성격과 의미는 근대적이거나 인도의 카스트 같은 뜻이 아니었다. 그가 생각한 사회적 계급은 국가의 목적을 중심으로 하여 재능별로 협동하는 정치적인 체계로 인식 하였다.

그는 개개인이 자신의 재능을 충분히 발휘하는 것보다 그 자신은 물론 타인과 사회에도 더 좋은 일은 없으며 이것이 사회정의라고 하였다. 계급의 지위는 개인의 인격 발전에 따라 그에 상응하여 융통되는 임시적인 의미가 강하였다. 그러나 플라톤은 최고 통치층과 군관층 간에는 교육과 개인의 수양과 그 노력의 결과에 따라 융통되어야 한다는 데에는 적극적인 관심을 보였으나 최하급인 생산자계급과 최상급간의 교류에 관하여는 결정적인 태도를 취하지 않았다. 그렇다고 그가 이들 간의 교류를 꼭 부정한 것은 아니다. 그의 이상은 아테네의 당시 실정을 대상으로 추구한 것으로 당시의 미묘한 고전적 성격 즉 유전의 법칙에 따라 개인의 소질이 가계에 따라 결정된다고 확고하게 믿었던 것이다.

그런데 『국가론』에서 선언한 '진정한 국가'의 모형은 적은 도시국가를 상대로 설계한 것이다. 즉 공동생활의 조건을 기초하고 국가의 본뜻을 충족시키려는 세 계급의 정치적 구상은 실제 아주 적은 구성원을 상정(想定)하였던 것이다. 그리하여 플라톤의 이념은 정치사상사에서 '정치이념의 가장 순수'한 원리를 선구적으로 표명한 매우 중대한 지위에 있다. 정치의 의의(意義)가 어디에 있는가를 외부 조건에 제약됨이 없이 단적으로 현출하여 후세에 영원한 지표로서 영향을 지속한 것이다.

플라톤은 국가와 정치에 있어 가치의 실천을 제일의(第一義)로 생각하였다.

계급 간의 융통성을 인정하면서도 그 한계를 엄격하게 규정하여 세 계급을 금, 은, 철의 계급이라고 이름 짓고 행여나 은 특히 철의 분자가 금의 계급에 잠재(潛在)할 가능성을 극히 경계하였다. 그들의 이성이 발전할 것이라는 것을 인정하였으나, 그러한 혼재(混在)가 국가의 타락에 단서가 된다고 선언하여 이것이 최고의 정치 선이 허물어지는 계기가 될까 걱정하였다. 그는 생산자계급은 되도록 생산자로 머물러 있는 것이 필요하다고 생각했다. 그러나 국가 생명인 경제적 기반을 위하여 정책적으로 이 계급을 소중하게 생각하고 유능한 인재를 많이 확보할 것을 고려해야 한다고 하였다.

플라톤은 이상주의의 다른 반면인 현실 여건을 고려하여 여러 정책도 제안하였다. 그는 전문적인 기술을 장려하고 분업의 효능성을 주장하였다.

한 사람이 그의 소질에 맞는 일을 제 때에 하며 다른 일에 관여하지 않을 때 이 모든 일은 보다 용이하면서도 또한 보다 우수한 질로 생산된다는 것을 우리는 고려하여야 한다(Rep). 이는 물론 생산자에게만 한하는 것이 아니고 다른 계급에도 적용되는 것으로 플라톤은 결국 세 계층의 지위가 변동하지 않는 것을 원칙으로 한 것이다.

이와 같이 플라톤에게 이상과 현실은 서로 조화되고 상응하는 관계로 이해되었다. 따라서 개인 자유와 인격의 완성도 궁극적으로는 국가의 의의로서 목표된 것이다.

'선(善)의 자유' 즉 선의 본성이 한껏 발현되는 것이 국가의 의의를 구성하는 요체이며 이를 위해 필요한 경우 정치권위가 절대적 효능을 갖도록 하는 것이 국가의 정의(正義)이다. 이것이 노스(Nous)의 자연, 노스의 당위성이기 때문이다. 이 때 정의가 참된 것이라야만 한다는 명제는 플라톤이 소수의 '통치자 권위주의'로 지향(指向)하게 하였다.

개인과 사회는 유기체적 관계로서 국가정의가 실현될 때 각자 역시 참된 번영(繁榮)이 이루어진다. 따라서 국가는 이를 위한 합리적인 제도와 그렇게 운영할 의무가 있고 이에 대한 충분한 정책적 배려가 요구된다.

여기에 이르면 플라톤의 정책적 면은 그의 이상주의만큼의 중요성을 갖는다. 이와 같이 현실과 당위 그리고 정책과 이상을 직결시키는 플라톤의 표현은 거인의 풍모를 느끼게 한다.

『국가론』에 표현된 그의 정치사상은 오해될 수 없을 만큼 시종 견실하다. 그가 주장하는 정치적 의의는 개인과 국가가 함께 진정한 '선의 자유'에서 조화되는 정의(正義) 그러나 무엇보다도 국가가 정의를 절대적으로 확보하고 효능(效能)하여야 한다는 것이다.

3) 정책과 제도

그에게 국가의 이러한 기능이 요구하는 정치적 성격은 권위주의라기보다 교육정신이 앞선 것이다.

국가의 목표를 실현하기 위해 정치가가 해야 할 일은 '장애가 되는 요소를 제거하고 좋은 시민이 되는데 필요한 조건을 적극적으로 발전'시키는 것이다, 이를 위하여 플라톤은 공산(共産)이론으로 장애를 제거하려 하였고 다른 한 면은 그의 교육이론을 낳았다.

플라톤은 제7권에서 국가의 중심되고 주요한 기능으로서 교육을 세밀하게 설계하였다. 그리고 이를 위해 선결(先決)해야 할 문제로서 통치자의 자질을 가장 훌륭한 수준으로 확보하는 정책을 구상하였다.

그 방안으로서 통치계급자는 사유재산과 가정을 가져서는 안 된다. 이는 국가의 진정한 목적을 이해하고 그 정신을 체득하여 실천 하는데 요구되는 생활환경의 조건부터 제도화하려는 것이다. 이에 따르면 거주와 식탁을 공동으로 하여 단체생활 훈련을 엄수(嚴修)하고 그들 재산과 가족은 국가 관리에 복종하여야 한다. 이는 이기적인 유혹과 사적 정염 때문에 국가 목적에 전념할 수 없게 될 가능성은 방지되어야 하기 때문이다.

즉 국가가 조화로운 통일을 이루려면 사유재산과 가족 관념이 방해된다고 생각하여 '동고동락하는 조화는 너와 나의 것이 공동할 때에 있다.'고 말하였다(Rep). 그렇게 하여 선과 정의의 순수성을 확보하는 것이 국가 생명을 위한 제일의적인 관심의 대상이다. 그러나 이는 주로 통치자계급을 대상으로 한 것이다.

생산자계급에까지 확대하여 적용시켰을지는 분명하지 않다. 그러나 그의 정책적 성격에 비추어 최하층 계급 자에 대하여는 재산과 가정을 인정한 것으로 해석된다. 그들은 물욕에 의하여 봉사하는 계층이며 보호를 받는 대상인 것이다. 그러나 그들에게도 무제한으로 부의 축적이 방임된 것은 아니다. 빈부의 현격한 차이가 사회와 국가 생명을 파괴하는 요인이라는 것이 플라톤의 판단에 따른 부동의 신념이었다.

플라톤은 물욕에서 초탈한 금과 은의 계급에게만 공유를 기대하였고 또 잘 실천할 수 있다고 생각했다. 그런데 플라톤의 이상주의는 그의 특징인 호탕한 성품과 연결되어 매우 특이한 제안을 하게 된다.

즉 그는 부녀자도 남자와 동일하고 훌륭한 소질이 있는 한 차별되어서는 안 된다.[10] 정치적 권리 역시 공직을 맡을 것은 물론 전시에는 함께 출전할 것이다. 그러나 생리적 특질에 적합한 업무가 자연히 맡겨질 것이다.

그는 『법률론』에서 결혼과 생활 방식까지 상세하게 따졌다. 혼기를 엄격하게 규정하고 육체와 정신이 우수한 남녀를 결혼시켜 되도록 자식을 많이 낳도록 할 방도로 지시하였으나 물론 주로 통치자계급의 자제를 대상으로 하였다. 또한 산모를 보호하는데 적극적으로 배려하는 인간미도 보였다. 부모는 그 자녀를 몰라야 하고 자녀 역시 부모를 몰라야 한다. 엄선된 유모를 배당하여 날 때부터 국가가 관리하고 교육한다. 부모 특히 어머니의 자녀에 대한 불합리하고 헌신적인 사랑을 걱정하여 이는 모두를 위해 출생 순간부터 이들을 격리시켜야 한다. 결혼생활은 한동안 통치자의 통제 아래 두어 정에 끌리어 문란해지는 것을 방지해야 한다. 이러한 조치는 처자와 재산을 국가가 관리하는 공유제와 결합되는 것이다.

그의 이와 같은 구상은 그의 원대한 이상세계가 얼마나 준엄하고 치열한 욕구 억제, 다시 말해 아무렇게나 되어지는 것이 아닌 그런 것인가를 보여 준다. 그러나 그의 제안은 후일 아리스토텔레스에 의

10) 이는 여성의 권리에 대한 주장이 아니라 단지 국가에 유용한 천연적 능력을 총체적으로 활용하기 위한 계획일 뿐이다(세이빈, 동서, p.130).

하여 준엄하게 비판 공격받았다(Politics). 그러나 플라톤이 이토록 과격한 정책을 제안하게 된 것은 당시 아테네의 극도로 혼란스러운 정치 사태를 통치자들 간의 문제라 보고 그들 지배계층의 비행을 원천적으로 교정하기 위하여라고 이해될 수 있다.

비록 아리스토텔레스가 이를 비판 공격을 하였지만 사실 그 자신도 국가혁명의 직접적 원인이 통치자들 자체에서 발생한다는 것과 불화의 중요원인이 유산상속과 애정문제를 놓고 반목질시하는 갈등에서 야기된다고 하였다(Politis).

플라톤의 『국가론』과 아리스토텔레스의 『정치학』은 모두 그리스 도시국가의 사태를 중심으로 특히 『국가론』은 거의 아테네를 두고 쓰이어 진 것이다. 아테네는 귀족 출신이 지배하는 오랜 전통이 있었고 좁은 정치권역에서 극소수의 과두 집단이 경쟁하였다. 플라톤은 정치의 숙청 내지 순화를 위한 근본 해결책이 통치계층의 이기심을 극복하는데 있다고 확신하였고 그러기 위한 환경조건을 확보하는 급진정책을 수리적(數理的)으로 비상한 것이다.

이는 물론 그의 성격상의 원인도 있지만 트라키아 출신의 아리스토텔레스와는 다른 아테네에 대한 열정 역시 주의할 만한 것이다. 그 자신이 유서 깊은 명문가 출신으로 그의 준엄한 자가비판 정신이 발로(發露)된 것임을 알 수 있다. 그리고 무엇보다도 아테네의 운명이 그의 생애와 함께 종말을 내리게 되는 급박한 사태에서 그의 구국정신이 얼마나 초조 하였는가를 반영한 것이다.

이는 아리스토텔레스도 그러하였지만, 플라톤은 아테네에 승전한 스파르타의 리쿨쿠스 헌법에 자극 된 바가 있다. 교육 형식, 남녀 동등, 공동 생활훈련 등을 비롯하여 공유사상도 그런 영향을 받은 것이다.

이러한 리쿨쿠스 헌법의 정신은 플라톤 당시인 후기 스파르타에서 보다 현저하게 발동되었던 것이다. 그러나 이미 아테네의 지성은 플라톤 이전에 자유주의적 로고스의 규범성을 인정할 만큼 문화 감수성이 예민하였다. 따라서 상무 성격의 스파르타 정치의 영향을 받은 플라톤의 공유사상에 내재하는 획일성은 수용되기 어려운 것이었다.

아테네에서는 경제가 정치의 중대한 의미가 된다는 것도 인상적으로 각성된 단계에 있었다.

펠레폰네소스 전쟁 말기에 한 미지의 소피스트의 저작에는 경제가 모든 국가 문제의 향방을 좌우하는 근본요소라는 것, 도덕과 사회적 권위는 물론이고 국제상의 신용관계도 거기에 기초한다는 것, 폭군은 경제사정이 악화되어 그 권위를 잃게 된 결과이고 국가 쇄신은 경제적 기초를 다시 구상함으로써만 이루어 질 수 있다는 등 정치를 경제에 의지하는 것으로 이해한 최초의 술회가 이루어졌다.

물론 플라톤에게 이 책을 알고 있었던가의 여부는 별문제가 되지 않는다. 여하튼 그 역시 정치학이 이러한 여러 분야를 아울러야 한다는 입장에서 그의 정치학을 연구하였다.[11)]

플라톤의 경제정책에는 일정한 정치적 성격이 포함되어 있다. 그는 농부, 옷감 짜는 직공, 공인, 제화공 등 생활에 필요한 재화를 생산하는데 분업원리의 효용성을 분석하고 그 필요를 적극 주장하였다. 그러나 기본적인 생활용품의 교환 외의 상업 활동에 대하여는 별 고찰을 하지 않았다.

한 도시국가의 수요 이상을 생산할 필요를 원한 것도 아니고 오히려 사치스러운 물품의 생산은 국가의 팽창을 열병적(熱病的)으로 이끈다고 말하였다. 그가 증산을 보호 장려한 것은 국가생명을 배양한다는 견지에서이다.

플라톤의 문화주의는 전쟁을 피하려 하였고 역설적으로 방위력은 견실하게 준비하여야만 하고 따라서 병사계급의 의무를 강조하였다. 국가팽창은 불가피하게 타국 영역을 침략하게 되고 반면에 정상적인 수요를 생산하지 못할 때는 침략을 당하게 한다. 플라톤은 이 두 경우를 기원전 5세기 그리스세계의 경험을 통하여 알 수 있었다.

『국가론』에서 그는 예술을 감독하는데 특히 엄격할 것을 소크라테

11) 이러한 플라톤의 정치학이 문명사(文明史)와 결부되어야 한다는 생각은 사회과학의 참된 전통에 효시를 이룬 것이다(『정치사상사』, 세이빈, p.152).

스의 이름으로 전개하였다. 이러한 정신은 교육론의 일반적 전제로 시, 문학, 음악 등에 관하여 과감한 비판정신을 발휘하고 개혁안을 내놓았다.

인심을 선정적으로 퇴폐 또는 유약하게 하는 시와 문학은 엄중한 감찰제 아래서 방지되어야 한다. 그는 리디아 선법[12]보다 건전(健全)한 도리아 선법을 음율학적으로 개발하여 비교 분석하여 추진하고 장려하였다. 그리고 무엇보다도 종교가 정치에 중대한 의의를 갖는다고 역설하여 호머를 치열하게 공격하고[13] 영웅적 신화(神話)를 숙청할 것을 선언하였다. 신(神)은 자비, 선, 관용, 평화를 지키는 불변하고 항구적인 존재로 신을 모독하는 인간의 영웅심은 허용돼서는 안 된다는 것이다.

4) 교육론

국가의 생활은 군왕의 지도력과 그 명령에 의하여 운영된다. 그리고 그는 사물의 현상에서 자연의 본성을 통찰하고 그 정의를 읽어내는 지혜와 덕을 갖춘 '철학자만이 진정한 국가의 군왕이 되어야 한다.'고 하였다. 이러한 기준에서 볼 때 그는 당시 그리스세계가 모두 다소간에 악하다고 판단하였다, 그래서 진정한 통치자를 양성하는 것이 가장 긴요한 일이라고 생각하였다,

통치자는 인민이 삶의 바다를 건너가는 항해의 선장이고 병자를 구명하는 의사와 같은 지위에 있다. 따라서 통치자는 지혜로울 뿐 아니라 유혹을 이겨내고 지조가 확고한 도덕적 실천의 기개를 갖춘 성품이어야 한다.

통치자가 정의를 실현하는 데는 군관계급의 용기와, 생산자계급의 절제가 그 실효를 거둘 수 있게 보좌하는 덕목이다.

최고 통치자는 따라서 지혜, 용기, 절제와 정의의 네 가지 덕을 모

12) 고대 그리스의 각 선법(旋法)의 윤리적 특성은 도리아 선법은 남성적인 경향을 프리키아 선법은 열정적 경향을 리디아 선법은 여성적 특질을 갖는다(Naver 지식 검색).

13) 플라톤은 호메로스의 시(詩)가 인간의 영웅주의를 자극하여 신에 대한 불경(不敬)을 초래하였다고 한다.

두 가져야 하지만 특히 사물의 본질을 판별하여 그 의의를 통찰하고 전개하는 지혜와 덕이 중심이 되어야 한다.

『국가론』 제7권에서 주창한 교육 설계는 이러한 여러 목적을 효과적으로 실행하는 과정을 장황(張皇)하리 만큼 상세하게 기술하였다. 그러한 배려는 그의 '진정한 국가'는 그 정치 운명이 인민에 대한 교육 기능에 좌우되기 때문이다, 다시 말하여 플라톤 정치사상의 본 면목은 그 자신이 '위대한 일대사(一大事)'라고 말한 교육이 국가의 존재 의의(意義)인 동시에 흥망의 중추에 해당한다.

교육은 국가 공영으로 관리되어야 한다. 통치자로 키우기 위해 자녀는 날 때부터 사사로운 감정에 사로잡히지 않을 인격으로 도야(陶冶)되어야 한다는 것은 이미 지적한 바다, 남녀가 소질에 따라 동일한 교육을 받을 것은 물론 되도록 초기부터 합리적인 계획과 절차에 따라 신중히 진행되어야 한다. 육체와 정신은 함께 훈련되어야 하지만 스파르타 교육 정신인 군사적 성격의 조야(粗野)함과 난폭함은 지양(止揚)하여야 한다.

음악, 시, 체조는 도덕선(道德善)의 감성과 절제 있고 굳센 심신(心身)을 이루도록 배려되어야 한다.

군사적 훈련에도 물론 중대한 의의가 부여되었다. 요는 도덕성을 도야하며 단순한 건강체 또는 경기 선수라는 목적이 아닌 건실한 용기와 규율이 있는 실천력을 조화시키려는 것이다.

교육과정은 일반 공민자격의 훈련단계와 통치자계급을 양성하는 단계가 구별된다. 전자는 20세까지 주로 군사적 훈련이고 후자는 견실하고 심지가 깊은 큰 뜻과 강건한 체력을 가진 우수한 남녀를 선택하여 특히 엄격한 계획 관리로 고급지능을 수련시킨다. 그는 수학과 천문학이 철인의 기본적 소양이라고 믿었다. 따라서 철인 정치가로서의 교육은 주로 수학, 천문학, 수사학(논리학) 등으로 기본 수련을 30세까지 받고 35세까지는 철학 등의 학문적 단계를 거쳐 완료된다. 그리고는 15년간이라는 세월을 배정하여 세간 실무를 경험적으로 수련케 한다. 50세에 비로소 최고통치자로서 철인정치가의 자격이 완성되어 당해 지위에 나가게 된다.

이러한 근엄한 통치자 수련은 피교육자의 생활을 국가가 통제 관리한다는 것을 전제로 진행되는 것이다. 이리하여 '그로콘이어! 철학자가 왕이 되거나 이 세상의 군왕이 철학자의 정신과 권력을 가져 지혜와 정치적 위대성의 하나가 되어 한 사람이 다른 사람을 억압하는 현상이 완전히 사라지기 전에는 여러 도시국가들은 악에서 벗어나지 못할 것이다, 아니 나는 믿나니 모든 인류 역시 그러하나 오직 우리들의 이 국가－진정한 국가－만이 존속할 수 있고 햇빛을 보게 될 것이다.' 플라톤은 이렇게 기개를 떨치며 말하고 그래도 아직 부족함을 느껴 '그대 그로콘이어! 이것이 나의 생각인바 만약 그것이 매우 거창하고 극진하게 느껴지지 않는다면 그것은 내 표현이 아직 미약한 때문이다, 왜냐하면 진정한 국가 이외에서는 공적이거나 사적으로도 참된 행복이 있을 수 없다는 것이 나의 견해인데 그것이 납득되기란 매우 어려운 일이기 때문이다.'(Rep)

이토록 플라톤은 통치자 양성에는 극진한 배려를 하였음에도 불구하고 수공업자 등 생산계급의 자체 교육에는 아무런 언급도 하지 않았을 뿐더러 기본 교육과정에 이들을 포함시켰을 것 같은 명확한 증거도 없다.

이런 무관심은 다소 의도적인 면도 있는데 생산력을 증대하는 데는 교육의 의미가 별로 없다는 측면도 있다, 다만 통치자들에 의하여 길들여지는 과정에서 교육적 기능이 효과되기를 기대했을 뿐이다.

노예에 관하여도 플라톤은 보통 그리스인들이 가졌던 생각 이상으로 특별한 관심을 보이지는 않았다. 노예들은 그리스세계에서는 광범위한 존재였다. 부녀자들에게 개방된 태도를 가졌던 플라톤이지만 보통 외지의 야만인 출신인 노예를 해방시켜야 한다는 언급은 하지 않았다. 다만 지적(知的) 노예들에게는 그 필요를 인정하여 따로 관심을 가졌다.

당시 그리스세계에서는 노예의 존재가 사회 안전을 위협할 만한 어떠한 징후도 보이지 않았다. 그리고 플라톤은 노예를 논의할 만한 관심이 없었다. 이 점에서 아리스토텔레스는 노예의 존재를 합리화하기도 했다. 다만 민주적인 의식에서 몇 가지 경우에는 노예의 정당성에 항의하였다. 아리스토텔레스와는 달리 플라톤은 그의 사상적 성격에 있어 원리적으로는 노예제도는 당연히 부정된다고 보아야한다. 그의 이념의 본질은 노예제도를 타당하다고 볼 그런 성질이 아니다.

5) 정치의 변동

국가는 통치자의 도의(道義)와 함께 경제사정의 변화에 따라 그 기반인 사회의 혁명적인 변동으로 인하여 파탄(破綻)된다는 것이 『국가론』의 기본적인 이해이다.

그리스세계의 경험에서 받은 여러 인상에 따라 그의 이상주의는 때로는 특수한 정치형태를 말하거나 또 때로는 언급을 회피하고 경우에 따라서는 적극적인 정책을 제시하는 변모를 보였다. 그러나 그 자신의 입장으로는 그의 세계관은 현실정치에 대한 적용에 있어서 일관되고 조금도 모순됨이 없었다. 동일한 이념이 시종 관통되었고 때때로 나타나는 형식상 반대되는 취급도 그렇게 취급함으로서만 그것이 그 이념의 목적을 실현시킬 수 있는 방법이라고 믿었기 때문이다,

『국가론』에서 이상과 현실이 만나는 경우에 플라톤은 이론적으로 매우 세심한 주의를 기울였다. 그는 그의 '진정한 국가'가 현실성으로는 불가능하다는 것도 그 자신이 누구보다도 잘 알고 선언한 바이다.[14] 그러나 논리의 세계에서 보면 그는 '진정한 국가'를 실현시키기 위한 현실정치의 운영을 가장 엄격한 객관성에서 고찰하고 검토한 것이기도 하다. 여기서 '객관성'의 의미는 정치 상황의 현실성이나 성패 또는 그 가능성의 여부를 뛰어 넘어 오직 당위의 입장에서 관찰한다는 것이다. 그러한 플라톤의 통찰력은 정치사상에 있어 늘 중대한 회

14) 플라톤은 『국가론』 제5권에서 '가장 아름다운 인간이 어떤 것인지 그 본보기를 그리면서 그 그림에 모든 것을 충분하게 표현해 넣은 화가가 그와 같은 인물이 실제로 있을 수 있음을 입증하지 못했다고 해서 그가 훌륭한 화가가 아니라고 생각하는가?'고 하였다.

고의 대상이 되었다.

정치체제를 유형별로 나누고 변동관계를 이론화한 것도 그였고 그 이후의 어떠한 정체이론도 대체로 그의 전형(典型)을 따랐을 만큼 권위적이다, 『제7권 교육론』에서 국가정신의 최종적인 대단원을 정리하여 서술하고 이어 통치형태로서 정체(政體)를 사회적 정치적인 현실에서 구상하고 그 변동을 역사적 과정을 따라 설명하였다.

'진정한 국가'의 의미가 자연적으로 타락하며 나타나는 첫째의 것이 명예정치(Timocracy)이다. 명예를 추구하는 소수자의 정치이며 정치의 바른 뜻이 가리어지는 시초인 것이다. 플라톤은 이를 스파르타의 상무정치를 대상으로 관심한 것이고 타락된 첫 단계의 통치형태라고 파악한 것이다. 그런데 이러한 불순한 동기가 일단 발동되면 점차로 다른 요소가 명예를 대신하여 그 주된 작용을 하게 되는데 그것이 물질적 욕망이다. 그리하여 일련의 타락과 부패가 이어지면서 과두정치(Oligarchy)와 중우정치(Democracy)의 순서로 나타난다.

금력과 명예를 추구하는 소수자의 지배가 금권정치(Plutocracy) 또는 과두정치이며 다수자가 그들 자신의 이익을 위하여 반동적으로 소수자를 지배하는 형식이 중우(The Mob-하층인)정치인데 그는 이를 천민의 지배(Ochlocracy)라 보았다. 그런데 중우정치의 물질적 욕망과 무지하고 방종한 지배는 필경에는 무정부 상태에 돌입하여 드디어 일인 폭군이 통일된 질서를 달성한다. 그런데 이 폭군은 민중중의 일부 아첨하는 무리들이 따름으로 득세하게 된다. 여기에 부덕(不德)이 전횡하는 최악의 폭군정치(Tyranny)가 등장한다.

정체론은 정체의 변동을 가져오는 사회추락의 원인을 분석하고 가능성을 점검하는 계기를 마련해 준다.

플라톤은 제8권에서 현실에서 기대할 수 있는 최상의 정치형태를 이상적인 귀족정치(Aristocracy ; 최선자의 지배)에 두었다. 이는 소수자에 의한 지식과 도덕의 지배이다. 따라서 명예정치는 이 귀족정치의 첫째 타락 형태로서 나타난다.

그의 정체론은 그리스 여러 도시국가의 경험을 반영한 것으로 플라톤은 아테네 당시의 정치를 중우적인 것이며 따라서 부정적으로 판단하였다. 시칠리아의 디오니시오스 1세(Diong Sius)의 전제정치가 폭군정치로 분류되고 과두정치와 금권정치에는 스파르타와 크레타를 상정하였다. 특히 그는 스파르타에 관하여서는 기원전 5세기에는 금권정치, 기원전 4세기에는 과두정으로 취급하였다. 그리고 귀족정치로는 가상할만한 아테네의 황금기였던 솔론(Solon)정치[15]를 꼽았다,

『국가론』에서 그는 스파르타의 영향을 받았음에도 아테네의 문화(文化)는 정당한 국가적 의의로서 인정하여 양보하지 않았다. 플라톤은 『국가론』의 뒷부분에서 귀족정치를 이상주의적인 의미로 취급하고 현실과의 타협(妥協)에서 실제상 최고의 지위로 인정하였다.

『국가론』의 정치이념이 철인군주의 전제(專制)를 이상으로 하였으나 플라톤은 그가 설계한 '진정한 국가'가 현실상에 실재할 수 있으리라는 것을 스스로 거부할 수밖에 없었다. 이러한 성찰은 그로서는 매우 불만족스러운 것이었다. 따라서 그는 그의 『정치가』에서 이제는 철인군주의 정치적 의의를 학구적으로 다시 구상하여 펼치게 되었다.

3. 정치가론

1) 정치가와 정치학

『국가론』에서와는 달리 이 책의 대화는 알려지지 않은 객인이 소크라테스의 아들에게 진술하는 형식으로 되어 있다. 이 글은 플라톤이 자신의 의도를 가장 엄격하게 절제하며 쓴 것이다. 그는 정치가와 정치학을 논리적으로 정의(定意)하여 정치학은 순수하게 인식된 최고의 자율적인 명령학이고 참된 정치가는 그런 정치학의 의의를 자신의 명령을 통해 실행한다(Politics).

---

15) 플라톤은 솔론과 정치사상의 성격에서 매우 친근성을 느꼈다. 이 둘은 기본적으로 귀족주의 성향을 가지고 있었으며 현실 정치에서 허용해야 할 민주적 성격의 범위에 대하여 같은 생각을 가지고 있었다. 그는 대중정부를 발전시킨 크라이스테네스와 펠리크레스에 대하여 『법률론』에서는 더 이상 공감하지 않았다(Dunning, 동서, p.45).

그리고 보다 중요한 것은 군왕의 학문(지배자의 학문), 정치학 그리고 경제학(가정학)에 공통되는 통일적 원리가 곧 최고의 진정한 정치적 의의를 적시(摘示; 지적하여 제시함)하는 것이며 따라서 이에 대한 지식을 가진 자 즉 진정한 철학자가 그것을 수행할 때 참된 정치가가 된다. 여기에서 학문으로서의 정치와 기술로서의 정치는 지배에 관한 보편적 원리에서 하나가 된다.

바꾸어 말하면 정치에 관한 학문적 의의와 군왕의 통치기술이 하나가 되어 모든 살아있는 것과 살아있지 않은 것을 포함하는 가치체계의 가장 우위에 있는 것이다. 왜냐하면 정치는 살아있는 것들의 생존의미를 이해하고 이 의미를 들어내는 것을 목표로 하여야 하기 때문이다. 살아있는 것 그 중에는 무리짓는 생물과 길들여진 생물을 대상으로(동서) 그리고 더 나아가 결국에는 집단을 이룬 인간사회를 관리하는 것이다.

이처럼 정치는 살아있는 것과 살아있지 않는 것들을 포함한 모든 존재자의 정점(頂點)에 있는 인간사회를 대상으로 존재의 통일적 원리에 기초한 명령을 통하여 새로운 진실을 발생케 하는 것이다.

그 기술은 장군의 술(術), 재판소의 술, 또는 고귀한 웅변술과도 그 성질이 다르다. 후자의 술들은 왕자의 기술에 가담하여 조력하게 하는 술로서 정치에 가까운 것이지만 그 성격은 다르다.

왕자의 기술은 스스로 행동하는 것이며 그 스스로 행동하는 것을 다시 지배하는 배타적 독립성을 갖는 이중적 성격의 기술이다. 즉 '법률 기타 국가에 관한 모든 사항을 관리하고 그것들을 통일적으로 연마하여 육성시키는 학문과 기술을 우리는 가장 진실한 정치학이라고 부를 것이다.'라고 선언하였다.

플라톤은 이러한 정치학이 모든 과학 중 최고의 것이며 바른 뜻을 획득하기 가장 곤란한 것이라고 역설하였다.

진정한 정치(政治)가 무엇인지를 또 어떤 자가 아무리 많은 사람들을 설복하여 동조하게 한다 하더라도 그가 사이비 정치가인지 아닌지를 알아내기 위하여 정치학은 발전되지 않으면 안 된다.

2) 기술로서의 정치

『정치가론』이 『국가론』에 비하여 더 한층 전폭적인 세계관으로 비상하여 학문적 표현을 하게 된 동기는 두 번째 시칠리아에서의 정치적 노력이 실패하여 아테네로 돌아온 후 그의 정의감이 오히려 더욱 자극된 데 있다. 그리고 귀향한 후의 아테네의 급전하는 사태는 이를 더욱 부채질하였다.

군왕은 법 또는 인민의 동의 여부를 막론하고 정치의 진정한 뜻을 실현 하여야 한다. 이를 플라톤은 병에 대한 의사의 태도에 비유하여 의사는 '병자의 의사에 따라서건 아니건 간에 의료서적에 쓰여 있건 아니건 부자이건 가난한자이건－그가 병자에게 이로운 치료를 하여 병을 낫게 하고 생명을 구하기만 한다면 그는 의술의 규범에 따라 권위를 행사한 것으로 비로소 의사라고 할 것이다.'고 말하였다. 그리고 그 적용하는 원리야말로 진정한 의술인 것이다.

플라톤은 실제의 인간 또는 인간집단은 정치학의 정신을 이해하지 못하며 또한 당시의 법과 관습도 '진정한 법' 의의(意義)와 일치하는 것은 아니라고 그는 항의적으로 말하였다. 만약에 인민이 '더욱 정의로우며 고귀하고 선량한 것을 실현하기 위하여 성문법과 관습에 반대하도록 강제된다고 하여 그것이 그릇된 일이 행사되고 있다고 함은 부조리한 것이다.'

즉 공공선을 위하여 지혜와 정의의 원칙에 따라 사회 안전과 개선(改善)의 견지(見地)에서 권력을 행사하는 것이 국가의 참된 모습이며 그렇지 못한 정부는 참된 의미의 것도 실질적인 것도 못되는 다만 법이 상정(想定)하고 있는 정의의 모방에 불과하다. 여기에 정치와 법의 관계를 규정하는 플라톤의 이념이 내포되어 있다.

3) 법의 지위

플라톤이 그리스의 당시 현실에 대응하여 『정치가론』을 쓰는 태도는 『국가론』에 비하여 보다 넓은 견지에서 일반론적이며 학문적 엄격성을 갖춘 것이다. 그리고 정치는 정치인의 자질에 따라 내용과 성질이 결정될 수밖에 없다는 『국가론』에서의 전제를 보다 학구적으로 확인하였다. 정치형태가 어떠하건 올바른 통치자를 얻지 못하였을 때 그 결과는 동일하다. 직접 민주주의인 아테네에서 통치자들은 이미 폭군화 하였다는 것이 플라톤의 판단이었다.

정치를 위요한 법의 지위는 인치(人治)가 본위이고 법은 차선의 지위이상의 것이 아님을 힘써 주장하였다. 『정치가론』에서 시도한 학문적 세계관이 자연법의 관점에 의거하여 『국가론』 이래의 특징인 인적 요소에 최종 근거를 두었다. 그리고 『법률론』에서도 이러한 태도는 그대로 존속하여 따라서 플라톤의 이상주의는 시종일관하였다.

그는 법과 관습을 동일한 의미로 취급하였다. 그의 판단에 의하면 그리스 당시의 '법'은 법의 원리에서가 아니고 필요와 편익의 소산으로 그 내용은 시인 할 것이 못된다. 그는 진정으로 정의로운 법을 발견할 지혜와 덕을 갖춘 정치가를 갈망하였다. 따라서 만년의 저작인 『법률론』에서 플라톤은 스스로가 정치가 입장에서 법치규정을 세밀하게 연구하기에 이르렀다.

'법 없는 지배는 그 말 자체가 조악하다.'는 대화 상대자의 반문에 대하여 '너무 빨리 판단하지 마라. 입법이 군왕의 일에 속하는 성질의 것이며 모든 것 중 최선의 것은 법이 지배할 것이 아니라 지혜와 군왕의 권력을 가진 사람이 지배해야 하는 것은 의심의 여지가 없다.'고 대답하였다.

'어째서 그러한가?'고 묻는 것에 답하여 '법은 모든 사람을 위하여 가장 고귀하고 정당한 것을 완전히 이해할 수는 없는 것이며 따라서 최선의 것을 강제하지 못한다. 인간마다의 행위의 차이와 인간사의 무한한 불규칙적인 동태는 보편적이고 단순한 규율을 허용하지 않는다. 그리고 어떠한 기술로도 영구하게 존속될 규율을 설립할 수 없는 것이다.'라고 말한다. 이것이 법을 차선의 지위라고 『정치가론』에서 주장한 이유이다.

현실법은 대상의 변화에 따라 참된 정의를 융통하는 지혜를 따르지 못한다. 그러나 법 자체를 경시한 것은 아니다. 정의가 바로 법이기 때문이며 이는 지혜에 의해 발견되어 그것을 갖춘 군왕에 의하여 명령돼야 한다, 이리하여 『정치가론』의 인간본위와 그리고 『법률론』의 법치주의는 서로 모순되는 것이 아니다.

플라톤은 법의 형식과 그 고정적인 규범성은 실제 운용함에 있어서 현실 실정에 따르지 못하는 비정의(非正義)로 정체(停滯)되어 이 '비정의'를 강제하는 '비법(非法)'이 됨을 지시하였다.

즉 '법은 항상 통일적이기를 노력한다. 마치 무지하고 완고한 폭군같이-이 폭군은 그 명령에 반대하는 어떠한 행위도 아니 질문도 허용하려하지 않는다. 그것은 경우가 급박하게 변모된 때라도 또 폭군이 명령한 것 보다 좋은 사태가 되더라도 그런 것 같이-' 법은 권력자에게 봉사하는 수단으로 악용될 수 있다. 그러므로 현실관계는 진정한 군왕과 그의 법만이 절대적으로 요청된다.

'상술한 유일하고 진정한 형태의 정부를 상정한다면 거기에서 성립한 성문법은 다른 나라에서도 사용해야 된다. 왜냐하면 진정한 지덕을 갖춘 통치자를 찾을 수 없으므로 진정한 정부에서 만든 성문법을 준수하는 그 이외의 방법으로는 현실은 구제 될 수 없기 때문이다. 이렇게 하는 것이 현실에 최선의 것은 못될지언정 …'

플라톤은 현실에서 인간성은 지극히 위태로운 것으로 보아 지혜롭지 못한 일반인에 대하여는 법이 절대적 권위로 군림해야 한다고 하고 '어떠한 시민도 법에 위반되는 것을 하여서는 안 된다. 법을 유린하는 행위는 사형과 최고형에 처하여야 한다. 이것은 법이 차선으로라도 작용하므로 이는 옳고 선한 일이다.'

그는 군왕의 지선(至善)과 차선인 법의 차이에 대해 투철하게 표명하였다. 군왕이나 통치자를 고귀한 항해 안내자와 현명한 의사에 비유하여 법이 차선이 되는 이유를 설명하고 이제는 통치자부터 법을 준수해야 할 필요를 매우 참담한 심정으로 말하였다. 즉 법이 차선의 것이지만 '거수(擧手) 또는 추첨에 의하여 선택된 통치자'는 이를 준수해야 한다. 만일 그들이 사적 이익과 정실에 끌리고 또 무지하여 법을 어기게 된다면 결과적으로 어떻게 해볼 수 없는 악폐를 저지를 것이다.

4) 정체론(政體論)

이리하여 플라톤은 현실정치가 비록 차선이나마 법률 아래서 운영되어야 함을 승인하기에 이르렀다. 이렇게 현실을 인정할 수밖에 없었으나 그러나 플라톤은 그가 항상 품고 있는 가치원리를 현실의 정치체제를 비교 논의하는 것으로 다시 시작하였다.

군주제(Monarchy), 귀족제(Aristocracy), 민주제(Democracy)에는 모두 자율과 강제, 빈과 부, 법과 무법의 표준이 있다. 이 표준은 정체에 상응하여 일인제는 군주정(Royalty)과 폭군정(Tyrrany) 소수제에는 귀족정과 과두정(Oligarchy)이 있다. 그러나 민주제는 법에 엄격하게 의존하여 있건 아니건 그리고 다수(多數)가 부자(富者)들 위에 지배하는데 그들의 동의가 있건 없건 항상 동일한 이름을 갖는다.

현실세계에는 진정한 철인 군주가 없다고 단정하여 '국가가 벌집 같은 것도 아닌데 심신이 최우수하다고 한 번에 인정할만한 자연적 우두머리란 없다. 인류는 하는 수 없이 모여 법을 만들게 되고 정부의 진정한 형식에 가능한 한 근접하도록 노력하지 않을 수 없게 된다.'고 까지 힘써 양해하면서도 그는 결국 현실에 대한 준열한 비판을 참지 못하였다.

'현실의 국가들은 나쁜 항로 안내자들과 선원들에 의하여 즉 최고의 진리를 알지 못하는 무지한 저질들에 의하여 좌지우지되며 그들은 정치를 전혀 모르면서도 그것을 다른 과학보다 가장 완전하게 알고 있다고 믿고 있다.'

『정치가론』은 만년 작 『법률론』과의 관계에서 논의될 여지가 많으며 이점 플라톤의 사상적 전기(轉機)가 이 『정치가론』에서 이미 표현된 것이라고 해석하는 유력한 견해도 있다.

여하튼 『정치가론』에서 제시된 현실정체에 대한 가치 순위에 관하여는 통설적인 해석이 성립하였다.

정체의 선악을 법에 의거하는 여부로 구별하여 그 순위가 1) 군주제, 2) 귀족제, 3) 민주제, 4) 우중제, 5) 과두제, 6) 폭군제로 차례가 정해졌다.

군주정은 법에 의거하는 한 최선의 것이다. 그러나 무법과 자의(恣意)가 되면 최악의 폭군정이 된다. 귀족정과 과두정은 선과 악에 있어 중간 지위에 있다. 민주정은 법에 의하여 운영되는 정체 중 최하가 되지만 법에 의거하지 않은 정부 중에는 최선이 된다. 즉 다수가 운영하는 체제는 모든 점에서 약하고 불충분하여 선악 어느 것에도 크게 효과적일 수 없다고 본 것이다.

4. 법률론(Nomoi, The laws)

일반적으로 플라톤은 만년에『법률론』을 쓰며『국가론』때의 정신을 획기적으로 바꾸었다고 해석한다. 인치주의에서 법치사상으로 전회(轉回)하였다는 뜻이다.

물론 세 번의 시라쿠스의 정치개혁을 위한 행각들이 실패로 돌아간 경험을 성찰하며 그의 심경에 다소간의 변화가 있었을 것이다. 이는『정치가론』에서도 법치관념의 일부가 이미 나타난 것에서 알 수 있다.

『법률론』에는『국가론』에서 표명된 이념 중 재산권에 관한 면을 수정하여 재산의 사유를 원칙상으로 인정하기도 하였다. 그러나 어떠한 의미에서든『정치가론』은『법률론』의 서론적 위치에 있으며『법률론』에서의 플라톤의 정치사상의 성격은 본질적으로 다르지 않다. 그는『정치가론』에서 현실의 가능성을 목표로 정체성격을 채택하면서도『국가론』의 정신이 의연하게 지배하여 입법이 군주의 입장에서 성립되어야 한다는 주장을 하고 있다.

플라톤은 법이 인간 위에 있어야 할 것을 명백하게 지시하였다(B.K). 그러나 법률제도는 논리적으로 정치의 궁극적 가치와는 서로 용납되지 않음을『정치가론』에서 지적하였다.『법률론』에서 그는 현실 사정에 되도록 보조를 맞추려는 입장이었다. 그러나 그는 다시 정치규범의 문제를 목표로 하여, 비록 『국가론』에서와 같이 유창하게 서술하지는 못하였지만, 철학자의 '야중회의(夜中會議)'라는 대단한 이상(理想)으로 비상하고 말았다,

1) 혼합 정체에 대한 이념

플라톤이 인간생활의 역사성을 인정하고 그 과정을 사실상의 논리로 파악하는 객관적 태도로 나오게 된 것은 획기적이다. 그는 법이 그러한 사실상 논리에 부합한 것임으로 현실적 효과를 기대할 수 있다고 생각한 것이다.

그는 인간생활의 역사를 원시자연 시대로부터 시작하여 그리스 도시국가들이 외부세력과 조우하여 봉착하였던 어려운 시기에 대하여 고찰하였다.

인간은 자연시대에는 자유로운 유목생활로 사회적 구별도 문명생활의 여러 악폐도 없었다. 그러나 인구증가에 따라 농업기술이 발명되고 가족이 촌락을 형성하여 이를 도시국가로 통일하는 정치현상이 있게 된다.

또 생활의 현상과 진행은 객관적인 상황과 주관적 수단으로 이루어지며 수단은 그 상황에 맞추어야 한다.'(Laws) 그는 인간의 평화는 야심적인 사회가 출현하여 깨지지만 대립하는 요소도 대처하는 수단에 따라 재난을 방지할 수 있다고 보았다. 예를 들어 페르시아의 공격도 조심하고 협동할 수 있었다면 감히 나타나지 못하였을 것이라고 하였다(B.K).

이러한 두 현상에 대한 이해 중 하나는 원시 자연의 황금시대에 관한 상념은 자연법과 결합하고 다른 하나, 즉 사회 대립을 조화(調和)로 안정시킬 수 있다는 생각은 정체상(政體上)에서 혼합정부의 원리로 발전하여 후세 정치사상이 계승한 커다란 유산이 되었다.

플라톤은 스파르타 정부조직의 과정 설명에서 혼합정부의 이념을

암시받았다. 그는 아테네의 장래를 군주정과 민주정의 융화를 통한 그 중간 형태에서 현실적 타당성을 모색하였다.16) 솔론에 대한 흠모를 배경으로 권위와 자유의 조화를 혼합 형태에서 찾으려 한 것이다.

생활의 정상적인 번영은 이 양자 즉 '권위와 자유'의 조화에서 달성될 것이다. 왜냐하면 국가의 재난은 이 양자 어느 것의 과도한 힘의 행사에서 초래되기 때문이다. 스파르타는 무지와 배타적인 군국주의 때문에 몰락할 것이다. 페르시아는 군왕 권위의 폭력적 부패를 경험하였으며 아테네는 자유의 과잉으로 무질서한 데모크라시가 이제 치명적이다. 이들 모두가 절제의 덕을 유지할 수 있었더라면 번영을 존속시킬 수 있었을 것이다. 지혜와 힘과 자유가 서로 조화하려면 절제를 지켜야 한다(동서).

이러한 정치이념을 플라톤은 다른 그리스국가의 흥망성쇠를 회상하며 그 예들을 매우 신념을 가지고 전개 하였다. 여생을 얼마 남기지 않은 말년에 이른 플라톤의 혼합정부에 대한 정치이념은 그의 애제자이며 스승의 종신(終身)까지 시봉(侍奉)하였던 아리스토텔레스에게 결정적인 영향을 주었다. 트라키아 출신인 아리스토텔레스는 다소간 세계관의 차이를 보이지만 그러나 아리스토텔레스의 『정치학』에서 보여주는 것은 사실 이 이상의 어떠한 정치선의 실제를 이념(理念)한 것도 아니었다.17)

아리스토텔레스는 플라톤이 『국가론』에서의 철인 군주주의로부터 역사적인 객관성과 화해하기에 이르는 『법률론』의 학문적 태도를 계승한 것이다. 『법률론』의 정치사상의 정수(精髓)는 아리스토텔레스의 정치학으로 이어지고 있다. 『법률론』이 혼합정부의 원리를 전제로 하여 철인 군주주의에서 벗어나 인간의 상호 의존관계를 밝힌 것은 『국가론』의 태도에서는 찾기 어려운 사상전환의 계기에서 밑받침된 것이다.

---

16) 세력 균형에 의해 혹은 다양한 경향을 서로 상쇄시키는 방법을 통하여 조화를 달성시키는 이 이념은 몽테스키외에 의한 권력 분립의 원조이다(세이빈, 동서, p.151).

17) 플라톤과 아리스토텔레스 간의 차이는 접근 방법과 형식의 것이지 사상의 본질에서는 크게 다를 바가 없다(Dunning, 동서, p.49).

플라톤이 『법률론』에서 구상한 사회의 행태는 부모와 자식, 노인과 아이들, 주인과 노예, 강자와 약자 등은 모두 상대적 관계로 생활에 결합돼 있을 뿐 아니라 서로의 힘을 필요로 하고 있다(ihid). 시민은 사유재산과 가족을 가지며 상속도 가능하다. 그러나 토지와 가옥을 인구에 따라 분배하고 분양과 이양을 금지한다.

또한 플라톤의 수리적(數理的)인 관념이 발휘되어 도시인구를 5,040명으로 확정하고 토지를 시민의 숫자와 똑같이 나누었다. 재산등급과 상속자격을 엄격하게 규정하여 최고 재산계급자라도 구분된 토지의 네 배가치 이상은 소유할 수 없고 초과분은 국가가 몰수한다고 하여 솔론의 방법을 따랐다. 재산의 평등 특히 시민이 소유하는 토지면적은 되도록 평균화되어야 한다. 경작은 노예가 전담하되 생산물을 분배하는 형식으로 소작료가 지불된다. 그리고 생산물을 공동식탁에서 공동으로 소비되며 다른 형식에 의한 축재는 될 수 있는 한 저지되어야 한다.

상업을 꺼리어 시민에게 불허하지만 부득이한 경우에 한하여 자유인이기는 하지만 시민이 아닌 거류 외지인에게만 허용한다. 돈을 빌려주고 이자를 받는 일은 절대로 금지된다. 금과 은도 국가가 외국과의 관계에서 보유한 것을 제외하고 국가 자체로 갖고 있어서는 안 된다(동서). 화폐는 오직 한 종류만 주조한다.

이러한 구상에서 볼 수 있는 『법률론』에서의 생산 계급자에 대한 정책은 『국가론』의 태도에 비하여 사회 안전을 위한 노동의 재분배와 경제적 균형을 보장하는 국가 통제 방향으로 나아갔다. 그리고 이를 관장할 정부의 구성에도 세밀하게 관심을 가졌다.

2) 정부조직

37인의 법률 수호관(Guardians of law)이 중요한 통치자회의를 구성하며 세 번에 걸친 선거에서 선임된다. 선출후보자는 300명 중 100명, 그들로부터 다시 37명을 선출한다. 그리고 민회는 재산을 기준으로 성립된 네 계급[18]에서 각각 동일한 비율인 4분의 1의 위원을 선출하여 360인의 위원회를 구성한다. 민회의 주요 기능은 각종 장관을 선임하는데 있다. 그리고 일정한 고급관리는 재산 조건의 최상급과 두 번째 급 중에서 임명한다.

이 정부조직을 후에 아리스토텔레스는 과두정과 민주정의 조합이기는 하나 과두정으로 기운 것이라고 하였다. 이러한 지적은 플라톤 역시 충분히 고려하여 계획한 것으로 가장 수가 많은 최하계급과 가장 적은 최상계급에게 똑같이 90인의 위원을 배당하였다.

현실정치에서 '부'와 '다수'라는 두 요소는 지배적 힘으로 작용한다. 플라톤은 '인색한 사람은 아마도 선량하다고 할 수는 없다. 그러나 그들은 아마 고귀한 목적을 위하여 재화를 지불하는 사람보다 부유할 것이다.'라고 하여 재산이 선의 징표가 아님을 알았다. 그러나 그는 어쩔 수 없이 부를 덕성에 대한 하나의 대리자로서 인정한다. 부는 그것 자체가 갖는 영향력과 함께 교육의 특전, 지위, 가문으로 이어지는 사회 상층을 형성하기 때문이다.

여하튼 이러한 플라톤의 이해는 후일 아리스토텔레스도 과두정치의 안전을 위하여 채택한 방책에서 차용하였다. 아리스토텔레스는 이밖에도 플라톤이 통치자와 피치자 간의 우정이 유지되어야 한다고 한 점 역시 그대로 인정하였다. 사회구성원 각기의 활동은 절제의 미덕에서 벗어나지 말아야 하고 특히 정부는 인민이 스스로 복종하는 것을 기본으로 하여 결코 강제적 규율이 되지 않도록 하여야 한다.

플라톤에게 자유와 평등의 의미는 각자의 공적에 비례되는 업무 관장과 공공봉사에 대한 공평한 기회를 보장하는데 있었다. 따라서 사법재판에는 모든 인민이 발언할 기회를 가질 수 있도록 희망하였다. 사실상 아테네에서는 법정 배심원으로 봉사한 시민에게 보수가 지불

---

18) 『국가론』에서는 시민들을 통치자, 군관, 생산자의 세 계급으로 나누었으나 『법율론』에서는 동산(動産) 소유액에 따라 4개의 계급으로 나누었다. 이는 솔론이 도입했던 아테네 헌법에서 채용한 방식이다. 최하층 계급은 그들의 동산이 토지가치를 넘지 못하는 자들 다음 계급은 토지가치의 두 배를 넘지 못하는 자들 이런 식으로 네 개의 계급으로 구분하였다.

되었다. 이는 경제 사정으로 정치 참여가 불가능한 사람들에게 기회를 제공하여 보다 많은 시민의 봉사를 유도한 것이다.

3) 사회 교육

정부구성 내지 경제정책에는 타협적인 태도를 보였으나 플라톤의 이상주의적 성격은 숨길 수 없었다.

『법률론』은 결혼, 교육, 종교 등 사회적 측면을 규정하기에 이르러서는 대체로 『국가론』의 정신이 되풀이하여 나타났다. 부녀자의 교육과 군사 및 기타 시민으로서의 의무는 남자와 동일하게 할 것이 또다시 주장된 것이다(동서). 여자의 공직담당에 대하여는 다소간 수정한 흔적을 보여 준다. 혼인 제도를 관리 감독하는 임무를 맡길 수 있다고 하였으나 의회에서의 투표권과 법률 수호관이 될 수 있는가에 대하여는 아무런 언급도 하지 않았다.

결혼은 일부일처제로 하고 결혼할 나이는 『국가론』에서보다 훨씬 이른 나이로 되었다. 법에 의한 결혼만을 허용할 뿐(동서)이고 적어도 처음 10년간의 결혼생활은 국가의 감독을 받게 된다(동서). 이혼은 국가의 승인이 있어야 하고 남녀는 되도록 성격이 반대되는 것이 바람직하다.

플라톤은 『국가론』에서와 같이 『법률론』에서도 교육을 국가기능의 대표적 지위에 두었다. 음악과 체육을 중시하고 시민의 생활정서의 중요성을 인식하여 시, 문학과 예술, 종교 등에 엄격한 검열을 실시할 것을 주장하였다. 아동들의 유희까지도 주의 깊게 감시하여 파괴적인 요소가 침투되는 것을 방지해야 한다(동서).

교육제도에 관하여는 초·중등 정도의 교육과 그리고 교사의 봉급을 공적으로 규정하는 학교운영을 지시하였다. 교육장관이 수석 장관이 되는 정부가 모든 시민의 교육을 강제로 시키는 것이다.

종교에 관한한 일체의 사적인 행위를 금지하고 공인된 사원과 승려만이 종교행위를 할 수 있게 한다. 종교의 도덕적 가치를 매우 중요하다고 신념하여 정당한 종교를 불신하는 자를 처벌할 것을 주장했다. 그가 금지한 무신론은 신의 존재를 부인하는 언행은 물론이고 인간행위에 신은 상관없다는 주장과 인간이 행한 죄악을 쉽게 화해적으로 인정하는 여러 신앙도 포함한다. 특히 신의 존재를 부인하는 자는 최악의 경우에는 사형에 처한다.

4) 법률에 있어서의 이상과 정책

군주정과 민주정의 조화를 이념한 혼합정부에서의 통치자 선출 방법에는『국가론』내지『정치가론』의 정신으로 보아서는 생각할 수 없는 현실타협이 있었다.

그는 공직자 임명에 추첨방식도 거론하여 절대평등의 민주원리를 시인하기도 하였다. 만약에 상대적 평등이 시행되어 있을 때는 선거와 함께 추첨방식도 병행되어야 한다고 하였다.

당시 아테네의 실정은 정권 획득을 둘러싸고 공직자들에게 적지 않은 압력이 있었고 이로 인한 부패가 일반적 현상으로 나타났다. 그는 이를 방지하는 대책으로서 같은 계층에서는 외부의 압력이 작용할 수 없도록 이전부터 시행되던 추첨방식이 타당할 수 있고 또한 작은 도시국가인 만큼 동등한 계급에서의 동질성은 어느 정도 갖추어 있다고 보아 추첨제를 인정했던 것이다. 이점은 아리스토텔레스도 한 계급이 다른 계급을 지배하여서는 안 되며 공직자 임명에 선거와 추첨제가 함께 채택되어야 한다고 하였다.

플라톤의 경우 어느 다른 사람보다도 정치사상에서 그 진의가 오해되는 계기가 많았다. 가족제와 재산공유에 관한 그의 사상만 하여도 근대 공산주의와는 본질을 달리하였고 오히려 그의 정신세계는 반대의 목적에 서 있는 것이다.[19] 법이 차선적인 것임을 거듭 말하면서도 플라톤은 인간 현실을 정시(正視)하여 참담한 심정에서 다음과 같이 법의 필요를 언급하였다.

---

19) 맑스가 공산상태를 희망찬 기대에서 구성한 데 비해 플라톤은 인간의 욕구가 억제되어야 할 필요에 그 계기가 있는 것이다(『희랍 철학 입문』, W.K.C. 거스리, p.148).

모든 이러한 것에서 우리는 다음과 같은 의미의 선언을 하지 않으면 안 된다.

인류는 법을 가져야 한다. 그리고 거기에 일치하여야 한다. 그렇지 않으면 인간들의 생활은 가장 사나운 야수의 생활과 다름없을 정도로 악하게 된다. 그 이유는 여느 인간의 천성은 인간사회를 위하여 최선의 것이 무엇인지를 알지 못하며 설사 안다고 하여도 항상 최선의 것을 할 수도 또한 용의도 가지지 않기 때문이다.

즉 첫째로 사적인 선이 아닌 공공선(이것이 국가를 결합시키는 것이며 사적인 것은 국가를 분열시킨다)을 실현시키는데 정치의 진정한 기술(Art)이 관계가 있음을 이해하기는 어렵다. 그리고 공적으로도 선이 되고 사적으로도 선이 되는 일이 개인이 아니고 국가를 우선적으로 관심하는 때에 보다 위대해진다는 것 역시 이해하기 힘든 것이다.

둘째로 설사 어떤 사람이 그것이 옳다는 것을 추상적으로 알고 있다고 하여도 만약에 그가 절대적이고 항거할 수 없을 권력을 가지게 되면 그 원리에 결코 확고하게 머물러 있지 않을 것이며 국가 운영에서 공공선이 제일의적(第一義的)이며 사적선이 그 다음이라는 원칙을 추구하게 되지도 않을 것이다.

인간성은 항상 그를 탐욕과 이기적으로 끌고 가 고통은 피하고 쾌락을 추구하며 보다 정의로운 것 그리고 보다 선한 것의 실현을 저해할 것이다. 이리하여 그의 심령을 암흑으로 몰아넣어 자신과 국가에 악을 충만케 할 것이다.

이렇게 말하는 까닭은 만약에 한 사람이 진실을 자연히 이해할 수 있을 만큼 신성한 천부적 성품을 가지고 태어났다면 그에게는 자신을 지배할 법이 필요하지 않기 때문이다. 진정한 지식 위에 초월적으로 존재하는 법 또는 질서는 있을 수 없고 경건한 심령은 누구에게 복종해야 할 신하(臣下)나 노예로 될 수 없으며 오히려 모든 것의 주인이 되는 것이다. 내가 말하는 진실하고 자유로운 마음이란 자연과 조화된 심령을 이르는 것이다.

그러나 그러한 마음은 어느 곳에도 없고 그러한 정도가 되지 않으면 우리는 법과 질서, 즉 차선을 선택하지 않으면 안 된다. 그러나 이 차선은 대체적으로 사물을 오직 부분 부분으로 볼뿐 사물의 전반을 조망 할 수는 없다.

그의 이러한 술회에는 법에 관한 두 개념이 포함되어 있다. 즉 하나는 차선이 되는 현실적인 법과 다른 하나는 진실하고 자유로운 마음이 자연과 조화하여 발견하는 제일의적인 지배 철인군주의 명령으로서의 법 개념이 그것이다.

5) 황금의 현으로서의 법

인간이 신과 어떠한 관계에 있는가는 모르는 일이다. 그러나 우리가 아는 것은 우리의 감정은 항상 근육이나 힘줄같이 서로를 당기고 서로들을 밀어내며 이렇게 하는 동안에 선악을 구별하는 노선(路線)이 생겨나는 것을 알 수 있다. 이러한 여러 당기는 힘 중에는 우리가 언제나 따르고 결코 놓쳐서는 안 되며 그것으로 다른 근육의 당김에 대항하여야 하는 하나의 힘이 있는데 그것이 국가의 공법이며 '황금의 현'이다.

'심사숙고'라는 특질을 갖는 이 황금의 신성한 현은 다른 현들이 모두 단단하고 강철 같은 형태인데 반해 이 현은 탄력성 있고 한결 같다. 우리들이 이에 협동하도록 항상 노력해야만 하는 것은 이 황금의 현이 가장 우수한 까닭이다. 그것의 특질 즉 심사숙고한다는 것은 위세적(威勢的)이라기보다 차라리 우아한 것이다. 그리고 우리 내심에 있는 이 황금의 심성이 다른 심성을 극복하기 위해서는 보조자를 필요로 한다(법률론).

여기에 진정한 법의 소재와 그 본질이 극명하게 설명되어 있다. 이는 진정한 정치는 인민을 자율적으로 복종하게 하는 정치기술로서 가치선(價値善)을 지향하는 것에 있고 폭력적인 강제에 있는 것이 아니라고 한 『정치가론』의 이념에 부합하는 것이다.

6) 철학자 야중(夜中)회의

플라톤은 현실과 타협하려는 본의 아닌 노력을 참지 못하였고 최종 단계에서 다시 그 자신으로 돌아가 '철학자 야중회의'[20]라는 구상으로 비상한다. 그는 그보다 앞서 그 전제적인 서곡으로 시찰관제(視察官制)를 제의하였다. 이는 현실에서 법의 공명성(公明性)의 향상을 국제적인 견문을 통해 이루려는 것으로 폭 넓은 이성적 세계관에 연유한다.

국가는 고립할 수 없다. 고립할 수 있을 만큼 강대하고 부유하면 오히려 타국으로부터 질시되어 결국 고립할 수 없게 된다(법률).

이는 플라톤의 세계로 향한 개방적인 성격에서 비롯된 것으로 그는 국제관계가 잘 절제되어야 한다고 생각하였다. 그러나 국가 간의 과도한 교류는 오히려 쌍방을 혼란하게 하여 각기가 가지고 있는 선량한 면을 손상시키기 쉽다. 이러한 전제 아래 플라톤은 가장 우수한 자를 국가의 대표로서 다른 나라에 파견하여 10년간 재직하며 국가의 명예를 선양하고 동시에 다른 나라의 법제를 자국의 것과 비교 연구하며 귀국한 후에는 법률을 제정하는 철학자의 심의회의에 보고 하도록 하였다(법률). 이때 파견되는 시찰관은 법율 수호관이 인명하며 재직 중에는 원하는 제 삼국도 시찰할 수 있도록 하였다.

『법률론』에서 이 기발한 시찰관제가 이상주의의 첫 단계 몸부림이라면 '철학자 야중회의'는 그 마지막 단계로 그는 최고이념의 달성을 어떤 의미에서든 포기할 수 없었다.

이 회의는 국가의 두뇌와 같은 것이다.[21] 이 회의의 임무는 국가의 법 제정과 정치를 최종적으로 심의하여 향상 발전시키는데 있다. 따

---

20) 플라톤은 솔론의 헌법에 대한 애경심이 강하였다. 이 회의도 솔론의 '아레오파고스 최고 헌법 재판소(The Senate of Areopagos)'에 암시받은 것이라고 한다(Dunning, 동서, p.45).

21) 야중회의는 그 형식이 합의체일 뿐 실제상 플라톤이 생각한 것은 『국가론』의 철인 군주와 같은 성격인 것이다. 이 야중회의 역시 선(善) 자체를 해석하는 자이며 오직 통찰과 이성에만 이끌리어 그의 권능은 한계지어 질 필요가 없는 것이다(『서양 철학사』, 앤소니 캐니(Anthony Kenny), p.171).

라서 그 회의의 성격은 초법적(超法的)일 수밖에 없다.

그 구성원은 첫째 가장 덕망이 높은 사제(Priects), 둘째 법률수호관 중 연장자, 셋째로 교육장관과 그 전임자로 모두 50세 이상이라야 한다. 그 밖에 3, 40세의 청년 중에서 같은 수의 준회원이 구성되는데 이들은 정식 심의원이 선임한다. 즉 연장자의 도덕과 풍부한 경험 내지 업무기술 능력에 진취적이고 정열적인 요소를 결합시킨 것이다(동서). 또한 국가의 법과 정치는 항상 현실에 따라 적당하게 융통되어야 한다는 『정치가론』의 이념인 것이다.

플라톤은 이 중대한 기능이 잘 수행될 수 있으려면 회의가 매일 새벽에 진행되어야 한다고 선언하였다.

5. 결 어

서구의 정치사상사에서 플라톤의 지위는 비할 수 없이 위대하다.

『국가론』, 『정치가론』, 『법률론』 이 세권의 저서는 정치적 제반에 관하여 가장 고귀하고 순수한 사상으로서의 지위와 그 해답으로 볼 수 있다. 『국가론』이 후세에 회고된 자취는 누누이 설명할 필요도 없다. 『법률론』은 아리스토텔레스에게 결정적 영향을 주어 그 이념의 생명력은 현재에 이른다. 이는 『법률론』이 보다 현실 면에 의칙(依則)한 사상의 종합적인 구체성을 가졌기 때문이다.

플라톤의 사상은 당시의 역사적인 조건에 제약받은 면이 있다. 이를 이해하고 또한 그의 본뜻을 오해될 수 있는 부분으로부터 구별한다면 그의 저서들은 후세의 정치사상에서 이의(異意)를 제기할 수 없는 권위적 영향력을 가지고 있다.

스테른메르히는 플라톤을 찬사하여 '플라톤은 위대한 국가이론들이라는 하늘에 반짝이는 별들 중에서 가장 찬란한 별로 그의 영광은 영원한 광휘로서 빛나고 있다.'고 하였다.

제 4 절 아리스토텔레스(Aristoteles)

1. 서 론

아리스토텔레스는 플라톤의 문하에서 20년 가까이 수학(修學)하며 스승의 가르침에 깊은 인상을 받았다.

트라키아의 스타게이라(Stageira) 출신인 이 위대한 철학자 아리스토텔레스는 스승과는 다른 환경에서 자랐고 다른 생애를 살았다. 그리고 이는 둘 사이의 사상상(思想上)의 차이를 가져왔다. 그는 펠레폰네소스 전쟁에서 이긴 스파르타가 그리스 전역에 세력을 떨치고 있던 시기에 출생(B.C. 384)하였다. 그는 마케도니아의 군왕 아민타스(Amintas)의 시의(侍醫)였던 그의 부친 니코마쿠스가 별세한(B.C. 366) 후에 수년간 친척 프록세누스에게 몸을 의탁하고 있었다. 그리고 향학의 열의를 품고 아테네에 와서 플라톤의 문하생으로 참여할 때 플라톤은 이미 60대로 두 번째 시칠리아 섬 시라쿠사로의 원행을 한 전후로 추정된다.

『국가론』을 완성한 스승의 모든 정열이 특히 촉망되는 애제자인 그에게 집중되었다. 따라서 플라톤이 타계한 후에 당연히 아카데미의 원장이 될 것으로 예상됐었으나 그 자리가 플라톤의 조카인 스페시푸스(Speusoppos)에게 돌아가자 아테네를 떠났다.

방랑의 구직 생활은 이때부터 시작되었다. 한때 아소스(Assos)의 지방 군주인 헤르미아스(Hermeias)[1]에게 시의(侍醫)와 교사로서 봉사하였으나 헤르미아스가 혁명에 의하여 페르시아인에게 피살되자 그만두었

1) 아소스(Assos)는 소아시아의 연안에 있는 페르시아황제의 속국이었다.
헤르미아스(Hermeias)는 플라톤의 정치철학에 강열한 관심을 보여 '아카데미아'의 두 회원, 에라스토스(Erastos)와 코리스코스(Koriskos)를 플라톤에게서 천거 받아 자신의 궁전에 국빈으로 초대하여 이들의 조언에 따라 자신의 정치 체제를 수정 하였다. 플라톤 사후(死後)임에도 그는 아리스토텔레스를 따뜻하게 환영하였고 그곳 정식 학원에서 3년간 강의하도록 하였다. 플라톤의 시라쿠사에서의 실패가 이곳에서 어느 정도 보상받았다고 할 수 있겠다(거스리, 동서, p.161).

다. 그리고 얼마 안 되어 알렉산드로스 대왕의 스승이 된 것은 기원전 342년이었다. 그는 알렉산드로스 대왕이 아시아 원정(B.C. 334)에 나가기 전해에 아테네로 옮기어 리케이온에 학원[2]을 열었다.

그의 저작의 대부분은 이후 12년 동안에 이루어졌다.

마케도니아에서의 정치 동향은 그의 저작에 아무런 흔적도 남기지 않았다. 왕인 제자의 인격을 주시하고 용의주도하게 배려한 가르침에도 불구하고 영웅적인 제자 알렉산드로스가 선택한 정치노선은 그의 정치학이 지향하는 가치와 의미에 배치되는 것이었다.

그러나 리케이온의 학원은 아테네인들의 질시를 제압하는 대왕과 마케도니아 궁정의 지원에 의하여 유지되었다. 그의 학문적 방법론은 귀납적(歸納的)이어서 많은 현장 조사 요원이 필요하였다. 특히 식물학 연구를 위해 소아시아에 수백명이 동원되기도 하였다고 한다. 정치학의 분야에서도 그는 그리스 전역과 그 인근의 158개 도시국가의 헌법을 수집 비교하였다.

알레산드로스 대왕이 병사한 후에 마케도니아의 지배를 혐오하는 아테네인들의 강한 반감이 결국 폭동으로 발전하자 그는 에우보이아의 칼키스시(市)로 망명[3]하고 같은 해인 기원전 322년에 62세를 일기로 생을 마쳤다. 이는 알렉산드로스가 병사한 다음해이다.

아리스토텔레스는 플라톤과는 달리 생애를 불우한 방랑으로 시종하였다. 스승인 플라톤이 그렇게도 적개시한 소피스트들의 지식을 파는 생업을 그는 부친과 같이 의술을 직업으로 하였다.[4]

---

2) 학원이 아폴로신인 리케이오스(Lykeios ; 아폴로신의 별명)의 경내(境內)에 인접해 있어 붙여진 이름이다. 이곳에는 지붕 덮인 산책길이 있어 소요학파(逍遙學派)라고도 불리었다. 이곳의 분위기는 철학적이었다기보다 과학적이었다고 한다.

3) 아리스토텔레스는 소크라테스와 같은 죄목인 독신(瀆神) 불경(不敬)죄로 기소되어 재판을 받기 전에 아테네를 떠나 에우보이아의 칼키아스로 물러나며 그는 '아테네 사람들로 하여금 철학에 대해 두 번째의 죄를 저지르는 것을 막아 주고자 한다.'고 하였다.

4) 플라톤이 적개시하거나 멸시한 것은 덕과 지혜를 파는 행위이지 의술 같은 기술은 이에 해당하는 것이 아니다.

아리스토텔레스가 자연과학적 사고형식과 사회·경제적 생활의 안전을 정치의 첫째 선으로 생각하게 된 것은 그의 생활을 위한 직업이었던 의학과 직업을 따라 전전(轉轉)해야 했던 삶에서 비롯된 것이다.

플라톤과 아리스토텔레스의 학문 세계는 소크라테스가 제시한 명제들, 아름다움, 정의 등에 대하여 답하는 형이상학의 체계를 완성한다는 지위에 있다.

이에 대하여 플라톤은 아름다움이나 정의의 개별적인 사례들(Instances)은 너무 다기(多岐)하고 가변적이어서 그것들은 특수하고 부분적이며 불완전한 것이라 하였다. 참된 것은 이데아(Idea ; 형상[形象])로 다른 세계에 순수하고 완전하게 존재한다. 그리고 소수의 철인(哲人)만이 그것을 알 수 있다는 것이다.

그러나 아리스토텔레스는 플라톤의 이데아. 형상론을 '시인(詩人)의 은유(隱喩)'일 뿐이라고 일축하였다.

그는 '개별적인 사례 속에 보편적인 것이 존재하며 그것이 유일하고 가능한 세계존재이다. 존재는 자신의 완성을 목적인(目的因)으로서 내재하여 보편성을 확보하고 있다. 이러한 현실 사물은 그 자체에 선(善)의 완전 가능한 요소를 내재하여 생성 발전한다.'고 믿었다.

이러한 세계관의 전제가 플라톤과 철학적으로 결별하게 된 근원적인 이유였다.

즉 '발전하고 있는 어떠한 사물의 형태 또는 본질은 그것을 향하여 발전하고 있는 목적 또는 최종상태와 동일하다.' 따라서 가치선(價値善)은 현실에 고유하며 정치는 그러한 현상을 조정하고 인도(引導)하는 국가적 기능인 것이다. 이러한 이념이 정치가 사회 사실 자체에서 성립하여야 할 민주적 계기를 마련하는 것이다.

그에게 신(神)은 현실의 자연 현상에 내재하여 생성 발전하게 하는 제일 원인(第一原因)으로서 자연의 형상과 질료가 그로부터 유래하고 그것을 향하여 발전하는 최고의 완전한 실재인 것이다. 따라서 '개인과 분리하여 따로 우주라고 할 것은 없다.'는 생각이다. 플라톤 같이 선(善)의 실체가 초재적인 절대 권위를 갖는 것이 아니고 현실적으로 선은 개체에 존재하는 것이다.

그러나 아리스토텔레스 역시 특수한 사례와 다른 모든 사례들에 공통적인 속성은 구별되어야한다는데 동의하였다. 따라서 선의 본질은 플라톤과 다를 바 없으며 그 역시 정치사상에서 귀족주의적인 면이 농후하여 플라톤의 이념을 벗어난 것이 아님은 일반적으로 인정되는 견해이다.

2. 국가론

『정치학』 제1권에서 아리스토텔레스는 국가의 지위와 의의를 개괄적으로 규정하였다.

'모든 국가는 일종의 공동체(Community)이다. 그리고 모든 공동체는 어떠한 선(善)을 목표로 하여 설립되어 있다. 인류는 항상 선하다고 생각하는 것을 얻기 위하여 활동하기 때문이다. 그런데 모든 공동체가 어떠한 선을 목적으로 한다면 국가 또는 정치적 공동체가 최고의 지위에 있다. 이는 다른 모든 공동체를 그 안에 포섭하여 보다 큰 뜻에서 최고선을 목적으로 하기 때문이다.' 이러한 아리스토텔레스의 말에는 국가와 정치에 관한 의미의 전면상이 포함되어 있다.

국가는 여외의 모든 공동체를 포섭하는 최고 지위에 있다. 물론 이 말은 아리스토텔레스가 도시국가의 현실을 보고 한 것이라고도 할 수도 있지만 그는 보다 세계관적 일반론의 기초에서 국가의 성격을 말한 것이다.

즉 국가는 가족공동체와 사회공동체를 자기와 분리하지 않으며 이들을 포섭하는 최고 존재이기 때문이다.

가족 공동체는 생활의 자연과 필요에서 형성되었다. 남녀 결합은 자기를 닮은 형상을 남기려는 모든 생명체의 공통적인 바람에서 있게 된 것이다. 한편 사회로서의 촌락 공동체는 가족공동체의 재화와 서비스를 조달하기 위한 교류에서 형성되었다. 그러나 이 촌락 공동체도 하나 만으로는 그 목적이 충족될 수 없어 완전 또는 거기에 가까이 목적이 충족되기까지는 촌락 공동체 간의 결합이 있게 되어 국가가 설립될 계기가 성숙되기에 이른 것이다.

다시 말하면 국가는 가족 공동체의 생활 운영에 기초한 공동 사회의 경제적 충족 과정에서 설립되었다. 공동 사회로서의 가족적 윤리와 경제적 필요가 서로 의존하게 되는 생활형태의 완결형(完決型)이 국가인 것이다.

아리스토텔레스는 국가의 최초 형태가 가부장적 통치에서 운영된 점을 헤라스 역사에서 지적하였다. 그는 처자, 재산, 노예 위에 한 개인이 지배하는 형식을 국가의 기능에 비교하여 설명하였다. 즉 남편의 처에 대한 지배는 인륜의 기초적 사랑의 관계이고 이는 평등한 시민 사이에 있어야 할 우정에 대비 된다.

아들을 지배하는 아버지는 군왕의 기능이 되며 자식의 선(善)을 자신의 것보다 더욱 사랑하고 배려하는 동기가 곧 군왕의 지배윤리의 기초인 것이다. 그러나 가장(家長)의 재산에 대한 지배와 노예와의 관계는 가장의 이익을 위한 배타적 관계로 전제적(專制的) 성격을 갖는다.

국가는 이처럼 가족관계가 가지고 있는 여러 요소와 상호 관계가 있다.

아리스토텔레스는 플라톤의 윤리적 당위로서보다는 현실의 필요성을 중시하는 세계관에서 정치사상을 전개하였다. 국가는 비록 가족윤리의 성격을 포함하였으나 보다 공동사회의 경제적 관계에 의존하는 것이다. 따라서 가부장적인 윤리로 국가를 재단하는 플라톤의 국가관을 비난하였다. 그는 가정과 국가를 엄격하게 분리하고 개인으로서의 덕과 시민으로서의 덕이 동일한 것인가라는 물음에 대하여 이를 부정하였다.

물론 윤리적 계기와 이욕(利慾)에 따른 계기는 조화되어야 하고 그러한 사회선(社會善)을 국가가 대표하여야 한다. 인간 생활의 완성체로서의 국가와 국가선(國家善)은 윤리와 경제의 조화 중용에 있다.

'인간은 완성되면 동물 중의 가장 선한 존재이다. 그러나 법과 정의를 떠나면 모든 것 중의 최악이다.' 즉 인간은 선악의 양극을 모두 가지고 있는 존재이며 사회적인 면에서는 폭력적인 악이 되기 쉬운 존재라고 판단한 것이다. '무장한 부정의가 가장 위험하다. 인간은 날 때부터 무장되어 있으며 지혜와 도덕에 의하여 사용하도록 된 것이다. 인간은 그것을 최악의 목적에 사용할 수도 있다'(동서)고 생각했다.

이리하여 정치는 국가라는 틀에서 공동생활을 해결하는 지혜와 도덕적 행위이며 그러한 뜻에서 '인간은 정치적 동물'이다. '천성에서나 오로지 우연에 의하여서나 국가 없이 해나가는 인간은 인륜 이상이거나 인륜 이하의 존재'이다.

여기에 아리스토텔레스가 정치의 본질을 윤리선에 둔 뜻과 인간이 신(神)도 아니고 야수도 아닌 중간자로서 생활의 행복도 그러한 자연적 지위에 조화하는 중용선(中庸善)에서 조정될 수밖에 없다는 체념적 인생관을 볼 수 있다.

국가는 '인민의 최고 복지를 보장하는 수단'이며 정치적 동물인 인간이 자기 충족을 추구하는 최종적인 생활 형태이므로 성질상 명백하게 가족과 개인에 선행한다. 왜냐하면 필연적으로 전체는 부분에 앞서는 것이기 때문이다.[5)]

---

5) 아리스토텔레스는 그가 비록 상식과 경험적인 사실의 중요성에 대한 인식의 입장에서 플라톤에 반발하였으나 그는 플라톤 못지않게 그의 스승이었던 소크라테스에게서 물려받은 존재의 본성적인 가치를 추구하는 '열망의 관념(The Idea of Aspiration)' 즉 사물의 참된 원인 내지 설명은 시초(始初)에서 찾을 것이 아니라 궁극의 목적에서 찾아야 한다는 관념에 지배되고 있다.
이러한 사상적 연유로 그에게 있어 가정(家庭)은 국가에 비해 시간적으로 우선하지만 그 본질 면에서는 즉 삶의 목적에서 국가가 우선한다는 것이다. 씨앗이 자라서 큰 나무가 되어 그 본성으로서의 능력을 만개할 수 있듯이 국가는 가족 관계를 포섭(包攝)하여, 그것들을 경과(經過)하고 그것들을 초월(超越)하여 전혀 다른 완전히 독립적이고 유익하며 자족적인 권리 즉 주권(主權)을 행사하여 실현시켜야 할 윤리적 목적을 갖는다.
그러나 여기서 부연(敷衍)하면 조셉 니담은 아리스토텔레스의 철학의 가장 주요한 전제인 '존재는 자신의 완성을 목적인(目的因)으로 내재하고 있다.'는 목적인의 개념은 유럽사상의 예외적인 요소이며 아리스토텔레스 개인의 천재성에 의한 것으로 생각된다고 하였다.
사실 신의 창조로서 존재성을 부여받은 피조물의 존재목적이 그 자체의 본성에 내

예를 들면 '만약에 몸이 파괴되면 손발은 없다.', '무릇 사물은 활동과 능력에 의하여 규정되므로 사물이 그 고유한 성질을 이미 상실하였다면 벌써 그 사물이 아니고 다만 이름에 그친다. 국가가 자연에서 창조되어 개인에게 앞선다는 것은 개인은 고립하면 자족적이 못되는데 있는 것이다. 그러므로 개인은 전체에 관련되는 한 부분과 같은 것이다.'(동서)

3. 국가와 정치

국가는 개인에 선행하는 전체인 동시에 개인을 충족하게 하는 틀로서 최고선이다. 그리고 아리스토텔레스는 이 선이 궁극적으로 신에게 원인한다고 한다. 그의 형이상학에 따르면 자연에서 국가가 창조되었고 자연은 신의 자기원인에서 생성 발전한다. 다시 말하면 인간의 자연적 성품은 국가에서 완결되는 것이다.

이러한 아리스토텔레스의 국가관은 플라톤보다는 차라리 소크라테스의 입장에 근접한 것 같다.

플라톤은 신(神)적인 절대선을 정치에 요청하였으나 아리스토텔레스는 국가의 자연적 과정을 중시하여 그 객관적 가치를 그대로 인정하였다. 이러한 세계관의 근본적인 차이가 정치사상에 있어 플라톤과 결별할 수밖에 없었던 근본적인 원인인 것이다.

아리스토텔레스는 일체를 자연적인 조화에 맡기어 국가선을 이루려 하였으며 이는 정치에 있어 중용(中庸)을 목표로 하였다. 국가의 목적은 인민의 행복 증진에 있고 이 목표는 사회의 여러 조건들이 조화하는 중용에서 만족되는 것이다. 그러한 국가선은 사회를 통제하는 기능을 행사하여 마련되는데 지선(至善)을 일방적으로 강제하거나 반대로 개인 또는 사회에 전적으로 의존하여 자유방임해서는 안 된다.

재한다는 목적인의 개념은 기독교의 입장에서는 수용하기 어려운 것이다. 니담은 르네상스 과학의 최대의 노력의 하나가 과학에서 목적인을 교묘히 제거하는 방향으로 돌리고 있었다고 한다.

인간의 행복증진은 개인의 자유와 국가의 의의가 상응하여 조화하는 자연 윤리상의 공동선 즉 중용에 있다. 아리스토텔레스가 윤리학을 정치학에서 분리하여 그 아래 지위에 둔 것은 인간을 개인적 존재로서 보다는 사회적 존재로 이해하는 전제에서 비롯되었다. 그러나 아리스토텔레스도 순수한 선의 존재는 인정한다.

이는 그가 윤리선을 정치 현상에 비추어 규명하여 선량한 인간과 선량한 시민을 분별하였으나 이 둘이 한 탁월한 인품에서 합치할 수 있는 가능성을 본 것이다.

'만약에 월등하게 탁월한 신 같은 사람이 있다면 그가 군왕이 되어 전제정치를 단행하여야 한다.'고 말하였다. 왜냐하면 인간으로서의 최고선과 시민으로서의 최고선이 그러한 인품의 본질에 융해되어 있기 때문이다. 이는 궁극적으로는 아리스토텔레스가 플라톤의 이념에 연결되어 있음을 분명하게 보여 준다.

그의 정치학은 이상과 현실을 함께 취급하여 논리가 일치할 수 없는 이중성으로 동요한 경우를 볼 수 있다 그리고 내용상의 모호 또는 모순 내지 중도에서 비상하는 자취가 있음이 지적되고 있다.[6]

아리스토텔레스의 정치학은 그 포용하는 범위와 심도(深度)에서 위대한 업적을 남겼다. 그는 현실을 역사 과정이라는 흐름 안에서 이해하고 규명하려하였다. 따라서 그는 당시까지 경험된 그리스정치 세계와 기타 알려진 모든 영역이 취재 대상이었다.[7]

이들을 종합적으로 처리하는 논조가 실로 황홀한 유동성을 가지고

---

6) 플라톤에게는 그의 이상(理想)이 현실적용에 실패하더라도 그것은 그의 이념체계에 별 영향을 주지 않지만 아리스토텔레스의 경우는 현실을 떠나서 신봉할 가치나 이성적 요인이 따로 있는 것이 아니기 때문에 어느 상황에서도 그의 논리와 현실은 일치되어야 만 하였다. 따라서 이 둘 사이의 괴리(乖離)를 메우려는 아리스토텔레스의 때로는 무리한 논리가 이런 평가를 듣게 되는 것이다. 그러나 이는 논리 과정의 문제이고 정치사상의 구조에서의 모순과 비상(飛翔)은 플라톤이 훨씬 심하다. 『법률론』에서의 '철학자 야중회의'는 그 대표적인 예라고 볼 수 있다.

7) 아리스토텔레스는 리케움의 교장으로 있었던 12년 동안 158개국에 달하는 그리스 도시국가들의 헌정사(憲政史)에 대한 저 유명한 조사 연구와 같은 방대한 사업을 학생들에게 분담시키고 지도하면서… (세이빈, p.168).

모든 역사적 계기를 현실 그대로 응수하고 조종하는 세계－던닝 교수는 이를 변화를 예측하기 어려운 우주적 현상과 대비되는 아리스토텔레스의 천재성의 신비라고 찬탄하였다－그 안에서는 인간 세계의 여러 계기가 다중적(多重的)으로 교섭하며 이를 통찰하는 이념의 성분도 다양하고 그 관계도 미묘하다.

이러한 유동성의 원인으로 후세에 『정치학』 권별 편성에 대한 진위 여부를 두고 견해 차이가 나오고 해석하는 여러 설(說)이 분분하였다. 『정치학』의 어디까지가 진작(眞作)인지 또 의문되는 모호한 점도 어떤 원인에서 비롯된 것인지가 연구되었다. 그러나 거의 확실한 것은 『정치학』이 그의 제자들에 의해 편성된 것이라는 점이다. 아리스토텔레스는 반드시 체계적인 의도로 쓴 것도 아닐 뿐더러 다시 읽어 보지도 않은 말하자면 수시로 기술한 것을 제자들이 수집한 것으로 해석되고 있다.

4. 국민론(노예 및 재산론)

아리스토텔레스는 비록 시민사회적인 시각에서이지만 플라톤의 국가의 진정한 의의에 동의하였다.

그는 이를 위하여는 국민의 자격이 매우 중요하다고 생각하여 그 자격을 엄격하게 논의하였다. 즉 국민은 국가 내에 거주하는 모든 사람이 아니고 국가의 의의를 충족시킬 수 있는 능력 있는 사람만이 거기에 해당하며 그 이외의 사람들은 넓은 의미에서 노예에 해당한다는 것이 그의 견해이다.

그는 노예 문제를 국민의 의의를 규정하기에 앞서 자세하게 설명하였고 동시에 이에 관련하여 재산 문제도 취급하였다. 이 두 가지 문제에 관하여 아리스토텔레스는 그의 견해를 여러 곳에서 언급하였다.

아리스토텔레스는 노예라는 말을 당시의 관념에 따라 넓은 범위에 걸쳐 사용하였다. 그는 그리스인이 다른 종족을 미개한 야만인으로 취급하고 자신들을 천성적으로 타고난 지배자라고 자부하는 전통을 대체로 따랐다. 그는 자유인과 구분되는 노예의 존재를 정당한 것이라고 인정하였다. 그리고 이 둘의 구별은 천성적 자질에서 비롯되는 것이며 인위적 결과일 수는 없다고 본 것이다.

그는 국가적인 기능을 가족공동체의 운영과 비교하여 가족원 간의 관계는 명령과 복종이 선한 목적에서 이루어지는 자연적 결합이지만 노예와 재산권에 대한 행사는 전제적(專制的)인 성격을 갖는다고 예리하게 분석하였다.

사회적으로는 '선한 심령과 지적 능력'이 명령하는 지위에 있고 '무지한 노동력'이 이에 복종하여 협동함으로서 공동선이 성취되어 모두에게 만족한 결과를 가져온다. 이 관계가 국가사회에 현실과 당위로서의 원리가 되고 이러한 원리에 따름으로서 인간의 자연선과 완성된 사회선이 일치하게 된다.

인간의 재능은 서로 다르고 그 다른 지능과 체력의 소유자들이 공동체 생활의 여러 필요를 충족시키기 위하여 필연적으로 결합하는 과정에서 주복(主僕)의 관계가 형성된다. 이 관계에 충실함으로서 동일한 생활 이익이 양자 모두에게 효과적으로 실현된다. 이때 사역(使役)되는 것이 자신을 위하여 필요할 뿐 아니라 스스로 원하는 자가 진정한 노예에 해당하는 것이다. 아리스토텔레스는 이러한 사람을 '천성상의 노예'라 하여 그 존재를 적극적으로 시인하였다.

그러나 그릇된 관습 또는 법률에 의한 인위적 노예에 대하여는 그 불합리성을 지적하여 비판적 태도를 취하였다. 그는 당시의 아테네 제도가 피난자, 거류외인, 전쟁 포로를 무조건 노예로 삼는 것을 불합리하다고 규탄하였다. 이들 법률상의 노예 중에는 노예가 주인 보다 지능이 우수할 수도 있으므로 이들 중에는 자유인에 가입시켜야 할 사람들도 있다는 것이다. 특히 전쟁 정복에서 강제로 납치된 자들을 모두 노예로 만드는 부당성을 공격하였다(동서).

또한 행상인, 수공업자는 경제 활동의 성질상 복종할 의무만 가지며 가정에서 부녀자들과 아이들은 준 노예적 지위에 있다. 아리스토텔레스는 인간은 종족 또는 문벌의 차이 때문에 주복 관계가 결정되어서는 안 되고 오로지 실제의 상태만이 표준이 되어야 한다.

그는 '함께 신의 혈통에서 나왔는데 누가 감히 나를 노예라고 부를 수 있느냐?'라고 외친 헬렌(Hellen of Theodectes)[8]의 말을 인용하며 조용히 답하였다. '그것은 사람에게서는 사람, 야수에게서는 야수가 출생한다는 말은 될지언정 아무리 그렇게 기세를 올려 주장하더라도 자연은 언제든지 그렇게만 낳게 하는 것은 아니다.'(동서)라고 하여 그의 주장을 고수하였다.

국민은 노예를 제외한 자유인만이 그 자격에 해당 된다. 제3권 첫 부분에서 그는 국가 공무에 간여(干與)할 수 있는 자가 가장 보편적 의미의 국민이 된다고 선언하였다. 이때 간여란 선거권과 피선거권 모두를 포함한 정치 참여의 뜻이다. 국민은 입법과 사법 적어도 그 하나에 참가하는 자 이어야 한다. 이것이 당시 그리스 도시국가의 현실이었다.

그의 국민 개념은 국가선에 적극적으로 참가하여 명령할 수도 복종할 수도 있는 자격을 갖춘 자 만이 국가의 의의를 충족시킬 수 있다는 뜻이다. 국민의 덕은 자유인으로서 통치할 줄도 복종할 줄도 아는데 있고, 복종 할 줄 모르는 자는 선한 명령자가 될 수 없다. 반면에 지배할 줄만 알고 선량하게 복종할 줄을 모르는 자는 폭군이며 그 반대는 노예이기 때문이다(동서).

즉 국가는 정치적 권리를 가진 인민에 기초하며 인민의 자격은 설명한 것처럼 무조건적일 수 없다는 생각에서 그의 평범한 민주 의식에 그치지 않는 귀족정신의 성격을 볼 수 있다.

국민의 덕은 국가의 안녕과 번영의 임무를 수행하는데 있으며 이는 정치 체제에 따라 그 내용이 달라질 수밖에 없다. 따라서 선량한 시민이 반드시 선량한 인간과 일치하지 않고 구별된다.

---

8) 비극(悲劇)적 시(詩) 『데오덱트(Theodects)』에 나오는 여주인공인 제우스신의 딸 헬렌을 말한다.

아리스토텔레스는 이러한 실제적인 고찰에서 양친이 국민인가의 여부가 국민의 자격을 결정하는 일반적 조건이 될 수 없다고 선언하였다. 국가는 오직 선량한 생활의 확립 또는 보장을 목적으로 결성된 것으로 그 목적에 기여할 수 있는가의 여부가 관건이기 때문이다. 그리고 최선의 국가는 우수한 지배자가 될 수 있고 동시에 그러한 피지배자가 될 수 있는 국민과 보다 탁월한 지혜와 덕을 갖춘 통치자가 있어야만 기대될 수 있다.

통치자의 성품은 인민과는 구별된다. 국가의 덕을 실천하는 지혜가 통치자의 특질이다. 이에 비하여 인민의 덕은 확실한 지혜가 아니고 오직 선량한 의견일 뿐이다. 즉 인민은 피리를 만드는 사람이고 그것을 부는 사람은 그의 주인인 통치자인 것이다(동서). 그런데 아리스토텔레스는 인간의 덕이 경제적 사정에 따라 제약되거나 영향 받는 면을 간과하지 않았다.

자유인으로서 국민의 덕을 유지하는 데는 생활 조건에 있어 어느 정도의 재산 여유를 가져야 한다고 생각하였다. 따라서 임금 노동자가 과두정의 국가에서는 물론이고 최선의 국가에서도 국민의 자격을 갖지 못하는 것은 이상할 것이 없다(동서). 생활을 위하여 노동을 하지 않으면 안 되는 사람은 항상 타인의 명령에 의존하기 때문에 명령할 수 있는 능력을 가질 수 없다는 것이다. 이러한 아리스토텔레스의 귀족주의적 생각은 정치 체제의 성격에 따라 국민이 될 수 있는 직업의 종류가 서로 다를 수 있다고 하였다. 과두정에서는 노동자는 제외되지만 수공업자는 국민이 될 수 있는데 사실 그들 대다수가 부유하기 때문이다(동서).

아리스토텔레스는 경제 사정이 국민의 덕에 지대한 영향을 주는 것에 더욱 주의하였다.

재화의 생산은 그 자체가 그다지 가치 있는 것은 아니다. 이는 가정에서도 가장 저급한 것인데 왜냐하면 가정 관리의 목적은 가족원의 덕성을 함양하는 것이기 때문이다(동서). 그는 재화의 잘못된 생산은 국가의 의의를 변질시킬 수 있다고 보았다. 경제의 올바름이란 생활필수품을 조달하는 데 한정되어야 하는 것이라고 믿었다. 따라서 생산 방도는 자연을 대상으로 자연을 거슬리지 않아야 하며 이러한 기준에서 경제 활동의 옳고 그름을 구별하였다. 즉 농업과 축산. 어업과 이에 준하는 수렵에서 얻어지는 물자가 정당한 재산이다. 그는 노예를 재산으로 보고 복종을 거부하는 저열한 근성의 노예를 폭력에 예속시키는 것도 일종의 경제 행위로 취급하였다(동서). 이는 금수(禽獸)를 상대하는 수렵 경제의 논리에서 말한 것이다.

이러한 고전적 준엄성은 그대로 화폐 경제에서도 나타났다. 즉 재화의 무한적인 축재는 경제 정의에 어긋난다고 보았고 필연적으로 재화증식에서 금융이자는 인위적인 부정으로 배척되어야 했다. 그는 화폐경제의 생리와 과정을 과학적으로 세밀하게 통찰하고 분석하였다.

무역을 그리스 역사에서 주요한 경제 활동의 하나로 검토하고 경제사정이 서로 다른 수많은 도시국가가 경험한 국내 국제적인 정치관계에서 증빙하였다.

국가 생명과 경제의 관계에 대한 아리스토텔레스의 사상[9]은 학자에 따라 그 가치 판단에 견해 차이가 있다. 아리스토텔레스는 당시 그리스세계의 모든 경제적 요인의 역사적 경험을 완결하였을 뿐더러 '지중해 세계의 범위에 한하여'라는 단서를 붙인다면 화폐 경제의 발전상도 이미 성숙한 형적임을 보여 준다.

아리스토텔레스가 플라톤의 공유(公有)사상을 격렬하게 비판한 것도 이러한 경험들을 통해 증빙된 인간성에 대한 이해에 기초한 것이다. 그는 재산 공용이 도리어 상호간의 이익 분배에서 오는 혼란과 투쟁

9) '이러한 경제 논리는 전체적으로 매우 주목할 만한 강한 면모와 함께 약점을 노출시키고 있다. 그는 사용가치와 교환가치를 분명하게 구별하였고 화폐의 기능을 누구보다도 분명하게 밝혔다. 그러나 그는 자본을 이해하지 못하였기 때문에 이자(利子)가 부당하다는 부조리한 결론을 내렸다. 반면에 약탈(掠奪)을 부(富)를 획득하는 정당한 행위로 인정하였다. 이러한 결론은 아리스토텔레스의 자연 상태에 대한 모호한 이해에서 비롯된 것이다.'(Dunning, 동서, p.61).
즉 수렵경제를 기준으로 당시에는 이자가 없었기 때문에 부당한 것이고 약탈은 정당화된 것이다.

을 일으킬 뿐 아니라 인간의 이기심에서 촉발되는 창의적 노력을 파괴함으로서 자유로운 상태에서의 다채로운 번영과 조화를 말살하는 것이라고 말하였다(동서).

음악의 단조는 조화 관념에 치명적이라고 말하여 플라톤이 도리아 선율을 장려한 것을 비판하면서 국가의 필수적인 통일의 참모습을 오해하였다고 지적하였다. 그러나 그가 플라톤의 이념을 완전하게 떨친 것은 아니었다.

재산은 어느 의미에서는 공용되어야 하나 일반 원리로서는 사유되어야 한다(동서). 사람들은 서로 구별되는 이익을 가질 때에 불평하는 일이 적게 되며 다른 일에 종사함으로서 진보하면서도 경쟁과 질시가 없어진다(동서). 그러나 재화 사용은 '벗이여 모든 것을 공동으로 하자'식으로 되어야 한다고 생각하였다.

그는 스파르타와 크레타에서 실시한 재산공유제의 성립 과정이 관습과 법을 조정하는 현실성에 있었음에 비하여 플라톤은 공유를 이러한 현실성으로서가 아닌 철학적으로 사유하여 덕으로서의 공유를 강조한 것을 이상한 일이라고 하여 의심스러운 태도를 취하였다(동서).

그의 재산관이 조화의 원칙에 기초한 것은 명백하다. 자유와 절제가 재화 사용의 덕이며 재산은 사유하되 사용만은 공동으로 하라는 것이 그의 주장인 것이다(동서).

그는 플라톤의 주장을 정당하게 판단하면서도 플라톤이 통치자계급에게는 재산권과 가족을 가질 수 없다고 언급한 것은 한 국가에 두 개의 나라를 설정하는 것과 같다고 공격하였다. 그리고는 플라톤과는 정반대되는 정치성에서 재산 공유를 말한다면 오히려 농부 등 저급한 자들에게 적용하는 것이 유효할 것이라고 말하였다(동서). 플라톤 같아서야 통치자가 국가에 힘써 봉사하고도 무슨 낙이 돌아오겠는가?라고 항의한 것이다.

또한 가족제도에 대하여도 처자를 사랑하는 경험에 기초하지 않은 통치자의 인민에 대한 사랑이 있다면 그것은 공상까지는 아니더라도 우원(迂遠)한 것이다. 자기 아내가 없으면 어떻게 다른 사람의 아내에 대한 욕망을 억제할 것인가? 이것이 아리스토텔레스가 현실의 인간성에 대한 경험적 입장에서 지적한 항변이다.

그는 또한 플라톤이 국가 구성원의 다수층을 의식적으로 멸시하였다고 비난하였다. 그리고 플라톤이 생각하는 정부 조직에서는 결국 부강한 한 사람이 영속적으로 집권하는 위험만이 남는다고도 지적하였다. 그는 가난이 혁명과 범죄의 아버지이다(동서)라고 하였다. 아리스토텔레스는 경제 정책이 그가 중시한 농업 경제를 중심으로 하고 부의 균형과 가난한 자들의 생활보장을 국가가 책임지는 양면에서 구성되어야 한다고 생각하였다.

토지는 사유지 외에 국가의 공유지를 설정한다. 가족의 사회적 고립은 공동식탁을 운용하여 이를 방지하여야 한다. 특히 가난한 자를 위하여 국가 비용으로 공동식탁을 마련하여 일반 시민에게 개방하여야한다(동서).

인간의 행복은 수적(數的)인 분별성에 있는 것이 아니고 전체적인 보편성에 있는 것이며 통치자와 인민의 어느 한 쪽만의 행복이란 존재할 수 없는 일이다.

그는 플라톤같이 우정이 국가사회의 안녕을 위한 가장 긴요한 덕임을 특히 빈부 계급 간에서 이루어져야 할 것임을 누누이 설명하였다. '많은 일은 중용에 있어 최선이다 나는 이 나라가 중용 상태에 있기를 원하는 바이다.'라고 말한 포키리데스(Phocylides)[10)]를 현명하다고 하였다.

아리스토텔레스는 가족은 국가보다 강한 통일성을 가진 존재이며 개인은 가족보다 더욱 그러하다.

그의 재산관은 늘 가족 경제를 중심으로 전개하였고 국가주의도 개인주의도 싫어한 그는 국가가 과도한 통일 노력을 기울이면 오히려

10) Phocylides : B.C. 560(?)- ?. 그리스의 격언 시인. 미레토스 출신 데오그니스와 동 시대. 헬라적이고 유대적인 윤리주의자. 그는 계급과 부(富)가 가식(假飾)이고 공허한 것임을 밝히려 한 시인이다. 후에 그의 위작(僞作)들이 구약해석에 이용되기도 하였다.

인민으로 하여금 개인주의적인 결함에 떨어지게 하는 원인이 된다고 하여 양극단의 위험성을 경계하였다.

그의 세계관에는 자연을 존중하는 면과 인간의 성품에 기대하는 조화의 이념이 바탕이 되어 있다. 요는 중용선(中庸善)을 염원하였다. 아리스토텔레스는 서로 다른 형상간의 조화를 자연법의 기능이라고 생각하였다.

이러한 생각에서 그는 공유에서 기대하는 효과보다는 오히려 자유로운 정신에서 상호 협조함으로 보다 높은 차원의 공공선을 이룰 수 있고 더구나 관용의 미덕도 배양된다고 하였다. 그는 일반적으로는 공유는 실천할 수 없으나 질서가 잘 유지되는 나라에서는 어느 정도 가능하였고 앞으로도 실천될 것이라고 말하였다(동서).

5. 법과 정의

'법은 욕망의 영향을 받지 않는 이성(理性)이다.'(동서) 인간의 행위는 욕망에 이끌리므로 법이 인간을 지배해야 된다. 그러나 아리스토텔레스도 역시 플라톤과 같이 당시의 성문법이 정의에 합당한 것이라고는 생각하지 않았다. 그러나 '인간은 성문법보다는 안전한 지배자이지만 관습법보다는 덜 안전하다.'(동서)고 하였다.

이와 같이 법이 비록 관습법에 한한 것이기는 하지만 국가를 형성하는 사회에서 자생적으로 설립된 규범의식과 별개의 것이 아님을 인정하고 이것이 그가 생각하는 법률의 자연적이고 현실적인 성격을 갖는 특징인 것이다. 이리하여 정치 또는 제도상의 법적 정의(正義)가 어떤 것인가에 관하여 아리스토텔레스는 결론적으로 다음과 같이 술회하였다.

'이제 동등한 자들로 구성된 국가에서 절대주의 군주 또는 한 주권자의 자의적(恣意的) 지배가 전 국민을 좌지우지한 다는 것은 자연에 완전히 배치되는 것이라고 생각하게 되었다. 동등한 천품을 가진 자는 동등한 권리와 가치를 가지지 않으면 안 된다고 논의되었다. 국가의 관직에 불평등한 자를 평등하게, 평등한 자들이 불평등한 몫을 갖는 일은 마치 체구가 다른 자들이 동일한 식량과 의복을 얻는 것처럼 옳지 못하다는 것도 논의되었다. 그러므로 동등한 자들 간에 각자가 통치 하고 통치되기도 하는 관계를 순번적으로 하여야 할 것이다. 우리는 이리하여 법에 도달한다. 왜냐하면 이러한 순차적인 계승의 질서가 법을 의미하기 때문이다.'

여기에는 아리스토텔레스가 지시한 법의 세 가지 정의가 동시에 포함되어 있다.

즉 첫째는 전체에 속하고 전체에 맡기는 법률적 정의(일반적 정의)이고, 둘째는 전체가 공공의 명예, 재산 기타의 이익 또는 손실의 보상을 각자의 능력과 공적 또는 죄과에 비례하여 부여하거나 배당하는 배분(配分)의 정의, 그리고 셋째는 인간 상호간의 급부와 반대급부의 균형을 보전하는 평균적 정의이다.

인간은 이러한 법의 정의에 규율되어야 하며 아무리 우수한 인물이 있어 그 사람의 지배가 보다 나을 경우라도 이러한 법을 수호하고 관리하는 의미에서의 통치를 일탈(逸脫)하여서는 안 된다. 그리고 설사 법에서 판단할 수 없는 사정이라도 이 명백한 법의 정의를 표준하여 법을 발견하도록 노력하여야한다. 따라서 이 경우 최선의 판단이 필요하다. 그리고 이미 기성된 법도 경험을 통하여 개정되어야 한다.

법의 성립이 이러한 자연성과 역사적 발전 즉 경험의 입장에서 이를 인정하고 타당하다고 보는 시각에는 당연히 민주 원칙에 대한 신뢰가 포함되어 있음은 주의할 만한 일이다. 그러나 동시에 진정한 법이 신적 이성적인 것이라야 한다는 생각에서 그는 민주사회를 지지하면서도 법이 그렇지 못한 현실에 대한 체념적인 느낌을 지울 수 없었다.

사실 그의 법이념과 원리는 플라톤의 '황금의 현'으로서의 법의 그것과 크게 다르지 않으며 그에게 법은 이성적인 중용의 질서 규범이기 때문이다. 플라톤이 이를 당김과 반발하는 두 힘을 중간에서 균형 조정하는 황금의 현의 기능으로 설명하였듯이 아리스토텔레스도 법을 객관적 자연에 내재하는 그러한 기능으로서 파악한 것이다.

플라톤이 정치하는 자의 인간 자체를 문제시하여 철인 군주를 주장한 데 비하여 아리스토텔레스는 법의 존재 기반인 사회를 중시하고 거기에서 법의 실재가 발견되어야 한다는 민주적인 입장을 취한 것이다. 그러나 법으로서의 이념과 그것이 우수한 덕성에 의해서만 발견될 수 있다는 그의 생각은 플라톤과 의견을 달리한 것은 아니다. '인간은 완성되면 동물 중의 최선의 것이 되지만 법과 정의에서 이탈하면 모든 것 중에 최악의 것이다.'라는 인간관에서 그 역시 플라톤의 철인 군주의 정치적 의의를 인정하였고 그러한 인물을 현실에서 기대하기 어렵다는 동일한 견지에서 비교적 우수한 소수를 대상으로 하는 귀족 정체를 지향한 점도 같다.

이리하여 던닝 교수는 아리스토텔레스의 군주정과 귀족정의 개념이 플라톤보다 덜 이상적인 것도 아니며 만약에 아리스토텔레스가 추상적으로 이성적인 면만을 취급하였더라면 플라톤과 그다지 구별되는 것이 아니라고 한 것은 적절한 논평이라고 할 것이다.

6. 주권론

아리스토텔레스는 정치를 운영하는 주권의 소재 관계에서 정체론(政體論)을 전개하였다.

민주정에서는 다수 인민이 주권자이며 과두정에서는 소수자에게 속하지만 어느 정체에서건 정부가 국가의 최고권자라 하여 주권의 이념상의 소재와 사실상의 소재를 구별하였다.

'대부분의 사람들은 스스로의 몫에 불평을 하고 각 당파는 한정적이며 편파적인 정의를 주장하면서도 절대적인 정의를 말하고 있는 줄로 상상'하고 있을 뿐더러 '사람들은 동물의 동일성은 인정하면서도 사람의 평등문제에서는 그럴 수 없다는 듯이 논쟁 한다.'는 것이 그의 항의이다. 따라서 정부의 의의를 그러한 편협한 태도에서 규정되어서는 안 된다는 것이다.

아리스토텔레스의 이러한 현실을 직시한 선언은 적어도 아테네의 민주 관념에는 충격적인 것이었다.

주권은 현실의 정당한 자연적 질서와 국가의 참된 목적에서 구성되어야 한다. 다수 또는 부의 우세가 국가의 참된 질서와 목적을 좌우하는 조건일 수는 없다. 국가는 단순한 생활 유지 또는 정치적 경제적 이익을 증진시키기 위한 계약적 관계 내지 국제간의 동맹체 같은 존재가 아니다. 단순히 공동생활상의 교제와 외부 침해에 대한 방위만을 목적으로 하는 것도 아니다. 국가는 이러한 모든 생활 상의 개별 기능을 포섭하여 행복을 목적으로 하는 보다 선량하고 고귀한 삶을 위해 존재하는 것이다.

'만약에 오로지 생활만이 목적이라면 노예도 야수도 국가를 형성할 수 있었을 것이지만 그러지 못하였다. 왜냐하면 그들은 행복의 의미 또는 생활의 자유로운 선택에는 무지하기 때문이다. 티레니아와 카르타고 간에는 상업 무역의 동맹을 맺었고 협약 규정도 가졌다. 그러나 쌍방에게 그 협약을 강제할 아무런 통제권자가 없으며 두 나라는 각기의 통치자를 가졌을 뿐 상대방의 국민이 조약을 위반하지 못하도록 할 수 있는 것도 아니고 다만 서로가 부정을 하지 않기로 되어 있을 뿐이다.'(동서)

여기에 정부가 주권을 행사하는데 어떠한 권능이 요구되는가에 대한 아리스토텔레스의 암시와 주권의 가치가 무엇인가에 대한 지시가 있다. 즉 주권은 '자유도 문벌도 부도 아니고 정의는 다수자의 의사도 소수자의 의사도 아닌 일반 원리이다. 정의라고 불리는 도덕이며 그 가치와 권위는 통일적이고 최고의 지위에 있다.'

이리하여 선한 정부가 되기 위하여는 덕(德)뿐 아니라 악덕도 함께 고찰되어야 하며 '진정한 덕을 실현시킬 수 있는 힘과 목적이 없다면 국가라는 공동 사회는 덕을 내세운 이름뿐인 단순한 합의체에 지나지 않는다.'

이러한 아리스토텔레스의 생각은 단순한 법보다는 법이랄 수 있는 도덕적 가치의 실현을 지표(指標)한 플라톤의 입장에 근접한 것이다.

강제성을 갖추지 못한다면 법은 오직 일종의 관습—소피스트인 리코프론이 말한 바와 같이 '정의에 관한 상호 확신'일 뿐 국민을 선하고 정의롭도록 하는 아무런 실효성을 갖지 못하는 것이다(동서). 다시 말하면 이 실질적 힘은 선으로서의 덕이다. 이것이 공동사회를 단합시키고 행복하게 하는 주권의 본질적 가치를 실현시키고 국가의 도덕적 목적을 가능케 하는 정의로운 활동인 것이다(동서).

세이빈 교수는 이러한 아리스토텔레스의 도덕주의가 아리스토텔레스의 원래의 입장과 현실논리에 비추어서는 방법론상의 모순이라고 평가하였다.

그러나 그가 플라톤에 비하여 법의 객관성을 주장하였으나 그의 법 개념에는 본질적으로 도덕적 계기가 포함되어 있다. 그의 도덕선(道德善)이 현실 자체를 관용하는 점에서 플라톤의 가치 본위의 절대성과 구별될 뿐이다. 그의 법과 도덕의 본질적 이념은 중용의 선, 중용의 정의에 있다. 아리스토텔레스가 복잡 미묘한 현실에서 경우에 따라 한 면 또는 다른 면을 강조함으로서 근대적 논리로 보아 방법론상의 모순 또는 현란한 애매함을 보인 것이다.

그는 현실에 충실하여 민주적 성격을 관용하였으나 그렇다고 하여 다수와 부의 힘이 국가의 기본 질서가 될 수는 없다고 이를 배척하였다.

부에 대하여는 '재산에 비례하여 차등해야 한다'는 생각은 '국가의 참된 목적인 덕과 정의를 파괴하는 일'이라고 선언하였다(동서). 또 한편으로 '다수자에게 최고 관직을 배당하는 일은 불합리하다'고 하여 '부와 다수' 모두를 정치운영의 절대적 기준이 되는 것을 거부하였다. 이렇게 아리스토텔레스에게는 주권은 결코 형식에 따른 기준에 있는 것이 아니다. 그는 국가 권력은 고귀한 행동을 하여 국가의 덕에 기여한 자가 다른 조건에 관계없이 큰 몫을 차지할 자격을 갖는 것이다. 즉 정치덕(政治德)이 기준이 되어야 하며 정체에 따라 제가끔 주장하는 정의는 오직 한 면만을 말하는 데 불과한 것이다. 아리스토텔레스는 주권의 본질이 도덕적임을 밝히고 이제 그것을 구상하며 그 기초 원리로 평등을 지시하였다. 그러나 이 이념은 실제 적용에서 매우 애매모호한 것으로 도덕적 요청으로서의 의미가 강하였다.

국가의 통치는 그 계급이 다수이건 소수이건 간에 법에 의하여 규율되어야 한다. 또한 부하고 고귀한 출신자의 의견이 좋고 볼 만한 것이라고 하여 이 계급이 다른 계급에 대한 지배가 용인되어서는 안 된다. 정치권력은 동등한 자가 동등하게 국가에 참여 봉사할 수 있게 조직되어야 한다(동서).

이러기 위한 전제는 사회의 구성이 동등 또는 그에 가까운 부와 출생, 도덕과 지적능력을 가지는 사회 기반을 갖추는 것이 바람직하다.

이러한 원론적 입장에 이어 만약에 월등하게 우수한 사람이 있다면 그가 군왕이 되어야 한다고 말한다. '누가 감히 권력을 분할함으로서 제우스신을 규율한다고 주장할 것인가?' 남은 길은 오직 모두가 그 지배가 자연의 명령이라고 믿고 기꺼이 복종할 뿐이다(동서)라고 하였다. 월등히 탁월한 통치자는 덕에 있어 그 구성원과의 관계가 부분에 대한 전체와 같은 존재로 그의 최고 권력은 절대적이라야 한다. 그가 지배하는 완전한 국가에서는 개인의 선과 시민으로서의 선이 일치한다. 이러한 그의 생각은 바로 플라톤의 『국가론』에 연결되어 있는 것이다.

이상으로 국가 생활을 구성하는 중요한 요소에 관하여 아리스토텔레스가 생각한 선(善) 또는 정의(正義) 등의 의의와 그들 상호간의 관계를 검토하였다.

7. 정체론

1) 개 론

『정치학』은 정체(政體)의 역사적 변동 관계를 자신의 정치 이념을 토대로 실증적으로 논술한 것이다. 그렇게 함으로서 최선의 정체가 어떠한 것인가를 종합적으로 규정하려는 목적에서 체계화한 것이다.

그의 논술은 세계관으로부터 연역되지만 개별사항을 중시하여 기초에서 충분한 사례를 검토하고 결론을 귀납하였다. 그는 현실제도를 법을 존중하는 시각에서 취급하여 그 용의점(用意點)에 플라톤과는 현저한 차이를 보인다.

플라톤은 법이 정치의 한 수단으로서 차선(次善)인 것이었으나 아리스토텔레스는 법을 자연이 거기에 의거하여 발전하는 일종의 형이상학적인 규범 원리로 제일의적(第一義的)인 지위에 올려놓았다. 가족으로부터 시작하여 국가에서 완성되는 자연 발전의 원리가 법에 따름으로서 합리적인 타당성을 갖는다. 따라서 그는 제도론에서 법적 규범의식을 보다 내세웠다.

아리스토텔레스가 플라톤의 이념을 계승하면서도 모든 정치체제의 현실을 탐구하여 종합적인 판단을 모색하는 정체론이야 말로 『정치학』의 중심된 부분을 이룬다. 책 전편(全篇)에 정체론의 기본이념이 현실에 적응하며 다중적 계기와 다각적인 융통성으로 현상에 대한 논리를 전개시킨다.

그 광범위하고 심도 깊은 연구의 흐름은 위대하고 황홀하기까지 하다고 던닝 교수가 칭송한 것이다.

그는 대체로 법의 정의와 주권의 정당성을 중심으로 정치 체제의 구조와 성격을 규명하였다. 특히 체제의 안전에 많은 관심을 가졌던 그는 혁명이 일어나는 계기를 자세히 살폈다.

정체(Construction)는 통치 조직으로서 정부와 동일하다(동서). 그리고 그 조직은 국가를 운영하는 최고 주권의 행사를 위한 것이다. 아리스토텔레스는 주권의 소재와 운영에서 있을 수 있는 모든 사실 즉 당시 그리스세계와 그 주변의 158개 도시국가들의 사례들을 그의 연구 자료로 수집하였고 이를 중심으로 정체를 분류하고 그 뜻을 밝혔다. 그리고 이들 정체 간의 상호 관계를 현실적 입장에서 검토하였다. 그런데 분류하는 기준은 사실상 플라톤과 다를 바 없었다.

즉 정부 주권을 장악하는 자의 수와 그 통치 형식이 법적 정의에 의존하는가의 여부가 표준이 된 것이다. 뿐만 아니라 정체의 종류를 그 두 가지 표준에서 여섯 가지로 분류하는 것도 같다(동서). 그러나 플라톤이 정체를 이념적 기준에서 규정한 데 비하여 아리스토텔레스는 보다 내용의 실질면을 검토한 것이다.

주권이 한 사람에게 있는 정체 중에서 정당한 것이 군주제(Royal)이고 그 반대의 부정한 것이 폭군제(Tyrrany)이다. 주권이 소수자에게 있고 정당한 정체가 귀족제(Aristocracy)이고 부정당(不正當)한 것이 과두제(Oligarchy)이다. 다수자가 주권자인 정체 중에 정당한 것이 민주제(Democracy)이고 그 반대의 부정당한 것이 중우제(衆愚制 ; Extreme Demo)이다.

정당한 정체는 인민 전체의 이익과 선을 목적하며 실제로 그렇게 통치하는 정체이다.

부정당한 정체는 통치자들 자신의 이기(利己)가 중심이 되어 그런 결과에 이르는 정체이다.

군주제는 본질적으로 완전한 가장 우수한 사람이 지배하는 정체를 말한다. 귀족제는 약간 못 미치기는 하나 우수한 사람들이 통치하는 정치형태이다. 폴리티(Polity)[11]는 다수자가 주권을 행사하는 정체이기는 하지만 귀족정 같은 정신과 실제에 연결되는 정체이다.

부정당한 정체의 실정은 다음과 같다.

폭군제는 한 사람의 이익을 모든 국민에 우선하여 운영하는 지배형식이다. 과두제는 일반적으로 부유층이 그들의 이익을 위하여 소수가 다수인 가난한 계급 위에서 행사하는 정치 형태이다(동서). 그러나 과두제와 중우제에 있어 수의 적고 많음은 반드시 고정적인 것이 아니

---

11) 이 용어는 플라톤에게서는 찾을 수 없는 것이다.
세이빈 교수는 '민주정과 과두정에서 경험을 통해 위험한 극단을 피해 보려는 데서 연유한 최선의 실현 가능한 평균치로 중용의 민주정을 지칭한다. 때로는 귀족정도 이에 해당된다. 이 정체(政體)의 전제(前提)는 다수의 중산계급이 토대되는 것이다. 에우리피데스는 이 중산계급을 "국가를 구제하는 계급"이라고 하였는데 이들은 천박하지도 파당적(派黨的)이지도 않은 장점을 가지고 있는 것이다'고 하였다.
한편 던닝 교수는 이 폴리티를 포함시켜 정체의 우열을 그 차례에 따라 열 가지로 나누었다 1. 이상적 군주제 2. 순수귀족제 3. 혼합 귀족제 4. 폴리티 5. 중용적 민주제 6. 중용적 과두제 7. 과두제와 민주제의 혼합체 8. 극단적민주제 9. 극단적 과두제 10. 폭군제(Dunning, p.80).

며 일반적으로 이러하다는 것이다.

가난한 자들이 부자보다 수적으로 적으면서도 강력하여 정권을 장악하는 경우도 있고 부유층이 다수가 되어 정권을 쥐는 경우도 있다 이렇게 부유층이 소수이고 가난한 사람들이 다수라는 것은 우연한 것이며 따라서 이 과두정과 중우정의 진정한 차이는 오로지 빈부에 따른 것이다. 즉 수의 적고 많음보다 부유함으로 지배하는 정체가 과두제이고 가난한 자들이 지배하면 중우제이다. 그리고 정체의 과두, 중우를 막론하고 그러한 당파들이 국가에서 권력을 주장하는 근거는 부와 자유에 있다.

아리스토텔레스는 모든 사람들이 제각기 정의라고 하지만 그들은 다만 불완전한 정의를 주장할 뿐이다.

즉 그들은 정의가 평등이며 평등해야 된다고 하지만 그 평등은 모든 사람들의 평등이 아니고 같은 자들 간의 평등일 뿐이다. 또한 불평등도 그것이 정의의 의미를 구성하는 경우라도 그것 역시 같지 않은 사람들에게만 적용되는 불평등에 대한 주장인 것이다. 이러한 판단은 모두 자기중심에서 비롯되는 것으로 대부분의 사람들은 자신의 일에 대해서는 옳지 못하게 판단하는 것이다.

아리스토텔레스가 정당한 정체에 기대하는 정치선은 형식상의 자유와 부에 있는 것이 아니고 국가의 목적인 덕의 실천에 있다. 법의 정의는 욕망의 영향을 받지 않는 이성 작용에 따른 것이며 그것이 덕의 실천인 것이다. 그리고 바로 이 덕, 즉 법의 정의가 정당한 정체들인 군주제 귀족제와 민주제에 공통하는 본질이어야 한다. 그러나 현실에서는 단순한 이성 작용만으로는 덕을 실천하는 요소를 다 설명할 수가 없어 여기에 자유와 부를 첨가하였다.

진정한 군주제는 가장 우수한 덕의 지배로서 이상적인 것이나 현실에서는 기대하기 어렵다. 따라서 그는 귀족제와 민주제에는 덕 이외에 자유와 부를 그 정당성을 설명하는 요소로 첨가하였다. 그러나 귀족제는 덕이 보다 비중을 갖는 정체로 현실에서 가능한 최상의 것이다. 민주제는 귀족제보다 현저하게 자유와 부에 편중되는 경향을 가진 다수의 현실에 기초하는 것이다. 따라서 앞서 말한 폴리티가 가장 바람직한 정체인데 현실에서 가장 좋은 제도라고 생각된 귀족제 역시 현실에서는 차라리 이상적인 것으로 우연히 실현될 수 있기 때문이다. 왜냐하면 귀족제는 엄격한 의미에서 덕의 순수한 지배이며 그것은 최선의 사람들만 국민이 되는 경우에 있을 수 있는 것이기 때문이다.

정체의 우열을 비교하며 우수한 지혜와 덕을 갖춘 자가 정부의 권위를 구성해야 한다는 당위를 고찰하는 과정에서 아리스토텔레스는 덕이 일반적으로 부를 기초했을 때 기대될 수 있다는 점을 간과하지 않았다. 즉 부의 지배는 가난한 자들의 지배와 함께 과두제와 중우제를 이루는 지배원리로서 반드시 정당하다고 보기는 어려운 것이다.

그러나 재산의 여유에서 비로소 덕이 생길 수 있는 여지를 준비할 수 있다는 사실에서 아리스토텔레스는 과두제를 중우제보다 희망적인 것으로 취급하였다. 그가 귀족정을 부유한 우수인에게 기대한 이유도 이 때문이다. 그가 중우제(Extreme Demo, Mob Demo)를 과두제보다 가난에 기초한 따라서 무지한 악덕 상태로 파악한 것은 사실이다. 가난은 그 자체가 죄악의 온상이라고도 말하였다. 그러나 이는 당시의 사태를 참고한 것으로 이런 판단은 개연성을 가질 뿐이다. 그러나 더욱 나쁜 체제는 폭군제로서 중우제의 무지한 악덕에 더하여 과두제의 탐욕까지 한 사람에게 집중된 최악의 것이다(동서).

2) 폴리티의 타당성

따라서 폴리티(Polity-Moderate Demo)만이 현실적으로 기대되는 그리고 가장 확률적으로 가능한 선한 정체로 남게 된다.

과두제 아니면 중우제로 되기 쉬운 현실사회에서 이 폴리티는 소수의 부와 다수의 자유를 덕의 바탕으로 중용의 입장에서 조화시켜 현실에서 선을 이루는 것이다. 이러한 폴리티는 국민 대부분이 빈부의 양극으로 나뉘지 않은 중산 계급으로 이루어졌을 때 가능하다. 같은 부류로서의 우정이 사회에 보편하여야 동질의 정치 안정을 기약할 수 있다는 생각이었다. 현실선의 모든 조건을 조화 있게 혼합하여 선의 안정을 지속할 수 있게 하는 정부조직의 이념이 곧 혼합정부의 성격을 갖는 폴리티의 원리와 사실인 것이다.

폴리티는 과두제와 중우제의 요소를 내포하고 있는 형식상 민주제이지만 실제 정치 성격에서 귀족제에 가까운 것이다. 또한 폴리티의 통치 정신은 군주제에 따르는 것으로 한 정부 내에 세 정체의 특성이 혼재하고 집결된 혼합 정부이다.

이 폴리티의 정부 조직은 국민의 덕과 재능 그리고 부의 요소가 각기 고유한 지위와 권능을 갖도록 하는 구성 원리에 있지 않으면 안 된다. 이에 따라 아리스토텔레스는 폴리티의 정부 구성에 특히 용의 주도한 합리성이 절대로 필요하다고 강조하였다.

즉 자유와 부를 그에 합당한 지위로 배정하려면 중용의 미덕에 따라야 합리성이 유지되는데 이럴 수 있는 가능성을 중산 계급이 주를 이루는 공동체에서 발견한 것이다. 즉 비교적 우수한 동질 사회에서 민주주의 원리가 실현될 수 있다.

그가 이 원리의 타당성을 믿는 것은 '민중은 극단적으로 분열된 상태가 아닌 한 우민도 폭민도 아닐 뿐더러 정치 운영에서 우수한 기능을 발휘할 수 있다'는 인간성에 대한 신뢰에 기초한 것이다.

그는 그 이유를 조목조목 설명하여,

1) 정상적인 다수는 개인으로서는 반드시 그렇지 못하더라도 집단적으로는 소위 선량하다는 소수보다 우수하다.
2) 덕은 개인 덕이 아니고 사회 덕이며 부는 소수에 있는 것보다 다수에 있는 것이 공평하다.
3) 다수를 정권 구성에서 제외하는 일은 사회적으로 매우 위험하다. 넓은 의미에서 불평과 적(敵)을 초대하는 것이 되기 때문이다.
4) 다수자가 통치자를 선출하거나 폐지하는 결정권을 갖는 것은 사회적으로 필요하다.

지배자는 자신의 권력에 대한 판단에는 공정할 수 없고 그러한 판단은 예상 외로 민중이 그르치지 않는다.

집은 그것을 지은 목수보다 거주하는 사람이 적절하게 평가하며 요리는 먹는 손님이 만든 사람보다 옳게 판단하는 것이다. 즉 다수에게는 비판 능력이 있다. 선한 비판에는 전문가일 필요는 없고 전문가가 오히려 때로 잘못 판단할 수 있다.

그러나 이러한 민주주의 원리의 타당성도 일정한 한계가 있음에 주의하여 '개인적 의미에서가 아닌 집단적 전체로서 말한다'고 선언하였다. 즉 '다수의 의견이 하나가 될 때의 종합되고 조화된 우수성을 지적했다.'

사실 아리스토텔레스의 폴리티는 평균적인 조화를 이룬 사회를 대상으로 하는 일종의 이상형이다.

3) 각 정체의 유형

그리스 도시국가와 기타 알려진 여러 나라를 자유롭게 예를 들어 설명할 수 있었던 그는 각 정체를 여러 유형으로 나누어 비교하였다. 그는 동일한 정체도 역사적 환경조건에 따라 여러 가지 유형이 가능하다는 이념의 유동성을 인정하였다.

군주제에는 다섯 종이 있다.

1) 스파르타형, 2) 야만종족형, 3) 선임 독재형, 4) 영웅형, 5) 전제군주형이 있다고 하였다.

귀족제는 네 가지로 분별될 수 있는데 엄격한 의미의 이상형 외에 부(富), 덕(德)과 수(數)를 존중하는 카르타고 형과 덕과 수 내지 각자의 도덕적 기질에서 구성되는 라케다에몬(Lacedaemon ; 스파르타)형 그리고 폴리티 보다는 차라리 과두적 경향에 있는 제4의 형을 예를 들어 거론된다.

폴리티에도 여러 가지 유형이 있다. 중우제적 요소와 과두제적 요소가 융해되어 있는 비중에 따라 일련의 정체 단계가 있게 된다.

과두제에는 네 가지 종이 있고 최악의 것은 통치권이 상속되며 통치자가 법 위에서 최고권자가 된다.

중우제에는 다섯 가지 유형이 있다.

첫째 형은 엄격한 평등주의에 의거하는 것이다. 모든 사람이 동일한 권력을 정부에 대해 갖는 것이다. '자유와 평등이 주로 민주주의에서 있게 된다고 생각하는 바와 같이 인민은 다수이고 다수의 의견이 결정적이라고 믿는 정부는 필연적으로 민주정이다.'

둘째 형은 통치자를 일정한 재산을 자격 조건으로 하여 선임하지만 그 재산 정도는 부담스러운 수준은 아니다. 그러나 이 조건은 관직 취임에 필수적인 것이다.

셋째 형은 국민인 자가 정치권력에 무자격한 것은 아니나 법이 최고력을 갖는다.

넷째 형은 각자가 국민이기만 하면 정부에 참가할 수 있지만 법은 의연하게 최고 권위에 있다.

다섯째 형은 법이 아니고 대중이 최고 권력을 가져 명령권의 선포가 법을 압도한다. 이것은 민중의 우두머리가 국가이며 법이 없는 곳에 선동정치가(Demagog)가 춤춘다. 이를 호메로스는 '다수자가 지배하여 좋을 것이 없다'고 하였다.

인민이 제각기 군주가 되어 그것도 개인으로서가 아니고 집단적으로 나서서 전제자가 되는 것이며 법의 지배를 인정하지 않고 아첨하는 자가 명예의 지위에 오르는 것이다. 이 관계는 마치 군주제에 대한 폭군제 같은 것이며 모두 선량한 인민 위에 전제적인 권력을 휘두른다. 중우제의 '선포(宣布)'가 폭군제에서는 '칙령(勅令)'의 형식을 취한다. 우두머리는 그의 한편에 아부하는 무리가 있어 커다란 세력을 갖게 된다.

이리하여 아리스토텔레스는 우중(愚衆)이 전권을 가지고 선동가가 그 투표를 좌우하여 거기에는 정체(Constitution)랄 것이 없다고 단정하였다. 그리고 법이 모든 것 위에 최고력을 가져야하며 통치자는 특수

사항만을 판단하여야 한다. 이렇게 하는 것이 헌법을 지키는 일이며, 민주정이 진정한 정부라고 분류되기 위하여는 '선포'에 의하여 모든 일이 조정되는 일이 없어야 할 것이다. 포고(布告)란 특수 사항에만 관계할 것이기 때문이다(동서). 따라서 아리스토텔레스가 중우제를 불신하는 이유는 명백하다. 즉 민중이 우매하여 선동가의 자의적 지배가 나타날 위험에 대한 개연성이 있기 때문이다.

폭군제의 유형들이 여기에 관련 된다.

여기에도 세 유형이 있으니 1) 야만 전제형, 2) 선임 독재형, 3) 가장 엄격한 의미의 폭군제로서 한 사람이 그의 지배를 싫어하는 인민 위에 법 없는 지배를 강제하는 형식이다.

군주제가 법에 따르는 통치인데 대하여 폭군제는 사람의 자의적(恣意的) 지배인 것이다.

그런데 아리스토텔레스에 있어 각 정체마다의 여러 유형은 현실상 여러 가지 변용이 가능하다는 공통성을 가지고 있다.

요컨대 민주정과 과두정이라는 이제까지의 분류 방법으로부터 관점을 달리하여 환경 조건을 적용시켰을 때는,

1) 농업 민주정(Agricultural Democracy)

2) 목축민주정 또는 직인(수공업자) 민주정(Mechnical Demo)

3) 상업 민주정(Machantile Demo)

4) 해운업 민주정(Maritime Demo)의 네 종류가 있다

이러한 민주정의 종류에 상응하여 과두제에도 네 종류로 구분이 가능하다.

농업 민주제는 인민이 농업에 바빠 공사에 참가할 시간적 또는 심신의 여유가 없어 토지 귀족만이 참가함으로 최상의 민주정이 된다. 즉 인민이 통치자를 감시하고 견제할 권력을 가지고 있는 점에서 민주적이나 통치자가 신중하게 정치를 하는 한 그들이 옳다고 하는 방향으로 맡겨두는 것이 보다 희망적이라고 말하였다.

이와는 반대로 특히 무역업자 등 상업적 이익이 중심이 되는 대도

시의 민주정은 시 의회에 전권이 위임됨으로 선동 정치의 기회가 되어 무법과 무질서한 상태로 나아가 폭군제와 별로 다르지 않은 결과가 따르게 된다.

다수, 소수라는 표현은 상대적인 현상일 뿐 정체의 선악은 권력을 구성하는 덕의 본질 여하에 매인 것이다. 다시 말하면 군주제와 폭군제 역시 함께 한 사람의 정치이지만 최고선과 최저악을 대표한다.

국가의 참된 덕이 완전히 실현되는 정도에 따라 군주제에 근접하고 그 반대로 국가덕이 배반되는 정도에 비례하여 폭군제로 전락하는 것이다. 아리스토텔레스는 인민의 순종 여부도 선악의 표준이 될 수 없다고 단정하였다. 이 관점은 인민의 질이 어떠한가의 문제가 앞서 살펴져야 한다는 것이다. 폭군제에서도 인민은 자진하여 복종하는 형식이 될 수 있고 야만 전제나 선임 독재라는 법치 형식에서도 그런 모습일 수 있기 때문이다.

4) 정체의 순환

아리스토텔레스는 정체를 역사적인 유동성이 있는 것으로 파악하였다.

그는 여섯 종류의 정체가 자연적으로 순환하는 과정에 대하여 그 현실적 계기는 정체 운영과 변동을 좌우하는 덕의 실천에 따른다고 보았다. 그리고 선한 운영을 하는 정당한 정체도 그 성립과 구조에 상응하는 약점과 모순 그리고 부패로 인하여 부정한 정체로 변질될 가능성은 항상 잠재되어 있다. 반대로 부정당한 정체도 어떤 선한 계기에서 정당한 정체로 옮겨 갈 수 있는 동일한 원리에 있다.

그러나 후자의 경우 귀족제와 과두제 같은 동일한 유형에서는 거의 기대하기 어렵다.

정당한 정체 간에도 자연적으로 발전하는 과정에서 그 교체의 가능성은 있다. 군주제가 귀족제로 귀족제가 민주제로 될 수 있으나 옮기는 순서를 규정할 수 있는 것은 아니다. 귀족제가 군주제로, 민주제가 귀족제로 옮기는 일은 각기 덕과 연관하여 가능성이 크다고 할 수 있으나 그러나 실제의 예는 우연한 현상인 것이다.

아리스토텔레스는 군주제를 최고의 정체로 인정하고 귀족제에 비하여 상당히 길게 논의 하였다.

다른 시각에서 보면 현실적으로 기대할 수 있는 최선의 정체로 인정한 귀족제를 앞서 말 한대로 짧게 논의한데 비하여 실현 가능성이 보다 많은 폴리티에 관하여는 종합적 견지에서 매우 힘들여 설명하였다. 이는 아리스토텔레스의 현실주의의 반영으로 보아야 할 것이다.

그는 인간사회의 발전에 있어 덕의 본질에 일치할 수 없는 수많은 요소가 경합하는, 즉 부, 빈, 자유, 평등, 소수, 다수, 이러한 것들이 제각기의 합리성을 가지고 이익과 권력을 놓고 다투는, 사회의 지배적 현상을 체관적(諦觀的)으로 정시하였다.

최선의 정체인 군주제가 타락하여 최악의 폭군정으로 전락하는 과정에는 각 단계가 있다.

과두제를 거치는 것이 일반적이며 과두제에서 폭군정으로 바뀐 뒤에 폭민제가 따르는 것이 보편적 경향이다. 즉 부의 지배가 소수자에게서 한 사람에게라는 극단의 끝에는 가난한 자들의 평등주의가 다수의 힘으로 폭발한다.

귀족제는 그 자체가 과두정으로 변할 요인을 가지고 있다. 소수의 부유한 층이 그 금권력을 가지고 국가의 명예를 독점해 버리는 것이다. 또한 폴리티가 덕성을 상실하였을 때는 덕성은 갖추지 못하였으나 부와 자유를 앞세운 부유한 소수에 의하여 과두정이 되는 것이다.

중우제(Extreme Demo)는 부 또는 자유라는 계기에서 상대적으로 나타난다. 즉 생활상의 경제적 불평등에 항의하는 과정에서 그 힘이 결집되어 정체의 변화를 가져오지만 과두제와 중우제 중 그 어느 것으로 될지는 유동적이다. 집권층의 소수 또는 다수는 역사적인 환경 조건에 따라 기인하는 권력 이동의 형식일 뿐 본질은 재산 조건에 기초하는 빈부 간의 투쟁인 것이다.

일반적으로 부의 사회적 편중에 따라 소수의 부유층과 다수의 빈곤층이 형성되지만 아리스토텔레스는 다수의 부유층과 소수의 빈곤층이 되는 경우도 배제하지 않았다. 따라서 소수 지배의 과두제와 다수 지배의 중우제란 결국 편의상의 이름에 불과한 것이다.

중우제에서는 재산에 따른 정치적 권리의 차등을 인정하지 않는 경향이지만 다수의 부유층이 중우제에서 집권했을 경우 오히려 그 차등을 주장할 것이기 때문이다.

과두정이건 중우정이건 부유층은 항상 재산에 따른 차등을 선호할 것임으로 이 둘의 내용에는 차이가 없어지게 되는 것이다.

과두제는 재산 또는 신분의 조건에서 권력의 지위에 오르게 되는데 이때 권력이 극소수의 당파에 응집되고 이 소수당파 안에서 다시 투쟁을 거쳐 투표도 없이 승리한 소수 가족이 권력을 장악하게 되어 결국 세습 군주로 되는 일도 있다. 여하튼 당파의 지배 아래에서는 부조리를 방지할 수가 없게 된다. 이들 소수 부유층 간의 투쟁은 대중 간의 그것에 비하여 더욱 극렬하여 분열된 과두제는 민주제 경우보다 조정하기가 더욱 곤란하다.

이에 비하여 폭군제는 부와 중우제의 어리석음까지 한 사람에게 귀속하여 그 전횡(專橫)이 극치에 이르며 폭군을 방벌하는 혁명세력은 과두정에서 보이는 도덕성을 상실한 부의 징벌과 함께 소수에 대한 다수의 자유 획득이라는 두 요건을 함께 갖추게 된다. 그리고 이들 세력의 정치 형태가 폭민정이다.

5) 과두제와 민주제

정체 간의 변동 관계는 이념상의 논리만으로 추론되는 것이 아니다. 따라서 아리스토텔레스는 그리스세계와 기타 알려진 지역의 역사 경험을 끌어들여 주의 깊은 관점에서 논의하였다. 사회적 경제적 조건의 차이에서 야기(惹起)되는 여러 가지 계급단체가 분열하여 그 생활의식이 집단적으로 대립하는 관계를 통찰한 것이다. 그는 정치가 경제적 요인에 전적으로 의존하는 것은 아니라는 것을 알고 있었지만 그러나 정치 현상에 미치는 지대한 영향을 중요시한 것은 사실이다.

아리스토텔레스는 이 과두정과 민주정의 구별은 소수와 다수라는 수적 지배형식에 따르는 것이 아니고 본질적으로 집권층의 성격과 지향에 있어 부와 가난 사이의 대립적인 양태(樣態)에 따른 정치적 구분이라고 지적하였다. 그리고 더욱 부유한 자와 보다 가난한 자 간의 이기적인 지배의 경합과 그 세력의 귀추에 따라 과두제와 민주정은 서로 교류 융합되는 유동성이 있다.

그는 재산 조건에 결부된 과두정의 요소와 수적 결과로 나타나는 중우제의 요소를 현실 정체를 구성하는 실질적인 두 지주(支柱)로 이해하였다.

그는 이 두 정체가 최악인 폭군정의 전(前)과 후(後)의 단계로 이 두 정체를 오히려 평상 사태라고 체념하였다. 두 정체는 덕성을 상실한 동일한 성격과 생활의 이익을 쫓는 같은 계기에서 비롯된 것으로 형식상으로는 민주정이면서도 통치는 과두적인 것이 될 수 있으며 반대로 명백한 과두제가 민주적 운영을 하는 경우도 있다는 것을 지적하였다.

그의 민주제에 대한 관점은 매우 다양하고 다각적인 것으로 현란하였다.

민주제를 일정한 형식으로 취급하였다기보다 조직 또는 운영 원리의 상호 융통성을 승인한 형적이 있기 때문이다.

정치학 제4권에서부터 아리스토텔레스는 현실의 정치 제도를 과두제와 민주제를 중심으로 실증적으로 통찰하고 자세하게 참구하였다.[12)]무엇이 정치 현실에서 중요한 요소이며 어떠한 계기에서 정치의 변동이 결정되는 가를 이들 각 요소의 관계에서 규명하려 하였다.

자연은 단순한데서 시작하여 복잡한 양상으로 발전한다.

인간에게 잠재되어 있던 요소는 가능성에서 생활 관계를 통하여 다

12) 순수한 의미에서의 군주정과 귀족정은 정치학의 대상일 뿐이며 현실상에 존재하는 것은 아니다. 이와는 다른 측면에서 폭군정은 완전하게 권력에 의지하므로 정치 제도로서의 고려(考慮)대상에서는 제외될 수밖에 없다. 따라서 현실상의 고려 대상은 과두정과 민주정 만이 남게 된다(Dunning, 동서, p.73).

시 현실에 발현하고 구체화된다. 그리고 이는 상호 작용으로 발전 확대되어 집단적이고 사회적인 성격을 갖추고 나아가 역사에 기복을 나타낸다.

이렇게 사회 현상을 설명한 아리스토테레스는 정치의 첫째 의의는 안전에 있다고 생각했다. 그는 이것이 인민 모두에게 얼마나 고마운 일인가를 삶의 경험을 통하여 잘 알고 있었다. 그는 안전이 정치선의 전제적 조건임을 확신하였고 그 바탕 위에 중용선을 어떻게 실현시킬 것인가에 모든 정성을 쏟았다.

그는 특히 과두제와 민주제에 그 노력을 집중시켰다. 이는 정체의 동요는 항상 과두정의 요소와 민주정의 요소간의 대립길항(對立拮抗)이 기저에서 작용하고 있기 때문이라고 생각한 것이다.

그에 따르면 정체 중 가장 단명한 것은 폭군제이며 과두제가 그 다음 간다.

민주제는 다수이나 가난하고 과두제는 소수이나 부유하다. 이것이 계급 대립의 가장 기본 요소이며 이 빈부의 차이는 통치의 성질에 결정적 요인이 되는 것이다.

혁명은 정치체제가 내포하는 결함의 결과이다. 그런데 민주제는 과두제보다 안정적이다. 국민 개인 혹은 단체의 성격에 따라 관계 형성이 다른 양태를 보일 수는 있지만 민주적이라는 특징은 자유가 그 원리이다.

사회가 자유를 추구하였을 때의 결과는 다수자의 우세가 된다. 그러나 자유는 원칙적으로 각자가 하고 싶은 대로 하는 것이어서 민주제는 건설하기보다는 유지하기가 곤란하다.

과두제는 극히 용의주도한 정치조직이 그 정체 유지의 최선의 방법이다.

민주제는 양의 우세에서 과두제는 질의 영향 즉 부, 출생, 지위, 교육 등이 우수한 데서 지배하는 현상으로 나타난다. 결국 민주제는 과두제의 물질적 요소의 확산이고 과두제는 소수가 다수에게 승리하여 정치권력에서 이들을 추방하는 것을 의미한다.

정체의 개선은 점진적으로 그리고 사회적 경제적 조건은 정당한 진행과정에 따라 시정하며 이루어져야한다.

어느 정체라도 국내의 가장 강한 계급의 지지 없이는 유지될 수 없다. 민주제와 과두제는 대체로 현실적이지만 어느 경우에도 입법자는 중간 계급과 화해가 필요하다. 정체의 안정은 국민 생활의 질과 양의 균형에서 가능하며 이는 경제 문제의 해결을 의미하며 결국 중산 계급의 원리로 귀착된다.

아리스토텔레스는 제3권에서 절제 있는 민주제(Moderate Demo)로서 지적한 폴리티(Polity)가 그러한 원리에서 기초한 것이며 당시 그리스 국가 중 스파르타를 그러한 혼합정부(Mixed Government)로 취급하였다.

즉 군주, 귀족, 민주의 요소가 국가의 덕이라는 하나에 혼합되어 있는 정체라는 것이다.

아리스토텔레스는 정부가 안정될 수 있는 방도를 현실 상태에서 찾으려고 부심하였다.

폭군제가 가장 단명하다고 선고한 그는 이 정체의 연명책까지도『정치학』도처에 특히 제5권에서 혁명 방지론을 전개하며 이를 포함시켰다. 폭군은 그 정체를 유지하기 위하여 간사한 계교도 가리지 않고 위협적인 인물을 거세하며 인민을 무기력하게 할 뿐 아니라 그들 간의 불신과 분열을 조장하여야 한다.

그리고 가장 효과적인 방법은 그가 공공이익에 항상 관심을 갖는 듯 가장하여 폭군이 아닌 면모를 꾸며 내세운다. 대중에 대하여는 일반적으로 폭군의 악행으로 지적되는 행위들을 자신의 금기사항으로 삼아 되도록 이를 피하는 주의가 필요하다.

다음에 과두정에 대하여는 부가 극단적으로 편중되는 것을 조절하는 방향에서 안정을 찾을 수 있다고 보았다. 부유층이 상당히 큰 계급을 형성하면 그 기초가 확대되어 안정이 쉬우나 소수에게 집중되면 정부는 일부 악덕한 무리에 좌우되는 당파 지배의 부조리한 혼란을 방지할 수 없게 된다. 따라서 과두제에서는 부가 상당히 공평하게 분배된 상태에서만 법 있는 정부가 유지될 수 있다.

중우제는 인민의 능력을 올바른 행정 기능의 실천에 참여시키는 것이 필요하다. 그리고 빈민 계급의 출현을 방지하여야 한다.

현실 정체에서 과두제의 요소와 민주제의 요소는 혼융(混融)되어 있다. 따라서 정부 구성에는 각기의 결점을 시정하는 합리적 조정이 수행되어야 한다. 일반적으로 양 정체의 장점을 결합하면 정치 경제의 극단을 피할 수 있으니 예를 들면 입법회의는 민주적으로 사법기관은 과두적 성격에서 선임하는 것이다.

제7권에서는 플라톤같이 이상 국가를 구성하기도 하였다.

이 구성의 첫 머리에는 국가가 플라톤의 정의에 기초해야 한다고 논술하였다. 그러나 이 구상은 적극적인 관심에서보다는 국가의 이상이 어떠하여야 하는가를 살펴본데 불과한 것이다.

이처럼 그는 혼합 정부의 효과를 목표로 폴리티의 정부조직의 원리를 세심하게 숙고하여 통치 기관의 합리적 구성을 제안하였다.

국가에는 세 가지 기능이 있다. 즉 전쟁과 평화를 결정하고 협약을 체결하여 통치 명령과 입법을 주재함으로 국가의 근본적인 의사를 결정하는 최고 기능과 집행 권력이 부여된 각 장관과 행정 관리의 기능, 그리고 사법 기능이다. 이러한 세 기능을 행사하는 각 기관은 다소간 과두정 또는 민주정으로 조직된다.

최고 의사의 결정기관이 가장 우수한 지혜와 덕을 갖춘 자들에 의하여 구성되어야 함은 물론이다.

통치자는 선거와 추첨으로 선출되어야 한다. 과두제에서는 선거가 민주제에서는 추첨이 주로 적용된다.

임기의 장단도 그 기능의 성질에 따라 고려되어야 하며 모든 기관은 최고 기관에 대하여 임무 수행의 책임을 진다. 특히 사법 기관은 민주적으로 운영되어야 하며 재판관 임명에는 추첨제가 대폭적으로 활용되어야 한다. 그리고 사법운영은 최고 의사결정 기관과 긴밀하게 협조하여야 하며 그것이 원활하지 못할 경우 그 인원수와 권력을 제한적인 것으로 조직해야 한다. 즉 통치 대상의 성질에 따라 민주적 또는 과두적 요소를 적절하게 배합하여 조직한다.

아리스토텔레스의 이러한 구상은 당시 도시국가의 사태를 반영한 것으로 다소간의 특수성과 고대적 성격을 지니고 있음은 명백하다. 그러나 그는 시장, 공공건물, 도로, 항만, 산림 등을 관리·감독하는 관직의 필요를 또한 법정(사법)의 독립과 다심제(多審制), 그리고 국정 감사기관의 독립, 종교 관리관의 설정, 군사조직과 체육·예술 감독관 등에 이르기까지 자세하게 관직을 분석하고 열거하는 놀라울 만큼 근대적인 합리적 조직론을 전개한 것이다.

그리고 법률 수호관, 행정관 그리고 민회가 각기 귀족제, 과두제, 민주제의 원리에서 조직되어야 함을 지적하여 혼합정부의 구상을 피력하였다. 정치 안정을 논구하며 아리스토텔레스는 정부의 합리적면뿐 아니라 혁명의 계기를 통찰하고 그 방지책도 관심을 가졌다.

6) 국가 변천론(혁명론)

그는 국가의 변천을 넓은 의미에서 통치 조직이 유지되지 못하는 변동으로 보았다. 이러한 현상은 정상적인 정치 활동이 진척되어 국가가 점진적으로 또는 급진적으로 발전하는 과정에서도 있게 된다. 이러한 변동은 환영할 만한 것이지만 협의의 국가 변동 즉 혁명은 적극적으로 방지되어야 한다.

주로 『정치학』 제5권에서 이 문제가 논의되었고, 혁명은 권력조직에 내재하는 화근에 기인한다고 보았다.

재산, 명예, 권리 등의 배분이 정의롭지 못한 상태와 그렇다고 확신하는데 혁명의 동기가 있다. 국민이 평등을 자각하고 평등한 권리를 요구하거나 불평등 즉 타자보다 우월한 권리를 요구하는 데서 혁명이 시작된다.

모든 혁명의 대상은 이익과 명예 또는 불이익과 불명예이고 혁명가는 이를 얻으려 하거나 방지하려고 노력한다.

이익과 명예는 항상 승리자에게 부여되는 상품 같은 것이며 어떠한 정치 투쟁도 이것을 목표로 하고 있지만 정치적 논리에서 보면 이익과 명예가 정치적 권리는 아닌 것이다.

도덕적 생활은 그 자체가 사려(思慮)와 실천 활동의 양면을 가지고 있다. 실제 권력을 행사하는 정치가의 생활이 타락한 것이라고 생각하는 자도 옳지 못하고 정치권력을 최고의 선으로 취급하는 자도 그릇된 것이다.

혁명의 계기는 지배 계급의 부당한 특권, 권력의 자의적 행사, 방종 등이 명백하게 드러나 그것을 개혁하려는 정열이 촉발되어 실제에서 진행된다. 그러나 일반 국민 모두가 혁명에 대하여 적극성을 갖는 것은 아니다. 그것은 의식적으로 그것을 합리화하려는 자에 의하여 선동되는 것이다. 민주제에서처럼 과두제 역시 선동가에게 좋은 지반을 제공한다.

지배받는 계층에서이건 통치계층에서이건 간에 선동자는 항상 그 계층을 구성하는 다수에게 아부할 수밖에 없는 것이다.

아리스토텔레스는 야기(惹起)하기 쉬운 여러 사태를 각종 정체의 구체적 사례를 분석하여 논의하였다.

그리고 궁극적으로 심리적인 현상에 원인이 크다고 하였다. 특권계층의 증대가 혁명을 야기하는 주요한 공통 원인이며 빈부 계급 간의 불화는 그들이 수적으로 균형을 이루고 있더라도 조정할 중간 계급이 없는 한 혁명으로 이끌린다. 그런데 혁명이 발발하는 직접 동기는 오히려 통치지배자 간의 또는 선동가의 반목과 질시와 권위적 경쟁에 있다.

아리스토텔레스는 혁명 문제를 주로 과두정과 폭민정의 경우에 더욱 주의를 기울였다.

과두정은 폭군정으로 이행하기 쉬운 계기들이 있고 폭군정은 또한 폭민정을 자극한다. 민중에게 아첨하는 행위는 과두정에서 더욱 소수

즉 문벌 위주가 되려는 자들에서 나타나는 것이기는 하지만 그들이 민중을 신뢰하는 것은 아니다. 그들은 결국 안전을 용병(傭兵)에 의뢰하게 되며 따라서 용병의 우두머리가 혁명 후에 폭군이 되는 경우도 있는 것이다. 다시 말하거니와 아리스토텔레스의 경험에 의하면 폭군정은 단명하였다.

그렇다면 폴리티(Polity)와 귀족제(Aristocracy)에는 불안정한 요소가 없는 것인가?

그러나 그의 대답은 부정적이다. 귀족제 역시 통치자층의 정의롭지 못한 통치에서 비롯되지만 점진적으로 와해되는 취약성(脆弱性)을 가져 과두정으로 옮기기 쉬운 것이다. 폴리티는 보다 안정성을 갖는 것이 사실이지만 그 민주성이 과격해지면 중우제가 되는데 이는 덕이 아닌 '부 또는 다수' 즉 가난한 층의 계급지배(階級支配)에서 오는 결과이다.

그런데 이러한 비교적 자연스럽게 전개되는 과정에서 원인하는 변천은 군주제에서도 면하기 어렵다. 즉 귀족제가 갖는 결점을 가질 뿐 아니라 그 권위는 고립적이어서 배타적으로 불안 또는 경멸에 상면할 위험성이 있고 특히 파벌에 약하다.

그리하여 혁명을 방지하는 아리스토텔레스의 대책은 다음과 같다.

먼저 일반적으로 통치자들이 스스로 조심할 것이 필요하다. 피치자에 대한 불법적 행위나 그들을 농락하는 일이 없어야 할 것은 물론이고 보다도 우정의 유지가 가장 필요하다. 파괴적인 요소를 감시하며 어느 개인 또는 계급이 과도하게 세력화되어서는 안 된다.

한 계급이 다른 계급을 압박하는 것은 항상 경계되어야한다. 공직에 취임하는 일은 부담은 될지언정 이익의 근원일 수 없도록 한다. 무엇보다도 법을 엄밀하게 준수하는 것이 혁명의 방지에 근본이다.

특히 서로 다른 정체의 여러 요소가 적당하게 혼합된 정치조직의 운영에는 이는 더욱 강조되어야 한다.

각 정체는 내재하는 약점을 시정하는 보충적인 정책을 강구하여야 한다. 그리고 국민의 성격에 따라 정치에 참여하는 정도와 수단 내지 방법이 조절되어야 한다. 또 어느 경우든 그 정체의 원리를 극단적으로 실행하려 해서는 안 된다. 민주제에 있어 어떤 개인이 특권을 갖는 것은 가장 위험한 일이며 위정자는 국민의 재산과 수입을 자세하게 알고 균배토록 하여야 한다. 자산가의 월등한 소유는 제한하고 그 부분은 국가에 기부하도록 하는 것이 옳다.

과두제에서는 특히 정부를 구성하는 세력을 용의주도하게 배치해야 한다. 즉 가난한 계급 중 우수한 자에게는 수입은 많으나 정치권력이 적은 지위를 부여하고 부유한 계급인 자에게는 정치권력은 비교적 약속되지만 수입은 보장할 수 없는 지위를 배당하여야 한다.

아리스토텔레스가 국가선을 실현하는 정치의 질에 관계없이 폭군정까지 포함하여 그 안전을 위한 방책으로서 권모술수까지 제시하는 면모는 그의 정치학의 가치중립성을 의미한다. 즉 정치적 이념의 가장 일반적인 보편성에 충실한 태도를 견지하였던 것이다. 그러나 아리스토텔레스의 이러한 정치학의 정신은 인간의 현실을 체관하여 정치가 적극적으로 정치선을 실현할 것을 기대하기는 어렵다 보고 현실 그대로나마 안정된 생활을 유지하기를 바란 것이다.

물론 그의 자연주의적 세계관에서 안정과 평화 이념을 추구한 면도 있으나 보다는 아리스토텔레스 자신이 겪은 삶의 핍박과 파란이 외로운 천재를 병들게 한 것이다.[13)]

세계관의 차이에서 나온 것이라고 하나 그는 그가 존경한 스승 플라톤을 과격하리만큼 비판도 하였다. 그러나 어떤 이는 만일 그가 플라톤에게 배우지 않았더라면 스승을 비판할 그런 지식의 근거도 갖지

---

13) 이와는 정반대의 의견으로 '플라톤은 일상세계에 대한 염세(厭世)적인 태도를 취하였다. 그는 모든 것이 이상적인 형상(形相)의 기준에 미치지 못하므로 – 아리스토텔레스는 낙관론자였다. 플라톤이 물질적 실재라는 어두운 동굴을 떠나서 더 나은 것을 찾기를 바란 반면 아리스토텔레스는 일단 불을 밝히고 나면 동굴도 그리 나쁘지 않다고 생각하였다. 그는 가장 저급한 생물조차도 연구할 만한 가치가 있는데 왜냐하면 그것들 각각이 우리에게 자연적인 것과 아름다운 것을 보여줄 수 있기 때문이다.'(『서양 철학의 파노라마』, 안소니 고트리브(Anthony Gottlieb), p.39).

못하였을 것이라고 하였다. 그만큼 그의 지식은 플라톤에게 전적으로 의지하고 있는 것이다.

관점을 바꾸어서 보면 아리스토텔레스의 『정치학』은 시종하여 스승의 이념에 충실하였다.

던닝 교수에 따르면 아리스토텔레스의 정치학은 이중적 사고(二重的思考; Double Sense)로 되어 있다.

한 면은 순수 과학으로서의 정치학으로 인간의 절대선과 이상국가를 이념하는 사고형태로 플라톤과 다를 바 없는 면이고 다른 하나는 실천과학으로서의 정치학으로 여기서는 정치선을 실제 사회에서의 헌정적 법적 관계로 취급하였다.

이러한 순수과학과 실천과학을 나누어 보는 분석적 시각은 정치사상상의 플라톤과 아리스토텔레스의 같음(同)과 다름(異)을 별다른 설명 없이 이해할 수 있는 관점을 제공한다. 즉 아리스토텔레스의 『정치학』이 그 내용에서 플라톤과는 전혀 다름에도 불구하고 '스승의 이념'에 충실하였다라고 말하는 뜻은 그가 '순수과학으로서의 정치학'에서 추구하는 도덕적 이상이 그의 스승과 같았다는 것이다.

아리스토텔레스에 의하여 정치학이 실천과학의 입장을 취하면서 자연스럽게 윤리학과 분립되었다. 이는 바꾸어 말하면 그의 순수과학으로서의 정치학에는 윤리학과 정치학을 아울러 포섭하고 있다는 뜻이다.

사실 세이빈 교수 역시 그의 저술에서 아리스토텔레스를 그의 '정치적 이상'과 '정치적 현실'의 두 단락(段落)으로 나누어 취급하였다.

8. 국가의 이상과 교육론

아리스토텔레스의 관대하고 온화한 성품은 『정치학』 말 편에 플라톤의 이념에 따라 교육의 중요성을 혁명 방지책의 견지에서 언급하였다.

국가의 안녕은 첫째로 청년을 통치조직의 원리에 합치하도록 교육하여 훌륭한 시민의 자질을 갖추도록 하는 것이다. 아무리 악한 정체라 할지라도 무모한 오류를 오랜 동안 존속시키거나 쉽게 부패되도록 방치해서는 안 된다. 그리고 교육은 이를 시정할 수 있는 유일한 정부 기능인 것이다.

어떠한 정체에서도 정치가 안정되어야 한다는 근거는 그것이 본질적으로 정치선의 전제이기 때문이다. 그는 본격적인 교육론과 아울러 그의 이상적인 국가를 구상하기에 이르렀으나 이는 이상국가라기보다는 국가의 이상을 술회한 것이었다.

현실에서 이상국가라는 완전한 도덕적 근거에서 또한 그것을 통치행위의 동기(動機)로 하는 국가는 기대할 수 없다.

정치 형태는 국민의 종족적 성격, 인구수와 영토 조건 내지 자원 및 산업의 차이에 따라 달라질 뿐 아니라 달라져야 하는 것이 그러한 조건들에 대한 합리적 적응인 것이다. 특히 자연 환경의 영향에는 항거할 수 없다는 것이 아리스토텔레스의 『정치학』 전편에 흐르는 이념 전제이다.

그의 '인간은 정치적 동물'이라는 견해는 어떠한 환경에서도 최선의 국가 또는 정치 형태가 존립할 수 있다는 가능성을 겸손하게 거부하였다. 설사 그러한 국가가 우연히 성립하였다 하여도 그런 사태에 머물 수 없고 곧 변천한다는 것이다. 따라서 아리스토텔레스가 이상국가를 규정하는 것은 많은 국가를 열거하여 검토한 이론을 다시 확인하는 정도이다.

그는 이상 국가를 실현하기 위한 여러 가지 정책 방안과 그 조건들을 제안하였다.

즉 국가의 영역과 인구는 결속력이 미칠 수 있는 정도에서 그쳐야 한다. 도덕생활을 중심으로 산업과 경제도 충실하게 대책이 마련되고 정비되어야 한다. 국가가 종교를 관리하고 토지의 공과 사적 소유를 분명히 하고 해상 교통을 경제뿐 아니라 국가 방위의 견지에서 보호하되 무역이 도덕에 끼치는 악영향을 고려하여 수도는 적어도 항만으로부터 상당한 거리에 위치하여야 한다. 도시 계획은 공공보건, 정치적 편의, 전략적 견지에서 건설하고 건축물도 미화 조정해야 한다.

교육은 행복이 덕의 실천에 있다는 원리에 위배해서는 안 된다는 것을 가르쳐야 한다. 선한 인간인 동시에 선한 통치자가 되도록 하고 개인의 재능을 계발(啓發)하여 사회의 모든 분야에 적응하게 한다.

권력을 행사하는데 대한 교육의 배려는 가장 각별하여야 한다. 단순한 군사적 필요로 유연하지 못한 강한 기질을 키우는 교육은 통치 원리를 위배하는 것이다. 즉 평화와 덕, 문화, 절제, 정의 등이 국가와 개인 모두에게 가장 필요하다. 교육은 유년기부터 시작하되 신체 훈련과 함께 지능을 개발시킬 수 있고 정서적 유연성을 갖출 수 있는 환경이 준비되어야 한다.

이러한 그의 이상국가에 대한 설명에는 플라톤에서 볼 수 있는 윤리적 관심이 결여되어있다. 사실 그는 정치를 윤리와 구분하고 국가를 행정적 개념과 사회 경제적 관점에서 분석하여 정치학의 방법론을 확립하였다.

9. 결 어

서양 세계에 있어 아리스토텔레스 정치사상의 후세에 대한 역사적 지위는 플라톤과 함께 영원한 쌍벽을 이루고 있다. 특히 서양 근대사의 과정은 아리스토텔레스의 정치사상에 자극되어 각성된 것이다.

정치에 관한 원리와 현실이 이 양대 사상에 의하여 전형적(典型的)으로 개진(開陣)되었고 정치 성향에 따른 양대 유형을 범위와 심도에서 가장 순수하게 대표하고 있는 것이다.

세이빈 교수에 의하면 플라톤은 그의 사상 전반을 지배하는 윤리적 관심, 사고의 독창성과 대담성에서 이상주의의 급진성을 표출하는 데 비하여 아리스토텔레스는 지적 조직의 능력과 복잡한 현실 세계에서 그 전형과 경향성을 파악하는 데 천재적 능력을 가졌다고 하였다.

그의 형이상학적 입장에서는 현실 이외에 따로 진리가 존재하는 것이 아니며 따라서 그는 현실주의에 충실하였던 것이다.

이 두 사상가의 위대성은 정치의 이상인 국가의 주요 목표가 인간의 윤리적 목적을 달성하는데 있다고 믿고 그를 실현시키려 노력한 것이다. 그리고 이처럼 그들이 공통적으로 관심을 가졌던 도덕적 탁월성과 그 실현에 대하여 플라톤은 인간 특히 철인의 '품성의 덕'에 기대한 반면 아리스토텔레스는 이를 현실 세계의 조화라는 '중용의 덕'으로 이루려하였다.

제 5 절 아리스토텔레스 이후(고대 세계의 전환)

1. 도시 국가의 황혼

아리스토텔레스의 정치사상은 준수한 제자들에 의하여 부분적으로 계승되었다. 그러나 무엇보다도 왕이면서 그의 제자였던 알렉산드로스가 도시국가적인 고대 세계에서 세계대(世界大)로 지향하는 위대한 정치 현실을 수립하여 그의 스승인 아리스토텔레스의 사상과 맺은 역사적 의의는 아이러니컬한 것이다.

사실상 아리스토텔레스가 용의주도하게 배려하여 교육하였겠지만 알렉산드로스의 영웅적 기질은 스승의 정치이념과는 배치되는 세계대의 방향으로 진행되었다. 반면에 아리스토텔레스는 동방세계가 지리적으로나 인종적으로 보아 그리스세계와 같은 범주가 아닐 뿐더러 문화적으로 융화가 쉽지 않을 것임을 경고하였다. 그는 각 지역의 민족은 그들 나름의 고유한 생활 체제를 유지하며 문화 전통을 이어가는 것이 옳다고 보았다.

그러나 아이러니컬하게도 이러한 차이에도 불구하고 알렉산드로스 대왕의 정치적 업적의 결과, 즉 광대한 영역의 정치적 통합은 아리스토텔레스의 정치사상이 후세 유럽에 전면적 영향을 끼칠 수 있게 하는 역사적 계기가 되었고 이러한 아리스토텔레스의 업적은 알렉산드로스의 위대성에 조금도 뒤지지 않는 정신적 유산으로 그 영향력을 행사하였다.

아리스토텔레스는 알렉산드로스가 동방 원정에 나가는 전해(B.C.334)에 아테네로 귀환하였다. 그리고 리케온에 학원을 개설한 직후에 『정치학』을 집필한 것으로 보인다.

그는 알렉산드로스에게 많은 관심과 희망을 가지고 있었고 리케온 학원의 경영도 그의 영향력에 힘입어 유지되어 왔다. 알렉산드로스 대왕이 원정길에서 죽음을 맞자 아리스토텔레스는 마케도니아의 지배에 반대하는 아테네 폭도들의 난을 피하여 칼기스로 망명하고 이듬해에 병사하였다. 이 죽음이 알렉산드로스의 부음(訃音)과 그 이후의 사태에 충격을 받은 영향이 없지는 않았을 것이다.

알렉산드로스 대왕의 사업은 그리스세계의 성격에 지대한 변화를 가져왔다.

과두제와 민주제 간의 알력과 불화 그리고 도시국가 간의 배타적 투쟁을 일삼던 도시국가는 대왕이 개척한 거대한 제국에 함몰되어 이제 그 의미가 희석(稀釋)되고 겉모습만 남았다.

알렉산드로스 대왕이 정복지에서 힘을 쏟아 이룬 헬레니즘 문명은 그리스세계의 보람이었다.

헬레니즘[1]은 그리스 문화와 사상이 동방의 제국주의적 의식을 흡수하여 세계적인 보편을 지향하는 데서 이루어진 것이다. 사실 헤라스세계에서 아리스토텔레스가 생각한 자족적이고 완결된 형태인 도시국가는 당시의 확대되고 변천한 현실 세계에서는 그 한계가 이미 드러나고 있었다.

마케도니아의 정복 전쟁이 알렉산드로스의 대군사제국(大軍事帝國)으로 발전하며 생활환경은 급변하였다.

지역적인 공동 유대에 그쳤던 생활 관계는 광대한 제국에서는 갈피를 잡을 수 없을 만큼 동요하였다. 또한 이 알렉산드리아 제국도 대왕의 죽음과 함께 후사를 제대로 수습하지 못하고 그 광대한 영역의 계승은 몇몇의 부하 장군들에 분할되어 지리멸렬(支離滅裂)하였다. 후에 이 제국은 프톨레마이우스 왕조의 이집트와 마케도니아 그리고 시리아로 분할되었다.

---

1) 헬레니즘 시대는 알렉산드로스 대왕의 페르시아 정복(B.C. 330)에서부터 로마에 의한 이집트 합병(B.C. 30)까지의 300년간을 가리킨다. 그리스문화와 오리엔트 문화가 서로 영향을 주고받아 질적 변화를 일으키면서 새로 태어난 문화이다.
그리스문화는 아렉산드로스가 정복한 오리엔트 오지(奧地)에까지 침투되었으며 헬레니즘 세계에서는 간소화 된 그리스어가 공통어로 사용되었다. 이 시기에는 도시국가의 강력한 유대가 와해되어 개인주의적인 철학이 유행하였다.

그의 동방 원정은 그리스문화를 동방으로 전파시킨 것만이 아니었다.[2] 살벌한 전쟁이 휩쓸고 있는 중에도 그의 문물의 융합과 교류 정책에 따라 동방의 다른 민족의 이질적 문화가 그리스세계로 도도하게 진출하였다. 그러나 이때 그리스세계란 본래의 그리스뿐 아니라 그리스 문화권을 통칭하는 것이다.

이집트의 프톨레마이오스 왕가가 알렉산드리아라는 신도시를 건설하자 그리스세계 도처에서 학자들이 이 도시로 모여들어 헬레니즘 시기의 학문의 중심지는 아테네로부터 점차 이곳으로 옮겨졌다. 이곳에는 장대한 도서관이 세워지고 헤브라이어로 된 성경이 그리스어로 번역(70인 역 성서)되기도 하였다

동양인과 그리스인이 동일한 정치환경에 함께 묶이게 되자 도시국가의 생활 습성에 젖은 그리스인은 그 충격에 동요되고 삶에 대한 목표를 상실하는 근본적인 불안에 휩쓸렸다. 권력을 두고 오랫동안의 투쟁과 분열을 해 왔던 이들은 거창한 변화 앞에 허탈하여 기력을 잃은 체 실속 없는 알력만을 타성적으로 지속하였다.

눈앞에서 전개되는 인류적이랄 수 있는 규모의 세계적 변화 앞에서 그리스 지성(知性)은 종래의 가치체계에 안주할 수 없는 불안에 직면하였고 그러므로 오히려 현상 세계를 해석 조정할 수 있는 신념을 수립코자 내성적 자립을 도모하게 된다. 도시국가라는 삶의 의지처(依支處)를 잃은 그들은 이제 개인이 단독으로 살아가는 방법을 배워야 했다.[3]

2) 그리스 문화는 박트리아(현 파키스탄 북부지역)에서 불교와 조우(遭遇)하였다.
그리스 미술은 인도 불교 미술에 영향을 주어 종래 스투파 조성에 그쳤던 예배 대상이 불상(佛像) 중심으로 바뀌는 계기를 마련하였다. 즉 간다라 불상이라는 미술의 한 흐름을 형성 하여 인도 북부의 마투라(Mathura)지방을 중심으로 인도에서 자생하며 꽃피운 마투라 미술과 함께 후세에 막대한 영향을 주었다.
한편 그리스의 지방군주 메난드로스왕은 독실한 불교 신자가 되었다. 또한 마니교에서도 불교의 영향을 받아들였다.

3) 도시국가라는 틀 속에서 정치적 동물로서의 인간은 아리스토텔레스와 함께 막을 내리고 알렉산드로스와 함께 인간은 개개인으로 출발한다. 이와 함께 개인은 다시 그 짝이 되는 개념으로 자신과 더불어 공동 거주의 세계(The inhabited World)를 구성하는 타인과의 관계에서 사해동포(Cosmopolitan)라는 새로운 이념이 생겨났다.
이러한 현상들은 오피스(Opis)의 한 연회에서 알렉산드로스가 적대적 관계에 있던 마케도니아인(人)들과 페르시아인들의 ‘마음과 마음의 결합(Homonia)’을 기원하고 통

그리하여 헬레니즘 시대에는 종교적 사회적 목적을 위한 단체도 나타났고 개인의 자족적인 이상을 추구하는 여러 학파도 매우 번성하고 유행하였다.[4] 이러한 현상의 동기는 이미 오래 전부터 빛을 잃어가는 아테네의 문화 분위기에서 배아된 것이다.

그리고 개인의 자족을 가르친 모든 사상가들은 표면상으로는 모두 소크라테스를 회상(回想)하고 그의 인격을 흠모한다고 하였다. 그러나 그들 각자의 인생관을 개척하는 방향은 서로 달리하였다

2. 쾌락주의(Epicurean)[5]와 금욕주의(Cynics)[6]

아리스트푸스[7]를 통하여 소크라테스에 대해 알게 된 에피쿠로스(Epicurus B.C. 342-271)는 일체의 권위의식을 거부하고 공리적 쾌락주의와 그 객관적 원리에 투철하였다.

합국가를 기도한 바로 그날－역사상 획기적 순간중의 하나인－에서 비롯되었다(세이빈, 동서, p.240).

4) 그러나 알렉산드로스 사후(B.C. 323) 2세기 간은 조직적인 정치적 사색은 없었다(던닝, 동서, p.100).

5) 쾌락주의를 주장한 Epikouros(B.C. 342-271)는 사모스섬 출생으로 35세 전후에 아테네에서 학원을 열었다. 이들 철학의 기초는 원자론으로, 참된 실재(實在)는 원자와 공허(空虛) 뿐이며 원자는 불괴(不壞)의 궁극적 실체이고 공허는 원자가 운동하는 장소이다. 원자는 부정(不定)한 방향으로 운동하여 이로 인한 충돌로 세계가 형성된다. 인간이나 신들도 원자의 결합체이고 인식은 감각적 지각으로 물체가 방사(放射)하는 원자와 감각기관의 접촉에 의해 성립된다. 그는 죽음과 신들에 대한 공포를 인류로부터 제거하려 하였다. 쾌락은 자연적인 욕망의 충족이며 명예욕, 금전 음욕의 노예가 되는 것은 아니다. 이 학파는 그의 사후 600년 간 계속되었다.

6) 일명 견유학파(犬儒學派). 소크라테스의 제자 안티스테네스(B.C. 455-360)가 창설하였다 고한다. 소크라테스의 극기적(克己的)인 철학의 일면을 계승하여 덕(德)만 있으면 족하다고 하며 정신적 육체적 단련을 중시하고 자족(自足), 자제(自制)하는 개인의 도덕적 책임을 강조하고 권력이나 세속적인 일에 속박되지 않는 자유를 원하였다. 시노페의 디오게네스로 대표되며 그는 '아무것도 필요하지 않은 것이 신의 특징이다'라고 항상 말하였다. 이 학파는 B.C.3세기에 융성하였고 스토아학파에 많은 영향을 주었다.

7) Aristippos : B.C. 453(?)-B.C.355(?). 그리스의 철학자. 북아프리카의 키레네 출생. 소크라테스를 숭배하여 아테네로 가서 그의 제자가 됨. 그는 시칠리아 궁정 등에서 생활한 뒤에 고향에서 키레네학파를 열었다. 그의 학설 요점은 '인생의 목적은 개개인의 쾌락이고 행복은 과거 현재 미래의 개개 쾌락의 총화이다. 쾌락은 미끄러운 운동이고 고통은 거친 운동이다 육체적 쾌락이 정신적 쾌락 보다 우위에 있다.'는 것이다.

그에 의하면 신은 인간사에 무관심하고 인간은 자연적으로 자기 이익만을 염두에 두는 존재다.

사회와 국가도 이러한 동기에서 형성되었고 법과 정치는 그러한 목적을 증진하는데 유효한 경우에만 복종해야 하는 대상일 뿐이다. 법은 처벌수단을 가지고 정의롭지 못한 행위가 이익이 되는 결과가 되지 않도록 하는 의미만을 갖는 것이고 도덕이란 일종의 편리에 불과하다.

절대적 정의란 원래 없고 있다면 다만 서로 교류하며 경험된 지식과 이익이 되는 것을 찾다 성립된 관습뿐이다. 그러나 이에 근거하는 상대적 정의는 인정할 만하다.

에피쿠로스는 진실을 추구하는 철인의 목표는 개인 자아의 심신의 안락 본위에 있다고 하였다.

외부 자극을 회피하고 모든 소란스러운 분규로부터 인연을 끊어 정신상의 안정을 이상으로 하였다.[8)]

이러한 그들의 생각에 따르면 정치라는 것은 현명한 사람이 관여할 바가 아닌 것이다. 그렇다고 통치의 효용 면까지 거부할 필요는 없다. 개인의 안정과 쾌락에 이바지하는 평화와 질서를 유지하는 효과가 있는 한 그러한 정치권위에는 복종하여야 한다.

사실 이들 에피큐리안들은 대부분이 유산 계층으로 그들에게는 정치적 안정이 무엇보다 우선적인 관심의 대상이었다. 만일 통치가 그

---

8) 아리스티포스가 고통의 부재(不在)를 적극적인 쾌락 추구의 중간 상태로 여기는 것과는 달리 에피쿠로스는 고통의 제거 정도가 쾌락의 양을 정한다고 주장하였다.
플라톤이나 아리스토텔레스도 쾌락에는 상당한 관심을 보였다. 그러나 이들에게는 영혼의 탁월(卓越)함은 그 자체가 행복을 이루는 본질적인 요소였으나 에피쿠로스는 그것은 행복을 얻는 수단이라고 생각하였다.
아리스토텔레스에게는 쾌락이 추구할 만한 것이라 하여도 '인간이 추구해야하는 것'이라는 결론은 아니다. 즉 '욕구되는 것'과 '욕구될 만한 것'과는 같지 않다. 그러나 에피쿠로스는 그러한 당위의 문제에는 관심이 없었다. 그에게 쾌락은 행복한 삶의 출발점이자 끝인 것이다. 그는 아리스토텔레스의 영향으로 고통을 제거하는 과정에서 오는 '운동 중의 쾌락'과 고통의 완전한 부재(不在)인 '정지 중의 쾌락'을 구분하였다. 이는 신체적 감각의 쾌락이 아니라 '의기양양한 느낌'인 것이다(『헬레니즘 철학』, 안소니 A 롱(Anthony A. Long), p.131). 이 '정지 중의 쾌락'이 곧 정신상의 안정을 이상으로 하게 되는 논리적 맥락이다.

러하지 못하다면 다만 그로부터 멀리하여 은둔의 현인 생활을 고수하면 족하다. 따라서 정치가 어떻게 되든지 조금도 고려할 필요가 없다. 그저 바라는 효력을 내는 것이면 어떠한 정체이건 좋은 것이다.

에피쿠로스학파가 일종의 유물론적인 향락 정신과 소피스트적 입장에 상통하는 면이 있음을 부인할 수 없다.

또한 정치에 대한 관념 형태가 개인주의적인 계약정신에 근접한 것도 사실이다. 이는 플라톤이 『국가론』에서 무신론자로 배척한 유형 중의 한 부류이다.

이러한 유(類)의 사상 계통은 사회의 주도적 가치질서가 그 기능을 발휘하지 못하는 환경 어디에서나 생겨나는 것으로 정치 상항에 따라 되풀이 되는데 오히려 이것이 인간의 성품에 기초된 것이기 때문이다.

특히 이 학파의 공리적인 면[9]은 후세에 완전히 적극적인 정치 관심으로 바뀌어 시대를 앞서 개척하는 이념으로 나타났다. 그러나 에피쿠로스의 이념은 본질적으로는 윤리성에 바탕 된 것이다. 그가 안락을 추구하는 이유는 도덕선의 자립을 이루는데 심신의 평정을 유지하는 것이 전제되기 때문이다. 그의 외부 세계에 대한 무관심은 환경조건에 대한 반응으로 나타난 것이다,

즉 개인의 윤리가 정치에서 분리하여 고립(孤立)되는 상태에서 그 이념이나 감성이 전통적인 자연 철학의 객관성과 결합하여 쾌락주의로 나간 것이다. 이들은 정치에 관하여는 낙천적인 일면을 갖고 있었으며 후세에 낙천적 무정부주의 사상이 되기도 하였다.

에피쿠로스의 쾌락이 도덕적 목표를 실현하는 전제로서 심신의 평정 유지를 의미하고 있다는 점은 이미 언급한 바이지만 이 평정은 이

9) 토마스 홉스(Thomas Hobbes 1588-1679)는 선(善)이란 쾌(快)한 것이어서 인간이 바라는 것이고 악(惡)이란 불쾌라서 인간이 싫어하는 것이다. 본질적으로 선한 것은 없고 선악 정사(正邪)는 상대적인 것이다.
원시상태는 '만인의 만인에 대한 투쟁'관계로 인간들은 계약에 의하여 국가를 만들어 자신을 보호할 수밖에 없다. 이러한 사회계약론은 17세기의 정치사상을 주도하였다. 이후의 학자들 중에도 벤삼과 밀은 행복과 쾌락을 동일시하였다.
이들 공리주의의 공통된 특징은 근본적으로 유물론자이고 이기적이며 이들이 사회에 요구하는 것은 안전제일이라는 입장이다.

들뿐 아니라 금욕주의자들도 얻고자한 전제적(前提的) 목표였다.

다만 에피쿠로스들은 이 평정을 과격하고 혼란한 외부 세계의 자극을 피하고 절제 있는 조화에서 구한 반면 키니크학파는 엄격한 금욕생활을 통한 인간 내면세계에서 구하였다.

키니크학파는 유산계급이 주를 이루는 쾌락주의와는 반대로 대부분이 시민권을 갖지 못한 거류외지인에 의하여 성립하여 순수하고 투철한 금욕 정신과 현실에 대한 비관적 처세로 일관하였다. 심신의 완전한 도덕적 자립을 사회와 절연 또 무관심으로 지키려 하였다. 그러나 일부는 정치에 관심을 가졌고 이때는 철저한 평등주의를 호소하였다.

인간의 이성에는 그리스인, 야만인, 시민, 외국인, 자유인 그리고 귀족, 서민 등의 구별이 없다. 특히 빈부에 기인하는 사회적 차등은 전적으로 불합리한 것으로 이러한 차등이 횡행하는 사회적 현실에 당면하여 그들은 의식적으로 현실을 회피하게 되었다.

디오게네스(Diogenes)[10]는 한 물건도 갖지 않는 가난을 실천하며 세계인(Cosmopolitan)[11]을 자처하였다. 크라테스(Crates)[12]의 철학적 생활은 양가 출신의 처(妻) 히팔키아(Hipparchia)[13]와 함께 모든 재산을 가난한

10) Diogenes : B.C. 400-323. 퀴닉학파의 대표적 철학자. 가짜 돈을 만들었다는 죄목으로 고향인 시노페에서 쫓겨나 아테네로 왔다. 행복이란 인간의 자연스러운 욕구를 가장 쉬운 방법으로 만족시키는 것이다. 관습은 반(反)자연적인 것으로 그는 몸소 가난하지만 부끄러움 없는 자족의 생활을 하였다. 알렉산드로스가 그를 찾아가 나눈 대화로 유명하다.

11) 초기의 세계시민의 이념은 당시 정치세계의 물리적 힘 만능에 대한 지성(知性)의 반발로서 형체를 갖기 시작하였다. 따라서 이들은 귀족주의적 성격을 띠었다(던닝, 동서, p.105).

12) Crates : B.C.336-286. 키닉학파 철학자. 테바이 출생.
디오게네스의 제자이며 알렉산드로스가 조국의 재건을 바라느냐고 묻자 '왜 바라겠느냐? 다른 알렉산드로스가 또 멸망시킬 터인데…'라고 대답하였다.
그는 무명(無名)과 가난을 결코 멸망당하지 않는 조국이라 보았다. 그를 숭배하는 여자 철학자 히파르키아와 함께 견유학파로서의 생활을 하였다.

13) Hipparchia : 트라키아에 있는 마로네이아의 명문가 출신. 크라테스의 학설과 삶의 방식에 많은 영향을 받았다. 그녀는 크라테스와 결혼할 수 없으면 자살하겠다고 부모를 협박하여 승낙을 받는데 성공하였다. 결혼 전에 크라테스는 그녀 앞에서 옷을 완전히 벗고 '여기에 당신의 신랑이 있소. 이게 당신 재산의 전부가 될 것이오. 당신의 결정만 남았오.'라고 하였다고 한다.

자들에게 희사(喜捨)하고 걸인 교사로서 천하를 떠돌았다.

도시국가의 정치 생활을 비판적으로 부정한 그들이 보기에 아테네의 현실은 소크라테스의 노력으로 구제될 일이 아니고 플라톤과 아리스토텔레스의 적극적인 개혁 정신도 그 효과는 여전히 의문시하였다. 따라서 이들 키니크학파는 기원전 4세기 초에 플라톤과 아리스토텔레스의 학풍과 태도를 비판하여 도시 국가의 몰락을 예언했다.

비록 공상적이기는 하지만 그들은 독자적으로 당당한 정치이념을 가지고 있었다. 즉 진정한 국가는 지혜만으로 시민의 자격을 결정하여야 하고 따라서 국가는 그 영역도 법도 없다.

도처에서 오는 현인들로 형성되는 유일한 공동 사회로 이 공동체는 인간 사회생활의 본질적인 전형(典型)으로 여기에서 국가의 목적은 자연스럽게 이루어진다. 이는 정치 이념으로 논의된 최초의 세계화된 시민권의 개념이다. 또한 아테네의 정신적 물질적 유산을 송두리 째 벗어버리는 상징적 의미를 갖는다.

이렇게 항의적이고 고고한 정신은 로마 시대의 정치사상은 물론이고 중세를 통하여서도 강력한 영향력을 가진 위대한 정신의 표징인 스토아학파의 연원이 되었다. 그런데 이처럼 의식적으로 현실을 회피하는 학파가 후에 가장 영향력 있는 정치사상으로 결과된 것은 아이러니가 아닐 수 없다.

3. 스토아주의(Stoicism)

자연법스토아 학파의 개조인 제논(Zenon)[14]은 걸인 교사 크라테스의 제자로서 스승의 철저한 실천 정신을 보다 건설적인 새로운 면목으로 계승하였다.

---

14) Zenon : B.C.335-263. 그리스 철학자. 키프로스 섬 출신 페니키아인 혈통이다. 스토아 학파의 개조(開祖). 그의 철학은 절욕(節慾)과 견인(堅忍)을 가르치는 윤리학이 중심이며 행복은 신(神)의 이성 즉 로고스(Logos)를 따르는 일이며 이로서 부동심(不動心)의 경지에 이른다고 하였다 자연과 일치된 삶이 그의 목표였다. 그의 철학에는 동방의 요소가 있다.

키프로스 섬 출신이며 부모 중 한편이 셈(Sem)족이 분명한 제논이 아테네의 4대 학파[15] 중 제일 늦은 스토아 학파[16]를 건설한 것은 기원전 300년 조금 전이다. 그는 키니크 학파의 자연주의가 너무 척박(瘠薄)하고 예의범절이 결여되었다고 생각하여 그들과 결별하였다.

이 학파에서 주목할 만한 것은 동양적 요소가 그리스 철학에 이식된 징후가 확연한 것이다.

그의 후계자인 제2대 크리시프스[17]와 제3대 파나이티오스[18]도 모두

---

15) 1. 플라톤의 아카데미아, 2. 아리스토텔레스의 리케움, 3. 에피쿠로스의 에피쿠로스 학원, 4. 스토아 학원.

16) 스토아 철학(Stoicism)은 제논이 스토아 포이킬레에 창설한 철학의 유파.
B.C. 3세기부터 로마 제정(帝政)에 이르는 후기 고대를 대표하는 학파이다.
'스토아'는 주랑(柱廊)이란 뜻으로 제논이 공회당(公會堂)에 연결된 채색된 주랑에서 가르친 데서 유래한 이름이다. 현자의 유덕(有德)한 삶이란 이성을 갖춘 유한(有限)한 개개의 자연물(인간)이 자연에 의하여 부여된 그대로의 자기(또는 운명)를 알고 운명대로 살아감으로서 본원(本源)인 자연에 일치하는 동의(同意)의 삶이다. 그것은 자연 그 자체가 이성적 존재자를 통하여 이루어지는 자기 귀환(歸還)에의 활동이기도 한 것이다. 이들은 지혜, 정의, 절제 그리고 용기의 4대 덕목을 강조하였는데 초기에는 지혜를 윤리적으로 정의(定意)하였다.
그들의 삶의 자세 내지 그 지향성은 '어떤 사람이 어린이의 생명을 구하기 위해 모든 노력을 기울였으나 실패했을 때 유감스럽거나 후회하지 않는다'는 것이다. 지혜로운 사람은 행위가 공정하여 일단 그 일이 끝나면 그의 감정도 사라진다. 그는 감정을 가지고 있으나 감정의 노예가 되지는 않는다.
이와 똑같은 삶의 지향(指向)은 신유가(新儒家)에서 볼 수 있는데 '성인(聖人)의 기쁨과 노(怒)여움은 마음에 매여 있는 것이 아니라 사물에 매여 있다'(정명도가 장횡거에게 쓴 편지의 한 구절『중국 철학사』, 펑유란, p.353).

17) Chrysippos : B.C. 279-206. 그리스의 철학자. 아테네에서 제논의 제자 클레안테스에게서 배웠다. 스토아 철학을 처음으로 체계화한 학자로 '크리시포스가 없었더라면 스토아의 존재도 없었을 것이다'라는 평을 들었다. 후에 이 스토아 철학을 무자비하게 공격하며 이를 그의 철학적 논조의 중심으로 생활한 카르데아네스는 이를 바꾸어 '크리시포스가 없었더라면 카르데아네스도 없었을 것이다'라고 희화(戲畵)하였다.

18) Panaitios : B.C. 180?-109(?). 스토아 학파의 그리스 철학자. 로도스섬 출신 로마로 나가서 라엘리우스 및 소스키피오와 교류하며 스토아 철학의 기초를 닦았다.
후에 안타파트로스를 계승하여 스토아 파의 태두(泰斗)가 되어 스토아 철학의 본래의 유물론적 일원론에 플라톤주의를 가미하여 관념론적 이원론의 성격으로 바꾸었다.
플라톤과 아리스토텔레스는 제논이 사람을 지혜로운가 아닌가로 구분하는 것과는 달리 사람의 이성적 본성을 인정하고 각자는 나름 데로의 고유한 성격을 갖는다고 믿었던 것이다.
파나이토스는 이러한 견해에 따라 윤리의 실천적 측면에 접근, 인간의 영혼에는 누구에게나 충동을 억제하고 행해야 할 것과 안 될 것을 충고해 주는 이성이 작용한다는 믿음으로의 중요한 회귀(回歸)에 성공한 것이다.

소아시아 출신으로 이 지역은 알렉산드로스가 건설한 제국의 영역 안에서도 그리스 문화와 동양 문화가 급속하게 교류(交流)한 중심에 해당되는 지역이다.19)

마케도니아 왕 안티고누스(Antigonus)의 스승이기도 하였던 제논은 그의 저작에서 원시 시대를 유토피아적 황금기로 그렸다. 이는 디오게네스의 저작에도 그러한 것이 있었다고 한다. 그만큼 스토아 사상이 키니크학파에서 유래한 단서를 볼 수 있다. 사실 스토아학파도 초기에는 현실 세계에 초연한 태도에 동조하였다.

스토아주의로 자리 잡고 현실의 정의(正義)를 엄격하게 규율하는 영향력을 발휘하게 된 것은 제3대 교주 파나이티오스 이후이다. 그에 의하여 스토아 사상은 로마 귀족사회와 접촉 승계되어 로마적인 현실성으로 발전하였다.

스토아학파는 초기부터 키니크 철학자들이 이념한 정치사상적인 요소를 보다 견실한 의미로 가지고 있었는데 이는 순수한 의미의 왕도정신(王道精神)이다. 로마 세계에 계승되기 전에 마케도니아 군사제국에도 적용되었는데 그 윤리 정신이 보편성에 토대한 것이기 때문이다.

스토아주의의 이념은 정치의 이상(理想)을 세계 평화라는 윤리적 목표로 하고 그 규범성을 자연법에서 찾는다. 그들은 최고의 우주 법칙이 있어 자연을 규율한다고 믿었다. 이는 고대 자연철학자들의 천문학적 지식에 영향을 받은 것이다.

정의는 그러한 우주 이성의 본성으로 항구적이며 인간에게는 이성으로 내재한다.20)

따라서 인간 사회의 정의와 평화도 그러한 자연법에 일치하는 우주

그는 이러한 고유 전통으로의 전환(轉換)으로 엄격한 윤리관을 완화하여 절충적인 스토아파 철학을 확립하였다.

19) 스토아학파는 시간적으로나 창설자를 비롯한 역대 교주들의 출생으로 보아 그리스 시대가 아니고 헬레니즘 문화에 해당하는 것이다.

20) 스토아학파에서는 우주를 유기체로 보았다. 그리고 그 우주에서 자신의 가슴에서 발견했던 것과 동일한 이성적이고 도덕적인 목적이 표현되어 있음을 보았다(『그리스인들과 비이성적인 것』, 에릭 도즈, p.178).

섭리와의 조화에서 달성 된다. 스토아주의의 생활 목표는 이성 활동을 자연법에 일치시키는 정의 실현에 있고 이것이 영원한 이상이다.

자연법에의 합치는 이를 방해하는 일체의 요소 즉 정서와 물질적 욕망에 착란(錯亂)되지 않은 순수한 이성 작용에서만 가능하다. 그들은 엄격한 금욕주의의 생활 자세를 견지하는 동시에 사해동포애를 주장하였다. 왜냐하면 이성적 견지에서 자연은 평등하며 종족을 초월한 것으로 인류의 범주에서 평등애를 표방한 것이다. 따라서 그들은 무엇보다 노예제도의 불합리성을 지적하였다.

스토아 사상에서 자연법은 인간을 포함하여 일체의 사물을 적극적으로 규율하는 객관적이고 초월적인 존재이다.

제2대 교주 크리시프스에 이르러 그들은 국가와 법의 필요성을 인정함으로서 현실에 적극적으로 나아가게 되었다. 더욱이 엄격한 규범이 통일적인 성격을 가져야 한다는 데서 군주 정치만을 정당한 체제로 그리고 왕도정신이 그러한 군주주의의 이념이라고 하였다.

그에 의하면 '법은 여러 신들과 인간의 모든 활동을 규율한다. 그것은 지휘자일 뿐 아니라 통치자이기도 하여야 한다. 존귀한 것, 비속한 것에 따라 옳고 그름을 구별하여, 해야 할 일과 해서는 안 될 일을 지휘함으로써 이러한 법은 본성상 사회적인 모든 존재를 규율한다.' (Chrisippus on Lat 서문)

이러한 정치적 의미를 포섭하고 있는 자연법의 최고 권위는 플라톤의 '황금의 현'으로서의 법 그리고 아리스토텔레스의 법이념과 서로 통하는 것이다. 그리고 현실적으로는 알렉산드로스가 건설한 제국의 통일적인 군주의 권위에서 그 모습을 보기도 하였다.

동방의 그의 속령에는 전제 군주의 정치 체제가 유행하였고 따라서 알렉산드로스 대왕에 대하여는 영웅적인 군주로 신적인 권위를 상정(想定)하고 숭앙하는 분위기가 널리 퍼져있었다. 탁월한 이성의 소유자가 전제적 통치를 통해 혼란된 사회 질서를 바로 잡는 일은 능률적일 뿐 아니라 또한 정당한 결과를 가져올 것이라고 믿는 희망과 평화에

의 욕구가 스토아사상의 배경이다.

스토아주의는 크리시프스에 의하여 아테네에서 최대의 학원으로 융성하였고 많은 정치가의 지지도 획득하여 학문과 인성(人性)을 연마하고 훈련하는 도량(道場)이 되었다. 스토아주의 세계관에는 이성뿐 아니라 동시에 사회생활에서 자연스럽게 형성되는 관습을 존중하는 논리도 포함되어 있다. 사실 관습의 존중은 인간이 이성적으로 생활한다는 낙천적이고 희망적인 시각에서 가능한 논리이다.

스토아 사상 초기에는 종교적 관념에서 비롯된 투철한 금욕정신으로 의사 결정을 규율하고 생활을 훈련하였으며 권리보다는 의무를 강조하였다. 이 의무는 개인 생활이 우주 섭리의 소명에 따라야 하는 것이라고 이해하고 이에 대한 확고한 신념으로 진정한 도덕적 질서를 완성시키려 하였다. 그러나 그러한 신념에서 도덕적 질서를 완성하려는 제논과 크리시포스는 인간을 있는 그대로의 인간으로 다루지 않았다.

그들은 삶의 당위로서의 모습인 이상적인 현인 또는 성인(聖人)에 대한 묘사를 위해 플라톤과 아리스토텔레스를 넘어서 기원전 5세기 소박한 주지주의(主知主義)로 돌아갔다. 인간의 도덕적 완성은 오직 이성(理性)의 사용으로 가능하며 격정(激情)은 오직 판단의 오류이거나 병적인 동요(動搖)로 보았다.

이러한 시각(視角)에서 설정되는 높은 도덕적 기준은 지혜로운 사람과 그렇지 못한 사람을 구분하여 지혜로운 사람을 제외하면 모두 어리석고 잘못을 저지르는 것이 된다. 그리고 이러한 구분으로 인하여 발생하는 문제들에 대한 그들의 정치적 견해는 사회 정의는 환경에 따라 차이가 있지만 평등의 원리로 그 조정이 가능하다는 낙관적인 그러나 소극적인 개연성에 머물렀다.

이 기준은 일반인에게는 지나치게 엄격하여 이를 포기하거나 일상생활에서 감정에 초연(超然)한 척 가장하게 된다. 이 실제상의 약점을 들어 비판한 사상가가 카르네아데스(Carneades)[21]이다.

---

21) Carneades : B.C. 213(?)-129(?). 그리스 회의학파 철학자, 퀴레네에서 출생. B.C. 137년까지 제3아카데미아 학장으로 있었다. B.C. 155년에는 다른 철학자와 함

카르네아데스가 끊임없이 크리시포스를 공격하는 요점은 바로 '윤리의 일관된 체계 속에 정의와 자기이익을 결합시킬 수 있다'고 주장하는 모든 도덕 철학에 대한 도전이다. 즉 인간은 자기 이익만을 생각하고 그것을 위해 움직인다. 정의는 허울 좋은 이름만의 것이라는 회의론[22]의 입장에서 스토아 철학을 공격하였다.

그는 정의(正義)의 우주적 신념은 허구이다. 현실에서 도덕적 실천이 이루어지고 있지 않다는 사실에 직면해있지 않은가?라고 주장하였다. 또한 풀루타르코스(Plutarchos) 역시 '그들은 말로는 자연적 이(利)로움이 행복과 관계없고 전혀 가치 없는 것이라고 헐뜯는다.'라고 하며 이러한 도덕군자의 위선을 비웃었다.

스토아 철학은 제3대 교주 파나이티오스(Paneatius od Rhoddes)에 의하여 그 엄격성이 완화되어 보다 인간적이며 사회적인 실제성을 갖게 되었다. 그리고 기원전 2세기 말까지는 점차로 다른 고전 철학도 수용하게 되었다.

그는 카르네아테스의 공세에 대한 해결책으로 플라톤 특히 아리스토텔레스의 정치 이념을 끌어 들여 스토아주의를 수정하였다. 즉 윤리의 실천적 측면에 접근 특별하게 지혜로운 사람이 아니더라도 모든 인간에 보편한 이성의 능력은 충동을 억제할 수 있다고 하였다. 그리하여 스토아 사상을 인문주의로 전환시킨 것이다.

그리스문화를 동경하는 로마 공화정의 귀족 사회에서 파나이티오스는 환영받았다.

께 로마에 대사로 파견되었다. 그는 스토아철학을 논박하여 진위(眞僞)의 기준이 존재하지 않기 때문에 어떠한 인식도 불가능하다고 주장하였다.

22) 회의론 : B.C. 273년 경 아카데미아의 수장이 된 아르케실리우스는 플라톤의 독단적인 후기 저작에서 소크라테스식 대화 쪽으로 돌아섰다. 그리고 철학자의 올바른 자세는 모든 중요한 논제에 대하여 판단을 유보하는 것이라고 회의론의 입장을 선언하였다. 그러나 소크라테스가 그 형식에 있어서는 회의론적 방식을 즐겨하였으나 그만한 보편적 진리의 존재를 확신한 사람도 없었고 플라톤 역시 그의 철학적 근거가 이 진리에 대한 믿음이었던 것이다.
아르케실리우스의 영향으로 아카데미아는 200년 동안 회의론의 본향(本鄕)으로 남아 있었는데 이는 역사적 아이러니가 아닐 수 없다.

로마인의 견인(堅靭)한 현실적 성격에 완화된 스토아 사상이 이식(移植)되었던 것이다. 스토아 사상은 로마적인 전통에서 공화정과 제정기에 걸쳐 정치와 법에 관한 많은 이론을 출현시켰다.

초기 스토아주의의 고고하고 엄격한 이상주의가 관용적인 완화 과정을 거쳐 현실적인 인도주의와 평등애 정신으로 이념화되었고 이러한 변환으로 현실주의적인 로마세계에 중대한 사상적 영향을 줄 수 있었다.[23)]

파나이티오스는 '인류의 결합과 인간의 평등에 국가의 정의가 있다. 남녀는 같은 가치를 갖고 처자의 권리는 존중되어야 한다. 가족 간에는 두터운 사랑과 순결을 그리고 친구에게는 인내와 자비가 있어야 한다. 모든 계급 간에 인도주의는 비록 사형이 필요한 경우라도 없어서는 안 된다'고 말하였다. 이것이 비록 공화정기의 로마 사회에 비추어 교훈적 성격을 가지고 한 말이라도 이들 후기 스토아 학자의 저서에는 인간 평등의 해방적인 윤리 정신이 충만하였다.

로마 공화정 시기의 키케로, 제정시기의 세네카를 비롯한 로마 법률가들은 스토아 철학자이거나 아니더라도 스토아 사상의 영향 아래서 정치와 법률 이론을 전개하여 훌륭한 로마 문화를 이룬 것이다.[24)]

이론보다는 실제에서 더욱 위대하였던 로마는 그리스 고전 문화를 벗어나 독자적으로 개척한 이념을 가진 것은 아니었다. 후세에 위대한 모범이 된 로마법도 실제상에서 제도화하는데 탁월한 재능을 보였

---

23) 스토아학파에 있어 근본적으로 공상적인 것은 전혀 존재하지 않았다(세이빈, p.252).

24) 로마 공화정 시기 스토아 사상은 아무런 역할도 하지 못하고 다만 몇 사람들, 소(小)카토, 키케로나 부르터스 같은 사람들의 정신에만 머물러 있었다.
역사적으로 아렉산드로스 대왕의 출현으로 아리스토텔레스의 도시국가 중심의 정치적 이념들이 무기력해진 것처럼 로마공화정에서 카에사르의 출현은 이들 스토아 철학의 생각을 무력(無力)화 시켰다.
그리하여 로마제정 시대에 와서나 세네카, 마르쿠스 아우렐리우스의 사해동포 이념이 단순한 추상에서 벗어나 실질적인 역할을 하게 되었다. 자연법사상과 사해동포에게 공통하는 정의는 파피니안, 사도 바울 그리고 울피아누스에 의하여 수용 발전하였다. 이 이념은 역시 로마 황제의 중요한 정의(正義) 개념으로 이어졌고 황제의 의사는 곧 문명사회에 법률의 힘으로 역할하게 되었던 것이다. 이들 생각은 기독교에서도 채용되었다(던닝, 동서, p.106).

을 뿐 그 이념은 그리스세계의 문화에 이미 내포되어 있었다. 로마법은 행정적 소질이 뛰어난 로마인들이 정복으로 확장된 영역을 통치하는 과정에서 법의 형식을 갖추게 된 것이다.

로마인의 위대성은 후기 스토아 사상에 공명하고 이를 흡수하여 건실하고 효과적으로 응용하는 관대함에 있다. 그리고 이러한 사상사적 관계는 로마를 대변하는 그리스인 폴리비우스[25]가 로마의 융성을 이론적으로 사색 고찰하는 데서 찾아 볼 수 있다.

4. 로마 공화정과 폴리비우스

로마의 정치 체제와 운영은 폴리비우스(Polybius)에 의하여 찬양되었으나 그것만이 로마를 흥왕케 한 것은 아니었다.

로마도 역시 지중해 지역의 도시국가로 출발하였다. 그리고 정치적 사회적으로 그리스세계와 유사한 과정을 밟았으나 주로 군사력에 의한 위대한 성공으로 결과적으로 헬레니즘세계를 팍스 로마나(Pax Romana ; 로마의 평화)에 흡수하는 대제국을 건설하였다.

티베르(Tiber)강 하류의 일곱 언덕을 중심으로 흥기한 로마가 처음의 군주제에서 공화정으로 바뀌게 된 것은 기원 전 510년경이었다. 그리고 탁월한 군사와 행정 능력으로 주변의 약소 종족을 정복하여 지역적으로 도시 국가의 외연을 확대하였다. 그에 따른 정치권력의 확충에 자극되어 귀족만이 권력을 장악할 수 있었던 합의체가 점차로 평민의 실력에 의존하게 되는 공화체제로 발전하였다.

로마 공화제는 정치권력을 조직하며 아리스토텔레스가 제시한 혼합정부의 원리를 로마식으로 실천하였다.

귀족만이 군주를 선임하던 귀족위원회(Comitia Curiata) 이외에 평민이

25) Polybius : B.C. 201-120. 헬레니즘 시대의 그리스 역사가. 아카이아 동맹에 속하는 정치가로 활약하였다가 B.C. 168년 파도나의 싸움에서 패하여 로마로 압송되었다. 소 스키피오를 교육하였고 스키피오 써클의 중심인물이 되었다. 제1차 포에니 전쟁(B.C. 264)에서부터 제3차 포에니 전쟁이 종료되는 다음다음 해인 B.C. 144년까지의 『로마사』를 저술하였다. 그의 정체 순환론과 혼합 정체론이 유명하다.

귀족과 더불어 중앙위원회(Comitia Centuriata)를 별도로 구성하는 일이 군주시대 후기에 나타났다.

공화정은 이 회의체가 실력으로 권력을 장악하는 과정에서 성립하였다. 이 과정에서 귀족위원회(Comitia Curiata)는 원래의 정치적 지위를 상실하고 종교 사항을 관리하는 기관으로서만 남게 되었다.

한편 군주 시대의 자문기관이었던 원로원(Senate)은 공화정 시대를 통하여 귀족의 권위 전통을 대표하는 유일한 기관으로 존속하였다. 그들은 우수한 통치 경험을 가진 귀족들로 구성하여 재정을 관리할 뿐 아니라 주요한 정치적 사회적 문제의 조정, 대외정책의 결정 등 국가의 중추기능을 장악하였다.

중앙위원회는 매년 두 사람의 집정관(Consul)을 선임하여 최고통치권을 부여, 군주적인 권능을 행사하였다. 그 밑에 지방 행정관인 총독(Practor)과 회계관(Censor)을 두어 행정적 사법적 기능을 보좌하였다.

긴급한 정치 상황이 되면 집정관에게 독재권이 주어졌다. 그런데 이러한 관직은 초기에는 사실상 귀족들에게만 주어졌다. 그러나 점차 귀족층의 전횡이 나타나자 평민은 그 세력의 강화에 따라 순수한 평민만의 정치 조직으로 민회(Concilium Plebis)와 함께 민회에서 선출하는 호민관제를 설정하였다.

이들은 정치상의 결의를 채택하고 관리들의 사무를 지휘하였을 뿐 아니라 집정관의 행위에 대하여 거부권을 가지게 되었다. 시민권이 평민에게 부여된 후에는 민회가 입법에도 참여하여 종래의 귀족에 의한 정부 운영을 평민이 함께하는 형세를 갖추었다.

그러나 원로원에서 귀족의 권위는 그대로 유지되어 중요 사항에 대한 정치 실권을 유지, 장악하였다.

로마가 역사상 가장 보람 있는 번영을 이루며 국운이 흥왕한 시기가 이러한 공화정이 궤도에 올라 있을 동안이고 그리스인 폴리비우스가 『로마사』에서 논의 대상으로 한 것도 이 시기이다.

그는 아카이아 동맹26)을 지도한 군인으로서 로마에 인질로 머물렀다. 그러나 그의 지성인으로서의 면모가 '스키피오 써클'[27]을 중심으로 로마 지도층의 신임을 얻게 되면서 부터 쇄락한 조국 그리스에 기여하는 심정에서 로마가 흥왕하는 이유를 제도사 측면에서 고찰하였다.

그는 이와 같은 관심으로 로마가 다 같이 도시국가로 출발하였음에도 융성한 국운을 유지하게 된 이유를 정부 제도와 운영의 특성에서 찾았다.

『로마사』에 표명된 그의 이념은 아리스토텔레스가 이미 밝힌 것이었으나 그는 도시국가의 틀을 훨씬 넘어선 로마라는 대제국을 대상으로 이를 실증적으로 규명함으로서 중대한 진전을 이룬 것이다. 그는 역사에는 성장과 쇠퇴의 법칙이 불가피하게 적용된다고 믿었다.

한 정체가 부패하고 타락하여 다른 정체로 변천하며 순환한다고 생각하였다. 그는 정체의 분류와 변천 과정을 아리스토텔레스의 이론에 따라 설명하였으나 그보다는 이 과정을 단정적(斷定的)으로 논술하였다.

그는 로마가 정치를 부패시키고 혼란케 하는 요인을 방지하여 안정과 번영을 이룰 수 있었던 원인을 이성적이고 견실한 폴리티의 이상을 현실에서 보장한 데 있다고 보았다. 즉 군주, 귀족, 민주 정체 각각의 장점을 종합하여 그 어느 계층이 다른 계층을 능가하는 우월한 지위를 갖지 못하도록 제도를 조직하고 운영하였다는 것이다.

이러한 모범적 사례는 리쿨쿠스의 천재적인 사려로 건설한 스파르타의 정치제도에서도 경험된 것이다. 그러나 로마는 스파르타보다 곤란을 극복하는 노력에서 보다 견고하고 끈질긴 힘으로 그들의 정치제

---

26) 아카이아 동맹은 펠레포네소스 반도의 북부 아카이아 지방의 도시를 중심으로 헬레니즘 초기에(B.C. 286) 성립된 도시동맹. 동진(東進)하는 로마에 대항하여 마케도니아와 동맹을 맺어 당시 마케도니아의 영토에 귀속되어있던 그리스 본토에 대한 진공(進攻)에 맞서 싸웠으나 B.C. 168년 마케도니아 왕국의 멸망으로 로마의 세력에 들어갔다.

27) 스키피오 써클(Scipionic Circle)은 B.C. 2세기 중엽에 소(小)스키피오를 중심으로 당시 최고 교양인들의 문학적 철학적 집단이었다. 스키피오와 스토아 철학의 현자(賢者)인 라엘리우스가 지도자로 그리스문화를 로마에 끌어들임으로서 양문화의 융합을 목표로 하였다.
폴리비오스는 이러한 목표에 협조하였고 파나이티오스는 이 집단의 철학과 정치사상에 결정적 영향을 주었다.

도를 구축하고 운영하였다. 즉 로마 공화정은 집정관, 원로원 과 민회가 각기 군주제 귀족제와 민주제의 특성을 대표하여 혼합정부의 원리에서 운영되었다. 안정된 번영은 그들 각 기관이 서로 견제하여 균형을 이루는 관계를 정립함으로서 오히려 각 기관이 효과적으로 힘을 발휘할 수 있었다(로마사).

그의 논저(論著)에 스스로 변명한 바와 같이 로마 혼합정부가 권력 운영에 있어 현실과 이념이 항상 일치하였던 것은 아니었다. 그러나 역사가로서 로마의 역사를 서술하는 그의 견해에는 최초로 권력의 견제와 균형이라는 근대적 정치 이념을 상정한 것은 사실이다.

그러나 이러한 권력의 견제와 균형에 대한 폴리비우스의 견해는 중세의 견고한 전통에서 비롯된 여러 정치적 문제들을 스스로 해결하며 성숙한 근대적 정치 이념의 의미와는 시대성에 따른 성격상의 차이가 있다. 그것은 로마의 현실 정치와 문화적 배경 그리고 인간의 가치에 관한 의식 구조의 차이에서 오는 당연한 것이다.

폴리비우스는 로마 공화정이 두 명의 집정관이 강력한 집행 권력을 그리고 원로원이 정치 전반의 중요 사항에 대한 결정권을 각기 나누어서 장악함으로서 효과적으로 운영된다고 시사(示唆)하였다.

집정관이 행정 외교 특히 전쟁에 관한 모든 사항을 통제하고 원로원은 재정과 입법에 대한 선제권(先制權)과 아울러 국가 사법(司法)의 추기(樞機)를 장악한다. 이에 대응하는 민회는 '명예와 처형(處刑)의 유일한 근원'이기는 하나 반드시 정치 내용을 실제로 좌우하는 지위는 아니었다.

귀족, 평민의 정치 세력이 함께 종합되지만 실권상의 서열은 분명하게 나뉘어져 있고 각기의 고유한 기능이 서로 교류 융합하면서도 자연적으로 견제되도록 하였다. 결국 로마는 이 두 세력이 조화롭게 정리되어 있는 귀족주의 정치이며 그들의 권위와 가치가 지배력을 갖는 국가 체제다.

이러한 체제는 근대 몽테스큐의 정치이념과도 상통하는 면이 있으나 그가 삼권 분립론에서 설명하는 정치적 의의와 그대로 같은 것은 아니다. 오히려 폴리비우스는 찬연(燦然)한 문화 그러나 지금은 쇠락한 그리스를 회고하며 쓴 이 책에서 로마 정치 성격의 근간에 마키아벨리의 국가 팽창주의와 같은 기질이 깔려 있는 것을 보았다.[28)]

로마 공화정에 몸을 의탁하고 있기는 하였으나 그리스인으로서 그는 로마의 역사를 플라톤의 정치 이념과 아리스토텔레스의 현실 논리를 스토아 철학의 윤리적 입장에서 확인한 것이다. 이러한 관점이 서술 대상의 정치 실정과는 다소 유리된 자기 이념에 이끌리는 역사 이해로 나타났다.

사실상 로마의 정치 정세에서 일어나는 파란은 처음부터 끝까지 군사 정복과 관련된 것이다.

세 차례의 포에니 전쟁(Poeni Wars)[29)]이 로마 역사의 정치현실과 그

---

28) 스토아주의의 세계국가라는 개념만큼 탐욕스러운 로마인의 정복을 이상주의로 미화한 정치적 개념도 없었다(세이빈, 동서, p.257).

29) 포에니 전쟁(Poenic War)은 로마와 페니키아의 식민시 카르타고와의 전쟁으로 포에니는 라틴어로 페니키아인을 뜻한다. 지중해 세계의 패권을 둘러쌓고 약 120년간 3회에 걸쳐 충돌한 고대의 세계적 전쟁이었다.

제1차 : B.C. 264-241. 주로 시칠리아를 전장(戰場)으로 싸웠다. 그리스 식민시 메사나를 에워싼 싸움이 발단이 되었고 카르타고가 개입되어 확대되었다. 로마의 승리로 카르타고 세력을 시칠리아에서 일소시키고 로마는 이 섬을 로마의 첫 해외 속주로 만들었다.

제2차 : B.C. 218-201. 한니발 전쟁이라고도 한다. 한니발이 이베리아 반도에 있는 로마의 동맹시 사군툼을 공격하여 시작되었다. 대군을 거느린 한니발은 남 프랑스를 석권한 후에 알프스를 넘어 이탈리아에 침입하고 B.C. 216년 칸나에서 로마군을 섬멸하였으나 로마와 로마 동맹시를 분열시키지는 못하였다. 반대로 그는 마케도니아와 사라쿠사와 동맹을 맺었으나 로마의 교묘한 전술로 별 실효를 거두지 못하였다. 로마는 재정비하여 대(大)스키피오(아프리카누스)가 B.C. 206년 한니발의 거점인 이베리아 반도를 평정한 후 아프리카로 건너가 B.C. 202년 자바 전투에서 한니발을 격파하였다. 이로 인하여 카르타고는 해외 영토를 모두 잃고 한니발은 시리아로 망명하였으나 재기에는 실패하였다.

제3차 : B.C. 149-146. 카르타고의 숨통을 완전히 끊은 전쟁. 카르타고로서는 전쟁을 할 의사도 능력도 없는 차라리 학살(虐殺)이었다. 카르타고와 누미디아의 마시니사의 싸움에 끼어든 로마가 B.C. 149년 소스키피오를 보내어 카르타고를 포위하여 이를 철저히 파괴함으로서 긴 전쟁의 종지부를 찍었다. 이러한 로마의 행위는 정복지에 대해 포용(包容)으로 일관한 이후의 로마정책과는 전혀 상반되는 것으로 로마가 이들을 얼마나 두려워하였는가에 대한 좋은 예이다. 이 전쟁으로 카르타고는 로마의 속주(屬州)가 되었다.

에 따른 정치사상의 분수령이 되었다. 로마는 제2차와 3차 포에니 전쟁 사이 반세기 동안의 평화 상태를 제외하고는 120년간에 걸친 사투 끝에 아프리카 대안(對岸)에 있는 상업 무역의 강국 카르타고를 기어이 무찔렀다.

승리한 로마의 장군 소(小) 스피키오는 처절하게 파괴되고 불타는 카르타고를 바라보며 스스로 개탄하며 '다음 차례는 로마인가?'라고 하였다 한다.[30)]

폴리비우스가 대상으로 한 공화정 황금기는 대(大) 스키피오의 통치 기간에 해당한다.

시칠리아에서 시작한 제1차 포에니전쟁(B.C. 264-241)에서 패배한 카르타고가 이를 복수하려는 영웅 한니발의 역습으로 제2차전이 시작되었다. 로마는 고전 끝에 군인정치가 대 스키피오(B.C. 236-184)가 지휘한 로마군이 한니발을 아프리카에서 패퇴시킴으로 사실상 지중해를 장악할 수 있었다.

대 스키피오는 파국에 직면하였던 로마를 수습하고 급속도로 국력을 회복 신장시켰다.

이러한 로마의 정치적 상항에서 군인이었던 폴리비우스는 자극을 받아 『로마사』를 집필한 것이다.

다음 세대의 로마인 키케로는 대 스키피오 시대를 공화정의 영광을 실현시킨 정치사에서 중요한 시기로 회고하였다. 카르타고를 섬멸한 로마는 그 세력을 지중해 주변으로 확대하여 비로소 제국적인 지위에 올랐다. 그리하여 지중해를 그들의 '앞바다'로 만들었다. 그러나 국내의 상황은 평탄한 것이 아니었다.

국내 정치에서는 공화정에서 제정(帝政)으로 비약하는 조짐과 갈등이 빚어지고 파란(波瀾)이 겹치고 있었다.

30) 그는 호메로스에 나오는 트로이군 총사령관 헥토르의 말 즉 '언젠가는 트로이도 왕과 그를 따르는 모든 전사들과 함께 멸망할 것이다'를 입에 올렸던 것이다. 그는 뒤에 서있던 폴리비우스에게 '이 순간 내 가슴을 차지하고 있는 것은 승리의 기쁨이 아니고 언젠가는 우리 로마도 이와 똑같은 순간을 맞이할 것이라는 비애감(悲哀感)이라네.'고 말하였다(로마인 이야기 2권, 시오노 나나미)

식민지의 수탈을 통해 도시 경제가 급격하게 발전하는 반면에는 농촌 경제가 몰락하여 농촌을 떠나는 사람들로 도시의 인구 집중 현상이 두드러졌다. 또한 실업자와 극빈층이 쏟아지는 상태에서 로마시의 귀족과 평민의 알력과 투쟁이 점점 심해졌다.

정치권에서는 군사력을 장악한 세력 간의 투쟁이 일어나고 그러한 사태에서 그라쿠스 형제의 토지개혁 정책은 참패하였다. 그리고 마리우스와 슐라 간의 내전에서 귀족 출신인 슐라의 승리로 독재가 출현하여 이로서 로마에서의 공화제는 실제로는 종언(終焉)을 고하였다. 이리하여 로마는 계속되는 군벌 간의 경쟁으로 정세의 추이(推移)는 군사력에 의한 제국정치라는 정점으로 급진하였다.

키케로는 이러한 와중에 철저한 공화주의자로 공화정의 옛 영광을 회고하며 열렬하게 소원하였으나 이는 이미 전혀 희망이 없는 것이었다.

5. 키케로(Marcus Tullius Cicero)

로마의 위대한 사상가인 동시에 정치가이기도 하였던 키케로[31]는 로오즈 섬에서 스토아 제2대 교주 크리시푸스의 제자 포지도뉴스로부터 스토아 철학을 배웠다.

그는 그리스 고전을 직접 연구하였고 소 스키피오와 친교가 있던 스토아 제3대 교주 파나이티오스로부터 많은 영향을 받았다. 슐라의 독재와 삼두정치 그리고 카에사르의 군사적인 정권 집중과 그 붕괴 과정을 그는 원로원의 일원으로 체험하였다. 또한 정치가로서의 그는 기원전 63년에 방탕한 귀족 '카탈리나의 음모'[32]를 발각하여 공화제의

---

31) 키케로(Marcus Tullius Cicero) : 로마의 문인 철학자, 변론가 정치가. B.C. 106-B.C. 43. 라티움의 아르피눔에서 출생. 로마와 아테네에서 공부하였다. 그는 보수파의 정치가로 활약, 집정관이 되어 카탈리나의 음모를 타도하여 공을 세웠다.
카에사르와 반목하여 정계에서 쫓겨나 문필에 종사 그리스 사상을 로마로 도입하는 과정에서 그리스 고전들을 라틴어로 번역 새로운 라틴어를 만들어 낸 공적은 참으로 큰 것이다.
웅변술과 수사학의 소양에서 우러나온 문체는 도도하게 흐르는 대하(大河)에 비유되고 있다.
카에사르가 암살된 뒤에 안토니우스를 탄핵하였기 때문에 그의 부하에게 암살되었다.

위기 국면을 미연에 방지하기도 하였다.

은퇴 후에는 삼부작인 『공화국(De Republica)』과 『법률론(De Legibus)』, 『정부론(De Officis)』을 썼다.[33] 이 책들은 플라톤이 택한 방법을 모방하여 스키피오를 주인공으로 대화 형식을 취하여 그의 애국 이념을 펼쳤다.

'국가(The Commonwealth)는 인민의 일이다. 인민이라는 개념은 다른 어떤 목적에서 결합된 단체의 구성원과는 그 성격이 다르다. 인민은 상호 이익을 위하여 법과 권리에 관하여 함께 동의하며 참가한 다수로 구성된다. 그리고 결합하게 되는 원인은 인간이 약해서가 아니라 그것이 자연스러운 일종의 사회적 본능이기 때문이다. 인류는 고립되어 각자가 흩어져 외롭게 살아가려하지 않는다. 비록 물질적 혜택을 최대로 누리더라도 인간은 천성이 사회단체 안에 살지 않을 수 없게 된 것이다.'

국가가 권리를 정의롭게 규율하는 법에 의존해야 하는 이유는 비록 재산이 평등하게 잘 분배되어 있지 않고 또한 모든 사람의 자연적 능력이 평등 할 수 없다 하더라도 한 국가의 시민은 모두 그들 상호 관계에서 평등한 권리를 갖고자 할 것이기 때문이다.

민주정(Democracy)에 관한 의견에는 두 가지 종류가 있다. 무능하고 약한 자들이 부유한 자들에 복종하여 부유한 자들이 더 많은 부를 갖게 되는 특권적인 현상이 나타난다 하더라도 실제로 인민이 힘을 가지고 입법, 행정, 전쟁과 평화의 결정, 조약 체결 등과 개인의 권리 상태와 재산을 통제할 수 있다면 이보다 더 자유스럽고 번영된 국가는 없다고 생각하는 사람들이 있다.

그런가 하면 이익의 공평성을 문제 삼아 비록 법이 정치 사회를 결성하고 있는 개인의 권리와 평등을 부분적으로 규율한다 하더라도 시

---

32) 카탈리나 : B.C. 108-62. 로마 공화정 말기의 정치가. 아프리카 총독을 역임하였으나 집정관 선거에서 계속 낙선하자 국가 전복 음모를 꾸미다 발각되어 도주 중 죽었다. 이는 당시 로마 사회의 부패와 타락을 단적으로 보여 준다

33) 키케로가 라틴(Latin)어를 철학적 사유의 틀로 삼음으로서 그리스 .로마 철학에 결정적인 공헌(貢獻)을 하였다(『헬레니즘 철학』, 안소니 롱, p.11)

민의 경제 상태가 평등하여야 하며 만일 그렇지 않을 때 어떤 권리를 내세워 시민의 결합을 보존할 수 있을 것인가라고 항의한다. 그리고 특히 후자들은 부유한 귀족이 정부를 장악하여서는 국가가 결코 안정될 수 없다. 더욱이 군주제는 '신성시될 자'는 없다는 자각(自覺)이 이 제도를 동요시킬 것이라 하였다.

그러나 키케로는 '모든 사람들의 자연적인 능력이 평등할 수 없다 하더라도 한 국가의 시민인 한 모든 사람들이 상호 관계에서 평등권을 향유할 수 있는 법에 의하여 결합된 시민 단체가 아니라면 사실 국가라 할 것도 없다'고 주장한다.

이어 '군주의 인민에 대한 사랑, 귀족의 회의에서의 지능 그리고 인민의 자유, 이 모두는 포기할 수 없는 고유한 덕이다. 요컨대 권위는 인민에게서 나와 법이 보장되고 그 기초에 도덕성이 요구되는 정부의 일반 원리'를 천명하여 위의 민주정에 대한 두 단견(短見)들에 반대하였다.

여기에 혼합 정부를 지향하는 키케로의 사상적인 면모를 볼 수 있다. 그러나 그는 혼합 정부 구성에 있어 군주, 귀족, 민주의 세 요소 중 어느 하나도 빠져서는 안 된다는 생각은 아니었다. 그는 플라톤에 가까운 스토아 정신에서 민주적인 효능을 기대한 것이다.

즉 혼합 정부의 실례를 스파르타, 카르타고와 로마를 들어 예시하면서 로마가 그 중 모범적이며 완전한 균형을 이루고 있다고 하였다. 그러나 당시 로마의 사회적 분열과 정체의 변화로 인한 동요에 대하여는 '사실 국가라 할 것이 무엇이 있단 말인가?'라고 격분하였다.

그는 일부 지식인들에 대응하여 플라톤의 공유 사상을 비판하였다.

교육은 오히려 가정교육이 장려되어야 하고 온화한 인품을 양성하는 것이 목표가 되어야 한다. 체육에 대하여는 로마 청년이 스파르타의 전쟁 훈련이라는 잘못된 체육 목표에 따름으로서 거칠어진 점을 항의하였다.

그는 육체보다 혼이 더욱 고귀하다고 생각하거나 그 반대의 입장도 똑같이 거부하였다. 그리하여 스토아 철학이 지향하는 인간의 품위와 영육(靈肉)의 균형과 조화를 강조하였다.

그는 정체의 세 종류의 기본형과 그 변천 과정에 관하여는 앞선 학자들의 생각을 그대로 받아들였다.

그는 한 정체가 그에 내재하는 부패 요인이 촉발되어 장점이 무력해지면서 혁명이 일어나 정체가 순환한다고 하였다. 그는 일반론에 따라 그 방지책은 각기의 장점을 결합하고 단점에 대해 이를 보완 내지 방어하여야 하며, 이러한 필요에서 권력 간에 견제와 균형이 있어야 한다고 하였다. 그러나 이러한 제도론적 논리는 키케로에게는 부수적인 의미가 있을 뿐, 그보다는 덕이라는 최고 권위에 의해 자연스럽게 자유의 균형이 이루어져야 한다고 믿었다.

시민이 집단생활을 하는 것은 행복과 가치 있는 생활 향상을 첫째 목적으로 한다. 그러나 이는 이미 아리스토텔레스의 설명처럼 언제 어느 곳에서나 같은 내용과 형식일 필요는 없다.

각 종족의 생활양식은 실제 많은 차이가 있다. 뿐만 아니라 한 국가 안에서도 관습과 법률 그리고 제도 등이 많이 변화하는 것을 볼 수 있다.

키케로는 윤리와 법 그리고 정치를 공화정의 자유원리에 결합시키려는 시도에서 그 의미를 고조하고 추구하였다. 이는 후세 특히 근대 민주주의에서 매력적이고 위대한 회고의 대상이었다. 그의 정치 이념은 체계적 논리와 통일을 갖추지 못하였고 창의적이라기보다는 여러 곳에서 차용한 것이라는 견해가 일반적인 이해이다. 하지만 그는 로마적 기질인 실천적 측면을 강조하며 이론상의 문제는 별로 중요시하지 않았다.

사실 키케로의 위대한 이념은 정치적 의의를 포괄한 진법(眞法), 즉 자연법 원리에서 결산된 것이다. 이 이념이 후세에 직접적인 영향을 주었고 로마 법률가들도 많든 적든 간에 이 진법 개념의 관점에서 현실법을 고찰하였다. 중세의 캐논법(Canon)이 스토아 사상의 반영으로 형성되는 과정에서도 늘 키케로가 회고되었다.

'사실 진법이 있다—즉 정당한 이성 그것은 자연에 일치하고 모든 인간에게 적용되어 불변하며 항구적이다. 그 명령에 의하여 법은 인간으로 하여금 그들의 의무를 완수하도록 하고 그 금지에 의하여 악행을 못하도록 한다. 인간의 입법에서 진법의 가치를 없애는 것은 도덕적으로 결코 정당하지 않다. 또한 그 활동을 제어하는 것조차 영원히 용인되어서는 안 된다. 그리고 그것을 완전하게 무효화하는 것은 불가능한 일이기도 하다.

원로원도 인민도 우리들이 이 법에 복종하는 것을 면제시킬 수는 없다. 그것은 로마에는 이 규율을 아테네에는 다른 규율을 적용시키거나하지 않는다. 오늘은 이것이고 내일은 저것인 것도 아니다. 오직 한 법만이 영원하고 불변하여 모든 세월 모든 인민을 구속할 것이다. 말하자면 한 공통의 주인이 인간들을 통치하는 즉 신이 있어 그가 법의 창조자 해석자 그리고 보증인이다.

그 의사에 복종하지 않는 인간은 스스로 자신의 향상(向上)을 포기하는 자이다. 그리고 인간의 참된 천성을 부정하는 것이 되어 벌을 받을 것이다. 비록 그가 소위 인간의 처벌이라는 결과를 모면하였을지라도…'(『국가론』).

이 시적 웅변에 키케로의 진법의 원리와 지위, 인위법 내지 이성과의 관계 그리고 인간 평등을 암시하는 신적 자연법 이념이 약동한다.

그는 『법률론』에서 자연을 창조한 우주신(宇宙神)과 자연 세계의 여러 힘들 그리고 인간 창조 등에 관하여 설명하며 정확한 정의(定義)를 규정하는 많은 개념을 인출하고자 노력하였다.

그리고 '철학자들의 논의 중에서 인간이 정의를 위하여 태어났고 권리는 개인의 의견에서가 아니라 자연 질서에 기초하였다는 것을 보여주는 것보다 가치 있는 일은 없다. 그것은 인간의 우정과 친구들 간의 관계에 관한 확실한 개념을 얻게 되면 곧 명백해진다. 왜냐하면 어떠한 것도 인간 상호 간의 관계에서 보여주는 고귀한 심정을 닮을 수는 없다. 그렇다고 모든 다른 사물들이 그에 반대되는 성향이라고 할 수는 없다. 이러한 사실은 인간이 그의 약한 성품으로 인하여 악한 관습과 그릇된 신념에 현혹되지만 않는다면 천성적으로 알 수 있는 것이다.'

키케로의 이 정성어린 호소가 의미하는 바는 명백하다.

인간의 자연 성품은 선(善)한 것이며 평등은 자연 정의에 기초한다. 따라서 불평등이라는 악은 인위적 오류에 기인한 비본질적(非本質的)인 것이다. 이러한 그의 자연 정의를 자각하여 인간사회에서 평등이라는 정의를 실천할 것을 시사하는 키케로의 논의에서 스토아 철학자로서의 면모를 볼 수 있다.

그러나 키케로가 인간 평등에 대한 정의를 표명하였으나 그것은 선언적 의미가 강하였으며 그가 아리스토텔레스의 인간 성품의 차이를 인정한 자연 정의로부터 획기적으로 전환한 것이라고 볼 수는 없다. 왜냐하면 사실과 이념 사이에는 논리상의 현격(懸隔)이 있을 수 있는 것이다.

아리스토텔레스 역시 평등이 자연법상의 정의라는 점을 명백하게 밝힌 바 있다. 다만 그는 플라톤보다는 현실 논리에 기울어 현실상 각 개인의 인품이 평등하지 못한 점을 말한 것이다.

키케로와 아리스토텔레스는 다 같이 혼합정부의 원리를 지지하였으며 이는 그 둘의 인간 이해가 다르지 않음을 의미하는 것이다 또한 우정을 최고의 덕목으로 주장한 점에서도 같았다.

키케로는 그리스 고전을 체득하고 스토아 사상에 공명한 정치 사상가였다. 그는 그리스의 정치적 이상을 로마라는 거대한 국가에 대응하는 종합적인 정치 이념으로 피력하였다. 이는 후세에 지대한 영향력을 행사하여 그를 정치사상사에 위대한 지위에 올려놓았다. 그러나 그의 정치사상은 독창적인 이념을 개척한 것은 아니었다.

그는 평등을 주장하는 논의상의 근거를 인간은 누구나 자연으로부터 부여받은 이성적 존재라는 데서 찾았으며 인간들이 평등하여야만 자연 정의에 합치된다고 본 것이다. 왜냐하면 '법도 올바른 이성이어야 하고 그에 따라 명령하고 금지한다. 그리고 이러한 이성에 따라 인간에게 권리가 주어진다면 이성은 모든 자에게 부여되어 있음으로 권리 또한 모든 이에게 부여되는 것이다.'

이는 개인 권리로서의 자유와 평등을 지시한 것으로 근대 민주 이념의 연원인 자연권사상(自然權思想)의 확실한 표현인 것이다. 그런데 자연법에 대응하는 지상법은 이와는 구별된다.

'지역적이고 임시적으로 입법하는 지상법은 편의상의 법이다. 따라서 자연법의 이념에 위반되는 법령은 법의 명의에 합당하지 않다'고 하였다.

불평등을 가져오는 이익 중심의 법은 정당한 것이 아니며 현실 국가 특히 당시 로마에서 유행하는 권리와 정의감은 비판될 대상이었다.

그는 자연법의 참된 정의에 일치하는 인위법을 마련하는 정부를 인간의 권위 수호라는 측면에서 요구하였다.

키케로는 공화정에서 제정으로 가는 과도기에 살았다. 그는 후기 인문적 스토아 사상의 입장에서 개인 이성과 자유 평등이 공화정에서 실현되기를 희망하였다.

그는 대 스키피오 시대의 공화정의 영광을 동경하였으나 당시의 현실은 권위적 성향의 제정(帝政)으로 급진하고 있었다. 따라서 그의 이상주의적 이념은 현실과 일치할 수 없었다. 즉 그는 민주적 요청과 군주적 이상이 현실에서 융합하기 어려운 것이라는 정치사상의 핵심적 문제를 고민하였던 것이다.

6. 로마 제정과 법률가의 이론

로마공화정이 제왕 정치로 바뀌게 되는 단서는 카에사르[34]의 군사

---

34) 카에사르(Gaius Julius Caesar) : 로마공화정 말기의 최대 정치가. 장군. B.C.100-B.C. 44. 서양 역사상 가장 큰 영향을 남긴 사람 중의 하나.
B.C. 69년부터 관직을 맡으면서 인심파악의 능력이 빼어나 민중과 친근한 입장에서서 정책 운영을 펼치고 좋은 성과를 거두어 대정치가로서의 지반을 구축하였다.

적 독재로 정치권을 장악한 데서 이미 시작되었다. 이 시기에는 정치와 사회는 악폐로 찌들어 있었고 카에사르는 이 폐정(弊政)을 혁신하였다.

그의 정책은 민생의 번영과 민권의 평등을 위한 효율적인 시책을 적극적으로 실천하는 개방적이고 한결 진취적인 것이었다. 그러나 그는 제정에 반대하는 일부 세력에 의하여 암살되었다. 그리고 두 차례의 삼두정치는 카에사르가 후계자로 지명한 옥타비아누스가 안토니우스를 이집트에서 격파함으로 끝났다. 그리하여 옥타비아누스는 아우구스투스라는 칭호로 제위(帝位)에 올랐다(B.C 27).

당시 정치 상항은 로마 시민권(市民權)이 이미 로마 시(市)에 국한되지 않고 이탈리아 전역의 인민에게 부여(B.C. 90)되어 있었다. 지역적으로 광대한 그리고 여러 종족으로 이루어진 식민지를 통치하는데 로마시 위주의 공화정은 효과적이지도 정통성을 갖기도 어려웠다. 이러한 면에서 제정은 한 군주에 의한 모든 인민의 통치를 시행함으로서 통일과 집중의 효과를 가질 수 있었다.

로마 제국(帝國) 초기에는 여러 현명한 황제들에 의하여 정치는 안정되고 제국의 영역은 확장되었다.

또한 국경의 방위도 안정되어 평화로웠다. 그러나 역사가 그러하듯이 정치 정세는 다시 소용돌이에 빠져들게 되었다.

그는 스스로를 '운명의 총아'라 믿었고 자신의 정적(政敵)을 마음속으로 받아들이는 영웅적 면모를 갖추었다.

B.C 60년에 폼페이우스 크라수스와 함께 제1회 삼두동맹을 맺고 다음해에 집정관 그리고 다음해인 B.C. 58년부터 속주 갈리아(지금의 프랑스)의 지방장관이 되어 8년간 남하하려는 게르만을 저지하고 브리튼 섬을 침공하여 이들을 제압하고 갈리아와 전쟁을 통해 이들을 완전히 평정하였다.

B.C. 49년 원로원 보수파의 지지를 받은 폼페이우스와 내전을 시작하였다. '주사위는 던져졌다'라는 유명한 말과 함께 군사력 이동의 북방한계선인 루비콘 강을 건넜고 B.C. 45년 스페인의 문다에서 폼페이우스의 두 아들을 격파하여 내란은 막을 내렸다. 그러나 다음해에 보수파 정적들에 의해 암살당하였다.

그의 판단으로는 도시국가에서 세계의 제국으로 군림하게 된 로마를 통치하는 데는 강력한 한 사람의 힘 즉 군왕제가 절대적으로 요구된다는 생각이었다. 그의 생각은 옳았고 그의 후계자인 아우구스투스(옥타비아누스)에 의한 제정(帝政)의 수립으로 그 뜻을 실현하였다.

슐라의 독재로부터 있어 왔던 사회 경제적인 알력을 배경으로 노예와 농민의 반란이 일어나고 정권을 위요(圍繞)하고 군인 출신의 세력이 발호(跋扈)하였다. 광대한 영역의 변경이 자주 외부로부터 침입을 받았고 군사력이 이에 집중되면서 변경의 군사력을 장악한 장군들이 제위에 오르는 일이 생겼다.

이로부터 소위 제왕의 자리를 놓고 투쟁을 전개한 군인황제 시대가 기원후 2세기 말엽부터 백여 년간(180-284) 계속되었다. 그리고 이 백여 년 동안에 24명의 군인 황제가 나오고 이들 중 제명을 누린 자는 2명에 불과하였다.

드디어 디오클레티아누스(재위 : 284-305)[35]는 제국을 양분하여 효율적이고 편리한 통치를 시도하였다. 콘스탄티누스 황제(재위 : 306-357)가 323년 콘스탄티노플로 수도를 옮김으로서 테오도시우스 황제 때에는 로마가 동서 양 제국으로 결정적으로 분할되었다(395년).

그리고 로마를 중심으로 하는 서로마제국은 476년 국경 경비대장 오도아케르가 로물루스 황제를 폐위시킴으로 멸망하였다.

로마 제정의 과정에서는 두 가지 위대한 사명이 수행되었다. 가장 중요한 것은 기독교가 유럽 세계에 보편화하여 유일한 종교가 될 수 있었던 기회와 인연을 이 제국에서 갖게 된 것이다. 로마는 광대한 영역에 걸친 정치적 배경을 기독교에 제공하였고 기독교는 로마의 그러한 사회적 실정에서 교세를 수립 확장할 수 있었다.

다른 하나는 로마법의 완성이다. 로마제국은 광대한 영역을 통치하며 제국 황제라는 권위와 로마인의 탁월한 행정 능력이 결합하여 안정된 질서 유지에 비교적 성공하였으며 로마법은 이러한 치정(治政)의 결정(結晶)인 것이다. 이 로마법이 사회의 실정에 대응하여 이를 규율하고 해결하는 관점에는 이미 정치사상을 필연적으로 포섭하고 있었다.

---

35) Diocletianus : 재위 기간은 A.D. 284-305. 공화정적 요소를 일소하고 오리엔트식 전제군주정을 수립하였다. 이탈리아의 천민 출신으로 졸병에서부터 입신하여 황제가 되었다. 293년에 2명의 정식황제와 2명의 부황제에 의한 4분 통치를 시작하여 분할 통치의 기초를 세웠다. 303년 그리스도교에 대한 대박해(大迫害)를 가(加)했다가 실패하여 퇴위함.

로마법은 그리스의 전통 이념을 계승하여 이를 현실 사정(司正)의 척도로 규범화한 것이다. 그러나 로마 사회는 그리스와는 비교할 수 없이 많은 요소들이 문제를 일으키어 사태를 동요시켰다. 더구나 서로 다른 종족으로 형성된 사회는 각기 다른 실정과 문제를 안고 있었고 로마는 이들을 통일된 입장에서 규범하여야만 하였다. 이리하여 로마법은 시민법(Ius Civile)과 만민법(Ius Gentium ; 萬民法)으로 구별되었다.

원칙상으로 시민법은 한 국가가 그 구성원을 위하여 제정하는 규율을 말하고 만민법은 모든 인간을 대상으로 제정한 것으로 모든 인민이 준수하여야 할 법을 의미한다.

만민법은 속주 총독(Praetor Peregrinus－B.C. 247년 제1차 포에니 전쟁이 승리로 굳어질 즈음 최초로 시칠리아에 창설)이 속주를 통치하기 위하여 발포한 법령을 연차적으로 검토 정리한 데서 성립하였다. 따라서 로마 시민법과는 밀접한 관계에 있으며 다만 각기 다른 종족의 고유한 관습법을 부분적으로 참작하여 로마의 입장에서 선택하고 조정된 것이다. 즉 로마의 지방법을 기준으로 타 종족과 공통되는 관습을 포섭하였다.

총독은 법령 제정과 공포(公布)에 자유로운 권한을 행사하였고 파견되는 총독이 로마 귀족 출신이었으므로 로마 원래의 시민에게 적용하는 시민법을 표준으로 하였다. 따라서 만민법은 규율 대상과 규범 내용에서 시민법의 적용이 제약받는 정도에서 그 구별되는 점을 찾을 수 있다.

만민법의 기본 정신은 스토아 사상의 평등(Equality)과는 개념상의 차이가 있는 균형(Equinity Aequitas)으로서 마치 영국의 보통법(Common Law)에 있어서 균형 원리와 비슷한 관계에 있음을 주목할 만하다.

스토아주의에서의 평등은 키케로에서 보았듯이 사실로서 보다는 도덕적 요청이라는 의미가 강하였다. 만민법도 같은 정신에 기초된 것이지만 실제로는 불평등을 해소시키는 어떠한 내용도 포함되어 있지 않았다.

로마법에서 뿐 아니라 다음 중세에도 고통스러운 논의를 계속하게 되는 문제는 노예와 재산에 관한 것이다. 이것은 자연법사상의 윤리 의식이 정치 사회적 현실에 반영되어 부각시킨 인간 사회의 원래적인 문제다. 이 문제가 그리스 시대와는 다르게 로마 세계에서 적극적으로 문제로 대두하게 된 것은 스토아 사상에 자극된 면도 있지만 현실적으로는 로마 사회의 노예가 정복된 외국인 포로에 한정되지 않고 경제 사회의 혼란한 와중에서 몰락한 로마인들도 있었기 때문이다.

모든 인간은 천성으로 자유롭고 평등하게 태어났으나 노예는 만민법에서 허용되었다. 그리고 특히 이점이 자연법과 구별된다. 로마법은 적어도 이론상으로는 자연법의 도덕성을 구현하려는 노력을 경주하였다.

노예를 법적으로 보호하여 인신의 학대를 금하고 되도록 빨리 해방하도록 법을 개혁하기도 하였다.

울피아누스[36]에 의하면 '정의는 각자에게 그의 권리를 주는 고정적이고 영속적인 배려(配慮 ; Disposition)이다', '법의 전제는 정직하게 살 것, 아무도 침해하지 말 것, 각자에게 각자의 몫을 줄 것 등이다. 그리고 법의 원리는 신적 인간적인 것에 관한 지식과 옳고 그름에 대한 학구적 배려에서 성립된다'(Ulpian, Digest 1).

그는 스토아주의 내지 키케로의 영향으로 법의 근원(根源)이 인민에게 있다고 생각하였다. 그러나 그는 황제의 의사는 법률적 효력을 갖는다고 하였다. 왜냐하면 법에 의하여 인민이 그에게 그들 자신의 모든 권력과 권위를 황제에게 양도하였기 때문이다.

인민 주권과 정치 주권은 구별된다. 정치 주권은 스토아 사상의 자연법에서 신의 섭리로 표현되는 것에 관계되어 있으며 본질적으로 정치적 권위에 정당성을 부여한다. 이것은 다시 만민법과 시민법을 창제(創製)하고 운영하는 정치권력이 황제와 이를 보필하는 주로 귀족층에 중심되었던 현실을 합리화하는 것이다.

---

36) Ulpianus : 170(?)-228. 로마의 법학자 정치가이며 파울루스와 함께 가장 많은 저서를 남겼다. 유스티니아누스 대법전의 중심인 『학술편찬(Digest)』에 실린 법문의 3분의 1이 그의 논저에서 인용된 것이다.

로마법을 집대성한 유스티니아누스 황제(483-565)는 신이 황제에게 살아 있는 법을 주었다고 말하였다. 이러한 관계를 세이빈 교수는 '그리스 시대의 자유시민권의 관념, 즉 관직에 나아가고 정치적 기능을 수행하는 권리는 변형되어 소극적 역할을 하는 처지에 이르렀다. 그러면서도 그 관념이 완전하게 소멸된 것은 아니다 왜냐하면 그것은 개인이 국가의 보호를 요청할 수 있는 법적 제도와 권리로서 존속하였기 때문이다.'

모든 개인이 평등하게 법적 권리를 갖는다는 로마법의 전제는 키케로가 요청한 것이었다. 그러면서도 그의 생각은 정치 권위는 절대적인 것으로 현실적 제약을 벗어난 것이라고 하였다. 그는 이것을 정치 주권 이론을 펼침으로 증명하려 하였다.

스토아 철학의 합리주의와 선량(選良) 위주는 이론상으로 그리스의 시민권의 평등에서 기초된 것이다. 그리고 인간의 지배가 아닌 법의 절대 권위가 확인하게 된 것은 로마에서이다. 황제 자신도 법에 구속된다는 점을 인정하였고 그의 권력이 법에 근거함을 선언하였다.

이처럼 스토아 사상에서의 자연법이 인간을 포함하여 일체를 규율한다는 관념과 사해동포의 인도주의적 평등 윤리가 로마법에서 비록 실제상에 다소 애매한 면이 있다 하더라도 법적 기술과 합리적 형식으로 성취된 것이다.

이는 후세에 위대한 공헌과 모범적 영향을 주었다. 특히 영국 보통법의 자유 민주주의라는 자연법 관념과 날 때부터 평등한 권리라는 자연권 사상의 기초는 키케로와 로마법에 연결된 것이다.

로마공화정을 거치며 각성된 개인의 권리 의식은 특권층과의 알력과 투쟁을 전개하는 사태의 성격에서 이미 그리스와는 달랐다. 로마는 오현제 시기[37]를 제외한다면 공화정 말기 이래로 계속하여 정권을 둘러싼 동란(動亂)의 와중에 있었다. 이러한 시련을 겪으며 얻게 된 정

37) 영국의 역사가 기번이 '인류 역사상 가장 행복한 시기'라고 절찬한 때로 오현제(五賢帝) 즉 네르바, 트리아누스, 하드리아누스, 피우스 그리고 철인(哲人)군주 마르쿠스 아우렐리우스에 이르는 기원 후 96년부터 180년까지의 근 백년간을 가리킨다.

치적 경험을 통하여 자유와 평등에 대한 문제의식과 그 해결 이념이 로마법에 전면적으로 스며들기에 이르렀다.

법률가(法律家)들 중에서는 법이 국가에 살고 있는 모든 인민을 위한 것이므로 인민 전원의 합의로 성립한다고 주장하는가하면 한편으로는 법의 효력의 연원이 궁극적으로 신에게 있다고도 지적하였다. 이는 신이 모든 인민을 평등하게 대한다는 뜻에서 법의 정의가 그러한 것이라야 한다는 요청을 포함한 것이다.

로마법의 고전 시대가 기원 후 2, 3세기이므로 기독교의 영향을 생각해 볼 수도 있으나 보다는 노예와 재산에 관한 정의로운 해결을 위한 문제의식은 원래적으로 스토아 사상의 자연법사상에서 영향을 받고 그 관념에서 사회 문제로 고찰한 것이다.

울피아누스(Ulpianus)에 의하면 자연법에 관한 한 모든 인간은 평등하다(Digest). 자연법에 의하면 모든 인간은 날 때부터 자유롭다(Institution of Justinian 1).

자연법과 만민법은 2세기 말엽에 울피아누스에 의하여 엄격하게 구분되었다.[38] 자연법에서는 모든 사람이 자유스러웠고 노예는 알지도 못하였다. 명백하게 만민법에서 비로소 노예가 있게 되었고 사유재산도 이와 같았다고 판단하였다. 그러므로 노예제도는 자연에 위배되는 것이다.

로마가 시민권을 영역 내의 모든 인민에게 부여하였을 뿐 아니라 법을 개혁하여 아버지의 아들에 대한 절대 통제권을 타파하고 자녀와 재산권에 대하여 부인의 권리를 남편과 동등하게 한 것은 이러한 자연법 정신에 기인한 것이다.

로마 법률가들의 주요 관심사는 자연법에 대한 인위법으로서의 만민법에 있었다.

정치상으로 중요한 관심이 속주 민족의 처리 문제였으며 여기서 성립된 만민법 문제는 성격이 다르기는 하지만 근대 그로티우스(Grotius)

38) 만민법은 법률가들의 용어이고 자연법은 그리스철학 용어다. 이는 3세기 울피아누스에서부터 구별하였고 이 둘의 특징적 차이는 노예제도의 인정 여부에 있다.

의 국제법에서도 보이는 자연법과 인위법의 관계에 대한 것이다.

로마법이 발전하는 초기에 이 문제는 노예와 재산권을 놓고 심각하게 논의되었으며 2세기 중엽까지는 자연법과 만민법 간에 서로 반대되는 내용은 인정되지 않았다. 그런데 가이우스(Gaius)[39]에 와서는 만민법이 그 원리에서 모든 인류에 의하여 인정된 것이며 동시에 자연이성(Naturalio Ratio)에서 교훈을 받은 것이라고 해석하였다(가이우스). 그러나 자연법과 만민법이 하나인 것으로 상정하면서도 노예는 만민법 하에 존재한 것으로 판단하여 노예에 대한 주인의 살생권을 적극적으로 인정하였다. 그리고 사유재산도 합리적이고 정당하다고 보고 이것이 원시 시대부터 있어 왔던 것이라고 생각하였다.

이 양대 법률가의 견해는 그 이후의 법률가들에 의하여 때로 차용되고 또 때로 거부되었다.

후로렌티누스 같은 법률가는 사유재산권의 어느 형식은 자연법에 속하지만 노예는 그렇지 않다고 주장하였다. 그러나 대체로 울피아누스의 이념이 큰 영향력을 발휘하여 자연법과 만민법의 지위는 엄격하게 구분되었다. 이는 신 내지 자연의 무구(無垢)한 신성성을 인간자신들의 악행과 비교하여 인간을 각성(覺醒)케 하는 효과를 기대한 것이기도 하였다. 후에 자연법과 만민법의 관계는 중세 캐논법 학자들이 신법 자연법에서 표명된 정의(正義)의 이념에 인위법을 조정해야하는 고통스러운 과정으로 발전하였다. 그리고 근대 자유 민주주의가 신의 섭리라는 권위를 배경으로 하는 자연법사상의 전통에서 이성자유와 자연권 등의 이념을 성립시킨 것이라는 것은 많은 사상가들의 이론이 증명하는 바이다.

---

39) Gaius : 로마의 법학자가 대개 정치적으로 활동 한데 비해 그는 순수한 학자로 일관 하였다. 그의 『법학개요(Institutiones)』는 원형대로 전해진 유일한 문헌이고 유스티니아 법전 3부 중 같은 이름의 구성은 완전하게 이에 따른 것이다.

7. 세네카(Lucius Anneus Seneca, B.C. 3-A.D. 65)

그러나 이들 로마의 법률가들이 노예와 재산 문제를 자연법과의 관계에서 규명하기 전에 울피아누스의 견해와 같은 의견이 이미 세네카[40]에 의하여 피력된 바 있다.

세네카는 기원 후 54년부터 62년까지 8년간 폭군 네로의 스승으로 국정에 참여하였다. 스페인의 콜다브 출신인 그가 네로의 잔학무도(殘虐無道)한 통치에 불가피하게 8년이나 충언하는 입장에 있었던 것은 그가 정통의 스토아 철학자였던 때문이다.[41] 즉 로마의 스토아주의는 국가의 존재 가치를 굳게 믿었고 세네카는 사회적인 윤리 정신에 강열하게 고무되어 있었던 것이다.

소 스키피오가 카르타고의 마지막을 보고 로마의 운명을 우려한 탄성(歎聲)이 예언이라도 되듯이 네로는 광적인 시적(詩的) 상념에서 로마를 불태웠다(A.D. 64). 당시 로마의 지성들은 폭군의 압정을 숙명적으로 받아들이며 초기 스토아주의의 염세와 은둔의 생활로 빠져들었다. 그들은 인간의 순결과 도덕적 생활을 목표로 하여 그 반대 현상이 만연(蔓延)하는 현실을 기피하였다.

세네카가 네로에게 봉사하는 심리는 절망적 노력 그 자체였다. 그

---

40) 세네카(Lucius Annaeus Seneca). 고대 로마제정기의 스토아 철학자 B.C. 4(?)-AD 65. 스페인의 코르도바에서 출생 로마에서 자라며 변론술과 철학을 배웠다. 나이 어린 네로의 가정교사와 국가 법무관의 소임을 맡았다. 54년 네로가 제위에 오르자 섭정이 되었다. 62년 네로에게 간청하여 은퇴하여 캄파니아에서 오로지 학문과 문필을 가까이하였으나 결국은 네로의 압박에 못 이겨 자살하였다. 그는 스스로 세속에 물들면서도 인간이 인간다운 것은 올바른 이성과 덕을 목적으로 행동하기 때문이라는 스토아주의를 역설하여 모순과 불안에 찬 생애를 보냈다.

41) 스토아 철학의 금언에서는 '지혜로운 사람이라면 보통 정치에 참여한다'고 한다. 이러한 스토아주의의 생활관(生活觀)은 유가(儒家)와 거의 일치한다. 다만 유가에서는 이들보다 한걸음 더 나아가 '성인(聖人)은 일상사(日常事)를 한 사회성원으로서뿐 아니라 '우주의 성원'으로서 행해야한다'고 하며 맹자는 이를 표현하기 위하여 천민(天民)이라는 용어를 사용하였다. 유가의 철학 목표는 내성외왕(內聖外王) 즉 안으로는 성인이요 밖으로는 제왕의 인격을 가지는 것이다. 공자의 삶은 이를 적극적으로 보여준다(『중국 철학사』, 평유란, p.27).

에게 정치 형식의 차이는 그다지 중요한 의미를 갖는 것이 아니다. 다만 가장 선량한 정치 효과를 낼 수 있는 국가가 최상의 것이며 정부 형태의 선악은 상대적인 것에 불과하다. 다른 한편으로 그에게 정치가 원래 인간의 진정한 목적을 달성할 수 없는 바에야 정체의 형태가 중요시될 이유가 없는 것이다.

그는 인간성의 결점을 인정하였고 따라서 민주정 보다는 군주정을 추천하여 그 장점을 살리려 기대하였다. 선량하고 유능한 사회인은 기회에 따라 적극적으로 정치에 참여할 것을 언급한 그는 황제 네로의 측근에서 충실한 비판적 스승으로서의 임무를 맡아 로마 제정의 통일된 힘이라면 우수한 정치를 효능할 수 있다고 기대하였다.

그러나 네로는 폭군으로서의 잔학성만 심해질 뿐 그의 기대는 무산되었다. 그리하여 세네카는 초기 스토아 철학에 대한 향수와 정치에 대한 체관으로 나아갔다.

그는 인간의 본 모습을 정치에서 독립시켰다. 인간은 문화의 작난(作亂)이 있기 전에는 순결하고 행복하였다. 무지함으로 소박한 생활을 사랑하였고 사치가 없음으로 정부와 법도 필요 없었다. 그러나 제9서한에서 그리는 자연의 황금기에서 그는 현명하고 양심적인 지도자에 대한 자율적으로 복종하는 상태도 있었다고 하여 원시 자연사회에서의 정치적 현상을 인정하였다. 그리고 그것이 어떠한 과정을 거치며 타락하였는가를 다음과 같이 서술하였다.

그는 자연 상태에서는 사유 재산은 존재하지 않았다고 보았다. 인간의 탐욕이 점차로 심해지면서 황금기는 파괴되었다. 즉 자기만을 위하여 행동하는 데서 인간의 여러 악폐가 발생하고 특히 통치자는 폭군화(暴君化)하였다. 이러한 룻소(Rousseau)와 같은 판단으로 인간 사회는 기술의 발달로 사치 그리고 부패해지며 이로 인하여 법과 강제력이 필요하게 되었다.

세네카는 정부를 '필요한 악'이라고 보았다. 즉 전제 정치라도 무정부보다는 낫다고 생각한 것이다. 그는 법을 단지 죄악에 대한 치료로서 간주하였다. 정부의 강제 행위는 인도주의에 합당한 것이 아니다. 자연만이 모든 합리적인 존재가 보편적인 덕성에 결합된 상태이며 인간은 거기에 일치함으로서 비로소 본질적인 선(善)에 합치된다.

'평등한 이성'에서 '생활의 자유'라는 선(善)이 사회적으로 이루어진다. 인간의 사회생활은 평등한 동포라는 의식에 기초되고 국가는 인민의 선한 생활에 필요한 기능을 발휘하는 데서 정당성을 갖는다. 그런 한에서 인민은 복종할 의무가 있게 되고 또한 정치적 협동을 아끼지 않아야 한다.

세네카는 이상에만 안존하는 소극적 인물도 인생 장래를 희망적으로 기대하는 낙천가도 아니었다.

법과 정치권력은 악을 제거하는 공동사회의 가치와 필요에 기인한 것임으로 적극적으로 승인되어야 한다. 선량한 사람은 기회에 따라 국가 활동이라는 정치력을 자진하여 구성해야 한다. 다만 정치의 목적은 인간의 선을 향상 발전시키는데 있으므로 입법자를 위시한 통치자는 항상 이러한 뜻으로 정의를 명확하게 자각하여 권력을 오용하지 않도록 하여야 한다.

이상은 그의 비망록에 담겨 있는 것으로 이 글들은 반드시 정치사상적인 용의(用意)에서 쓰이어진 것은 아니다.

그는 폭군과 학정(虐政)에 인종(忍從)하는 사회 대중을 이방(異邦) 출신의 현자(賢者)로서 이해와 동정 그리고 체념하는 심정으로 적어 나갔다. 그러나 그의 정치적 지위로 인하여 제왕권에 충실하며 폭군에게 호소하는 절망적인 노력은 숭엄한 인간 품성을 느끼게 하는 것이다.

제왕권은 지지되어야 한다. 그러나 그 권한 행사가 정의롭지 못한 때에는 복종하지 않아야 하고 보다 본질적인 의무에 충실하여야 한다. '육체는 영혼의 쇠사슬과 암흑－그 하중(荷重)에 대하여 그치지 않고 투쟁해 나가야 한다. 현인(賢人)은 정치적인 권력 없이도 동포애라는 인도주의로 보다 참된 생활의 의의에 봉사하는 것이다.

그러나 이러한 로마의 스토아주의는 세네카 이후 한 세기가 지난 철인 군주 마르쿠스 아우렐리우스(Marcus Aurelius) 황제에 의하여 사상에서 뿐만 아니라 호웅(豪雄)한 정치선의 실천으로 결실을 맺었다.

사실상 스토아주의는 키케로에서부터 100년 후인 세네카에 이르기까지 정치 일선에서 영향력을 행사하였다. 그러나 세네카 사상의 역사적 지위는 미묘하다. 그는 인위법을 자연법으로부터 구분하였고 사회를 국가에서 분리하는 이론을 제시하였다.

사회는 인간성에 기초한 도덕적 종교적 실체로 그는 세속적인 관심과 정신적인 관심을 구별하였다. 이것은 바로 도덕적 신념의 분열을 의미한다.[42)]

이와 같이 세네카의 철학에는 종교적 성향이 농후하였다. 그리고 이러한 그의 삶의 태도는 중세 사회를 이해하는 전제(前提)이기도 한 것이다.

네로 황제의 치하에서 로마 세계는 기독교가 로마 시민에게까지 유력한 교세를 확장하여 중세를 준비하고 있었다. 네로가 증오하고 박해하였던 기독교에 대해 세네카의 입장은 명백하지 않다. 그러나 그의 황금기 자연에 대한 생각은 기독교와 통하는 것이다. 기독교는 가난한 자의 순결을 축복하고 탐욕을 인간이 타락하는 계기라고 하여 증오하였다. 따라서 학대받고 방황하는 대중을 흡수하여 그들이 자신들의 삶을 의탁하는 종교로서 급성장하였다.

세네카는 기독교의 절대권에 들어간 중세에도 존속하였던 스토아주의의 로마 시대의 마지막 큰 별이었다. 또한 그의 사회를 국가와 분리하는 이론은 중세를 일관하는 정교(政教) 분리 현상을 예단(豫斷)하는 것으로 시대에 앞선 선구적 철학자이기도 하였다.

42) 기원 전 1세기에 이르면 정신과 물질, 신과 자연, 영혼과 욕망에 대한 종교적 이원론(二元論)이 일반화되었다. 그리고 신경증적인 죄책감이 현저하였다(에릭 도즈, 동서, p.186).

제2장 | 고대 동양 정치사상

제1절 고대 동양 정치사상의 지위

1. 역사적 의의

로마는 고대 지중해 세계의 문물을 종합한 위대한 역사를 성취하였다. 서쪽으로 멀리 스페인과 영국까지 세력이 미쳤고 지중해 동남해안 옛 문명의 발상지인 이집트를 비롯하여 그 주변과 그리스를 종속시켜 아리안족 최초의 대제국을 형성한 것이다. 그리고 많은 변동을 거치는 그 정치과정은 현재의 영미제도에 이어지고 있는 여러 요소를 포함하고 있다. 그러나 이는 그리스문명의 영향 아래 펼쳐졌던 것으로 그리스세계의 정치적 이념과 경험에서 그다지 벗어나지는 못하였다.

농업 민주국가로서 겨우 이 십리 주변에서 흥왕(興旺)한 로마가 대제국으로 발전하는 과정에서 겪는 정치 사회적 변모는 정치체제의 여러 전형(典型)을 보여 준다.

로마는 포에니 전쟁의 수행과정에서 시칠리아를 약탈 하였고 그 결과 본토의 농경(農耕)이 포로 노예들에 넘어갔다. 로마가 군사 정복에 여념이 없는 동안에 농민 부채가 늘고 몰락하는 자들이 속출하였다. 그러나 공화국은 소수 부강한 자들의 모험적인 기상(氣像)으로 항상 동요되었다.

농민이기도한 병사들이 전쟁에 승리하고 귀환하여서는 정치적 자유와 정권참여 의식이 고취되어 정권을 장악한 소수 귀족에 맞서는 계급간의 투쟁이 활발하게 진행 되었다. 그러나 로마는 결국 부(富)와 군사력이 결합하여 강권정치로 나아갔고 대토지 소유자, 탁월한 정치가와 막강한 실업인(實業人) 등이 포에니 전쟁 이후 300년이나 정권을 밑받침하는 역할을 수행하였다.

그러나 로마세력은 동방의 유프라테스강의 경계선을 넘지 못하였다.

웰스(H.G.WELLS)에 의하면 로마공화국 일차 삼두정치의 용장 폼페이우스가 인솔한 로마군은 알렉산드로스 대왕이 개척한 진로를 따라 기원전 66년에 카스피해(海)에 이르렀다. 그리고 1세기 후에 한(漢)나라 반초(班超)가 같은 바다에 도달하였다.

동서양의 중간에는 광활한 초원과 사막이 있고 여기에는 몽골계와 투르크계통의 유목민이 할거(割據)하고 있었다, 그리고 이들의 움직임은 끊임없이 동서양 세계에 정치적으로 큰 변동을 일으켰다.

알렉산드로스대왕이 인더스 강을 넘지 않고 회군(回軍)한 후에 인도에는 마우리아 왕조의 이채(異彩)로운 교화정치가 출현 하였다. 즉 아쑈크 왕은 조부(祖父)가 무력에 의한 통일을 한 이후에 이를 회개(悔改)하는 의미에서 불교국가를 선포하였다. 잔인한 무력(武力)과 그에 따른 공포를 혐오하여 이후로는 무력이 아닌 종교에 의하여 세계를 귀순시키겠다는 뜻을 밝힌 것이다.

그는 각종 사회복지 시설과 교육사업을 적극적으로 시행하였다. 한편 교화운동을 널리 펼쳐 종교사절단을 카쉬미르, 페르시아, 스리랑카는 물론 알렉산드리아에까지 파견하였다. 그런데 이 불교가 이후에 심대한 영향을 끼치게 되는 중국의 황하(黃河) 유역에서는 보다 인도주의적인 문명이 이미 민족을 형성하여 왕성하게 전통을 쌓아가고 있었다.

한민족(漢民族)이 형성한 문화는 인류역사에서 가장 오래된 사대(四大)문명의 하나로 이 전통에는 신비주의적인 면이 이어져 왔다.

천(天)을 자연신교(自然神敎) 원리로 받아들여 하(夏), 은(殷) 나라 이전부터 제정일치(祭政一致)의 통합정신이 확고하였다. 정치에서는 덕치주의를 표방하였고 그 전통은 전설적 제왕에서부터 그대로 역사시대로 이어진 기록이 남겨져 있다.

한민족은 황하 유역에서 동쪽으로 이동하며 전쟁을 통해 승리한 부족집단에 의해 그 기초가 이루어졌다. 비옥한 강변과 광막한 평원 위에서 농업이 발달하여 인구는 급속하게 번성하였다. 몽테스키외는 이 경이적인 다산(多産)의 원인이 이 지역의 풍토에 기인 한다고 하였다.

가족 구성원이 늘어나며 자연스럽게 가족주의가 싹 텄고 이는 다시 농경지의 보장과 확대를 그리고 외부침략에 대응하여 단결하는 종족주의로 발전하였다. 이들은 종족의 권익을 확충하고 수호하기 위하여 행동을 통일할 필요가 있었고 이는 일종의 정치적 질서와 통솔로 이어졌다.

국가의 형성 역시 같은 이유에서 종족간의 통합을 이루어 서로간의 이익을 조정하고 통일된 생활권을 수호하는 데서 통치권이 확립되였다. 이러한 과정에서 제 종족 간의 투쟁은 서구와 비교하여 결코 단조롭지만은 않았다.

초기 정치형태에서의 공통 현상인 군주정치제는 한(漢)민족에서 그 생명력은 끈질기었고 어떤 다른 역사에서도 찾을 수 없을 만큼 되풀이 되어 근세기 청나라에까지 이어졌다.

역대 제왕정치의 첫째 관심사는 치수(治水)사업이었다. 우(禹)왕의 9년 치수(九年 治水)의 업적이 군왕으로서의 자격을 증명하여 이에 인민이 따르게 되었다는 역사 기록은 이 나라의 지형적 조건에서는 당연한 것이었다. 범람하는 황하의 흐름을 관개(灌漑) 공사를 하여 농토를 보존 내지 확대하는 치수(治水)는 인민의 생활 경제를 위하여 절대적으로 필요한 사업이었다.

정치도의(道義)의 저변에는 가족주의 정신이 밑받침되어 있고 토지배당은 가장 기본적인 사회적 요구이며 또한 농토분배의 합리성 여부가 정치의 성패를 결정하는 중요한 요건이었다.

이러한 여건에서 중국에서는 일찍이 봉건제도가 국가와 사회의 양면에서 자연 발생하였다. 토지경제와 가족생활이 결합하는 사회적 형태에서 그 질서가 합리화 과정을 밟으면서 봉건 체제가 정비된 것이다.

이러한 특수한 역사적 성격이 실천되는 과정에서 한민족은 정치적으로도 그 유례(類例)를 찾을 수 없을 만큼 매우 조숙하였다. 웰스에 의하면 정치적인 단위가 이미 기원전 1700년경에 여러 왕국과 많은 도시국가 같은 형태로 함께 나타났다고 한다.

한민족은 여러 종족의 정치 단위가 통합되는 과정에서 은나라를 거쳐 주(周) 왕조에서 문화적으로 번성하였다. 이러한 과정에서 그 필요를 충족시키는 효과적인 문물제도가 이루어져 비로소 완만한 통일을 오래토록 지속하였다.

초기에는 군왕이 봉건영주를 임명하는 봉건제도로 중앙정권의 지위가 유지되었다. 그러나 점차로 제후(諸侯)들의 세력이 강화되고 이들이 정치적 독립을 주장하게 되면서 행정체제로서의 봉건조직은 붕괴하기 시작하였다

기원전 8세기 중엽부터 이렇게 분립된 나라들 상호 간의 전쟁이 끊이지 않았다. 그 범위는 중원 남부에까지 확장되었고 천하를 쟁패하는 정치 세력의 다원적인 다툼으로 소위 춘추전국(春秋戰國) 시대[1]가 약 500년간이나 계속되었다.

중국 정치사상은 이 시대를 거치며 함께 나타난 제자백가(諸子百家)에 의하여 각기 천하를 구제(救濟)하고자 하는 이념을 펼침으로 비로소 역사적인 유형을 갖추게 되었다.

춘추시대(春秋時代)에 14개국으로 분립되고 다시 전국 시대(戰國時代)에는 7개국으로 그리고 진(秦)나라에 의한 통일에 이르기까지의 역사는 그 자체가 국제적인 갈등과 투쟁의 본보기이다.

---

1) 춘추시대는 주(周)왕조가 도읍을 낙양으로 천도한 B.C 722년부터 애공 14년인 B.C 481년까지인데 이는 공자가 쓴 노나라 연대기『춘추』가 다룬 기간을 말한다.
그러나 춘추시대의 끝 그리고 전국시대의 시작년도에 대한 의견은 통일되어 있지 않다. 한편에서는 진(晉)나라가 한·위·조(韓·魏·趙)로 분할되어 실권이 그들에게 넘어간 B.C. 453년으로 보고 있으나, 소공권은 경왕 4년(즉 B.C. 480년으로 보고 이 해부터) 진시황(秦始皇) 26년, 즉 B.C. 221년까지의 259년간을 전국시대라 하였다.

모든 전쟁의 계기는 복잡다기(複雜多岐)하였고 약육강식과 권모술수로 오직 힘으로 승리를 경쟁하였다. 국가 간에는 합종연횡(合從連橫)[2]을 통해 외교전(外交戰)에 의한 세력연합이 국제정치적인 정치효능으로 나타났다.

기원전 12세기 초 이래로 주 왕조가 실시한 국토의 정전제(井田制)[3]는 춘추전국시대에 들면 권력층이 농토를 무단으로 세습하고 사유화하여 그 제도의 유지가 힘들게 되었다. 그리하여 정전제가 무너지고 인민의 소득과 과세의 공정은 고려될 여지가 없는 추세로 나아갔다.

후세인들이 주(周) 왕조를 황금기로 회고하였던 것은 마치 그리스세계에서 솔론의 시대를 되돌아보는 것과 같았으나 대상과 그 사상유형은 판이하게 달랐다.

마찬가지로 소위 제자백가들의 일반적인 성향은 그리스세계에서 펼쳐졌던 정치사상과는 많이 다른 것이었다. 한민족의 문화는 원래 생활자세가 현실적이고 실천위주였으며 후기 그리스문화의 이론적인 객관성과는 체질상의 차이가 있었다. 이와 같은 동서 정치이념의 차이는 그 이념이 적용되는 현실정치의 환경조건의 격차에서 유래한 것이다.

물론 정치사상의 이념적 대상은 어느 문화민족에게나 공통된 것이다. 즉 천(天) 또는 신(神), 자연법, 정의, 덕, 선(善) 등이 그것이며 인민의 행복을 위주로 하는 점도 마찬가지이다. 그러나 같은 단어라도 그 정치적인 의미의 성격은 그 나라의 문화적 감성에 따라 달라진다.

한(漢) 민족의 생활사를 지배한 유교 정치사상의 근간인 인본(人本)과 덕치주의는 플라톤의 철인 정치사상에서도 기본 전제이다. 그러나 플라톤은 이데아를 객관적 실체로 이념하였기에 유교의 현실원리와는 다를 수밖에 없었다.

올셀(oursel)이 다음과 같이 지적한 것은 오늘날의 정치사상에 매우

2) 전국시대에 소진이 주창한 외교 전략으로 강대한 진(秦)나라에 대항하여 한·위·조·연 등 여섯 나라가 동맹을 맺어야 한다는 주장이다. 그러나 여기서는 종으로 합치기도 하고 횡으로 연계하는 외교 전략이라는 일반적 의미로 사용하고 있다.

3) 토지를 정(井)자같이 9등분하여 주위의 여덟은 사전(私田)으로 나누어 주고 가운데 하나를 공동 경작하여 그 수확을 세금으로 거두어들이는 토지제도이다.

중대한 의미를 암시한다. 그는 인류의 문화가치를 그리스, 인도 그리고 중국의 세 가지 이념 유형으로 나누었다.

'이들 세 민족의 역사는 적어도 기원전 1,500년 이래로 항상 동시에 또 독립적이고 계속적으로 발전하고 있다'고 하며 '다른 형태의 여러 문화는 이 세 유형과의 관계에서만 비로소 세계사에 그 위치가 정해질 수 있는 것'이라고 말하였다. 그의 말처럼 동서 세계는 정치적 문화적으로 거의 동시대에 비슷한 과정을 겪는다.

춘추전국 시대(B.C. 722-B.C. 221)의 중엽인 기원전 4, 5세기에 그리스에서는 페르시아 전쟁 후에 일어난 펠로폰네소스 전쟁이라는 전면적인 동난기(動亂期)를 맞이하게 된다. 그리고 플라톤, 아리스토텔레스가 정치사상가로서 활약한 시대가 대체로 맹자(孟子), 순자(荀子)가 유사한 모습으로 살아간 시기와 일치한다.

또한 그리스 사상가들이 아테네의 황금기로 회고하였던 토지귀족 중심의 솔론 시대는 중국에서는 춘추전국 시대의 중엽, 즉 주 왕조의 토지정전제가 무너지고 춘추 오패(春秋 五覇)[4] 시대의 고비를 넘긴 때이다. 그리고 주 왕조의 문물을 동경(憧憬)한 공자(孔子)가 탄생하기 10여 년 전이기도 하다.

이 유교의 창시자는 소크라테스가 독배를 받기 약 1세기 전 춘추시대 말엽에 활약 하였다. 이 두 성인은 다 같이 지식과 실행 양면에서 옛 문물을 회복하려다가 실패하였다.

그리고 보다 훨씬 앞선 시대에 인도에서는 불타(佛陀)의 설법이 행해지고 있었다.

---

4) 주 왕실에서는 한 제후국을 징벌(懲罰)할 필요가 생겼을 때 왕은 다른 제후국을 지명하여 왕실을 대신하여 그 일을 하도록 하며 이를 정벌(征罰)이라고 하였다.
그러나 왕실의 권세(權勢)가 약화되자 강한 제후가 왕의 이름을 빌려 힘으로 다른 제후국을 그 지배하에 두어 실제 왕권을 행사하였다. 이를 패권(覇權)이라고 하고 오패(五覇)는 제 환공(齊桓公), 진 문공(晉文公), 진 목공(秦穆公), 송 양공(宋襄公) 그리고 초 장왕(楚莊王)을 말한다.

2. 붓 다

불교가 동양 정치사상에 미친 영향은 극히 중대하였다. 불교를 포함한 인도사상의 특질은 정치적인 현실을 직접 문제로 삼는 것이 아니었다. 그러나 그들의 세계관의 바탕에 정치성을 내포하고 있는 것도 사실이다.

불교에서 형이상학적 실재 관념은 인식주체로서의 인간의 절대적 자유를 전제하는 것이다. 주체적 인간이 자유로운 이성으로 객관적 실재인 우주를 추궁하여 존재의 본원에 다가서려는 불교는 그리스철학의 학구적 논리형식에 상통하는 면이 있다.[5)]

이에 대하여는 서구문화의 연원과 인도-아리안(Indo-Arian)족과의 종족사적 관계가 논의되기도 하였다. 그리스 상고시대의 올페우스 교리는 인도사상의 특징을 함께 가지고 있음이 명백하다.

인도세계는 자연조건이 지중해 생활권과는 달랐다. 풍요한 농업생산과 광활하고 투명한 풍토의 영향으로 인도의 명상세계는 현실생활의 압박으로부터 자유로울 수 있었다. 그러나 형이상학적 실체와 합일하려는 자아의 문제에 몰두하여 그 사상세계는 현실을 초탈하는 이상(理想)을 실천하려고만 하였다.

그들은 이른 시대부터 전통적으로 인간 간의 계급을 엄격히 구별하여 서로 배타적인 생활을 하였다. 그것이 그들 종교의 세계관적 질서

---

5) 불교는 객관적인 실체를 규명하여 존재의 근원에 합치하려는 따라서 객관 세계에 대한 인식이 선행(先行)적으로 요구되었다. 반야심경(般若心經)은 서두에 조견오온(照見五蘊)－즉 일체의 존재를 비추어 살핀다고 하였다.
그리스에서는 자연철학자들이 객관적 실체인 자연을 탐구한 이래 파르메니데스에서 플라톤으로 이어지는 형이상학 전통이 객관적인 참된 실체를 전제(前提)로 합리적인 사색으로 이를 파악(把握)하려 하였다. 그러나 불교와 그리스철학의 유사성은 형식논리일 뿐 사상의 배경이나 내용은 전혀 다르다.
불교의 사고(思考)의 배경은 유무(有無)의 세계를 아우르는데 비해 그리스철학 내지 이후의 서양 철학은 유(有)의 세계만을 상정(想定)한 것이다.
불교의 '색즉시공 공즉시색(色卽是空 空卽是色)'과 헤겔이 말한 '현실적인 것은 이성적(理性的)인 것이고 이성적인 것은 현실적인 것이다'라는 두 개의 명제의 차이는 이러한 배경에서 이해되어야 할 것이다.

를 실천하는 것이라고 믿었다. 그들의 이러한 믿음은 생전(生前)과 사후(死後)를 인과적인 관계로 고려하는 윤회사상에서 비롯되었다. 그리고 불교는 원래 이러한 종교적 편파성을 지양(止揚)하는 개혁종교로 나타난 것이다.

불교가 지향하는 길은 자각된 자아가 인간의 평등을 깨달아 실천하는 경지다. 불교 역시 본질적으로 인도사상의 특질인 마음의 세계와 완전한 해탈 자유를 목표했다.

인생의 무상(無常)함을 깨닫고 최고 자유의 선과 지순(至純)한 행복을 추구하여 궁극적으로는 삶과 죽음까지 초탈하여 영원히 구제되는 경지를 생각한 것이다.

붓다는 정치적 사회적 현실을 회의(懷疑)하여 스스로 국왕이 될 지위를 포기하였다. 그러나 인생의 모든 것을 해결하는 해탈의 경지를 증험(證驗)한 그에게 있어 어떠한 의미에서든지 정치에 대한 이념에 도달한 것도 사실이다.

붓다에 의하면 인간의 현실은 인연이 서로 만나 이루는 고해(苦海)이다. 무명(無明)[6]에 기인하는 탐욕(貪慾)과 분노(瞋) 그리고 어리석음(恥)이라는 삼독(三毒)이 얽히어 괴로움이 쌓이기(苦集) 때문이다. 모든 해결은 이 무명으로 인한 삼독을 해소하는데 있으니 말하자면 정치가 필요하게 되는 사회적인 원인을 인간의 내면세계로부터 근본적으로 제거하여야 한다는 것이다.

붓다의 설교는 현실행위의 일체 모순을 청산하여 정치적으로도 영원한 목적달성이 되는 일체평등의 자유를 목표한 것이다. 불교의 평등지(平等智), 평등애(平等愛)에 따르는 자비심과 보살행(菩薩行)은 비정치적이지만 그러나 정치적 효능을 가져온다.

붓다는 인내심을 키우고 자만심을 극복하는 방편(方便)인 탁발걸식(托鉢乞食)을 제자들에게 시범하였다. 그가 설교한 육바라밀(六波羅蜜)[7]

6) 진리에 어두워서(迷) 사물의 있는 그대로를 보지 못하여 그 현상이나 도리(道理)를 확실하게 이해할 수 없는 정신 상태이며 불교의 십이연기설(十二緣起說)의 첫 번째로 그 작용은 모든 번뇌 중 가장 무겁고 돋보인다.

중에는 정치사상적인 의미를 갖는 두 가지 대행(大行)이 포함되어있다. 즉 타인의 잘못을 참는 인욕(忍辱)과 스스로의 재물을 희사(喜捨)하는 보시(普施)가 그 두 가지이다.

이러한 행위를 하는 본인은 정치 행위적 정신은 아니지만 그러나 정치 효능적인 것은 명백하다. 철저한 무저항으로 평화, 정의와 평등선(平等善)을 자비와 희사 정신으로 이루려는 것이 불교가 요청하는 현실면이다.

국가사회의 여러 악과 상극(相剋)하는 현상은 무명에 따른 세속적 자아의 자기주장에서 비롯된다.

중생세계(衆生世界)는 탐욕, 분노와 어리석음으로 인한 괴로움이 쌓인 고해에서 다투는 중생들의 자유(自由)인 것이다. 깨달은 자아(自我)는 모두와 동감(同感)하며 평등을 실현한다. 여기에 현실선의 총화-평화 정의가 자재(自在)하게 된다. 그러나 이러한 자아의 개편이 이루어지지 못하는 한 괴로움의 바다에 큰 물결은 인과가 서로 연(緣)을 맺으며 그로 인한 동요가 그칠 날을 기약할 수 없다.

---

7) 불교에서 피안(彼岸), 즉 열반(涅槃)에 이르기 위하여 보살이 수행(修行)하는 여섯 가지 대행(大行)으로 보시(布施), 지계(持戒), 인욕(忍辱), 정진(精進), 선정(禪定)과 반야(般若)이다.

제2절 공 자(B.C. 552-479)

1. 공자의 사상적 배경

공자가 활약한 시대는 춘추시대 중기를 조금 넘은 시기로 그 후대 사상가인 맹자나 순자의 전국 시대에 비하면 아직 선대 문물의 회복으로 정치선(政治善)을 실현시킬 수 있을 것이라는 희망을 가질 수 있었던 시기였다.

한(漢)민족 같이 까마득히 소급하는 성인왕(聖人王)들의 전설(傳說)을 가진 예는 없다. 또한 그토록 오랜 동안 준열(峻烈)한 정치적 훈련을 경험한 나라도 없다. 따라서 그들은 항상 현실의 필요한 교훈을 옛 문물에서 찾았다. 그런데 공자에게 선대 문물의 회복이란 곧 주(周)나라의 봉건제도와 예의를 되살리는 것을 의미한다. 즉 그는 '나의 길은 선왕의 도를 풀이할 뿐 내가 만드는 것이 아니다'(述而不作)고 하였다.

그의 정치사상의 근간은 예(禮)로서 치국(治國)의 기본을 삼고 인(仁)의 정신으로 다스리며 이를 시행하는데 있어 지나침을 경계하여 중용(中庸)을 택하는 것이다. 그러나 이 중용은 형식적인 절충주의를 말하는 것은 아니며 근본에 충실한 성(誠)을 전제한 것이다. 그리고 개인의 수양(修養)은 이러한 행위의 주체인 인격의 도덕적 바탕을 형성해 준다.

그의 정치사상에서는 군왕과 인민이 하나이며 대립적 내지 적대적 관계에 있다고 생각하지는 않았다, 또한 그가 지향한 봉건제에서는 전제군주 체제에서 군왕과 신하가 '하루에 백번을 싸운다(一日百戰)'[1]는 일방적이고 대립적인 관계와 달리 군신(君臣)의 관계 역시 일반적

---

1) 『황제서(黃帝書)』에 나오는 글이다. 신하는 사심(邪心)을 숨기고 군주의 태도를 살피며 군주는 법도를 잡고 신하를 제재한다. 이렇게 군신 간에는 마음을 감추고 속으로는 하루에도 백번을 싸운다. 신하가 요구하는 대로 군주가 받아주면 그것은 적에게 도끼를 빌려주는 격이다. 군주는 반드시 신하들의 붕당(朋黨)을 쳐야한다. 신하가 군주를 시해하지 못하는 것은 도당이 형성되지 않았기 때문이다.

으로 일체로 보는 것이다. 그리고 그는 군왕은 보좌하고 모시는 것이지 맹자처럼 가르치겠다는 입장은 아니었다.

공자의 정치적 관점(觀點)은 군왕의 입장에 서있다고 할 수 있다. 이는 군왕의 정치적 역할과 책임을 중하게 여긴 까닭이다. 이를 두고 그는 '백성들로 하여금 따르게 할 수는 있어도 알게 할 수는 없다'(民可使由之 不可使知之)라고 하였다.

그러나 그가 생각하는 이 말의 뜻은 백성을 업신여긴다는 것은 아니었다. 즉 인민으로 하여금 정치를 알지 못하게 하려는 것이 아니라 인민이 정책의 본질과 내용의 의미를 알고 나서야 정책이 시행되어야 한다면 이는 '정치되어지기'를 기대할 수 없다. 따라서 인민에게는 정치효과를 그들의 몫으로 주고 이에 따르도록 할 수밖에 없다는 것이다.

공자의 통치원리(統治原理)는 정명주의(正名主義)에 있다. 그는 통치자와 피치자가 서로 다른 정치적 입장에 있음을 고려하여 양자의 관계에서 요구되는 지도원리(指導原理)로서 정명(正名)사상을 밝히고 실천측면에서 그 효능을 기대하였다.

정명이 요구되는 이유는 '명분이 바르지 못하면 말이 이치에 맞지 않고 말이 이치에 맞지 않으면 일이 안되고 일이 안되면 예악이 궤도에 오르지 못하고 예악이 궤도에 오르지 못하면 형벌이 먹혀들지 않고 형벌이 먹혀들지 않으면 백성들이 손발을 둘 데가 없어진다'(논어 자로)에 요약되어 있다.

이러한 정명의 요체(要諦)는 임금은 임금다워야 하고 신하는 신하다워야 하고 아비는 아비다워야 하고 아들은 아들다워야 하는 것이다(君君 臣臣 父父 子子).

정치에서 명분이 바로 서지 않으면 정치활동은 규범이 없게 되어 정책을 시행할 수 없게 된다. 그런데 공자(孔子)의 보수적 입장에서는 현실적 상황에서 명분을 취하는 것이 아니라 기존의 명분을 가지고 현실을 바로 잡으려 하였다. 그는 통치자의 성품은 군자사상을 바탕으로 그리고 통치원리는 정명주의로 정치사상을 정립시켰다.

2. 공자의 생애

그는 출신국 노(魯) 나라에서 봉직하며 실력을 쌓아 형벌을 관장(管掌)하는 사구(司寇)가 되었다.

공자의 인품은 자유자재하였으나 맡은 바 일에 임하여는 매우 준엄하였다. 공자는 스스로가 시가(詩歌)를 노래하면 반드시 재창(再唱)을 받았다고 한다. 그러나 악기를 고명(鼓鳴 ; 연주)하는 그의 솜씨는 일면 극히 준엄하였고 위법을 문책함에 있어 엄격함은 봉직시(奉職時)에 소정묘(少正卯)를 문책하여 처형시킨 것에서 볼 수 있다.[2)]

그는 군자의 위엄 있는 태도로 민어사(敏於事) 즉 일을 함에 성심을 다하여 업무를 수행하였다. 그리하여 이웃 나라를 귀순하게 하고 노나라의 정치는 크게 바로 잡혔다. 이때 그는 제(齊) 나라 사람이 보내온 뇌물을 단호하게 물리쳤다. 그러나 대부인 계환자(季桓子)가 이를 받아들이고 정사에 태만할 뿐 아니라 다른 대부를 홀대하는 것에 분개하여 이에 항의하는 뜻으로 삼 일간 출근하지 않은 끝에 노나라를 떠났다.

그로부터 그는 도(道)를 펼치고 세상을 구(救)하는 기회를 찾아 여러 나라를 역방(歷訪)하였으나 이르는 곳마다 오해되거나 질시되었다. 때로는 포위 구금되고 생명의 위협을 받는 등 많은 고초를 겪었다. 그렇게 10여 년을 떠돈 후에 노나라에 귀환하였으나 다시 등용되지는 못하였다.

'비록 대부 자리라도 국정을 함께 걱정하는 뜻에서 참여할 수 있겠느냐?'고 염유(冉有)에게 간곡하게 말할 만큼 정치에 적극적인 관심을

---

2) 공자가 소정묘를 처형한 이유는,
1. 마음은 통달하였으면서도 음흉하고 험악하며, 2. 행동은 사특하면서도 완고하며, 3. 말이 거짓이면서도 계속 변명만 하고, 4. 괴이한 일만 기록하면서도 박식하고, 5. 나쁜 것만 따르면서도 윤택한 사람이라는 것이다.
그는 족히 사람들을 모아서 무리를 이루고 말솜씨로 사특한 것을 꾸며 무리를 현혹시키고 이의 강력함은 족히 옳은 것을 반대하고 홀로 설 수 있는 자로서 이는 소인들의 영웅이니 가히 처형하지 않을 수 없다(순자, 20권).

보였던 공자는 68세에야 비로소 그 길을 단념하였다. 그리고 남은 몇 년 동안에 『춘추(春秋)』[3], 『서전(書傳)』과 『예기(禮記)』를 저술하고 시악(詩樂)을 편찬하며 『주역(周易)』을 다듬고 정리하여 썼다.

그는 가르치는데 있어 비유하건대 '산을 만드는데 한 삼태기가 모자라 이루지 못하고 그만두는 자를 나는 도와주지 않는다. 또한 비유하건대 땅을 평평하게 고르는 일에 이제 한 삼태기를 부었을 뿐이라도 나아가는 자에게는 나는 함께 가준다'(자한)(譬如爲山 未成一簣 止吾止也 譬如地平 雖覆一簣進 吾往也). 이러한 말 그대로의 부단한 노력과 강인한 실천을 제자들에게 요구하였다.

그는 굳세고 쉬지 않는 군자의 행보(行步)는 스스로가 현실에 성실하고 인(仁)을 실천하는데 조금도 흔들림이 없어야 한다고 하였다. 이는 '지혜로운 자는 미혹하지 않고(智者不惑) 어진 자는 근심하지 않고(仁者不憂) 용기있는 자는 두려워하지 않는다(勇者不懼)'는 까닭이다.

그러나 수제자 안회(顔回)의 부음을 듣고 하늘을 우러러 두 번이나 '하늘이 나를 버리셨구나(天喪予)'하며 통곡하였다는 모습은 너무나 인간적이었다. 이토록 그는 생애의 마지막을 '흘러가는 것은 모두 이와 같은가? 밤낮으로 쉬는 일이 없구나'(逝者如斯夫 不舍晝夜)라는 옛말 그대로를 살았다.

공자의 생애에서 가장 위대한 두 가지 업적은 교육과 전통문화를 체계적으로 정립한 것이다. 그는 교육을 통하여 인재를 키우며 그의 사상을 세상에 펼쳐 중국 문화에 지대한 공헌을 하였다.

공자는 제자가 삼천이나 되고 그 중에 육예(六藝)[4]에 통달한 72명을 배출할 만큼 사람들과의 관계에 탁월한 능력을 가졌다. 그는 지식과 덕을 위주로 가르쳤고 '가르침에는 계급이 없다'(有教無類)는 믿음에서 평민에게도 기회를 주어 이들을 통치계급으로 배양시켰다.

---

3) 춘추는 기원전 722년부터 478년간의 노(魯)나라의 편년사이다.
공자는 이 저술에서 그의 정명(正名)사상을 역사해석의 관점으로 접근하였다.
맹자는 이를 두고 '난신적자(亂臣賊子)를 두렵게 하는 책이다'라고 하였고 장자는 명분을 밝힌 것이라고 하였다.

4) 예절, 음악, 활쏘기, 승마, 글쓰기와 셈(산수).

또 하나 그는 심혈을 기울여 전통문화를 육경(六經)[5]으로 정리하였다. 그때까지 전하여 온 전통적 문화에 그의 깊은 성찰과 현실을 몸으로 겪어낸 경험적 지혜로 이들을 재해석하여 그 의미를 심화시켰다.

그러나 무엇보다도 주요(主要)한 것은 주(周) 나라의 예가 외재적(外在的) 규범에 그쳤던 것을 그 예에 자각적(自覺的)인 인(仁)의 정신[6]을 불어넣어 생동하는 세계를 펼친 것이다.

이 인(仁)의 정신에서 그는 그의 제자 계로(季路)가 죽음의 의미에 대하여 묻자 '삶의 현실도 알지 못하는데 어떻게 죽음을 말할 수 있겠는가'라고 답하였다. 그의 이러한 강직한 정신은 '인(仁)은 인야(人也)'라는 의미에서 현실적 삶에 대한 강한 긍정과 인간이 지향하여야 할 지표로서의 인도(仁道)의 한 표현이다.

육경이 갖는 중국 정치 문화사상의 지위는 실로 막중하여 후대의 학자들은 이를 중국 문화의 연원(淵源)으로 자신들의 학문 사상적 정당성의 전거(典據)로 삼았다.

공자의 교육의 특징은 자신의 높은 덕과 자유 자재한 정신, 고귀한 인격을 전면에 내세워 이론이 아닌 몸으로 가르치는데 있다, 그의 이상 세계는 실제와 이상을 유기적으로 통일한 것이다.

안자(顔子)는 스승의 인격을 평하여 '우러러보면 볼수록 더욱 높으시고 뚫으면 뚫을수록 더욱 굳으셨다, 앞에 계시는 것을 보았는데 홀연히 뒤에 계신다'(仰之彌高 鑽之彌堅 瞻之在前 忽焉在後)고 하였다. 공자의 인격은 높은 덕과 자유 자재한 군자였던 것이다.[7]

---

5) 시(詩), 서(書), 예(禮), 악(樂), 춘추(春秋)와 역(易).

6) 중국 의학(醫學)에서는 육체의 마비(痲痺)를 표현하는데 불인(不仁)이란 용어를 쓰고 있다. 이에서 유추되는 인(仁)의 본래적 의미는 설명이 오히려 번잡할 것 같다.

7) 신영복 교수는 사상의 '존재형식은 담론(談論)이 아니고 실천인 것이다. 담론의 구조가 아무리 논리적이라고 하더라도 인격으로 육화(肉化)된 것이 아니면 안 된다. 사상의 최고 형태는 감성(感性)의 형태로 가슴에 갈무리되어 있는 것이다. 감성은 외계(外界)와의 관계에서 일차적이고 즉각적인 대응이며 사고(思考) 이전의 정직한 느낌이다.'
이 표현은 공자를 두고 한 말은 아니지만 이보다 공자를 더 잘 나타내기도 어려울 것이다.

공자의 사상은 그의 가르치는 말씀만으로 측정될 수 있는 유형이 아니었다.

정치사상에서는 사상가 자신의 인격 자체가 중대한 역할을 구성하는데 그 의미가 공자에게서 만큼 컸던 예는 없다. 삶의 실천에 있어서는 꾸며서 말하고 거짓으로 웃는 얼굴(巧言令色)을 경계하고 강직하고 순박한 눌변(剛毅木訥)을 택하여야 한다. 그리고 일을 대함에는 부지런하여야 한다(敏於事)고 하여 성실함을 강조하였다.

이 행위세계를 존중하는 이념은 그 응용이 변화를 예측하기 어려워 한 가지 문제를 질문하는 말에 질문하는 사람에 따라 서로 다른 대답으로 응수하였다. 왜냐하면 그 대답이 현실에 적용되어 실효를 거두기 위하여서는 사람과 여건에 따라 대답을 달리할 수밖에 없는 것이다.[8)]

공자의 교육에 있어 또 하나의 중요한 실천은 그는 가르침에 있어 계급적 차별이 없었다는 점이다(有敎無類)(위령공편). 그의 제자들의 출신 성분은 다양하였고 그들의 성품 역시 큰 차이가 있었다. 그리고 공자는 그들을 모두 포섭할 수 있는 인격의 소유자였다.

공자의 교육적 효과는 사계급(士階級[9)])의 정치적 역할을 증대시켰다. 이는 종래의 귀족과 평민 사이의 양극 체제로부터 군자 정신(君子精神)으로 교육된 사(士)계급이 정치를 담당 내지 자문(諮問)하여 귀족, 사(士), 그리고 인민의 삼각구도를 형성한 것이다.

즉 지배, 피지배라는 이항(二項)의 대립적(對立的) 구조를 사인(士人)계급이 개입하는 삼각 구도로 바꾸고자 한 것이다. 따라서 유가의 사상적 특징은 중도주의(中道主義)라 할 수 있다.

---

8) 조선조(朝鮮朝)에 와서 군자(君子)의 모습이 고고(孤高)하고 명분을 지키려는 강직함만을 내세우는 선비로 변질된 것은 그 본래의 뜻에 역행(逆行)된다고 보아야 할 것이다.

9) 춘추 시대의 사회계층의 구조는 [천자]-[제후=상위 특정국 제후는 공(公)]-[대부=상위 대부는 경(卿)]-[사(士)=이들은 가신(家臣)]-[서인(庶人)=농·공·상]으로 구성되어있었고 이들 중 봉토(封土)를 받은 대부까지가 귀족이다.

3. 인, 군자, 정명

공자사상의 중심에는 항상 인(仁)이 있다. 인으로부터 시작하여 인으로 끝나고 인으로부터 흘러나와 다시 그에 돌아간다. 군자의 수신과정을 '극기복례(克己復禮)'라고 하는데 이때 예는 인의 종점이고 인의 객관적 표현이다. 수양(修養)이라는 점에서 보면 인은 개인의 도덕이지만 그 실천(實踐)의 측면에서는 인은 사회의 윤리와 정치적 원칙이다.

유교는 행위하는 인격의 주체자를 군자(君子)라고 하였다. 군자는 사상가가 아니고 인(仁)을 행하는 사람이며 인격으로 육화(肉化)한 이념을 정치적으로 그 효능이 나타나도록 행동하는 인간이다.

'극기복례'는 '너 자신을 알고'(소크라테스), '너 자신을 초극하는'(붓다) 그러나 삶의 요청을 정면으로 받아들여 이에 적극적으로 대응하고 충실하여야 한다는 원칙을 따르는 것이다. 그리하여 삶에서 윤리적 질서를 회복한다.

공자에 의하여 표명된 정치사상의 면모는 경우에 따라 간결할 뿐 아니라 탄력 있는 다양성이 교차한다.

군자는 사람을 극진한 성의와 신의를 바탕으로 검약과 흔들림 없는 태도로 대한다.

그 정신은 어짐(仁)이니 '인(仁)은 인야(人也)'로 사람이 사람을 사랑하는 마음이다. 내 자신에 비추어 지극한 마음으로 타인을 관용하는 인도주의가 군자의 심성이다. 그러나 이 인(仁)은 유약한 선(善)이 아니다, 동시에 선악을 식별하여 존경하고 배척하는 정의(正義)이며 회개(悔改)하는 양심이기도 하다. 인은 자신을 규율하는 공공심으로 타인에 대한 성실함이다.

이러한 인의 정치적 계기는 천하위공(天下爲公)[10] 즉 세상은 사(私)

---

10) 여씨춘추 『귀공(貴公)』편에 '옛 성왕들은 천하를 다스릴 때 반드시 공(公)을 앞세웠다. 공정해지면 천하가 평화로워지고(公則天下平矣) 평화는 공정함에서 얻어진다(平

가 아닌 공정하여야 한다는 데 있다.

군자는 이토록 지극한 마음으로 관용하는 심리와 공정한 기개를 갖추어야한다. 그리고 아는 것과 행동하는 것이 일치하고 몸소 독실하게 실행해야 한다, 사실상 인은 먼 데 있는 것이 아니다. 스스로 정직하게 구하면 나타나는 것이다. 올바름은 간결하며 인(仁) 역시 그러하다.

군자에게 도움이 되는 세 벗(益者三友)은 정직한 사람(直)과 의리가 굳은 사람(諒) 그리고 박학한 사람(多聞)의 셋이다. 그리고 군자는 천명(天命)과 대인(大人)(당대의 어진 사람) 그리고 성인(聖人)(선대의 성인)의 말씀 셋을 경외한다(三畏)(계씨). 군자는 이 삼우를 가까이 하고 삼외를 항상 품고 있어 본성을 온전(穩全)한다.

공자는 이 삼외(三畏)가 통치자의 권능과 위신의 조리(條理)에 있어 북극성(北極星)이 다른 뭇 별들에 대한 관계와 같은 지위를 갖는다고 하였다. 정치는 이러한 지도권(指導權)이 공동사회에서 자연스럽게 형성하는 지배와 복종관계에서 연원적(淵源的)으로 본질(本質)하는 것이다.

공자의 정명주의(正名主義)는 국가사회가 고유한 가치서열로 질서가 잡혀야 한다는 것이다. 정치선(政治善)을 실현시키는데 있어 주체인격(主體人格)으로서의 군자와 통치원리로서의 정명주의가 체용(體用)의 관계로 양익(兩翼)을 이룬다.

정명주의의 외재적 효능은 정치 권위의 생명인 명분을 세우는데 있다. 국가의 운명은 정치의 권위가 진정한 가치에 바탕을 두고 그를 실현시킬 것이라는 믿음에서 유지된다. 그리고 정명주의는 내적으로는 덕으로 이끌어 예를 확립하는데 목표가 있다. 이때의 예는 국가의 기

得于公). 또한 천하는 한 사람의 천하가 아니고(天下非一人之天下) 천하의 천하이다(天下之天下也)'라고 하여 천하는 반드시 공정해야 하고 임금이나 나라보다 상위의 개념임을 분명히 하였다.

중국의 공(公)개념에는 평분(平分-公)과 간사(奸邪-私)라는 도덕적이면서 사(私)와 대치되는 원리성이 들어있다. 그러나 일본의 공(오야케)은 단지 수장(首長) 공동체라는 일종의 영역성(領域性)에 관한 개념만 있다. 회사원은 사(私)이고 회사는 공이고 지방 군현은 사이고 국가나 천황은 공이다. 일본에서 공의 가장 높은 것은 국가나 천황으로 이것은 초월될 수 없다. 즉 천황이 공 자체인 것이다(미조구치 유조, 『중국사상명강의』, p.99).

율(紀律)로서 이는 귀천(貴賤)과 그에 따른 종속(從屬)관계가 형성되는 서열주의(序列主義)에 의한 질서를 의미한다.

정의(正義)의 실현은 각기(各其)의 지위에 상응하는 가치가 제자리에 매김하는 상태이다. 공자는 이를 당시 정치 상태에 대한 비판으로서 가장 중요하게 생각하고 관심을 가졌다.

천하에 도(道)가 있으면 보통사람이 정치를 논의하지 않는다 하며 예, 악, 정벌(禮, 樂, 征罰)이 천자, 제후, 대부, 배신(陪臣)[11]의 순으로 떨어지며 논의되는 사태를 슬퍼하였다.[12]

그는 명의를 내세우는 형식주의에 따르는 것이 아니었다. 가치 본위의 서열주의(序列主義)에 따라 질서가 갖는 정치적 기능의 효용성을 밝혀야 할 필요에서 강조된 것이다. 거기에는 책임을 분명히 하고자 한 뜻도 있다.

공자의 이념은 정치적 가치를 존엄시(尊嚴視)하고 그 가치는 인도(仁道)를 행하는데 있다.

통치자의 정신은 군자의 인도주의에 있고 덕치(德治)를 목표로 하여야 하며 정명(正名)으로 천하위공(天下爲公)을 이루고 예절을 지키며 질서를 유지하여야 한다.

---

11) 배신(陪臣)이란 제후의 신하를 말한다.

12) 고대 중국에서 우주의 상(像)은 극단적이며 정밀하게 질서지어 진 것으로 엄밀하게 유지 보좌(保佐)되어 있다. 한(漢)의 동중서(董仲舒)에 의하면 그 사이에 하나의 머리카락조차 낄 틈이 없을 것이라고 하였다.
공간은 그 전체를 동·서·남·북과 중앙으로 나누었고, 시간은 개개의 계절과 그 하위 개념으로 되어 있다. 그것들은 '대응(對應)의 표(表)'에 의해 연결되었다(조셉 니담, 『중국의 과학과 문명』, p.399).
동(東)은 봄과 나무 그리고 백색(白色)으로 남(南)은 여름과 불과 그리고 붉은 색으로 맺어져 있다. 어느 현상도 이러한 범주적 구분에서 벗어나 있지 않다.
예(禮)에 따른 의식(儀式)은 인간이 우주의 운행에 참여하는 보편적인 패턴의 하나이다.
천자는 계절에 맞는 색조(色調－각 계절은 각기 고유한 색이 있고 그것이 법도이다)의 의관을 정제(整齊)하고 법도에 맞는 방향을 향하여 계절에 맞는 음악을 연주하며 모든 의식적 행위를 수행하였다.
예악은 그것 자체가 우주질서의 한 부분으로서 예악 정벌은 천자만이 장악하고 행사하여야 할 명분이고 권위의 상징인 것이다. 따라서 그 신하들이 이를 농단하는 것은 질서 즉 정명(正名)의 붕괴를 의미한다.

당대의 정치실정에 제약된 면이 있다 하더라도 그의 정명주의가 갖는 정치사상으로서의 논리는 정당한 것이다. 거기에는 일종의 민주적 이념이 내포되어 있음이 분명하다,

4. 통치론

공자의 통치 기준은 인구를 번성케 한 다음에는 이들을 풍족하게 하고 그런 연후에 가르쳐야 한다(자로)에서 볼 수 있다. 그는 국가의 기초가 경제(足食)와 국방력(足兵)에 의존하는 면을 시인하였다. 그러나 인민의 신뢰(足信)가 그 기본이 된다고 믿었다. 그리고 부득이한 경우에는 첫째로 군을 줄이고 둘째 국가재정을 긴축해야 한다. 인민의 신뢰를 확보하려는 군왕은 질서와 정치기강을 확립하고 운영이 엄정하게 해야 한다. 그래야 비로소 공명정대하게 되어 국가 활동이 순탄해진다.

공자는 통치 권력의 인민에 대한 의무를 준엄하게 요청하였다. 그가 말하였다. 통치자는 인민보다 앞서 걱정하고 인민에게 봉사하여 노고함으로서 인민의 복리를 증진하는데 게으르지 않아야 한다. 현명한 재목을 등용하고 인민에게 관용을 베풀어 예악 형벌은 추호도 가차 없이 집행하며 그 명분을 엄정하게 해야 한다. 그러나 통치자 자신의 행동이 공명정대하지 못하고 어찌 인민이 바르기를 기대할 수 있겠는가?

지도자로서 자격이 없는 통치자의 비행은 규탄하여야 한다. 제후인 계씨가 주공보다 부유하게 된 까닭은 그의 재상 염유가 부당한 과세를 하여 착복한 것이라고 하여 '그 자(염유)는 내 제자가 아니다, 너희는 큰 북을 울려 공격하는 것이 옳다'(非吾徒也 小子 鳴鼓而 攻之可也)(선진)라고 선언하였다.

정공(定公)이 한마디로 나라를 흥왕(興旺)하게 할 방법을 묻자 그는 단정적으로 말할 수 없으나 소위 '군왕 노릇하기가 어렵고 신하 노릇도 쉽지 않다(爲君難 爲臣不易)'는 뜻을 새기어 실천할 것을 권고하였다. 군왕은 매사에 전전긍긍하며 조심하고 인민의 소리인 충성스러운

간언을 들을 준비가 되어 있고 선(善)을 어기지 않아야 한다고 대답하였다.

이어 한마디로 나라를 망치는 일은 무엇이냐는 질문에는 그것도 단정적으로 말할 수는 없으나 사람들이 말하는 바 '군왕이 되어 기쁠 것도 없다'는 뜻을 어기지 말라고 하며 인민의 소리인 충언을 막고 군왕이 날로 교만해지고 신하가 아첨하게 되면 나라를 망하게 하는 바 더할 나위 없다고 하였다. 그 선(善)함에 거스르는 자가 없다면 그런대로 좋습니다마는 옳지 못함에 거스르는 자가 없다면 한마디로 나라를 잃는 일에 가깝지 않습니까?(자로)

공자는 인구를 번창하게 하기 위하여서는 '먼 곳의 사람이 복종하지 않으면 문덕(文德)을 닦아오게 끔 하고 이미 왔으면 안돈(安頓)하게 할 것'(계씨)[13]이라고 가르쳤다. 또한 '사람과 일을 맞아 공경하고 극진한 신뢰로 대하면 야만인이라도 승복하여 함께 살 수 있다'(자로)고 하였다.

이처럼 공자의 정치사상은 바로 인의 정신에 바탕을 둔 덕화주의의 대동세계를 이루는 것이 목표였다.

그가 경제적 부가 인민의 신뢰를 얻게 하고 예절에도 효능이 있다고 믿었다는 언표(言表)는 여러 곳에서 볼 수 있다. 애공(哀公)이 기근이 든 해를 예로 들어 묻자 공자는 모두 충족될 수 없다면 군왕은 정부재정이 부족함이 있더라도 정전제의 세율을 감면해야 한다. '백성이 풍족하면 누가 임금의 부족을 그냥 두겠습니까?'(안연)고 반문하였다.

공자는 국가의 절대적 조건을 유지하는데 인도주의 정치가 가장 필요하고 통치자와 피치자가 한마음으로 화합하는 것이 국가 생명의 기초가 된다고 믿었다. 그는 '복종하지 않는 먼 곳 사람을 따르게 하지도 않고 뿔뿔이 분열되어 있는 나라를 통합하지도 못하고 있다. 게다가 나라 안에서는 전쟁을 일으키려고 획책하고 있으니 계손 씨의 우

---

13) 인구 증가는 당시 나라 경제 융성의 중요한 요소로 나라의 부강이 그에 의존한다고 할 만하였다. 인구 증가의 요인은 출산에 의한 자연 증가 외에 악정(惡政)을 피하여 이주하는 유민의 흡수 그리고 전쟁에 의한 방법이 있었다.

환은 유(나라 이름)에 있는 것이 아니라 울타리 안에 있음을 나는 염려한다.'(夫如是故遠人不服 則修文德以來之, 旣來之 則安之 遠人不服 而不能來也, 邦分崩離析 而不能守也, 而謀動干戈於邦內 吾恐季孫之憂 不在유 臾而 在簫牆之內也)(계씨)고 하여 화합을 다시 강조하였다.

이 이념은 특히 경제정책면에 투철하게 표명되었다. '폭동은 용기를 좋아하지만 가난을 참지 못하는 인민에게서 나타난다. 일반적으로 부유하고 교만하지 않기는 쉬우나 가난하였을 때 원망하는 마음이 없기는 어려운 것이다.'(태백)

즉 공자는 정치 정의가 경제적 균평(均平)[14]을 도모하는데 있다고 하며 '구(공자)는 듣기를 나라 또는 집안을 가진 자는 적음을 걱정하지 않고 고르지 못함을 걱정하며 가난함을 걱정하지 않고 불안함을 걱정한다 하니 생각 하건데 균평하면 가난이 없고 화합하면 적음이 없다, 평안하면 기울어지지 않는 것이다.'(계씨)

국가가 태평하고 인민이 평안하려면 경제적으로 균평해야 한다. 그는 제자가 '만일 은혜를 널리 백성에게 베풀 수가 있고 환난(患難)으로부터 민중을 건질 수 있다면 인이라고 하여도 되겠습니까?'라는 질문에 '어찌 인(仁)에 그치겠느냐 그야말로 성(聖)일 것이다.'라고 답하여 경제와 덕을 강조하였다.

5. 형(刑)

정치는 사물을 바르게 하는 것이니 통치자 자신이 공명정대하면 인민은 자연히 따르게 된다.

평민의 절도행위는 통치자의 탐욕에서 그 원인을 찾을 수 있다. 통치자가 선행(善行)을 하면 인민도 선하게 된다. 그는 정치를 하면서 바람에 풀이 눕는 원리를 강조하였다. 즉 군자의 덕(德)은 바람이고 백성은 풀(草) 같아서 군자는 덕으로 백성을 교화(敎化)시킬 수 있다(논어 안연 등등)는 것이다.

---

14) 균(均)의 의미는 공평하다는 뜻과 정해진 몫 이상을 넘보지 않는다는 것을 말한다.

또한 도(道)를 세우기 위해 무모함을 형벌하는 방법을 취할 필요는 없다고 선언하였다(안민).

이는 '법제(法制)로서 이끌고 형벌로서 조인다면 형벌을 면하는 것을 수치로 여기지 않게 되고 덕으로 이끌고 예로서 조인다면 수치로 여기는 마음을 잃지 않고 따라 온다.'(道之以政 齊之以刑 民免而無恥 道之以德 齊之以禮 有恥且格)(위정) 이처럼 공자의 입장은 선덕후형(先德 後刑)을 취한 것이다.

정치사상으로서의 필요 요건에는 정치적 이상국가 이론과 보편적 정치원칙이 포함되어 있어야 한다고 한다. 앞에서 말한 대로 공자의 정치적 이상(理想) 경지는 실제와 이상을 유기적으로 통일한 것이다.

『예기 예문편』에서 그는 '대동(大同)의 세계'를 설명하여 그 모습을 그려냈다. '큰 도(大道)가 행해진 세계에서는 천하가 온 사람의 것이 되어 있어 어진 사람과 능력이 있는 자를 가려서 제왕(帝王)의 지위를 정하고 신의(信義)와 친목을 두텁게 하였다. 그러므로 사람들은 홀로 자기의 어버이만을 어버이로 여기지 않았고 홀로 자기의 자식만을 자식으로 여기지 않았다. 그리하여 노인으로 하여금 인생을 편안히 마치게 하였으며 젊은이의 능력을 충분히 활용하였고 어린이는 잘 자랄 수 있게 하였으며 홀아비와 과부 그리고 고아와 자식 없는 늙은이와 병들어 몸이 못 쓰게 된 사람들을 가엾게 여겨 모두 그 살길을 마련해 주었고 성년남자(成年男子)에게는 직분을 주고 여자에게는 돌아가 의지할 남편을 갖게 하였다.

재물은 헛되이 낭비되는 것을 미워하였지만 반드시 자기를 위해 감춰두지 않았으며 힘은 몸에서 나오지 못함을 싫어하지만 반드시 자기 자신의 이로움만을 위해 쓰지 않았다. 이러한 까닭에 간사한 꾀가 막혀서 일어나지 않았고 도둑들이 세상을 어지럽게 하는 일이 일어나지 않았다. 그래서 바깥문은 열어 둔 채 닫지 않으니 이것을 일러 대동(大同)의 세상이라고 하는 것이다.'

그리고 대동세계가 현실적으로 불가능하다는 생각에서 약간 편안한 상태인 소강(小康)을 이어서 설명하여 그것이 우리들 인간세계 현실에서의 목표임을 암시하였다.

'지금 시대엔 대도(大道)는 없어지고 사람들은 천하를 각자의 집안으로 나누었다. 그래서 각기 그 어버이만을 어버이로 여기고 그 자식만을 자식으로 여기며 재물과 힘을 자기를 위하여 감추고 사용한다. 천자와 제후 같은 대인(大人)은 세습하는 것을 예사(例事)로 하고 성곽을 짓고 성곽 주위의 도랑을 파 스스로 굳게 지킨다. 예의를 기강(紀綱)으로 삼아 군주와 신하의 분수를 바로잡으며 아버지와 아들 사이를 돈독하게 하며 형제간을 화목하게 하며 남편과 아내 사이를 화합하게 하고 제도를 만들며 농경지와 주택을 세우며 용맹함과 지혜로움을 존중하여 자기를 위하여 공을 세운다. 그러므로 간사한 꾀가 여기 생겨나 쓰이고 전쟁도 이것으로 말미암아 일어나게 된다.[15]

우, 탕, 문, 무, 성왕과 주공이 예도(禮道)를 써서 뛰어난 업적을 이루었다, 이를 소강이라고 한다.

공자의 가르침과 실행에 함축된 의미는 그 적응하는 범위가 한없이 광범위하다. 인륜 도덕 정치가 한데 녹아 있고 자기, 타인, 가정, 국가가 한 꾸러미로 뭉뚱그려져 있다.

이를 두고 유택화(劉澤華)는 공자가 정치사상으로서뿐 아니라 행위하는 인격과 실천하는 삶으로 사태에 상응하여 예측하기 어려운 융통성과 탄력을 가지고 살아 움직이는 세계를 펼쳐 보인 것이라고 하였다.

그의 영향력은 동방세계는 물론 유럽의 18세기 인도주의 계몽사상을 자극하여 정치사상과 세계 역사에 큰 의미로서 기억되고 있다.[16]

15) 대동세계(大同世界)에서의 인간의 행위 동기나 지향은 위공(爲公)이고 소강에서는 위기(爲己)로서 개인 능력의 차이에서 신분 계층이 나타난다. 따라서 예(禮)로서 조절하고 양보하여 소강을 유지하여야 한다.

16) 그 시기의 프랑스인 중국 예찬론자의 대부(代父)는 단연 볼테르(1694-1778)이다. 유교철학에 대한 그의 관점을 가장 명백하게 들어낸 책은 『습속론』(1748년 출간). 그는 그 책에서 중국인의 도덕철학과 세습귀족이 아닌 합리적 원리에 바탕을 둔 중국의 정치체제(과거제도)의 고유한 우위성을 주장하였다(『동양은 어떻게 서양을 계몽했는가』, J.J. 클라크(Clarke) p.72)

제 3 절　전국 시대(戰國時代)의 제상(諸相)

1. 개　요

공자의 사상을 마치 소크라테스에 대한 플라톤과 아리스토텔레스의 관계와 같은 입장에서 계승한 맹자와 순자가 처했던 전국 시대의 역사 과정도 그리스세계와 닮은 바가 있다.

마케도니아의 패권을 이루는 알렉산드로스 대왕이 군사제국을 발전시키는 때가 중국에서는 육국이 전쟁으로 패권을 다투는 전국 시대 후기에 해당된다.

또한 진시황제가 이 시대를 종결짓고 육국 통일을 성취한 것(B.C. 221)이 로마가 제국(帝國)으로의 기틀을 마련한 포에니전쟁을 수행하고 있을 때였다(B.C. 264-146). 그리고 맹자와 순자는 플라톤과 아리스텔레스와 거의 같은 시기에 활약하였다.

그러나 소크라테스가 소피스트 궤변학파를 극복하는 위치에서 활약한 것과는 달리 전국 시대에 나타났던 제자백가[1]는 공자의 사후(死後) 한 세기가 지난 때에 소위 명가파(名家派)의 궤변적 이론을 포함한 여러 학파와 사상가들이 사상 경연(競演)을 보였다.

---

1) 제자백가의 긍정적인 역할은 중국의 지식세계에 인식의 지평을 넓혀 주었고 여러 사상가들의 이념경쟁(理念競爭)으로 사물에 대한 종합적인 고찰(考察)과 심오(深奧)한 분석이 가능하게 하였다. 그러나 보다 중요하였던 것은 당시의 사회적 분위기가 이들 사상가들이 스스로 군왕을 선택하고 그를 찾아가 소신을 펼 수 있을 만큼 운신(運身)이 자유로웠던 점이다. 그들에 의해 정치는 인식에 의한 파악이 가능한 대상으로 간주되어 신비주의가 개입할 수 없도록 되었다. 또한 전통적 생활과 관념을 타파하고 사상의 자유를 생활 속에 자리 잡는데 기여하였다.
당시의 정치 상태는 문민(文民)이나 명분으로 해결이 불가능하여 지력(智力)의 경쟁으로 군왕의 일에 간여, 사태를 근본적으로 분석 이해하려는 탐구로 학문적 심폭(深幅)을 더할 수 있었다. 이들이 이룩한 것은 중화 민족의 문화적 축적이고 지혜의 결정(結晶)으로 이후 세대에 사상의 원형(原形) 내지는 축소형으로 이해되는 것이다. 소공권(蕭公權)은 이 시기를 중국 문명에 창조시기(創造時期)라고 구분하고 있다.

따라서 소크라테스가 수행한 역할이 사실은 맹자에게 맡겨졌던 것이다. 제자백가 중에는 그리스의 에피클로스, 키레네, 스토아학파 등의 사상들과 통하는 주장들도 함께 나타났다.

제자백가(諸子百家)의 분류를 처음 시도한 인물은 사마담(司馬談)(기원전 110년에 죽음)이었다. 그는 사기(史記)를 쓴 사마천(司馬遷)의 아버지이다. 그는 당시의 사상가들을 육가(六家)로 나누었다.

즉 1. 음양가(陰陽家), 2. 유가(儒家), 3. 묵가(墨家), 4. 명가(名家), 5. 법가(法家) 그리고 6.도덕가(道德家)(후에 도가로 불려진) 여섯 학파이다. 이들 중 가장 중요한 학파는 물론 유·묵·도의 세 학파이다.

통설에 의하면 노자는 공자보다 연배(年輩)가 앞선다고 하고 묵자는 공자 말년에 출생하였다.

제자백가들의 사상은 이 3대 사상, 노자, 공자, 묵자의 사상에 동조하거나 반발하는 모습으로 나타났다.

노자의 무위자연(無爲自然)주의와 묵자(墨子)의 실용주의적이며 공리적인 겸애사상은 공자의 교의(敎義)와는 구별되는 고유한 특질로 후세에 미치는 영향 역시 달랐다. 묵자는 전국 시대에 그 제자들이 일종의 종교 단체적 세력을 형성하고 생명을 돌보지 않는 강력하고 지속적인 활동을 하였다.

그 중에서도 노자의 사상계통은 유교가 주로 지배계급을 상대로 정치사회에 지배적인 전통을 수립한데 비하여 그들은 피지배계층의 사회에 영향을 주는 서로 반대되는 모습으로 존속하였다. 그들 도가의 세계관과 인생에 대한 성찰은 후세에 그 지위에서 유가와 위대한 쌍벽을 이루었다.

중국에는 이 공, 노, 묵의 사상계통 외에 또 하나의 영향력을 갖는 상고 이래의 민간신앙 형식이 있었다. 이는 주역에서도 상징된 자연의 이기(理氣)와 소위 음양조화(陰陽調和)라는 관념으로 이는 민간신앙에 그치지 않고 정치사상으로서의 기능도 가졌다. 이 관념은 때로 민간에 유행하는 사술(邪術)의 원리로서도 응용되었으나 한(漢) 민족 생활정신에 대한 지배적 영향은 예사로운 정도가 아니었다.

사실 중국사상의 어떠한 계통에서도 이 음양오행설은 자명(自明)한 것으로 전제하거나 또는 포함된 자취를 찾을 수 있다.

전국시대는 이러한 선행(先行)된 여러 사조(思潮)가 전면적으로 시련에 봉착(逢着)하게 된 때이다. 동시에 새로운 앞길을 모색하는 격동기이기도 하였다. 이 시기에는 여러 사람이 나서서 자기들의 이념을 표방하여 생활과 사상을 함께 해결하려는 다툼이 끊이지 않았다.

고자(告子)[2]는 인간의 본성은 선(善)한 것도 아니고 안 선한 것도 아니다(性無善 無不善也)라 하며 인간은 결국 환경에 따라 어떻게도 되어지는 존재라는 것이다. 그리고 이러한 그의 주장은 공자의 '성(性)은 가까우나 습관에 따라 멀어진다'는 생각과 크게 다르지 않았다.

2. 양주(揚朱)

양주는 '다리의 털 하나를 뽑으면 천하에 이익이 된다 하여도 이를 안 하리라'고 하여 후대에게 유명해진 사람이다. 맹자는 이를 혹평(酷評)하였으나 실은 그는 개인의 생(生)과 성(性)을 완수하려는 은둔자(隱遁者)였다.

그 주장과 행위는 생명과 인성을 위협하는 일체의 정욕(情慾)을 제어하되 장수(長壽)를 위하여 오관을 통한 기쁨도 적절하게 조화시켜야 한다고 하였다. '나의 생명은 귀천(貴賤)을 말하면 천자의 벼슬로 비교할 수 없고 경중(輕重)을 논하면 천하의 부와도 바꿀 수 없고 안위(安危)는 한번 잃으면 다시는 얻을 수 없다. 도(道)를 체득한 자는 이 세 가지를 삼가 해야 한다'(여씨춘추)

이러한 경물중생(輕物重生)의 생각은 노자(老子)에서도 '제 몸을 천하같이 귀중히 여기는 사람에게는 천하를 맡길 수 있고 …'(노자 13장)

---

2) 고자 : ?-?, 맹자(B.C. 372-289)와 같은 시대 사람으로 이름은 불해(不害)이다. 맹자와 논쟁을 벌여 '사람의 본성은 본래 선한 것도 아니고 악도 아니며 다만 지도 나름으로 그 어느 것도 된다'고 주장하였다.

그리고 『장자(莊子)』라는 책에서도 제3편을 양생주(養生主)라 하여 같은 논지(論旨)를 펴고 있다. 그러나 장자는 양주가 주장한 생명의 물리적 보전에서 더 나아가 정신적 자유의 경지로 승화시켰다. 이처럼 양주는 도가의 길을 열어 보인 사람이다.

3. 명가(名家)

명가는 중국의 전통에서는 보기 어려운 사변적(思辨的) 형이상학(形而上學)의 관점에서 명(名)과 실(實)의 본질 및 그 관계를 논하였다. 그들은 현상의 상대성에 주목하고 사물을 도(道)의 중심에서 보기를 요구하였다. 그러나 그들은 실보다 명에 치우쳐 많은 오해를 일으켰다.

혜시(惠施)[3]와 공손룡(公孫龍)[4]은 명가의 양대 조류(潮流)를 대표하는데 혜시는 현재의 사물들이 가변적(可變的)이고 상대적이라 점을 논의의 출발점으로 한 데 비교하여 공손룡은 명(名)이 영원불변하고 절대적이라는 점을 강조하였다.

혜시의 저서는 유실(流失)되어 『장자』 천하편에 실린 십사(十事)에서 단편적으로 그의 사상을 엿볼 수밖에 없다. 혜시는 만물에는 절대적인 분별(分別)이 없고 가변적이므로 만물은 하나이다. 그것은 관찰하는 사람이 같고 다름에 따라 만물도 그렇게 같고 다를 수 있다는 생각이었다.

그는 '크게 보면 같다가도 작게 보면 다르다. 이것을 소동(小同)이라 하고 만물은 모두 같기도 하고 다르기도 하니 이것을 대동(大同)이라

---

3) 혜시 : B.C. 370(?)-309(?) 전국 시대 송나라 사상가 명가(名家)에 속하며 장자의 친구였다. 공손룡보다 조금 앞선 시대의 사람이다. 양(梁)의 혜왕(惠王)을 섬기어 재상이 되었으나 종횡가(縱橫家)인 장의(張儀)에게 쫓겨 고향으로 돌아가 생을 마쳤다. 많은 저서를 썼다고 하나 남은 것이 없다. 명가에서 가장 궤변이 뛰어났다고 하는 게 『장자』에서 볼 수 있다. 형식과 현실과의 관계를 명확하게 하고 정치의 이상적인 상(相)을 설파하였다

4) 공손룡 : B.C. 320(?)-250(?) 중국 전국 시대의 사상가 자는 자병(子秉). 조(趙)나라 사람이다. 보통 명가의 한 사람으로 그의 논술을 궤변이라고 하지만 단순한 궤변이 아니라 당시의 혼란한 사회의 질서를 돌이키려는 의욕을 찾아볼 수 있다. 그의 저서 『백마편』과 『견백편』은 물체와 속성, 내포(內包)와 외연(外延)의 문제를, 『명실론』은 명과 실의 일치 문제를 다루고 있다.

고 한다. 만물을 넓게 차별 없이 사랑하면 천지도 하나가 된다'라고 하였다. 그는 이러한 세계 인식(世界 認識)에서 '다름과 같음'이 상대적일 뿐이라는 생각에서 범애(汎愛) 일체(一體)주의를 주장하였다. 이처럼 그는 그의 절친한 친구였던 장자(莊子)와 닮은 생각이었다.

그는 천지가 함께 낮고 산들은 평탄하며 삶이 곧 죽음이고 무궁(無窮)한 것이 유한(有限)한 것이라고 말한다. '꿰어있는 것도 끊긴 것이고 천하의 중앙은 연(燕) 나라의 북쪽이고 월(越) 나라의 남쪽이라는 것이다'[5] 즉 천하는 어느 곳이던 중앙이 될 수 있고 둥근 고리는 끝이 따로 없다. 그러므로 어느 곳에서 시작해도 된다는 것이다.

공손룡은 혜시와 같이 사물이 가변적이고 상대적임을 인식하고 그 명은 절대적이며 불변적임을 설명하였다.[6]

그의 유명한 논리적 명제는 '흰 말은 말이 아니다'라는 것이다. 이 명제는 많은 이들에게서 희화(戱畵)적으로 취급되어 이들은 '그래도 성문을 통과할 때는 말세(馬稅)를 내야 했다'고 말하였다. 그러나 그는 '흰'은 색을 '말'은 동물의 한 형상을 그 명(名)에 의미(意味)로서 내포(內包)하고 있지만 '흰 말'은 색과 형상을 함께 내포하고 있으므로 '흰 말'은 '말'이 아니라는 것이다.

그는 흰 말의 '흰'의 추상 명사인 '흼'은 어느 개개의 특정한 대상(對象) 속에 있는 것이 아닌 즉 한정되어 있지 않은 일반 개념(槪念)이며 그것은 대상과는 관계없이 독립적으로 존재하는 것이다. 즉 명은 불변하는 절대인 것이다.

물론 공손룡이 흰말이 말 인줄 몰랐던 것은 아니다.[7] 그러한 그가 진정으로 목표한 것은 '명실의 관계를 바로 잡아 천하를 교화시키고 싶은 것이었다.'(欲推是辯正名實而化天下焉)

---

5) 연(燕) 나라는 중국 중원(中原)에서 가장 북쪽에 있고 월(越)은 가장 남쪽에 있다.

6) 공손룡이 다룬 문제는 서양철학에서의 보편자(Universals) 또는 플라톤의 이데아와 똑같은 것이다(동서, 평유란, p.119).

7) 편격(偏格)으로 하나의 사상과 이론을 극단으로 몰아세움으로서 본래 모습을 철저하게 들어 낼 수 있도록 한다. 따라서 이러한 표현은 의도적인 것이다.

윤문자(尹文子)[8]는 도(道)·형(形)·명(名) 삼자의 관계를 다루면서 도가 본체로서 첫 번째 위치에 두었다. 그러나 그에게 도는 그가 추구하는 사상의 형식과 논리의 필요를 만족시키고자하는 필연성의 기초 위에 두기 위한 것일 뿐이다. 실제 그의 사상의 특징은 형명이라는 이념을 해석하여 실제 정치행위인 법술(法術)로 진입하는 것이다.

그는 공손룡에게서 볼 수 있는 형과 명 사이의 형이상학적 의미는 이해하지 못하였다. 그러나 그는 명이란 형을 바로잡는 것이고 명이 정해지면 사물이 서로 경쟁하지 않는다고 믿었다.

『윤문자』 중의 『대도상』에는 '도로 충분히 다스릴 수 없으면 법을 쓰고, 다음에는 술, 권(權)의 순이며 마지막으로 세(勢)를 사용한다. 세가 사용되면 권으로 돌아가고 차례로 술, 법, 도에로 돌아가며 도가 쓰이면 무위(無爲)하여도 저절로 다스려진다'고 하였다. 이처럼 명가들의 사상은 도가에 귀착하였다.

4. 음양가(陰陽家)와 기타

음양가들은 우주 음양의 소식(消息)을 깊이 관찰하여 우주 자연변화의 필연적 과정으로부터 구체적 사물의 운행이나 인간세계의 역사적 운명을 촌탁(忖度 ; 남의 마음을 미루어 헤아림)하였다.

추기(騶忌)·추연(騶衍)[9] 등은 천지개벽을 설명하고 오행의 상극과 오덕(五德)[10]의 흐름을 논술하여 선사 이래 역대 제왕의 흥망을 증언하였다.

---

8) 윤문자 : ?-? 윤문(尹文-두 글자 성(姓))이 군왕의 올바른 정사에 관하여 논한 책 이름. 공손룡의 제자. 제나라 선왕(宣王)과 그 아들 민왕(泯王)과의 문답이 <여씨춘추>에 기록되어있다. 허정(虛靜)으로 위정(爲政)의 근원을 삼았다. 그는 도·명·법가의 사상을 모으려 했다.

9) 추연 : ?-? 전국 시대의 사상가. 제나라 사람으로 맹자보다 약간 늦게 등장하여 음양오행설을 제창하였다. 세상의 모든 사상(事象)은 토·목·금·화·수의 오행상승(五行相勝)의 원리에 의하여 일어난다고 하였다. 이에 의하여 역사의 추이나 미래에 대한 예견을 하려 하였다.

10) 인간의 행위에 대하여 말할 때 오덕은 성·인·의·용·지(聖仁義勇智)이지만 이곳에서는 오행과 같은 의미이다.

추연은 오덕 중 하나의 덕이 한 왕조를 지배한다고 생각했다. 예를 들면 은(殷) 나라는 금덕(金德)이고 주(周) 나라는 화덕(火德)이라는 것이다. 그리고 이 오덕의 흐름에는 끝과 처음이 있어 왕조의 교체를 필연적인 것으로 보았다. 또한 중국의 구주(九州)[11] 외에 세계의 구주도 있다는 등의 우주론을 전개하였다.

사마천에 의하면 추연의 정치 철학은 주로 유교의 영향을 받았다고 한다. 그는 인의(仁義)와 절검(節儉)을 앞세우고 군신 상하와 육친 간의 경애를 강조하였다.

진중자(陳仲子)는 일체의 세상사를 불의(不義)라고 보았고 허행(許行), 진상(陳相) 등은 자기 힘으로 생산한 것이 아니면 먹지 않는다고 하여 청빈을 찬양하고, 정치에 대하여는 당대의 위정자를 비판하였다(등문공상).

팽몽(彭蒙), 전병(田餅), 신도(愼到) 등은 노장의 세계관을 받아들여 일체의 자기분별과 자아의식을 금기(禁忌)로 하고 만물과 더불어 공정하고 불편부당하고 더불어 거칠 것이 없는 자유의 경지를 추구하였다.

동서세계에는 함께 인생을 체관하는 태도이거나 또는 확고한 세계관에 근거하였거나 간에 중요한 계통의 정치사상에는 그 공통이념으로 자연주의 사상이 바탕이나 중심에 놓여 있다.

중국에서 자연주의 사상의 대표적인 학설은 노장 계통이다. 일체의 진정한 원리를 인간이 아닌 자연의 섭리에서 찾는 것이다. 그리스세계에서 이러한 입장은 기원전 6세기의 자연철학에서 볼 수 있다.

흥미 있는 것은 중국의 음양오행설과 상통하는 이념이 그리스에서도 전개된 예가 있었다는 점이다. 뿐만 아니라 일종의 초월적인 신비도 있어 마치 『장자』 중의 『천하편』에서 전하는 팽몽, 전병, 신도 등이 보이는 도술 같은 기적행위도 있었다.

중국에서는 수리(數理)를 포함한 역리(易理)사상 역시 자연철학의 한 면으로 유학과 견실하게 결부되어 그 전통을 후세에 연면하였다. 이 역리사상은 천인일체관(天人一體觀)과 부명도참설(賦命圖讖說)[12] 등 주

11) 고대 중국은 아홉 개 주로 나누었는데 이를 통칭하는 말로 중국 전역을 지칭한다.

목할 만한 정치사상의 정신적 배경을 이루었다. 이러한 경향들은 동서 공통으로 정치세계에 인력(人力) 이상의 객관적 섭리에 의지하는 신앙형식이었다. 이러한 배경에서 나온 동양정치사상에서의 '천(天) 사상'[13]은 매우 중요한 의미를 갖는 것이다,

천(天)은 인생을 포함한 자연을 주재하는 존재로 숭상되었으며 유, 노, 묵은 물론이려니와 중국의 어떠한 계통의 사상에서도 자명한 것으로 전제되었다. 동양에서 '천 사상'은 서양세계의 자연법사상과 기독교가 정치사상에 차지한 만큼의 의의를 대표하였다. 이 사상은 상고이래로 한 민족의 생활의식에서 싹트고 자라온 문화정신에 속한다.

12) 부명은 하늘에서 임금이 될 만한 사람에게는 상서(祥瑞)로운 징조를 보낸다고 믿는 것이고 도참은 음양설, 복술(卜術)과 풍수신앙 등이 합쳐진 예언을 믿는 사상.

13) 천(天)의 관념은 주(周)나라 이후에 형성되었다. 은(殷)나라 때는 크다는 의미만 있었을 뿐이다. 그들은 태양에 더 많은 관심을 보였다. 천에 포함된 의미들은 다음 네 가지로 분류할 수 있다.
첫째는 자연운행으로서의 천이고,
둘째는 주재적(主宰的)이고 근원적인 천이고,
셋째는 생성하고 조화하는 천이고,
넷째는 도덕과 이법(理法)으로서의 천이다.
이 중 둘째를 제외하면 모두 법칙성에 따르고 주로 도가 사상에서 많이 보인다.
주재적인 것으로 보는 관념은 유가에서이고 동시에 그들은 도덕이나 이법으로서의 천과도 연결되기 시작했다(미조구찌 유조, 『중국사상 명강의』, p.24)

제 4 절 유가(儒家)[1] 사상의 전개(展開)

공자와 노자는 중국의 정치사상에서 관념 형태의 양대 표준인 인치(人治)와 자연법적 이념을 나누어 가졌다. 유가의 인본주의와 도가의 자연주의가 그것이다.

서양 정치사상에서도 인치와 법치 전통은 양대 유형으로 나뉜다. 그러나 동과 서에 있어 두 계통 간의 관계는 판이한 것이다. 앞서 지적한 바와 같이 중국에서는 정치현실과 사상면에서 인치를 내세우는 유학의 입장이 거의 전면적인 지배력을 가졌던 것이다.

1. 맹자(B.C. 372-289)

맹자는 추나라 사람으로 이름은 가(軻)이고 자는 자거(子車) 또는 자여(子輿)라고 한다.

공자의 손자인 자사자(子思子)에게 수학한 맹자는 왕도정치를 선양(宣揚)하여 스스로가 공자학의 계승자라고 생각하였다. 그는 '인심을 바로 잡고 사악한 학설을 그치게 하며 그릇된 행위를 못하게 하는'(등문공) 것이 그의 임무라고 믿었다. 이러한 제자백가들에 대한 그의 생각은 소크라테스가 소피스트들에 가졌던 사명감과 같은 것이었다.

공자는 '인간의 본성은 서로 비슷한 것이며 습관이 서로를 다르게 한다'[2]고 생각하고 인간품성에 우열이 있음을 인정하였다. 이처럼 공

1) 사(士)는 고급 귀족에 종속되어 전투와 방위에 종사하고 아울러 천문관측으로 길흉을 점치고 사실(史實)을 기록하고 예의(禮儀)에 참여하여 도우는 일을 하였는데 이들 중 무사를 제외한 무리를 유(儒)라고 하였다. 이들은 봉건제의 붕괴로 독립되었다. 이들 중 무사들은 묵가(墨家)에 흡수되었다(『중국의 유가와 도가』, 임계유(任繼愈), p.27).

2) 인간의 본성에 대한 참구는 전국시대(戰國時代)의 제자백가들에 이르러 본격적으로 이루어졌다. 공자의 이 말은 인간에 대한 이해의 한 표현이었을 뿐이었다. 그러나 맹자의 성선설이나 순자의 성악설은 정치철학적 논의의 시발점으로 인식의 심화 과정을 거친 그들 사상에서 중요한 비중을 갖는 것이다. 그러나 신영복은 본성론이

자는 현상세계를 이념의 여과(濾過)를 거처 굴절시킴이 없이 정당하게 긍정하였다. 그러나 맹자는 성선(性善)의 입장을 대표한다.

그의 사상의 근저에는 중용의 이념이 깔려있다. 자사자가 지은 중용(中庸)의 세계관 정신에서는 성(誠)은 우주의 힘이며 그 표현으로서의 호연지기(浩然之氣)를 주장하였다. 즉 천지를 가득 메우는 지극히 크고 지극히 굳건(剛)한 정기(精氣)가 있으며 이 정기는 인간이 성선에 근거한 성(誠)을 다함으로서 움직일 수 있다. 여기에서 그의 이상주의를 감지할 수 있다. 성인은 그렇게 성(誠)을 다함으로서 도에 이르는 것이다.

맹자는 공자의 인(仁)을 더욱 발전시켜 그의 가장 중요한 정치사상의 근본으로 삼았다. 맹자의 인은 공자의 그것보다 사회적 의미를 확충시켰다. 그에 따르면 인(仁)은 '다른 이에게 차마 어질지 못하게 할 수 없는' 불인인(不忍仁)으로 측은(惻隱)한 마음에서 발단하는 것이다.[3)]

맹자의 이상주의는 플라톤의 이데아에 비하여 인간본위의 입장으로 정치에서는 인정(仁情)이 사해를 넉넉하게 감싸는 은덕을 베풀 것을 주장한 것이다(공손). 그가 양혜왕에게 '군왕은 인의(仁義)가 있는데, 하필 이(利)를 말합니까'라고 항의한 것은 그의 정치사상을 단적으로 표현한 것이다. 그는 공리주의를 극력 배척하고 인의 정신에 의거한 정치도의(政治道義)로 인민이 스스로 심복하게 할 것을 주장하였고 자주 요순(堯舜)의 덕치를 표방하였다.

맹자가 살던 시대는 '백성들이 포악한 학정에 시달리는 것이 이때보다 심한 적은 없었다'(공손축 상 한문)고 한다. 맹자는 당대 사태를 표현하여 '땅을 다투는 싸움으로 들판에 시체가 그득하고 성을 두고 다투는 싸움으로 성 안에는 시체가 그득하다'(爭地以戰 殺人盈野 爭城以戰 殺人盈城)고 하였다. 따라서 맹자는 정치를 주로 민생문제로 생각하

'사회의 기준으로 자연을 재단하는' 오류라고 한다. 왜냐하면 선악이란 사회적 개념으로 본성은 그 이전의 것이기 때문이라고 한다.

3) 사단(四端)이란,
1. 측은지심(惻隱之心) 인지단(仁之端), 2. 수오지심(羞惡之心) 의지단(義之端), 3. 사양지심(辭讓之心) 예지단(禮之端), 4. 시비지심(是非之心) 지지단(智之端).

여 경제정책에 대한 주의 깊은 관심과 면밀한 계획을 제시하였다. 노년의 생활을 돌볼 수 있게 하는 경제생활의 방법을 설명하고 민생복리의 균등주의를 주장하는 동시에 이웃이 서로 돕는 체제도 구상하였다. 그는 정전(井田)을 새롭게 구획 정리하여 균등하게 나누어야 한다고 했다. 그리고 정책의 운영을 공정하게 하여 사회가 화목하게 되어야 하는 점을 강조하였다.

그는 '일정한 생활근거 없이는 일정한 마음이 있을 수 없고 일정한 바른 마음이 없으면 방탕, 편벽, 사악, 사치 등 못하는 것이 없게 된다'는 전제에서 '현명한 임금은 백성들의 생활근거를 마련해 주어 위로 부모를 넉넉히 섬기고 아래로 처자를 먹여 살릴 수 있게 하고 풍년에는 내내 배불리 먹고 흉년에는 죽음을 면하게 해주고 그런 후에 그들을 선한 길로 가게 해야 한다. 그래야 백성이 그것을 따라가기 수월하다. 지금 생활근거를 마련한다는 게 위로는 부모 섬기기에 부족하고 아래로 처자 먹이기 부족하니 풍년에도 내내 고생하고 흉년에는 죽음을 면치 못한다. 다른 사람이 죽는 것을 구해 주어야 함에도 이를 쳐다보기 두려운데 무슨 여가에 예의를 닦겠는가'(문공 양혜왕 상)라고 하여 양(養)을 교(敎)에 앞세웠다.

그는 양혜왕에게 대하여는 '짐승을 끌어다가 사람을 잡아먹게 한다'(率獸食人)[4]고 하고 추목공(鄒穆公)에게는 '윗사람이 교만하여 아랫사람을 잔학하게 다룬다'(上漫殘下)고 하였다.

그는 전쟁을 좋아하는 자들을 '극형에 처할 것'(服上刑)과 나라의 부강만을 성취하려는 무리를 '백성의 도적'(民敵)이라고 하였다.

공리주의와 힘을 가지고 인(仁)을 가장(假裝)하는 것을 패도(覇道)라하여 맹렬히 비판 배척하고 덕으로서 인을 행하는 왕도정치를 지시하였다, 그는 공자에 대한 72제자의 예를 들어[5](공손) 인민이 스스로 복

4) 지금 왕의 주방에는 살찐 고기가 있고 마구간에는 살찐 말이 있는데 백성들은 굶주린 기색이고 들에는 굶어 죽은 시체가 있으니 이것은 짐승을 몰아서 사람을 먹게 하는 것과 같습니다.

5) '무력으로 사람을 복종시키면 사람들이 진심으로 복종하지 않고 단지 자신의 힘이 부족하기 때문에 억지로 복종한다. 덕으로 사람을 복종시키면 진심으로 기뻐하며 진

종하게 하는 정치를 목표로 했다.

그는 군자와 평민을 구별하여 각기 맡은 바 직종을 다르게 하여야 한다고 하여 플라톤과 유사한 입장이었다. 대인과 소인은 심덕과 체력에서 분별된다, 그리고 각기 상응하는 직업이 나뉘고 통치자와 이들을 봉양하는 직무가 달라야 한다.

즉 '군자가 없으면 백성들을 다스리지 못하고 백성이 없으면 군자를 먹여 살리지 못한다'(無君子莫治 野人 無野人莫養君子)(등문공상) 또한 그는 한 사람의 생활을 유지하기 위하여 필요한 여러 가지 용품을 백명의 공인이 생산해야 하는 점을 들어 분업의 필요성을 강조하였다.

플라톤이 이데아의 실현을 위한 철인군주의 절대적 지위를 요구한데 비하여 맹자는 '백성은 귀중하고(民爲貴) 사직은 그 다음이고(社稷次之) 임금은 대단치 않다(君爲輕). 그러므로 밭일하는 백성들의 마음에 들면 천자가 되고 …'(만장하)라고 하여 민주적 성격이 강하였다. 그는 인민이 가장 소중함을 지적하는 동시에 통치자의 지위가 민심의 귀추에 따른다고 보았다, 민심이 모이는 곳에 국가가 있다는 뜻을 암시한 것이다.

맹자는 천명(天命)이라는 명분으로 왕권신수(王權神受)[6]와 폭군 방벌(放伐)을 함께 인정하였다.

왕권신수와 폭군방벌의 모순된 명제를 양립 가능하게 하는 이유는 '하늘이 보는 것은 우리 백성을 통해서 보고 하늘이 듣는 것은 우리 백성을 통해서 듣는다'(만장)에서 보듯이 천명(天命)이 곧 인민의 뜻이기도 한 때문이다. 그가 정치를 논할 때는 인민의 관점에서 있었지만 군왕의 절대 권력을 부정하지는 않았다. 그러면서도 정치 현실에서 폭군 방벌을 합리화하였다.

'인(仁)을 해친 자를 적(賊)이라고 하고 의(義)를 해친 자를 잔(殘)이라고 하는 바, 이 잔적을 저지른 자는 일개 범부의 인격일 수밖에 없

정으로 복종하니 70명의 제자들이 공자에게 복종한 것이 그 예이다'(공손추 상).

6) 서경(書經)중에 '하늘이 아래로 백성을 내려 그들 중에 군주를 만들고 스승을 만들었다'(양혜왕상)

다, 따라서 범부밖에 안 되는 주(紂)를 죽였다는 말은 들었으나 군왕을 살해하였다는 말은 듣지 못하였다'(양혜왕)고 군주를 면전에 두고 직언하였다. 그러나 이 의미, 즉 '방벌'을 현실에서 적용하는 실행과정에서는 실제와 논리상의 큰 차이가 있게 된다.

폭군이라 하여 직접적으로 방벌할 것은 아니고 반드시 하늘의 뜻을 기다려 처벌하여야 한다(공손하). 같은 이유로 즉 군왕의 지위는 천명에 의한 것으로 군왕이 사사로이 그 지위를 선양(禪讓)하는 것은 옳지 않다고 보고 군왕의 의사가 아닌 천명을 기다려야 한다고 하였다.

이처럼 맹자는 공자와는 달리 정치적 통일에 대한 염원으로 새로운 군왕이 세워지는 것을 용인한 면모가 보인다.

맹자의 이상은 비단 정치면에서뿐 아니라 보편적 인간의 평등을 주장하여 인간의 지위를 향상시키는데 기여하였다. 그는 인민과 성인이 동류(同流)이며 신하(臣下)와 군주도 역시 동류로 보았다. 그리고 이들을 같이 묶는 통일적 성격이 바로 성선(性善)이다. 따라서 이들 삼자 인민, 성인과 군주 사이의 간격을 훨씬 좁혀 인민의 지위 상승을 그들 의식에 심어 주었다.

맹자는 당시의 세태를 개탄하고 새로운 통일된 정치를 바랐다. '세상이 어지럽고 올바른 도가 미약해졌다. 삿된 말들과 폭행이 일어나 신하로서 자기의 임금을 죽이는 자가 있고 자식이 그 아비를 죽이는 자가 생겨났다(世衰道微 邪說暴行有作 臣弑其君者有之 子殺其父者有之).'(등문공하)

맹자는 오백 년을 주기로 하는 치란(治難) 즉 잘 다스려진 시대와 어지러운 시대의 순환을 믿었다. 요순이래의 역사과정에서 이를 설명하여 당시 난세가 칠백 년을 넘어 통일된 정치를 이룰 시기가 이미 지났다고 초조해하였다(공손축하).

맹자는 주역 내지 중용의 세계관을 배경으로 일종의 자연적 사관(史觀)을 가졌다. 그의 천명사상이나 치란(治亂)의 오백년 주기는 그의 이상주의에 따른 것으로 합리적 성격을 넘어선 것이다. 공자가 그 이상적 모범을 현실적으로 가까운 주 왕조에서 찾은데 비해 맹자는 요순을 들어 말하여 그 이상주의적 성격을 엿볼 수 있게 한다.

플라톤이 이데아 관념에 기인하여 정치에서 철인군주라는 가치 위주의 생각에 머무른 것과는 달리 맹자는 같은 이상주의임에도 인도주의에 따라 인민 본위의 사실성을 갖게 된 것이다.

맹자에 대한 순자의 관계는 그 추구하는 바에서 이상성과 현실성이라는 플라톤과 아리스토텔레스의 차이처럼 그 대비되는 바가 매우 유사하였다.

2. 순자(荀子, B.C. 298-238)

순자는 조(趙) 나라 사람이며 이름은 경(卿)으로 제(齊) 나라에 유학하였다. 그곳에서 그는 직하(稷下) 학파[7]의 제주(祭酒)[8] 직책을 수행한 일이 있었다. 그러나 제 나라 사람에게 모함을 받아 초(楚) 나라로 갔고 그곳에서 춘신군(春申君)의 신임을 받아 난능령(蘭陵令)에 부임하였다.

순자는 유가가 맹자에 의하여 한껏 기세를 올린 후인 맹자의 말년에 태어났고 자신보다 한 두 세대 앞선 명가의 혜시와 그보다 조금 뒤진 공손룡이 활동하던 시기가 막 경과하던 때부터 그의 학문의 세계를 펼치기 시작하였다.

그는 현실주의자이고 그가 내세운 통치이론은 '예치(禮治)'를 근간으로 하였다. 따라서 그는 현실주의 입장에서 당대에 유행하는 음양설과 명가(名家)파의 궤변자들을 증오하였다.

또한 그는 법가의 거장이며 진시황의 재상이 된 이사(李斯)의 스승

---

7) 직하학파는 제(齊)나라 수도 임치(臨淄)에 있는 학자단지(學者團地)를 근거지로 하는 최고의 권위를 가진 학파로 맹자도 이에 속하였다. 그러나 유가 뿐 아니라 음양가인 추연, 도가인 신도, 전병 등도 이곳에서 수학한 당시 학문의 총본산 구실을 하였다. 제나라 임치는 폭 4Km, 전장 20Km에 달하는 큰 성이었으며 모두 13개의 성문이 있었고 서문(西門)을 직문이라고 하였는데 그곳에 학자 단지를 세워 붙여진 이름이다. 잘 알려진 『관자(管子)』도 이 직하 학파의 선집(選集)이라고 한다.

8) 향연(饗宴)을 할 때 먼저 존경하는 어른을 뽑아 술잔을 들어 땅에 경배한 데서 유래하였고 존경받는 최고의 어른을 뜻한다.

이 되어 법가 전통의 뿌리가 되었다. 그러나 유가와 법가의 사상은 귀민(貴民)과 존군(尊君)이라는 점에서 차이가 있다.

그는 공자를 숭상하면서도 맹자에게는 비판적이었다. 즉 맹자의 논리설명이 잡학박식하고 신비적이라 하며 그것이 자사자(子思子)에서 시초된 것이라고 기탄하였다. 그리고 모든 것은 후왕, 즉 주(周) 왕조를 본떠야하며 선왕 즉 요순의 도를 말하는 것은 환상이라고 이를 반대하였다. 이러한 면모는 그가 맹자와는 비교할 수 없을 만큼 공자의 현실을 중요시하는 뜻을 따른 것이다.

공자 역시 요순을 찬양하였으나 그는 너무 고원(高遠)한 이상에 급급하지 않고 주 왕조의 문물을 회고하여 실제에는 정명주의로 나갔다.

순자에 의하면 사람들은 동일한 본성으로 태어났고 살아가는 도리가 동일하며 고금에도 큰 차이가 없다고 생각하였다. 즉 역사가 동일한 원리를 따르는 것이라 믿고 현실의 참된 의의를 인정하였다. 그는 단순한 이상가(理想家)가 아닌 현실주의자란 면에서 아리스토텔레스와 상통하는 면모를 가졌다. 그러나 순자는 정치가적인 실제정신으로 아리스토텔레스와는 구별되는 인성관(人性觀)과 논리를 피력 하였다. 그는 인간이 성악(性惡)하다고 믿고 선은 의식적 행위로 본성과는 다른 것이라 하였다.

'사람의 본성은 태어나면서부터 이익을 좋아하는 마음이 있는데 이것을 따르기 때문에 다투고 빼앗는 마음이 생겨나고 사양하는 마음이 없어진다. 태어나서부터 시샘하고 미워하는 마음이 있는데 이것을 따르므로 잔악해지고 해치는 마음이 일어나 충신(忠信)이 없어진다.

인간은 태어나면서부터 눈과 귀에 욕망이 있어서 음탕하고 혼란스러운 것이 일어나고 예의나 문리－문(文)은 근본을 귀하게 여기는 것이고 리(理)는 몸소 겪게 하는 것－가 없어지는 것이다. 이렇게 사람의 본성은 방종함으로 사람의 정에 따르면 반드시 다투고 빼앗는 일이 나오고 분수를 범하므로 이치를 문란케 하여 폭력에 돌아가기 쉽다. 그러므로 반드시 스승을 본받는 교화(敎化)나 예의로서 이끈 연후

에야 사양하는 마음이 나오고 문리에 합치되며 다스려질 수 있는 것이다.'(성악편)

이는 마치 근대 서양의 홉스(Hobbes) 같은 인성관(人性觀)과 군주정치주의로 아리스토텔레스같이 민주지향일 수 없는 것이었다. 즉 '천(天)에는 때가 있고 땅에는 재물이 있듯이 인간에게는 정치가 있어 이로서 천(天)의 도리에 참여할 수 있다.'(능참[能參])라고 말하는 그의 정치주의는 아리스토텔레스와 같은 낙관적인 조화로운 세계관이 될 수 없는 입장에서 전통적인 천(天)사상을 계승한 것이다.

그의 현실적 객관주의는 엄격하여 공자의 성품과 현저하게 닮은 모습을 보였다. 그러나 그는 덕치주의보다는 예치를 주장하여 일종의 법치를 지향하였다. 이리하여 그는 유가의 사상을 법가에 연결시키는 사상적 지위에 있는 것이다.

공자는 정치 실천의 이론으로 행인(行仁)과 정명(正名)의 두 원칙을 세웠는데 행인은 맹자에 의하여 그리고 정명은 예(禮)를 앞세운 순자에 의하여 더욱 완벽하여졌다.

성악설에서 예의 필요성에 대한 논의는 필연적이다. 즉 인간이 성악하다는 전제에서는 교화를 통한 '예에 의거하지 않으면 난을 면치 못하기' 때문이다. 그는 예(禮)로서 사물의 정의가 질서 있게 자리매김하도록 하는 것이 정치라고 믿었다.

그는 예(禮)에는 세 가지 근본이 있는데 천지는 생명의 근본이며 선조(先祖)는 인류의 근본이며 임금과 스승은 다스림의 근본이라 하여 이를 삼본(三本)이라 하였다. 그러므로 예는 위로 하늘을 섬기고 아래로 땅을 섬기며 선조를 존중하고 임금과 스승을 받든다. 이처럼 순자의 예사상의 기원(起源)과 본질에 대한 논술은 누구도 따를 수 없는 웅혼(雄渾)하고 깊은 사색의 세계로부터 이끌어진 것이다.

그의 예는 평등의 이념을 바탕으로 하고 있다. 예(禮)의 요(要)는 보살펴 키움(養)에 있으며 '예는 여유 있는 데서 덜어 부족한 데에 보충하여 서로 사랑하고 공경하는 도리에 이르도록 하여 정의의 아름다움을 넉넉하게 보일 수 있게 하는'(예론편) 것이다. 즉 모든 사회적 행위가 서로 공평하고 균형을 유지할 수 있게 하는 윤리적 요청인 것이다. 이러한 예에 대한 견해는 공, 맹의 예가 도덕적 개인적 의미임에 비하여 순자의 예는 사회규범적 성격으로 바뀌어 곧 예가 법으로 이어지는 길을 열어 놓았다.

'인간은 육신(肉身)의 감성과 욕망을 벗어날 수 없으므로 이를 인정하고 따르되 각기 적당하게 충족 할 수 있도록 보살펴져야 하고 그러기 위하여 절도를 규정하여 인민이 그에 따르도록 하여야 한다.'

이에 순자는 예치를 하기 위한 적극적 정책을 제시하였다. 왕은 차등 있게 세금을 부과하고 백성의 일을 바르게 하여 모든 사물을 제재(制裁)하는데 이는 모든 백성을 양생하기 위한 것이다. 전야(田野)에서는 10분 1을 세금으로 거두고 관문이나 시장에서는 관찰하되 세금을 받지 않으며 산림이나 연못에 대하여는 역시 과세하지 않는다. 땅을 살펴서 세금의 차등을 두고 거리의 멀고 가까움에 맞추어 곡물을 바치게 한다. 이와 같이 민생을 본위로 하는 인도정신과 평등이라는 정의가 정치의 도리(道理)인 것이다.

순자는 맹자에 비하여 현실을 그대로 보는 만큼 매우 진보적인 시야로 민생과 자유를 향한 세계주의적인 이상을 제안하였다. 즉 '재물이나 곡식을 유통시켜 한 곳에 쌓여 있지 않게 하고 서로 옮겨 순환시킨다. 온 천하는 한 집안같이 만들기 때문에 가까운 자는 그 능력을 숨기지 않고 멀리 있는 자는 그 수고를 괴로워하지 않으며 길이 막혀 있거나 아주 벽지인 나라가 없고 추종하지 않는 나라가 없으니 편안하고 즐겁다. 이것이 왕자의 법도인 것이다.'(왕제)

이 간결한 표현에는 유가 왕도정치가 지향하는 국제경제의 자유주의 입장이 함축되어 있고 이는 공자의 대동이념이 현실세계에서 개방되어 합리화 된 것이다.

맹자와 순자는 유가 정치사상을 적극적으로 국제사회적인 범주로 발전시켰다.

정치사상의 유력한 적수들인 노, 장과 묵가들이 이미 그러한 입장의 이념으로 경쟁하고 있었다.

천하의 인심을 자기에 흡수하려는 사상전쟁의 대상인 당시의 현실사회는 모든 시대적 불안요소가 동시에 촉발되어 혼돈이 극심해지는 사태였다.

정치 사회적으로는 자유경쟁으로 힘이 지배하는 경향으로 내달았다. 농업경제를 유린하는 상공업의 발달로 이익추구의 사회가 되어가고 국제교류가 전쟁과 함께 서로 얽히었다.

순자의 예치 이념에는 자연법으로 이해되는 규범의식이 천(天)의 사상과 결부되어 있다. 순자의 특징은 맹자의 경우와는 반대로 천(天)과 인(人)을 분리하는 사상적 태도였다. 그에게 천은 인간사에 대하여 어떤 특별한 관계에 있는 것이 아니었다. 그는 인간의 성악설에 엄격하게 충실하여 '천과 인간을 밝게 구별할 줄 아는 자가 참으로 아는 사람이다'라고 하였다.

이처럼 순자는 천을 물리적(物理的)으로 이해하였고 이 점이 정통본래 유가의 도덕적, 종교적인 천 그리고 인격적인 천과 구별되는 중요한 갈림목이다. 이러한 생각이 후기 유학자들이 정통의 유가에서 순자를 제외시킨 이유였다. 그러나 동시에 법가에 가장 강한 영향력을 행사하게 된 원인이기도하였다.

하늘의 움직임(天行)은 그 자체가 인간의 화목(和睦)에는 무관하여 '요 임금을 위한 것도 걸 왕의 멸망을 위한 것도 아니다.' 즉 '천행은 일상적(日常的)이어서 해, 달, 별과 사계절의 순환에서 음양이 바뀌고 비, 바람을 내리는 바 그 화합하는 힘으로 낳고 그 보살핌으로 자란다.'

사람은 이러한 천행에 대하여서는 스스로의 몫을 부지런히 하여 그 공(功)에 따른 결과를 따르도록 하면 되는 것이다, 그는 '하늘에는 때가 있고 땅에는 재물이 있듯이 인간은 정치가 있어서 이로서 하늘의 도리에 참여할 수 있다'고 하여 천·지·인 각기의 독립성과 인간의 무한한 가능성과 함께 또한 무한한 책임성을 피력하였다.

순자의 예치 이념[9]은 천행(天行)이라는 자연법 원리에 기초한 것이다. 다만 천에 대한 낙관적인 심경을 준열하게 거부하여 자연법의 진실을 인간사회에 효능(效能)할 수 있는 여부는 정치 책임이며 이는 완전히 인간 자신의 문제로 돌렸다. 따라서 그는 '그 참여의 기회를 버리고 참여하여 얻는 효과만을 원하는 것은 미혹(迷惑)이다'라고 단언하였다. 이러한 정신은 동시에 모든 길흉이 인간 스스로에 원인이 있다는 확고한 인간본위의 실사구시(實事求是)로 연결된다.

'인간의 노력은 하늘을 웃도니 하늘의 뜻은 우려할 필요가 없다. 인간 스스로 만반의 준비태세를 완전히 하면 가난, 질병과 재난을 막을 수 있고 추위와 더위도 이겨낼 수 있다. 참으로 아는 자는 인간 스스로의 책임을 천에서 명백하게 구별할 수 있는 자를 말하며 오직 성인만이 천을 알기를 구하지 않는다.'(천륜)[10] 이는 천의 지위와 자연법의 원리를 인정하면서도 그 효능은 인간 자신의 책임에서 결정된다는 것이다.

이렇게 철저한 인간본위는 정치사상사에서 그 유례를 찾기 어려운 것이다.

순자에게 천은 결코 낙천적인 인간의 자기 기만적인 희망의 우상일 수 없었다. 보다는 인간사회를 규율하고 그 결과로서의 화(禍)와 복(福)을 주재하는 존엄한 존재라고 생각한 것이다.

그에 의하면 '성인만이 군왕이 될 수 있고 군왕은 절대적으로 강하고 크고 도를 밝히는 자'이며 '군왕은 위세가 지엄하여 천하에 당적

---

9) 공자와 맹자가 인치주의로 군주의 도덕심을 중시하고 상앙 등 법가는 법치주의로 형벌과 술수에 의한 정치로 군주의 권세를 중시하고 그의 도덕심은 개의치 않았다. 순자는 도덕심과 권세에 같은 비중을 두었고 '군주에 의한 법치'를 생각하였고 때에 따라 군주의 인격이 법제의 밖으로 노출될 수 있다고 보았다.

10) 여기에는 두 가지 해석이 가능한데,
첫째는 인간과 하늘을 구별하여 하늘을 안다는 것은 하늘의 무한함을 인정하는 것이다. 따라서 성인은 천(天)의 법칙을 모두 알 수 없기 때문에 그 이상을 구하지 않는 것으로 동양 철학의 '여백(餘白)'의 의미가 된다. 범부만이 무리하게 지혜를 쫓는다. 둘째는 성인은 이미 천의 도리를 알고 천과 하나여서 따로 천을 알기를 구하지 않는다. 성인(聖人)의 성품은 성(誠)으로 곧 하늘의 도에 통하는 것이다.

(當敵)할 바가 없다.' 즉 그는 올바른 질서를 규율하는 절대 권력을 자연법도에 따라 행사한다는 것이다. 그런데 '사람은 나면서부터 욕망이 있고, 욕망이 있는데 얻지 못하면 구하게 되고, 구하는데 따라서 갈라놓은 경계가 없으면 다투게 되고, 다투면 어지러워지고(亂), 어지러워지면 궁핍하게 된다.[11]

선왕은 이 난을 싫어하여 예의를 제정하여 경계를 세워 사람의 욕망을 잘 살펴 그 구하는 바를 주었다. 그러므로 예치는 인민을 평등하게 양육하는 조화의 정의를 규율하는 것이다. 그는 규율의 필요를 '먹줄[12]은 나무가 곧지 않으므로 나타난 것이고' '인생이 불능무군(不能無群)－무리를 이루지 않으면 아무것도 할 수 없다－일진대 정치의 필요한 방법은 법일 수밖에 없다'고 설명하였다.

그의 예치의 이념은 공자의 정명사상의 영향을 받은 것이다. '이름이 정해진 후에 실상이 분별되고' 도가 행하여져 민중을 하나 되게 한다, 제멋대로 이름을 만들어 바른 이름을 어지럽히면 의혹으로 앞을 가리게 한다. 그는 '사람들이 분별과 논쟁을 많이 하게 되는 것을 크게 간사(大姦)하다'라 하였다(정명).

그는 공동사회가 다함께 따라야하는 옳고 그름에 대하여 이를 명시할 것을 요청하였다.

'위엄(威嚴)있게 법문을 제정하여 천하에 공시하면 포학한 나라도 자연히 안돈하게 된다.'(중니) '재난을 일으키는 범법자는 참수한다.'(중니)라고 엄격하게 말하였다. 그는 '성(聖)은 인간의 윤리를 다한 것이고 왕은 제도를 만들어 할 바를 다 한다. 이 둘을 다한 것이 천하에 최고의 완전한 일이다'(해폐) 즉 정치의 지극(至極)한 도(道)는 인의 정신에 기초한 법치에 있음은 갈파(喝破)하였다.

그는 맹자같이 인민의 생업(生業)의 중대성과 민의(民意)의 향배(向

11) 묵자는 인간의 욕망을 없앨 것을, 반면에 순자는 절제하면 생산의 동력이 된다고 하여 재물과 욕망이 서로 의지하여 충족된다고 보았다.

12) 톱질을 할 때 나무를 똑바로 켜기 위해 실줄을 먹통을 거쳐 먹을 묻혀 나무 끝에 고정시킨 후에 먹줄을 튕겨 나무에 직선을 표시한다.

拜)가 나라의 흥망에 직결된다고 믿었다.

'우왕과 탕왕은 도를 닦고 의를 행하여(修基道 行基義) 인민의 이익을 자신의 이익으로 알고 인민의 해악을 자신의 해악으로 알아 그 이익을 흥하게 하고 그 해를 배제하였고 이에 인민이 따르도록 하여 군왕의 자격 있음을 증명한 것이다. 탕, 무가 걸, 주의 천하를 찬탈(簒奪)한 것이 아니고 걸, 주가 천하를 보유하고 있었던 것도 아니다. 인민이 천하이며 그 향배에 따라 천하의 귀추가 그러하였을 뿐이다'(정론) 이러한 면은 맹자와 비할 바 아닐 정도로 국가가 민주적이어야 함을 선포한 것이다.

국가사회가 목적과 기능에 있어 '인민의 일'이라는 키케로의 증언(證言)을 순자는 유가정신에서 그에 한 세기 반 전에 밝혔다.

춘추전국의 난세에 통치 권위가 불신되고 반비례하여 인민의 비중이 증대하였음에도 불구하고 정치의 기틀인 군주제는 바뀌지 않았다. 다만 정치의 효과가 민주 본뜻에 해당하는 것인가 만이 문제시되었고 따라서 통치자의 인품이 점점 더 핵심적인 것이 되었다. 요컨대 공자의 군자정치도(君子政治道)에 되돌아온 것이다.

순자가 '선(善)을 쌓는데 온 정성을 다하는 사람을 성인'(積善而全盡謂之 聖人)이라고 할 때 이는 군자의 인도(仁道)를 말하는 것이고 '예의를 쌓는데 힘을 다하는 사람을 군자'(積禮義而謂君子)라고 하여 보다 정치적 의미로서 군자 지위를 지적한 것이다.

공자 역시 군자의 덕과 아울러 현실 규범적 의미를 지닌 예의의 실천조건이 정치적 성격임을 말하였다. 공자는 군자에게는 덕이 본질적인 것이며 덕은 반드시 통치자의 권능을 가져야 한다고 하였다.

'덕은 필히 지위가 걸맞아야 하고 지위는 봉록(俸祿)이 걸맞아야 하며 봉록은 필히 그 쓰임에 걸맞아야 한다.'(德必稱位 位必稱祿 祿必稱用) 이것이 순자가 공자에 따른 정명주의의 실상이다.

순자는 통치자가 정치의 주도적 위치에서 '조정에 놀고먹는 신하가 없어야 하고 백성들이 요행으로 사는 자가 없도록 하여야 한다'(朝無

幸位 民無幸生)(부국편)라고 하였다. 그는 군왕의 법도를 말하여 '군왕은 현명한 인재를 등용하여 능히 백성을 구제하고 강대한 사회를 이루어 약자에게 관대하고 전쟁을 하면 반드시 적을 위태롭게 한다.'(효니)고 하였다. 이는 군왕의 인도주의 정신과 강권(强權)주의를 주장한 것으로 그의 이상적 경지인 지평(至平)을 목표로 한 것이다.

어진 사람이 상위에 있으면서 농·상·공업에 걸쳐 각기 최고의 기능을 발휘하게 한다. 이리하여 사대부에서 공후(公候)에 이르기까지 크게 어질고 지혜롭고 능력이 있어 맡은 바 관직 책임을 다하게 될 것이다. 순자는 이를 지극히 평화로움 '지평(至平)'이라고 하였다.

그는 지평에 대하여 '혹 천하를 녹봉으로 가진다 하여도 스스로 많다고 하지 않으며 대궐 문지기나 여관 관문문지기나 순라꾼들도 스스로 적다고 하지 않는다. 그러므로 차등이 있지만 고르고 거스름이 있는 것 같으나 다르고 똑같지 않지만 한결 같으니, 이를 인륜(人倫)이라고 한다.'(영욕)

이로써 정치상의 모든 문제가 스스로 해결되는 이 지평의 의미는 그에게 있어 정치이념의 상징인 것이다.

순자의 정치사상은 반드시 일률적(一律的)인 방법론에 기초하고 있는 것은 아니다. 한비자가 법가를 기치로 제자백가를 집대성 한 것이라 할 수 있다면 순자는 유가를 기치로 제자백가를 참구하여 그 일을 이룬 것이다. 이렇게 순자가 당시의 활발하고 다양한 사회적 감성에 대응할 수 있었던 것은 그가 맹자와는 달리 공자의 성품인 군자의 자유로운 인격에 현저하게 닮은 사상적 성격임을 증명한다. 그는 비록 성악설을 믿었지만 아리스토텔레스같이 체관(諦觀)에 따른 절충적 태도는 아니었다.

민주이념을 선포하면서도 정치의 권위주의를 포기한 것도 아니다. 인간을 본위로 하고 정치의의(政治意義)와 가치에 충실한 현실론적 입장을 지킨 것이다. 그의 성악설은 인간의 동류(同流)의식을 바탕으로 '인간은 노력하여 본성을 변화시키면 성인이 될 수 있다'는 밝고 큰 길을 열어 놓고 있다. 이는 '길거리의 사람이 모두 우 임금이 될 수 있다'(성악)는 인류 희망의 메시지를 보내고 있는 것이다.

3. 군자 사상의 지위

맹자와 순자는 유가사상의 양면을 상대적으로 대표하는 지위에 있으며 후세 정치사상의 모범적인 틀을 원리 또는 이념적인 면에서 포괄하고 있다.

이는 서양세계에서 플라톤과 아리스토텔레스 경우에 비교된다. 맹자와 순자는 그 각각 이상성(理想性)과 현실성을 표징(標徵)하는 것으로 이 역시 플라톤과 아리스토텔레스의 관계와 비교할 만한 것이다. 그리고 이는 실질적으로는 공자의 인격에 포섭된 내용이었다.

순자의 예치주의는 형식면에서 노자의 자연법칙 세계관에서 영향을 받은 자취가 농후하다. 이 점 전국시대의 최종 학파인 법가의 계통과 그 사상이 순자에게 관계되어 있음으로 보아 그 의의가 자못 크다. 그러나 어떠한 형식을 취하던 유가정치 이념에서 고유로 전제되는 중심 관념은 소위 '군자 사상'[13]이다. 그리고 이는 중국 정치사상의 일반적 특질을 구성한 것으로 인치주의, 인간본위의 가치, 질서 그리고 교화(敎化)로서 정치적 효능을 이루려는 중국 정치 전통의 토대가 된 것이다.

즉 군자 개념은 한(漢)민족 정치사회의 특질과 본질을 암시하는데 충분하다.

군자에 관한 문제의식은 매우 광범하여 그 함축된 의미가 단순하지 않다. 군자는 유가고전(儒家古傳)의 도처에 나타나는 매우 보편적인 전제이다. 그러나 이 개념의 가장 보편적인 체계는 『논어(論語)』에 결집(結集)되어 있다.

'바탕이 문채보다 나으면 거칠고 문채가 바탕보다 승하면 사치이니

---

13) 시경(詩經)과 서경(書經)에서는 사회적 지위를 지칭하였고 개인의 품성을 문제시하지 않았다.

형식과 내용이 고루 어우러져야 군자라 할 수 있으니'(質勝文卽野 文勝質卽史 文質彬彬 然後君子) 군자는 '글을 널리 배우고 예로서 요약하여'(博學於文 約之以禮) 실천하여야 한다(옹야 논어)고 하였다.

이러한 뜻에서 공자는 학문만을 제일로 아는 자하(子夏)[14]에게는 '너는 군자의 유를 따라야지 소인의 유를 따르지 말라'(女爲君子儒 無爲小人儒)고[15] 하였다.

또한 학문을 좋아하고 인에 어긋남이 없으며 청빈을 즐기고 도를 구하는 안자(顔子)를 자주 회상하며 칭송하였다. 그러나 용기 제일의 자로(子路)에 대하여는 끝까지 위구심을 버리지 못하였다.

스스로 군사적 용기를 자부하는 자로에 대하여는 그가 '용기는 호랑이를 때려잡고 맨몸으로 강을 건너며 죽어도 후회하지 않는 부류인데 이런 사람은 내가 함께 하고 싶지 않다'(暴虎馮河 死而無悔者 吾不與也) 이런 사람은 '반드시 일에 임하여 잘못할까 두려워하고 계획을 세워야 성공할 수 있다'(必也 臨時而懼 好謀而成者也)(술이)라고 하였다.

자로(子路)[16]를 위시하여 제자 적(赤), 구(求) 등은 각기 병사, 지방장관, 국가외교에는 이를 담당할 만하지만 모두 '인을 알지 못 한다'고 평가하였다. 그러나 공자는 안자(顔子)[17]가 죽은 후에는 제자 중에 그

---

14) 자하 : B.C. 507-420 공자의 제자로 공문십철(孔門十哲)의 한 사람. 성명은 복상(卜商)이고 자하는 자(字)다. 위나라 사람이다. 공자의 죽음을 슬퍼하여 실명(失明)하였다고 한다. 그의 학문은 시와 예에 통하였고 공자의 『춘추』를 전하였다. 내면성을 존중하는 증자와 달리 예의 객관적 형식을 존중하였다.

15) 순자는 유가(儒家)를 대유, 아유(雅儒), 소유, 속유 등 여덟으로 나누고 속유는 유가를 모방했을 뿐 묵자와 다를 바 없다고 하였다(유택화, 동서, p.230).

16) 자로 : B.C. 543-480 공자의 문하생. 성명은 중유(仲由) 자로는 자이다. 산동성 출신으로 제자 중에 최연장자이었다. 본래는 무뢰한(無賴漢)이었는데 순진하여 헌신적으로 공자를 섬기었다. 용기가 있어 가르치면 실천에 옮기는 인물이었다.
후에 위 나라에서 벼슬을 했을 때 내란이 일어났는데 스스로 도의적 입장에서 전사를 택했다. 내란 소식을 들었을 때 공자는 그의 죽음을 예견했다고 한다.

17) 안자 : B.C. 521-490 이름은 회(回)이고 자는 연(淵)이다. 공자가 가장 신임하였던 제자. 공자보다 30년이나 연하이면서 먼저 죽었다. 공자는 그가 학문을 좋아하고 도를 즐긴다고 하였다. 그는 현인(賢人)으로 평가된다. '극기복례' '도가 아니면 보지도 듣지도 말하지도 행동하지도 말아야한다'는 공자의 가르침을 지킨 사람으로 장자와 같은 도가에서도 높이 평가된다.

인품을 어리석고 둔하다고(魯)[18] 평가한 증자(曾子)[19]에게 많은 기대를 걸었다.

그는 증자에게 '말해 보거라 내가 말하는 도에 일관된 뜻은 무엇이냐?'(參乎 吾道一以貫之)라고 묻자 '스승님의 도는 충서(忠恕)입니다.'(夫子之道 忠恕而矣)라고 해명하였다.

충서란 인을 실천하는 것으로 그 내용에서 적극적으로는 군자는 소인과는 반대로 '타인의 아름다움을 성취시킨다', '나를 세우려 할 때는 타인을 세우고 내가 이루려 할 때는 타인을 이루게 한다'(己欲立而立人 己欲達而達人)(논어 옹야)는 의미이며, 그리고 소극적으로는 '내가 싫어하는 바를 타인에게 하지 않는다.'(己所不欲 勿施於人)(논어 위령공)는 것이다.

공자는 군자에 대해 소인과 비교하여 '소인은 모든 것을 타인에게서 구하지만 군자는 모든 원인을 자신에게서 찾는다.'(小人求諸人 君子求諸己)라고 하였다. 또한 긍지를 가지되 다투지 않고(矜而不爭) 서로 인정하고 함께하되 한가지로 묶으려 하지 않으며(和而不同) 모이되 파당을 만들지 않는다고 하였다. 그리고 '군자는 말만으로 사람을 높이지 않고 또 사람 때문에 그 말까지 버리는 일이 없다'(不以言擧之 不以人廢言)(위령). 이는 군자의 인격은 신중하여야 하며, 선입관이나 고정관념으로 못을 박고 편견으로 대해서는 안 된다는 뜻이다. 이리하여 군자는 정의와 덕은 외롭지 않다(德不孤 必有隣)고 믿는다.

소인은 오래 걱정하여 의기소침에 빠지는데 비하여 군자는 너그럽고 활달한 기상으로 기개가 양양하다. 그 자세는 온아하되 위엄이 있고 위엄이 있으나 거칠지 않으며 공손하고 평안하다.

군자는 도를 걱정하되 가난을 걱정하지 않는다. '천하에 도가 행해

---

18) 여기서 어리석고 둔하다는 뜻은 최고의 칭찬이다. 노(魯)는 우(愚)와 박(朴)의 의미로 교언영색(巧言令色)을 기탄(忌憚)한 공자로서는 더할 수 없는 평가인 것이다.

19) 증자 : B.C. 506-436 춘추 시대의 유학자 증점(曾點)의 아들로 이름은 삼(參), 자는 자여(子輿)이다. 공자의 도를 계승하였으며 그의 가르침은 공자의 손자 자사자(子思子)를 거쳐 맹자에게 전해졌다. 그는 효와 신(信)을 도덕행위의 근본으로 하고 있다. 그는 노나라 지방에서 제자들의 교육에 힘썼다.

지면 세간에 나서고 도가 행해지지 않으면 은둔한다' 따라서 '나라에 도가 행해지는데도 가난하고 비천하면 이는 수치이고 나라에 도가 행해지지 않는데 부귀하면 이 또한 수치'(邦有道 貧且賤焉 恥也 邦無道 富且貴焉 恥也)(태백)이다.

군자는 평생을 두고 이름이 그의 인품에 따르지 못함을 싫어하지만 도를 꾀할 뿐 재물을 좇지 않는다. 행동할 때는 공손하고 윗사람을 모실 때는 존경하고 인민을 보살필 때는 은혜를 베풀고 그들을 다룰 때는 의롭게 한다(謨道 不謨食 行其也恭 其事上也敬 其養民也惠 其使民也義). 이것이 군자의 처세방법이다.

이리하여 군자도(君子道)는 국가와 사회의 모든 생활 실천에 있어 정치적 의의를 포괄하는 보편원리(普遍 原理)에 대명사와 같은 위치에 있는 것이다.

공자는 자기 자신부터가 정치도(政治道)에 준거하여 행위의 기초를 세웠다. 이러한 군자의 지조와 신념은 움직일 수 없는 것이다. 공자는 '삼군의 장수를 빼앗을 수 있어도 필부의 뜻은 빼앗을 수 없다'(三軍可奪帥 匹夫 不可奪志)고 말하였다.

그는 사어(史魚)가 나라에 도가 행해지고 있는지의 여부를 가리지 않고 화살같이 곧구나(史魚 邦有道 如矢 邦 無道 如矢)[20]하고 칭찬하였다. 그리고 뒤이어 '나라에 도가 있으면 벼슬하고 나라에 도가 없으면 자신을 거두어 숨길 수 있었다'(위경공)고 한 거백옥(遽伯玉)[21]을 역시 군자라고 칭찬하였다.

이는 공자가 상반된 두 경우를 모두 인정하여 군자 정신이 형식주의에 머무르지 않는 호탕함을 보여 준 것이다.

공자는 무엇보다도 인간 자체가 스스로의 정당성을 확보하고 그리하여 당면한 문제의 전면적인 해결을 목표하는 것이 군자의 도라고

---

20) 신영복은 사어의 시(矢)와 곧음(直)을 어리석음(愚)으로 보았다. 어느 경우 어리석음은 아는 것(知)보다 어려운 덕목으로 그 속에 대지(大智)를 품고 있다는 것이다.

21) 거백옥 : ? - ?. 위(衛) 나라 재상으로 어진 성품과 백세(百歲)장수를 누렸으며 공자와 친교가 있었다. 그는 항상 공자의 가르침인 '잘못을 고치지 않는 것 이것이 잘못이다(過而不改 是謂過矣)'를 좌우명으로 삼고 살았다.

믿었다. 군자는 어떠한 역사적 사태와 사회현실에 대하여도 인도(仁道)의 구체적 실천을 해나갈 수 있는 지행(知行)을 겸비한 인격자이다.[22]

그러므로 '군자는 덕성을 존중하고 학문을 따른다. 덕은 넓고 큼을 이루되 자세하고 작은 것에까지 다 미치게 한다. 높고 밝음은 지극하되 중용의 길을 간다. 옛것을 익혀 새것을 알며 공경된 마음을 두터이 하여 예를 존중해야 한다.'(尊德性而道問學 致廣大而盡精微 極高明而道中庸 溫故而知新 敦厚以 崇禮)(중용).

이러한 군자는 사회적 존재이고 정치적 인격자이다. 군자 개념에 포함되는 정치적인 뜻도 이러한 것으로 군자가 소인에게 덕을 베푸는 것은 풀(草)에 대한 바람(風)과 같은 것이다. 바람이 풀을 눕히듯 군자의 덕은 민초(民草; 백성)를 교화시킨다.

유교의 사회덕은 인간윤리의 핵심에서부터 기초된 것이다. 즉 효(孝)가 모든 행위의 근원이 되어 윤리적 생활이 가까운 것에서부터 먼 곳에 미치게 한다. 어버이에게 충실하면 인민이 자연히 인을 흥왕하게 하고 옛것을 버리지 않으면 인민은 도둑질을 하지 않는다. 효는 덕의 근본으로서 인민이 화목하고 위아래가 서로 원망하지 않게 된다. 이 효가 선왕이 천하를 순탄하게 한 가장 중요한 길이었다(효경).

이리하여 군자가 자신에게서부터 타인에게 가까운 데서 먼 데로 덕행을 쌓아 수신제가치국평천하(修身齊家治國平天下)(대학)하는 것이다. 이를 위해 군자는 덕과 재능 특히 홍대(弘大)한 기개와 도량(度量)을 함께 갖춘 지조(志操)를 지키며 살아가는 인격자라야 한다. 그리고 무엇보다도 참아 어질지 않을 수 없다(不忍人)는 인정(仁情)과 행실이 군자의 성품이고 행위이다.

증자(曾子)는 '어린 임금을 보필하도록 맡길 만하고 사방 백리의 제후국을 다스리도록 부탁할 만하고 큰일에 임하여 그의 절개를 빼앗을

---

22) 더불어 공부(學)할 수는 있지만 같이 도에 응할 수는 없다. 더불어 도(道)에 응할 수는 있지만 더불어 도를 세울 수는 없다. 더불어 도를 세울 수는 있지만 더불어 (경중을) 헤아릴(權)수는 없다(논어 자한).
그만큼 아는 것(知)과 현실세계에 적용하여 실천하는 것(行)이 일치하기가 어렵다. 군자는 이것을 할 수 있는 사람인 것이다.

수 없다면 이는 군자 일세'(可以託六尺之孤 可以寄百里之命 臨大節而不可奪也 君子人與 君子人也)라고 하였으며 그는 다시 '도에 뜻을 둔 사람은 도량이 넓고 뜻이 굳세지 않으면 안 되니 짐은 무겁고 갈 길은 멀기 때문이다, 인을 실현하는 것을 자신의 짐으로 삼으니 어찌 무겁지 않겠느냐? 죽은 뒤에야 그칠 것이니 어찌 멀지 않으랴'(士不可以不弘毅 任重而道遠 仁以爲己任 不亦重乎死而後己 不亦遠乎)(태백)고 말했다.

제 5 절 묵가(墨家)·도가(道家)

춘추전국 시대를 전후(前後)하여 중국역사를 통하여 부동의 지배적 지위에 있었던 유가사상 이외에도 정치사상으로서의 영향을 후세에 직접 또는 간접적으로 깊이 존속시킨 중대한 사조(思潮)가 출현하였다. 그 중 주요한 것은 묵가, 도가 및 법가 사상이다.

이들은 모두 공자 또는 유가입장의 사상을 반대 비판하거나 혹은 거기에 동조하는 모습으로 발전하고 나타났다.

1. 묵자(BC 468, 376 혹은 480-380)

묵자는 공자와 같이 노(魯) 나라 출신이며 공자 말년에 출생하였다. 이름은 적(翟)이다. 그는 초기에는 유가에서 배웠다. 이미 말한 바와 같이 공자의 사상은 군자를 주체(主體)로 행인(行仁)과 정명(正名)의 두 이념으로 대표된다. 그리고 행인은 맹자가, 정명은 순자가 예를 기초로 그 사상을 계승하였다.

이들에 비하여 묵자는 인을 행함에 이를 겸애사상(兼愛思想)으로 전개(展開)하고 정명은 상동(尙同)사상으로 이어받았다.

묵자는 그의 주장을 철학적 사유에 따라 논리적 구도(構圖)를 세워 단순한 윤리성(倫理性)을 넘어설 수 있게 하였다. 즉 그는 어떤 것이 옳고 그른지를 판단하기 위해서는 반드시 표준이 있어야 하고 그에 따라 동서(東西)를 헤아릴 수 있게 된다. 그리고 그러한 인식과 판단에 따라 삼표론(三表論)을 세워 이를 풀이하였다.

'무엇을 삼표라 하는가? 본(本), 원(原), 용(用)이 그 셋이다. 본은 어디에 둘 것인가? 위로 옛 선왕의 일에 뿌리를 두어야 한다. 무엇으로 원을 삼을 것인가? 아래로 백성들의 이목(耳目)을 살펴야 한다. 어떻게

용할 것인가? 나라의 법과 행정이 발효(發效)되어 이것이 국가 백성 인민의 이익에 합치하는가를 본다. 이 세 가지를 삼표(三表)라 이른다'(비명상)

묵자는 국가 백성의 이익은 부(富)·상(象)·안(安)·치(治)를 밝히는데 있다고 하였다.

부는 물질적 중요뿐 아니라 욕구와의 조화를, 상은 인구를 늘리는 것이고, 안은 생활의 안정을 그리고 치는 평화를 의미한다. 묵자에게 겸애는 이러한 부상안치의 지도적 이념이다.

묵자는 유가가 가까운 데에서 먼 곳으로 미치는 인의 정신을 자타를 구별하는 별애(別愛)에 있다고 비판하였다. 그는 겸애(兼愛)를 표방하고 실증적인 공리주의 입장을 주장하였다. 또한 그는 '오늘날의 사군자(士君子)는 아는 것은 적고 모르는 것이 많다'고 유가를 비판하였다.

그는 처음부터 천(天)과 인(人)을 대립시키고 '천은 천하를 두루 사랑 한다'고 함으로써 겸애의 정당성을 밝히고 일체평등(一體平等)을 선언하였다. 그는 '내 집의 노인을 노인으로 대접하여 다른 노인에게도 미치도록 한다'(老人老及人之老)는 유가의 입장을 별애라고 하고 이에 더 나아가 '다른 이의 아버지를 자기 아버지 보듯 하라'(視人之父若己父)고 하여 겸애를 주장하였다.

묵자는 유가의 예는 인간을 차별대우하는 옳지 못한 사치(奢侈)라고 배척하였다. 그는 유가의 장사(葬事)와 제사(祭祀) 지내는 예(禮)가 산 사람의 생활물품을 박탈(剝奪)하여 죽은 사람에게 공양하는 처사라고 항의하였다.

묵자는 평등애와 실리정신(實利精神)에서 세상을 이롭게 하려면 절약과 아울러 각고(刻苦)의 노동을 하여야 한다고 하였다. 그는 노동(勞動)이 인간과 동물을 구별하는 기준이라고 하였다. 그는 이를 다음과 같이 예를 들어 설명하였다.

'오늘날 금수, 사슴, 날짐승과 허리가 가는 곤충은 제 깃털로 옷을 삼고 제 손·발톱으로 신발을 삼으며 수초(水草)를 음식으로 먹는다.

그래서 수컷은 밭 갈고 농사짓지 않으며 암컷도 베 짜고 모시 삼지 않아도 입고 먹는 것을 이미 갖추고 있는 셈이다. 그런데 사람은 이와 다르다 힘에 의지해야 살고 힘에 의지하지 않으면 못 산다.'(묵자)

역사적으로도 우왕은 스스로 홍수에 대비하여 관개사업을 하고 많은 강과 그 지류를 정돈 하였다. 그는 손수 도구를 사용하여 노동함으로 '다리에 흰 살이 없고 정강이에 털이 나지 않았다, 비로 몸을 씻고 바람으로 머리를 빗었다'고 한다. 위대한 성인인 우왕이 세상을 위하여 이같이 노고하였는데 그와 같이 하지 않는 사람은 우왕의 도를 배반한 것이니 결코 묵도(墨徒)라고 할 수 없다.[1)]

이러한 그들의 생활은 극히 절약 검소하며 장자(莊子)가 그들의 모습을 '밤낮 쉬지 않고 스스로 열심히 일한다.'고 말하였다.

가치의 표준은 오직 민중의 이익과 나라를 부강하게 하는데 있다. 나라의 부강은 인구를 늘림으로 가능한데 그 당시에 일반적 경향이던 전쟁을 통해서가 아니라 조혼(早婚)을 장려하여 해결하려 했다. 또한 묵자는 모든 공업생산은 인민의 생활에 필요한 용품에 한하여야 하며 물품의 가치는 그 실용성 여부에 따를 뿐이다. 그는 악기를 제작하여 음악하는 것을 비판하고 감정을 제거한 이성적(理性的)이고 유익(有益)한 행위만 할 것을 주장하였다.

그들에 의하면 사회의 약육강식의 현상이 나타나는 것은 별애에 그 원인이 있다고 한다.

세상의 가장 큰 이익이 되는 것은 모든 사람의 평등애(平等愛)에서만 기초된다. 그리고 사람들 사이의 다투는 마음의 결과인 전쟁은 세상의 가장 큰 해악으로 배척되어야 한다.

그러한 묵자가 가장 힘쓴 부면(部面)은 공격 전쟁에 대한 반대(非攻)이다. 그는 확실한 논리 전개로 전쟁을 비난하였다. 그의 논설은 남의 과수원에 들어가 복숭아를 훔친 것부터 시작하여 그 비행의 수위(水位)를 높여 가다 마침내는 '사람을 죽이는 것은 복숭아를 훔친 것보다

1) 묵자는 우임금의 스스로 실천하는 것을 모범으로 하고 하(夏)의 공동체 사회를 이상적 모델로 하였다. 그는 공자가 주나라의 계급사회로 복귀하려는 데 반대하였다.

죄가 무겁다. 한 사람을 죽이면 그것은 불의(不義)라고 한다. 그러나 지금 크게 나라를 공격하면 그 그릇됨을 알지 못하고 칭송하면서 의(義)로움이라고 한다. 이러고도 의와 불의를 분별하였다고 할 수 있겠는가?'(비공 편)라고 하였다

그는 '전쟁은 국가가 근본을 잃게 되는 것이며 백성들이 그 생업을 바꾸어야 하는 일이다.' 그는 그만큼 전쟁의 심각한 결과를 꿰뚫어 본 것이다.[2] 비공편의 결론으로 그는 대국(大國)이 소국(小國)을 공격하면 소국들은 힘을 합하여 구해야 하고 서로 이익이 되는 국제관계를 맺어야 한다고 하였다.

이러한 묵가의 공리주의적 겸애사상은 일종의 종교적 관념에까지 이르렀다.

상제(上帝)와 신명(神明)을 믿었으며 하늘의 본뜻은 겸애를 기준으로 인간세계에 상(賞)을 내리고 벌(罰)을 준다고 말하였다.[3] 우왕과 탕왕은 보편하고 평등한 사랑이라는 하늘의 본뜻에 따라 흥하였고 걸, 주는 그 뜻에 벗어나고 어긋났기 때문에 망하였다. 그러나 그는 실제로는 신명의 상벌을 믿지 않았고 폭력이 지배하는 난맥상(亂脈相)이 곧 정의가 없는 표징이라고 보았다. 그러나 묵자는 운명론에 떨어지지도 않았고 천국과 내세(來世), 영혼(靈魂) 등을 말하지도 않았다.

그는 공리주의 입장에서 귀신을 장인들이 쓰는 캠퍼스나 곡자와 같이 사회생활을 하는데 없어서는 안 되는 도구라고 할 만큼 합리적이

2) 실제로 묵자는 초(楚)나라가 송(宋)나라를 공격하려 할 때 제나라를 출발하여 열흘 밤낮으로 달려가 초나라로 하여금 전쟁을 단념하게 하였다.

3) 그는 '이제 만일 천하의 모든 사람에게 귀신이 현명한 사람에게는 상을 주고 포악한 사람은 벌을 준다는 사실을 믿도록 만들어 놓는다면 천하가 어찌 혼란하겠는가?'(명귀편)라고 하였다. 그는 겸애(兼愛)의 교리를 실천하는 내적 동기를 촉발시키기 위해 귀신을 끌어들인 것이다. 여기에는 묵자가 가르치는 상대가 주로 사회 하층민이었던 원인이 컸다.
유가에서는 장례와 제례를 강조하면서도 귀신의 존재를 강하게 인정하지는 않았다. 그들은 신을 부정함으로 올 수 있는 공허감이나 상실감을 원치 않았다. 따라서 그들에게 제례(祭禮)의 의의는 종교적이라기 보다 시적(詩的)이다(펑유란, 동서, p.83).
유가는 신을 공경하지만 멀리하라(敬而遠也, 논어, 옹야)라고 하여 신이 인간사에 깊이 개입되는 것 역시 원치 않았다.

었다. 그는 국가의 발생 원리를 근대 서구 정치사상가 홉스(Hobbes)와 같이 설명하였다.

인류는 초기에는 몽매하여 각자가 자기만을 주장하는 정의 없는 무정부상태로 투쟁이 연속되었다. 이리하여 유능하고 현명한 사람을 군왕으로 선출하였다.

묵자는 천(天)의 권위와 그 뜻을 존중하고 숭앙하였고 그의 정치적 이념 역시 완전한 절대군주주의를 표명하였다. 그의 상동(尙同)이라는 명제는 이를 뒷받침하고 있다.

상동의 논리에 따르면 선(善)이나 불선(不善)을 막론하고 모두 군왕에게 고(告)하고 그가 옳다면 옳은 것이고 그르다면 그른 것으로 생각하도록 하였다. 즉 군왕의 의사가 옳고 그름의 절대적 표준이 되는 것이다. 이러한 생각은 '의(義)는 어리석고 천한 사람에게서 나오지 않는다, 반드시 귀하고 지혜로운 사람에게서 나온다'(천지)는 생각이 바탕이 된 결과다.

'강하게 정치에 힘쓰면 다스려지고 아니면 형정(刑政)이 혼란해진다'(비알상)

절대적 복종은 묵자의 생활과 정치 등 모든 면에서 우선적(優先的) 요구였다. 그러나 정치의 목적은 인민을 위하여 이익을 도모하고, 해악(害惡)을 제거하여 가난을 부유하게 하고, 위험을 평안케 하며, 혼란을 다스리는 것이다. 그리고 그 방법은 하늘의 뜻에 따라 사람들이 본업에 힘써 일하고 도(道)를 서로 가르치며 재물을 공평하게 나누도록 하는 것이다. 이것이 국내의 기근을 없애고 과다한 노동을 하지 않도록 하여 인민의 삶을 만족스럽게 한다. 그리하면 인륜의 도가 자연스럽게 이루어진다. 따라서 국내의 치안과 재정이 넉넉하게 되고 국제관계도 원만하게 되어 전쟁이 일어나지 않고 평화가 유지된다고 하였다(묵자 권 3).

그들은 종교적인 단결로 조직체를 형성하여 그 지도자를 거자(鉅子)라 부르고 그 명령계통은 엄격하였다. 순교적인 정신으로 절개를 지키고 목숨을 돌보지 않았다. 묵가들은 자기의 도에 항거하는 것을 마치 계란으로 돌을 치는 것과 같다고 할 만큼 절대적 복종관계에 있었다.

천(天)만을 표준으로 하여 종교적 평등애를 주장하고 단체생활을 한 것은 마치 중세(中世) 서구 기독교의 일파인 성 베네딕트(St. Benedict)들의 사회운동을 전개한 것과 그 맥이 통하는 정치사상적 성격을 띤 것이다.

묵가는 전묵(前墨)과 후묵(後墨)으로 나누는데 이들 간의 사상적 태도에는 약간의 차이가 있었다.[4] 특히 후묵 사람들은 가죽과 칡을 의복으로 하고 고행에 가까운 생활을 하여 노동자의 삶을 적극적으로 실천하였다.

묵자는 주(周)왕조에 반대하고 하(夏)왕조를 그들의 모범으로 삼았다. 그들은 처음부터 끝까지 유가의 생활을 비판하며 당시 지배계급의 행사에 일체 참여하지 않았다. 이러한 묵가의 사상과 그들의 활동은 그 당시의 어려운 세태에 대한 대응으로 통치자에 대한 공격이라는 정치적 성격을 갖고 있는 것이다.

묵자와 같은 이념의 자취는 공자에게서도 찾을 수 있다. 공자는 '예가 사치가 아니라 오히려 검소한 데 있다.'(팔일)고 했을 뿐만 아니라, '쓰임새를 절약하고 인간을 사랑하여야 한다'(학이)고도 지적하였다. 그리고 묵자와 같이 우왕을 칭송하여 '나는 그를 비난할 수 없다'(閒然)(태백)고 거듭 말하였다. 이런 점들은 묵자가 공자의 사상에서 배웠음을 상기시켜준다.

묵가와 유가의 차이는 가치 판단의 표준을 천(天)에 두느냐 인(人)에 두느냐에 따른 것으로 그 차이는 묵가의 신도(信徒)정신과 유가의 군자정신(君子精神)으로 나타났다. 따라서 현실정치에 대하여 묵자는 이상적 급진성으로 유가는 인도적 현실성으로 나아간 것이다.

---

4) 묵가에서 이(利)는 선(善)의 본질로 보아 선과 이를 동일시하였으나 후묵(後墨)에서는 이의 본질은 기쁨이고 손(損)은 싫은 것이라 하여 공리주의를 쾌락주의적으로 해석하여 선악(善惡)의 개념을 쾌락과 고통으로 환원시켰다. 그리하여 도덕의 목적은 '최대 다수의 최대 행복'이라는 벤삼(Jeremy Bentham)에 접근되었다(평유란, 동서, p.165).

장자는 묵자의 학설이 너무나 인간의 천성(天性)에 어긋나서 보편적 효능이 없다고 비판하였다. 다른 사람이 아닌 현실과 환상의 세계를 거침없이 넘나드는 장자가 이런 비판을 하였다는 것은 오히려 흥미 있는 일이다.

또한 순자는 유가의 입장에서 묵가의 겸애 실용주의를 한마디로 '쓰임새(用)에 갇히어 근본(文)을 귀하게 여길 줄 모른다'고 비난하였다.

2. 노자(老子)

유가와 묵가는 천(天)과 인(人)을 정치사상의 기본개념으로 논의를 전개하였다.

천의 성격을 나름대로 상정(想定)하여 인간과의 관계를 다르게 설정하였으나 그럼에도 불구하고 천은 정치사상 전반에 정당성을 부여하는 표준이 되었다. 그러나 노자는 완전히 새로운 제3의 원리로 그 사상의 기초를 세웠다, 즉 '천과 인'에 대응하여 '자연'을 표방(標榜)하여 이를 모든 진리의 모체(母體)라고 하였다.

노자는 '사람은 땅을 본받고 땅은 하늘을, 하늘은 도를 그리고 도는 자연을 본받는다'(人法地 地法天 天法道 道法自然)(도덕경 25장)고 하였다. 따라서 사람은 물론 천이나 도보다 자연을 최종의 원리적 존재로 보았다. 이 때 자연은 '무위(無爲)'로서 행하며 이 무위가 도의 작용하는 상(相)이다. '도는 언제나 함이 없다(道常無爲). 그러면서도 아니하는 일도 없다(而無不爲).'(도덕경 37장)

도는 천지만물을 생성하는 유(有)인 동시에 이름을 갖지 않은 그리고 작고 숨겨져(隱微)있어 볼 수도 없는 무(無)인 것이다. 유는 무에서 나오며 도는 모든 오묘한 것의 문(衆妙之門)이며 그윽하고 그윽하며(玄之又玄) 어둠을 끊고 황홀(竊明恍惚)하다. 그리고 일체의 덕을 갖추고 있어 만물이 그로부터 형상(形相)을 얻게 되고 완성되니 도의 존엄과 덕의 귀함이 그것이다. 반드시 누구의 명(命)일 것도 없이 항상 스스로 그러할 뿐이다(51장).

노자는 이름 없는 덕을 숭상하여 그것을 아는 것을 명(命)이라 하였다. '영원함을 알면 포용하고 포용하면 공평해지고 공평하면 왕이 되고 왕이 되면 하늘이 되고 하늘이 되면 도에 부합되고 도에 부합되면 장구(長久)할 수 있으니 몸이 다하도록 위태롭지 않다.'(16장)

이렇게 하여 노자도 천의 덕과 도의 작용을 군왕과 결부시켜 주장함으로서 왕도정치의 이념을 가졌던 것은 분명하다. 이때 군왕이 관용을 베풀 수 있는 것은 덕이 부드러운 때문인데 이는 부드러움이 강(强)함을 이긴다는 원리에서 나온 것이다.

왕도에는 친하고 소원함이 없으며 '성인(聖人)은 항상 사람을 잘 구제하므로 사람을 버리지 않고 항상 물건을 잘 구제하는지라 물건을 버리지 않는다'(27장) 즉 군왕과 성인을 일치시키고 이러한 왕도가 지향하는 평등애(平等愛)의 보편적 성격을 자연으로부터 찾은 것이다. 그리고 이러한 행위를 습명(襲明 ; 밝음을 잇는다)이라 하였다.

이는 공자가 말한 '천하위공(天下爲公)'을 그는 '무위자연(無爲自然)'에서 같은 효능을 끌어내어 대응한 것이라고 볼 수 있다. 이렇게 함으로서 덕은 결국 무극(無極)으로 돌아가며 덕이 충족되면 그 모습은 소박한 것으로 군왕은 '천하를 얻되 무사(無事)로서 대한다'(48장)는데 이를 수 있는 것이다. 이러한 지적에서 노자 자연주의의 정치적 성격 일면을 볼 수 있는 것이다. 이러한 노자의 여러 가르침에 정치적 사실 논리로서의 통일성이 보장(保障)되어 있는 것은 아니다.

그의 무위 자연사상은 정치적으로는 객관 자연에 따른 인간의 행위가 정치적 효능을 갖게 될 것이라는 것이다. 인위적 요소를 배척하는 무위(無爲)[5]이지만 그러나 자연에 내재하는 원리가 인간을 통하여 실현되는 절대선(絕對善)을 전폭적으로 믿은 것이다.

노자는 통치자의 유위성(有爲性), 즉 작위(作爲)가 인민선(人民善)에 역효과 한다고 많은 언급을 하였다. 소위 인·의·예·지(仁·義·禮·智) 등 통치자가 흔하게 내세우는 일이 도리어 인민의 이익에 해롭다는

5) 무위는 목적이나 가치가 아니라 실천의 방식에서의 마음가짐이다.

것이다(19장).

그러므로 성인은 '내가 함이 없으면 백성은 저절로 교화되고(我不爲而 民自化) 내가 일(事)이 없으면 저절로 부유해지며(我無事而 民自富) 내가 고요함을 좋아하면 백성이 저절로 바르게 되고(我好靜而 民自正) 내가 욕심이 없으면 백성은 저절로 순박하게 된다(我無慾而 民自樸)'(57장)고 생각한다. 즉 인간의 생활은 정치가 목적하는 바가 이미 자연에 온전하게 갖추어져 있다는 것이다.

이러한 그의 사상적 표현의 배경에는 당시 통치자들의 정치행위를 전면적으로 불신하는 항의의 정신이 약동한다.[6] 그리고 이 관념이 유가의 입장에 대하여 적극적으로 반대하게 되는 계기가 되었다.

노자는 '성(聖)을 끊고 지(智)를 버리면 인민의 이익은 백배가 될 것이며 인(仁)을 끊고 의(義)를 버리면 인민은 효성스러움과 자혜로운 마음을 회복할 것이고 기교와 이로움을 버리면 도적이 없게 될 것이다'(絕聖棄智 民利百倍 絕仁棄義 民復孝慈 絕巧棄利 盜賊無有)(19장)라고 하여 정치적 관점에서 완전한 자유방임주의의 뜻으로 볼 수 있으나 이는 근대 서구 자유주의와는 다르다.

사실 그는 '옛날에 도를 잘 행하던 사람은 백성을 똑똑하게 만들지 않고 오히려 우둔하게 만들었다'(65장)라고까지 하여 근대 계몽주의 정신에 정면으로 배치(背馳)되는 정치적 위치에 서있었던 것이다.

노자는 인민의 진취적인 자유가 아니고 그 반대로 순박한 자연 상태가 침범되지 않을 자유를 지시한 것이다. 상덕(常德)을 잃지 않으면 다시 어린 아이와 같이 되고(常德不離 復歸於嬰兒) 덕을 두터이 가지면 갓난아기와 같아진다(含 德之厚 比於赤子)고 하였다.

노자는 인위적으로 순결이 파탄되어지기 전의 원시자연을 황금기로 보아 거기에 돌아가도록 하여야 한다고 주장한 것이다. 이는 룻소(Rousseau)의 자연주의와 같은 의의를 갖는다.

---

6) 조셉 니담은 법가와 유가 사이의 투쟁은 체제를 인정한 전제에서 통치 방법에 대한 것인데 비해 도가는 모든 봉건시대의 체제를 신랄하게 공격한 것이다. 현대식 표현으로는 법가는 우파(右派)이고 도가는 좌파(左派)라고 볼 수 있다는 의견이다.

노자는 절대가치가 실재하는 자연의 지극한 선과 관용적 평등을 유지하고 악을 멸망하게 하는 기능을 정치의 목표로 생각하였다.

노자는 도의 법칙과 운동형식을 다음과 같이 설명하였다. 모든 현상에는 필연적으로 상반되는 두 형상이 대립하는데 유무(有無)가 서로 낳으면서(相生) 전체적으로는 항상 원래대로 복귀하는 회귀운동(回歸運動)은 거듭 한다고 하여 일종의 변증법적 세계관을 피력(披瀝)하였다.

이처럼 천지간의 일체현상은 일정무변(一定無變)한 궤도에서 움직이는데 이를 인간사회도 따르게 된다고 보았다. 노자의 세계관에는 모든 것을 자연에 맡기는 그리고 유물론(唯物論)적 성격이 농후하였다.

'도의 운행은 항상 상반되는 형상으로 향(向)한다.' '강하면 문득 약으로 전향한다. 성공했다 하면 문득 실패로 전향하고 실패는 다시 성공으로 돌아선다.'(强便轉向弱 弱便轉向强 成便轉向敗 敗便轉向成) 또한 사람들 마음은 '강하고 성공하기를 좋아하지만(好成好强) 도에는 그런 마음이 없다.'라고 하였다.

특히 흥망(興亡)과 강약(强弱) 등에 있어 어느 하나를 내세우려 할 때는 그전에 반대현상부터 나타내 보인다고도 하였다. 이러한 의미에는 자연법 기능의 절대성과 인위적 노력의 무력성(無力性)을 암시한 것이다.

천지는 인자하지 않으며 성인(聖人) 역시 인자하지 않고 냉정한 의사와 태도를 취한다(제5장).[7)]

노자의 정치사상은 첫째로 인민 자체부터가 소박하고 순진하여야 할 것을 토대로 한 것이다. 이 순진함이 통치자들의 정치행위에 의하여 손상되었다고 비판한 것이다. 이렇게 완전하게 '자연으로 돌아가라'는 뜻은 자연성선(自然性善)을 굳게 신념한 데 기초한 것이다.

노자는 인간에게 있어 자연스럽게 표현되는 이 자연성선의 성품과 덕목이 통치자에게 더욱 필요한 것이라 하였다. 이에 대하여 그는 자

---

7) 인(仁)은 유가에서 최고로 치는 덕목이고 노자는 이 인애와 도덕을 비판하고 있는 것이다. 천지자연의 이법(理法)을 체득한 성인은 자비심 같은 것은 일체 상관하지 않는다. 그러한 것을 내세우는 세상일수록 차별과 대립을 극도로 심화시키는 것이다.

연의 덕에는 인자(仁慈)함과 검소(儉素)함 그리고 천하에 앞서 일하지 않는 삼보(三寶)가 있다. '인자하니 능히 용감할 수 있고 검소하니 능히 넓고 감히 천하에 앞서려 아니하니 능히 재능 있는 자들의 우두머리가 될 수 있는 것이다.'(慈故能勇 儉故能廣 不敢爲天下 是故能成器長)(67장)[8]라고 하였다. 그리고 이러한 높고 훌륭한 덕은 오직 도에 따라 이루어진다.

'도는 낳고 덕은 기른다. 만물이 나타나고 형세를 이룬다.'(道生之 德畜之 物形之 勢成之)라 하여 자연덕의 생성을 살피고 '그렇기로 만물은 도를 높이고 덕을 귀하게 여기지 아니함이 없다. 도가 높고 덕이 귀함을 누가 명하지 않더라도 항상 그러함이다'(是以萬物莫不尊道而貴德 道之尊 德之貴 夫莫之命而 常自然)(51장)라고 하여 덕치주의의 덕을 그가 주장한 '상덕(常德)', 즉 자연성품에 그 바탕을 두었다.

그리고 현실적으로는 '사람을 다스리고 하늘을 섬기는 것은 아낌만한 것이 없다'(治人事天 莫若嗇)(59장)고 하여 욕심을 줄이고 일 없음이 중심이 되어야 할 것을 주장하였다. 요컨대 정치에 내포(內包)되는 착취의 동기를 인위적인 위선(僞善)에 있다고 간파한 것이다. 이것은 정치사상으로서의 현실면도 분명히 있고 그 덕목은 유, 묵과 통하는 바가 있다.

다만 이념의 배경이 유가의 인간이 아니고 묵가의 천과도 구별되는 자연에 있었을 뿐이다. 그것이 비록 인위를 반대하고 자연에 방임(放任)하는 면을 이념으로 하고 있다고는 하지만 그 자연의 성정(性情)이 사회적으로 표현되고 효능을 갖게 되는 것은 당연한 것이다.

노자는 외형상 근대 자유방임사상과 같으나 그 효능과 목적에서 두 사상은 전연 성질을 달리할 뿐 아니라 오히려 그 계기(契機)는 반대이다. 노자의 사상은 방법론상으로 조화되기 어려운 이원론(二元論)이었다. 즉 자연과 인간, 무위와 인위(人爲), 자연성과 인간의 사회성의 모순(矛盾)된 대립으로 조화가 힘든 것이다. 그러나 근본적으로는 상고

8) 인자, 검약, 겸손의 셋은 도가의 실천적 사항이다. 불가의 삼독(三毒)인 탐진치(貪瞋痴)를 극복하려는 계·정·혜(戒·靜·慧)가 이에 해당한다고 하겠다.

(上古)의 순박한 인민 내지 통치정신으로 돌아가려는 뜻이 노자의 정신이다.

이는 당대의 정세(政勢)[9]에 자극된 것이기도 하지만 결국 인민자체가 욕심을 없애도록 순화하는 방향의 정치선(政治善)을 현실적으로 요청한 것이다.

이러한 노자의 이념은 이미 중국 상고시대를 취급한 문헌에서 그 형적(形跡)을 찾을 수 있다. 그리고 묵자의 정치선도 인민의 검약을 강조한 면에서 보면 비슷한 기질이 포함된 것이다. 그러나 노자는 자연을 보다 원리적인 의미에서 이념(理念)하였다.

결국 노·공·묵은 한(漢) 민족문화의 상고이래부터 영원한 전통을 시대상에 따라 그리고 각기의 인격과 성품의 특징에 따라 다르게 반영한 것으로 볼 수 있다. 그러나 노자는 공, 묵과는 이념의 입지(立地)를 달리하였지만 그가 자연법과 그 절대적 권위를 집약(集約)하여 기틀을 마련한 것은 동양 정치사상에 중대한 의미를 갖는다.

물론 한 민족 전통에는 『주역(周易)』은 물론이고 『중용(中庸)』의 원리(原理)에서도 때로 천(天)을 말하고 자연의 행보(行步)를 거론하였다. 공자도 만년에 위편삼질(韋編三絕)[10]할 만큼 깊은 관심을 가지고 천과 자연의 이치를 참구(參究)하였다. 그러나 젊은 시절 공자가 그러한 경지에만 머무를 수 없었던 것은 그 성품의 지향성에 따른 것이기는 하지만 보다는 당대의 현실에 정직하게 대응하는 인격 즉 군자의 도에 있었기 때문이다.

노자의 자연사상이 객관적 규범으로서 자연법을 논리적으로 제공한 것은 그 영향이 후세 중국에 두 가지 면에서 전통으로 되어 갔다. 하나는 전국 시대 말기에 법가사상이 이 자연법적 세계관에 연결되었고 다른 하나는 노자사상의 본래적 모습으로 현실정치를 비판하는 입장이거나 아니더라도 현실을 회피하는 도가류(道家類)의 철학[11]이 되어

9) 조정(朝廷)은 더럽혀지고 들판은 거칠어지고 창고는 비었는데 귀족들의 복식문양(服飾紋樣)은 화려하고 음식이 넘치며 재화가 남아돈다. 이를 도적과 사치라고 한다(53장).

10) 공자는 주역 책을 묶은 가죽 끈이 세 번이나 끊어지도록 열심히 탐독하였다.

중국사회에서 인간이 삶을 살아가는 전통철학으로 존속한 것이다. 그러나 도가적 삶은 꼭 그의 후세에 이루어진 것이 아니고 상고 이래로 그 흔적을 찾을 수 있다.

노자의 연대(年代)와 도덕경의 유래에 관하여는 공자와 시대적으로 비교되어 논의된 것이 있고 공자가 노자를 만나 대화한 기록도 있다고 한다.

현실을 회피하는 노자류의 풍조는 이미 시경(詩經)의 일부 표현에서 볼 수 있다. 사회현실을 백안시(白眼視)하고 은둔(隱遁)을 지향하는 이들의 시구(詩句)에는 '내 이럴 줄 알았다면 차라리 세상에 나지 말았을 것을(知我如此 不如無生)'(태지화[苕之華])이라는 구절이 있고 '만약에 그대가 죽어버리면 딴사람이 그대 집을 차지하겠네(宛己死矣 他人入室)'(산유추[山有樞]), '이제 나는 너를 떠나 저 즐거운 나라로 가겠다(逝將去汝 適彼樂土)'(석서[碩鼠]) 등이 있어 슬프게 노래되었다.

공자 당시에는 보다 항의적인 저주(詛呪)들도 유행하였다. 공자 자신도 '현명한 사람은 어지러운 세상을 피하고 그 다음은 난국을 피하고 그 다음은 안색을 피하고 그 다음은 나쁜 말을 피한다'(賢者辟世 其次辟地 其次辟色 其次辟言)라고 말하여 암울한 현실에 대한 회의를 나타내었다. 그러나 공자는 언제나 현실 참여의 입장에 있었고 이러한 공자를 직접 야유하는 은사(隱士)들도 적지 않았던 모양이다.

미생무(微生畝)는 '구(丘 ; 공자의 이름)여 무엇을 하는가? 제사를 지내면서 아첨하는 마음(유유연[棲棲然])이 없다고 하겠는가'라고 하였다. 또한 악기를 울리고 있는 공자를 보고 지게를 메고 지나가는 사내가

---

11) 중국 역사에서 실제로는 많은 도가들이 정치에 참여하여 중요한 업무를 수행하였다. 사실 노자의 사상을 순수하게 이해하였을 때 이러한 정치현상은 납득하기 어려운 점이다.
유택화는 그들이 탈세속적인 사상가들이 아니고 정치에 적극적인 간여(干與)를 하였다. 소극적인 듯 하지만 실제로는 적극적이었다. 그들은 '무위(無爲)'를 내세워 우회(迂廻)의 술수를 즐겨하였다. 유(柔)·약(弱)·허(虛)를 사물 변화 중의 작용으로 이해하고 문제를 위장(僞裝) 또는 반대로 이야기하여 상태를 혼란스럽게 하고 따라서 권모술수에 능하였다고 한다.
한서(漢書) 예문지(藝文志)에 도가의 무리는 대개 사관(史官)에서 나왔으며 이들은 인군이 나라를 다스리는 술수를 기록한다(제왕학)고 하였다.

'갱(硜; 악기)치는 소리에 마음이 묻어있구나 … 갱갱하는 소리 비루함이 들리네'[12]라고 조소하였다. 그리고 공자가 세상 사람이 알아주지 않는데도 불구하고 쉬지 않고 찾아다니는 것을 보고 세상물정에 얕고 깊은 것(심천; 深淺)[13]도 모르고 적응하지 못한다고 비웃어 말하였다.

이들에 대하여 공자는 세상에 아첨하는 것이 아니고 세상이 고루(固陋)함이 싫어 그것을 고치려 그럴 뿐이라고 하였다. 공자는 그들의 비난에 대하여 그는 '그러나 과감히 그렇게 하기는 쉽다(果哉 末之難)'라고 탄식하였다.

공자는 자공(子貢)[14]에게 '나를 알아주는 사람이 없구나(莫阿知也夫)'라고 한탄하였다. 그러나 공자는 '하늘을 원망하지도 않고 사람을 탓하지도 않는다. 아래 것을 배워 위로 통하게 하니 하늘은 나를 알아주실 것이다(不怨天 不尤人 下學而上達 知我者 其天乎).'고 외쳤던 것이다. 그는 교만을 없애라는 노자의 말을 듣고 제자에게 '나르는 용은 알 수 없구나'라고 하여 도가류(道家類)의 삶에 경탄하기도 하였다. 이러한 예들에서 도가류의 풍조가 노자 이전에도 있어 왔음을 알 수 있다.

3. 장자(莊子, B.C. 319-286)

장자는 전국 말기에 송(宋) 나라 사람으로 이름은 주(周)이다. 노자가 주 나라의 국경경비실에 근무한 경력을 가졌음에 비하여 장자는 초(楚) 나라 위왕(威王)이 초빙하는 재상(宰相)의 지위를 웃으면서 받지 않으며 그는 '교외(郊外) 제사에 희생이 될 소가 되고 싶지 않다'하였

12) 유(燸)는 '화톳불 놓고 제사지낼 유'이고 갱(硜)은 '돌 소리 갱'이며 『논어』 자로편에서는 '소인배 모습'을 비유하는 뜻이라 하였다.

13) 시경에 있는 '물이 깊으면 옷을 벗어들고 얕으면 바지를 걷어 올리라'는 말에서 온 것으로 세상살이에 형편을 따라 처신해야 한다는 경구이다.

14) 자공 : B.C. 520(?)-456. 공문 십철(孔門十哲)의 한 사람으로 재아(宰我)와 더불어 언설(言舌)에 가장 뛰어났다. 위나라 사람. 성은 단목(端木) 이름은 사(賜)이다.
제(齊)나라가 노(魯)나라를 치려했을 때 공자의 허락을 받고 오(吳)나라와 월(越)나라를 설득하여 노나라의 위기를 구하였다. 그는 월을 패왕(霸王)으로 하여 네 나라 세력 관계에 새로운 국면을 열었다. 재산가로 공문(孔門)의 번영은 그의 경제적 지원에 의한 바가 컸다.

다. 왕공(王公)에게 속박됨이 없이 이 혼탁한 세상(濁世)을 유유자적하며 살아가겠다는 것이다.

그는 물물제아(物物 齊我)[15]를 깨달은 소요(逍遙)하는 자유를 자처하였으니 각기 그 성품의 자연에 방임되어 만족할 뿐이었다. 그는 군왕이 할 바를 허심탄회하게 '기운을 편안하고 고요한 적막의 세계에 집중시켜라. 그래서 변화하는 사물의 자연에 순응하도록 하고 네 사심(私心)을 용납하지 않도록 하면 천하는 자연히 다스려질 것이다'(응제왕편)라고 하였다.

그는 만물의 자연성품이 선하지 않음이 없고 천지와 만물이 인간과 하나인 자유의 경지를 우주대(宇宙大) 정신에서 주장하였다. 그리고 도(道)는 이러한 '물아일체(物我一體)'의 조리(條理)이다.

도는 처음과 끝이 없다. 천지보다 먼저 낳았으나 오래지 않고 상고이래로 오래되었으나 늙지 않았다(道無始終 先天地生而不爲久 長於上古而不爲老). 즉 도에 일치하는 자유와 우주대의 평등과 영원성을 이념(理念)한 것이다. 이러한 정신세계는 본질적으로 정치적 의의를 넘어서 있는 것이다.[16]

따라서 노자는 소극적으로나마 정치를 얘기하고 더욱이 죄와 벌을 엄단하도록 지시하기도 하였으나 장자는 정신의 자유를 내세워 차라리 무정부주의적인 주장을 드러내놓고 있다.[17]

그는 노자와 같이 기론적(氣論的) 우주관을 가져 '천하가 한 기운에 통한다(通天下一氣耳)'고 하여 한 기운이 두루 돌아 일체 만상(萬象)을

---

15) '제(齊)'는 세상의 시비(是非)와 진위(眞僞)를 상대적인 것으로 보고 그것을 넘어서 하나의 체계 속으로 망라(網羅)한다는 의미이다. 모든 사물은 서로가 서로에게 스며들어 있다는 것 그리고 서로가 서로의 존재 조건이 되고 있다는 것을 깨닫는 경지인 것이다(신영복, 동서, p.346).

16) 유택화는 『정치사상사』에서 『장자』가 사람이 자연의 일부분에 속하고 자연계의 한 존재 형식이라고 전면적으로 논술한 최초의 저술이라고 한다. 장자에게는 신비로운 요소가 전혀 없고 사람의 형체, 생사, 번식 등은 모두 자연이 부여한 것이며 자연의 과정이라고 보았다.

17) 동서 역사상 장자만이 역사상 모든 군주에 대하여 전체적인 비판을 하였다. 그러나 무군론자(無君論者)는 아니다. 그는 여러 곳에서 군왕에 대하여 얘기하고 있다.

화현(化現)한다 하였다. 천인(天人) 신인(神人) 또 진인(眞人)도 역시 이 원래의 기(氣)에 하나 되어 신(神)을 지키고 하늘에 합친다.

그의 천균(天均)사상은 보다 무정부주의의 합리성을 천명(闡明)한 것으로 노자에게서처럼 기의 변증법적인 전개로 이를 설명한 것이다. 즉 일체의 현상에는 반대되는 양상(兩相)이 대립하여 상응 상생한다.

이처럼 양상은 상대적인 것이며 성인(聖人)은 양상을 자유롭게 융합하여 천행(天行)의 도에 머무는 것이다. 이것을 양행(兩行)이라 한다. 그리고 이 양행의 운행과 그 지향하는 바가 이른바 천균(天均)으로 각자가 중심이 되어 원만하게 움직이고 돌아 순환을 이룸으로 제자리에 두루 안정되어 서로 침해하지 않으면서 변화가 무궁하다. 이 자연의 운행원리가 도(道)이며 노자가 지적한 자연이 이 도에 근거하는 최종 원리이다.

이리하여 '만물은 생겨나서(物之生也) 달리고 또 달리는 것 같지만(若驟若馳) 움직이지도 변하지도 않고(無動而不變), 때(時)도 없고 옮기지도 않는다(無時而不移)' 따라서 열자(列子)가 바람을 타고 우주를 주유(周遊)하는 것은 아직도 바람을 의지하므로 부족함이 있다고 하며 마음을 고르고(心齊) 앉아서 세상을 잊는(坐忘) 무(無)에 이르는 절대자유를 주장하였다. 이는 '천지가 나와 함께 태어나고 만물이 나와 더불어 하나(天地與我竝生 而萬物與我爲一)'인 경지에서 소요(逍遙)하는 자유이다.

이리하여 '덕이 높은 사람은 사사(私私)롭지 않고 신통력이 있는 사람은 공을 뽐내지 않고 성인은 이름에 급급하지 않는다(至人無己 神人無功 聖人無名)'는 것이다.

노자는 사물이 자연법에 따라 생성 발전하는 일종의 자연섭리의 역사성에 의탁하는 사상적 성격이 있으나 장자는 어느 때 어느 곳 어느 존재도 이미 하나같이 도에 합치하여 영원한 정신적 자유의 문이 열려있다는 것이다.[18] 이처럼 장자는 노자보다 자연의 운행원리에 일치하는 황홀한 자유의 경지를 표방하였다. 즉 장자는 노자와 같은 세계

18) 장자에게는 노자의 실천성(實踐性)과 사회성이 탈색(脫色)된 것으로 보인다.

관을 배경으로 하지만 철저한 유심론(唯心論)적 입장으로 마치 불교의 대승경지에 방불한 초(超)역사적, 초(超)정치적 성격을 갖는 것이다.

그는 '천하를 너그럽게 그대로 둔다는 말은 들어도 천하를 다스림은 듣지 못하였다. 그대로 있게 함은 천하가 그 성(性)을 비틀리게 할까 두려워함에서이다. 천하가 그 본성을 어지럽히지 않고 그 덕을 옮기려 하지 않으면 천하에 다스릴 것이 있으랴?'(聞在宥天下 不聞治天下也 在之也者 恐天下之 淫其性也 宥之也者 恐天下之遷其德也 天下不淫其性不遷其德 有治天下者哉)(재유편)

여기서 말하는 재유가 장자에게는 곧 정치술이다. 그는 무엇이던지 이렇다 할 것이 있으면 천하의 본성이 해쳐질 염려가 있고 정치적 의미의 유서(宥恕; 너그러이 용서한다)도 천하의 덕을 변천케 할 우려가 있다. 천하는 있는 그대로 본성이 완전하고 그 덕도 그대로 있으니 천하를 정치한다 할 것이 있겠는가? 다시 말하면 '자연은 완전한 선(善)으로 이미 본성을 다하고 있는데 정치할 여지가 있겠는가'라는 것이다.[19] 따라서 그가 유서를 말하였으나 이는 이미 정치적인 행위로서 아무런 의미도 없게 한다.

인간본성의 선은 스스로가 완전하며 모든 세상 만물 형상도 그리하여 인간은 절대자유와 절대평등의 정신세계에 놓여 있다는 것이다. 다만 인간이 그를 깨치지 못하고 있을 뿐이다. 이는 불가의 가르침과 같은 것이라 하겠다.

---

19) 장자는 철저하게 인위에 의한 정치적 행위를 부정하였다. 그가 하늘과 인간이 하는 행위를 철저하게 구별한 것은 사물을 인식하는 최고의 경지에 이른 것이다.
유택화에 의하면 그 시대의 사회는 수많은 사람들의 자연적 욕구와 생활의 권리가 말살되었다고 한다. 그는 장자의 정치적 의미는 소극적으로는 신성불가침으로 여겨지던 사회 준칙과 전통을 폭로하고 비판한 데 있고 적극적으로는 자연 앞에 만민평등의 사상을 제기한데서 찾을 수 있다. 즉 『장자』(인간세편)에서 '하늘과 동료가 된 사람은 (존귀한) 천자나 (비천한) 나나 모두 하늘의 자식임을 안다'고 하였다.
신영복도 '근원적 물음을 제기하고 나아가 최대한의 자유개념을 천명한 까닭은 민초(民草)들의 희생을 강요하는 패권 경쟁에 대하여 누구보다도 비판적이었기 때문이다. 삶은 그 자체로서 최고의 것으로 다른 목적의 수단이어서는 안 된다고 하여 인간의 자유의지를 극대화시켰다. 그것이 관념적이거나 사회적 의미가 박약하거나 실천적 의미가 제거되어있다는 비판은 『장자』를 잘못 읽거나 좁게 보는 것이다.'라고 하였다.

장자의 사상은 한 민족 상고 이래의 인문, 현실주의의 문화적 성격으로 보아 더욱이 불교가 전래되기 이전이라는 점을 생각하면 매우 경이적인 현상이다. 이러한 장자의 사상이 현실 정치세계에 어떠한 방향으로 적응되었는가는 상상할 수 없다. 이러한 장자사상은 전국시대 말기 현실과 사상적으로 모두 형언할 수 없는 혼란이 극에 달했던 시기에 나온 것이다.

제 6 절 법가사상

1. 역사적 배경

한비자(韓非子)에 의하여 대표되는 전제(專制)권력을 지향하는 법가(法家)사상은 이러한 혼란의 시기를 배경으로 출현하였다.

법가는 노장계통의 자연방임(自然放任)이나 자유방임(自由放任)에 적극적으로 반대하여 진(秦) 나라의 육국(六國) 통일에 절대적인 영향력으로 작용하였다. 그들의 사상적 성격은 인간의 성악설(性惡說)을 전제하고 실증주의 입장에 서 있다. 그리고 천하의 궤란(潰亂)을 평정시키고 통일적 질서를 확립하려는 것이 법가의 동기(動機)이고 목적이었다.

한비자는 그들을 대표하며 그 사상은 노자의 자연법 세계관을 배경으로 유가적 입장의 한 면을 가진 순자(荀子)의 학통(學統)에 서 있다. 법치주의적 모습은 이미 공자의 세대에 나타났다.

진(晋) 나라에서 새로운 형법(刑鼎)을 마련하자 그 법이 정도를 넘어섰다고 비판을 받았으며, 정 나라의 자산(子産)이 형서(刑書)를 썼을 때 숙향(叔向)이 반대하였다는 기록이 있다. 그러나 법치의 관념은 꾸준히 발전하였고 사회현상의 변동에 따라 독특하게 형성되었다.

이 법가의 특징은 기존의 정치사상이 모두 수구(守舊) 복고적이었음에[1] 비하여 변화하는 세태를 인정하는 역사적 관점에서 그들은 도(道)

---

1) 중국의 사상가들은 법가를 제외하고는 자신의 주장의 정당성 내지 당위성의 근거나 권위를 선대(先代)에서 찾았다.
그 첫째 이유는 농업국가에서 해마다 반복되는 계절의 변화에 맞추어 과거의 경험과 지식을 바탕으로 토지를 경작해야하는 농민들의 의식 구조로서는 과거의 경험을 중시하고 역사의 순환이론을 따르게 되는 것은 당연하다고 보아야 할 것이다.
둘째 이유는 중국사상가들은 자신들이 살던 시대의 실제를 탄식하면서도 진실이나 선(善)이 현실 세계인 이 이승이 아닌 다른 세계에 있다고 생각하지 않았다. 따라서 그들은 옛 성인들이 다스린 시기를 황금기라 믿었고 이 세상에서 황금기를 성취하는 것이 가능하다고 생각하였다. 따라서 이들에게서는 자신의 상대보다 더 앞선 시대를 차용하여 자신들의 주장에 권위를 더하려는 경향을 볼 수 있다.

를 행하는 방법도 변해야 한다고 믿은 진보적인 성격을 가졌다.

귀족정치는 전국 시대(戰國時代)에 붕괴되었다.

평민의 자율적 영역이 넓어지는데 따라 오히려 군왕의 중앙집권은 점차 힘을 얻어갔다. 이러한 과정에서 순자는 유가의 정명사상을 예치주의[2]를 내세워 그 시대를 반영하였다.

봉건제의 붕괴와 평민들의 생존경쟁이 더욱 심해진 상태에서 사대부(士大夫)들은 사회적 존재로서의 의의(意義)를 잃어 갔다. 높은 한직(閑職)에서 머물거나 맹상군(孟嘗君)이나 신릉군(信陵君)처럼 집안에 문객(門客)들을 모아 놓고 사교적(社交的) 담론(談論)을 일삼았다. 따라서 사대부들이 군자의 덕이 바람으로 풀을 눕히듯 민중에 미치는 효능을 가질 수 없었다.

도리어 민중들의 반목(反目)의 대상이 되어 그들은 사대부들의 말을 뒤집어 '바람이 지나가면 풀은 다시 일어선다'고 희유(戲遊)하였다.

노자가 일찍이 '현명함을 숭상치 않으면 민중을 다투지 않게 할 수 있다'라고 한 말이 그 본래의 뜻과는 관계없이 현실세태를 야유하는 표현이 되었다. 이러한 세태에서 유가인 순자는 예치(禮治)를 표방하여 정치의 강제력과 형벌의 필요를 강조하는 현실주의 입장에 있었다. 그는 특히 비현실적인 명가(名家)들의 궤변을 비판하였다.

공자는 문왕과 주공을, 그 다음 세대인 묵자는 그들보다 천년 앞선 우임금을, 묵자 이후 세대인 맹자는 우임금의 전왕조인 요순을, 그리고 그 이후에 도가에서는 신화(神話)시대인 복희와 신농에게 권위를 의탁했던 것이다.

평유란은 『노자』라는 책의 저술 연대를 혜시나 공손룡 이후로 본다. 이는 『노자』에서 무명(無名)이 많이 나오는데 그러려면 명(名)이 먼저 논의됐어야만 논리적으로 가능하기 때문이라고 한다(평유란, 동서, p.207, p.126).

2) 예는 관습과 전통의 모습으로 표현되는데 비해 법은 실제 상황에 맞추어 제정되는 정치적 규정으로서 예와 법은 병존, 병행하며 통치의 기능을 수행할 수 있었고 이것을 예치라고 한다. 이는 관습법과 실정법의 관계로 볼 수 있다.

그러나 예는 인간의 품성에 그리고 법은 행위결과에 각기 초점이 맞추어져 있어 그 적용 결과는 상당히 다를 수 있는 것이다.

군주는 대부 이상의 귀족을 규제(規制)할 때에는 예(禮)로서 다스리고 일반 평민은 형(刑)으로 다스려왔다(刑不上大夫 禮不下庶人).

이는 요즈음 식으로 표현하면 상류층은 '위법 행위'로 중하층은 '죄(罪)'로써 벌한다고 하겠다.

현실면이나 사상면에서 혼전(混戰)을 거듭하는 와중(渦中)에 사회 형세는 급진적으로 자유경쟁 상태로 변모해 갔다. 인구의 증가와 파탄된 농본경제로 인하여 일찍부터 자유롭게 상업이 발전되었다.

이 상인들은 붕괴하는 봉건제와 혼선하는 국제간의 정세에서 경제적 실력으로 주도권을 갖게 되었고 마침내 여불위와 같은 이가 등장하게 되었다. 이러한 추세를 이용하여 부국강병책이 진(秦)나라에 의하여 추진되었다.

상앙(商鞅)[3]은 밭의 뚝길을 허물고 개간을 장려하였다. 또한 토지소유와 매매를 자유롭게 하는 제도를 최초로 법제화(공부법[貢賦法] 효공[孝公] 31년 B.C. 350)하였다. 그리하여 여러 나라로부터 가난하고 굶주린 유민(流民)들이 모여들고 산업이 융성하게 되었다.

군왕의 권력 집중과 통일정책은 이러한 바탕 위에서 가능하였다. 이러한 근대적이라 할 수 있는 사회변동과 정치적으로 통일을 이루려 경쟁하는 중국 중원(中原) 일대의 국제적 관계는 마치 15, 16세기 유럽 정세와 닮은 것이었다. 또한 법가들 중 많은 이들이 전제 군주주의를 호소하고 지지하는 법 이론을 전개하는 점에서도 근대 유럽과 일치했다. 그러나 중국 전통사회의 시각에서 보면 이들은 너무나 급진적이고 다소 이질적인 요소도 있다.

진나라 재상이며 공부법을 제정한 상앙(상자)은 '개색론(開塞論)'에서 사회와 정치의 역사적 과정 그 필연관계(必然關係)를 다음과 같이 논술하였다.

'원시상태에서 사람은 그 어머니만 알고 아버지는 몰랐다. 다음에는 어버이만을 친하게 여기고 그 가족만을 사랑하였다. 그러나 인구가 증가함에 따라 인심이 흉악해져 나누고 가르는 혼란이 계속되었다. 이러

---

3) 상앙 : B.C. ?-338. 전국 시대 진(秦)나라 정치가. 위앙(衛鞅) 또는 공손앙(公孫鞅)이라고도 한다. 위나라 공족(公族) 출신 형명학(刑名學)을 좋아하여 조예가 깊었다. 진나라에 가서 효공에게 채용되어 보수파와 투쟁하면서 형법, 가족법, 토지법 등 여러 방면의 개혁을 단행하여 진 제국의 성립기반을 구축하였다. 열후(列侯)가되어 상(商 ; 현 섬서성)을 봉토로 받아 상앙이라 칭하였다. 효공이 죽자 반대파에 의하여 처형당하였다.

한 사태에서는 오직 힘으로 다른 이를 제압하였다. 그들은 각기 옳다고 주장하여 이에 올바름을 얻고자 현자(賢者)를 내세워 중정(中正)을 취하도록 하였다. 이렇게 사사로움을 없애자 인민은 인(仁)을 좋아하고 어진 이는 사랑하기를 힘써 현인들이 도(道)를 말하게 되었다.

그러나 증대(增大)하는 민중을 제어하는 힘이 없이 오래도록 도만 내걸면 난(亂)이 있게 된다. 따라서 성인(聖人)은 이러한 사태에 대응하여 토지, 재화, 남녀의 몫을 나누어 규정하였다. 그러나 나누기만 하고 제어함이 없으면 안 되므로 금지하는 규제를 세우고 금제(禁制)는 이를 관장하는 자가 없어도 안 되므로 관(官)을 세웠다. 관이 있어도 이를 통치 감독함이 없으면 안 되므로 군왕을 세웠다. 그러므로 군왕이 세워지면 위로 현인은 필요 없는 것이고 오직 높은 직분을 높게 아는 것만 있게 된다.

즉 상세(上世)는 가까운 사람들에게만 사랑하는 사(私)였고, 중세(中世)는 현인이 인(仁)을 말 하였고, 하세(下世)는 귀(貴)한 질서를 위한 관(官)을 받드는 것인 바 상세에서는 가까운 사람들끼리만 사랑하는 사(私)가 도이지만 중정(中正)은 사사로움을 없애도록 함이 그 할 바이니 이 셋(私·仁·貴)은 그 자체가 서로 반대되어서가 아니고 다만 인민의 도(道)가 퇴폐하여 그 중요하게 여기어야 할 바가 바뀌는 것이다. 따라서 세상일이 변하면 행하는 도도 달라지는 것이다.'

상자는 이처럼 객관적으로 그 사리를 밝힌 것이다. 세상을 엄격하게 다루는 법가의 주장에 따라 진의 통일이라는 역사적 과업에는 '위수(渭水)의 강물이 붉게 물들었다'[4)]라고 전해지는 극도로 냉혹하고 치열한 과정이 있었다. 이러한 과정을 거쳐 주 나라 말기 14개국이 분립된 이래로 근 500년간의 춘추전국시대를 거치며 7개국으로 통합되고 최종으로 진나라에 의해 통일된 것이다. 그리고 같은 시기에 서구에서는 로마가 지중해 문명권을 통일하고 패권확립(覇權確立)을 위한

---

4) 『사기』(상군열전)에는 '위앙은 안에서 칼과 톱에 의한 형벌을 엄하게 시행했고 … 길에 재를 뿌리는 사람도 형을 받았다. 어느 날 그는 위수(渭水)에 이르러 700여 명의 죄수에게 벌을 주었다. 위수의 물이 모두 붉게 되었고 울음소리가 천지를 흔들었다.'

포에니 전쟁이 수행되고 있었다(B.C. 250).

동서양 모두에서 법치사상은 통일제국의 출현을 전후하여 나타났다. 그러나 동서양의 법치이념과 이론의 구성은 서로 달랐다. 로마법은 스토아주의를 법적으로 개편(改編)함으로서 성립하였다. 그러나 중국의 법가들의 이론은 주로 유가 입장에서 권력집중과 권위의 필요를 합리화하는 과정에서 이루어졌다.

또한 로마법은 이미 이루어진 통일세계를 유지하기 위하여 자연법 원리를 현실적으로 적용한 것이지만 진 나라를 중심으로 한 법가들은 당위(當爲)로서 요구되는 통일을 위한 법치의 필요를 이와 상충(相衝)되는 일부 전통적인 관념을 비판하여 이룬 것이다.

한비자는 예법과 정치는 시대에 따라 내용과 형식이 달라져야 한다고 주장한다. 군왕의 정치 방도가 당세의 기존관념에 묶여 있는 것은 '나무 밑 둥을 찍어 토끼가 잡히기를 기다리는 격'(오두, 순자)[5]이라 한 바 있다.

신자(愼子)는 사람의 능력은 권력의 자리에 있어야 그 효능이 발휘된다고 지적하였다.

한비자 역시 요(堯) 임금도 평민에 머물렀다면 세 사람도 다스리지 못하였을 것이고 걸(桀)이 천하를 어지럽힐 수 있었던 것은 군왕의 지위에 있었기 때문이라고 하였다. 즉 현명한 지혜만으로는 민중을 복종시킬 수 없고 반드시 권력을 갖는 지위에 오르는 것이 뜻을 관철시키는 전제이고 필요한 것이다. 이를 두고 '약한 활은 바람의 힘으로 강해지고 용도 구름 없이는 땅의 벌레같이 무력해진다'(한비자 난세편)고 비유하여 말하였다.

신도(愼到-愼子)[6]는 세(勢)에, 신불해(申不害)[7]는 술(術), 그리고 상앙

---

5) 송나라 사람이 밭 가운데 잘린 나무의 밑 둥에 걸려 토끼가 목이 부러져 죽자 다른 나무들의 밑 둥을 자르고 쟁기를 버리고 토끼가 잡히기를 기다렸다고 한다.

6) 신도 : B.C. 395-315(?). 조나라 사람. 직하학파 학사였다. 그의 사상에는 도가적 색채도 있으나 법가로 법은 물론 세(勢)를 중시한 점이 특색이다. '용은 구름을 타면 훌륭하지만 구름을 잃어버리면 지렁이와 다름없다'(한비자)가 그의 주장이다.

7) 신불해 : ?-?. 하남성 영양현 사람. 한 나라의 소후(昭侯)를 섬겨 재상으로 15년간

(공손앙)은 법에 치중하였는데, 한비자는 권세에 힘을 싣고 이들을 종합하여 권력의 효과적 운용술과 법에 의한 정치의 효과를 논의하였다.

2. 한비자(韓非子)

한비자(B.C. 280-223)는 한(韓)나라의 공자(公子)로서 이사(李斯)와 함께 순자에게서 수학(修學)하였고 법가사상을 종합 대성하였다. 그는 한 나라 군왕이 그의 정책을 거절하자 의기가 북받쳐 홀로 분(忿)을 삼키며 쓴 책이 155편 10여만(萬) 자(字)에 달하였다.

이 책에서 그는 민중을 통제하고 다스리는데 필수조건이 세력임을 지적하고 인민을 통치하는 데는 추호의 머뭇거림도 없어야 한다고 주장하였다. 그의 사상적 배경은 순자를 통한 공자와 그리고 노자의 자연법 세계관의 영향을 함께 받았다.

법은 나라의 가치와 윤리의 기준이 되고 또 요리(料理)하는 도구이다. 그것 없이는 요임금도 한 나라를 바로 잡을 수 없고 범부도 그것만 있으면 천하를 무난히 다스릴 것이다(용인편). 공자와 묵자도 요순(堯舜)에게서 도를 구할 때 그 당시의 세태에 따라 구별하여 취하였다고 한다. 왜냐하면 법은 시대에 따라 상황이 바뀌므로 인민을 다스리는 일이 항상 같지 않기(治民無常) 때문이다. 그러나 '지금 바로 삼천년 전을 소급하여 요순의 도를 살펴보려고 하지만 확증도 없이 그것을 단정하는 것은 어리석으며 확증 할 수 없으면서 그것을 근거로 삼는 것은 속임수다. 그러므로 선왕을 근거로 설명하거나 요순을 단정하는 자는 어리석지 않으면 속이는 것이다.'(현학)

이러한 그의 실증주의 입장에서 본 인간본성은 특히 정치에 관계되는 면에서는 필경 악한 것이다.[8] 따라서 통치하는 데서 신의(信義)는 믿을 만한 것이 못된다. 그는 '군왕과 신하 간에는 하루에도 백번을

나라를 다스렸다. 사기(史記)에 '신자의 학문은 황노에 근거를 두고 형명을 주로 삼았다. 법은 공로를 보고 상을 주며 능력에 따라 벼슬을 준다'고 하였다.

8) 순자는 사람의 본성은 악한 것이지만 선(善)하게 될 수 있다고 믿었으나 법가에서는 선하게 될 가능성이 없다고 생각하였다.

싸운다. 신하는 자기 사심(私心)을 감추고 군왕을 시험하고 군왕은 안전을 위해 신하들을 분열시킨다.'(양권) 따라서 군왕은 법도(法度)를 세우고 신하들이 붕당(朋黨)을 형성하지 못하도록 하여야 한다.

법은 상하의 행위를 다 같이 규범하는 통일된 원리로서 일정(一定)하여야 한다. 밝은 군왕은 법을 벗어나는 사심을 갖지 않고 법에 준거하지 않은 행동을 취하지 않는다(유도). 그리고 반드시 법은 성문(成文)하여 관공서에 비치하고 인민에게 포고하는 공개성 원칙을 지켜 인민에게 주지(周知)시켜야 한다. 이는 인민이 그 준거(準據)할 바를 알고 엄격한 상벌에 당황함이 없도록 하기 위함이다(난삼).

한비자는 형벌은 엄격하게 하고 포상(褒賞)은 넉넉하게 할 것을 주장하였다. 그렇게 하여 난(亂)을 가라앉히고 안정을 가져오며 간사한 짓을 못하게 막는 효과가 있는 것이다. 그리고 또한 정치는 의지력(意志力)이 생명으로 정책은 일관되고 지속적이어야 효능이 있게 된다. 꾸준하게 상벌을 분명히 하면 도척(盜跖[9])도 세상을 어지럽게 할 수 없다. 그러나 한비자의 정치사상이 단순하게 군왕 중심의 효용만을 목표로 한 것이 아님을 주의해야 한다.

그의 법치는 군왕 역시 규율하는 법의 지상(至上) 권위주의이다. 그가 천명(闡明)한 법치국가의 이념은 근대적 법치원칙에 부합되는 것이다, 그는 군왕이 법치의 원칙을 그르치지 않으면 아무것도 하지 않고 다스리게(無爲而治)되는 이상(理想)에 도달할 수 있다고 하였다.

'성인이 중추(中樞)에 자리 잡고 있어 만물이 스스로 활동하게 되는 도리는 음(陰)인 형(刑)을 간직하고 양(陽)인 상(賞)을 베푸는데 있다. 음양의 도가 순탄하고 마음을 비우고 사물을 대하면 물물이 그 자체의 고유한 지위에서 활동하여 평화의 정치목표가 이루어진다. 이러한 통치방도가 옳은 이치를 따르는 것이며 이 이치가 법이니 군왕이라 할지라도 그의 지위를 이용하여 법을 벗어나 보다 선정(善政)을 하려 하여서도 안 된다. 군왕의 개인적 능력, 변설(辯舌), 작은 지혜는 신하

9) 도척은 옛날 중국의 큰 도적으로 구천 명의 부하를 거느리고 천하를 휩쓸고 다녔다고 한다.

들의 간사스러운 망상을 자극하게 되는 것이다. 그러므로 형의 집행을 공정히 할 수가 없게 되고 상하가 문란하여 다스리지 못하게 되는 까닭이다.'(양권)

군왕은 '신하의 말에 따라 직책을 맡긴다. 그리고 공적이 그 말에 미치지 못할 때 벌함은 물론이고 그 말에 넘치는 공적도 벌로서 대하여야 한다. 벌은 공적이 적은 때문이 아니고 일과 말이 부합하지 않는 위법에 따른 것이기 때문이며 일이 그 말과 일치하면 상을 주어야 함은 물론이다.'(이병)

'군주가 지켜야 할 유일한 길은 명분(名分)이 제일이다. 명분이 바로 서면 사물의 질서가 안정된다. 그러므로 이상적 군왕은 유일한 원칙을 쥐고 명령을 하고 조용하게 기다리는 것이다. 군왕이 그 명분을 조종 관리하고 신하는 그것이 형상을 갖추도록 노력하면 명분과 형상이 부합하여 상하가 조화된다.'(양권)

이렇게 한비자는 법을 사물의 조리(條理)와 규구(規矩; 공작할 때 쓰이는 제도기의 일종)로 이해하고 우주를 규율하는 자연의 도가 인간사에는 법치로 표현된다고 생각한 것이다.

이(理)·도(道)·법(法)의 관계를 그는 『해노(解老)』편에서 설명하였다. '이(理)란 형질에 있어 모나고 둥근 것과 짧고 긴 것, 거칠고 가는 것, 단단하고 연한 것이 구별되는 갈림을 말한다. 따라서 이가 정해진 이후에 도를 파악할 수 있다', '도(道)란 만물이 존재하는 근거이고 모든 이(理)가 모인 근원이다.', '이는 사물을 이루는 조리이며 도는 만물을 이루게 하는 원인이다.'

이러한 이(理)가 법의 규정형식이고 도는 법의 정신이다. 이는 근대 서양철학자인 몽테스큐(Montesque)가 그의 저서 『법의 정신』에서 언명한 법의 자연법적 일반원리와 다를 바 없다. 오히려 보다 투철하고 정밀한 법 원리의 세계관적 천명이라 할 수 있다.

그는 각기 사물의 독립성을 암시하여 '사물에는 각기 이가 있어 서로 침범할 수 없다', '만물은 각기 현실에 이가 다르게 나타나지만 도에 극진(極盡)하여 본원의 이에 합치하면 모두가 화합한다.'라고 노장학과 같은 입장을 간결하게 밝혔다. 같은 맥락에서 한비자는 법을 자연법의 조리 즉 만물이 조화(造化)하는 법칙에서 생각했다.

한편 법의 공개주의에 대하여는 '형벌은 반드시 인민의 마음속에 새겨야 한다.'(刑罰必於民心) 그리고 법은 내용과 명령이 관청에 명시되어야 한다고 하였다.

한비자는 특히 관리들의 행동에 관심을 가지고 '법이란 관리의 스승이다.'(法也者 官之所以師也)라고 하며 '상은 법을 삼가는 자에게 주고 형벌은 명령을 어기는 자에게 가해져야 한다.'(賞存乎愼法, 罰加乎姦令也) 『정법편』[10]고 하였다.

군왕은 상벌의 두 방망이(二柄)를 쥐고 추호도 사정을 보아줌이 없이하면 도(道)에 하나 되는 고요함에서 천지가 다스려진다. 그러나 다스림에는 현실 입장을 참구하여 실제 적당한 내용과 방법을 엄밀하게 갖추어야 한다.

요순 같은 성자도 걸주 같은 포악한 자들도 천년에 한번 나오므로 그를 표준으로 하는 것은 어리석다고 규탄하였다. 그는 중간의 범용(凡庸)한 상대를 기준으로 해야 하고 법에는 관리와 백성이 취할 길을 명시하여 이들을 인도할 것을 지적하였다.

그는 법의 효능성을 다음과 같이 말하였다. '본래부터 곧은 나무를 찾아 화살을 만들려면 백세(百世)를 가도 화살은 없을 것이고 본래부터 알맞은 나무만을 찾아 바퀴를 만들려면 천세(千世)를 가도 바퀴를 만들 수 없다. 그래도 세상 사람이 모두 수레를 타고 활을 쏘아 짐승을 잡으니 이는 훌륭한 공인(工人)이 있기 때문이다. 이 공인은 규구(規矩)에 의하여 물건을 만드는 것이다.'(난세편)

또한 만약에 요순 같은 성자가 나타나 다스려진다고 해도 많은 경우 난을 겪고 겨우 한번 안정될 수 있으나(千世難而一治) 하지만 법으

---

10) 한비자는 중벌중상(重罰重賞)을 주장했으나 상앙은 중형경상(重刑輕賞)을 말하며 법에 맞게 행동하는 것은 선이고 어기는 일은 악으로 악을 벌하는 것은 당연하지만 도둑질 안했다고 상을 주는 것은 옳지 않다고 하였다.

로서 걸주를 다룬다면 그 같은 자들이 소란을 피워도 많은 경우 안정되고 겨우 한번 소란할(千世治而一難) 것이라 하였다(난세편). 즉 '밝은 군주가 귀(貴)한 것이 아니다. 통치자도 그 한 사람에 끝나는 것이 아니므로 국가의 법을 잊어서는 안 된다. 따라서 통치술이 뛰어난 군주는 그때 그때의 선(善)에 따르지 않고 필연(必然)의 길을 가는 법이다.'(현학편)

한비자는 정치에서 법치의 효능을 이루려면 권위와 세력이 있어야 한다고 하였다. '요순이 위에 있어 비록 10명의 걸주 같은 자들이 난(難)을 일으키려 하지만 그럴 수 없는 것은 세력이 있기 때문이다' 그는 세(勢)가 있으면 반드시 현자(賢者)만을 등용하고 범용한 자를 써서는 안 된다는 원칙을 꼭 지키지 않아도 정치가 가능할 수 있다는 생각이었다. 그러나 한비자는 '현자를 쓰면 천하가 다스려지고 범용한 자를 쓰면 천하가 어지러워진다.'는 것은 사실이라고 하여 유가(儒家)의 입장을 인정하였다.

당시 사회는 민중의 세력화가 이미 진행되고 있었다. 한비자는 이를 올바르게 정치하는데 유가의 인간성 존중이라는 이념은 시인하였으나 그러나 통치의 표준은 법치에서 찾았다. 그리고 정당한 법치를 통하여 통일적으로 효능(效能)하는 힘을 형성하는 데는 군왕의 권위와 세력이 절대적으로 필요하여 군주주의로 나아갔다. 그러나 한비자의 본뜻이 통치자 마음대로 하는 전제(專制)정치에 있지 않았음은 분명하다.

그는 요순일지라도 규구를 버리고 망연(茫然)하게 사물을 판단하여 정치를 하면 한 나라를 바로 잡을 수 없다고 하였다. 그는 '명공(名工) 해중(奚仲; 수레를 만드는 장인의 이름)이라도 규구 없이는 하나의 바퀴도 만들 수 없다.'고 하여 군주가 법에 따라야 할 필요를 밝혔다.

그에게 있어 법은 사물을 조리하는 중정(中正)의 표준규범이다. 그러므로 '중간 정도의 군주라도 법술만 지키고, 졸열(拙劣)한 공인이라도 규구와 척촌(尺寸)만 지킨다면 잃지 않을 수 있다. 군왕인 자는 현명함도 기교도 버리고 중정을 지켜 만에 하나도 실패하지 않으니 공명(功

名)이 서게 되는 것이다.'(용인편)

한비자가 유가 입장과 같은 정치이념의 성격을 가지고 있으면서도 '일일 백전(一日百戰)'하는 현실에서 그는 법치의 필요를 주장하였고 이는 아리스토텔레스 역시 법치를 지지하여 이 점에서 일치하였다. 그러나 아리스토텔레스의 입장에서는 자연법의 표현이 사회 민중의 토대에서 이루어져 민주 이념일 수 있었으나 한비자는 중국의 전통적인 정치 여건에서 같은 법치라도 치자주의(治者主義)일 수밖에 없었다. 이러한 정치사상의 흐름의 방향을 제약(制約)하는 근본적인 중대 원인은 역시 사회경제적인 사정이었다.

한비자는 '고대에는 인구가 희소하여 먹거리가 여유가 있어 인민이 다투지 않으므로 후한 상과 중한 벌이 없어도 인민이 저절로 다스려졌다. 이제는 아들 다섯이 있어도 많다지 않고 한 아들이 다시 다섯 아들이 있으니 그 할아버지가 죽기도 전에 손자가 25명이나 된다. 따라서 인민은 많고 재화(財貨)는 적어 힘써 노력해도 공양하기 힘들어서 서로 다툰다. 상을 배로 늘리고 벌을 더해도 난을 면하기 어렵다.'

그는 요순의 왕위물림까지도 공리주의적으로 해석하고 인간의 행위가 생활 심리에 좌우된다고 지적하여 '…그러므로 기근이 있는 해의 봄에는 어린아이가 먹지 못하고 풍년이 든 해에는 가을에 지나가는 과객도 반드시 먹게 된다. 가족을 멀리하고 과객을 사랑하는 까닭이 아니라 다만 그 상항이 그러한 때문이다, 옛적에 재물을 가벼이 여긴 것은 착해서가 아니고 재물이 많았기 때문이다. 오늘날의 쟁탈은 야비해서가 아니고 재물이 적기 때문이다. 사(士)의 지위를 놓고 크게 경쟁하는 것은 그 인품이 하열(下劣)해서가 아니라 사의 권세가 컸기 때문이다. 그러므로 성인은 많고 적음을 헤아리고 박하고 후함을 따져서 정치를 한다. 벌이 가볍다고 하여 인자한 것이 아니고 엄하다고 하여 잔혹한 것이 아니라 세속에 따라 행할 뿐이다.'(오두편)

'부모가 자식을 대함에 아들을 낳으면 축하하고 딸을 낳으면 죽여 버리는 것은 모두 어머니가 임신하여 나온 것이므로 다를 바 없음에도 그렇게 구별되는 것은 뒷날을 염려하여 이익을 따져서이다. 이처럼 부모가 자식에게 대해서도 오히려 계산하는 마음으로 상대한다 하는데 하물며 부자간의 정도 없는데'(육반)라 하고 이(利)를 두고는 다른 나라 사람도 화친하게 되고 손해가 있으면 부자간에도 떨어져 원망한다고 하였다(외저).

이 처절한 인생에 대한 통찰은 드디어 현학편에서 '대저 엄한 집안에는 포악한 종이 없으며 지혜로운 어머니에게는 망나니 자식이 있다. 나는 이것으로 위세가 포악을 금(禁)할 수 있고 후한 덕이 난동을 막기에 부족함을 안다. 대저 성인은 나라를 다스림에 사람들이 나를 위해 선량하기를 기대하지 않고 비행(非行)을 할 수 없는 수단을 쓴다. 사람들이 나를 위해 선량하기를 기대한다면 나라 안에 가능할 일이 열을 헤아리지 못하나 사람들이 비행할 수 없는 수단을 쓴다면 온 나라를 가지런하게 할 수 있다. 통치하는 자는 많은 것을 가능하게 하고 적은 것을 버리려 하므로 그는 덕화(德化)에 힘쓰지 않고 법치에 힘을 쓴다.'고 하였다.

그러나 그 법이란 '옛날에 치국의 뜻을 온전하게 터득한 이는 하늘과 땅을 본받아 만민을 기르고 강과 바다를 보고 널리 배우며 산과 골짜기 형태에 따라서 덕을 베풀 수 있었다. 해와 달이 번갈아 비추듯이 네 계절이 차례로 변해 가듯이 구름이 펼쳐지고 바람이 불어 나부끼듯이 하였다. 지혜를 가지고 마음을 괴롭히지 않으며 사심(私心)을 가지고 자기 몸을 괴롭히는 일이 없다.

치란(治亂)을 법술(法術)[11]에 의지하고 시비를 상벌에 의탁하며 경중을 저울대 기준에 맡긴다. 하늘의 이치를 어기지 않고 사람의 성정을 상하지 않게 한다. 털을 불어서 작은 흠을 찾아내려 하지 않고 때를

11) 법가에서 법은 체(體)로서 백성을 대상으로 하는 의미이고 술(術)은 용(用)으로서 군왕이 신하를 다스리는 방도이다. 또한 법은 군왕과 신하가 모두 집행할 수 있고 공개되지만 술은 군왕만이 본뜻을 감추고 그 신하를 부린다.
'명군은 무위로 주재하며 신하는 아래서 두려워한다'라든가 '노고는 신하가 하고 성공은 임금이 독점하고' '모든 허물이나 잘못은 신하의 책임이고 임금은 그를 벌할 뿐이다' 이것이 술의 목적이다.

씻어서 알기 어려운 것을 살피려고 하지 않는다. 정해진 틀 밖으로 끌어내지 않고 틀 안으로 밀어 넣으려 하지도 않는다. 또한 법 이상으로 엄하게 다루지 않고 법 이하로 가볍게 다루지도 않는다. 정한 원칙을 지키고 자연에 따른다(대체)라고 하여 천지자연의 운행법도를 본떠 관용의 정신에서 법을 자연에 조화롭게 운영할 것을 지시하였다.

이러한 법의 정신은 노장학적인 원리에서 영향 받고 유가의 도덕적 입장을 반영하면서도 진보적인 이념으로 후세의 여러 정치사상에 그 계기를 마련하였다.

한비자는 도가류의 고요함(靜)과 무사(無事)를 법치의 효과로서 이루려하였다. 그는 전통적인 정치선(政治善)을 사회현실을 직시하여 그것이 운영되는 논리를 거역하지 않으면서 실현 시키려 한 것이다. 법은 그러한 효능을 확보하는 수단으로 형식상 절대적 권위를 필요로 하였다.

그는 당대의 실정(實情)[12)]을 낙관(樂觀)하지도 미화(美化)시킬 수도 없었다. 다만 당위로서의 정치적 통일을 염원하여 법의 필요와 법 운영의 기술 그리고 법의 위세를 강하게 주장한 것이다.

그의 논의가 도덕을 정치영역의 밖에 세운 점에서 서양의 마키아벨리와 같은 일면을 볼 수 있다고들 한다. 그러나 한비자의 정치사상의 본질에는 마키아벨리식의 정치적인 권모술수(權謀術數)는 찾기 어렵다.

그는 '화와 복은 도법(道法)에서 나오는 것이지 사람을 사랑하고 미워한 데서 나오는 것이 아니다 영광과 욕됨이 갈려지는 것도 그 원인이 자신에게 있지 타인에 메인 것은 아니다.'(禍福生乎道 法而不出乎愛惡 榮辱之貴在乎己而 不在乎人)라고 단언하였다.[13)] 이처럼 한비자의 사상은 인간세상을 매우 정직하고 당당하게 상대하는 위대함이 엿보인다. 그

---

12) 춘추전국 시대에는 36명의 임금이 살해당했고 52개의 나라가 망하였다(신영복, 『강의』, p.462).

13) 법가(法家)는 전통적인 중국인의 의식(意識)과는 잘 어울린다고 말하기 어려운 면이 있다.
왜냐하면 중국문명에서 질서는 법보다 상위개념(上位槪念)으로 조화(調和)는 최우선으로 추구되어야할 덕목인 것이다. 법가는 난세(亂世)를 평정하는 과정에서는 역동적 힘을 발휘하였지만 치세의 통치 이데오로기로서는 적합하지 못하였다.

것은 아마도 그의 죽음이 무엇보다도 웅변으로 증언해 준다.

한비자는 동문수학한 진 나라 재상 이사의 모함으로 옥에서 사약(賜藥)을 먹고 죽었다.

문전(問田)편에는 당계공(堂谿公)이 '지금 선생이 몸을 온전히 하고 이름을 보전하는 길을 버리고 위태로운 길을 걷고 있는 것이 걱정됩니다.'라고 충고하자 그는 '제가 선왕의 가르침을 버리고 법술을 세우고 법도를 만들고자 하는 까닭은 그것이 백성들을 이롭게 하고 모든 사람들을 편안하게 하는 것이기 때문입니다. 어지럽고 몽매한 임금의 박해를 꺼리지 않고 백성들의 이익을 생각하는 것이 바로 지혜로운 처신이라고 생각합니다. 제 한 몸의 화복(禍福)을 생각하여 백성들의 이익을 돌보지 않는 것은 탐욕스럽고 천박한 행동입니다. 선생께서 저를 사랑하여 하시는 말씀이지만 실제는 그것은 저를 크게 상(傷)하게 하는 것입니다.'고 답하였다.

그는 그의 죽음을 예견하였고 그 앞에서 조금도 비켜 가려 하지 않았다.

3. 관자(管子), 관중(?-B.C. 645)

중국에서 법의식(法意識)은 상고 이래로 문화이념에 끊임없이 내포되어 있었다. 천을 말하고 그 규범성을 믿었고 음양오행 같은 자연의 생성원리를 필연법칙으로 보았다.

중국의 전통의식에는 인간 삶의 기준이나 규범으로서의 법의식이 농후하였다. 그러나 본격적인 법치사상은 기원전 7세기 중엽에 관중(管仲)[14]에 의하여 선편(先鞭; 남에게 앞서 공을 세움)적으로 틀이 잡혔다.

관중은 주 왕조의 문물제도가 붕괴되어 가는 춘추시대에 제 나라 환공(桓公)의 패업(覇業; 제후들을 통합시키는 사업)을 성취시켰다. 그는

14) 관중 : ?-B.C 645. 춘추시대 제(齊)나라 재상. 이름은 이오(夷吾) 관중은 자이다. 허난성 태생. 소년 시절부터 변함이 없었던 포숙아(鮑叔牙)와의 깊은 우정은 '관포지교(管鮑之交)'라 하여 유명하였다. 포숙아의 진언으로 환공(桓公)에게 기용되어 부국강병책으로 환공의 패업(霸業)을 이룩하였다.

법가의 비조(鼻祖)로서 공자는 그가 없었더라면 미개함을 면하지 못하게 되었을 것이라고 찬양한 대정치가였다.

그는 한비자보다 400년 앞섰지만 법사상(法思想)의 수준은 오히려 그를 능가하리만치 밝혔다.

그의 법이념(法理念)은 이후에 등장하는 유가와 궤(軌)를 같이하는 시각에서 선명(宣明; 분명하게 밝힘)한 것이다.

관자의 법치사상에서 표징(標徵)되는 정치사상은 서양 근대의 초기 전제군주주의 전형(典型)과 비교될 수 있다. 그들보다는 훨씬 인민본위의 법의 정신으로 마치 유럽 18세기 초 계몽군주주의 이념에 가까웠다.

관자는 당시 세태인 봉건제의 정치의식에서 법을 파악하였다. 따라서 한비자가 주장한 법은 군왕도 그에 복종하여야 하는 것이라는 법치의 이념에는 이르지 못하였다.

그는 '군왕에 의하여 법은 명령되고(君依法出令)' '군왕은 살아 있는 법(生法者君也)'이라고 하였다(관자 임법). '도덕과 상벌은 나라에서 나오고(道德賞罰出於國)' '나라의 안녕은 군왕을 받드는데 있다(安國在乎尊君)'라고 하여 결국 군주중심의 법치를 이념하였다.

관자에 있어서 법은 제도(制度)를 포함하는 정치일체(政治一切)를 총칭한다.

'군왕은 그의 권위와 세력을 중시하며(君之所以爲君勢也)' '총명한 군주가 쥐고 있는 여섯 가지 권한이 있는데 그것은 살리고 죽이는 것, 부유하고 가난하게 하는 것, 귀하고 천(賤)하게 하는 것이다(明主之所操者六　生之 殺之 富之 貧之 貴之 賤之)'라고 하였다(임법).

그는 신하가 '오만(傲慢)하여 명령을 바꾸거나 예의를 틀리게 하거나 국가제도를 따로 논의하는 자는 모두 처형한다.'(임법)고 하여 군왕의 엄한 권세가 침해되어서는 안 된다고 하였다. 또한 군주는 인민들이 감히 사사롭게 스스로를 높이는 일을 허용해서는 안 된다고도 하였다.

비록 통치자의 의사(意思)로서의 법이지만 그 법에도 '길이를 재는 자, 직선을 긋는 먹줄, 원이나 각의 척도인 규구, 무게를 재는 형석,

양을 재는 말(尺寸 繩墨 規矩 衝石 斗解 角量)'로서의 기능을 갖추어 천하의 예의범절이 의문되거나 하여서는 안 된다. 법은 시비를 밝히는 근거이며 그 적용은 엄정하고 사사롭지 않아야 한다.

관자는 더 나아가 법의 공개원칙과 죄형법정주의(罪刑法定主義)의 원칙도 지시하였다. '죄인은 억울하다고 원망하지 않게 그리고 착한 인민들은 놀랄 것도 없도록 하는 것이 형벌의 운영'이라고 하여 법령을 공포(公布)하지도 않고 벌함은 온당하지 못한 처사라고 하였다(전제).

관자는 인과 관용의 덕치를 목표하여 법이 네 가지 도덕적 기초인 예절과 의리, 청렴, 부끄러움(禮·義·廉·恥)을 덕으로 규범함으로서 정치에 봉사하는 것이라고 하였다. 그러나 군왕은 '문무(文武)와 권위와 덕'을 갖추어야 한다. 그래야 군왕의 일방적이 아닌 좋은 정치를 할 수 있다.

정치는 인민이 좋아하고 싫어하는 그들의 정서에 순응하여야 하며 정치의 흥망은 민심에 따르느냐 마느냐에 달려 있다. '인민이 군왕이 명령하면 행하고 금하면 그치는 까닭은 반드시 좋아하는 바를 명령하고 싫어하는 바를 금하므로 그렇게 되는 것이다'고 하였다. 즉, '인민들은 우환이나 노고를 싫어하므로 위정자인 내가 그들을 안락하게 하고(民惡憂勤 我借樂之), 인민들은 가난이나 천대를 싫어하므로 위정자인 내가 그들을 부유하고 귀하게 하고(民惡貧賤 我當貴之), 인민들은 위험이나 재앙에 빠지기를 싫어하므로 위정자인 내가 안존을 보장하고(民惡危墜 我安存之), 인민들은 집안이 멸망하고 근절되기를 싫어하므로 위정자인 내가 번성과 생육을 도와야 한다(民惡絕滅 我生育之).' 그리고 그는 법이 효과적이 되려면 간소해야 한다고 하여 '구하려는 것이 많으면 얻는 것이 적고 금하는 것이 많으면 그것을 그치게 하는 것이 적고 명령하는 것이 많으면 그 행하여지는 것이 적다(求多子 其得寡 禁多子 其止寡 令多子 其行寡)'고 하였다.

입법과 통치에는 완급(緩急)을 고려하고 개별적 사정을 간과하지 말아야 한다.

천시(天時)와 지리(地利)를 참작하여 하늘과 사람이 조화된 후에야 천지의 미덕이 나타나는 효과를 얻을 수 있다. 관자의 이러한 인도주의 정신은 나아가서 법보다 교육이 앞서야 한다고 하며 향토자치(鄕土自治)를 장려하여 이를 수행할 것을 지시하였다.

교육의 효과는 인민 스스로가 자율적으로 국가정책과 명령에 즐겨 승복할 수 있고 경사스럽고 선한 것을 기뻐하고 악행을 형벌로 깨우치게 하는 계몽교화(啓蒙敎化)에 있다. 그리고 이러한 목적을 수행할 향린조직(鄕隣組織)을 구성하도록 지시하였다.

그는 지방자치 단위의 역할을 적극적으로 시인하였다. 그리고 향당(鄕黨)이 정부와 정치실력을 경쟁하도록 권장하였다. 잘 다스려지는 향리가 있으면 어찌 국가로서의 이득이 되지 않은 것인가?라고 말하였다(권수).

그리고 인민을 사회적 직분에 따라 나누어서 살고 그 직업을 계속하도록 권력과 행정력을 발휘하였다. 즉 사농공상(士農工商)의 사민(四民)이 서로 섞여 함께 살지 않도록 했다. 그렇게 하여 서로 다투는 것을 예방할 뿐 아니라 직업을 자손이 계승한다는 효과와 이런 과정에서 기술의 진보를 촉진하여 산업발전과 사회복지를 마련할 수 있다는 것이다.

그는 후세에 한비자를 비롯한 다른 법가들이 그랬듯이 중농주의를 역설하였다. 또한 절약과 검용을 지시하였다. 특히 경제적 균등을 중시하여 부강한 자를 억제하고 재산의 겸병(兼倂)을 방지하도록 하였다(팔관 입정 치국).

사실 관자의 전제주의는 법치를 시행하는 완전한 계몽군주였다. 군왕의 의사로서의 법이고 그 법에 따르는 법치이지만 인민의 복지가 우선적으로 실현될 수 있는 합리적 방법을 찾아 인민의 생활을 보호육성하는 민주적인 효과를 기대한 것이다. 말하자면 인도주의 정신에서 계몽 전제 군주제를 택한 거의 근대적인 정치이념을 실질적으로 실행했다.

공자가 그를 찬양한 것은 어쩌면 당연하다, 그는 맹자의 왕도(王道) 정신과 순자의 예치 관념을 정치가로서 현실에서 구체적으로 실천하는 정책을 펼쳤다. 그는 유가적인 경지의 총괄적인 모습을 공자에 앞서 그 길을 열어 보인 것이다.

책『관자』86편에는 이론상으로 일관되지 않고 복잡하여 후에 전국시대의 학자들이 덧붙인 것이 적지 않은 것으로 해석된다. 그러나 관자의 정치실적(政治實跡)에는 그 책에 써진 이론이 많이 실천된 사실을 볼 수 있다.

공자보다 200년이 앞서 이만한 사상이 얼마간이라도 정치에 반영하여 실천된 것은 놀랄 만한 것이다.

4. 법가이념에 있어 유묵도(儒墨道)

관자와 한비자는 각기 춘추전국 시대 초기와 말기에 법가이념(法家理念)이라는 정치사상을 공유(共有)하고 있다. 이는 중국 정치사회의 역사성 내지 사상의 진전이 매우 조숙(早熟)하였던 것을 보여 주거 있으며 이는 서양세계와 비교된다.

동서양의 정치사상에서 그 근본적인 성격 차이는 분명하다. 한(漢) 민족 세계는 진 나라 통일에 이르기까지 역사적으로 여러 유형의 과정을 겪었다. 그것이 비록 명백하게 단계적으로 구분되지 않고 혼선을 보이지만 일단은 한(漢) 민족의 정치적 경험은 이때 완료된 것으로 볼 수 있다.[15)]

진(秦) 나라의 군현제(郡縣制)와 중앙집권적 전제군주정 그리고 법치주의는 그러한 역사적 경험의 귀착으로 정치권력의 성격을 미묘하게

15) 서양의 역사가 작은 도시국가에서 로마제국으로 그리고 다시 분열된 봉건국가들로 진행되며 정치현실에서 생활환경과 조건이 근세(近世)에 이르도록 끊임없이 변천하였고 그에 따른 정치사상 역시 진행형을 보여 왔다.
그러나 중국에서는 기본적인 정치 환경 즉 지리적, 경제적 그리고 종족의 동질성 등의 조건들에 큰 변화가 있을 수 없었다. 따라서 춘추전국 시대를 거치며 진(秦)나라의 통일(B.C. 221년)에 이르러서는 그 과정에서 모든 정치 이념을 경험하여 정치사상으로는 다른 새로운 것이 있을 수 없는 그 나름의 완결을 본 것이다.

상징하는 바가 있다.

17, 18세기 유럽의 근대 민주혁명과 그 이후의 민주주의의 승리는 세계사의 한 단계로서 매우 특징적인 것이다. 유럽이 이 과정을 거치며 경험을 통해 갖게 되는 내용은 그들 서구인들 자체(自體)만의 것으로 구별되어야 하며 반드시 인간의 보편적 역사성격은 아니다.

동양은 환경조건의 제약을 받았지만 그 나름의 민주논리는 사회적 현상으로 또한 정치사상의 이념으로 진나라 통일에 이르기까지 이어졌다.[16] 그럼에도 환경조건의 역사적 유형(類型)이 다르고 그에 제약되어 저마다의 정치적 성격을 달리한 것이다, 따라서 동서양은 정치선(政治善)이라는 윤리와 그 실천의 논리도 사상적 그리고 현실적으로 거리를 갖게 된다.

법가사상은 관자에서 한비자에 이르기까지 각 시대 현상의 변천을 반영하여 많은 성격상의 차이를 가지면서도 유, 묵, 도에서 영향을 받은 정치사상의 성격은 공통적이다,

장자는 『천도편』에서 한비자를 설명하면서 그의 사상은 '대저 제왕의 덕은 천지를 종(宗)으로 삼고 도덕을 주(主)로 하여 무위(無爲)를 항상(常)지켜 나간다'(夫 帝王之德 以天地爲宗 以道德爲主 以無爲爲常)는 데 있다고 하여 도가(道家) 입장과 유사하다.

---

16) 중국 정치사상에서의 민주(民主)의 내용은 첫째 모든 정치적 권위가 인민으로부터 연유(緣由)한다는 뜻과 둘째 인민을 위한 정치라는 두 의미에 한정되는 것이다.
그러나 첫 번째 명제에 대하여 세이빈 교수는 '누가 인민을 대변(代辯)할 것인가와 어떻게 대표자로 선정되어 대변할 자격을 갖게 되는가? 그리고 대변하려는 인민은 누구인가라는 세 가지가 구체성을 갖추지 않으면 그 민주는 공허한 것이다'라고 했다(세이빈, 동서, p.278) 이와 같은 이유에서 중국정치상의 '민주'는 허구에 그치고 말았다는 느낌이 강하게 든다.
그러나 사실 지금의 중국 현실에서도 13억 인구를 두고 하의상달(下意上達)식의 민주 절차를 시행한다는 것은 난감한 일이다. 더구나 고대 중세의 교통 통신 수단으로는 상상할 수조차 없는 것이다.
이러한 상항에서 인민을 위한 정치는 결국 훌륭한 군주에 의지할 수밖에 없었고 이것이 인치(人治)가 중국의 전통으로 자리한 근거이다.
삼천 년 중국 역사에서 청나라 때까지 군주주의가 의심되어 본 적은 한 번도 없다. 다른 면 즉 효율성이라는 측면에서의 군주정의 타당성과 필요성은 광대한 통치 지역을 다스리는 경우 절대적으로 요청된다. 카에사르가 로마 공화정을 제정(帝政)으로 바꾸기로 결심한 것은 단순한 개인적 야망에서 비롯된 결정이 아니었다.

또한 '도덕을 밝히고 나서 인의(仁義)를 그 다음으로 하고 인의를 밝히고 나서 본분을 그 다음으로 하여 분수(分守)를 밝히고 나서 형상과 명의가 같아지도록 하여야'(道德已明而仁義次之 仁義已明而分守次之 分守已明而形名次之)한다고 하여 유가(儒家) 입장을 대변하는 듯하다.

그리고 이어 '형상과 명의를 밝히고 나서 다음에 재능에 따라 직을 맡기고, 재능에 따라 직책을 맡기고 나서 다음에 원성(原省 ; 사정을 살펴서 정상을 헤아림)을, 원성을 밝히고 나서 다음에 옳고 그름을 따지고, 시비를 밝히고 나서 다음에 상벌을, 상벌을 밝히고 나서 어리석음과 지혜로움이 적의(適宜)토록 하고 귀천이 제자리에 서도록 한다. 어질고 현명한 사람이나 못난 사람도 그 재능에 따라 역할을 나누고 필히 그 명의에 맞도록 한다. 이로써 위를 섬기고 이로써 아래를 기르고 이로써 만물을 다스리고 이로써 몸을 닦는다면 인간의 사사로운 지모(智謀)는 쓸 필요가 없이 그 천(天)에 돌아가 합치할 수 있다. 이른바 태평(太平)이라 하여 통치의 지극한 경지이다.'라고 하여 비로소 한비자 상벌의 법가적 의미를 설명하였다.

실로 한비자와 공, 노 간의 사상적 경계가 어디에 있는지 분명하지 않을 정도의 해석을 하고 있는 것이다.

한비자가 유가를 비난한 것은 그의 세태가 관념론적인 정치도의(政治道義)라는 당위론만으로는 해결할 수 없는데 있었다. 그럼에도 당대의 사류층(士類層)은 공론(空論)을 일삼고 있으므로 그들을 공격한 것이다, 사실 그는 공자를 비난한 적이 없었다. 또한 그는 묵가의 천(天)의 도를 실증적 공리면에서 주장하였고 노동을 몸소 실천하며 인민 다수를 위하여 실질을 중하게 여기는 묵가의 생활 자세와 친근성이 있다. 특히, 중농주의와 병농(兵農) 일치는 상자와 묵자들과 함께 주장한 것이다.

'변경(邊境)에서는 병사로서 일하고 돌아와서는 농사를 짓는다(邊利益歸於兵 市利益歸於農).'(상자)에 그도 동의하였다. '지금 나라 안의 인민이 모두 정치를 말하고 상앙이나 관중의 법을 소장하는 자가 집집마다 있으나 나라가 더욱 가난해지는 것은 농사일을 말하는 자가 많아도 쟁기를 손에 드는 자가 적기 때문이다. 나라 안에 모두 군사를 말하고 손무(孫武)나 오기(吳技)의 병서를 소장하는 자가 집집마다 있으나 병력이 더욱 약해지는 것은 입으로 전쟁을 말하는 자는 많아도 갑옷을 입는 자가 적기 때문이다.'(오두)라고 통탄하여 묵자의 실천행(實踐行)을 그리워했다.

그는 '평안할 때는 나라를 부유하게 하고 유사시에는 병력을 강하게(無事卽國富 有事卽兵强)'할 방법을 관민(官民)이 하나 되어 법치를 통하여 결속함으로써 이를 실행할 용기와 힘을 겸비할 것을 바랐다.

한비자의 사상관계는 유, 묵 계통의 법치관념과도 인연이 있으며 관자의 법치사상도 유가적인 근본에 그 맥이 닿아 있다.

크게 보아 유·묵·도·법(儒·墨·道·法)은 상고 이래 중국 공동의 문화 의식에서 연원(淵源)되었다. 그리고 역사적 사태 발전에서 자극(刺戟)된 각 면을 개성적으로 개척한 상대적 관계에 있다. 그러나 이들 모두는 한(漢)민족의 최고의 대상인 '천(天)'의 주재원리(主宰原理)를 함께하고 있다.

제3장 | 서양 중세 정치사상

제1절 중세의 형성

기독교는 유럽세계가 지중해 세계라 일컬어지는 고대 단계를 이어 중세를 거치는 동안 현실과 사상에서 완전히 새로운 의의를 부여하였다.

로마제국은 세네카의 체념적인 관조에서 이미 상징적으로 나타난 징후들이 더욱 악화하여 그 운명을 다 하였다.

한편 동양에서 통일을 이룬 진나라는 전통의식에 역행하고 분서갱유라는 폭정 끝에 극히 단명에 그쳤다.[1] 그리고 중국의 전통으로 이어지게 되는 역성(易姓)혁명으로 한(漢)나라가 이를 대신하게 된다. 그리고 한나라는 천(天) 사상을 새롭게 정비하고 유가(儒家)의 윤리와 법치주의로 중세를 맞이하였다.

로마제국과 진나라는 한결같은 군국주의로 나라를 일으키고 또 멸망하였다. 이러한 사태를 우려하여 한비자는 상자(商子)의 극단적인 군국주의를 준열하게 비판하였으나 순자에게 동문수학(同門修學)한 진나라 재상 이사(李斯)의 질시와 모함으로 죽임을 당하였다.

한비자와 세네카는 동서세계가 고대의 최종 단계에 이르렀을 때 이러한 사태를 비판적으로 시정하려는 노력을 하였다. 이들은 정치사상

---

1) 진(秦)의 단명은 수(隨)의 짧은 통치와 궤(軌)를 같이 하는데 이는 중국의 국가통일 사업의 어려움을 보여준다.
진이나 수는 통일 입국(立國)의 역할을 하였고 한(漢)과 당(唐)은 치국(治國)으로 국가의 안정과 번영을 이룩하였다. 이들의 실패의 원인은 입국의 정치 논리는 안정을 지향하는 치국(治國)에 그대로 적용되기에는 적합하지 못하였던 때문이다.

에서 고대 말기를 장식하는 동시에 중세 역사를 미리 점쳐 교시하는 위대한 통찰을 보여 준 것이다.

1. 로마 제국과 기독교

세네카는 사회를 국가에서 구별하였다. 고대 국가지상주의에서 벗어나 생활의 참된 의의를 사회에 두었는데 이것이 고대와 다른 중세사 성격의 중요한 일면을 예단한 것이다. 로마 제국은 이미 유럽 일대에 역사적 영향을 외연적으로 확대하였었고 중세는 이를 이어 받아 생활권을 정비하여 오늘 날의 서양세계의 사회적 정치적 기초가 형성된 시기이다.

비록 로마제국은 멸망하였으나 중세 로마는 기독교의 종주국으로서 다시 유럽 세계의 보편적 권위를 유지하였다. 중세 이래 서구를 이끈 기독교는 그 생활 영역이 로마 제국에 의하여 확보된 것이기는 하였지만 그 정신은 오히려 로마 제정에 의하여 버림받은 대중에 뿌리를 둔 것이다.

기독교에서는 여호와(Jehovah) 신(神)만이 창조주로서 지상세계를 절대적으로 섭리(攝理)한다.

탐욕을 저주하고 가난한 자, 순결한 혼(魂)만이 구원(救援)받아 신의 왕국에서 다시 태어난다고 하였다. 이러한 기독교의 정신은 의지할 바 없는 대중은 물론이고 실의(失意)에 빠진 로마의 귀족층을 이러한 유일신의 권위에 의탁하게 하였다.

로마황제만을 신성시하며 절대적 충성을 요구하는 로마 정부와 기독교 유일신의 권위는 양립할 수 없었다. 그리하여 약 300년간이나 적대시되고 혹심한 박해를 받았으나 비밀집회를 통하여 교세가 날로 확충되어 가면서 황제의 권위가 이에 타협할 수밖에 없게 되었다.

콘스탄티누스(Constantinus)황제[2]는 민심을 통합하여 정국의 안정을

2) 콘스탄티누스(Constantinus)황제 : 274(?)-327. 로마 제국을 재통일. 313년 밀라노 칙령으로 기독교 박해를 중지하고 자신이 기독교로 개종하였다. 325년 니케아에서 종교

효과하려는 목적도 겸하여 기독교를 공인하였고(313년) 이어 데오도시우스(Theodosius)황제[3]는 이를 국교로 선포하였다(380년).

이제 기독교는 로마제국의 위신(威信)을 배경으로 광범위하고 적극적인 포교활동을 통하여 교세를 확장함으로서 정치사회에서 그 중요성을 더해갔다. 그리고 4세기 말에 이르면 교회가 사실상 사회를 장악하였다.

콘스탄티누스황제는 로마제국의 수도를 콘스탄티노플로 옮겼다(330년). 그리하여 로마제국은 동서로 분립(分立)하게 되고 유럽세계는 동서의 양 생활권으로 나누어져 정치적 종교적으로 다른 문화권을 형성하여갔다. 즉 서(西)로마교회와 동(東)비잔틴교회는 황제의 권한과 기독교 권위간의 길항(拮抗)관계에서 각기 다른 입장에 있었다.

이후 영·속(靈·俗) 양권 관계와 이를 위요(圍繞)하는 정치사상의 전개에서 중대한 차이를 가져와 후세에 서로 다른 문화전통을 수립하였다.

초기에 로마교회의 주교는 신앙 사항에 관하여 황제의 자문(諮問)에 응하였을 뿐이며 최종 결정권과 포고하는 명령권은 황제에게 있었다. 그런데 476년 서로마황제 로무루스[4]가 국경 수비대장 오토아켈[5]에

회의를 열어 교회 내의 분쟁과 교리논쟁에 적극적으로 관여하였다. 비잔티움에 새로운 도시를 건설하여 콘스탄티노폴리스라고 명명(330)하고 수도로 삼았다. 오리엔트풍의 궁정조직과 의례를 채용하고 세금제도를 정비하였다.

3) 데오도시우스(Theddosius) 1세 : 346-395(재위는 379-395). 대제(大帝)라고 존칭된다. 서로마의 정제(正帝) 그라티아누스에 의하여 동로마의 정제로 선임되어 사르마트인과 서고트인들을 토벌하였다. 서로마 황제가 살해된 후 서방의 군대 실력자와 제위를 잠칭(潛稱)하는 자들을 처 부수고 전 제국을 수중에 넣었다. 독실한 기독교 신자로서 380년에는 아타나시우스파의 삼위일체를 정통 교리로 삼아 이교도를 압박하고 그들의 신전령(神殿領)을 몰수하였다.

4) 로무루스(Romulus Augustulus) : ? - ?(재위 475-476). 서로마제국의 최후의 황제. 최고군사령관이었던 오레스테스가 율리우스네픗 황제를 추방하고 그의 아들을 제위에 추대하여 황제가 되었다. 소년 황제라 불리었고 용병 대장 오도아케르의 반란으로 퇴위, 이로서 서로마제국은 멸망하였다.

5) 오도아케르(Odoacer) : 433-493(재위 476-493). 게르만족 출신의 이탈리아 왕. 게르만의 스킬족의 명문 출신으로 동고트족에 멸망당한 후에 서로마황제 안테나우스의 친위대에 들어갔다. 게르만족의 용병을 조직하여 476년 황제 로무루스를 폐하고 스스로 이탈리아의 왕이 되었다. 그는 동로마제국의 종주권을 인정하였고 황제 제논도 476년 총독의 칭호를 내려 잠정 묵인하였다. 그러나 그는 후에 동고트왕 데오도릭에게 오도아케르를 토벌토록 하여 493년 그는 살해되었다.

의하여 폐위(廢位)되어 서로마가 멸망함으로서 이 관계는 변할 수밖에 없었다.

동로마제국의 멸망이 1453년인데 비하여 서로마의 이토록 이른 멸망은 동서로마세계의 영권(靈權)과 속권(俗權)관계에 결정적 차이를 가져온 것이다.

서로마 제정 말기의 황제들은 대개 암약(暗弱)하였음에 비하여 종교계에는 탁월한 인물이 배출되어 변경(邊境)이 만족(蠻族)들에 의하여 침공되었을 때 이를 방어하고 신성한 도시 로마를 수호하는 실력을 발휘하였다.

그레고리(Gregory The Great)[6]는 강적 롬바르드[7]의 침공을 저지하여 로마의 위신을 지켰다. 따라서 교회는 이를 영계의 승리로 널리 선양(宣揚)하였다. 이로부터 그는 성 아우구스티누스(St.Augustinus, 350-430)가 이미 선언한 바와 같이 지상왕국은 천상왕국에 봉사하여야 한다고 속권에 요청하였다. 그리고 신성한 사물을 세속권자들은 취급할 자격이 없다고 비하하였다.

이들 보다 앞서 밀라노의 주교 암브로스(Ambrose, 340-399)는 세속법이 신법 위에 설 수 없다고 선언하며 신앙 문제에 관한 한 주교가 황제를 재판할 것이라고 주장한 바 있다.

로마교회의 주교를 중심으로 기독교 교회는 로마제국의 행정기구에

---

6) 그레고리 1세(Gregory The Great) : 540(?)-604. 590년에 교황으로 선출, 최초의 수도원 출신 교황이다.
강력한 정치력으로 혼란 속에 있는 이탈리아에서 로마교회의 독립성을 확고하게 만들고 동로마와 랑고바르드 간의 조정(調整)을 시도하는 등 외교 역량이 뛰어났다.
로마, 시칠리아 등의 교회령을 확보 이를 통치 확정하였다. 특히 프랑크족과의 관계를 돈독히 하여 중세 교회의 기본 조건을 마련하였다.

7) 롬바르드(Lombards)족 : 일명 랑고바르드(Langobard)라고 라며 게르만족의 한 부족으로 이탈리아 북부 롬바르디아 지방에 롬바르드 왕국을 세움(568-774).
원주거지는 엘베강 하류였고 2세기 중엽에 다뉴브강으로 5세기 후반에는 오스트리아, 6세기 중엽에 판노아 지방으로 와서 568년 알보인왕이 왕국을 세웠다. 이 왕국은 독립성이 강한 여러 공국으로 형성되었다.
비잔틴제국의 영지인 라벤나를 합병 이어 로마를 위협하였으나 로마교황의 요청으로 출병한 프랑크왕 피핀에게 일차적으로 패하여 라벤나를 빼앗긴 후(762), 774년에는 샤를 마뉴대제에게 패하여 멸망하였다.

버금가는 교회 조직을 지방에까지 정비하여 갔다. 그리고 5세기 초부터 로마의 대주교는 교황(敎皇)[8]이 되어 로무루스가 폐위된 후에 세속 통치권까지 관장하기에 이르렀다.

2. 게르만 봉건사회와의 관계

중세 역사는 게르만 민족의 대이동(大移動)에 따라 유럽이 재편성되며 준비된다. 근대 유럽 여러 민족국가 역시 대체로 이 민족이동의 분포에서 기초된 것이다. 게르만 민족은 약 370년 경 몽골의 한 지류(支流)인 훈족이 고트(Goths)족[9]의 주거 지역을 침략함으로 이동이 시작되었다.

이 난을 피하여 반달(Vandals)족[10]은 프랑스 스페인을 거쳐 북 아프리카로 이동하였고 이들이 5세기 중엽에 로마를 침공하였다. 프랑크(Franks)족[11]과 불군디안(Burgundians)족[12]은 프랑스의 골(Gaul)지방을 점거하였고 5세기 초에는 서고트인(Visgoths 人)[13]이 스페인에 정주하였다.

8) 오늘날 교황을 뜻하는 파파(Papa)란 호칭은 라틴어에서 유래한 것으로 그 본뜻은 아버지이다. 이 호칭이 교황에 국한되기는 5세기 중엽부터이다.
교황직의 근본적이고 유일한 특성은 그 신적 기원 다시 말해서 그리스도가 직접 이 직책을 베드로와 그 후계자에게 위임했다는 사실이다.

9) 고트족 : 동게르만계의 부족으로 원래는 스칸디나비아 반도에 거주하고 있었으나 남하하여 3세기 경에 흑해 서북쪽 해안에 정착한 동고트족과 다뉴브강 하류 북쪽 기슭에 정착한 서고트족으로 나뉘었다.

10) 반달(Vandals)족 : 게르만 족에 속하는 루기족을 중심으로 하는 혼성 부족. 409년 피레네 산맥을 넘어 스페인에 침입하였으나 뒤늦게 온 서고트족에 밀려 아프리카로 가서 로마 총독 보니파키우스를 살해하였다. 439년 카르타고를 수도로 반달왕국을 세웠다. 534년 유스티니아누스 황제에게 멸망당하였다.

11) 프랑크(Frank)족 : 게르만 민족 중 서 게르만에 속한 한 파. 5세기 말에 크로비스가 멜로빙가의 통일 왕국을 수립하였다. 그들이 유럽 제패에 성공할 수 있었던 요인은 다른 부족들이 장거리 이동으로 인한 막대한 세력의 손실을 입은데 비하여 자신들의 연고지를 버리지 않고 점진적으로 팽창 발전하여 힘을 보존할 수 있었던 점과 다른 하나는 로마 카톨릭 정통으로 개종하여 로마 교황청의 지지를 받을 수 있었던 점이다. 이는 고트족이 아리안 파로 개종하여 이단으로 배척당한 것과 좋은 대비가 된다. 그러나 이들의 가장 큰 약점은 국토를 여러 아들에게 분할 상속하는 자신들의 고유한 관습법인 살리크 법에 따라 통일을 오래 유지할 수 없었던 점이다.

12) 불군디(Burgundy)는 프랑스 남동 르와르강 상류와 세느강 사이에 있는 지역의 역사적 지명이다. 불군디안은 이 지역으로 이동한 게르만 부족에게 붙이어진 이름이었다.

또한 동고트(Ostrogoths)족[14]은 5세기에 로마를 침략한 바 있고 롬바르드(Lombards)인은 6세기 중엽에 북 이탈리아를 점거하였다.

한편 영국(Britain)에 앵글로 색슨(Angles Saxons)[15]이 침입하여 정주한 것이 5세기 초이며 9·10세기에는 다시 제2차 이동이라는 큰 파동이 있었다. 이 제2차 이동 때에는 노스맨[16]과 바이킹(Viking)족[17]이 영국과 프랑스를 휩쓸고 다녔고 마자르족[18]이 유럽으로 이주하였다. 북쪽

---

13) 서고트 : 훈족의 서진(西進)으로 그들을 지배하던 동고트 왕국이 멸망하자 376년 로마령인 모에시아로 이주하였는데 이것이 이른바 민족 대이동의 계기가 되었다.
알라리크(370-410)을 왕으로 선출하여 트라키아와 그리스, 남이탈리아를 거쳐 스페인에 정착하여 그 대부분을 차지하였다. 711년 아프리카에서 이슬람교도의 침입으로 서고트왕국은 멸망하였다.

14) 동 고트 : 고트족의 한 분파로 4세기 후반 해르만릭왕 때 전성기를 맞이하여 서 고트 이하 많은 부족을 정복하였으나 370년 훈족의 침입으로 동고트왕국은 멸망하였다. 그러나 453년 훈족왕 아틸라의 사망으로 동 고트는 다시 독립하여 지금의 헝가리인 판노니아에 정주하였다.
488년 이탈리아에 침입하여 오도아케르를 격파하고 493년까지 전 이탈리아를 지배. 라벤나를 수도로 동고트왕국을 세웠다. 그러나 555년 동로마제국에 의하여 멸망하였다.
이들이 이단인 아리안파로 개종하여 정통 로마 카톨릭 신도인 라틴계 주민 그리고 교황청과 심각하게 대립되어 있었던 것이 멸망의 한 이유이기도 하였다.

15) 앵그로 색슨족 (Angelo Saxon) : 5세기에 독일 북서부에서 브리타니아로 건너온 게르만 족의 한 파. 현재는 노르만이 영국을 정복하기 이전의 영국인이라는 의미로 쓰인다. 로마의 지배 하에서 로마화 되어 가던 브리튼은 앵글로 색슨의 이주로 로마문화의 영향이 중단되었다.
6세기 말에는 로마 카톨릭이 전래하여 성장 중이던 왕권과 손을 잡았다. 노르만인의 침입 (1016-1042)결과로 앵그로 색슨의 왕조는 무너졌다.

16) 노스맨 : 북방인이라는 뜻이며 통칭 노르만인이라고 한다. 게르만인 중에 덴마크와 스칸디나비아 지방을 원주지로 하는 한 파이다.
그 수장(首長) 롤로는 912년 샤를 3세로부터 센강 하류의 노르망디 지역을 봉토로 받았다.
1066년 기욤(윌리암 1세)이 영국에 노르만 왕가를 열었다. 또한 일부는 시칠리아에서 왕국을 세워 남이탈리아를 장악하였다.
이들 노르만은 약탈적이었으나 정착하면 원주민과 융합 동화되며 중세 유럽에 큰 구실을 하였다.

17) 바이킹 : 8세기 말에서 11세기 초에 걸쳐 유럽 러시아 등지에 침입한 노르만인에 대한 별칭이다. 인구증가와 온난하고 비옥한 땅을 구하려 감행한 '제2차 민족 대이동'의 장본인이다.
부족 간의 항쟁에서 뜻을 이루지 못한 족장이 뛰어난 항해술과 모험정신으로 주위를 위협하여 공포 대상이 되었다.

18) 마자르(Magyars) : 헝가리의 기간(基幹) 주민이다. 원주지는 우랄 산맥과 볼가강 중류로 추정된다.

의 스라브 족[19]이 동유럽과 러시아 그리고 발칸지방으로 이주한 것도 이 때였다.

6세기까지 게르만족은 중서(中西)유럽에 여러 왕국의 터전을 마련하였다. 그들은 로마 제정에서 용병으로의 경험도 있어 로마문명에 동화되는 과정이 순조로웠다.

로마제국은 원래부터 변경의 타 민족에 대하여 관대하였다. 로마법의 평등 자유의 원칙에 따라 피정복 사회의 생활관습을 용인하였고 그들 중 유력 인사에게는 왕의 칭호도 부여하였었다.

게르만족들이 로마화 하려는 노력은 매우 진지하여 그들은 콘술(Consul) 또는 파트리샨(Partrician)의 칭호를 얻으려 노력하였다. 이에 비해 영국의 앵그로색슨은 로마와 멀리 떨어져있다는 지리적 여건을 이용하여 그보다 훨씬 높은 칭호를 준용(準用)하여 Imperatores and Basileis of Britain라고 자칭하였다.

중세사회는 봉건적 성격이 중심이 되었다. 봉건제의 특성인 지방적인 분립과 신분상의 위계제(位階制)는 군왕이 신하에게 봉토를 은상(恩賞)으로 부여하는데서 그 성격이 규정되었다. 이들 은상지(恩賞地; Beneficium)가 세습되는 과정에서 봉건제도[20]는 신분관계로서 정치적 서열(序列)이

5세기경에 아조프해(海)의 동안 쿠반강 하류지역에 이르렀다.
896년경에 페체네그인의 공격으로 현재의 헝가리 땅으로 들어 왔고 기독교의 영향으로 정주생활을 시작하였다. 투르크계 유목민인 오노구르인과 관계가 깊어 헝가리라는 이름을 얻었다.

19) 스라브 : 인도-유럽어족의 슬라브어파에 속하는 민족의 명칭이다. 현재 동유럽과 북아시아의 주된 주민을 형성하고 있다.
6세기 다뉴브강에 8세기에는 발칸 지역으로 퍼졌다. 후에 슬라브족은 각기 봉건국가를 세웠고 흥망을 되풀이하였으나 서 슬라브족은 유럽제국에 남 슬라브족은 투르크인에게 정복되었다. 단지 동슬라브족은 9세기에 키에프 러시아국을 세워 중앙집권적인 러시아제국을 세웠다.

20) 봉건 사회는 대규모의 정치 경제 단위가 불가능한 정치 사회적 여건에서,
- 자족적인 단위로 만든 농업적 조건
- 소유권이 토지 임차로 대체되는 일종의 토지 소작제
- 전체 체계는 농노들의 노동에 입각
- 군사적 서비스가 봉건 영주에 대한 귀족의 반대급부 등과 같은 구조적 성격을 갖는다.

왕과 신민간의 관계가 2차적인 점 역시 그 특징이다.

고정되었다.

봉토를 받은 제후는 국왕에 제 일급 가신이었고 이들 제후는 다시 자신들의 가신에게 땅을 주었다. 이렇게 하여 가신에서부터 밑에 농노에 이르기까지 토지의 대여와 이용에 억매인 신분관계가 다중적(多重的)인 사회 서열을 현상(現像)하였다.

봉건질서의 배경에는 씨족사회의 가부장권을 중심으로 하는 주종의 관념이 있었다. 그러나 기본적으로는 토지를 대여(貸與)하고 그 대가로 세금과 노역 그리고 병력을 제공하는 의무를 부과(賦課)하는 관계였다. 이러한 사회 구조에서 농노들의 부담은 막중하였다. 중간 상류층에서는 소위 기사도(騎士道)가 성행하여 충성, 용기와 절제 등이 중세의 도덕적 품성으로 높이 평가되었다. 그러나 이러한 개인주의적 권리와 충성, 의리 등의 덕목은 지배 계층에서만 유행한 것이다.

정치사회적 변동에 따라 토지관계가 얽히면서 주종 간에는 점차로 이해가 대립되어 계약 심리에 따른 견제가 뚜렷하여 졌다. 봉토에 묶인 경제적 신분 관계는 강력한 제후에 의해 토지 합병(合併)이 있게 됨에 따라 본래의 주종 관계 외에 또 다른 방계적(傍系的)인 주종 관계도 생겨났다.

농본경제를 중심으로 하는 봉건사회의 체제가 정비되면서 게르만 민족 원래의 관습에서 성립된 부족법(部族法)은 로마법의 영향으로 라틴어로 성문화 작업을 거쳐 가며 보편적 성격의 로마법과 융화되어 갔다.

본래 게르만 부족법은 속인주의(屬人主義)로 법이 부족구성원의 소유물로 인식되어 있었다. 그러나 게르만인이 유럽에 진출하며 현지의 라틴인 또는 갈리아인들(프랑스 거주 본토인)과 함께 어울려 살게 되면서 속인주의는 더 이상 적합한 것일 수 없게 되었다. 그리고 프랑크 왕국의 성립으로 지역 통치 개념이 적용되기 시작하면서 법의 성격은 바뀌게 되었다.

봉건 사회에서 게르만 부족법은 로마법에 동화함으로 생활에 민주적 운영을 효과하였다. 그들의 기질은 강인하고 인내심이 강하여 부권적(父權的)인 지도자 의식으로 자주독립을 이루었다. 이러한 민족성은 로마법과 로마인의 태도와 일맥상통하였다. 그러나 게르만인들은 원래부터 개인의 권리의식이 강하였다.

통치자를 선임하고 그에게는 인민의 권익과 자유가 침해되지 않는 한도에서 군사의 통수권과 소송을 재판하는 임무에 국한(局限)하여 권한을 행사토록 하였다. 이러한 근대적 성격은 중세 게르만 사회가 봉건체제를 운영하는 정치의식의 저변에 항상 깔려있었다.

봉건제하의 유일한 행정부서인 지방법정(The Federal court)은 영주와 가신들의 회의체로서 여기에서 논의하여 조정하고 그 결집(結集)된 사항은 지방법의 효력을 가졌다.

봉건 질서에는 그 성립과정에 일종의 계약 관계라는 심리적 요소가 내재하여 왔고 그 생활 정신에는 민주적 계기가 고유하였다. 입법은 지방 구성원 전부가 동의하여야 한다는 형식을 취하여 왔고 따라서 법의 강제력은 인민 전체의 결합된 힘에 근거하는 것으로 생각되었다. 봉건제 통치권이 강제력을 가질 수 있는 것은 이렇게 통치가 인민 전체의 결합된 힘에 의거하는 것이라는 이념이 기초되었기 때문이다. 이는 게르만 부족사회에서 민중대회가 부족사회의 법정 활동까지 겸하였던 전통에 연유된 것이다.

프랑크의 멜로빙가 왕조에서 왕들은 법령을 선포할 때 그것이 전인민에 의하여 또는 주요한 인물 즉 주교와 귀족과의 타협에서 이루어진 것을 선언하는 형식을 취하였다. 그러한 예로써 샤르마뉴대제(大帝)는 주교, 제후 그리고 기독교회의 모든 신앙인과 함께 그들의 동의에 의하여 법을 선포한다고 언명하였다.

봉건 사회에서 영주와 가신간의 계약 심리적 견제도 이러한 관계를 반영한 민주의식에서 비롯된 것이다. 가신과 그에 종속되는 부하 내지 인민 간에도 권리와 의무관계를 영주의 간섭 없이 독자적으로 정리할 수 있었다. 그리고 이론상으로는 영주의 태도 여하에 따라 가신과 인민은 충성 의무를 해지(解止)할 수 있었다.

또한 가신(家臣)뿐 아니라 영주 자신도 이 지방법정에서 자기의 권리를 다수자에게 호소하는 구제 수단을 강구(講究)하기도 하였다. 1215년의 영국 대헌장(Magna Charta)은[21] 이러한 계약적 의의와 다수결 원칙에서 25명의 봉건 귀족이 존 왕에게 강제로 지방권익의 자유를 재확인하게 한 것이다. 이는 획기적인 민주의식의 표현이었다. 영국의 보통법도 그러한 민주적 기능으로 운영된 지방 자치에서 모아진 법정 판결에 기초한 것이다.

3. 교황, 프랑크 왕국, 신성로마제국

로마 제국의 멸망 후 서유럽의 정치상항은 로마 교황청과 프랑크왕국 그리고 뒤를 이은 신성 로마제국에 의하여 주도되었다.

로마 카톨릭 교회는 니케아 종교회의[22]에서 정통으로 선포된 삼위일체 교리를 수용하여 기독교 교회의 정통성을 확보하였다. 그러나 세속적 정치권력에서는 취약하여 항상 정치 종교적으로 동로마제국으로부터 간섭 내지 감독을 받아 어려움을 겪었다. 특히 종교적으로 단성론이 우세한 소아시아를 자국의 영역으로 지배하는 비잔틴 제국은 정통 교리로 일관하지 못하고 그들 이단과의 친교성(親交性)을 들어내어 로마 교황청을 어렵게 만들었다.

이러한 동로마제국과의 관계에 비하여 프랑크 왕국은 로마 카톨릭 교황청에 의하여 개종됨으로서 이 둘은 기본적으로 협력관계라는 틀

---

21) 1215년 영국의 왕 존이 귀족들의 강압에 따라 승인한 칙허장(勅許狀).
새로운 요구를 내놓은 것은 없고 구래의 관습적인 귀족들의 권리를 확인한 문서로서 교회의 자유, 봉건적 부담의 제한, 재판 및 법률상 특권의 확인, 지방관리의 직권남용의 방지 등의 내용이었다. 그러나 보다 중요한 점은 17세기에 왕권과 의회의 대립에서 왕의 전제에 대항하여 국민의 권리를 옹호하기 위한 최대의 전거(典據)로서 이용, 평의회 승인 없이 과세 할 수 없다는 원칙은 조세 법률주의의 효시가 되었다.

22) 니케아회의 : 313년 기독교를 공인한 로마 황제 콘스탄티누스는 소아시아의 니케아에서 제1회 공의회를 개최하였다.
이는 그리스도의 신성을 부정하는 아리우스파와 삼위일체설을 주장하는 아타나시우스 등 교파간의 정통성을 판가름해서 분열된 교회의 통일을 이루려는 목적이었다. 약 300명의 주교가 소집된 자리에서 아리우스는 이단으로 결정되고 파문당하였다.

을 가지고 출발할 수 있었다. 그리고 신성로마제국이 성립된(962년) 10세기 중반까지 이들 영속 간에는 비교적 협력하는 관계에 있었다.

중세 봉건사회는 직·간접의 주종관계라는 위계질서에 따라 운영되었다. 그런데 중세를 통하여 이 체제는 항상 영(靈)·속(俗) 양권(兩權)에 의한 이중지배가 따랐다. 그 하나는 전통적인 세속정부이고, 다른 하나는 로마교황을 정상(頂上)으로 하는 교회정부였다.

교회정부는 기독교 조직과 체제를 운영하였고 공권화(公權化)된 종교의 지배력은 교황의 지위와 영향력을 비교할 수 없는 높은 지위에 올려놓았다. 지방적으로 분권화된 속권에 비하여 범 유럽적인 이 권위는 중세 서구세계를 상징하는 대표적 최고 권위였다. 또한 그들이 관여하고 있는 봉건지역에는 그 지역과 일치하는 지방교회가 로마제도를 본 딴 조직을 갖추어 그 기능이 매우 효율적이었다.

중세 사회를 규율하는 캐논법(Canon)은 교회의 명령, 고위 성직자의 논술과 선언, 교회의(敎會議) 결의 내용 등으로 이루어졌다. 이는 로마법 원리와 종교 정신에 기초한 규범으로 영적(靈的) 권한에 대한 사항은 물론이고 세속 사항까지도 포섭하여 입법하고 재판하는 권능을 수행하였다.

교황은 신의 지상권위를 대표하는 것으로 자처(自處)하였고 교황권은 로마제국의 옛 영광을 이어 기독교왕국의 세계사적 사명을 인도하는 것으로 통념화되었다.

한편 세속정부인 프랑크 왕국은 게르만 여러 왕조 중에 일찍부터 민족이동에 따른 혼란을 수습하고 단합된 힘을 발휘하였다. 멜로빙가의 크로뷔스(481-511)[23]는 주변을 병합하고 496년에는 기독교로 개종하여 동로마황제 아나타시우스로부터 기독교 왕국으로서의 권위를 인정받았다.

23) 크로비스 (Clovis)왕 : 465(?)-511(재위 485-511). 프랑크왕국의 초대 국왕으로 멜로빙가 왕조를 창업. 496년 알라만과 싸워 이기고 3000명의 부하와 함께 랭그의 주교 레기우스의 세례를 받아 로마 카톨릭으로 개종. 다른 게르만계 부족국가가 아리우스파인 것과 달리 로마 교황청과의 우호관계를 보장받았다.

멜로빙가 왕조 말기에 친위 대장이었던 카를 마르텔[24]이 사라센의 침입을 격퇴하여 기독교의 위기를 구출하는 공적을 세웠다. 이를 계기로 그는 정권을 장악하였고 그 아들에 의하여 칼로링거 왕조가 시작되었다.

교황은 마르텔의 아들 피핀[25]이 칼로링거 왕조를 세우는데 협조하였다. 이후 샤를마뉴가 옛 로마의 위업을 연상케 하는 군사적 정치적 통일과 탁월한 행정 능력을 보이자 직접 로마 제위(帝位)의 상징을 그에게 부여하였다.

브라이스(Bryce)는 기원후 800년에 교황 레오 3세[26]에 의하여 그 해 성탄절에 로마교회에서 성대한 대관식 행사를 거쳐 황제가 된 샤를마뉴(Charlemagne)[27]로부터 시작된 프랑크(Frank)제국의 출현을 로마제국의 중세적 재현(再現)이라 하여 로마제국은 영원히 멸망하지 않았다고 하였다.

---

24) 카를 마르텔(Karl Martell) : 688(?)-741. 프랑크 멜로빙가 왕조의 재상(宰相)(재직 714-741). 714년 아버지의 뒤를 이어 작센들을 정복하여 프랑크의 국위를 높이었다. 732년 스페인으로부터 침입해온 이슬람 세력을 격퇴하여 더욱 명성을 날렸다. 기마병이 강한 아랍군과 대항하기 위하여 군사제도를 개혁하여 기사(騎士)의 병역을 부담하는 가신에게는 교회령을 몰수하여 이를 봉토로 주었다. 이것이 후에 교황과의 오랜 투쟁의 씨앗이 되었다.

25) 피핀 : 714-768. 프랑크 왕국 카로링거 왕조의 초대 왕(재위 751-768).
741년 아버지 카를 마르텔의 사망 후 그의 형 칼만과 함께 재상이 되었다. 형이 747년 은퇴하고 751년 교황 자카리아스의 승인을 받아 멜로빙가 왕조의 힐데리히 3세를 폐하고 왕위에 올라 카롤링거왕조를 개막하였다.
754년에는 이탈리아에 원정하여 랑고바르드족을 격파 라벤나를 교황에게 기진(寄進)하여 교황과의 유대를 공고히 하였다. 이로서 처음으로 교황령의 영토가 공인되었다.

26) 레온 3세 : ?-816. 칼로링거 시대의 로마 교황(재위 795-816). 로마 출신이며 즉위한 뒤 전 교황 하드리아누스 1세의 지지파와 싸워 중상을 입고 샤를 마뉴에게 원조를 구하였다. 그리고 질서를 회복해준 샤를 마뉴에게 800년 성탄절에 서로마황제의 대관식을 올려주었다. 그러나 809년 '성령 발출' 문제로 샤를 마뉴와 대립하였다.
파리오고에 문제라고도 불리는 이 사건은 성령 발출을 신경(信經)에 삽입하면서도 비잔틴교회와의 관계를 고려 전례(典禮)에서 이를 부르지 못하게 금한 것이다.

27) 샤를 마뉴 : 742-814. 칼로링거 왕조의 제2대 프랑크 국왕(재위 768-814). 772년부터 804년까지 몇 차례의 원정을 감행하여 작센족의 정복, 랑고바르드 왕국 병합, 스페인 국경에 변경령을 설치하여 아랍 세력을 견제하는 등 서유럽의 정치적 통합을 달성하였다.
800년 로마 교황 레오 3세로부터 황제로서 대관(戴冠)되었는데 이 사건은 서유럽이 동로마 비잔틴제국의 영향에서 독립을 뜻하는 것이었다.

프랑크 제국은 명실 공히 로마제국의 재현으로 생각되었다. 그러나 그 수명은 길지 못하였다.

샤를마뉴 대제가 죽은 후에 그들의 전통적 관습법인 살리크법[28]의 제자상속(諸子相續)의 원칙에 따라 나라는 분할되고 형제들 간의 투쟁이 극심하였다. 결국 843년 베르덴(Verden) 조약으로 동프랑크, 서프랑크 그리고 이탈리아로 삼분하는 협정이 성립함으로 이 제국은 해체되었다. 그리고 이 분할은 각기 독일, 프랑스, 그리고 이탈리아라는 민족국가의 독립 기반이 되었다.

그러나 로마적인 통일을 동경하고 희구(希求)하는 중세의 노력은 꾸준하였다. 단 하나의 제국 단 하나의 교회만이 존재한다는 생각은 당시의 일반적인 관념이었다.

서프랑크는 카페왕조에서 안주의 프란타제네가(家)[29]가 영국과 대면하고 있는 서부의 광대한 노르만 영지를 가지고 영국 국왕이 된 후에 현저하게 쇠약해졌다. 이러한 서프랑크를 흡수한 동프랑크는 오토 1세(Otto, 936-973)[30]의 통일된 힘으로 융성하여 졌고 교황 요하네스 12세는 그에게 이탈리아 원정(遠征)을 종용(慫慂)하였고 그가 이 원정을 승리로

---

28) 살리크 법은 프랑크족 전통의 관습법으로 왕의 사후에 그 영지를 여러 아들들에게 나누어 상속토록 하였다. 이는 왕국을 완전한 개인 소유로 인식하는 사고방식에서 비롯된 것으로 분할로 인한 왕국의 약화와 끊임없는 분쟁을 유발하였다.
이러한 전통은 1024년 하인리히 2세가 세상을 떠나고 콘라드 2세가 왕위에 등극하여 '배의 키잡이가 죽어도 배는 있듯이 왕이 죽어도 왕국은 남아있다'라고 함으로서 공적인 국가의 개념을 분명히 하자 그 전통 역시 종식되었다(『케임브리지 독일사』, 마틴 키친(Martin Kichen), p.45).

29) 영국의 헨리 2세는 부친이 서 프랑크의 노르만디 후작이며 동시에 안주의 백작인 조프리였고 모친이 영국왕 헨리 1세의 미망인으로 헨리 일세의 사후에 영국 국왕이 되었다. 그러므로 그는 영국의 국왕으로 노르만디와 안주 지역을 영국령으로 하였고 서프랑크는 그들의 영토가 크게 위축되자 양국은 전쟁에 돌입하게 되었다.

30) 오토 1세(Otto 1) : 912-973(재위 936-973). 신성로마제국의 황제.
주교와 수도원장을 왕권의 정치적 지주로 삼고 그 교회령(敎會領)을 물질적 토대로 서프랑크와의 정세를 안정시키고 동쪽의 마자르족으로부터 결정적 승리를 얻었다.
교황 요하네스 12세의 파병 요청으로 이탈리아로 출정, 962년 교황으로부터 황제관을 받았다. 그것은 독일 왕권을 비잔틴 황제와 같은 격인 보편적 황제권으로 높인 것이었다.
이후 역대 황제가 이탈리아 정책에 깊이 개입하는 화근이 되어 최고지배권을 위요한 교황권과의 운명적인 대결의 길을 열었다.

이끌자 962년 오토를 신성(神聖)로마제국의[31] 황제로 추대하였다.

교황은 팍스 로마나(Pax-Romana ; 로마지배에 의한 평화)를 회고하여 신성로마제국이 세속적 입장에서 교황청과 기독교왕국들을 수호할 것을 위촉(委囑)한 것이다. 이러한 통합과 안정을 기반으로 서부 유럽은 영권이나 속권 모두 확고한 기틀을 마련하여 발전하게 되었다. 그러나 십자군 원정은[32] 유럽전체에 큰 혼란을 가져 왔다.

근 이백년간에 걸친 원정은 모두 실패로 돌아갔고 병력 동원(動員)으로 인한 경제적 파탄(破綻)으로 봉건제도가 전면적으로 붕괴하기 시작하였다. 13세기 인노켄티우스 3세(Inncent 1198-1216)[33]는 사라센의 이

---

31) 신성로마제국 : 962년 오토 1세가 교황 요한네스 12세로부터 황제로 대관한 때부터 프란츠 2세가 제위를 물러난 1808년까지 독일 국가 원수가 가졌던 독일제국의 정식 명칭이다.
이 제국은 고대 로마제국의 부활 연장이라고 여겼기 때문에 '로마 제국'이, 그리고 고대 로마전통 보존자인 기독교와 일체라는 뜻에서 '신성'이라는 말을 덧붙이었다. 15세기 이전에는 단순히 제국 또는 '로마 제국'이라고 불렸다.
동프랑크 국왕이었던 오토 1세는 제후들을 억제하기 위해 교회세력을 이용. 주교나 수도원장을 행정관료로 삼아 왕권을 강화했다. 실제 지배 지역은 독일, 이탈리아, 덴마크, 보헤미아 등에 불과하였으나 이념상으로는 로마교회가 영향을 미치는 유럽 전역의 황제처럼 이해되었다.
이 제국은 라틴 사람과 튜튼(게르만)사람들의 이원적 구조로 교회의 권력은 라틴인들이 그리고 제국의 정치력은 튜튼인들이 장악하였다.

32) 십자군 : 11세기 말에서 13세기 말 사이에 서유럽의 기독교인들이 성지 팔레스타인과 성도 예루살렘을 이스람 교도들의 수중으로부터 탈환하고자 전후 8회에 걸쳐 감행한 대 원정(遠征).
이 원정은 종교적 운동이었으나 그 내적 동기에는 영주와 기사계급의 새로운 영토에 대한 욕구, 상인들의 경제적 이익, 봉건사회의 중압으로부터의 탈출 등이 복합되어 있다. 당시 서유럽의 정치적 분위기는 노르만인의 남이탈리아 및 시칠리아 정복, 스페인에서의 국토회복운동, 동부 독일의 대식민 활동 등 경계를 확장시키고 있어 십자군운동은 이러한 욕구들을 성화(聖化)시키는 역할을 하였다.
이 연합국 형식의 십자군에는 영토와 경제적 이익의 대립과 당시 형성되어가고 있던 국민적 감정 등에 의한 내분(內紛) 등으로 통일적 행동이 불가능하여 실패하였다.
특히 4차 운동 때는 같은 기독교 국가인 비잔틴 제국을 침공 무너뜨리고 엄청난 약탈행위와 그 영토도 분할되어 콘스탄티노플을 중심으로 라틴제국이 성립되었으나 오래 유지하지는 못하였다. 이러한 비도덕적 행위가 종교운동의 이름으로 행해졌고 이는 '백인의 부담(White Burden)'이라는 모습으로 현대에 이어지고 있는 것이다. 이 운동의 실패로 교황권은 후퇴하고 국왕 권력의 강화, 도시와 상업의 발달, 이스람 문화와의 접촉으로 인한 문예 부흥의 싹이 움트는 계기가 되었다.

33) 인노켄티우스 3세 : 재위 1198-1216. 교황권을 정치적 재능에 활용. 각국의 세력다툼을 이용하여 왕위다툼을 일으키기도 하고 화해시키기도 하면서 세속 권력을 좌우

교도들과 전쟁을 주도하며 교황의 권능을 절정에 올려놓았다. 그러나 이때가 지나며 영권(靈權)의 전통적 세력은 속권의 반동적(反動的) 의식이 격앙(激昻)되어 그 세력을 잃게 된다. 또한 신성로마제국은 봉건 제후(諸侯)들이 독립해 나가며 형해화(形骸化)하였다.

십자군이 완전하게 실패로 끝난 후에 교황의 위신은 땅에 떨어졌다. 토지의 재정 수입을 놓고 세속권과 충돌이 거듭되었으나 민족통일을 먼저 성취한 프랑스의 왕권에 의하여 이른바 '아뷔뇽(Avigon)의 유수(幽囚)'로 세속권의 승리로 끝이 났다.

14세기 들어서며 중세 봉건사회를 끝내려는 신흥 시민계층이 대두되어 그 붕괴를 촉진하였고 이에 호응하여 여러 민족국가의 근대적 궐기(蹶起)가 정치 세력으로 결집되었다.

4. 비잔틴 제국의 지위

중세는 교황이 지배한 서구세계와 함께 비잔틴제국[34]이 개척한 동유럽 내지 발칸지방에서의 특수한 역사과정이 있었다. 로마제국의 정치적 실제 권위는 로마에서가 아니라 동방 분신격(分身格)인 콘스탄티노플에서 실천되었다.

고대 문명의 근거지인 그리스를 차지한 이 제국은 종교와 세속권의 관계가 로마와는 달랐다. 서로마가 야만 수준의 게르만족에게 점령당하여 정치적, 지적(知的) 세계가 급격하게 몰락한데 비하여 그리스를 그들의 영역으로 안은 동로마는 그와는 달리 헤레니즘의 영향 아래 서서히 기독교 국가로 변모할 수 있었다.

비잔티움 발전의 주된 원천은 로마의 국가제도와 그리스문화 그리

했다. 십자군 운동을 일으켰으나 참가자들이 탈선하였고 각지에 이단 심문관을 파견하여 무자비한 종교 탄압을 행하기도 하였다. 이러한 탄압은 상대적으로 이스람교의 교세확장에 도움이 되었다.

34) 비잔티온(Byzantion)은 B.C. 8-7세기에 메가라왕국의 수도로서 '메가라'라고 불리었으나 그리스에 정복된 후에 이 이름을 얻었다.
325년 콘스탄티누스 황제가 이곳을 수도로 정하고 이름을 콘스탄티노플로 바꾸었다. 비잔틴 제국은 후대가 붙인 동로마 제국의 별명이다.

고 기독교 신앙이라는 세 요인에 기초하였다. 동로마제국에서는 정치 문화적 진전과 함께 황제직의 지위에 대한 인식이 변모하였다.

로마의 황제는 그 권위의 절대성에도 불구하고 어디까지나 최고의 관직이었으나 이제 오리엔트의 영향을 받아 그 전능한 권력은 세속적 권위가 아닌 신의 의지가 되었다.

사실 근대 민족의식과 같은 강한 유대감이 결여된 상태에서 수많은 이질적인 부족 집단들을 결집시키는 제국적 세계 국가는 종교적 기반 없이는 그 존립이 위태로우며 따라서 동방에서는 황제의 신격화가 이루어졌고 동로마도 그에 따른 것이다.

비잔틴 교회는 제국의 강력한 통치력에 처음부터 순종하여 황제 권한을 지지하였다. 이러한 전통은 콘스탄티누스황제가 양권의 관계를 공식적으로 설정한 이래 그대로 그 관계를 유지하였다. 그 배경에는 비잔틴제국이 항상 아랍세력의 위협에 대면하고 있어 영속간의 협력 관계가 필수적으로 요구되는 지정학적 상황이 있었다.

게르만인이 위대한 로마를 신성하게 생각하여 황제 정치에 모여 들었다. 마자르와 스라브족은 이 지역으로 이동하여 그 치하에 들어갔다.

로마법을 집대성(集大成)한 유스티니안 황제(527-567)[35]는 반달왕국을 멸망시켜 북아프리카를 회수(回收)하여 로마제국의 체면을 세웠다. 그리고 근 20년간의 전쟁을 통하여 동고트를 점령하여 이탈리아를 탈환하는 쾌거를 통하여 동서에 걸친 옛 로마의 긍지를 회복하였다. 그러나 유스티니안 황제 서거 후 3년에 롬바르드인의 이탈리아 침략이 개시되었고 같은 때에 서고트족이 진격하였다.

이제 서방에 남아있는 로마제국의 영역은 라베나 남이탈리아 시칠

---

35) 유스티니아누스 1세(Justinianus 1) : 482-565(재위 527-565). 비잔틴제국의 황제. 마케도니아 출신. 왕비 데오도라의 뛰어난 조언으로 이집트, 시리아 등이 믿고 있는 단성론에 대하여 종교 정책이 로마에 치우치는 일이 없도록 배려하였다.
그는 5세기에 잃은 로마 서방의 영토를 재정복(대 반달. 동고트 전쟁)하였다. 552년 서고트 왕국을 공격 카르타고, 이탈리아 및 스페인 남부를 탈환하여 지중해를 다시 '그들의 바다'로 할 수 있었다. 또한 로마법학자들의 『학설집』, 『법학입문』, 『신법』을 편찬 소위 『유스티니안 법전』인 『로마대법전』을 완성하였다.

리아 북아프리카만이 남게 되었다. 중세에서 비잔틴제국이 아랍 세력과 야만족들로부터 서구 기독교왕국과 자기자체를 수호하는 과정은 매우 힘든 것이었다.

아랍의 칼리프인 무아위야는 시리아 메소포타미아와 아르메니아를 점령하고 콘스탄티노플을 포위 공격하여 비잔틴 제국은 최고의 위기를 맞이하였다. 678년 콘스탄티누스 4세는 콘스탄티노플 성벽 아래서 벌어진 해전(海戰)에서 처음으로 '그리스의 불－최초의 화약을 이용한 대포'을 사용하여 아랍 세력을 물리쳤고 이것은 아랍 세력과의 그 많은 전투 중에서도 가장 중요하게 평가되고 있다.[36)]

또한 7, 8 두세기에 걸쳐 페르시아와 터키의 일족인 불가리아족의 맹렬하고 집요한 공격이 콘스탄티노플을 여러 차례 최종 국면에 까지 몰아넣었다. 8세기 초까지 북방 터키족의 일파인 아발인과 스라브족이 여러 차례 수도 콘스탄티노플 가까이 육박하였고 그중 대부분 특히 스라브족이 발칸 지역에 거주하기 시작하였다.

그러나 8세기에는 비잔틴제국의 국정은 다시 내실을 다질 수 있었다. 이들은 경제기반을 견실하게하고 정치 군사의 여러 제도를 정비하여 다시 유럽문화에 대한 방패 역할을 수행할 수 있었다. 이는 기독교왕국의 기반을 동방과 북방의 강적으로부터 수호한 중대한 의미를 갖는다.

역대 비잔틴황제들은 탁월하고 강력한 통치권을 대체로 유지하였

---

36) 첫 번째 전투는 해전이었고 콘스탄스 2세 (재위 668-685) 때이다.
663년부터 해마다 반복하여 습격하던 아랍 세력은 이집트, 시리아, 아르메니아 등을 점령하고 콘스탄티노플을 포위 678년 그 앞바다에 나타났다. 이 때 비잔틴 해군은 나중에 '그리스의 불'이라고 불리는 화약을 사용하여 칼리프가 이끄는 아랍 함대를 물리쳤다.
두 번째 전투는 일차전과 똑같은 양상이 되풀이되었다. 레오 3세(717-741)는 칼리프의 동생 마슬라마의 함대를 역시 화약의 힘으로 물리칠 수 있었다.
세 번째 전투는 프랑크 영토 내에서 있었다. 710년부터 아랍 세력은 스페인을 점령하고 피레네 산맥을 넘어 골 지방으로 침입하였다. 이제까지는 비잔틴 제국이 막아주던 아랍세력을 맞아 프랑크왕국 멜로빙가왕조의 재상(宰相)이었던 카를 마르텔이 아랍 세력을 물리쳤다. 처음에는 뚜르와 푸아티 사이의 지역에서 이들과 혈전을 벌여 승리하였고 5년 뒤에는 부르고뉴와 랑그 도크 지역을 이스람교의 지배로부터 벗어나게 하였다.

다. 정치력으로 사회를 통제하여 국내 안정을 효과한 것이다. 중농 정책에 힘써 토지의 개간과 농산물의 생산 증대를 촉진하고 자작농의 지위를 인정하였다. 또한 길드(Guild)[37]와 중요 산업은 국가의 엄격한 통제아래 두었다.

상품생산, 가격, 판로, 원료구입 등을 감시 조정하여 산업의 안정을 꾀하는 한편 거대한 부호 상인의 출현을 제지하고 중산계급의 번영을 효과하였다.

비잔틴 제국은 11세기 말부터 마지막 수난기에 들 때까지 대체로 번영의 시대를 누렸다. 페인터(Shidney Painter)에 의하면 중세를 대표하는 가장 중대한 문화-기독교와 그리스 문화의 융화가 이곳에서 완수되었다고 한다.

비잔틴 제국은 정치 체제 면에서는 황제 중심의 관료체제를 정비하였다.

제국의 영역을 데메스(Themes)라는 지역으로 구분하여 장군을 파견하여 통치하였다. 황제는 이러한 데메스와 관료조직 위에 군림하여 인민을 통치할 사명을 수행하는 신성한 존재라는 로마제국의 전통적 관념으로 전제정치를 하였다.

교회회의도 황제가 소집하고 그 결의사항을 포고하고 법령으로 결집하였다. 그러나 종교에 관한한 완전한 전제권력을 행사한 것은 아니었다. 그들은 시민들의 종교를 공민법(公民法) 대상의 일부로 취급하였다. 또한 종교 역시 아랍 문명의 영향으로 신앙심이 반드시 이성(理性) 활동을 억압하는 힘으로 작용하지는 않았다.

비잔틴 제국은 서유럽세계에 대하여는 종주(宗主)로서의 견제와 감시를 계속하였다. 그러한 실례로 프랑크 왕국은 골(Gaul)지방의 영유를 유스티니안 황제에 의하여 부여받는 형식을 취하였다. 그리고 피핀은 롬바르드족을 격파하고 라벤나 지역을 교황에게 기증할 때 역시 일단 비잔틴 제국에 반납하는 형식을 거쳤다. 또한 레오황제는[38] 서로마지

37) 도시의 자체적 제도로 생산과 유통이 생산자 길드에 의해 통제되었으나 자유 시장제로 변환되는 과정에서 붕괴됨.

역의 종교에도 간섭하여 그리스도와 성자들의 우상을 파괴하도록 명령하였다.39)

이러한 전통에 따라 샤를마뉴가 프랑크 왕국의 제위에 오를 때(800년)는 비잔티움 황제 니케포로스 1세는 들은 척도하지 않았으나 그를 이은 미카일 1세는 그가 통치하는 남이탈리아 지역과 비잔티움 영역 자체가 위협을 받자 이 지역의 반환을 조건으로 황제의 지위를 인정하였다. 그러나 프랑크왕국의 황제이지 로마의 황제는 아니었다.

동서양 제국 간에는 황제는 단 하나라는 배타적 의식과 자신이 로마의 상속자라는 쌍방의 주장으로 이들은 서로 투쟁하는 불화가 오래 존속하였다. 오토 1세가 신성 로마제국의 황제로 등극하고(962년) 세력을 확장하며 비잔티움 황제 니케포로스 포카스에게 자신의 아들과 그의 누이와의 결혼을 제안하였으나 거절당하였다.40)

---

38) 레오 3세(Leo 3) : 675(?)-741. 비잔틴 황제(재위 717-741).
이사우리아 왕조의 창시자이다. 북 시리아의 게르마니케이아(Germanikeia) 출신으로 신분이 낮은 집에서 태어났다. 유스티니아누스 2세의 국내 식민지정책에 의하여 트라키아로 이주하여 황제의 휘하에 합류하였다.
테오도시우스 3세(715-717)에 반기를 들어 그를 폐위시키고 스스로 제위에 올랐다.
아랍 세력을 718년과 740년의 두 차례 아크로이온의 싸움에서 물리쳤다.
726년과 730년 우상숭배 금지령으로 사상 논쟁을 초래 결국 동서 분열을 가져왔다.

39) 동로마황제 레오 3세(675-741)가 성상 숭배를 우상숭배로 간주 그 파괴를 로마교황에게도 요구(726년)하였으나 교황 그레고리 2세와 3세는 이에 반대하였다.
성상파괴를 주장하는 교파는 단성론과 바울파(Paulicians)로 이들은 인간의 용모묘사를 꺼리는 이스람과 유대교의 영향을 받은 것이다.
이 찬반의 배경에는 소아시아계 민족을 기독교로 개종하는데 성상 숭배가 장애가 되었고 반대로 로마교회는 게르만인을 개종시키는 데 도움이 되었기 때문이다.
이로 인한 대립은 유럽 세계에 큰 위기를 불러일으키어 100년 이상 심각한 내부 투쟁을 겪었을 뿐 아니라 동·서 분립에 중대한 계기가 되었다. 특히 레오 3세는 이탈리아의 롬바르드 왕국을 부추겨 로마 교황청을 압박하였는데 결과적으로는 프랑크왕국과 로마교화청의 밀접한 관계를 촉진시킨 것이 되었다.
이 성상 파괴는 메토디오스가 대주교에 오른 후 843년 3월의 한 종교회의에서 성상숭배 재건을 선포함으로서 종식되었다(『비잔티움 제국사』, 게오르그 오스트로고르스키(Georg Ostrogorsky), p.169).

40) 그러나 이 결혼은 성사되었다. 오토 1세는 당시 이탈리아 남부를 소유하고 있던 비잔틴 제국의 영역을 침공하여 전투에서 승리하고 아폴리아는 비잔틴에 파푸아와 베네벤토는 독일에 귀속시켰다. 이는 오토가 청혼할 때 공주의 지참금으로 요구했던 내용이었다. 오토 1세의 아들 오토 2세와 비잔틴의 테오파노 공주는 성 베드로 성당에서 혼례를 가졌다. 결국 비잔틴으로서는 그의 요구를 모두 수용할 수밖에 없었던 것이다.

8세기에서 11세기 중엽까지 동로마 제국의 이사우리안과 마케도니아의 두 왕조는 스스로가 정치적으로 로마의 정통(正統)임을 주장하며 교황을 기독교 교회의 수장으로서만 인정하였다.

중세 유럽 세계의 양분(兩分)은 정치적으로만이 아니라 바로 기독교의 양분[41], 즉 그리스 정교와 로마 카톨릭으로 나누어졌다. 이 둘은 교회와 정치권 간의 관계가 서로 다른 특질을 형성하였을 뿐 아니라 문화적으로도 확연한 차이를 보였다. 이후 서방에는 스콜라 철학이 동방에는 비잔틴 문화라는 두 체계가 서로 대응하였다. 그러나 비잔티움은 헤레니즘이 그러하였던 것처럼 그 문화의 성숙도에 비하여 볼 때 그들은 독창적이라기보다는 수집가로서 평가되고 있다.

비잔티움 국가는 그리스-로마의 고대 문화가 수세기 동안 계속 살아있었던 그릇이었다.

그들은 로마법과 그리스 철학과 광범한 지식을 몰락으로부터 지켰다. 그런 다음에 이를 받아들일 수 있을 만큼 성숙해진 서유럽인들에게 이 위대한 유산을 물려준 것이다.

근대 르네쌍스라는 문예부흥은 오로지 비잔틴 문화의 역사적 역할에서 그 동기가 발단(發端)된 것이다. 즉 헤레니즘 문화와 동방의 아라비아와 소아시아의 과학 문명이 서로 교류 융합된 비잔틴 문화의 영향력에 힘입어 중세역사를 통하여 이루어진 것이다.

---

41) 동, 서로마 제국이 하나의 정신적 종교적 공동체라는 허구가 계속 유지되기에는 이 둘은 너무 다른 길을 걸었고 이제까지의 대립은 그 골이 깊었다.
교황을 지지하며 비타협적이고 반 비잔티움의 지도자였던 훔 베르투스 추기경은 로마의 사절로 콘스탄티노플에 갔으나 그는 소피아 제단 위에서 비잔틴의 총대주교 캐롤 라리오스와 그 지지자들에게 파문장을 썼다(1054년).
황제의 동의하에 종교회의를 소집한 캐롤 라리오스 역시 로마 사절단에 파문의 저주를 던졌다. 그리고 이것이 공동체로서의 존립에 끝이었는데 당시에는 이 사건의 중요성을 실감하지 못하였다고 한다.

제 2 절 기독교의 발전과 그 지배성격

1. 기독교 왕국의 문화 배경

중세 서구에 기독교가 보편적으로 수용된 역사적인 배경에는 그것이 고대 문화의 발전 형식의 일환(一環)으로 볼 수 있는 관념상의 면모에서 찾을 수 있다.

기독교에서는 청빈과 맑은 영혼이 축복 받을 것이라고 믿었다. 그러나 세네카가 현실을 비판하는 정신적인 배경에는 역시 청결하고 고고(孤高)한 도덕적 각성이 있었다.

현실을 절대적으로 규율하는 초재적인 진법(眞法), 평등 자유의 보편적 도덕률 등의 스토아주의가 기독교 교리에 접목되어 기독교 왕국의 문화의식에 주요한 요소를 구성하였다. 또한 기독교가 알려지기 전에 이미 로마에서는 알렉산드로스 대왕에 의한 세계화의 이념을 계승한 스토아 사상의 영향으로 사해동포(四海同胞)의 관념이 이성적 윤리정신으로 지식층에 유행하고 있었다.

이러한 요인들로 인하여 로마에서 기독교가 출발할 당시부터 그들은 거의 무의식적으로 스토아주의를 따랐다.

기독교 성립에 가장 중요한 역할을 한 바울 역시 기독교로 개종하기 전에는 스토아 사상 계열에 속하였었다.

이는 스콜라 철학(Scholasticism)이 기독교 교의를 스토아 사상에서 해석하여 형성되었다는 사실과 중세 캐논(Canon)법의 이론상의 표현 역시 그 연관성을 보여주고 있다.

한편 신플라톤주의(New Platonism)[1]는 기독교 사상에 대하여 직접으

1) 플라톤의 전통에 따른 2-6세기의 그리스 철학의 일파.
창시자는 아모니오스 사카스(175(?)-242)이고 플로티노누스가 대성시켰다. 이 사상은 형성기의 기독교에 받아들여져 교부 뿐 아니라 전체 기독교 사상에 중대하고도 근

로 관련 있는 이념을 제공하여 기독교에 기여하였다. 원래 이들은 팽창하는 기독교 세력에 대항하여 헬레니즘의 중심도시인 알렉산드리아에서 일종의 민족문화 운동으로 이루어졌던 것이지만 결국 중세 기독교의 보급에 미묘한 역할을 수행하였다.

사실 니케아회의에서 이단(異端)으로 몰린 아리안 파의 기독교 해석은 신플라톤주의의 영향을 받은 것이다. 그리고 기독교의 역사철학을 최초로 제공한 성 아우구스티누스도 한 때 열렬한 신플라톤주의자로서의 사상적 편력(遍歷)을 거쳤다.

셈족 출신인 플로티누스(Plotinus)(204-270)[2]는 신플라톤주의를 대성시켰다. 그의 생애는 로마 군인황제 시대를 이어 게르만 민족의 이동이 시작되던 살벌한 환경에서 살며 사색하였다. 권력 쟁탈의 와중에 포악한 학정(虐政)과 유행병이 창궐하여 현실은 매우 처참하였다. 그는 이러한 현실로부터 도피하여 최고선의 평화와 행복을 추구하였다.

그는 이 행복은 '외형적이고 세속적인 선에 의하여 도달되는 것이 아니다. 우리 자체에 내재하는「영원한 것」,「유일한 것」에 조화함으로 도달된다'고 하였다. 그러한 것에 합일하려면 첫째로 감각과 물질에서 해방됨으로써만 가능하다. 이 유일자는 육체 안에 들어가도 육체에 의하여 더럽혀 지지 않으며 적(敵)이 제거되면 언제든지 다시 나타나는 것이다. 이 유일자는 일체를 초월하면서 일체를 유출(流出)한다.

정신과 영혼도 이 유일자에 다음 자리(次序)라는 지위에 있다. 그리고 이 유일자에의 합일(合一)은 개체인 자아의식(自我意識)에서 벗어나 이에 조화함으로써 이루어진다.

본적인 영향을 주었다.

2) 프로티누스(Plotinus) : 204-270. 유럽 고대 말기를 대표하는 그리스의 철학자. 신비사상가. 플라톤에 경도된 그는 자신을 플라톤주의자라고 하였으나 아리스토텔레스, 스토아 등의 영향이 크며 고대 그리스 철학의 하나의 종합적인 체계를 이룬 것이다. 종교적 경향에 부응, 영혼의 해탈을 목표로 하는 구원의 철학이기도 하였다.
그는 '일자(一者)'가 일체 존재 사물의 원천이고 그 존재의 충일(充溢)에 의하여 그것 이외의 존재를 그것의 밖에서 창출하되 '일자' 자체는 아무런 손상을 입지 않는다. 존재의 작용 기능을 자기 이외의 것을 낳는 창조의 작용이라고 파악한 이 직관은 그리스 철학이 도달한 가장 아름다운 직관의 하나이다.

이러한 생각은 그리스의 오르페우스교의 특질과 닮은 것이다. 즉 플라톤 이념의 종교적인 개편의 성격을 가진 신플라톤주의의 '유일한 일자'라는 논리는 기독교 이념과 상통하는 것이다.

다시 말하면 기독교에서 감각의 피안에 있는 신성한 유일자의 실재(實在)를 믿고 그에 몰입하여 접근할 수 있는 것으로 해석하려는 태도는 신플라톤주의의 영향을 받은 것이다. 럿셀(Bertrand Russel)에 의하면 이러한 그리스도를 로고스(Logos)와 동일화(同一化)하려는 경향은 기독교 성자에도 보이고 사도(使徒)요한의 복음(St. Jhones Gospel)에서도 현저하게 들어난 것이다.

신플라톤주의는 기독교왕국의 문화적 감성을 형성하여 중세에 사상적 배경을 구성하였다. 그러나 그들의 현실 국가에 대한 태도는 기독교와는 다소 차이가 있었다. 신플라톤주의에서 청빈을 내세우는 것은 육체의 유혹이라는 적(敵)을 제거하는 의미였고 그러나 그들의 도덕적인 지향은 사회적 의미를 포함하고 있어 국가주의가 가능하였다.

이 신플라톤주의는 고대와 중세를 가르는 분기점이다.

2. 기독교의 유래

기독교는 유일신의 절대적인 주재(主宰)를 지시하고 인간과 국가에 대하여 완전히 초월적인 신(神)의 권위를 주장한다. 이러한 종교적 성격은 원래 헤브르 민족의 종교에서 유래한 것이다.

여호와 신은 자신들을 선택된 사람들이라 믿는 이스라엘 민족이 그들을 수호하는 창조신으로 받든 민족신이었다. 그리고 다른 신이나 민족에 동화를 용인하지 않는 유일 최고의 신으로 믿어진 것이다.

상고로부터 이스라엘 민족은 강대한 동방 여러 제국(諸國)의 틈에서 농락당하는 수난의 역사를 걸으며 그 안에서 살아남기 위해 더욱 그들의 신에 의지하게 되었다. 또한 그들의 열등의식은 반동적으로 선민의식(選民意識)으로 바뀌어 배타적인 민족 정서를 키운 것이다.

이러한 민족 정서와 결합된 유대교는 이집트의 포악한 학대로부터 민족을 구출한 모세에 의하여 국민적 토대위에 서게 되었다. 국가는 그들의 신앙생활의 필요에서 성립된 것은 아니고 주변 환경에서 자극되어 군주를 선임함으로서 정치형태를 갖춘 단계에 있었다. 군왕의 지위(地位)는 양들 즉 인민을 거두어 먹이겠다는 서약으로 신의 위촉을 받아 성립하는 것으로 생각되었다. 즉 율법에 따르는 신정(神政)정치의 정신이었다.

이집트로부터의 탈출과 바빌론에서의 노예생활에서 받은 민족 심리의 상흔(傷痕)은 더욱 종교적인 성격을 극단으로 몰아갔다. 그들은 바빌론에서의 노예생활에서 벗어나 귀환하였지만 국가적 또는 정치적 독립에는 이르지 못하였고 예루살렘의 신전을 중심으로 정신적 자치생활만 허용되었을 뿐이었다. 이러한 생활의 위축은 오히려 헤브르 선민(選民)의 수호신인 여호와 신의 지위를 확충하여 지상의 모든 민족과 국가를 섭리(攝理)하고 지배하는 보편적인 주재신(主宰神)으로 격상시켰다.

기원전 8세기경에는 예언자 아모스, 미카, 이사야(Isaiah) 등이 여호와 신의 정의로운 세계지배가 출현되도록 호소하였다. 그들은 또한 세도층의 탐욕과 부패를 저주하며 가난한 자의 순결을 강조하고 이들이 여호와 신에 의해 구제될 것이라는 복음을 선포하였다. 이 메시아 사상은 예언자의 호소에 여호와 신이 정의를 가져올 것이라는 것과 그것을 기대하는 민족의 신념에서 결집된 것이다.

이제 여호와 신의 정의는 천국이 초월적인 피안에만 머물지 않고 머지않은 장래에 현실로 지상에서 이루어질 수 있다는 믿음으로 진전되었다. 지상에서의 '최후의 심판'에서 순결한 자들은 구원을 받을 것이며 신이 주재하는 정의와 평화가 실현되는 영원한 세계가 도래한다. 이때에 그 신을 믿고 따르면 영광이 주워 질 것이고 그렇지 못한 자는 멸망할 것이다.

이러한 헤브르 민족 종교는 후일 예수의 가르침에서 보다 순화(醇化)되어 적어도 이론상으로는 세계의 섭리신(攝理神)으로 모든 민족 또는 개인이 신 앞에서 평등하며 이들을 똑같이 사랑하는 보편성을 갖는 종교로 발전한 것이다. 이러한 보편성을 갖게 되는 계기는 그 배경에 알렉산드로스 대왕에 의한 페르시아 정복과 그리스 문화의 영향을 받아 세계 평화라는 의식이 작용하여 신의 의사(意思)란 개념에 지적인 면모도 첨가하게 되었다.

신의 최고 지배와 세계섭리를 내세우는 한편 겸손이라는 평화의 윤리도 선양하여 정의롭지 못한 자에 대하여 이를 심판할 신의 권위가 더 한층 힘을 얻게 되었다.

3. 기독교의 가르침과 국가관

예수 그리스도의 가르침은 확실하게 종래의 헤브르 민족종교의 한계에서부터 벗어난 새로운 면목으로 바뀐 것이었다. 그는 유대왕국을 위한 메시아의 출현으로 믿어지기도 하였으나 보다는 순수한 종교적 성격을 상징한 것으로 해석되고 있다.

예수 자신은 '카에자르의 것은 카에자르에게, 신의 것은 신에게'(마태복음)라 하여 영계(靈界)와 속계(俗界)를 확연히 구분하고 신의 왕국만을 문제 삼는 방향을 취하였다. '나의 나라는 이 세상의 나라가 아니며'(요한복음) '주(主)인 너의 신에게 예배하고 거기에만 섬기라'(마태)는 것이다.

그리고 율법에서는 정의와 이웃사랑, 싸움과 살인을 금지하며 폭력에 대하여 무저항으로 대할 것을 가르치었다. 평화의 윤리를 제시하여 인간의 악을 상대하지 말고 오로지 신의 뜻에 따라야 할 것을 강조하였다. 원수를 사랑하고 용서하는 일이 자신을 신으로부터 용서받게 하는 도리이고 인간이 인간을 재판할 것이 아니고 다른 이에게 받고자 하는 대로 다른 이에게 먼저 주라고 하였다.

이처럼 그가 사랑과 존경을 인류 전체에 평등하게 행할 바를 가르침으로 유대민족 종교에서 벗어나는 계기가 되었다. 이는 편협한 민족주의적 경향에 대하여 중대한 경고가 되는 교의를 선포한 것(마태)이다.

그러나 기독교의 사랑의 윤리는 오로지 아버지 하느님의 뜻을 따르고 복종하는 것이고 모든 율법행위는 천국에 들어갈 수 있기 위한 것이다. 천국은 신의 의사를 행하는 자에게만 열려 있다. 항상 거짓 없이 신을 찬양하고 기도하라. 신을 위하여 신의 뜻을 지상에 수립하는 소금같은 인간이 될지니 의로운 순교(殉敎)는 천국에서 영생(永生)을 얻을 것이다. 이리하여 예수에게 인간세계의 윤리는 승인될 수 없었고 인간의 일은 모두 죄악으로서 신의 정의에 의해 극복되어야 할 대상이 되었다.

이러한 의미에서 '나를 지상에 평화를 보내기 위하여 온 것으로 생각하지마라. 나는 평화가 아니고 검을 보내기 위하여 왔노라'(마태)라고 하였던 것이다. 이 세상의 종말은 확정된 것으로 예수는 천국이 눈앞에 왔음을 확언하였다. 천국은 신의 심판을 기다려 신의 정의에서만 이루어진다. 영원한 생명과 영광이 오직 하늘에 계신 아버지 신만에 의하여 이루어지며 거기에 귀의하고 그 뜻을 따름으로서 신의 의사에 의하여 구원을 받는다.

예수는 인간과 신의 두 주인에게 함께 봉사할 수 없다고 하여, 인본주의(人本主義)를 부정하였다. 이러한 두 주인을 섬길 수 없다는 선언은 현실세계에 국가의 권위와는 별도로 인간의 정신적 영역을 지배하는 권위를 위해 교회를 세우는 바탕이 되었다. 그리고 그러한 의미를 갖는 교회를 세운 것은 유럽 역사상 가장 중요한 사건이다. 이러한 사유의 틀에서 근대의 자유, 평등, 정의라는 정신적 가치세계가 가능하였다.

이러한 예수의 가르침에는 후에 아우구스티누스가 설정한 신의 국가와 지상 국가의 구별을 전제하고 있다. 따라서 기독교에서 현실 국가는 중요한 의미를 갖지 못하였다. 고대인들이 도시국가에 인간 삶의 총화(總和)로 최고의 덕성을 부여한 것을 기억할 때 이러한 차이는 삶의 지표를 완전히 바꾸어 놓은 것이다. 세네카에서 이미 보았던 국가와 사회의 분리는 기독교에서 극치에 이른 것이다.

따라서 기독교가 공인되어 현실세계에서 세력을 확보하기 전까지 그들은 국가 정부에 대하여 방관적이고 소극적인 태도로 일관하였다. 그러나 로마제국이 정치적 권력뿐만 아니라 종교에 있어서도 그 원칙적 권력이 되겠다는 욕심을 버리자 기독교인들은 제국의 신민으로서 협력하였다.

사회의 완전한 기독교화가 이루어진 이후 이들에게 국가는 이제 소극적 내지 방관적일 수 있는 객관적인 대상이 아니고 기독교인 자신들의 생활을 담보하는 터전이 되었다. 그러나 인간의 삶의 의미에 대한 추구, 즉 '영혼의 구원' 문제에 대하여는 교회가 그 임무를 맡고 있다고 믿었다.

이에 비하여 국가는 생활의 물리적 필요와 영적 생활의 안전을 보장하는 업무로 한계 지워졌다. 그러나 이러한 구분은 이들 영속 간의 경계가 분명할 수 없어 항상 불화의 계기를 제공하였다.

4. 사도의 정치관

성서(聖書)에 나타나는 예수의 설교와 행적에는 순수한 사랑 이외에 신정적(神政的)인 입장에서 현실을 비판하는 정신이 농후하게 스며있다.

예수는 로마 제국으로부터 그가 유대교의 메시아사상과 관련된 것이 아닌가 하는 의혹으로 박해받았다. '네가 왕인가?'라는 로마 유대 총독인 빌라도의 질문에 예수는 '내가 왕인 것은 네가 말한 바와 같다. 나는 이를 위하여 난 것이고, 이를 위하여 세상에 왔노라. 즉 진리를 증명하기 위함이다. 모든 진리에 속하는 자는 나의 소리를 들을 것이다.'(요한) 이는 신의 정의와 그 왕국을 위한 사명을 예수가 증언한 것이다.

사도 바울은 '예수는 십자가에서 승리하고 개선한 것이다.'라고 하였다. 예수의 설교가 권력 없는 민중에게 복음(福音)이 된 것은 로마 세도 층에 던져진 대결(對決)의 뜻이 농후하였다. 로마사회에 대한 기독교의 막강한 삼투력(滲透力)으로 그 대결의 의미는 더욱 강해졌고 이제 사도들의 전도(傳道)는 더욱 직접적인 표현이 되었다.

사도중의 영웅인 바울은 현실 정치의 부패를 준열하게 비판하고 또 그 악을 폭로하고 항의하였다. 그는 악을 정복하려는 격렬한 투지를 보이며 그 정당성을 교회의 권위가 예수에 의하여 부여되었다고 선포하였다(Eph).

예수 그리스도의 품안에서는 유대인도, 그리스인도 구별되지 않으며 노예도, 자유인도 따로 있는 것이 아니다.

남성, 여성에 대한 차별도 없다. 모두가 예수의 품안에서 살고 움직이고 존재함이니 이는 확실히 너희들 시인(詩人)도 말한 바 그대로이다(Acts). 이러한 기독교 설교에서 그 사도인 바울의 법률정신에는 자연법적인 이념도 내포되어 있음을 알 수 있다.

그는 로마인에 대하여 인간 천성에 내재하는 법을 주장하였다. 법을 갖지 않은 종족이라도 자연의 법에 포함되어 있는 바를 행하는 것은 자연 자체가 법이기 때문이다(로마서)라 하여 스토아 자연법을 해명하는 키케로의 진법(眞法)이념과 일치하는 생각을 피력하였다.

바울이 '예수 그리스도에게 있어 모든 자가 하나이다.'라는 그의 갈라디아인(Galatians)에게 한 설교정신에는 이미 삼위일체의 세계관의 배아(胚芽)를 볼 수 있다. 즉 하늘의 여호와 신과 아들인 예수와 성신(聖神; 개신교에서는 성령[聖靈]이라고 함)이라는 세 주체가 각기 독립적인 것이 아니라 신앙심을 통하여 하나임을 깨닫는 삼위일체(三位一體)가 기독교의 정통 교리이다.

이러한 하늘의 아버지인 신(神)과 아들인 그리스도 그리고 성령(聖靈)의 삼위일체 관계는 그리스도를 중심으로 그리스도와 사도(使徒) 그리고 지상의 모든 종족 이 셋의 삼각관계에서 유추(類推)된 것으로 볼 수 있다.

여기에서 사도의 지위를 계승하는 교황과 그 권위를 중심으로 로마카톨릭이 기독교 왕국을 지상에 세우는 사명을 완수해야 된다는 사상적 논리가 성립된다. 지식인이기도 하였던 바울의 신학적 세계관에서 중세 교황권이 잉태된 것이다.

중세의 교황권과 교회주의 기독교 왕국은 스토아 철학의 영향을 받은 로마 법률의 정신과 고대 그리스 로마의 문화유산이 기독교에 결합되어 나타난 일종의 변증적 신학 이념에 기초된 특질을 가지고 있다.

기독교의 역사 발전은 이미 사도 시대부터 개시되었다. 특히 바울에게 정치사상적인 면모가 현저하였다. 그는 기독교의 교리에서 평등과 자유가 확고하게 기초되었는데 다시 구속의 굴레(羈絆)가 씌워지게 되어서는 안 된다(Gal. Cor)고 하여 정치권력에 대한 경계심을 나타내었다. 그러나 바울은 무정부적인 혼란을 혐오하여 자유는 법의 테두리 안에서 사랑이라는 정의(正義)의 정신에서 추구되어야 한다고 하였다(Thess).

현실 정치에서의 생활에 대하여는 그는 로마서 13장에서 열심히 '현존하는 권력에 대하여 시민적 복종' 즉 신종(臣從)할 것을 피력하였다. 심지어 나쁜 통치자는 인민의 죄에 대한 형벌이며 따라서 여전히 복종하여야 한다고까지 하였다. 기독교의 가르침인 '이웃 사랑'은 결과적으로 시민적 의무와 복종심을 길러준다. 그리고 이러한 국가관은 아우구스티누스에 이어지고 있다. 그러나 기독교인들이 존경하고 복종하는 대상은 공직자가 아니라 공직 그 자체이다. 즉 제도의 고유한 권력과 개인의 자의적(恣意的) 권력을 구별한 것이다.

그리스시대 이래 로마법 스토아 사상에서도 문제였던 노예와 재산에 관하여 사도들은 종교적 입장에서 판단을 내려 설교하였다. 즉 그들은 노예의 존재를 그대로 용인하며 이는 상위자에게 복종해야하는 것은 모든 권위가 신(神)에게서 나오기 때문이라고 하였다. 즉 주인의 권위에 복종하는 것이 신의 뜻에 순종하는 것이 된다(Rom)는 것이다.

기독교에서 노예를 합리화하는 이론으로는 성 아퀴나스에 의하여 제시된 속죄(贖罪)개념, 즉 노예의 현재는 과거에 대한 속죄 과정이라는 관념이 있었고 이것이 중세의 일반적인 의식현상이었다.

노예문제에 대한 기독교의 입장은 평등과 자유는 신과의 관계에서만 당연할 뿐 현실생활에서는 노예제도가 반드시 불법일 필요는 없다. 신의 견지(見地)에서는 차라리 무의미한 것이라는 경향을 따랐다. 그리고 신도들의 일반적인 노예관은 기성의 권위를 신의 뜻으로 보아 그에 타당성을 부여하는 현실 타협적인 생각이었다.

재산문제에 있어서 사도들의 태도는 매우 분명하였다.

예수는 다른 이에게 봉사하는 자들을 축복하였다. 내가 사람의 아들로서 온 것은 봉사받기 위해서가 아니라, 차라리 봉사하는 일을 하고 또한 많은 사람들의 구원에 대한 보상으로서 스스로의 생명을 바치기 위함이다(마태, 마가). '무릇 스스로 높이는 자는 비하(卑下)되고 스스로 비하하는 자는 높여진다.'(마가)

이러한 예수의 가르침은 순수하게 종교적인 것이었다. 그리고 부자가 천국 가기는 낙타가 바늘구멍을 지나는 것보다 더 어렵다는 가르침에는 노예 같은 비참한 상태를 종교적으로 승화시켜 그들의 고통과 빈한함이 오히려 구원에 이르는 길임을, 아니 오히려 그 첩경임을 암시하고 있다.

이미 예수는 부유한 통치자에게 자기완성의 길이 부의 포기에 있음을 말하고, 부가 위험하고 가난이 축복받는다는 암시를 자주하였다(마가). 바울은 나아가 '일하지 않는 자에게 먹이지 말라. 조용히 일하고 스스로의 빵을 먹으라'(THESS)고 하였다. 토지를 팔아 교회에 바친 부부에게 베드로는 그들이 돈의 일부를 개인적으로 가진 것에 대하여 신성한 혼에게 거짓으로 대했다고 힐난(詰難)하였다(Acts).

이는 초기 교회생활에서 신앙하는 사람들이 모두 재산을 공유하고 필요에 따라 처분하고 각기 수요를 공동으로 충족하도록 지도되었던 사실을 반영하는 것이기도 하였다(Acts). 특히 예루살렘 교회에서 이러한 신도생활은 전통적으로 많았다. 중세에서 재산문제는 수도원을 중심으로 이러한 입장이 꾸준히 표현되었다. 그러나 이들이 사유 재산을 부정한 것은 아니다.

기독교가 재산문제에 대한 논의를 사회 제도적 측면까지 끌고 가지 못하고 윤리의식에 그친 것이나 노예문제는 오히려 영합하는 입장을 취하게 된 배경에는 이제 기독교가 그 대상이 오로지 신앙에만 의존하는 무지한 세궁민(細窮民)만이 아니고 상류 부유한 지식층에까지 확산된 현실적 이해관계 역시 영향하였다. 이러한 사도들에 의하여 기독교는 로마세계의 현실에 적응하는 역사적 융통성을 개시하였다.

5. 교부학(敎父學)의 단계

기독교는 교세가 확산되며 교의상의 견해와 해석이 점차 다기(多岐)하여지며 동요(動搖)하게 되었다. 따라서 그 논쟁을 정리하여 교의(敎義)를 확정하려는 노력이 교부[3]들에 의하여 수행되었다. 그리고 지금의 로마 카톨릭의 교의는 이러한 과정에서 기초되었다.

로마제정에서 박해받던 초기 수난의 경험은 인간의 삶에 더욱 깊은 통찰을 가져왔다. 처음 포교하며 부지부식간(不知不識間)에 가졌던 배타적 성격은 교세의 확장으로 자신감으로 바뀌었다. 그 자신감은 반사적으로 로마의 문화이념을 우세한 도전으로 받아들이고 이를 기독교 교의에 반영하기 시작하였다.

기독교는 로마교회의 감독권이 확립됨에 따라 점차로 이러한 사명을 수행할 수 있었고 그들의 지위 역시 확고하게 되었다. 던닝 교수에 의하면 콘스탄티노플로 천도(遷都)하고부터 서로마제국의 멸망하기까지의 150년간에 성직자 교회는 정부 조직과 비견할 만큼 성장하였

---

3) 기독교 신앙을 교리적으로 자세히 설명하는 일은 교부들로부터 시작되었다. 이들의 활동시기는 기원 후 200년대부터 7, 8세기경까지로 본다.
이들의 특징은 기독교의 정당성을 철학적으로 입증할 필요에서 플라톤이나 아리스토텔레스 그리고 후기에는 신플라톤주의의 논리를 이용하였다. 이는 당시 교부 철학자들에게 그들의 설교가 설득력을 갖으려면 계시를 이성에 입각하여 진리로 확인하는 것이 요구되었던 때문이다.
질송은 위대한 교부 여덟을 꼽았는데 그리스인으로는 그레고리우스, 안제누스 바실리우스, 아타나시우스 그리고 요한 크리소스도무스 등의 네 명을 라틴인으로는 암브로시우스, 제롬, 아우구스티누스 그리고 그레고리우스 1세를 들었다. 이들은 교리의 정통성, 생활의 거룩함, 교회의 인정 그리고 고대적인 성격을 갖춘 이들이라고 하였다(질송, 『중세 철학사』).

다고 한다.

일반적으로 교부들의 이념의 흐름은 스토아사상의 영향 아래 있었다. 자연법, 인간 평등 그리고 국가정의의 필요 등에 관하여 본질적으로 키케로나 세네카의 생각에 동의하였다. 교부들은 기독교의 통일된 교리를 추출하기위해 이제까지의 여러 철학적 이념들을 종합 정리하는 학문적 방법과 논리적 사색을 통하여 이를 수행하였다.

그리고 우수한 지능을 가진 교부들이 있어 스토아 철학은 기독교 교리를 정리하고 체계화 하는데 그 이론을 제공할 수 있었다. 중세 교회 철학(스콜라 철학)은 이러한 뿌리에서 성립되어 교부학(Patristik)을 이어 9세기 이래로 중세 기독교 왕국의 유일한 학문으로서의 전통을 수립하였다.

중세는 영권과 속권의 대립으로 일관되었고 일반적으로 영권 우위의 논리가 우세하였다. 스콜라 철학에서도 영권의 절대성이 주장되었는데 이는 성 아우구스티누스 이래의 전통이었다. 그러나 초기 교부들의 공통된 사명 또는 주장은 다만 로마제국의 황제로부터 정신적인 문제에 대한 교회의 자주권을 확보하려는 의도(意圖)에서 이루어진 것이었다.

6. 암브로스(St.Ambrose of Millan 340-399)와 그레고리(St.Gregory The Great 504-604)

성 암브로스는 정신적 사항에 대한 기독교 교회의 자주권을 강력히 주장하였다. 암브로스[4]는 영권 사항에 관한 황제도 교회의 재판권

4) 암브로스 : 339(?)-397. 고대 카톨릭 교회의 4대 교회 박사의 한 사람. 성인(聖人)으로 추대됨.
로마에서 최고 교육을 받고 관리생활을 시작 370년에는 집정관이 되었다. 밀라노에서 교회소란을 수습하여 아리우스파와 카톨릭 양쪽의 신망을 얻어 374년에는 세례 전이었음에도 주교로 임명되었다. 이후 정통파 입장에서 교회의 권위와 자유를 수호하는 데 힘을 기울였다.
'암브로시우스 성가'라는 찬미가집을 만들어 이른 바 '암브로시우스 선법(旋法)'을 제정 기독교 찬미가의 아버지라고 불린다.

에 복종할 것을 주장하며 '황제는 교회 위에 있는 것이 아니고 교회 안에 있다'고 하여 황제도 여느 기독교인처럼 교회의 한 아들이라고 하였다.

그는 발렌티아누스(The peror Valentinian) 황제[5])에게 보내는 서한에서 '주교들이 기독교인인 황제들을 심판하는 것이지 황제가 주교를 심판하는 것이 아니다'라고 하였다. 그는 또한 기독교를 국교로 선포한 데오도시우스(Theodosius) 황제의 면전에서 그가 행한 진압과정에서의 반도(叛徒)들에 대한 야만적인 잔인한 행동을 지적하며 성만찬의 집전을 거부하였다.

그러나 이러한 주장은 속권의 지위를 무시한 뜻은 아니고 다만 로마제정 말기의 황제들이 너무 우매하고 나약한데서 비롯된 것이다. 그는 교회의 토지를 포함하여 세속적 재산에 관한 황제의 권력을 인정하였다. 그의 논조는 단순 명쾌하고 의견을 공공연하게 주장하며 용감하게 밀고나가 후세에 확실하게 기억될 수 있었다.

비잔틴 제국 황제들의 서방에 대한 간섭은 6세기 후반에도 힘이 실려 있었다. 이 시기에 교황 그레고리 1세는 롬바르드 세력의 로마 침공을 방어하는데 성공하여 여러 게르만족의 세속권자들에게 영권이 정치적 위력까지 발휘하는 실력을 보여 줌으로 그들의 기독교로의 개종에 힘을 실었다. 이러한 정치 환경에서 그는 자격 없는 속권자를 비판하여 영권의 우월성을 앙양하였다. 또한 교황권의 비잔틴 제국으로부터의 분리 독립을 촉진하였다.

그러나 이 강직한 성격의 신비가(神秘家)이기도 하였던 그레고리는 아우구스티누스와는 오히려 반대되는 견해를 가져 세속권의 지위를 높이 평가하였다.

당시까지는 그리스·로마의 문화 전통이 지배적이었던 영향도 있어 그레고리는 신을 제외하고 지상에서 황제보다 높은 사람은 없다고도 선언하였다. 황제의 통치 활동은 근본적으로 신과 그 자신의 양심에

5) 발렌티아누스 황제(The Emperor Valentinian) : 재위 364-374. 서로마 황제로서 게르만 민족의 남하를 격퇴하려 노력하였다.

따르는 것이라고 하여 황제가 신에게서 벌을 받을 각오가 되어있다면 불법을 행할 권리가 있다고 생각한 것이다.

그는 신민은 통치권자의 활동을 판단하고 비판할 것이 아니고 사악한 통치자에게도 마땅히 복종하여야 한다고 하여 정치적 지배의 신성을 표시한 유일한 교부이다. 이는 암브로스와 전혀 다른 입장이었다. 이를 두고 세이빈 교수는 그에게 '마지막 로마인'이라는 별명(別名)을 붙였다.

로마로 향하는 게르만족의 대이동이 진행되던 이 시기에 기독교의 권능은 이미 만족(蠻族)의 영역에까지 영향력을 가지고 있었다. 그가 동로마제국 황제 권한에 대한 공공연하게 항의할 수 있었던 것은 이러한 사회적 배경에서 가능하였고 앞으로 오는 중세 교황권의 지위를 점칠 수 있게 한 것이다.

중세 정치사상에서 사회 문제의 하나인 노예와 재산에 관한 논의는 교부들에게 계승되었다.

이시돌(St. Isidore)은 자연법을 만민법과 구별하였다. 그렇게 함으로써 로마의 세속법과의 연계를 끊고 여기에 신법(神法) 개념을 연결하는 중세적 이론이 개시된 것이다.

옥타비아누스는 '연령의 차이 지위의 구별 없이 모든 사람은 날 때부터 이성과 감정의 능력을 누린다. 그리고 지혜를 가질 능력도 행운에서가 아니고 천성에 의한 것이다.'(Octavianus)고 하여 모든 인간이 평등하다고 지적하였다.

렉탄티누스(Lectantinus)는 그의 저서 『신성한 제도(Divine Institutes)』에서 정의를 규정하여 정의는 첫째가 자비이며, 둘째가 친구를 평등하게 대하는 것이라고 하였다.

그에 의하면 신은 모든 인간을 평등하게 그리고 모두가 도덕적 성품을 갖고 태어나게 하였으며 불멸을 약속하였다. 그리스와 로마제국의 결점은 평등의 원리에 충분한 배려를 하지 않은데 있다고 하였다. 그러나 그는 그러한 제도를 공격할 의도는 없었다. 그리고 현실상의 불평등을 전폭적으로 부인한 것도 아니었다. 세네카처럼 인간 천성의 근본적인 평등을 기독교의 동포, 평등정신에서 지적하여 사회가 그러한 방향으로 교정되었으면 하는 희망이었던 것이다. 그러나 재산 문제에 대하여는 플라톤의 공유사상을 공격하였다.

그러한 일은 불가능할 뿐 아니라 옳은 일도 아니다. 정의는 외적인 것이 아니라 내적인 영혼의 것이어서 말살할 것은 부가 아니고 오만과 방자(放恣)함이다. 그도 자연의 황금시대를 인정하였다. 그러나 그때도 사유재산은 있었고, 다만 서로가 관용하여 물질상의 결핍이 없었다고 판단하였다.

후기 교부들에게 사유재산은 완전히 합법적인 것이라고 생각되었다. 다만 성 아우구스티누스에 따라 사유재산은 자연법에서 정해진 바는 아니고 인위법에서 마련된 것이며, 따라서 기꺼이 기부하는 행위는 정의로운 것으로 칭찬받을 일이라고 장려하여 재산권의 제한을 암시하는 정도에 그쳤다.

평등의 문제는 후기 교부들에서 더욱 진지하게 관심되었다. 인간의 평등은 비록 현실에서 왜곡되었더라도 생활의 저변에 본질적으로 항존(恒存)하는 성격을 갖는다고 생각되었다. 모든 인간은 자유다. 노예는 인간사회가 전쟁을 하여 포로하는 행위에서 오는 비본래적이고 죄악의 소산인 것이다. 그러나 암브로스는 주인의 노예에 대한 학대를 경계하고 노예에 관한 새로운 종교적 해석을 내렸다.

매우 주목할 만한 해석은 노예는 신의 의사에 따른 것이라는 점이다. 즉 노예는 죄 많은 자가 속죄하는 결과가 현세의 지위로 신의 뜻에 따라 정해진 것이다. 옛 사람이 '현명한 자는 자유스러우나 어리석은 자는 노예'라고 하는 뜻은 옳은 말이라고 하였다.

그리하여 고대로부터 존재하였던 노예를 해명하는데 새로운 중세적 특징으로 나타난 것이다. 그러나 주인으로서는 종교적 의의에서 자비로 이들을 대하여야 한다는 것이 중세의 일반적인 통념이었다.

7. 케논법의 이론

케논법(교회 정부법)은 성서와 교회 회의에서 결정된 사항을 포고한 명령을 비롯하여 지방교회의 결의, 로마 주교의 서한(書翰)과 교부들의 저서 등을 법원(法源)으로 한 중세 교회정부(教會政府)의 법으로 11, 12 세기에 최대의 결집을 보게 된다. 중세의 교회정부는 이 케논법을 통치 행위의 규범으로 삼았는데, 이 법은 로마법을 근저(根柢)로 하여 종교 정신적인 판단을 가미(加味)한 것이다.

게르만 봉건 사회와 기독교 왕국이라는 두 개의 가치 질서가 하나의 생활권에서 함께 조화를 하며 성장하는 동안에는 그 시대적인 과제는 정치적인 대립으로 보다는 사회적인 문제로 간주되어 처리되었다. 따라서 이 시기에는 종교적으로도 비교적 안돈되었다.

국가에 관한 한 키케로가 말한 '국가의 목적이 정의의 실현에 있다.'라는 명제는 이미 오래 전부터 승인되어 있었다. 이 정의의 이념에는 노예와 사유재산 문제도 포함되어 있다.

케논법 학자들은 대체로 교부들의 관념 테두리를 따랐으나 현실을 규범하는데 다소 차이를 보였다. 12세기 중엽에 케논법을 집대성한 그라티아누스(Gratian)에[6] 의하면 모든 재화의 사용은 모든 사람이 공동으로 하여야 한다. 이는 자연법에는 모든 사물이 공동재산이었음에 기초한 것이다. 한편 그라티아누스는 개인의 사치로 인하여 다른 사람들의 필수품이 조달되지 못하는 결과를 가져오면 이는 강도행위라고 규탄하였다.

그는 사유재산의 인정은 불평등을 전제로 주장된 것이다. 그러나 사유재산제가 반드시 죄악은 아니라고 생각하였다. 노예제도가 전쟁포로라는 죄악적인 상태에서, 또 이기적인 욕망에서 나타난 것이지만

6) 그라티아누스(Fraciscus Gratianus) : ?-1158. 이탈리아의 법학자. 교회법학의 창시자. 1140년부터 고위 성직자들의 서간, 견해, 작품 그리고 교의회의 결정사항 중의 차이나 모순을 조화시켰으며 교회법을 독립된 외적 실용신학으로 그 위치를 부여하여 '교회법은 세속법에 우월한다.'는 입장을 취하였다.

노예가 신에게 속죄함으로 교정순화되는 유용성도 있듯이 사유재산 역시 그 재화로 타인에게 봉사할 여건을 가질 수 있다는 데서 긍정적인 면을 찾았던 것이다.

스테펜(Stephen of tournai)은 고유한 신법과 자연법에는 사유재산은 없다고 하였다. 그러나 케논법에서는 사유재산제는 인간이 신의 계시를 받아 만들어낸 것이다(Stephen of Tournai Summa Decreti). 즉 재산 축적은 신법(ius divinum)에서 재가(裁可)받은 것이라고 말하였다. 이렇게 하여 사유재산제는 영적으로도 합법한 것이라는 논리를 얻게 되었다. 이러한 논리는 12세기 케논법 학자(Canonists)들의 공통되는 태도를 반영한 것이다.

루휘누스(Rufinus)는 구제할 능력을 가진 자가 다른 사람이 굶어 죽도록 방관하는 태도는 사실상 살인행위와 다름이 없다고 하여 가난한 사람들의 구제를 절대적인 것으로 주장하였다(Rufinus Summa). 그의 법령집(Decretals)에는 재산권은 선용(善用)하는 사람에게만 국한하여 허용되는 것이고, 그렇지 못한 자에게는 재산의 사유권이 없다는 규정도 포함되었다. 그는 노예 제도를 합리적으로 설명하려 하였다.

즉 노예는 주인의 명령에 구속되지 않으면 방종한 욕망에 따라 죄악을 범하는 성품이므로 그러한 영원한 노예근성은 주인의 명령과 지도에 의하여 겸손하고 청순한 성품으로 도야(陶冶)되어 다른 사람을 해치지 않을 수 있게 된다. 따라서 이 제도는 노예 자신에게 이익이 되는 것으로 수용되어야 한다는 것이다.

노예 문제에 관하여는 항상 이념과 현실 사이에서 고민한 흔적이 보인다. 11세기의 케논법 학자 부르크하르드(Burchhard of Worms)는 자유인과 노예 모두를 본질적으로 동포라 하여 자비로 대하여야 한다고 하며 주교는 압박받는 자를 보호하고 학대하는 사람 등을 파문(破門)해야 한다고 하였다. 그러나 그러한 주장은 당위로서의 이해일 뿐 현실적인 고민은 부득이 하나의 타협점을 찾게 되었다. 즉 노예는 죄악의 인과응보(因果應報)이며 속죄하는 과정의 벌(罰)에 해당한다는 것이다.

케논법 학자들은 노예와 재산의 문제를 자연법과 관습법의 관계에서 살펴 이들이 어디에 귀속되는가를 규명하여 그 본질을 논의하였다. 여기에 신법도 가세하여 중세의 특질이 법적 체계 안에 나타난다.

완전한 자유와 평등은 신법, 자연법, 인위법 중 자연법의 단계에서만 해당되는 것이다. 노예와 재산 소유는 인위적인 관습법의 시대에 들어 발생한다. 신법의 입장에서는 원죄(原罪) 이후의 인간 타락에서 노예와 사유 재산이 설명될 수 있다. 이를 합법적인 것으로 수용하되 다만 과도한 병적 사태를 죄악으로 보는 타협이 이루어진다.

그러나 카라일 교수는 케논법 학자들이 중세 시민법에 있어 자연법의 이념에 반대되는 그들의 현실에 대한 억지 해석은 자가당착(自家撞着)을 범한 것이라고 한다.

이러한 노예와 재산권에 대한 문제의식은 서양 정치세계에 연면(連綿)히 존속되어 왔다. 중세에서는 기독교 정신을 배경으로 심각하게 논의되었고, 이러한 정신은 근대에서는 자유와 평등이라는 이념의 근거가 되었다.

8. 종교적 제 유파(諸 類派)

교회 정부 자체가 세속적 경향을 강화하는데 대한 반발은 일찍부터 수도원 생활이라는 형식으로 나타났다. 수도원은 교회와 거의 같은 시기에 성립되어 그 조직을 유지하였고 그들의 생활 정신은 원시 기독교에서 그 범형(範型)을 찾았다.

3·4세기에 안토니우스(Antonius), 파코미우스(Pachdmius), 바시리오스(Basilios) 등에 의하여 개척되었고, 성 베네딕트(St. Benedictus[480-534])[7]

7) 서 유럽의 가장 오래된 수도회. 넓은 의미로는 베네딕투스에 의해 창립되고 그 계율을 따르는 모든 수도원을 가리키나, 좁은 의미로는 시토회 등 이들로부터 갈라져 나간 것을 제외한 수도원의 총체를 말한다.
그들의 계율은 한 곳에 정착하여 공동생활을 영유하며 특히 노동과 기도에 의해 복음에 바탕을 둔 자기 향상에 매진하는 수도자 모임.
크루니의 개혁 등으로 교회 발전에 중요한 역할을 하였다.
학문을 존중하여 많은 문헌을 보존하였고 중세에는 이들의 사본 등에 의하여 문화의 엄격한 계율정신에 기초하였다.

베네딕트 수도원의 생활은 가장 모범적인 것이었다. 그러나 후에는 로마교회의 이용 대상이 되기도 하여 점차로 교회화가 심각한 정도에 이르렀다. 그리하여 로멜투스의 시토 수도원(Ordo Cistercience)[8]과 프랑스의 쿠류오니 수도원의 쇄신운동이 전개되었다.

이러한 현상, 즉 교회정부의 세속화에 대한 반발은 중세 말기에서도 나타나 프란체스크 수도원(Ordo Sancti Francisci)[9]과 도미니크 수도원(Ordo Sancti Dominici)[10]은 교회정부에 대해 강력하게 비판을 하였다. 특히 성 프란시스(San Francesco. Assisi[1181-1226])[11]가 창설한 그의 수도원에서는 일체의 재산소유를 금지하고 탁발(托鉢)과 고행, 가난한 자와 병든 자에 대한 자비와 구호가 힘써 행하여졌다.

이 두 수도원은 한 때 하층 서민 계급으로부터 열렬한 지지를 받았었다. 그러나 이들 역시 타락의 길을 피해가지는 못하여 재산소유를 인정하는 등 교회화(教會化) 경향을 따라갔다.

의 유지 발전에 공헌하였다.

8) 베네딕트 수도회 중 가장 중요한 개혁 수도회. 1098년에 베네딕트 수도원장 로베르투스와 더불어 '베네딕트 회칙(會則)'을 엄수할 것에 뜻을 같이하는 수도사들이 세웠다. 12-13세기에는 유럽에서 지도적 지위를 차지했고 1800이나 되는 수도원을 가지고 있었다.

9) 프란체스크 수도원 (Ordo Sancti Francisci) : 1209년 교황 인노켄티우스 3세에 의하여 승인된 '작은 형제의 수도회'로 성 복음을 받들고 특히 청빈정신을 주장하였다. 주로 편력(遍歷)하며 설교를 통하여 그리스도의 사랑을 전파하였다. 청빈을 부정적 금욕의 수단으로 삼지 않고 이것을 환희로 돌려 수도생활은 드높은 이상을 실현하였다. 도시를 무대로 당초에는 이단에 대한 대책으로 그 한 몫을 담당하였다.

10) 도미니크 수도원 : 성 도미니쿠스에 의하여 1215년에 설립된 수도회. 프랑스 프루유에서 설립하여 교황 호노리우스 3세로부터 공식 인가를 받았다. 복음의 세계적인 전파를 목적으로 신학의 학문적 중요성을 깨닫고 파리 대학을 비롯하여 쾰론, 보로냐, 옥스퍼드 등의 명문 대학에서 성서 등을 연구 학문적인 공헌을 하였다. 프랑스 파리의 야고보 수도원을 중심으로 활동하였으며 수도원만도 독일에 96개가 있었다. 대표적 인물은 토마스 아퀴나스이다.

11) 성 프란시스(San Francesco. Assisi) : 1181-1226. 카톨릭 교회의 성자. 이탈리아 출신. 젊어서는 향락을 추구하며 기사가 될 꿈을 갖기도 하였다. 20세에 완전한 청빈 생활을 하기로 서약. 프란체스코 수도회를 설립하였다.
그의 만년(1224)에 자신의 몸에 성흔(聖欣)을 받은 것으로 유명하였다. 자애로운 인품과 그가 행한 기적으로 모든 시대를 통하여 존경을 받았고 『태양의 찬가』를 비롯한 뛰어난 시들도 남겼다.

중세 수도원 생활의 일반적인 정신의 특징은 카톨릭 교회에 대응하여 볼 때 초세속적인 태도와 신비성에 있었다. 그리고 이러한 정신적 특징은 기독교를 해석하는 데 있어 이 둘이 분열하는 동기가 그 안에 내포되어 있었다.

로마 카톨릭 교회는 스스로가 지상천국을 매개하는 신적(神的)권위를 자처하였다. 그러나 수도원의 신앙형식은 엄격한 계율에 따르는 생활에서 신의 뜻이 밝혀진다고 믿었다. 중세 말기의 신비주의를 비롯한 유명론(唯名論), 실재론(實在論)[12]의 철학적 논쟁도 이러한 기독교 정신의 양대 사고형식에서 유래한 것이다.

중세에서 교회정부에 반대하는 세력은 비교적 신앙 생활면에 국한된 수도원들만은 아니었다.

12세기 이래로 교회 정부의 세속화와 부패에 대해서는 물론이고 수도원의 교회화에 항의하여 이단적(異端的)인 여러 종파가 많은 곳에서 출현하여 정치적 사회적으로 중대한 의미를 갖는 운동을 전개하였다.

라인강 연안의 카타렐 파(Die Katharer), 남 프랑스의 알비겐스 파(Die Albigeneser), 알프스 서부 지방에 있는 왈도 파(Die Waldenser), 북 이탈리아의 사도형제 파(Die ApostelBruder) 및 교부 파(Die Paterner) 이외에도 네덜란드 지방의 베가드 파(Die Bagharden), 영국의 로올하드 파(Die Lohlharden) 등이 이러한 흐름을 주도한 종파들이다. 이들은 모두가 다

12) 플라톤의 『대화편』에서 소크라테스가 개진했던 형상론(이데아론)을 기원으로 하는 실재주의(實在主義)는 보편자들이 사물이며 보편자가 개별자보다 앞선다는 주장이다. 이와는 반대로 아리스토텔레스의 개념주의(概念主義)에 기초를 두고 있는 유명주의(唯名主義)자들은 보편자들은 다만 이름일 뿐이며 따라서 개별자가 보편자보다 앞선다고 주장한다.
스콜라 철학의 실재주의는 형상론과 결합되어 있기 때문에 근대에 와서는 관념주의라고 부른다. 보편자의 문제를 두고 이 두 입장은 중세시대 전체에 걸쳐 맹렬한 싸움을 전개하였다.
실재주의자들의 이론은 이미 보편자가 개별자보다 앞선다고 하여 다시 신의 힘이 이 세계의 사물들에 개입하여 무언가 중요한 일을 할 수 있는 여지를 별로 남겨놓지 않는데 비하여 유명주의는 신에게 훨씬 넓은 영역을 제공한다. 이점이 스콜라 철학에서 유명론이 우세할 수 있었던 근거였다. 사실상 플라톤의 이론은 범신론적 신조를 부추긴다(『서양의 지혜』, B. 럿셀, p.215-247).
실재론자로서는 아베로에스, 대 알베르토 그리고 토마스 아퀴나스를 들 수 있고 유명론자로는 마르실리오스, 옥캄의 윌리암 그리고 젤송 등이 있다.

소간에 원시 기독교의 공산사회주의 이념을 내세웠다.

때로 이러한 종교정신에 따른 사회운동은 격렬해지면서 13세기 이탈리아 농민운동이나 14세기 영국의 농민운동처럼 심각한 현실을 야기(惹起)시키는 지도력을 발휘하기도 하였다.

보헤미아의 후스(Johann Huss[1369-1415]) 영국의 위크리프(John Wycliff [1324-1384])의 반교회적 청빈주의(淸貧主義)의 교회개혁운동이 16세기 종교개혁운동에 대한 선구적 역할을 한 것도 그러한 분위기에서 가능하였다. 로올하드 파의 존 볼(John Ball[? -1318]은 상류계급에 대하여 사회주의적인 비판을 감행하였는데, 이들은 종교개혁 시기에 급진 좌파였던 재침례파(再浸禮派)[13]의 사상적 선구(先驅)였다.

중세 정치사상은 그 대상 세계의 구조적 성격을 반영하며 오랜 세월에 걸쳐 진전하였다. 유럽이 기독교의 영향에서 국가와 사회를 정비하는 역사적 과정에는 영속(靈俗) 양권이라는 이중적 성격과 그에 따르는 사회적 갈등과 교섭이 매우 큰 폭으로 파동을 일으켰다.

정치사상사에서 중세를 암흑기(暗黑期)로 일축(一蹴)하는 입장은 당시의 지식인은, 곧 성직자로서 그들의 영감(靈感)과 지적 노력이 종교적 논의에 집중되어 있었기 때문이다.

9. 성 아우구스티누스(St. Augustinus, 350-430)

중세가 시작되는 서두에 위대한 사상가인 성 아우구스티누스가 있었다. 그는 교부학 말기에 신이 지상을 섭리(攝理)하는 역사철학을 펼쳐 영권(靈權) 중심이라는 중세역사의 서막을 장식하였다.

성 아우구스티누스는 최초로 기독교 복음을 지상의 역사와 관계 지

13) 재침례교(Anabaptists)는 자각하지 못한 사태에서의 유아(幼兒)침례를 성서에 어긋난다고 보고 침례지원자에 다시 침례를 베푸는 개신교의 일파이다.
이들은 초기에 하층민과 빈농에 널리 퍼졌고 사회 변혁사상과 결합 토지 공유와 사회평등을 보장하는 '신의 왕국'을 실현하려 하였고 독일 농민전쟁의 가장 급진적 당파를 이루었다.
이들의 행동은 모든 국가 권력의 간섭을 부정하는 등 지나치게 과격하여 카톨릭 쪽에서만이 아니라 개신교에서도 배격 당하여 지금은 교세가 극히 미약하다.

어 이론적 체계를 성립, 교부학의 말기를 장식하였다. '기독교 복음에 의한 지상 역사의 해석'이라는 이 거창한 이론적 체계는 비단 종교적인 면에서 뿐만 아니라 유럽 역사 전반을 주도하는 가장 영향력 있는 종교 사상이었다. 플라톤의 영향을 받은 그의 종교사상은 지상국가에 대한 천상국가의 섭리를 설명하여 영권의 절대성을 주장하였다.

아우구스티누스는 아프리카의 누미디아 출신으로 아버지는 이교도였고 어머니는 기독교인이었다. 그 역시 이교도로서의 삶과 기독교인으로서 주교(主教)직을 역임하였다. 그는 대주교 암브로스의 영향을 받아 기독교로 개종(改宗)하여 45년간을 고향인 히포(Hippo)의 주교로서 활약하였다.

교부시대(教父時代) 최고의 주교인 그는 일찍이 철학적인 저술도 남겼으나 주로 기독교의 해석과 이를 옹호하는 책을 썼다. 그 중에도 12년간의 각고 끝에 완성한 『신의 도시(De Civitate Dei)』[14]는 기독교 최고의 명저(名著)이다. 이 책은 410년 아라릭이 이끈 비스고트 족이 로마를 유린(蹂躪)한 후에 내세운 이교도들의 주장에 대해 항의하는 답변으로 쓰이어진 것이다.

이들 이교도(異教徒)들에 의하면 로마는 그들 고래(古來)의 수호신에 의하여 강대한 제국을 성취하였으나 기독교 세대에 들어 멸망하였다. 이는 로마가 기독교인에 의하여 그 정체성을 상실한 때문이라고 주장하였다. 이에 대하여 아우구스티누스는 죄악의 도시인 지상국가에 대한 신의 섭리를 밝히어 기독교의 영구한 승리를 이 책에서 이론적으로 설명하였다.

---

14) 『신의 도시』 제1-5권에서는 시민적 안전과 평화를 위하여 이교도들의 신들이 경배되어야 한다는 데 대한 반론(反論)을 제시하고, 제6-10권에서는 로마 신들이 참된 선과 영원한 삶에 이르도록 해준다는 철학자들에 대한 반론을, 제11-14권에서는 자신의 역사와 사회에 관한 이론으로 신의 도시와 인간의 도시의 기원에 대하여 논의, 제 15-18권에서는 그 도시의 형성시기와 역사의 과정을 기술, 그리고 제19-22권에서는 그 도시의 최종적 완성을 영원에 연결시킨다.
전체적으로 그는 개인과 국가에 있어서 지상 세계적 가치와 영원의 동기와 의도를 대비시키고 있다. 그는 인간역사에 있어 최고의 위기는 알라릭의 로마 침탈이 아니라 에덴과 갈보리Galvary)에서 있었다(『서양 정치사상』, Brian Redhead편 중에 '아우구스티누스', Janet Coleman, p.75).

인간은 두 개의 국가의 시민이다. 즉 인간은 정신이자 육체이므로 육체적으로 태어난 현세의 국가와 하느님의 국가의 시민이다. 그에 의하면 신의 정의가 구현된 완전한 천상(天上) 국가(Civitas Coelestio)에 대하여 지상(地上) 국가(Civitas terrena)는 인간이 원죄(原罪)로 타락한 후에 구성된 죄악의 도시이다.

물질과 육체의 욕망에 얽히고 강자가 약자를 핍박하는 질서는 필연적으로 영원할 수 없다. 이는 신의 의사와 섭리가 지상국가의 모든 요소에 삼투(滲透)되어 승리하여 지배력을 행사함에 따라 멸망하게 될 것이다.

아우구티누스는 이러한 신학적 원리를 인간의 양면성(兩面性)에 기초하여 설명하였을 뿐만 아니라, 이 양면성을 인간의 역사를 이해하는 관건으로 삼았다.

국가의 계기(契機)는 가족생활에 있다. 사회는 최초에 가족의 결합으로 이루어지며, 가족은 사회의 핵심 요소이고 가족에 대한 부권적(父權的) 통제는 정치권력의 연원이다. 국가는 '신이 의지(意志)하여' 성립하였다.

통치권의 전제는 통치자가 정신적으로 훌륭하여야 한다는 것이다. 정신이 육체를 통제하듯이 군왕, 귀족, 관리들이 국가를 운영하는 것이며 권력의 행사는 반드시 정의로워야만 그 정당성이 인정된다. 그리고 현실하는 국가의 정의는 지상국가에서의 인간의 죄악의 상태를 천상국가의 정의에 인도하는 매개적 역할을 완수하는 데 있다. 국가는 본질적으로 지상의 생활에서 물질상의 공정한 질서 등 외적 조건의 정의를 도모하고 유지하여 신의 은총이 창달되도록 하는 임무를 갖는다.

이것이 '신이 의지(意志)한' 국가이며 세속의 통치자는 그러한 기능을 수행할 수 있는 우수한 인간이어야 한다.

아우구스티누스는 플라톤을 높이 평가하였으나 인민의 자유를 스토아 철학의 인류 평등의 원리를 들어 주장한 키케로를 통렬하게 비판하였다.15) 그는 비기독교 국가에서는 정의가 존재할 수 없다고 하였다. 그리고 세속정부의 부패와 폭력적 성격에 대하여 '정의 없는 국가는 강도들의 집단'과 다를 바 없다고 항의하였다.

교회만이 천상국가의 진정한 정의를 실질적으로 수행할 수 있으며 세속 통치자는 신의 뜻을 지상에서 대표하는 한 축으로 상대적인 정의를 수행한다. 따라서 인민은 통치자의 지배에 복종하여 신에게 충성하며 속죄와 회개로 신의 은총에 의하여 천상국가에서 거듭날 것을 기약하여야 한다.

아우구스티누스는 지상에서 국가 간의 투쟁에 대하여 그 과정 단계를 설명하였다.

지상의 전쟁은 영광스러운 평화를 위한 것이며 투쟁과 불안 동요가 아무리 격렬한 진통을 겪더라도 그것은 오직 평화에의 도정(道程)으로 신의 섭리라고 역설하였다(동서). 전쟁과 정복은 그 자체가 악한 것이지만 보다 선한 것을 실현하기 위한 것이다.

국가가 원하는 것은 지상의 선을 향유하기 위한 평화이고, 이를 얻기 위해 전쟁을 하는 것이다. 그러나 승리에 따른 피정복자에 대한 지배권은 이를 언제까지라도 유지할 수는 없다. 전쟁을 통해 얻은 이 평화는 반대편으로서는 너무나 불만족스러운 것으로 이들이 항거하며 투쟁하는 동안에는 상실된다. 그리고 이들이 진압된 후에 항거하는 자들이 아무도 남지 않아 다시 평화로울 수 있다. 이 평화는 고통스러운 전쟁에 대하여 보상받은 것으로 그것은 '빛나는 승리'라고 불릴 만한 것이다.

'정의로운 목적에서 이루어진 승리를 두고 누가 승리자를 축하하는데 주저할 것인가? 이는 보다 희망적인 평화가 아닌가? 이는 선한 것

---

15) 아우구스티누스는 하나의 공동의 애정에 의하여 결합되어 있는 합리적인 대중을 인민으로 정의한다. 신에 대한 사랑이라는 보다 높은 것에 기반하여 서로 사랑할 때라야 진정한 국가 공동체는 통일을 기할 수 있다. 그러나 키케로의 인민은 국가내의 것들, 그 사회 질서에서 오는 물질적인 안녕에 대한 공동의 애정으로 결합되어 있다. 더구나 정의가 존재할 수 없는 이교도국가에서 그러한 결합은 진정한 의미의 인민에 해당되지 않는다(윗 책, p.83).

으로 의심할 여지없이 신으로부터 주어진 것이다. 그러나 만일 그들이 천국의 보다 높은 선을 멸시한다면, 현재의 선(善)만을 희망하고 탐욕한다면, 천국의 선보다 현재의 선을 더욱 사랑한다면 … 만일 그것에만 그친다면 필연적으로 재앙이 거기에 따라 영원히 계속 늘어날 것이다. 천국은 승리에서 획득되는 것이고 결코 끝나지 않는 평화로 있는 것이다.'(동서)

아우구스티누스의 이러한 기독교 세계관은 물질과 정신, 영혼과 육체가 상응하여 조화를 이루어야 평화를 유지한다는 타협에 기초한 것이다.

육체적인 고통은 정신에도 지장이 된다. 그러므로 욕구를 만족시키는 쾌락의 추구와 영혼의 평화에 대한 사랑이 함께 하여 양자의 진정한 평화를 얻을 수 있다. 인간은 동물과는 달리 자유로운 지능으로 행위를 조절하여 조화로운 질서를 유지한다. 따라서 욕망에 휘둘리지 않는 유용한 지식을 갖추어 생활을 조절하여야 한다.

그러나 인간이 사사로운 욕심에 기만당하지 않으려면 신을 섬기지 않으면 안 된다. 신에게 복종함으로서만 신에 의하여 자유가 보장되도록 도움을 받을 수 있는 것이다. 그리고 인간이 불멸의 신과 함께 갖는 평화는 영원의 법(Eternal Law)에 대한 충성을 잘 지키는 데 있다(동서).

아우구스티누스는 로마가 완전한 존재가 아니라는 것이다.

키케로의 『대화』에 그리어진 것을 보면 스키피오는 로마의 공화정은 인간의 자유로운 이성에 따르고 동의에 의한 사랑의 결합체라고 말하였다. 그러나 로마사회의 분열과 내란, 부패를 보면 로마 역시 저열하고 멸망할 수밖에 없었다. 유일한 신을 모르고 따라서 그에게만 순종하여 희생을 감수하는 신앙도 없는 모든 지상의 강대한 자들 역시 같은 운명에 있는 것이다.

그러므로 지상국가의 대표격인 앗시리아도 로마도 멸망할 수밖에 없었다.

그는 이제 신에게 충성함으로써 신과 함께 있는 영원의 평화를 향유하여야 한다고 호소하였다. 덕의 완성보다는 죄악의 소멸이 보다 가치 있다. 그러나 이 죄에 대한 투쟁은 인간의 힘으로는 완전할 수 없으니, 이는 '지상의 인간 생활은 유혹'(요한복음)이기 때문이다.

이 투쟁은 신에 대한 복종과 신의 힘으로만 완성된다. 아우구스티누스는 이러한 신의 의사와 힘에 일치하는 단계에 이르면 통치가 무용해지는 경지에 이르며 이를 '영원의 평화'라 하여 악을 지배하는 인간이성(人間理性)이 무용하여 소멸된다고 하였다.

키케로와 로마 법률가들은 자연법에서는 용인될 수 없는 재산 소유와 노예제도가 현실에 엄존하는 상황에 매우 고통스러워 하였다. 이에 대하여 그는 우리들 정당한 교부들도 노예를 가졌었다고 하였다. 그리고 자연법 관념과도 관련하여 이 문제를 합리적으로 논의하여 후에 캐논법학자들에 결정적 영향을 주었다(동서).

아우구스티누스는 노예를 자연 질서에 규정된 것(Prescribed)이라고 하였다. '신은 말하였다. 그들(인간)로 하여금 바다의 물고기, 허공의 새 그리고 지상을 기어가는 모든 동물을 지배토록 하라.'(Gen) 이것은 신이 그 자신의 모습(Image)으로 만든 그의 이성적 동물이 비이성적 동물을 지배하도록 의도한 것이다. 즉 인간 위에 인간 없고, 동물 위에 인간일 뿐이다.

원시시대의 정의로운 사람들은 그들의 지배가 인간 위에 왕이라기보다 가축의 목자(牧者)로 생각하였다. 우리가 올바른 노아(Noah)가 그의 아들의 죄에 대하여 그 때문에 아들을 노예라고 낙인(烙印)하기까지는 성서의 어디에도 노예라는 말을 발견하지 못하는 이유이다. 따라서 노예는 죄악에 의하여 도입된 이름이지 천성(天性)에 의한 것은 아니다.

신은 이와 같이 우리에게 동물 상호간의 지위가 어떠하며 죄의 과보(果報)가 어떠한 것인가를 가르치려 한 것이다. 그러므로 우리는 믿노니 정의의 의미에서 노예 상태는 죄의 과보인 것을 … (동서)

또한 노예라는 단어의 라틴어 원전(原典)에 따르면 그 기원이 전쟁에서 승리한 자들이 패배한 자를 죽이는 대신에 마련한 전쟁법에서 유래한 것이라고 한다. 그렇다면 죄악에서 기원한 것이라는 설명은 오류가 됨으로 이를 다시 설명하였다.

'모든 승리는 비록 악한 자가 거둔 경우라도 신의 첫째 판단에서 결과된 것이다. 즉 신은 어떤 나라가 멸망을 당하는 것은 그들의 죄악을 제거 또는 처벌하기 위하여 패배시킨 것이다. 신인(神人) 다니엘을 보라. 그는 포로가 되었을 때 신에게 그와 그의 인민의 죄악을 고백하였다. 그리고 경건하게 비탄하며, 이것이 포로가 된 원인이라고 선언'(Dan)하였다.

이처럼 노예의 첫째 원인은 죄악이니 이것이 그 사람을 그의 벗의 지배 아래 두는 것이다. 이는 신의 판단에 의한 것이다. 신에게 옳지 않은 판단은 있을 수 없다. 모든 종류의 범죄에 대하여 그에 적합한 처벌로서 죄를 갚을 방도를 아는 것도 신이다. 하늘의 신은 말하였다. '죄를 행하는 모든 이는 죄의 노예이다.'(요한)

따라서 종교적 인간을 노예로 삼고 있는 악한 주인은 자신을 속박하고 있는 것이다. '왜냐하면 사람을 압박하는 자는 자신도 꼭 같이 속박되어지는 것이기 때문이다.'

아우구스티누스는 국가 생활에서 사유재산이 있게 된다고 보았다. 그러나 그는 부자와 가난한 자의 식탁을 구분할 것을 지시하면서도 부유한 자의 낭비에는 탄식하였다.

아우구스티누스는 지상의 모든 현상이 신의 뜻에 의존한 것이라는 성서를 인용하여 많은 예증을 들어서 그의 철학의 근거로 하였다. 이러한 성서(聖書)에 대한 그의 철저한 연구와 법적 관념 그리고 신, 자연, 인간 삼자간의 관계와 이에 대한 신의 계획과 그 과정을 펼친 그의 저서는 기독교 세계에 부동(不動) 권위와 영향을 이제까지 지속하고 있다. 중세 말기의 토마스 아퀴나스가 스콜라 철학을 대성하며 전개한 네 가지 법의 서열(영구법, 신법, 자연법, 인위법)도 아우구스티누스의 신학에 기초한 것이다.

이처럼 아우구스티누스의 사상은 중세의 영·속간의 권위 문제에 직접적인 영향을 주었다.

그의 저서인 『신의 도시』는 게르만 민족의 대이동과 때를 같이 하여 쓰이어진 것인데, 이것은 이들이 정착한 후에 성립하는 민족국가가 어떠하여야 하는가를 교시하는 의미심장한 것이었다.

그의 논지(論旨)의 요점은 '인간에게는 육체적 세속적인 면과 함께 정신적이고 피안(彼岸)에 속하는 면도 있는데, 현실국가의 생활에는 이 양면이 뒤섞이고 충돌하는 양상을 보인다. 따라서 신의 섭리가 주관하여 완성되는 천상국가는 순수한 정신의 피안의 세계로 영원한 것이다. 천상국가와 지상국가를 매개하는 사명이 기독교의 교회에 있고 현실국가는 이를 보좌하는 지위에 있는 것이다. 그는 교회의 지위를 신의 뜻을 직접 대표하고 기능하므로 죄악의 요소를 가진 현실국가의 위에 두었다. 그에 의하면 교회는 신의 자비원리를 지상에 대표하는 영원의 상징이다.'라는 것이다.

그러나 아우구스티누스의 이론을 역사적 현실에서 적용하는 것은 그렇게 단순한 것은 아니다. 왜냐하면 인간적 조직체인 교회가 하느님의 왕국과 같은 것도 아니고 세속 정부도 그가 말하는 지상의 다만 악한 권력도 아니다. 순수 죄악의 지상국가와 순수 정의의 천상국가가 만나는 중간 지위에 있는 것이 현실국가인 것이기 때문이다.[16)]

아우구스티누스에게 있어서 이미 교회는 개별적으로 분립되어 신앙생활을 하는 집단 내지 단체가 아니라 현실 국가의 보좌를 받아 천상

---

16) 이 세상의 선이라는 관점, 즉 하느님을 떠나서 조직을 이루는 이 임시적인 도시들은 함께 하나의 '지상의 도시'를 이루는 것으로 볼 수 있다. 이 도시의 역사는 인류의 가장 초창기부터 시작한다. 기독교인들로 하여금 영원한 지복(至福)에 이르게 하는 목적과 범위를 갖고 있는 교회로 조직되는 모든 기독교인들은 하나의 '천상의 도시'를 형성한다. 이 도시는 하느님의 도시라고 한다.
인간이 태어난 이래 이 두 도시는 서로 섞이어 왔으니 기독교인들이라도 생활에 필요한 임시적인 선을 사용하려면 임시적인 도시에서 살아야 하기 때문이다. 그러나 기독교인들은 이 선을 이용할 뿐 궁극적으로 사랑해야 할 대상으로 누리지 않는다.
세상의 마지막 이 둘은 궁극적으로 나누어지게 되며, 하느님의 심판의 날에 구분되어 질 것이다(『중세 철학사(History of Christian Philosophy in The Middle Age)』, 엔티엔느 질송(Etienne Gilson), p.122).

국가로 이끌 제도이다. 이 영적 체제는 신의 영광을 이 땅에 실현시키려는 웅대한 계획을 전개하며 국가를 그 수단으로 이용할 뿐이라고 생각하였다.

그의 이러한 의식 즉 기독교를 전체 제도로서 인식하는 통찰력은 중세 기독교의 역사적 정치적 역할을 예견한 중대한 의미를 갖는다.

제3절 영권 대 속권 이론

1. 영·속 양권의 성장

『신의 도시』는 비단 영권(靈權) 뿐 아니라 속권(俗權)의 의식 구조에도 많은 영향을 주었다. 프랑크제국의 샤를 마뉴가 이 책을 애독하여 기독교의 가르침에 따라 현실국가에서의 정의(正義)를 제국에서 수행하려는 이상을 갖게 되었고 이는 교황의 의사와도 영합되었다.

기독교가 공인된 이래로 교회의 교세가 확장되고 영권은 유럽 전 세계에 위세를 더해갔다.

서로마 제국의 제위(帝位)가 단절된 뒤를 이은 교권을 중심으로 하는 교황의 지위는 야만족에 대하여 로마적 권위를 대표하였다.

9세기 샤를마뉴황제에 의하여 속권의 정치력이 위력을 떨칠 때까지 영속간의 관계는 순탄하였다. 그러나 영권과 속권 간에는 중세를 일관하여 그 세력의 우열이 교호(交互)하는 다툼이 끊이지 않았다.

기원 732년 프랑크왕국의 재상(宰相) 카를 마르텔은 그의 주도하에 사라센의 침공을 격퇴하였고, 그 다음 대의 자손들은 칼로링거 왕조를 설립하였다. 기원 800년 샤를 마뉴는 로마 교황으로부터 황제의 칭호를 받음으로써 프랑크 왕국은 제국으로 승격되었다.

그들은 서유럽에서의 패자(覇者)로 만족(蠻族)으로부터 교황권을 보호할 수 있는 실력을 가질 수 있었다. 그러나 아직은 비잔틴 제국의 눈치를 보아야 하였다. 그러나 프랑크제국은 그의 손자 때에 이르러 형제들 간의 다툼으로 베르덴(Verden) 조약(843년)에 의하여 세 개의 왕국으로 분할되었다.

이들 중 동프랑크 왕국은 선거에 의하여 왕을 선출하였고(이것은 독일의 전통이 되었다), 그렇게 선출된 국왕 오토(Otto) 1세는 그의 뛰어난 정치력으로 로마제국영광의 재현이라는 의미에서 교황에 의하여 신성로마제국의 황제에 추대되었다(962년). 그리고 이 신성로마제국의 세력은 이미 형제국인 동로마제국의 간섭을 용인하지 않을 수 있었다.

서유럽에서의 프랑크와 뒤를 이은 신성로마제국의 제국화(Imperial)는 비록 전 유럽을 통합하지는 못하였으나 서 유럽을 주도할 수 있는 세력으로 단일 유럽을 대표하였다. 이전의 왕국(Royal)이 갖는 영역의 한계성과 그에 따른 권위의 지역성을 넘어 속권도 서유럽에서 권위의 보편성을 갖게 되어 비로소 영속의 대결구도를 갖추게 되었다. 그리고 이러한 속권의 위세에 힘입어 영권도 비잔틴 제국으로부터 자유로워지면서 그 권위를 더욱 강화할 수 있었다.

이처럼 11세기에 이르기까지는 여러 게르만 민족의 왕국들이 정치력을 앙양하여 교황청에 대한 우세를 더해 갔다. 그러나 11세기 말엽에 교황 그레고리 7세의 탁월한 지도력으로 이른바 힐데브란드 시대(Hilderbrand Epoch)를 거치며 영권은 우세를 확보하였다. 그리고 13세기부터는 인노켄티우스(Innocent) 3세에 의하여 주도된 십자군 원정에 힘입어 영권이 비약하여 교황권은 절정기에 이른다.

정치사상으로서의 영속 양권의 이론은 이러한 사태전개를 반영한 것이다. 그리고 그 우열을 다투는 논쟁 과정에 기독교 교리는 다듬어지었고 11세기 교권과 속권 사이의 대논쟁이 있은 후에는 정치적 이념에 대한 적극적 검토가 시작되었다.

이 두 권위의 지배 대상은 동일하여 그 둘 사이의 관할권의 한계, 즉 영적 문제의 범주가 어디까지인가가 분명할 수 없었다는 것이 항상 문제였다. 실제로 그것은 하나의 대상에 대한 지배성격의 차이일 뿐이며 따라서 두 권위의 중첩(重疊)은 불가피하여 양권 간의 투쟁은 운명적인 것이었다.

교황에 의한 기독교왕국은 자신들의 영토를 가지고 있었으며 그런 면에서는 유럽세계의 한 구성원으로 그 정치사회는 봉건적으로 운영되었고 교회정부 역시 세속권의 경우와 그다지 다를 바 없었다. 그러나 교황은 모든 기독교 국가의 영적 문제를 규범할 수 있다는 권위를 내세워 속권에 대한 영향력을 행사하였고 이러한 양권의 병행은 이중적(二重的) 지배 현상이라는 중세 역사의 특징적 성격이 된 것이다.

이 두 세력은 주로 토지 재산과 그 과세권을 두고 경합하였다. 물론 교회 소유의 토지는 따로 분별되어 있었으나 속권 대상의 토지가 신앙생활의 과정에서 교회에 증여 또는 다른 형식을 거쳐 영권에 집중되는 현상을 보였다. 교회가 영유하는 토지가 방대해지며 속권의 지반을 능가하는 과정에서 H.G.웰즈에 의하면 한 때 유럽토지의 사분의 일을 장악하였다고 한다. 이에 비하여 속권은 정치 환경 조건이 변동하는 와중에서 정치력을 발휘하여 그 지반을 적극적으로 확충하여갔다.

전후(前後) 천 년간의 중세는[1] 중대한 역사적 사태를 겪으면서도 일관되게 영속 양권의 대립과 봉건제라는 두 가지 특징을 유지해왔다. 다시 말하여 봉건 토지경제와 자유도시의 상공업 이 둘 간의 이해관계의 흐름, 봉권적 지방분권의 다중화(多重化), 10·11세기에 걸친 제2차 민족이동의 파란, 그리고 타민족 타종교의 유럽 침략과 이에 따른 내부 정세의 변동 등 대내외에 많은 변동의 계기가 겹치었음에도 중세적인 전통 기반은 좀처럼 동요하지 않았다.

세네카에서 시작된 국가와 사회를 분리하는 관념 형태는 아우구스티누스에 와서 지상국가와 천상국가라는 이원론적 세계관이 확립되었다. 그리고 이러한 세계관은 중세에서는 결코 의심되지 않았다.

---

1) 일반적으로 서구의 중세는 그 시작을 서로마제국이 멸망한 기원 476년부터 하여 동로마제국(비잔틴제국)이 터키에 의하여 멸망한 1453년까지의 약 천 년간의 시기를 말한다. 그러나 요셉 피퍼(Josef Pieper)는 그의 저서『중세 스콜라 철학』에서 중세의 시작을 두 가지 상징적인 일이 발생한 529년으로 본다.
즉 이 해에 아테네의 '아카데미아'가 기독교의 이단(異端)의 본거지로 낙인 찍혀 유스티니아누스의 법령에 따라 900년 동안의 전통을 마감하고 폐쇄되었다. 그리고 쫓겨난 학자들은 대부분 시리아나 페르시아로 건너갔다. 그리고 같은 해에 성 베네딕토에 의하여 '베네딕토 수도원'이 설립된다.
여기서 가는 시대와 도래하는 시대의 경계선이 그어진 것이다. 아테네에 있던 플라톤의 '아카데미아'가 로마 가도(街道)에 세워진 '베네딕토 수도원'으로 옮겨간 것이다.

영속 양면을 아우르는 기독교 왕국과 봉건사회체제라는 기틀은 현실상으로나 사상성에 있어 장기간 동안 동질적인 일원적 유대(一元的紐帶)를 뇌고(牢固)히 전통하였다. 이는 동시에 외래의 자극에 대한 사회 자체의 부동성을 효과하였다. 그리하여 중세의 평화와 정체성은 비록 미묘한 동요가 있었으나 비교적 장구하게 유지되었다.

다른 한편 사회경제적 측면에서 보면 유럽 세계는 중세에서 성장기에 들어갔고 그 뻗어가는 힘으로 생활 체제와 관념의 동질성을 오래 지속할 수 있었다. 그러나 11세기 말엽부터 토지 재정문제를 배후에 숨긴 채 주교의 서임권(敍任權)을 두고 쟁탈하는 영권과 속권의 결정적인 투쟁으로 조화가 흔들리게 되었다. 중세 양권 관계와 그 사상적 반영은 대체로 이 시기를 분수령으로 전후기의 성격이 달라지게 되었다.

2. 양검론과 그 영향

중세의 가장 중심된 정치이론은 양검론(兩劍論)으로 대표된다. 5세기 말에 표명된 교황 게라시우스(Gelasius 492-496)[2)]의 양검론은 서구 중세 전기(前期)를 대표하는 이념으로 위대한 영향력을 가지고 있었다.

양검론의 이념 배경은 사실상 동로마 제국과의 관계를 고려한 것이었다. 동로마제국, 즉 비잔틴 제국에서는 교회의 지위가 황제에 종속되어 이 둘은 경쟁 상대가 아니었다. 그러한 비잔틴 제국의 황제는 항상 교황과 서구 기독교 왕국들에 대하여 후견의 역할을 자임(自任)하고 있었다.

세속적 권위에서 비잔틴 제국과 맞설 수 없었던 서 유럽에서 약세를 만회할 수 있는 유일한 길은 교황권의 강화뿐이었다. 이러한 상황에서 양검론은 하나의 타협안으로 선언된 것이다.

494년 교황 게라시우스는 콘스탄티노플의 황제 아나스타시우스

2) 게라시우스(Pope Gelasius 1) : ?-496(재위 492-496). 로마 교황. 짧은 재위 기간이었으나 동로마 황제에 대해서 영·속 양권의 구분과 영권의 우위성을 주장하였다. 그의 양검론은 중세 정치사상의 원류가 되었다. 콘스탄티노플의 주교에 대해서는 로마 교회의 우위성을 주장, 교황권의 발전에 기여하였다.

(Anastasius)에게 편지를 보냈다.

'이 세상에는 통치에 두 가지 체계가 있으니, 성직자의 성직권(聖職權)과 왕권이 그것이다. 그 중에서도 더욱 큰 중점은 성직권에 있다. 왜냐하면 성직은 왕을 포함한 모두에 대하여 최후의 심판 날에 주에게 답신할 것이기 때문이다.'

그런데 신은 지상의 모든 것을 섭리하고 의사하는 권능을 영·속으로 나누어 각기 권능의 검(劍)을 교황과 황제에게 부여함으로써 지상의 일을 위촉하였다. 그리고 '기독교의 교사와 성직자인 주교와 사제(Priests)는 신법 이외에 어떠한 시민법 또는 세속 권위에 의하여 지배되지 않기로 신은 의사(意思)하였다.'

즉 영과 속의 정의(正義)를 구별하여 교회에 귀속하는 영계사항의 독립성을 선포하였다.

이들 양 권위의 혼동과 부당한 결합은 이교도에 속하는 일로 기독교 세계에서는 이러한 구별이 필요한 것이다. 그러나 '기독교 황제들은 영원의 생을 위하여 성직자가 필요하다. 성직자로서는 오직 현실사항을 처리하기 위하여 황제의 법을 이용할 뿐이다.'

한편 성직자들이 세속사에 관여하는 일은 분명하게 정의롭지 못한 것이다.

9세기 대주교 힝크말(Hincmar of Rheins)[3)]에 의하면 영·속 양권에 걸치는 신의 권위는 '예수만이 가능하였다'는 것이다. 게라시우스도 이와 비슷한 말을 하였다. 즉 '신과 인간 사이의 사색가 그리스도 예수가 신과 인간 각기에 충당(充當)되는 방법과 권위를 표징'한다고 하였다.

그는 황제와 성직자는 이미 지적한 한계로 상호 의존하여야 하는

---

3) 힝크말(Hincmar) : 806(?)-882. 랑스(Rheims)의 주교였던 그는 대대로 계승되어 로마교황이 행사해 온 여러 가지 문제들을 심판하였다. 그는 로마교회가 신성한 기구라는 점을 인식하고 있었다. 그러나 교황의 결정은 반드시 성서와 잘 부합되는 것이라야만 하고 교회법과도 융화되는 것이어야 한다.
그는 법률에 복종하며 하느님 이외에는 누구의 심판도 받지 않는다고 하였다. 그는 교황의 주교들에 대한 절대적 감독권을 부인(否認)하였다.
이 시기에는 특히 교회에서 성직자들과 평신도의 구분이 강조되었는데 이는 당시의 성서는 라틴어로만 쓰여 있었고 신도들은 라틴어를 이해하지 못하였기 때문이었다.

'양권의 의무를 구별하였다.' 그러므로 '영적 활동이 육체적 장애에서 해방되기 위하여' 그리고 '신을 위하여 성직을 맡은 어떠한 자일지라도 현세의 일에 개입하여서는 안 되며, 당연히 세속 사항을 담당하는 자가 무엇이 신성한 것인가를 지도하겠다고 생각하여서는 안 된다.'

이와 같이 게라시우스는 당대 성직자들이 세속의 일에 현혹되는 일반적 경향을 경고하였다. 게라시우스의 이 편지에는 황제 권력의 찬란한 통치력에 대해 애써 영계가치의 우월성을 속권과 구별하여 수호하려는 고충이 있었다. 이는 황제의 권능이 영권 사항에까지 간섭하는데 대항하는 항의 정신이었다. 이때 '황제'란 동로마제국의 황제이며, 게라시우스의 양검론은 서구의 기독교왕국을 비잔틴 제국의 영향으로부터 독립시키려는 의도로서 정신적 가치의 우월을 내세워 교황권의 최고성을 암시한 것이다.

물론 황제의 권한을 인정하였으나 영권이 우월하다는 주장에는 비잔틴 제국에서의 비잔틴 교회가 황제의 법정(法廷)에 종속하는 것을 규탄하는 뜻도 포함된 것이다. 양검론은 중세정신의 입장에서 교황의 지위를 최고도로 합리화한 것으로 적어도 중세 서구에서는 의심할 바 없는 진실로 믿어졌다.

게라시우스의 이론은 영권이 우월하다는 근거를 성직자가 최후심판의 날에 세속 통치자의 행적을 주에게 보고하는 권리에서 마련하였다. 이렇게 신의 사법 권위에 의거하는 이론은 교황 권위의 앙양을 순탄하게 하였다. 그러나 때로는 13세기의 인노켄티우스 3세에서처럼 영권 만능의 일방적 횡포로 나갈 계기 역시 내포하고 있었다.

유럽 중세에서의 영권 우세라는 일반적인 현상은 그레고리 1세가 비록 황제권의 신성성과 지엄함을 인정하였으나 그 자신은 세속권까지 행사한 것에서 볼 수 있다. 또한 암브로스가 왕의 비행을 논한 이래 점차로 주교(Bishop)들이 세속 권력에 개입하고 그를 승인하는 법도 제정되었다. 9세기에는 대주교 힝크말이 최후의 심판 날에는 신적인 사도법만이 유효하며 따라서 기독교왕의 국가에는 국법도 기독교적이라야 한다고 선언하였다.

프랑크의 피핀(Pipin)이 메로빙가(Merovingann)왕조를 제거하고 왕위를 찬탈한 것은 다만 명목상의 행위였지만 형식적으로나마 교황의 승인을 얻어서 한 것이고 샤를마뉴와 오토는 옛 로마제국의 권위를 이들에게 부여하는 교황에 의하여 왕관이 씌워졌다. 사실 이때도 이 두 황제는 교황을 갈아치우는 힘을 과시하였으나 그럼에도 불구하고 자신들의 정통성(正統性)은 영권의 보편적 권위에 의존한 것이다.

중세를 일관하여 양권은 상대의 권위를 부정한 적은 한 번도 없었다. 중세체제가 유지되는 한 이러한 역학관계는 필연적인 것이었다.

3. 11세기 양권의 충돌과 그 이론적 귀추

로마 제국은 사라졌지만 로마교회는 제국의 힘에 필적할 만한 권위로 중세를 지배하였다.

웰즈(H.G.Wells)에 의하면 3·4세기의 게르만 민족의 대이동은 유럽 전역을 혼란에 빠트렸고 지적(知的)으로도 공항(恐慌) 상태에 들었다. 서유럽과 중앙유럽 전체에 걸쳐 수백의 야만인 우두머리들이 실제로는 독립되어 있었지만 대부분 로마제국 황제에 대한 애매한 충성을 표시하며 왕 또는 공(公)같은 이름으로 불리면서 통치하고 있었다.

서유럽에서는 그리스-로마 문명을 이해하기 위한 언어, 즉 그리스어와 라틴어 자체가 실종위기에 있었다. 그리스어는 물론이고 라틴어도 고위 승려와 소수 지식인만이 쓰고 있고 일반적으로는 방언화(放言化)된 라틴어와 게르만어, 스라브어 등이 사용되고 있었다.

따라서 그들이 그리스 로마의 문명을 이해하기는 불가능하였고 지성(知性)에 의한 개명(開明)의 길은 이미 포기된 상태였다.[4] 이제 기독교

---

4) 중국도 같은 시기에 야만족들의 침입으로 삼국시대와 남북조시대에 해당하는 304년부터 535년까지 17개의 왕조가 난립하였는데 4개는 흉노, 4개는 투르크, 6개는 몽골 그리고 한족은 3개이었다. 그러나 중국은 이들 모두를 중국화시키는 데 성공하였다. 이들 만족(蠻族)의 문화 수준은 당시의 게르만족과 별 차이 없는 것이었다고 한다.
로마인의 문화는 대다수 백성에 매우 얕게 침투됐기 때문에 이질적인 문화의 접촉

가 그 역할을 맡게 되었고 로마 교회의 권위는 그들에게 생활의 보편적이고 포괄적 지도력으로 군림할 수 있었다. 그것은 문명의 힘이었다.

6세기 초에는 서방 세계 전체가 분할의 시대, 지적 암흑의 시대였다. 교부들의 기독교 교회의 독립성에 대한 주장이나 게라시우스의 양검론은 양권의 투쟁이 아닌 황제에 대한 항의적 성격이 짙었다. 그리고 이러한 주장은 개인의 영웅적인 지적 의사 활동으로 아직 인민의 이해나 지지와는 거리가 먼 것이었다. 사실상 유럽에서 6세기에서 9세기까지는 어떠한 신학적 철학적 논의도 전개될 수 있는 지적 수준에 이르지 못하였었다.

중세를 통치하는 두 주체중 하나인 영권 즉 로마 교황청이 중세 유럽의 최고의 권위로 등장하게 되는 역사적 배경은 결코 순탄한 것은 아니었다.

로마교회의 우월권은 일반적으로 사도(使徒)들 중에 선임(先任)으로 인정된 베드로가 세운 교회[5]라는 신학적 근거를 갖는다. 이들에게는 콘스탄티누스 대제 때에 제국 전역의 종교적 문제에 대해 재판에서 주권자에 대한 자문역이 주어졌다.

전체적으로 기독교 사회는 카톨릭이라는 정통파와 니케아 공의회(313년)에서 이단으로 낙인찍힌 아리안파의 투쟁[6]으로 교회와 제국을 동요시켰다. 이러한 와중에 정통 교리를 수호하기 위하여 소집된 사

같은 긴장에는 대항할 수 없었다. 중국에서는 한대(漢代)에도 이미 고전적 유가나 도가의 가치관을 가치 기준으로 삼고 있는 광대한 농민인구 중에 문화가 깊이 뿌리내리고 있었다(조셉 니담, 『중국의 과학과 문명』, p.143).

5) 로마 교황이 다른 주교보다 우월하다는 특성은 그 신적 기원, 다시 말하여 그리스도가 직접 이 직책을 베드로에게 위임했다는 사실에서 찾는다.
그리스도는 '너는 베드로이다. 내가 이 반석 위에 내 교회를 세울 터인즉 죽음의 힘도 감히 그것을 누르지 못할 것이다. 또 나는 너에게 하늘나라의 열쇠를 주겠다.'(마태복음)고 하여 교회에 대한 사목 직책을 베드로에게 위촉했다는 것이다.
사실 '베드로'라는 말의 뜻이 반석(盤石)이다.

6) 알렉산드리아의 장노였던 아리우스가 주장한 교리로 소위 삼위일체설에 반대하였다. 그는 성부와 성자의 동등성을 부인, 즉 그리스도의 신성을 부인한 것이다. 이러한 단성론은 '하나님은 본질적으로 "태어나지 않았다" 정의상(定意上) 성자 혹은 말씀은 성부와 같은 의미로 하나님이실 수 없다.'는 것이다. 이에 대하여 328년부터 알렉산드리아의 주교였던 아타나시우스는 삼위일체를 주장하였다.

르디카(Sardica, 347년) 회의에서 로마 주교는 다른 주교들의 판결에 대한 상고심의 권한을 인정받았다. 사실상 5세기에 아리안파인 고트족이 이탈리아를 점령했을 때 로마교회는 이들 이단으로부터 정통 교리를 지키는 유일한 버팀 목이었다.

대략 5세기 말엽부터 로마대주교는 교황의 명칭을 사용하였는데, 이는 서로마제국의 소멸로 인한 보편적 권위가 실종된 그 혼란기였다고 추정한다. 동로마제국은 잠시 동안 이탈리라 영토로부터 고트족을 몰아내는 데 성공했으나, 롬바르도 족이 침입했을 때는 더 이상 방어할 힘이 없었다.

이러한 때에 로마 교황 그레고리 1세(590-604 재위기간)는 이를 잘 막아내고 전 이탈리아의 세속사까지도 그의 책임 하에 두게 되었다. 이는 관점을 바꾸어보면 그 당시 속권의 지리멸렬(支離滅裂)한 상태가 어떠하였는가에 대한 암시이기도 하다.

8세기 초 기독교는 정통 교리와 이단인 단성론자들간의 논쟁의 연장선에서 우상숭배(偶像崇拜)에 대한 찬반으로 모든 기독교 종파가 큰 위기에 직면하였다. 비잔틴제국의 레오 황제는 로마교황청이 성상(聖像) 파괴를 거부하자, 이탈리아에 자리한 롬바르드왕국을 부추겨 이들을 압박토록 하였다. 그러나 이때에는 서유럽의 속권도 성장하여 이에 대항하여 나설 만한 실력을 갖추고 있었다.

카를 마르텔의 뒤를 이은 프랑크 왕국의 피핀은 교황의 요청에 응하여 롬바르드족을 이탈리아로부터 몰아내고(762년) 그들에 속했던 이탈리아 북부 라벤나 지역을 교황 스테펜에게 기진(寄進)하여 교황은 이탈리아의 중부 지역에 처음으로 정치적 권력을 행사할 직영지를 갖게 되었다.

이러한 힘든 과정을 겪으며 확고하게 힘을 확보한 영권, 로마 교황청에 비하여 속권의 정치상황은 아직 여러 제후국들의 분립되어 있어 그들이 비록 물리적 군사적 힘은 가지고 있었으나 보편적 권위는 로마 교황의 몫이었다.

사실 이 시기에 이르면 게라시우스의 영적 감독권이라는 암시에 따라 힝크말의 태도에서 징표된 교회의 규율에 순종하지 않는 자에 대하여 일반인은 물론이고 황제도 처벌할 수 있다는 생각도 가능하였다. 사실 9세기에는 로테르 왕(King Lothaire of Lorraine)에 대하여 교황은 파문을 단행하였다.[7)]

로마 교황청 즉 영권의 성장과 투쟁은 물론 로테르 왕과의 사건과 같은 속권과의 문제도 있었지만 그것은 일과성 해프닝으로 취급될 수도 있는 것이었다. 그보다 로마교황청의 힘들고 어려운 문제는 이단과의 투쟁과 동로마 제국으로부터의 끊임없는 감독, 압력과 마찰로 시달리는 것이었다.

특히 8세기의 성상 숭배 문제는 비잔틴제국의 사주를 받고 교황청을 압박하는 롬바르도 족을 피핀이 퇴치함으로 로마 교황청이 프랑크왕국과 밀착하는 계기가 되었다. 그러나 로마 교황청은 역설적으로 이런 힘든 과정을 겪으며 내적인 교리체계가 확립되며 대외적인 권위 역시 힘을 실을 수 있었다.

이 후에 역사적으로 진행된 영속간의 전면적인 충돌에 대하여 거칠게 요약하자면 그러한 충돌은 크게 세 차례 있었다. 그리고 그 진행과정이나 결과는 유럽 정치의 흐름에 영향을 주었고 또한 당시의 정치적 지적(知的) 세계로부터 영향을 받은 것이기도 하였다.

첫 번째가 교황 그레고리 7세와 하인리히 4세 사이의 투쟁으로 이 시기를 '힐데브란드 시대'[8)]라고도 하는데, 이 투쟁은 '카놋사의 굴욕

---

7) 로테르왕은 그의 영토 안에 주교와 성직자들의 동의를 얻어 부인과 이혼을 하였으나 교황 니콜라스(재위 858-876)는 이에 간섭하여 오랜 투쟁 끝에 왕후를 제자리에 복귀시켰다. 그러나 그의 형인 루이스황제는 교황에 반대하여 이혼에 동의하였던 성직자들과 함께 로테르왕의 편에 가담하였다.
교황은 이들을 파문하였고 루이스황제는 군대를 이끌고 로마를 공략하여 점령하였으나 곧 교황과 화해하고 물러났다. 이는 교황의 보편적 권위가 비록 물리적 힘을 갖지는 못하였으나 분립된 제후국의 군사력을 능가하는 것을 보여주었다. 그리고 이 사건은 교황이 세속 판결에 깊이 관여하는 선례가 되었다.

8) 힐데브란드 시대 : 후에 교황 그레고리 7세가 된 힐데브란드는 토스카나 지방의 농부의 아들로 태어났다. 그는 지오바니 그라시아스(교황 그레고리 6세의 속명, 1045-46)를 스승으로 교육받았다.

(1075년)'으로 상징되듯 영권의 승리를 가져왔고, 두 번째로는 교황 보니파키우스와 프랑스의 단려왕 필리프간의 알력이었는데 이번에는 '아뷔뇽의 유수(1309년)'라 부르는 사건이 보여주는 바와 같이 속권의 승리였고 이는 영권이 분열과 와해의 길을 걷게 되는 계기가 되었다.

그리고 세 번째는 두 번째의 여진(餘震)으로 아뷔뇽의 교황 요한 22세와 독일 국왕 루드비히 간의 마찰(1323년)이었는데 그 배후에는 민족국가의 대두와 그에 따른 국제적인 역학관계가 작용하였다.

이제 유럽 사회는 영속간의 대립을 넘어 사회의 민주화 경향에 따른 영권 내의 대립적 논란으로 역사가 전개되었다

힐데브란드 시대에 대한 역사적 배경은 멀리 카를 마르텔에서 배아(胚芽)되었다. 샤를마뉴 대제의 조부이며 아랍 세력이 유럽 중심을 침략하였을 때 이를 격파시킨 마르텔(Charles Martel)이 사라센과의 전쟁(뚜르(Tours)전(戰) 732년) 비용을 조달하는 과정에서 교회 소유의 토지를 대량으로 세속권에 흡수함으로써 교회정부와 세속정부의 혼동이 심하게 형성되었다.

당시 고급성직자들의 토지 재산과 권능은 막대하여 실제로 어느 왕권도 능가할 만한 실력이었다. 따라서 왕권으로서는 이들의 이용가치가 컸으며, 또한 성직자들은 가장 고급의 교양인으로 왕이 관리를 등용하는데 일차적인 표적 대상이었다.

이렇게 하여 교회 공직자가 세속권에 침투됨에 따라 성직자이면서 동시에 세속권 왕의 신하로서의 권리와 의무를 갖게 되면서 자연히

1049년 교황 레오 9세는 그를 로마로 불러 교회의 재정을 맡기는 한편 성 바오로 수도회의 원장으로 임명 대 개혁을 추진하였다.

그는 교황 레오 9세, 니콜라이 2세, 알렉산드로 2세 등 역대 5명의 교황들의 고문과 특사로 교황권을 수호하기 위한 개혁을 추진하였다.

당시의 가장 큰 세 가지 문제는 성직 매매와 성직자의 불법 결혼 그리고 왕의 주교 임명이었다. 1073년 그는 교황 선출권을 갖고 있는 추기경들이 아니라 시민과 다른 성직자들의 환호 속에 교황 자리에 올랐다. 그는 한때 하인리히 4세를 굴복시키기도 하였고 또는 그에게 쫓기기도 하였으나 그의 뒤를 이은 교황들이 속권과의 투쟁에서 영권의 우위를 성취하여 그는 승리자로 남았다.

그의 업적은 9세기 말 이래의 '암흑시기'를 청산하고 새로운 영속관계 수립에 주도적인 역할을 성공적으로 이끈 것이다.

부패행위가 성행하기에 이르렀다. 호화로운 세속권의 영화(榮華)를 탐내어 고위 성직자들은 그들의 권익을 과다하게 추구하는 경향이었다. 그리고 세속지배자들은 이를 이용하여 관직을 성직자들에 부여하는 경우가 더욱 성행하였다. 한편 교회에서는 교회 공직을 사고파는 부패행위가 유행하였다

양권이 투쟁하려면 먼저 투쟁 주체들의 자립과 내적 충실이 전제되어야 한다. 그리고 영권의 거대한 전통적 위세와 자웅을 결단할 만한 세속 지배자들의 실력이 그 동안 축적되었다.

샤를마뉴 대제 때 이미 승속인 모두가 그의 법 규율에 복종하여야 하는 신민임을 명확히 선언하였다. 교황 레오 3세는 황제의 사법 권능으로 교황 자신의 범죄가 처리되었다. 그런데 황제에게 교회정부에 개입하는 원인을 주게 된 것은 주로 그들 자신의 부패에 따른 것이었다.

이러한 경향은 로마 제정 말기부터 교황 선거에 따르는 부패상에 원인이 있었다. 로마시의 편협한 특권 세력이 정치에서 주도권을 장악하여 교황 선거 시(時)에 자주 분란이 일어났고 이를 진정시키는데 황제의 영향력이 컸다. 그리고 10세기에는 교황들이 타락하여 오토 대제에서[9] 헨리 3세에 이르기까지 황제에 의한 교회 개혁이 적용 실행되었다.

이에 대하여 교황 그레고리 6세와 베네딕트 9세는 교회법을 정비 교황권을 확장하였고, 세속 측 감독의 대변인 역할을 하던 대주교의 권한을 없애고 교황의 권능을 앙양하는 동시에 일반 주교의 지위를 강화하였다. 한편 영권의 독립을 위한 교회 정부의 개혁 운동이 수반

---

9) 9세기 말부터 11세기 중엽까지 영권은 이른바 '암흑 시기'에 빠졌다. 로렌느의 왕 로타르(Lothar) 2세의 이혼문제에 개입하였던 교황 니콜라스 1세(재위 : 858-876)를 마지막으로 897년부터 955년까지의 60년 사이에 무려 17명의 교황이 로마 귀족의 영향력으로 교체되었다. 이러한 와중에 교황 요한 12세는 자신의 입지를 확고히 하려 속권의 실력자인 오토 1세에게 신성로마제국의 황제의 대관을 씌워 주고 도유(塗油)하였다(962년). 그러나 이후 오토 1세는 그를 폐위시키고 레오 8세를 교황으로 임명하였다.

그리고 로마귀족들을 견제하여 이후부터 황제의 동의 없이 교황을 선출하지 않겠다는 서약을 이들에게 강요하여 받아냈다.

되었다. 그들은 영권의 타락에 대처하여 숙청운동을 전개하였다.

수도원들이 그 조직력을 서로 협동하여 성직 매매와 성직자의 세속 정부에 겸직을 엄금하였다.[10] 또한 여러 종파들이 새롭게 나타나면서 일종의 종교적 사회운동도 전개되었다. 그러나 수도원이 주도하는 청결과 엄격한 규율이라는 종교 정신은 영권을 정화(淨化)시키는 효과를 가져 왔으나 오래 지속되지는 못하였다.

11세기 교황 그레고리 7세(Gregory 7)와 황제 하인리히 4세(Henry 4)[11]와의 충돌은 이렇게 사태가 진척됨에 따라 양측의 정치적 각축으로 폭발한 것이다.

드디어 1075년 교황 그레고리 7세는 영권의 위신을 회복하려고 세속권자가 주교를 서임을 하는 행위를 금지시키고 이를 범(犯)하는 자는 파문시킬 것을 선포하였다. 그러나 이때에는 이미 고위 성직자의 선거권을 세속지배자가 장악하고 주교직도 세속권에 의하여 서임(敍任)되고 있었다. 이러한 상태에서 그레고리의 선포는 세속지배자의 사실상의 권한에 저촉되는 일이었다.

사실상 교황의 조치는 교회공직의 임면권을 만회함으로써 광대한 교회 토지에 얽힌 이권을 세속권으로부터 되찾으려는 시도였다. 물론 하인리히 4세는 이 선포에 따르기를 거부하였다. 그리고 자기파의 교회공직자를 소집하여 평의회를 개최, 교황의 폐위를 선언하였다. 이에 교황은 교황대로 이에 응수하여 황제를 파문하고 그 신민들을 황제에 대한 충성 서약으로부터 해제하였다.

---

10) 11세기 초부터 시작된 교회개혁운동. 성직 매매 성직자의 결혼 등을 반대하고 교회의 정신적 권위 확립을 외쳤다.
쿠루니의 수도원은 910년 프랑스의 아키텐 공이 설립한 수도원으로 엄격한 수도생활로 유명해져 10, 11세기까지 유럽 각지에서 쿠루니계 수도원이 다투어 설립되어 로마 교황청의 개혁의 원동력이 되었다.

11) 아버지 하인리히 3세의 죽음으로 6세 때에 국왕에 즉위 하였고 모후(母后)의 섭정시 많은 왕령을 상실하였다. 그것을 만회하려 제후들과 대립하는 중에 교황과 서임권을 놓고 다투다가 결국 굴욕을 당하였다. 이는 제후들의 지지를 얻지 못한 때문으로 후에 세력을 만회하여 제후들을 진압하고 그레고리 7세를 로마에서 축출하였다. 그러나 만년에는 왕후와 장남 콘라트에게 배반당하였고 차남 하인리히 5세에 의하여 감금당하는 비운을 겪었다.

이 충돌은 헨리 4세의 이른바 '카놋사의 굴욕'[12]과 하인리히 4세의 재기(再起)와 반격이라는 사태로 전개되었다. 이 과정에서 속명(俗名)이 힐데브란드였던 교황 그레고리 7세의 거인다운 면목은 처음부터 모든 것을 주도하는 역량을 보였고 궁지에 몰려서도 전혀 굴하지 않는 기개로 그의 사후(死後)에까지 영권에 영향력을 행사하였다.

때마침 십자군원정이라는 전 유럽 기독교국가의 거병(擧兵)으로 양측의 타협은 불가피하였다. 결국 보름스협약(1122년)[13]으로 일단 타협을 보았으나 결과적으로는 영권의 승리였다. 그러나 이때도 영권의 주장은 교회가 세속 정부의 기능을 맡으려는 것은 아니고 다만 교황이 세속 통치자의 정통성을 판단할 수 있도록 하는 것이었다.

이 양권의 논쟁은 12세기 말까지 계속하였다. 13세기의 인노켄티우스 3세에 의한 영권 만능의 시기를 거쳐, 14세기에 들어서도 이 논쟁은 계속되었다.

사실상 양권의 투쟁은 그들 권익을 구성하는 직접적인 문제인 과세권과 주교 임명권을 두고 충돌하였다. 이러한 문제들은 예민하고 심각한 정치적 사안으로 이 사태에 대한 논쟁은 그 전개 과정에서 중세의 가장 정치적 성격이 강한 근본이념들의 발전을 가져 왔다. 그리고 민족국가 의식이 싹트며 왕권의 집중력이 강화되어 이 투쟁은 더욱 격렬하여 졌다.

양측이 11세기의 충돌을 앞두고 펼친 논의들에는 그 이론들이 전거

---

12) 독일 신성로마제국의 하인리히 4세는 1075년 성직 서임권을 두고 교황 그레고리 7세와 충돌하였다. 이 주교 서임권은 세속통치자가 맡아왔던 것이나 교황은 이를 금지시켰다.
교황은 하인리히 4세를 파문하였고 제국 내의 봉건적 가신 관계에 있던 제후들은 황제에게 봉건적 선서의 해제에 일 년의 유예기간을 주고 그 안에 파문을 해지(解止)할 것을 요구하였다. 황제는 그것이 불가능함을 알고 훗날을 기약하고 카롯사에서 교황에게 굴욕적으로 빌어 사면을 받고 귀국하였다.
황제는 절치부심(切齒腐心)한 결과로 1080년에 그레고리 7세를 폐위시키고 로마를 점령 클레멘스 3세를 새 교황에 앉히어 복수하였다.

13) 11세기 후반부터의 성직자 서임권 다툼을 타결하기 위하여 1122년 9월에 황제 하인리히 5세와 교황 칼릭스투스 2세 사이에 체결된 협약. 이 협약은 쌍방을 만족시키지 못하였고 황제의 신성, 정치적 성격은 상실되고 권력이 약화되었다.

(典據)하는 성서가 양측이 서로 달리하는 경향을 보이기 시작하였다. 즉 영측이 구약성서에서 그들의 입장을 주장하는 근거를 인증한 예가 늘어 갔음에 비하여 속권 측은 신약성서에서 그들의 정당성을 찾았다.[14) 물론 전적으로 그렇게 계획된 구별은 아니다.

그러나 대체로 그러한 경향이 이때부터 분기되고 확충되어 정치사상사에 서로 다른 흐름을 형성하게 된다. 이는 서양세계의 후세에 중대한 결과를 가져오게 된 것이다.

즉 17세기 프로테스탄트(Protestant) 신교(新敎)의 등장과 로마 카톨릭과의 대립은 왕권 민족국가와 교황권 간 투쟁의 변형된 양상으로 볼 수 있는 것이다. 물론 이러한 가정과는 정반대의 현상도 있었고 이는 다만 한 경향을 가리킬 뿐이다.

영권이 세력을 강화시키던 초기에는 구약성서의 의식(意識)이 명확한 형태로 나타났던 것은 아니었다. 인노켄티우스 3세는 영권 재판의 상징으로 모세의 법(Moses)을 들어 모든 어렵고 의심되는 문제는 교황의 고유한 권한으로 감독 조정되어야 한다고 선언하였다.

신약성서를 인용한 예는 하인리히 4세와 충돌한 그레고리 7세가 베드로에게 '나의 양을 기르라'한 예수의 말로 왕도 그 양(羊) 안에 포함된다고 논박하였다. 그러나 한편 그는 구약을 인용하여 신은 예언자 제레미아(Jeremiah)를 왕국에 보내어 신의 뜻을 건설하도록 모든 일을 관장할 것을 명하였다고도 말하였다. 이러한 영권의 일방적 만능(萬能) 현상은 구약 성서(Testament)에서 멜키세덱(Melchsedek)[15)은 성직자인

14) 신약 성서는 예수와 사도들의 정치에 대한 무관심 내지 순종적 입장을 반영하였다. 바울은 '누구나 자기를 지배하는 권위에 복종하여야 한다. 세상의 모든 권위는 다 하느님께서 세워주신 것이다.'(로마서)이라고 하였다. 그 이후 시민적 복종의 의미는 교회의 어떤 책임있는 자도 부정하지 않았다. 신약이 속권 옹호에 인용된 전통은 후일에 교황권을 통열히 공격하고 중세에 종교 개혁을 준비하였다고 평가받는 마르실리오가 신약만이 계시의 유일한 원천이라고 한데서도 볼 수 있다. 그러나 구약은 율법과 예언자들의 세속 정부에 대한 공격적이고 신랄(辛辣)하게 비난한 예를 보여 준다. 또한 이스라엘 초기 역사는 기독교가 지향하는 생활의 범형으로 영속 양측으로부터 어떠한 공격도 받지 않았다(던닝, 동서).

15) 예루살렘의 왕이며 지극히 높으신 하나님의 제사장이었다. 그는 아브라함이 영적인 면에서 자신보다 탁월한 사람이라고 인정한 유일한 사람이었다.

동시에 왕이었고, 다비드(David)는 예언자이며 왕이었던 역사에서 볼 수 있다.

멜로빙가 왕조의 마지막 왕인 킬페릭(Chilperic)은 형식상으로는 교황 쟈칼리아스(Zacharias)에 의하여 추방되었다. 샤를마뉴 대제의 대관이 교황 레오에 의하여 이루어진 것 역시 영권의 권위상의 우월을 보여주는 것이다. 영권은 심지어는 콘스탄티누스 대제가 콘스탄티노플로 천도하였을 때에 교황 실베스터(Sylverster)에게 서로마 제국의 제권(帝權)을 기진(寄進)하였다는 우화마저 성립시켰던 것이다.16)

여하튼 영권측 주장은 양검론이 갖는 합리성의 제약을 받기는 하였으나 기독교가 국교인 한 이론면에서는 항상 우세한 지위에 있었다.

하인리히 4세와 속권자들의 속권을 옹호하는 이념의 근거에는 얼마간 근대적인 요소를 내포하고 있어 그 방향으로 점진하였다. 종교적으로는 신약정신에 의거하여 예수가 영·속 양권을 구별하여 명확하게 영계가 세속사에 혼입하는 것을 금한 바를 지적하였다(로마서).

사도 바울에 의하면 왕은 신의 대신(大臣)이며 악행을 한 사람에게 신의 분노에 따라 벌하는 일을 대행하는 존재이다. 따라서 모든 자는 왕에게 복종하여 속죄하여야 한다. 왜냐하면 이러한 권위는 신의 뜻에 따른 것이기 때문이다.

베드로는 '주를 위하여 인간의 모든 명령에 복종하여야 한다. 이는 신의 뜻이 그러하므로'라고 하였다. 왕의 행위는 신에 대하여 책임이 있다. 왕의 정의는 일반 인민을 보호하고 교회와 성직자의 행복을 적극적으로 증진하는 고유한 것이다. 그리고 만일 이에 실패하여도 왕권은 지상의 어떠한 자에 의하여 박탈 또는 제재(制裁)받지 않으며 그

아브라함은 그로부터 축복을 받았다. 멜키세덱은 그리스도의 완전한 전형(典型)으로 그는 익명성을 강조하여 그 가족의 기록을 갖고 있지 않다.

16) 교황 스테파누스는 피핀에게 도유의식(塗油儀式; 고대 이스라엘에서 머리에 기름을 부어 신성한 힘을 주어 왕권을 부여하는 의식)을 해준 것과 라벤나를 기증받은 것은 동로마황제에 대한 월권행위로 그는 이를 항의 받을까 두려워 '콘스탄티누스 황제의 기진장'이라는 가짜 문서를 작성하였다. 그 내용은 로마제국의 황제 콘스탄티누스가 이탈리아 서쪽의 로마제국의 지배권을 로마 교황에게 양도했다는 것이다.

죄와 벌은 신에 의하여 내세에 받게 되는 것이다.

비록 폭군이라 하여도 그 악정으로부터의 유일한 구제책은 항거에 있는 것이 아니고 죄의 회개와 신에게 기도하는 것이다. 이런 근거를 들어 하인리히 4세는 그를 파문한 교황 그레고리 7세에게 편지로 그가 신앙에서 벗어나지 않는 한 어느 범죄로도 추방될 수는 없다고 강경하게 항의하였던 것이다.

이제 영속 간의 전면전의 양상은 종래의 단편적 주장을 넘어서 완전히 새로운 각도에서의 이성적 판단을 준비하였다. 또한 이에 법률적 해석까지 가세하여 논쟁의 심폭을 확대하였다.

중세의 양식(良識)을 대변하는 고위 성직자 계급에 나타난 이러한 논의형식은 새로운 정치적 감성(感性)의 등장을 상징하는 것이었다.

4. 버어나드(Bernard)와 크라수스(Peter Crasus)

순수한 성직자였던 버어나드[17]는 교황 유게니우스(Eugenius, 1145-1153)에게 보낸 짧은 저술에서 교황의 관심이 세속 행정면에 기울어 교회가 비정신적이 되가는 상태에 대해 항의하였다.

그는 영적·물질적 양검이 모두 교회에 속하지만 영적인 사항은 주교가, 그리고 물질적인 것은 황제에 의하여 집행되어야 한다고 하였다. 그러나 속권이 주교로부터 독립되어 있는 것은 그것이 영권의 범주 밖에 있기 때문이 아니라 속권의 성격이 저급하여 주교가 관장할

17) 12세기 초에 두 명의 버어나드(베르나르)가 있었는데 그 하나는 솔즈베리의 존이 '우리시대의 으뜸가는 플라톤주의자'라고 한 사르트르의 버어나드((Bernard von Chartres, ?-1130)와 이 책에서 거론되는 시토회 수도회원인 클레르보의 버어나드(Bernhard von Clairvaux, 1091-1153)이다.
성(聖) 버어나드라고 불린 클레르보의 버어나드는 '철학자들의 공허한 지껄임'을 싫어했다. 그는 모든 진리인식의 시초는 지성에 있는 것이 아니라 '겸손'에 있다. 겸손 속에서는 자아(自我)의 모든 관심이 침묵하게 되고 이때에야 비로소 인간은 참된 세계에로 마음이 열린다. 신앙과 헌신이 모든 변증법보다 더 중요하다.
그는 아구스티누스와 마찬가지로 종교에 있어 천재였다. 그는 '영혼이 항상 높은 것으로 향하여 열려있는 한 영혼은 이미 위대한 것이다.'(『서양 철학사』, 요하네스 할쉬베르거, p.538)라고 하였다.

가치가 없기 때문이다.

그리고 속권은 교회를 유지 보호하는 것이 그의 책임을 완수하는 것이다. 그는 교황의 권위를 절대적 경지로 찬양하였으나 이 권위는 통치권이 아닌 목자(牧者)로서의 권위이다. 교황의 행위는 지배하는 것이 아니라 예수의 집사(執事)로서 목자와 같이 인간의 영혼을 살찌우는 데 있는 것이다.

버어나드는 예수가 그를 보호하려는 검을 거둘 것을 명하였다는 예증을 들어 교황이 강제력으로 영토를 확장하려는 생각을 비난하였다.

버어나드는 영속 양권의 현실에 대하여는 다 같이 비판적이었다. 그러나 교의면에서는 영적 의의와 그 절대 권위성을 인정하였다. 그는 성직의 서열관계를 합리적으로 재구성하여 양검론에 내재한 영권의 현실논리상의 미약한 점을 보완하였다.

사실 그는 영계정신에 충실한 교부학적 사색가였다. 또한 개혁 성향의 성직자로서 그가 지향하는 바는 교부들의 금욕적이고 신비적 경향의 순수한 정신주의였다. 그러나 그의 세속과 성직의 날카로운 구분은 합리적인 사고과정을 전제하는 것으로 이러한 이성적 사고방식에는 중세의 신학, 즉 계시 우위가 무너지는 징후가 보인다.

이러한 버어나드의 선구적 정신은 15세기 말에 아리스토텔레스의 영향력이 한계를 드러내자 쿠자누스의 니콜라스 같은 학자들에 의하여 회고되었다. 동시에 16세기 종교 개혁이 전개되기 전까지는 그가 주목받지 못한 원인이었다.

11세기 말 이래로 로마법은 교황청에 대항하는 군주와 황제의 이데올로기적 보고가 되었다. 이러한 사고의 경향은 12세기에 획기된 고대 문화유산의 부흥으로 더욱 자극되었고 이 자극으로 유스티니안 법전에 대한 연구가 활발하게 일어 법률가들은 로마법 관념에 따라 왕권의 절대성을 주장하는 새로운 전거(典據)를 획득하였다. 그러나 로마법은 속권 뿐 아니라 영권에 대하여 교황 측이 황제적 권위라는 정치의식을 갖는 데도 도움을 주었다.

라베나(Ravenna)의 로마법 교사 크라수스(Peter Crasus)는 법률의 범주를 세속사(世俗事)와 정신사(精神史)로 구분하지 않고 기본적으로 평신도를 위한 법률로서의 로마법과 성직자를 위한 법률로서의 교회법으로 나눔으로써 이원적 정부 체계를 구상하였다. 그렇게 하여 제국 내에서 교황의 법률제정 기능을 부정(否定)하는 기초를 제공하였다.

그는 하인리히 4세와 그레고리 7세간의 사건을 그의 저서 『하인리히 4세의 통치옹호론』에서 최초로 법률적으로 논의하였다. 그는 세습적 승계권의 불가침성을 주장하여 '하인리히 4세가 유산으로 물려받은 왕국에 대하여 아무도 간섭할 권리가 없다. 이는 사유 재산을 빼앗는 것과 같다'고 하였다. 그는 로마법이 신법과 만민법과 같은 권위를 갖는다고 하여 로마법을 신권에 연결시킴으로써 세습권의 불가침성을 논의하였다. 그의 저서가 각별한 관심을 끄는 이유는 성직자와 세속인 사이에 그어 놓은 날카로운 구분 때문이었다. 이러한 구분에 따르면 교황의 행위는 더 이상 세속사에 어떠한 영향력도 인정받지 못하게 되는 것이다.

세이빈 교수도 말했듯이 이 두 영역 사이의 명확한 구분을 짓는 이론이 바로 중세를 가르는 쐐기인 것이다.

크라수스는 또한 영국왕 헨리 1세와 안셀무스(Anselm)[18] 간의 신부의 서품문제에 대하여서도 국왕은 그 지위가 신권에 직결되어 있고 그에게 세습권과 교회공의회 소집권이 있다고 지적하였다. 즉 국왕권의 주교권에 대한 우월을 주장한 것이다.

크라수스는 또한 영계에 완전히 새로운 원리를 도입하여 15세기의 교회공의회 운동을 위한 이념을 선구적으로 제시하였다. 즉 성직(聖職)

18) Anselmus Canterberiensis : 1039-1109. 북 이탈리아 출신. 1093년 캔터베리 대주교에 임명되어 죽을 때까지 재임하였다. 그는 신앙을 앞세우지 않는 것은 오만이고 반대로 이해하려고 하지 않는 것은 태만이라고 하였다. 그는 신의 존재를 성경의 권위에 의하지 않고 이성만으로 증명하고자 신의 본체론적 증명을 창시하였다.
그는 신학의 이상을 추구하면서 신학을 일종의 학문으로 바꾸어 놓은 최초의 사람으로 '스콜라주의의 아버지'라고 불리 운다. 그는 신이란 바로 그 개념이 신이 존재한다는 것을 증명한다고 하였다. 그의 가장 유명한 명제는 '사람은 믿기 위해 이해하는 것이 아니라 이해하기 위해 믿는다.'라고 하여 신앙의 절대성을 강조하였다.

에 있어 권위의 차이는 인위적인 것이며 신부와 대주교 간에는 고유한 의미로는 권력상의 차이가 있을 수 없다. 모든 성직은 동등한 것이고 로마 주교의 우월권은 역사적 우연에 불과한 것이다. 따라서 영적으로 복종하여야 하는 대상은 교회 자체뿐이다. 이러한 합리론은 종래 중세의 전통적 관념에서는 이루어질 수 없는 것이었다.

이제 유럽의 지적 세계는 새로운 준비를 하고 있었다. 12세기 솔즈베리의 존은 사르트르 학파[19]의 전성기였던 12세기 이 학파에서 수학하였다. 그는 로마법의 영향에 속하는 영권 이론가로 그의 정치철학은 아우구스티누스 이래 최고의 것이었다. 그러나 이보다 앞선 세대인 11세기에 마네골드는 영권 측에서 속권을 규범하는 이론을 근대적 민주 원리의 합리성에 근접한 시각에서 지적하였다.

5. 마네골드(Manegold of Lautenbach)와 솔즈베리의 존 (John of Salisbury)

마네골드는 왕과 인민간의 관계를 근대 사회계약론의 관점에서 설명하였다. '아무도 스스로 황제 또는 국왕이 될 수 없다. 국왕은 인민이 정의롭게 다스려지기를 바라 그러한 목적에서 둔 것이다.' 이렇게

---

19) 이 학파는 10세기 말경 사르트르의 풀베르투스(Fulbertus von Chartres)에 의하여 창설되었다. 이 학파의 전성시대는 사르트르 대성당이 건축되기 이전 12세기였는데 이때는 이미 스콜라 철학의 전성기가 임박해 오던 때로 새로운 사상이 다가오는 것을 분명히 느끼고 있었다. 이들은 고전문학과 문법을 연구, 고대의 인문주의적 전통을 순수하게 보호해가면서 플라톤주의가 혼합되어있는 아리스토텔레스의 학설을 설립하여갔다.
새로운 논리학(Logica Nova)인 아리스토텔레스의 '오르가논(Organon ; 두 가지의 분석론과 토피카 및 궤변론)'을 처음으로 받아들인 것은 이 학파였으며, 사르트르의 베르나르(이 신학자는 본문에서 다루고 있는 성 베르나르, 일명 클레르보의 베르나르와는 다른 사람이다)는 이 학파의 수장이었으며 솔즈베리의 존 역시 이 학파에 속하였다.
Bernard de Chartres(? -1130)는 12세기 전반의 지적 중심이던 사르뜨르 학파의 선구자로서 그의 사상은 제자들을 통하여서만 알려지고 있다. 플라톤주의자이며 제자 길베르투스 포레타누스(Gilbertus Porretanus)에게 온건한 실재론의 길을 열어 주었다. 솔즈베리의 존은 그를 '당대의 가장 완벽한 플라톤주의자(Platonist)'라고 평하였다(『서양 철학사』, 요한네스 힐쉬베르거, p.532).

하여 국왕의 권위에 관한 신적 배경에서 벗어나 합리주의적 해석을 내세운다.

국왕은 신의 뜻에 따라 절대적 지위가 주어진 것이 아니고 인민의 사에 의하여 민주적으로 주어진 지위이고 권위의 성격 역시 그러한 것이다. '즉 국왕이 행할 정의는 각자에게 각자의 몫을 주고 착한 사람을 도와 악을 배제하는데 있다. 요는 모든 사람에게 정의를 주어야 하고 만일 황제 또는 국왕이 그를 선임한 인민이 동의한 내용을 위배하여 사물을 착란케 하고 질서를 파괴하면 이성(理性)은 인민에게 충성 서약을 해지·면제할 수 있다.'

마네골드는 왕이 정부의 임무상 보장하여야 할 선(善)을 파괴할 경우에는 추방되어야 할 것을 주장하였다. 이러한 정치적 합리성은 근대 인민 주권론이 지시하는 요건과 일치한다. 그러나 마네골드가 당시 영권 측의 입장에서 대변한 지적이 갖는 중세성은 인민이 국왕에게 충성을 해제할 수 있다는 일반적인 내용에 더하여 '국왕이 그와 인민을 함께 결합한 신앙을 파괴할 때'라고 못 박아 말한 데 있다. 독일인인 마네골드가 이러한 이념을 피력한 것은 국왕의 불법에 대하여 인민의 충성 의무를 해제할 권한을 교회가 갖고 있다고 생각한 것이다.

그리고 황제 하인리히 4세가 교회에 의존하는 신도로서의 민주의사를 유린하였다고 비판하였다. 따라서 황제 하인리히 4세를 파문한 그레고리 7세의 행위는 황제가 행한 가치 없는 일을 무효화하는 동시에 인민에 대하여 정당한 효과를 부여한 것이라고 옹호하였다.

마네골드의 이론은 중세 게르만족 사회 운영에 포함된 정치의식을 명료하게 표현한 것이다. 이러한 종교 정신적 합리성은 12세기에 존(John of Salisbery, 1120-1180)[20]에 의하여 정열적으로 표현되었다. 13세기의 교황권이 전능의 위세를 떨치게 되는 과정에 앞서 그 성격을 대표

20) 솔즈베리의 존 : 1120-80, 영국의 철학자, 성직자. 영국의 솔즈베리에서 출생하여 파리에서 아벨라르에 사사(私師)하고 1176년 사르트르의 주교로 임명되어 사망할 때까지 주교로 있었다. 그의 저서 『Policraticus』에서 그는 성직권과 세속권에 대해 고찰하고 성직권의 우월을 주장하고 폭군 방벌론의 선구자가 되었다.

하는 이론을 펼쳤다. 존은 사르트르학파의 일원이었으며 문학과 다른 분야에서도 풍부한 교양을 갖추고 있었다.

영권의 절대성을 표명한 버어나드에 비하여 그는 시인적 격앙된 감정에서 속권의 방자함을 공격하였다. 그는 버어나드가 영권이 세속사를 직접 취급하여 타락과 부패하게 되었다고 한 비판을 인정하였다. 그러나 존은 그렇다고 하여 교회가 물질적 사항을 통어할 권능이 없는 것은 아니라고 하였다.

존은 버어나드가 양검론에 대하여 선편(先鞭)한 이의(異義)를 대담하게 확충하여 구체화하였다. 그는 버어나드에 따라 게라시우스의 양검론의 입장을 타파하여 정신적 혹은 물질적인 것을 막론하고 일체 사물이 당연히 교회에 종속되어 있음을 성서(누가복음)를 끌어 들여 증명하였다.

그에 의하면 군주는 영의 검을 가진 교회로부터 피의 검을 받은 것이다. 따라서 군주는 영권의 대신(大臣)이며, 영계에 적합하지 않은 저열한 가치사항을 수행하기 위하여 육체적 강제력을 행사하는 지위인 것이다. 따라서 군주의 통치는 성직자가 암시하는 바에 따라 행해져야 한다. 물질에 대하여는 황제가 명령할 지위에 있다. 그러나 속권은 영권에 필요한 조건을 마련할 고유의 의무가 있으며 교회에 봉사하여야 한다.

그의 정치학은 법률적 헌정적이기 보다는 차라리 윤리성에 기초하였다. 그는 정부 조직기능 간의 상호관계를 유기체론으로 설명하였다. 그의 창작물로 추정되는 『트라야누스를 위한 지침(Institutio Trajani)』－플루타르크(Plutarch)가 황제 트라야누스에게 보내는 서신－을 인용하는 형식을 취하여 '머리는 군주이고 영혼은 성직자이며 그리고 심장은 원로원을 상징하고 눈 귀 및 혀는 재판관이자 주지사를, 손은 관리와 군인, 옆구리는 군주의 측근, 발은 농민과 수공업자를 지칭한다.'고 하였다.

그는 플라톤 및 키케로와 같이 그가 말하는 유기체 공동체가 추구하는 목표는 정의(正義)라고 보았다. 그에 의하면 정의란 타인에 대한 책임과 배려를 포함하고 있다. 무엇보다 정의를 공공 이익과 동일시하였다. 따라서 정의란 전체의 복지에 대한 안목을 가지고 모든 개체가 의무를 수행하는 것, 즉 신과 자연이 부여해준 각각의 의무를 충실히 수행하는 것이다.

그의 정치적 정의는 각자 자신의 의무를 수행하는 참여적 정의와 정당한 권리에 따라 그 몫을 할당 받는 아리스토텔레스의 분배적 정의(distributive justice)를 내포하고 있다.

그는 키케로의 스토아 정신을 따라 덕을 강조하였다. 덕은 삶의 최고선이며, 단지 덕만이 무겁고 증오스러운 노예의 멍에를 벗겨버릴 수 있다. 그가 인정한 정체는 오직 군주제뿐이었다. 그는 군왕에 의하여 국가는 구체성을 갖게 된다고 하였다.

존의 정치학에 대한 업적 내지 주목할 만한 이론은 그가 '왕권과 법률'을 관련시키고 '군왕과 폭군'을 구별하는 논의를 전개한 것이다. 먼저 그에 의하면 법은 영원한 신의 정의이어야 하고, 신의 법은 평등에 있다.

평등은 학식 있는 법률가들이 정의하는 바와 같이 모든 사물을 합리적으로 비교 측정하여 일정한 적용과 그에 따른 일정한 결과를 효과하는 데 있다. 즉 동일한 경우에는 옳고 그름도 동일하게 규율하고 모든 사람을 공평하게 취급하여 각자에 속하는 것은 각자에게 주는 데 있다. 그리고 이와 관련한 왕권에 대하여 그는 거듭하여 군왕은 법에 복종하여야 한다고 강조하였으나, 이때에 그가 생각한 법률은 영구한 정의의 신법을 말하는 것이다.

그러나 인위법에 대하여는 '이 인위법은 해석자가 법이다. 그에게 평등과 정의에 관한 신의 의사와 주의가 알려져 있기 때문이다.' 따라서 군주는 법의 주체적 지위에 해당함으로 법에 의하여 구속되지 않는다고 하였다.

그러나 그는 주교가 신성한 정의의 수호자로서 군주의 강제권은 이를 교회가 부여한 것이라고 하였다. 그리고 유스티니안 법전을 인용하여 '적법하게 수여할 수 있는 자는 그것을 적법하게 취소할 수도 있다.'라고 하여 영권의 절대 우월성을 강조하였다.

존의 폭군의 학정에 대한 적대적(敵對的) 비난은 이제까지의 어느 성직자보다도 날카로운 것이었고, 그는 최초로 '폭군방벌론'을 주창한 사람이다.

공동사회는 군왕과 신민이 각기 영혼과 육체로 한 생명체를 구성한 것이다. 영혼의 지배권능은 당연히 강력하여야 하지만 만일에 신의 뜻에 위반하는 경우에는 육체는 신을 선택하여 폭군에 항거할 권한을 갖는다.

탐욕은 폭군을 만들고 진정한 군왕과 폭군은 사랑과 자유의 기준에서 구별되어 진다. 이는 영권에 대해서도 같으며 공공의 적인 폭군을 주벌(誅罰)하는 것은 합법적이며 영광스러운 것이다.[21] 사실 모든 폭군은 비참한 종말을 맞게 된다. 사람 손에 의하여는 주벌(誅罰)이 실패하더라도 신의 벌이 이를 수행할 것이니 이는 성서가 수없이 예증하는 바이다(동서).

그는 고전적 개념에 따라 폭군을 통치자가 법에 따르느냐의 여부로 구별하였으나 권력의 남용 역시 폭군으로 보았다. 또한 한 걸음 더 나아가 신은 사랑과 자비의 전능한 자이며, 따라서 이 정신을 위반하는 자 역시 폭군이다.

존은 원리적으로 군주주의자였다. 왜냐하면 그의 생각에 군주주의가 전능한 유일신의 인격적 표현이라는 기독교의 원리에 일치하기 때문이다. 그는 군주의 권력도 오직 신에 근원하며 신의 의사에 의존함을 역설하였다. 모든 권력이 그러하며 따라서 신과 더불어 영원할 수 있다. 군왕은 평등을 일반인민에게 보장하는 공인으로서의 인격이며 부정에 대하여 피를 흘리게 하는 권능을 갖는다.

'진정코 왕권의 검(劍)은 평화를 상징하는 검이며 원한 없이 행사하

---

21) 폭군 방벌을 주장함으로서 그는 세간의 많은 비난을 받았다. 마침내 그는 폭군을 쫓아낼 수 있는 가장 안전하고 유용한 방법은 기도에 의한 것이다. 즉 폭군들의 행패는 신의 분노로서 기도를 통해 이를 돌려 세우는데 있다고 선언할 수밖에 없었다.

고 격한 감정 없이 죄를 물어 아무런 가혹한 상태를 남기지 않는다.' '이성의 검이므로 … 그는 단순한 피를 흘리게 하는 사람이 아닌 것이다.'(동서) 이는 물론 형식주의적 군왕권의 행사를 의미하는 것이 아니고 종교적 윤리성에 기초한 것이다.

존은 신의 권위 측면에서 왕권은 순수하게 신의 자비원리에 따라야 한다고 주장한다. 그는 구약의 다비드와 사뮤엘의 경우를 예를 들어 신을 위하여 야만족 왕을 죽이는 것은 유혈 행위로 기록되지 않았다고 지적하였다. 이러한 존의 군주주의와 종교 정신적 윤리는 아우구스티누스의 섭리의식을 내포하고 있다.

군주가 옳고 그름을 구별하는 규범은 신의 의사에 표준한 것으로 이는 동시에 법을 신성시하는 이념도 포함되어 있다. 그리하여 그는 '군주는 정의와 법에 의존하는 권위자'이므로 '스스로가 법에 구속되어 있다고 인정하는 것은 가치 있는 말이다.'(동서) '모르는 사람들이 군주는 법에 종속되지 않는다고 한다. 그의 임의(任意)가 법력(法力)을 갖는다는 생각은 타파되어야 한다. 나는 다시 주장한다. 군주는 법에 구속된다.'고 하였다. 이 말은 그가 지적한 군주가 법의 주체자라는 논리와 모순되는 것은 아니다.[22)]

군주 스스로가 법을 발견하여야 함으로 법의 정의에 종속되어야 한다는 것이다. 그의 논리에서 법이 신의 뜻에 직결되어 있는 것임은 명백하다. 법의 원리는 영원하며 모든 국민은 다 같이 공통하는 법의

---

22) 서양 중세 정치사상을 이해하는데 혼동스러운 점은 군왕의 성격이나 지위에 관한 것이다. 즉 군주권과 같은 핵심적 제도에 근본적인 모순이 내재되어 있음에 직면하게 되는 것이다.
프랑크의 루이 경건왕(778-840)이 후계자를 결정하며 말했듯이 중세왕은 세습되면서 동시에 선출되었을 뿐 아니라 하느님의 은총에 따른 것이라는 것이다.
세습은 고대 가부장적 통치권의 성격을, 선출되었다는 점은 게르만 봉건사회의 전통을, 그리고 신의 은총은 기독교 교의에 따른 신정적(神政的) 성격이다.
중세는 신정적 군왕과 봉건적 군왕이라는 두 개념이 적용되었는데 법과의 관계라는 측면에서 보면 전자는 법의 구속을 받지 않은 반면 후자는 그 권력이 인민과의 일종의 계약관계에서 성립되는 것으로 보아 당연히 법에 종속되는 지위에 있다.
게르만족이 유럽을 지배하고 그들이 기독교왕국을 형성한 상태에서 이 두 모순된 관계는 끊임 없이 문제를 일으키어 논란의 중심에 서 있게 되었고 때로는 한 학자의 논리과정에도 군왕의 법적 지위가 다르게 나타나기도 한다.

위력에 의해 어떠한 침해로부터도 손상되지 않을 수 있다고 인식된 것이다(동서).

그가 생각하는 법의 성격은 로마법에 나타나는 키케로의 진법 영향을 받은 것이다. 그는 때로는 스토아 사상을 비판하는 형적을 보이지만 그의 의식 저변에는 스토아 사상의 자연법 개념이 깔려 있다. 이러한 존의 생각은 그의 탁월한 학식과 시인의 감성으로 고전적 이념에 다가가 있다.

그러나 그는 중세의 철학자였고 영계가치와 영권의 절대성을 믿고 있었다. 그는 속권을 풍자하여 '범죄를 처벌하는 일, 그 중에서도 교수형을 집행하는 따위의 일을 하는 것'으로 극언하였다.

그는 로마법과 스토아 이념의 영향을 배경으로 하는 기독교도로서의 삶을 살았다. 그의 예민한 문체와 현란한 영감은 르네상스를 미리 보여주는 듯하다. 그가 의식적으로 부흥시키고자 했던 문화적 가치는 키케로와 같은 공명정대하고 자신을 잘 표현할 수 있는 완전한 지적·도덕적 소양이었다.

유럽 세계를 근대성으로 개편할 사상적인 토대는 12세기 회교권으로부터 아리스토텔레스의 문헌이 소개됨으로 제공된다. 양권의 투쟁에서 이 문헌 연구는 속권에 근대적 성격을 각성시켜 승리로 나아갈 이념을 가져다준다. 사실상 아리스토텔레스의 문헌이 회복되기 이전의 중세는 플라톤 계열의 문화적 성격에 의존하는 종교적 이상주의에 놓여 있었다.

6. 토마스 아퀴나스(St. Thomas Aquinas, 1226-1274)

1) 역사, 문화적 진전

아리스토텔레스의 문헌은 헤레니즘 세계에서 헤브라이 학자들에 의해 연찬(硏鑽)되었다. 그리고 이 문헌과 그 주석은 처음에는 아랍이 지배하고 있던 스페인을 통하여[23] 그리고 다음 세기에는 십자군 원정의 말발굽에 뒤따라 골(Gaul)지방을 거쳐 유럽에 소개되어 비로소 중세역사를 진감(震撼)시킨다.

이 문헌은 중세의 대학에서 중요한 학문 대상으로 그 내용이 연구되었다. 아리스토텔레스의 이들 문헌에 대한 연구의 진척은 새로운 이념을 발견하는 계기가 되었고 관념의 혁명이 싹트기 시작하였다. 그러나 당시의 전통적 관념은 확고하여 그 진행은 오랜 진통을 겪어야만 하였다.

14세기 양권의 충돌에서 정치이론가들은 속권측에 서서 아리스토텔레스의 논조로 공동 전선을 형성하여 영권을 극복하는 합리적 이론을 개진하였다. 이때 아퀴나스의 사상은 영권 우월을 주장하였으나, 그 내용에는 새로운 전기(轉機)를 마련할 이념적 계기가 내포되어 있었다.

아퀴나스의 철학은 아리스토텔레스의 문헌을 적극적으로 연구하여 수용한 것이다. 그의 철학은 중세에 교황권 중심의 전성기로부터 교황권이 조락(凋落)하고 근대적 과도기로 옮겨가는 분수령을 상징적으로 대표한다.

아리스토테레스의 문헌과 주석이 스페인을 통하여 서구에 수입된 후 12, 13세기에 이에 대한 연구는 새롭게 지적활동이 활발하였던 파리대학(Paris)[24]과 오스포드대학(Oxford)[25]을 중심으로 진전되었다. 기독교입

---

23) 아랍 세력이 스페인에 자리 잡기 시작한 것은 710년이었고 그 중심도시는 톨레도였다. 당시 톨레도에는 아랍인 뿐 아니라 유태인, 무어인, 스페인 사람이 함께 살았고 이스람교와 기독교가 섞이어 있는 국제도시였다. 이곳에서의 이스람 통치는 712년부터 1085년까지 지속되었다.
이스람의 한 주교는 그곳에 라틴어 번역학교를 설립하여 아리스토텔레스를 포함한 고대 그리스 문헌을 아랍어로부터 라틴어로 번역하는 과업을 수행하였다.
아테네의 '아카데미아'의 폐쇄로 많은 그리스 학자들이 시리아와 페르시아로 건너갔고 그 곳은 다시 이슬람 문명으로 흡수되어 그리스 고전은 그리스어에서 시리아 혹은 페르시아어로 그리고 다시 아랍어로 옮겨졌고 스페인에서 다시 라틴어로의 번역이 이루어진 것이다.

24) 1215년 법령으로 재가(裁可)되어 설립되었다.
대학이라는 말은 13세기 경 파리에 거주하는 선생과 학생들의 전체로 구성된 단체를 의미하였다. 카톨릭 교회의 기관이었던 초창기의 파리 대학은 기독교의 지적(知的) 거래를 위한 일종의 정보센터였다. 그러나 초기에는 아리스토텔레스의 논리학을 가르치는 것은 허용되었으나 그의 자연 철학과 그 주석서는 제외되었었다.
영국의 오캄, 스코트랜드의 둔드 스콧트, 독일의 에크하르트와 마고누스 알베르트,

장에서 보면 그 학통은 도미니칸(Dominican)과 프란시스칸(Fraciscans) 양대 탁발승단의 수사들에 의하여 개척되었다.

또한 법률학교에서도 로마법 연구가 성행하면서 아리스토텔레스의 저작과 주석서에 대한 연구가 열성적으로 행해져 신학과 철학을 아우르는 중세의 학문이 건설되었다.

아퀴나스는 나폴리의 귀족 출신으로 도미니크 수도원의 대(大) 알베르토[26]의 제자로서 나폴리와 파리에서 철학을 연구하여 파리 대학의 교수로 지내기도 하였다.

그는 아리스토텔레스의 주석서를 발표하였고 『신학범론(Summa Theologia)』을 써 아우구스티누스의 신학에 이어 로마 카톨릭(Cathlicism)의 교회 철학을 대성하였다. 이외에도 정치학적 저술로는『군주 통치론(De Regimine Principum)』이 있다.

11세기의 마네골드의 민주논리는 게르만 사회의 전통과 문화의식에서 산출되었고, 존의 그러한 일면은 주로 로마법의 영향에 속한 것이다. 아퀴나스의 정치학 역시 이러한 계기가 종합된 것이다.

이탈리아의 보나 벤투라와 토마스 아퀴나스 등이 그 곳 출신이었다.

25) 1249년에 최초로 학교의 기숙사를 설립. 파리 대학을 모방하여 조직하였다.
대학 설립 초기에는 학생과 시민 간에 충돌이 자주 일어났으나 에드워드 3세가 학생 편을 지지하여 특허장을 줌으로 발전의 기틀을 잡았다.
아리스토텔레스의 사상을 기본으로 자연철학, 도덕철학 등을 교수하였다. 14세기에는 위크리프 교수가 교회의 악폐를 비판함으로서 영국 종교개혁의 선구적 역할을 하게 되었다. 파리 대학이 교회의 영향력 아래 있었던 것과는 다르게 옥스퍼드는 자율적인 단체로 내부 문제를 관리하기 위해 동료들이 교장을 선출하였다.
대학은 한편으로는 신앙의 요새이며 교황, 교회의 보루 역할과 왕과 고위 공직자를 위한 관리요원을 공급하였다. 이러한 제한성과는 달리 다른 곳에서는 압제(壓制), 금지되었던 문제에 대해 논의할 수 있는 개방성을 함께 기능하였다.

26) Albertus Magnus : 1190-1254. 도미니크파 수도회 소속으로 쾰른에서 연구에 몰두한 스콜라 철학자. 신학, 철학, 과학, 연금술 등 다방면의 학식으로 백과 박사라는 별명을 얻었다. 그는 교부들과는 다른 세계를 보았다. 즉 신학은 철학과 특별히 다르며 신앙은 자연이성과 다른 인식 양태라는 이중적 사실을 분명하게 인식하였다.
기독교인들이 서기 2세기 이후로 보지 못했던 철학 세계에 대한 재발견은 그의 서양 사상사에서 전환점이 되었다. 그의 다른 업적은 이전의 철학자들의 저술에 축적되었던 내용을 체계적으로 다시 질서 잡아주었다. 그의 사상가로서의 특징은 아퀴나스와는 달리 철학을 발견한 그대로 놓아두었다는 것이다(애티티엔느 질송(Etienne Gilson), 『중세 철학사』, p.391).

그의 정치이론은 일반적으로 존의 정치철학을 수용하였다. 그러나 존은 정치제도적 측면에 대한 논의를 간과하였으나, 토마스 아퀴나스는 아리스토텔레스의 노선에 따라 제도에 대하여 상심(詳審)함으로써 그의 정치학을 완성시켰다. 또한 게르만 봉건사회가 지녀왔던 민주적 성격은 아퀴나스의 영향을 받아 적극적으로 표면화되었다.

13세기 스콜라 철학자들은 아리스토텔레스가 천명(闡明)한 인간 이성의 고귀한 뜻을 성서에 현시(顯示)된 기독교 정신과 교의 그리고 교회 전통에 맞추려고 노력하였다. 다시 말하면 아리스토텔레스와 아우구스티누스를 조화시키려는 노력인 것이다. 다만 이 두 요소가 조화될 수 없는 경우 후자에 입장에서 수정되었다.

아퀴나스의 논리 역시 아리스토텔레스의 정치이념과 아우구티누스의 신학적 교리 간의 조화[27]를 이룬 것이다. 중세 전통이 근대적 성격으로 변모 계승되는 과정에서 아퀴나스의 사상적 지위와 그 영향은 막중한 것이었다.

2) 세계관적 배경

아퀴나스에 의하면 우주는 신의 섭리에 따라 모든 존재가 조화로운 서열관계에 있다고 한다. 자연존재는 높고 낮은 가치적 체계를 갖추고 이들은 정상의 신으로부터 파출(派出)된다. 따라서 아무리 미물(微物)이라도 그 나름의 가치를 가지며 자기완성이라는 내적 충동에 따라 활동한다.

그리고 그 완성과정은 상위 존재에 의하여 인도(引導)된다. 이러한 과정에서 이들은 각기의 지위에 따라 고유한 정의(正義)를 권리로 소유하고 행사하여 전체적인 완성에 공헌한다. 따라서 하나의 목적에

---

27) 토마스 아퀴나스는 아우구스티누스의 신학을 연구하고 해석 보충하였으나 신앙에 관한 한 결코 손대려 하지 않았다. 그는 아우구스티누스에게 경건한 존경심을 가지고 있었다. 그는 철학은 인간 구원에 필수적인 것은 아니고 신학은 철학에 의존할 필요가 없다고 생각하였다. 그는 아우구스티누스의 신학 종합에 통합시킨 순수 문제 중에 철학적인 요소들을 다시 해석하였다. 그것은 그가 신학이 사용하는 철학은 참된 철학이어야만 한다는 생각에서였다.

종사하는 모든 자연의 존재 형식은 신성한 것이다.

그러나 이러한 아퀴나스의 우주적 도덕 체계가 함축하고 있는 성격과 개념들은 그것이 의식적이던 아니던 간에 오랜 기독교 전통에 대한 아리스토텔레스주의의 반동(反動)인 것이다.

인간은 다른 자연에 비교할 수 없을 만큼 높은 지위에 있다. 왜냐하면 육체 외에 이성과 정신적 영혼이 있어 신에 연루되어 있기 때문이다. 사회적·정치적 생활은 신을 정상으로 하는 전체로서의 자연의 큰 계획안에 포섭되는 것이다. 이는 다른 자연의 생성 발전 과정과 같이 완성을 향하는 목적 체계를 가지고 있어 높은 자와 낮은 자간에는 인도하는 지위와 봉사하는 순종이 따르게 된다.

선한 생활이란 그러한 자연 질서에서 상호 의존하고 조화하는 자기 충족의 활동을 뜻하고 이러한 봉사와 순종이라는 개념은 정치적 의미의 통치와 결부되어 있다.

3) 법의 서열

아퀴나스에 의하면 사회 정치적 생활의 실행은 우주를 규범하는 법의 서열[28]에 따라 운영된다. 신이 우주를 섭리하는 계획에 관여하는 규범이 영구법(Eternal Law)이고, 신이 창조한 모든 자연물에 신의 이성이 반영된 객관적 규범이 자연법(Natural Law)이다. 인위법(Humman Law)은 지상 생활의 환경 조건에 따라 인간이 자연법을 특수하게 적용하여 마련하는 법으로 인간의 이성이 만든다.

이 밖에 신법(Divine Law ; 神法)이 있으니 이는 신의 직접 계시로 인간 이성의 한계를 보완하는 것이다. 아퀴나스의 정치이념은 이 네 단계 법의 권위 서열과 거기에 표징된 신, 자연, 인간이 상응하는 가치

28) 아퀴나스의 가장 독창적인 공헌은 법의 정의(定意)와 분석을 통하여 신법, 영구법을 자연법의 상위에 둠으로 권위의 최종 근원을 자연이성이라는 비인격적 범주를 벗어나 인격적 기독교신의 권력으로 대체한 점이다. 이러한 변화는 고대와 중세의 정치, 사회, 종교 등 모든 부면에서의 차이를 설명해 줄 수 있는 분기점인 것이다. 즉 일반적으로 신학에서 인정된 현상을 법률적 차원에서 해석한 것으로 그는 스콜라 철학을 완성시킨 것이다(던닝, 동서).

와 그들 간의 조화를 전제로 기초된 것이다.

그는 인위법의 의미를 규정하여 '공동사회를 관리하는 자에 의하여 조성된 공동선을 위한 이성의 명령'이라고 하였다(Summa Theologia). 그리고 이성의 명령 내용은 상위의 자연법, 영구법 그리고 신의 의사로서의 신법에 일치하여야 한다.

이에는 아우구스티누스의 천상국가의 규범과 스토아 사상, 키케로, 로마제정기의 법률가, 캐논법 법률가 등 고대로부터의 모든 법이념이 원융(圓融)되어 있는 것이다. 즉 법은 영구법에 근거하여 자연법에서 모범적 형태를 갖추는 것으로 존재의 가치 실현이 객관적 표준이다. 그리고 인위법은 자연법이 서로 다른 환경 조건에 적응하여 표현된 것으로 인간 이성이 발견하여야 하는 것이다.

이러한 아퀴나스의 철학은 고대로부터의 자연법사상을 종교정신의 원리에 따라 존재론적으로 해석한 것이다. 즉 법은 객관적 규범으로 신의 의사 표현이고 이는 인간이성에 의하여 발견되어야 하는 것이다. 법은 사회의 공동선을 정당하게 관리하는 공인의 의사에 기원한다(동서). 사회도 객관적으로 존재하는 자연의 하나로 현실 세계의 인위법은 자연법의 권위에 직결되어 있다.

모든 현상은 신에게서 나온 자연으로 법은 인민에 의하여 승인되어야 하며 공인에 의한 발견과 선포로 성립된다. 또한 개인은 충고할 수는 있으나 직접 법 효력을 구성하는 것은 아니다. 왜냐하면 법이 될 수 있는 본질의 최고 권위는 영구법과 신법이기 때문이다. 올바른 이성이 자연법에서 발견하고 끌어내어 사회를 규율하는 것이 인위법인 것이다.

자연법이 일반적으로 규율하는 목표는 선의 추구와 악을 회피하는 것이다. 그러나 합리적인 방법으로 추구하더라도 서로 다른 환경에 따라 그 합리성의 의미는 다르게 된다. 인간은 이성적 사고(思考)로 실제 내용을 규정하여 자연법의 사회적 규율에 참여한다.

따라서 인위법은 자연법의 계열에 들며 각 민족 간에는 사회적 요소의 차이에 따라 그 내용이 서로 달라지는 것이 당연한 것이다.

아퀴나스는 자연법에 위배되는 어떠한 인위법도 법이 아니고 법의 부패라고 선언하였다(동서). 그리고 정의를 각자에게 각자의 권리를 주는 고정되고 영속된 신의 의사라고 지적하였다. 아퀴나스는 당시 사회의 현실과정을 자연적인 사실로 인식하여 자유와 평등을 정의롭게 실현하기 위해서는 각기에 적합한 합리성이 요구된다고 생각한 것이다.

4) 노예와 재산 문제

인간은 자연법의 원리에 따르면 자유롭고 평등하다. 아퀴나스는 노예와 사유재산은 인간의 공리적 생활에서 형성된 제도이다(동서). 인간의 자연스러운 성정은 행복을 추구하며, 그 추구과정이 확장되면서 그러한 제도가 발생한 것이라고 한다. 이러한 견해는 현실을 직시하여 이성적으로 판단한 것이다. 그리고 이 합리적 사고는 전환되는 시대상을 기초하는 계기로 근대적 성격을 내포한 것이며 이 합리적 사고방식이 중세 이념에 대한 혁명을 가져 온 것이다.

그는 상품 시장에서의 경제 정의의 표준도 제시하였다. 상품의 가격은 자연물과 그것을 가공하는 노동 가치와 경비를 합산한 가격이 정당한 것이라고 하여, 후세의 경제이론에 합리적 원리를 선구하였다.

근대 자유민주주의 이론을 기초한 17세기의 록크(Locke) 역시 재산소유권(Property)을 자연물에 가한 노동 가치에 따른 것이라고 말하였다. 맑스(K. Marx)의 잉여가치설도 역시 노동 가치에 기초한 것임을 생각하면 아퀴나스의 사상 계기가 중대한 지위에 있음이 명백하다.

아퀴나스는 성서에서 지시한 바에 따라 인간의 노동 의무를 주장하였다. 도시 등에서 가장 천한 임금 노동에 종사하는 노예를 생산에 불가피한 것이라 하여 그들의 자유로운 처신은 불허하였다. 그러나 인격상으로 차별을 두려는 뜻은 아니었다. 그는 노예제도를 원리상으로는 인정하지 않았다. 그러나 자연법의 현실 서열에 비추어 볼 때 이교도 만족들은 노예단계에 있다고 생각하였다.

그리고 현실에서 노예를 인정하게 된 다른 이유는 아우구스티누스와 일부 캐논법학자 같이 종교 정신의 관점에서 죄 때문에 노예가 되었다는 논리를 따랐다. 보다 더 중요한 것은 그의 생각에 국가는 자유인들을 대상으로 한 것이며, 노예들은 정치선의 실현이라는 목적 그 밖에 존재한다는 것이다. 그러면서도 그는 노예는 그 자신의 해방을 위한 용기를 가져야 한다고 주문하기도 하였다.

또한 재산 문제에 대하여는 과잉된 부는 가난한 자에게 그들의 몫으로 나누어 주어야 한다. 그는 가난한 사람이 생명이 위험할 정도에 있다면 그는 다른 사람의 재물을 사용할 권리가 있다고도 하였다.

그는 사유재산은 인정된다 하지만 동시에 제한하여야 한다고 하여 재산이 공적인 필요 이상으로 축적되어서는 안 된다는 것이다. 그는 아리스토텔레스를 인용하면서 가난한 자들을 위한 통치자의 의무를 강조하였다(동서). 특히 군왕이 정책으로 가난한 자들을 구휼(救恤)[29]함으로 신의 은총을 받고 죄악이 면제된다고 하였다.

이러한 자연주의적 합리성은 아리스토텔레스의 영향을 받은 것으로 그 근대적 성격은 후세 자유민주주이의 이념이 농후하게 내포된 것이다. 던닝 교수는 아퀴나스의 이 생각을 정치사상사에 중요한 대목이라고 말하였다.

노예와 재산 문제에 관한 아퀴나스의 이론은 중세기의 고민을 거의 결정적으로 마무리 지은 것이다. 즉 교부학 이래 10, 11세기에 많이 생겨난 탁발승단(托鉢僧團)들의 공산사상에서 그리고 일부 캐논법학자들의 이념에서도 꾸준히 문제되었던 것을 아리스토텔레스적 현실주의로 이를 적극적으로 합리화하였던 것이다.

세이반 교수는 아퀴나스가 노예를 용인하지 않았던 원리 면을 강조

29) 고대 세계에서는 구휼(救恤)이라는 적극적인 개념은 존재하지 않았고 다만 결핍 상태에 대한 상부상조의 의미만이 있었다. 그러나 초월적 권위에 의한 지배 개념에는 필연적으로 반대급부로서의 책임 문제가 대두되는 것이다. 구휼이 필요한 상항은 바로 절대적 권위에 결함을 의미하며 정치의 주체와 객체가 분리된 상항에서 구휼은 주체측이 해결해야만 하는 과제인 것이다. 바꾸어 말하면 하느님의 영광을 실현시키는데 치명적인 것으로 자비의 차원을 넘어 통치자의 의무인 것이다.

하여, 그가 노예의 혼은 자유롭고 폭군에 대한 항거는 권리가 아니고 의무라고 생각하였다고 한다.

실제에 있어 아퀴나스의 사상이 이념과 현실 사이에 통일적인 논리를 갖추지 못한 것은 부인할 수 없다. 이것은 아리스토텔레스에게서도 보이는 현상으로 이상과 현실을 조화하려는 노력, 즉 중용의 선을 추구하는 곳에는 어디에나 있게 되는 다만 형식논리상의 모순이다.

5) 군주 통치론

『군주 통치론』에 표명된 아퀴나스의 사상은 그의 『신학대전』에서 보여지는 세계관에 기초하여 기독교 정신과 아리스토테렐스적 이념의 조화를 표명한 것이라고 특징지을 수 있다.

그는 법이 인간의 이성에 의하여 발견하는 것으로 보았다. 그러면서도 법이 결코 이성적 내용인 것은 아니라고 역설(逆說)하였다. '법은 명백하게 이성의 힘도 아니고 마찬가지로 이성의 모습도 아니다. 왜냐하면 이성의 모습은 지적 재능을 구성하는 것이기 때문이다. 그리고 법은 이성의 완수도 아니다. 그렇지 않다고 하면 이성의 활동이 중지되면 법도 중지되기 때문이다. 따라서 법은 이성과 같은 것이 아니다.'(동서) '법은 거기에 종속하는 자를 정당하게 강제한다. 그러나 강제하는 행위는 고유한 의미에서 의사에 관한 일이지 이성에 속하는 것은 아니다.'[30)]

그에 의하면 법의 표현은 신의 의사를 반영하는 형식이다. 다른 한편 법은 '명령하고 금지하는' 인간 행위를 규율하는 표준이며, 이는 이성에 관계된다.

아퀴나스는 '군왕의 의사(意思)가 법의 효력을 갖는다. 그렇지 않으

30) 법의 정의에 포함된 요소로서 그리스 시대의 단순한 이성적 반영 뿐 아니라 의지(意志; Will)의 중요성을 강조하였다. 이 의지는 로마 황제와 기독교 신(神)의 초월적(超越的; Superior) 의지이며, 이러한 특성은 고대 그리스와 날카롭게 비교되는 점이다. 그에게 있어 법은 규범으로서 도덕적 가치 척도를 펼쳐 보이는 것보다 명령으로서의 성격이 강조된다. 이제 정치는 자연법에 따른 조화가 아니라 절대적 권위에 의하여 통치되는 것이다.

면 법의 발견과 집행이라는 정치 행위로서의 군왕의 의사는 오히려 정의롭지 못한 것이라는 의미가 된다.'라고 하였다. 그러나 군왕의 의사가 곧 법인 경우 그 의사의 정당성은 반드시 이성에 일치하여야 하는 절대적 요구에 직면한다.

여기에서 절대 군주와 인민의사의 정당성을 인정하는 근대 민주주의 이념에 대한 논의의 단초(端初)를 엿볼 수 있다.

아퀴나스는 아리스토텔레스를 '철학자'라고 호칭하면서 그의 이념노선에 따라 자신의 이론을 전개하였다. 그는 중세 국가가 도시와 여러 지방을 포함하는 지역대(地域大)의 공동생활체(Community)이며 '인간은 정치적·사회적 동물(Animal Sociale et Politicum)'이라고 규정하였다(De Reg). 그리고 현실에서 합리적·정치적 행위가 정당성을 인정받는 정부가 되려면 그 사회는 아리스토텔레스가 그의 정체론에서 말한 폴리티(Polity)적 성격을 가져야 된다고 생각하였다. 그는 사회는 중산 상태가 일반적인 현상일 때 건전하다고 하였다. 이러한 균평(均平)은 그의 재산에 대한 정의 이념으로 아리스토텔레스의 생각을 따른 것이다.

정부가 폭군적이 아니려면 합법적이라야 한다. 사실 그는 정체(政體)를 옳고 그른 기준에서 구별하는 육분법으로 아리스토테렐스를 답습하였다. 그리고 분업의 합리성을 역설하여 그렇게 하여야 생활의 여러 필요가 최대로 충족된다고 하였다.

통치 목적은 인민의 정신세계를 통일하고 평화를 유지하는 것이라 하여 정치 생활을 '천성(天性)의 궁극적 목표에 대한 근거를 제공하는 것'으로까지－비록 그것이 성직자의 몫이기는 하지만－고양시켰다.

다수의 정치의사는 분열과 혼란스러운 성격이 있어 '가장 자연적인 정부는 일인에 의한 것'이라고 단정하였다. 신이 그의 인민에게 약속하여 그들을 위한 수령, 즉 군왕을 두기로 하였다.

통치의 규율은 공공선을 위한 것으로 인민의 행복이 첫째 목적이고 또한 인민의 자질과 생활을 향상 발전시켜야 한다. 모든 의미는 신으로부터 기원한 것이다. 특히 군왕의 권력이 신의 뜻에 따른 것이며 로마의 역사가 보여주는 제왕의 권위가 그 전형이다(동서). 통일과 평화는 국가 번영의 밑받침이며, 이를 위하여서는 군주정이 최선의 것이라고 말하였다.

아퀴나스는 공공선을 유린하는 폭정을 치열하게 증오하였으며 폭군에 대한 방벌권을 용인하였다. 그러나 그의 폭군방벌의 이론은 이들 불법 통치자를 인간의 권리와 제도를 파괴한 악행 때문보다도 하느님이 세계를 통치하는 '신적 체계 전체에 반(反)하는 행위'를 한 자로 규탄해야 한다는 것이다.

즉 세속국가를 천상과 지상의 모든 것을 지배하는 신의 정부 전체 체계의 일부라고 보는 신법의 기준에 의거한 논리인 것이다. 그는 군주정을 옹호하여 군주정에서 보다는 오히려 다수자가 지배하는 민주정에서 폭정의 가능성이 더욱 크다고 생각하였다. 질적으로 저열한 다수는 폭력이 될 위험이 크다고 염려한 것이다.

그는 모든 권력 현상이 신에 근거한다는 원리를 고려하여 폭군을 방벌할 수 있는 경우를 한정하였다. 즉 방벌에 필연적으로 수반되는 해악이 방벌로 효과할 수 있는 유익한 정도보다 덜하다는 한도 내에서만 용인하여 실제 그 가능성을 부인하는 태도로 나아갔다.

어느 개인이 폭군을 시해하는 것은 죄악이다. 왜냐하면 폭군으로부터 구제되는 효과보다 군왕을 상실하였을 때의 혼란이 더욱 큰 해악을 가져오기 때문이다. 그는 아리스텔레스를 따라 정치적 안정을 최우선의 가치로 생각하여 소요는 사형에 해당한다고 하였다.

폭군으로부터의 구제는 통치권이 인민에게 기초되는 경우에는 인민이 통치자의 자격 조건을 강화함으로써 가능하도록 하여야 한다. 그리고 군주가 원래적으로 최고권자인 때에는 그에게 항의하는 방법으로 이루어져야 한다(De Reg).

아퀴나스가 법 없이 통치하는 군주정까지 인정하는 이러한 태도는 통일과 평화는 영구법과 신법이 지배하는 세계에서는 교황이 마련해야 할 임무라고 믿고 이를 기대한 영권(靈權) 이상주의에 따른 것이다.

통치의 기본은 사법과 국방을 수행하는 데 있다. 법에 의한 통제는 부조리한 일의 발생을 방지 내지 제거하여 공동선이라는 도덕적 목적을 달성할 수 있게 하는 것이다. 즉 인민의 바른 생활을 인도하고 유지 및 증진시킴으로써 통일과 평화에 따른 번영을 이룰 수 있다. 그는 자비의 원리에서 가난한 자를 구휼할 의무도 규정하였다. 또한 정치에서 해야 할 복지정책을 제안하였다. 그 제안들은 시대를 앞선 것이었다.

군왕은 영역안의 도로를 보수하여 안전하고 자유로운 통행을 보장하여야 하며 이것이 신의 의사라고 하였다(De Reg). 같은 의미에서 도량형을 사물의 자연적 성질에 맞게 제정하고 화폐를 일정하게 주조할 것도 지시하였다(동서). 이는 인류생활의 개방과 재화의 자유로운 유통 질서를 위하여 필요한 조치이다.

이러한 근대적 성격의 정책은 십자군 원정의 영향으로 유럽의 생활권이 확대되어 이에 적응하는 정책인 것이다. 뿐만 아니라 이러한 정책의 합리적 정신은 중세 전통에 새로운 의미를 획기(劃記)하는 것이다. 즉 그는 고대 그리스 철학자들이 믿어 왔던 대로 자연에는 필요한 물품이 결핍되지 않도록 마련되어 있고, 이것이 신의 섭리에 포함되는 자연의 정의라고 믿었다.

아퀴나스의 사상 체계에는 근대적 자유 민주이념 측면에서의 자연법사상, 록크의 재산론에서 볼 수 있는 자연재의 무한성 그 밖에 소위 경제에서의 예정조화설 등 근대를 지향하는 요인들이 잉태되어 있다.

6) 영속 양권의 관계

그의 신학은 낙관적인 이념들의 결합으로 기초되어 있다. 영속관계에 관한 그의 이념의 특징은 양자 간의 조화를 이론화한 것이다. 법의 4단계설과 신의 의사로서의 규범과 이에 대한 인간 이성의 관계가 통일된 질서 안에서 조화를 이룰 것을 지시하고 있다.

13세기의 사태 진전은 종래의 비판적이고 투쟁적인 양권의 논리에 비해 신의 예정 조화를 기대하는 편으로 기울었다. 이처럼 영속 간의 투쟁을 지양(止揚)하려고 하면서도 그는 교회의 소리가 신의 소리라고 하여 국왕은 교회 또는 성직자 등 영계에서 나오는 지시에 따라야 한다고 하였다. 그러나 다른 한편 교황권의 한계를 설정하여 물질상의 정의는 교황의 사법에 종속되는 것이 아니며 왕권에 고유한 것으로 그들에 의하여 질서되어야 한다.

그는 모든 것은 신의 의사 규범에 의칙(依則)할 것을 역설하여 인간 이성의 한계를 지적하였다. 그러나 그 한계는 인간이 원죄를 지은 부정적 이유에서 만이 아니라 보다는 신의 계시가 인간에 대한 은총으로 준비되어 있기 때문이다. 인간은 첫째로 신의 구원을 기도해야 하고 인간의 이성에 의한 자기완성 역시 신의 의사에 합치하는 데 있는 것이다.

사실 논리상으로 원죄 이후 어느 인간도 구원을 받을 자격이 있는 자는 없으며, 따라서 구원은 신의 의사에 전적으로 의존하는 것이다.

인간의 이성은 자연법을 통하여 신의 영구법에 연결된다. 군왕의 통치는 인간성을 바르게 유지하고 향상 발전시켜 더욱 높은 목적인 신의 뜻에 인계하는데 있고 이것이 신의 의사이다. 그리고 법은 그것을 어기는 일이 가져 올 결과를 두렵게 생각토록 하여 즉 죄와 그 벌에 대한 공포로 그 효력을 보장하여야 한다. 이러한 견해는 왕권의 기능이 강력하여야 한다는 법의 원리를 제공한다.

아퀴나스는 이교영역(異教領域)에 대해 매우 합리적인 태도를 취하였다. 십자군원정이 실패로 돌아간 사태에 자극되어 그는 이교도에 대해 엄중한 경계심을 가졌음에도 불구하고 이교도 군왕의 통치도 고유한 권능을 갖는다고 하여 인간이성의 공통성을 승인하였다.

물론 신을 믿지 않는 자가 믿는 자 위에 통치권위를 갖는 일은 부당한 일이다.

교회는 그러한 권위가 새롭게 신설되는 것을 허용해서는 안 된다. 그러나 기성사실일 경우에는 이에 승복하여야 한다. 이는 국가와 신민의 관계는 인간법이 보다 직접적인 것이며, 신자와 불신자의 문제는 신법의 일로 일단 각기의 영역이 구별되기 때문이다. 그러나 아퀴나스는 곧 바로 종교적 관심으로 돌아가 교회가 신법에 따라 권력을 행사하여 불신자의 권위를 중지시키면 그것은 결정적인 것이 된다고 하였다. 즉 교회의 파문권과 그 효능을 보장함으로 결국 영권의 절대성을 다짐한 것이다.

토마스 아퀴나스는 스콜라 철학을 집대성하였다. 그러나 그의 사후(死後)에 스콜라 철학이 운명적으로 가지고 있는 생래적 한계로 인하여 그 체계는 무너지고 뿔뿔이 흩어졌다.

스콜라 철학의 한계는 실제로 탐구해보기도 전에 그 결론이 정해진데 있다. 스콜라 철학은 그리스 철학과 기독교 간의 조화를 추구하였다. 그러나 그리스 철학이 갖는 높은 완성도는 그것을 다만 학습할 수 있을 뿐 발전시킨다는 것은 가당치 않은 일이었다. 이러한 이유로 이들에게 'Scholar'(학생, 학습 등)라는 이름이 붙여진 것이다. 또 다른 하나는 기독교의 독단적 교리는 다른 결론의 여지를 남겨두지 않았다는 점이다. 따라서 이들에게는 플라톤이나 아리스토텔레스가 보여준 공평무사한 초연함을 느낄 수 없었다.

아리스토텔레스의 보다 중대한 영향은 그가 중세의 학자들 마음 앞에 펼쳐 보인 자연의 세계였다. 기독교 교리 문제에 변혁을 가져 온 것은 이성이었지만 보다는 창조의 베일에 덮여있던 자연이 인식을 통해 접근할 수 있는 대상으로 다가온 것이다. 그 풍요한 지식의 세계와 생동감 넘치는 자연의 숨결은 그들에게 감성의 문을 열어주었다. 이들에게 이제는 교리의 옳고 그름이 아니라 신학 자체에 대한 흥미를 잃게 하였다. 그리하여 아퀴나스 이후에는 '신앙은 신앙이고 지식은 지식'이라는 사고의 흐름이 일반화되어 세속화가 가속되는 동기가 되었다.

토마스 아퀴나스 서거 후 3년째인 1277년에 파리의 주교 텅피에(Etlenne Tempier)는 위원회를 소집하여 219개의 명제를 교리에 어긋난다고 단죄하였다. 여기에는 아퀴나스의 몇 개의 명제도 포함되어 있었다. 그는 이들 명제가 아베로에스주의 같이 마치 '모순되는 두 진리'가 있는 것처럼 신앙의 진리와 철학의 진리를 구별하였다고 단죄 이유를 들었다.

이를 계기로 종래의 신학적이며 동시에 철학적이던 기독교 세계관이 세속의 지식에 대하여 편협한 방어 자세로 돌아섰다. '1277년의 단죄'라고 불리는 이 사건은 스콜라 철학의 도착점이고 동시에 새로운 경향성의 출발점이기도 하다.

둔스 스코트와 옥캄의 윌리암 그리고 마르실리오로 이어지는 학자들에 의해 주장된 영속 세계간의 날카로운 분리는 중세를 무너뜨리는 계기가 되었다.

7. 단테(Dante Alighieri, 1255-1321)

1) 유럽 정국의 변동

단테는 세계적 보편주의의 이념으로 아퀴나스가 주장한 영속 양권의 서열관계를 완전히 뒤집었다. 그의 사상은 중세 이탈리아의 특수한 사정과 이를 해결하려는 기원(祈願)을 반영하여 등장한 것이다.

그는 영권의 입장에서 속권의 타당성의 정도를 규정하는 것에 반대하여 속권이 제시하는 영권과의 질서를 제창(提唱)하는 제국적 정치주의의 노선에 있었다. 그는 교황의 통제에 대한 속권의 자주성을 옹호한 것이다.

당대의 현실적 상황에는 어떠한 속권의 우월 현상도 없었다. 그러함에도 그는 교황권의 중심지역에서 그들의 부당한 압력을 경험하고 이를 배제하려는 동기에서 속권의 우월을 주장한 것이다.

14세기 이래로 민족국가의 신흥왕권이 실력으로 영권을 극복하는 현상은 단테가 태어난 이탈리아를 제외한 게르만족들의 여러 나라에서 진행되고 있었다.

사실 13세기 말엽인 아퀴나스의 사상에도 이러한 시대상의 영향은 매우 컸다. 비록 그가 영권 우월의 전통을 이어갔지만 종전의 교황권의 주장과는 달리 아리스토테레스의 합리성에 따른 자연주의적인 면이 있었다.

그의 영권 우월은 종전에 비해 매우 완화된 것으로 속권도 넓게 포섭하는 조화된 관념으로 타협된 것이었다. 새로운 사태를 맞아 그가 시도하였던 것은 종래 아우구스티누스의 신학적 관념을 합리화 과정을 거쳐 이에 적응하려는 것이었다. 여하튼 교황권의 전통은 전면적인 동요를 겪으며 그 약화가 숨길 수 없는 사실로 되었다.

십자군 원정의 실패 과정에서 기독교 권위를 의심하는 풍토가 조성되고 12, 13세기의 몽골족의 유럽 침공이 이에 심각한 타격을 덧붙이었다. 유럽은 중국 원나라 태종의 서거(逝去)로 몽골군이 자진 회군함으로 최대의 위기 국면에서 간신히 벗어 날 수 있었다. 아퀴나스는 이를 청소년기에 경험하였고, 아우구스티누스처럼 사상의 방황과 고민을 경험한 후에 그의 철학을 재조정하였던 것이다

유럽 중세사회는 이러한 외환(外患)을 겪으며 인적 물질적으로 많은 손상을 입어 봉건사회가 붕괴하는 단서가 된다. 이제 교황권의 지반 역시 전면적으로 와해되기 시작하였다.

유럽을 다시 수습하는 세력은 왕권력을 집중하는 민족국가였으며 속권의 민족의식은 새로운 정신적 지반이 되었다. 그 세력의 선봉은 중세 정치력의 중심이었던 프랑크 왕국의 전통을 이은 프랑스이었다.

교황이 다시 실력과 그 기반을 회복하려는 전통적인 기세(氣勢)는 토지 과세권을 다투는 것을 시작으로 그 투쟁은 이제 자웅을 결단 짓는 본격적인 단계로 접어들었다. 그런데 이들 속권 옹호론자들은 새로운 시대정신인 민족의식에서 교황에 대한 반대론을 펼쳤으나 단테만이 복고적인 제국주의 이상에서 그의 논리를 전개하였다.

단테 당시의 이탈리아는 이러한 시대성을 배경으로 특수한 그들 나름의 문제를 들어내고 있었다. 이미 독일에서의 내란 상태를 진정시

키고 안정을 되찾은 신성로마황제가 이탈리아의 여러 도시에 대하여 정치적 종주권을 주장하고 있었다. 한편 이탈리아에 난립하고 있는 여러 도시국가는 황제당과 교황당으로 분열되어 싸움이 그치질 않았고 이외에도 많은 파벌도 생겨 명문가들의 알력으로 나타났다.

서구 문학사상 가장 훌륭한 문학 작품으로 꼽히는 『신곡(神曲)』[31]을 쓴 시인(詩人) 단테는 이토록 혼란이 극심한 시기에 자유무역 도시인 플로렌스에서 출생하였다. 그리고 전 생애를 통하여 복잡 다단(複雜多端)한 당쟁에 휩쓸렸다

반 황제당인 겔프(Guelf-교황당) 가문에 속하는 그는 1289년 황제당 기베린(Ghibeline)이 제압된 후에 몇 차례 시의회의 의원으로 공적 생활을 하였다. 그러나 당내 분열로 신구파가 갈리고 그는 신파에 가담하였으나 구파가 승리함으로써 플로렌스로부터 추방되었다. 이 망명 생활 중에 그는 세권의 『군주론(De Monarchia, 1311)』[32]을 저술하였다.

2) 세계 군주론

단테는 민족주의자는 아니었다. 그는 신성로마제국이 표징하는 이미 그 힘을 잃어 가고 있는 세계주의 그리고 보다는 로마 제국의 영광에 대한 시인적 감성에서 비롯된 흠모(欽慕)의 정에서 세계 군주론의 이상을 역설하였다.

단테는 이 군주론에서 일반선을 위하여 아직 시도되지 않았던 진리를 보여주겠다고 자부하였다.

'강변에 심어진 나무는 제 때에 과실을 맺지 못한다. 항상 물이 올

31) 그 당시까지는 문예 작품은 라틴어로만 썼으나 단테는 이탈리아어를 정리하여 『신곡』을 써서 이후 이탈리아어와 문학에 크게 기여하였다.

32) 단테는 인류를 그리스도교도는 물론 이슬람교도, 유대인, 이교도 등으로 구성된 통합된 단위로 인식하였다. 그는 이 공동체를 '인류' 단순히는 인간 또는 의미심장하게는 인류국가(humana civilitas)라고 불렀다.
150년 전 솔즈베리의 존은 키비리타스(civilitas)를 사교성, 교양 내지 인간다운 이해방식이라고 생각한데 비해 단테는 그것에 인류 그 자체라는 의미를 부여하였다. 여기서 우리가 알 수 있는 것은 그가 특별히 기독교적인 것은 아니었고 통치권(統治權)은 더 이상 은총의 연장 내지 그 산물이 아니라 자연의 산물이었다고 생각하였다는 점이다(『서양 중세정치사상사』, 월터 울만(Walter Ulmanne), p.216).

라있어 아무 것도 맺어지지 않기 때문이다.' 그는 매우 암시적인 시적 상상력으로 그의 사상의 대상 세계를 상징하였다. 그는 키케로 등을 무익한 변명가에 지나지 않는다고 배척하고 군주정이 오해되고 있어 그것의 유익한 점을 말하겠다고 하였다(동서).

그에 의하면 진정한 자유와 그에 따르는 행복은 모든 인류를 포함시키는 세계왕국의 통치 형식에서만 가능하다. 그것은 모든 분열과 부분적인 대립과 불화를 해소할 수 있는 유일한 최고의 형태이기 때문이다.

세계 군주가 가장 공평한 정의에 따를 수 있는 것은 그가 이미 최고 지위에 있어 아무런 야망도, 욕구를 이루려는 소원도 가질 필요가 없기 때문이다. 또한 그러한 인격에는 정의에 대한 부동의 의지가 존속하게 된다. 오직 혼자이기 때문에 의지와 힘의 통일도 단절되지 않고 영속적으로 그리고 최대한으로 발휘된다(동서).

세계제국(Universal Empire)의 군주는 분열하는 상태를 초월하는 제삼의 절대적 지위에 있다. 그 밑에 있는 부분적인 여러 대립은 그에 종속된 하위의 대상으로 세계군주의 입장에서 보면 평등한 것이다. 그의 명령은 모두를 평등하고 똑같이 사랑하므로 모두를 같다고 보는 유일한 의사로 통일을 효과하는 것이다.

이에 비하여 같은 격의 존재가 병립(竝立)하여 있는 경우에는 평등의 주장은 분열만 조장된다. 단테는 이러한 동격류(同格類)를 피치자로 하여 그들을 재판하는 초월적인 의사가 있어 이를 지휘 내지 결정하는 것이 무엇보다 필요하다고 말하였다(동서).

그는 시종 과거의 문화 이념 특히 아리스토텔레스의 주장을 원용(援用)하였다. 자신의 논리에는 모든 과거 전통을 계승 포섭하고 있으므로 이는 당대에 가장 가치 있는 이론임을 증명한 것이라고 선언하였다.

인간을 포함하는 모든 자연물은 자기완성이라는 선(善)의 과정에 있고 인간의 생활은 개인으로부터 가족, 도시, 왕국으로 발전하여 영원한 신에 직결되는 것이다. 자연은 한 순간도 그대로 머물지 않고 활동하고 있으며 인간도 그러하다(동서). 그리고 최선의 질서는 인류가 가장 자유로울 때에 완성된다(동서).

창조주의 완성을 향한 활동은 통일 지향적이고 모든 가족, 도시, 국가에 미만(彌漫)하여 이들이 그에 종속하여 함께 이에 참여하도록 하는 것이다. 보편과 특수 모두를 이해하는 지혜는 강한 자가 다른 이를 지배하는 것이 자연스러운 것이라는 것을 알게 한다고 하여 아리스토텔레스를 인용하였다(동서). 이를 이해하는 지혜가 선을 실현하는 요체이며 신의 섭리인 것이다. 인간은 이러한 지혜에서 여타 동물보다 월등하다. 이러한 신념들은 그의 『군주론』에 표명된 기초적 이론이다

그의 『군주론』은 3권으로 구성되어 있다. 첫 번째 권에서 그는 '세계 군주가 세계의 복지에 필요한가'라는 문제에 스스로가 묻고 대답하였다. 그리고 그 답이 앞서 말한 그의 기초이론이다. 그는 공동체들 중에 세계 제국이 최고의 지위에 있다고 보았다. 인간은 이성적(理性的) 존재로 이러한 본성을 유지·고양하는 데는 세계 제국이 보장하는 보편적 평화가 절대적으로 요구되는 것이다.

둘째 권에서는 역사 과정에는 하느님의 의사가 작용하며 로마가 최고 권력의 지위에 오른 것 역시 신의 의사라는 것이다. 정의는 힘과 의사(意思)에 의하여 지켜지며 전쟁의 승리는 신의 의사이다.

마지막 권에서 그는 제국의 권위가 하느님에게서 직접적으로 유래한 것이라고 하였다. 그는 성서(聖書)만이 최고의 권위를 가지며, 다음이 종교회의 의결이고, 교황은 교회 안의 문제에 그 칙령이 효과 하는 것이다.

세계군주를 주장한 그의 통치 논리는 이상주의의 극치이다. 그는 아리스토텔레스를 상당히 비약하여 해석함으로써 아리스토텔레스가 '세계에 많은 군주가 있는 것이 악이기 때문에 오직 한 군주만을 원하였다.'는 것이다.

그는 영계의 가치는 영원한 삶을 위한 것이고 속권 사항은 세간의 행복을 위한 것으로 영속 각기에 속하는 임무를 분별하고 이 둘이 함

께 인간선(人間善)의 본질을 구성한다고 보았다. 이들의 실현은 통일된 목적과 그것이 효과된 평화에 있음을 강조하였다. '일반선(一般善)의 전제는 통일이다. 그리고 이는 먼저 의사를 통일함으로써 가능하게 된다.' 세계 군주 한 사람만의 통치만이 전 세계적 범주를 포괄하여 완전하고 영속적인 영구평화를 마련할 수 있다.

그는 세속 군주가 신의 의사 계보에서 장자의 지위에 있다(동서)고 하여 영속 양계를 함께 지배하여야 한다고 결론지었다(동서). 군주는 결코 영권자의 위촉에 따라 2차적으로 성립한 것이 아니다. 신에 직결하여 신에게서 직접 생겨난 것이다. 단테는 사유보다 행위가 우월하며 결과가 모든 행위의 첫째가는 목적이라고 하였다. 군왕은 교황과는 비교할 수 없을 만큼 신의 지상 사항에 대하여 신의 의사를 직접적으로 수행할 임무를 갖는다.

그는 로마 제국의 과거사에서 신의 뜻에 직결된 가장 보람 있고 순수한 예를 보았다. 그들은 성공적으로 세계 제왕의 권리를 획득하여 가장 우수한 덕과 존엄을 구비하였다. 그들 영웅이야 말로 의식적으로 공공선을 지향하고 세계 정복을 추진하였던 것이다.

그는 캐논법학자들의 논의에 엄중히 항의하여 교황이 양검을 공유한다는 것은 형식이나 본질에서 오류를 범하는 것이라고 하였다. 또한 콘스탄티누스 대제의 위촉(Donation of Constantine)이라 하여 황제가 교황에게 서로마제국의 세속통치권한을 양도하였다는 설은 성립할 수 없는 망언이라고 규탄하였다. 사실 이 문서는 후에 위조된 것이라고 밝혀졌다.

신은 두 종류의 권위를 구별하여 창조하였고 교회의 법 전통은 성서에 기초할 뿐이며 세속적 권위까지 운위하는 것은 파괴적인 언행이라고 격앙한 것이다(동서). 오히려 신에게서 직접 나온 세속권은 힘과 행동 원리에서 우월하다.

세계군주의 통일력은 정치의 최고선을 달성할 수 있다. 세계 제국 안에는 여러 지역 국가가 존립하고 세계 군주는 종속하는 여러 민족국가간의 쟁의를 최종적으로 판결하여 통치 기능을 효과적으로 집중할 수 있다. 그의 통일력은 최고선의 이념을 최종 판결로 통일 정리하는 일 외에도 일반 통치에서도 효능을 가지고 있다. 그의 염원은 고대와 중세의 모든 이념을 시(詩)의 정신으로 융해하고 종합하여 이상으로 승화되었다.

이 책은 당시로서는 시대에 잘 맞는 이론은 아니었지만 제국주의 이론으로서는 가장 완벽한 논리적 구조를 보여 준다. 그는 아리스토텔레스의 형이상학과 정치학, 로마와 유태 역사, 시민법, 캐논법과 성서를 모두 종합한 생각들을 시인적 영감으로 결정(結晶)한 것이다.

13세기는 영속간의 대립적 주장에 있어 지난 세기의 긴장과 투쟁의 격렬했던 논조에 비해 덜 논쟁적이었다. 또한 스콜라 철학의 완성으로 이 세기를 평정한 토미스트 철학의 성격은 온건(穩健)하여 더욱 그런 느낌을 주고 있다. 사실 13세기에는 대체로 영권의 우월이 인정되어 논쟁보다는 일방적인 설명 형태를 보였다.

이 세기의 다른 특징적 현상은 왕국(Royal)이 도시국가 개념을 대체하여 민족국가로의 진로를 정한 점이다. 물론 아리스토텔레스의 연구로 도시 국가의 이념이 존재하고 현실적으로도 이탈리아에는 베네치아, 제노아 등의 도시국가들이 힘을 잃지 않고 있었던 것도 사실이지만 그것이 대세일 수는 없었다. 또한 로마법의 연구로 법률(法律), 권리, 정의 등의 이념도 결정(結晶)되어 갔다.

교황 보니파키우스에 의하여 촉발된 14세기의 영속간의 대 투쟁은 바로 13세기가 준비한 이 영권의 우월주의와 민족국가라는 두 힘의 충돌이었고 법률적 견해가 이 논쟁을 주도하게 된다.

아리스토텔레스의 소개는 비단 정치이념의 면보다도 오히려 자연과학이 펼쳐 보이는 자연세계의 황홀함에 이끌리어 14세기는 급격한 세속화의 경향을 보인다. 이로부터 모든 사회적 기반을 흔들어 개혁과 혁명적 정치이론이 쏟아져 나오게 된 것이다.

제 4 절 중세사회의 변동과 그 이론적 발전

1. 중세사회의 동요

아퀴나스, 단테에 의하여 시대상이 대표적으로 표징된 11세기에서 13세기의 유럽세계의 동요는 맥클레인 교수가 지적하듯이 17, 18세기 근대 민주주의가 승리한 유럽세계의 개편과 비견되는 전폭적인 변동과 전환의 계기로 진감(震撼)되었다.

서구 문명은 동양의 두 민족, 즉 몽골과 아랍에 의한 타격으로 근본적인 변화를 경험하였다. 특히 십자군 전쟁 이후 교황의 권위는 여지없이 실추하였다. 이러한 교황권위와 밀접하게 관련하여 속권의 권위를 대표하는 신성로마제국도 1256년부터 18년간의 대공위시대(大空位時代 ; Interegnum)[1]에 들어 그 위세 역시 힘을 잃었다.

이러한 두 지배권위를 대체하는 왕권 중심의 민족국가들이 대두하여, 특히 프랑스가 유럽세계에서 새로운 정치 실력을 발휘하게 된 것이다. 이제 중세 유럽의 정치는 이 신흥세력이 교황권과의 충돌에서 승리를 거두게 되는 동향(動向)에 따라 완전히 새로운 국면으로 전환하였다.

중세 유럽의 질서는 11세기의 황제와 교황간의 충돌로 금이 가기 시작하였다. 아퀴나스 사후(死後) 20년인 1294년 보니파키우스(Boniface)[2]

---

1) 대공위시대(大空位時代 ; Interregnum)은 1254년부터 1273년까지 신성로마황제의 추대가 제대로 행해 지지 않던 시기를 말한다. 1254년 슈타우펜 왕조가 단절되고 영국과 프랑스 등의 각축으로 후계를 결정짓지 못하였으나 교황 그레고리 10세의 요청으로 열린 프랑크푸르트 선제회의(選帝會議)에서 합스부르크가(家)의 루돌프 1세를 뽑음으로써 끝을 내었다.

2) Bonifacius 8세 : 1235-1303. 로마 교황으로 프랑스 왕 필리프 4세의 승려에 대한 과세에 반대하고 독일 제국에 대한 교황의 지배권을 요구하는 교서들을 발표했다. 1303년 단려왕 필리프에 의하여 아나니에 감금되었다가 시민들에 의하여 풀려났지만 곧 사망하였다.

가 교황에 등위(登位)하여 프랑스 국왕 필립 4세(Philip 4)[3]와 토지과세권을 쟁탈하는 충돌로 영속간의 투쟁이 재연되었다. 이는 십자군원정과 몽골군에 의하여 파괴되고 피폐(疲弊)한 유럽의 재건을 주도하려는 영도권의 경쟁이라는 성격을 갖는 것이기도 하였다.

미려왕(美麗王) 필리프는 민심이 교황권으로부터 떨어져 나온 것에 힘입어 그의 영역 내에 있는 성직자들에게도 과세를 시도하였다. 이에 대하여 교황 보니파키우스는 이를 불법이라고 선언하며 성직자들에게 그의 승낙 없이 국왕에게 세금을 납부하는 것을 금지하였다. 그러나 이제 상항은 11세기 그레고리 7세가 하인리히 4세를 파문하여 굴복시킬 때와는 달랐다.

필리프왕은 교황을 그의 영역 내에 있는 아뷔뇽에 유폐(幽閉)[4]시키므로 왕권의 승리를 확실하게 보여 주었다. 그리하여 이로부터 교황은 프랑스 국왕의 뜻에 봉사하는 처지에 놓이게 되었다. 그리고 이러한 상태는 그레고리 11세에 이르기까지 70년간(1309-1376)이나 지속되었다. 그리고 이러한 일련(一連)의 사태는 '대분열(大分裂)'로 이어졌다.[5]

---

3) 필리프 4세 : 1268-1314. 프랑스 카페 왕조 제11대왕. 성직자들에 대한 과세 문제로 보니파키우스 8세와 충돌 그를 분사(憤死)하게 하고 클레멘스 5세를 교황에 즉위시켜 아뷔뇽에 거주하게 하여 교황을 마음대로 휘둘렀다.

4) 아뷔뇽 유폐(The Babylonish captivity) : 1309년부터 1376년까지 교황이 로마를 떠나 프랑스 왕위에 의존하여 아뷔뇽에 머물러 기독교계를 극도로 혼란에 빠뜨리었다.
13세기 중엽이후 신성로마제국의 호엔슈타우펜 왕조가 이탈리아에서 몰락함으로서 로마 교황청에 대한 프랑스왕의 세력이 증대하자 교황 보니파키우스 8세가 이에 대항하였으나 실패하였다.
프랑스 세력은 보르드의 대주교를 교황으로 선출 클레멘스 5세가 되었으며 1309년부터 교황 좌를 아뷔뇽으로 옮기고 프랑스 왕정의 정책을 추종케 하였다. 그를 이은 6명의 교황도 모두 프랑스인으로 교황의 권의가 땅에 떨어지고 교회는 분열과 파쟁이 극심하게 되었다.
1376년 그레고리우스 11세가 로마로 귀환함으로써 이 사태는 종결되었으나 곧 이어 1378년부터 '대분열'에 빠져 들어갔다.

5) 대분열 : 1378년부터 1417년까지 로마와 아뷔뇽에 교황이 병립하여 각각 정통성을 주장한 사건.
로마에서 울바누스 6세(재위 1378-89)의 교황 선출과정에 문제가 있다고 항의하던 프랑스 추기경 13명은 크레멘스 7세(재위 1378-94)를 옹립하여 아뷔뇽에 교황청을 개설하였다. 로마 측에서는 보니파키우스 9세(1389-1404), 인노켄티우스 7세, 그레고리우스 12세가 연이어 교황직을 각각 계승하여 이들 양측 교황은 서로 파문을 선고 보니파키우스 다음의 한 대를 건너 등위한 교황 요한 22세(John 22)[6]는 프랑스 국왕의 사주(使嗾)에 따라 독일의 내정에 간섭하여 독일의 후왕(候王) 바이에른의 루드비히[7]와 신성로마제국의 왕위 선임권을 두고 충돌하였다.

이러한 영속 간의 투쟁은 종전과는 완전히 그 성격이 다른 것이었다. 이때 신성로마제국의 본거지인 독일은 민족국가로서의 통일을 쟁취하려는 신진 세력과 오스트리아의 하인리히 7세(Henry 7)를 중심으로 하는 보수적 구세력 간의 충돌로 전면적인 내란상태에 있었다.

프랑스는 신진 세력을 지휘하는 루드비히를 경계하여 교황 요한에게 하인리히 7세 사후에 오스트리아의 프리드리히가 왕에 선출되자 그 편에 가담하도록 종용하였다. 시민전쟁의 성격을 띤 독일의 내란은 루드비히가 오스트리아의 뮐레프 전투에서 승리한 후에 협상에 의해 2인(二人)의 군주가 함께 통치하는데 동의하여 안정을 찾았다. 이 승리 이후 루드비히는 독일 민족국가의 왕으로 이탈리아에 대한 통치권을 주장하기에 이르렀다.

이에 교황 요한은 루드비히와 그 추종자들에 대하여 파문을 선고하

하는 등 한 때 제3의 교황 알렉산더 5세도 세워졌었다. 이러한 사태는 1414년 콘스탄스 공회의에서 양측 교황을 폐하고 1417년 마르티누스 5세(재위 1417-31)가 선출되어 종결되었다.

대분열은 교회 내에서 주권에 대한 권리 주장과 헌정적 내지 대의적 정부의 원리 간에 최초의 논쟁이 일어나게 만들었다(세이빈 481).

6) 요한 22세 : 교황 재위 1316 -34. 그는 프랑스인으로 아뷔뇽 유폐 시절의 로마 교황이며 독일 황제 선거에 간여할 수 있는 교황권을 주장하였다. 그는 하급 성직자들에게 첫 해의 수입을 그리고 교황이 임명한 고위 성직자들에게 수입의 3분의 1을 교회에 헌납하게 함으로써 교회의 재산을 크게 늘리려 했다. 또한 성 프란체스크 교단의 계율인 생존을 위한 최소한의 필요 이외의 재산을 포기하여야 한다는 입장을 이단이라고 하여 이 교단의 원장을 해임 파문하고 그 규정을 변경시켰다. 이로 인한 논쟁으로 그는 신망을 잃고 옥캄의 윌리암도 황제의 지지자가 되었다.

7) 루드비히 : ? -1347. 신성로마제국 황제. 하인리히 7세의 사후에 1314년 바바리아에서 왕으로 선출되었다. 그러나 그 전날 오스트리아의 공작 프리드리히 역시 왕으로 선출되어 대결 양상을 보였다.

1322년의 오스트리아 전투에서 루드비히 측이 승리하였으나 3년간의 협상 끝에 공동으로 다스리기로 결정했다. 1330년 공동 통치자였던 프리드리히가 사망하자 교황의 꼭두각시라고 불리는 카렐이 프랑스의 지지로 그의 뒤를 이은 왕에 선출되었다. 그리고 루드비히는 1347년 곰 사냥을 나갔다가 심장마비로 사망하였다.

였고 이러한 파문에 대하여 많은 논쟁이 야기되었다. 그러나 교황권은 그 기반 자체가 무너지고 있었다. 독일의 왕을 선출할 선거권을 가진 선제후들 역시 랭스 선언[8]으로 교황의 황제 선임에 개입하는 것을 확실하게 부인하였다.

아뷔뇽의 유수(幽囚)로 교황권은 실제로 권위를 상실하였다. 교황권을 두고 교회 자체가 분열하여 아뷔뇽 교황과 로마 교황 이외에 또 하나의 교황이 옹립되어 한 때는 세 명의 교황이 등장하는 혼란한 사태가 야기되었다. 즉 아뷔뇽 교황에 대한 경멸과 임의로 교황의 임명을 좌우하는 프랑스 국왕의 야심에 반대하는 다른 민족국가들에 의하여 피사의 전체회의에서 제3의 교황이 세워졌던 것이다. 이러한 배경에는 국제간의 음모와 정치적 경쟁이 결합된 것이다.

한편 이들과는 비교적 무관하게 영국이 근대국가를 성취하는 과정은 대륙과는 유형이 달랐다. 1066년 노르망 정복 이후의 영국의 봉건제도는 왕권 아래서 민주 체제를 정비하여 갔다. 이들은 지리적 위치에서 유리한 조건을 가지고 있어, 교황의 고삐로부터 민족국가를 독립시키는 과정도 비교적 순탄하였다.

영국에서는 1307년 이래로 토지 귀족과 중산 시민 계급이 결탁한 사회 세력이 부패한 교황권에 대해 강인하고 꾸준하게 반항하였다. 그리고 1366년에는 교황 울반(Ulban)에 대하여 조세 납부를 거부하였다.

성직자에 의한 재판을 축소시켰고 마침내 교회세(敎會稅)와 주교의 임명을 국왕의 승인 아래 두는 데 별 저항 없이 성공하였다.

이처럼 교황으로부터 비교적 자유로울 수 있었던 영국은 튜더 왕조[9] 때에 영국교회[10]라는 자국만의 종단을 독립시켜 나갔다. 또한 15

8) 1338년 하나의 법인체로서 최초로 행동한 '제국 선거인단'은 랭스 선언(The Declaration of Lense)으로 황제 선거는 교황의 추인을 필요로 하지 않는다고 결정하였다. 이는 지난 세기 하인리히 4세의 황제의 독립성을 헌정적 법률 속에 구체화한 것이다. 이 요한 22세와의 논쟁으로 대의적 또는 입헌군주정과 반대되는 절대군주정의 문제가 구체적으로 등장하였다고 한다.

9) 1485-1603. 5대 118년에 걸친 영국의 절대주의 시대에 해당한다. 장미 전쟁을 수습하고 즉위한 헨리 7세가 시조이다. 그는 장미 전쟁으로 인한 유력 귀족들의 몰락을 이용하여 절대주의 기초를 구축하였다. 그의 아들 헨리 8세는 로마 교황과 절연하고

세기 부패한 로마교회에 대한 교회 개혁의 봉화도 위크리프(Wycliff)에 의하여 선구적(先驅的)으로 제시되었다.

다른 한편 이탈리아의 내정은 황제당과 교황당으로 분열하여 혼미와 소란이 극에 달하였다. 프랑스, 독일, 스페인 등의 신흥 민족국가 간의 대립과 야욕은 이탈리아의 내부 세력과 결탁하여 이러한 사태를 더욱 어렵게 하였다. 고대 로마제국의 위대성에 대한 강한 전통의식은 이탈리아를 장악하여야만 유럽의 패권국이 될 수 있다는 생각이었고, 이는 그들의 야심을 끊임없이 유혹하였던 것이다

이러한 이탈리아는 중세권위의 전통 기지이면서, 동시에 근대로의 이행에 요람이라는 매우 특이한 유형을 보였다. 사실 아퀴나스와 단테는 이 미묘한 관계에 있는 중세와 근대라는 시대 성격이 교차하고 대응하는 발아기(發芽期)에 활동한 것이다.[11] 그리고 이 두 사상가를 한 마디로 정의하면 아퀴나스는 중세적 품성에서 근대를 지향하였고, 단테는 근대적 품성이면서도 중세를 넘어서지 못하였다고 할 수 있다.

이탈리아의 중세사 과정에는 14세기에 들어서면서 근대적 성격이 적극적으로 나타나기 시작하였다. 이탈리아 반도의 지중해 연안 지역에는 상업 무역을 중심으로 하는 자유 도시국가의 형태를 자치적으로 형성하고 있었다. 이들은 자못 고대 세계의 정치사회의 특징인 도시국가를 연상하게 하는 것이었다.

국교회를 수립 스스로 그 수장이 되었다. 그리고 그를 이은 엘리자베스 일세가 즉위하여 스페인의 무적함대를 격파하여 국위를 선양하였다. 그녀가 평생 독신이었음으로 사후에는 스튜어트왕조로 바뀌었다.

10) 1533년 캔터베리와 요크 즉 영국교회를 대표하는 두 개의 관구(管區)회의에서 공히 영국의 왕 헨리 8세를 교회의 수장으로 할 것을 결의하고 로마 교황은 신앙 문제에 관하여 아무런 감독권을 행사할 권리가 없다고 선언하였다. 이어서 1536년에 '로마의 감독권을 폐지'하는 법령을 발표. 1570년 교황 비오 5세가 영국 여왕 엘리자베스를 파문하자 완전히 갈라섰다.

11) 토마스 아퀴나스와 단테는 전통 사회에 갖이어 있어 전통의 지반이 얼마나 허약한가를 눈치 채지 못하였다. 단테는 막 생겨나는 민족의식을 그리고 아퀴나스는 종래 영속의 양검론의 이론이 13세기 시민법과 교회법 연구로 인하여 교회의 권리가 단순한 법률적 감독권으로 변질되고 있음을 알지 못하였다. 보다도 정신적 권위와 세속적 권위의 명확한 구분으로 인한 사회의 급격한 세속화를 감지하지 못한 것이다(세이빈, p.420).

이들은 십자군 원정시기에 주요한 교통요지로 동서를 이어주는 역할을 하게 되었다. 이러한 추세에 따라 12세기에는 이탈리아 전역에 200개가 넘는 자치도시(Stato)가 난립하게 되었다.

이토록 민족은 분열되고 정치적·사회적인 파쟁이 군소 도시국가간에 발생하여 힘과 권모술수에 따라 흥망하는 파란이 계속되었다. 그러한 과정을 거쳐 마키아벨리 때에는 다섯 개 국가로 통합되어 있었다.

이들은 유럽 대륙에 영향을 주었다. 이탈리아에서는 해양 무역(海洋貿易)을 통하여 여러 도시들이 번성하였고, 이들로부터 물자를 공급받는 대륙 내의 자유도시(自由都市)들이 경제사회적으로 그 비중을 키워 북 독일에서는 한자동맹[12)]이 형성되기도 하였다.

토지경제는 오랜 십자군 원정으로 피폐되어갔고 봉건제도는 물자교류의 장애가 되어 기피될 운명이었다. 토지 경제에 의한 봉건 질서는 화폐 경제의 세력이 커지면서 동요하였다.

농업 중심의 봉건 귀족계층은 십자군 원정에서 가장 큰 피해자였으며 많은 귀족들이 전몰하므로 교황권의 중심 기반은 인적·물적으로 그 지주(支柱)가 상실되어 와해되어 갔다. 반면에 군자금을 조달할 수 있는 도시 상인층과 왕권의 이해가 맞아 떨어지며, 이 두 세력이 결탁하여 정치·경제적으로 새로운 시대상을 추진하였다.

근대적인 국가로의 진행은 왕권의 신장으로 영토에 대한 직접적인 지배력이 강화되면서 종래의 봉건적인 지역의 폐쇄성이 타파되고 민족의식이 싹트기 시작하였다. 이렇게 하여 여러 국가에서 왕권은 권력의 집중과 정치적 통일을 지향하였다. 그러나 천 년간의 중세 전통기반은 쉽게 극복되는 것이 아니었다.

단순한 타성에서 뿐 아니라 중세 이념에 대한 신념은 뿌리 깊은 것

---

12) 중세 중기에 북해 발트해 연안의 독일 여러 도시가 뤼백을 중심으로 상업상의 목적으로 결성한 동맹이다. 독일 본국의 도시 사이에는 자치의 확보, 치안유지 등의 필요에서 도시 상호 간의 정치적 군사적 동맹을 결성하는 기운이 높아졌다.
한자 동맹의 실체는 극히 탄력성 있는 경제적 정치적 연합으로 특권을 가지는 도시의 수는 그때그때의 상황에 따라 증감하였다. 그러나 이 동맹체는 국내에서는 군주의 압박을 받고 국외로는 영국, 네덜란드 등의 신흥국가에 밀려 점차 쇠퇴하여 갔다

이었다. 14세기 초의 과세권 문제는 전쟁으로 피폐한 경제 상항에서 교황과 프랑스 국왕 모두에게 매우 중요하였다. 여기에 왕위 선임권에 대한 충돌과도 관련되어 영·속 양권이 각기 자신들의 입장을 변호하고 주장하는 논쟁이 있게 되었다.

이 사상 투쟁은 한 세기 동안 전개되어 수많은 정치이론가와 팜프렛을 쏟아내게 되었다.

2. 영권 합리론 - 교황 보니파키우스와 에기디우스 (Aegidius Romanus 혹은 Aegidius Corrona)

중세 서구에서는 어떤 영권 우월론자라 하더라도 영권이 침범 못할 세속권의 영역이 있다는 것은 그들이 인정할 수밖에 없는 부동의 사실이었다. 겔라시우스의 양검론은 비록 영권 우월론의 기초를 마련해주었으나, 그의 목표는 속권의 절대적 지배권위인 동로마제국에 대하여 영속간의 균형을 위한 주장이었다. 그러나 이제는 그 힘을 잃어갔다. 그리고 아이러닉하게도 양검론은 이제 영권측에서부터 기피되었다.

아퀴나스의 법 서열 원리에 영향을 받은 14세기의 영권 우월의 주장은 주로 도덕관념이 중심이었다. 사실 교황권 만능의 인노켄티우스 3세 역시 세속권을 인정하였으나 다만 비도덕적인 사항 만에 한정된다고 하였다. 그러나 그는 사회생활에서 도덕이 일체의 기본이므로 세속의 모든 부면에서 당연히 영권이 통제할 권능을 갖는다고 생각하였다.

교황 보니파키우스도 대체로 그의 주장을 되풀이 하며 영속 양계의 도덕적 훈련에 대한 교황 사법권을 주장하였다. 나아가 정신적 권위가 물질적 권위보다 우위에 있어 양검은 모두 교회에 속한다고 하며 성직자의 명령과 승인 아래 세속권 행사가 왕에게 위임되었다(Unam Sanctam 1302)는 것이다.

그런데 이러한 주장은 형식론에서 그 정당성을 신에게 의탁한 종전과는 달리 영권자 자신의 우월성을 근거로 한 것이다. 교황 인노켄티우스 3세에 이르면 교황 자신이 그리스도의 대리인(Vicar)으로 당연히 모든 것에 관한 주권을 갖는다고 선언하였다.[13)]

이는 사실 종래의 양검론이 갖는 관념에 종지부를 찍은 것이다.

아퀴나스의 제자인 에기디우스는 '교황의 법 지시는 어느 천사의 행위보다 위대하다.' 그리고 캐논법의 정신을 발휘하여 '사유재산은 필요한 경우 자연법, 자비를 위하여서는 신법, 국가를 위하여서는 시민법에 의하여 폐지될 수 있다'고 하였다.

그가 재산 문제를 논의한 저서 『교회의 권력(De Ecclesiastia Potestate, 1302)』에서 그는 아퀴나스가 제시한 법체계의 가치 서열과 권위 순서에 따라 교회의 우위와 교황의 최고성을 지적하였다.

정신적 권위가 세속권자를 설정하고 판단해야 한다는 것을 정신이 육체를 통제·관리하는 데 비유하여 주장하였다. 그는 아리스토텔레스를 인용하여 하위자가 상위자에 복종하는 것은 자연법에서도 당연한 것이며, 수단은 그것이 봉사하는 목적에 의존한다고 하였다.

그는 재산의 소유와 정치적 권력은 인간의 목적인 정신적 최고선에 봉사하여야 한다고 역설하였다. 따라서 그에 의하면 정치적 통제는 교회의 시인 아래서만 가능하고 신에게 복종하지 않는 시민의 권리 행사는 합법적인 것이 아니고 재산 소유도 있을 수 없다. 이리하여 시민 개인의 재산은 물론이고 왕의 재산조차도 '신의 대리인이며 모든 법을 해석하고 명령하는 교황'의 판단에 따를 뿐이다.

그러므로 교황의 파문 선고는 법, 계약, 재산권, 결혼 등 일체의 사회기능을 무효화시킨다. '상속 기타 모든 소유는 교회에서 교회를 통해서만 있을 수 있고, 인민은 그들 아버지의 육체적 아들이기 보다는 교회의 아들이다.'

---

13) 교황 인노켄티우스 3세(1198-1216)는 로마 주교를 지칭하는 '베드로의 후계자'라는 말을 '그리스도의 후계자'라는 명칭으로 바꾸었다. 그는 정치권력에 대한 치열한 분쟁 속에서 수많은 성자들 중의 한 사람인 베드로의 대리자만으로는 교황의 초법률적 권한을 확인하기에 충분치 않다고 생각하였다. 이로서 교황은 베드로와 같이 그리스도의 대리 역을 맡은 사람이 되었고 그 지위를 그리스도에 대한 직접적인 중재자로 승격시킨 것이다.

그러나 역설적이게도 그는 교황 보니파키우스와 대결하여 교황권에 가장 심각한 타격을 준 프랑스의 국왕 필리프의 가정교사로서 그를 교육 개발하고자 스승인 아퀴나스가 미완성으로 남긴 『군주 통치론(De Regimine Principum)』을 완성하였다. 그는 이 책에서 국가를 통치하는 합법적 방법을 제시하였다.

그는 아퀴나스에 따라 아리스토텔레스의 노선을 취하였다. 그러나 그의 법치관념은 근대적인 합리성에 진일보 한 것이었다. 그는 국가를 물질과 정신적 생활의 완결체로 보고 통치 기관에는 한 군주 밑에 그를 보필하는 고문회의(Concilium)와 그 정의를 수호하고 적용하는 사법(Poetorium)기관이 있어야 한다고 하였다.

그리고 법(Legs)과 권리(ius)를 구별하였다. 즉 법은 '행위의 옳고 그름을 판단'하고 '권리(ius)를 규율한다.' 그런데 법은 '공동선을 지시하는 사람에 의하여 선언되지 않으면 그 효력을 갖지 못 한다.' 즉 그것은 단순한 충고나 설복과는 다르다.

인민은 법에 의하여 그리고 법의 지시에 따라 선한 것과 선하지 못한 것을 식별하므로 이에 따르는 생활로 정의를 추구하고 삶의 질을 향상시킬 수 있다. 이러한 법치주의는 아리스토텔레스의 법치정신의 영향을 받았으나, 그는 군주정치를 최선이라고 생각한 아퀴나스와 같은 중세의 권위 체계를 따랐다.

법이 신성하고 자연적이라면 그것은 신의 행위로 마련된 것이라고 볼 수 있다. 따라서 최종적이고 최고의 주권은 신에게 있다. 그런데 이 주권은 '독립적이고 자기 활동적인 권력' '어느 계기와도 협동함이 없이 할 수 있는 자'라 하여 14세기 초에 이미 근대적 주권 개념과 주권을 갖은 자의 지위를 밝혔던 것이다.

이러한 개념은 두 세기 후에 프랑스 전제군주를 위하여 근대 주권론을 창설한 보오당(Bodin)[14]의 관념에 상통하는 것이다.

14) Jean Bodin : 1530-1596. 프랑스의 사상가 몽테뉴와 비견되는 종교전쟁 시기의 문필가. 그는 자연법을 연구 『국가론』을 써서 정치학의 체계화를 처음으로 시도하였다. 인간의 생존권과 생활체계를 신앙문제에서 분리하고 정치에서의 덕과, 신학에서의

그러나 물론 그에게 있어 이 같은 주권적인 성질은 인간 세계에서는 오직 교황에게만 해당하는 것이다.

이러한 주권 개념은 국가를 '공공적 실체'로 이해하는 고대의 전통과 로마제국에서 황제의 '절대적 권한'에서 개연적(蓋然的) 형태를 보였다. 그리고 중세에서는 신의 전권 개념이 교황에 전이(轉移)되어 에기디우스에 의하여 해석되었던 것이다. 그리고 이는 다시 보오당에 의하여 근대 민주주권으로 발전되었다.

3. 속권 합리론의 진전

대체로 13세기의 영권과 속권의 이론상 특질의 차이는 전자가 정신적 가치의 주권적 성격을 주장하는 추상적인 관념에 머문데 비하여 후자는 사실에서 표준을 구하거나 실제 효과를 존중하는 입장을 택하였다.

이들을 포괄적으로 이해하자면 고전의 회복으로 새로운 감성이 촉진된 아리스토테리아니즘(Aristoterianism)이 초기 중세를 주도한 플라톤의 영향(Platonism)과 대결하는 시대성으로 볼 수 있는 것이다.

14세기 속권 옹호론은 영속 양권의 두 차례 충돌 과정에서 전개되었다. 그리고 내용에서도 그 충돌의 성격에 따라 유형이 얼마간 달랐다.

1) 파리의 존(John of Paris)과 듀 보아(Pierre Du Bois)

먼저 보니파키우스와 필리프왕 간의 사건에서 자극을 받은 프랑스 교회의 파리의 존[15]과 노르만 출신으로 프랑스 최초의 '시사 평론가'로 볼 수 있는 듀 보아[16]는 각기 저서 『통치권력과 교황(De Potesta et

덕을 구별하여 종교로부터의 국가독립을 주장하였다. 종교전쟁에 대해서는 동포가 진리의 이름으로 서로 피를 흘리는 무익함을 지적하고 신교도에게도 신앙의 자유를 인정해주는 유화정책을 취할 것을 주장하였다.

15) 파리의 존(John of Paries) : ? -1328. 프랑스의 철학자. 파리 대학의 아베로이스트 파의 일인으로서 아리스토텔레스와 아베로에스의 이론을 결부시켜 세계화 운동에 관한 논제를 발표하였고, 『평화옹호론』도 썼다.

16) 듀 보아(Pierre Dubois) : 1250-1312. 필리프 단려왕 시대의 프랑스 정치평론가. 지방

Regia et Papali, 1302-1303)』과 『교황권의 문제(Quaestion de Potestate Papali)』에서 주로 프랑스 민족국가의 독립성을 민족주의 정신에서 고양하였다.

특히 존은 아리스토텔레스의 영향으로 그의 이론 전개에 있어 역사적 접근 방법을 사용하여 세속권이 영권 보다 기원에서 훨씬 앞선 것임을 지적하였다. 따라서 속권이 영권으로부터 나올 수 없다고 주장하였다.

시민사회는 자연스러운 것으로 인간의 각기 다른 성향과 이해관계를 조정과 양해하는 과정에서 형성되었다. 그는 또한 자연적인 정치영역은 지방적인 왕국에서 완결되고 또 만족된다는 것을 지적했다. 따라서 범 유럽적이라는 교황권에 문제점이 있음을 암시하는 동시에 근대 국가의 외형을 지시한 것이다.

또한 프랑스 왕국이 영권으로부터의 독립뿐 아니라, 신성 로마황제로부터도 자주 독립된 민족국가임을 주장하였다.

당시의 논쟁 중에는 많은 목사 층의 논객조차 프랑스왕의 민족적 주권을 옹호하였다.

필리프왕은 생전에 그의 아들들에게 신(神) 밑에 있는 어떠한 자도 자신들 보다 우월하다고 인정하지 않겠다는 맹서를 시켰다. 이러한 논의의 배경은 군주의 최고의사행위가 곧 법이라는 로마법의 임페리움(Imperium) 개념이 작용한 것이다.

14세기 법률가들은 영속 양권을 법률적으로 구별하려는 노력을 꾸준히 하였다. 영측 권위는 그 성질상 강제력을 가질 수 없는 것이라는 생각이고, 따라서 재산통제권은 군주에게만 귀속하고 교회의 재산권은 그 목적을 달성하기 위한 단순한 수단적인 필요에 국한되어야 한다는 관념이 무르익고 있었다.

존은 교회의 보편적인 권위를 인정하였으나 그것이 정치적인 권위는 될 수 없다고 명언(明言)하였다. 그리고 양권은 다함께 직접 신에게서 나온 것이라고 하였다. 따라서 성직자의 임무는 정신적 권위에 따

삼부회의에도 참가했으며 왕권 강화를 적극 지지하였다.

라 설교하며 악행을 판단하고 교정하는 데 있다.

파문권은 교황에게 전속되는 것이기는 하지만 결코 물리적인 내용이나 결과를 포함할 수 있은 것은 아니다. 물질적인 강제력은 왕권에 속하는 것이며 교황이 왕을 해직시키는 효과는 왕이 교황을 축출하는 데 비할 바가 못 되는 허약한 것이다. 존은 재산권이 영권측에 있다는 생각을 비판하여 이는 기독교왕국과 현실왕국을 혼동하는 오류라고 선언하였다. 그러나 존은 재산권에 관한한 세속 통치자에게도 그 한계를 규정하였다.

즉 통치권과 소유권은 구별되어야 한다. 재산을 정치적으로 규제하는 권한은 시민 사회의 수장(首長)으로 통치자가 갖지만은 개인의 소유권은 공적 필요에 따라 조정될 수 있으나 존중하여야 한다. 만일에 영권 측에도 재산소유권이 있다면 이는 교회라는 단체에 귀속되는 것이며 결코 교황자신의 것은 아니다.

그는 피치자 본위라는 입장에서 영속 양권의 고유 분야와 통치권의 한계를 설정하였고 이어 이를 위한 민주적 조직원리를 제시하였다. 그는 주교들은 동등하며 교황의 우월성은 행정 조직상의 권한일 뿐이라고 하였다. 그는 교황에 대한 추기경 회의를 왕에 대한 봉건적 등족회의에 비견하였다.

그는 이러한 인식하에 교회정부의 조직과 그 운영 원리를 말하였다. 하나의 교회정부는 교황 밑에 각 지방에서 선출된 대의자들에 의해 합법적으로 구성되어야 한다. 그들은 그 안에서 각자의 몫을 가짐으로써 최선의 정부가 될 수 있을 것이라고 하였다. 그리고 세속에 대하여는 시민정부 형태가 인민의 선한 생활에 필요하다고 하였다.

또한 비록 봉건제도의 틀 안에서이긴 하지만 지방의 정치적 자치를 지지하여 이를 용인할 것을 주장하였다. 왜냐하면 정신생활은 그 모든 세계적 지배가 한 사람만으로도 가능하지만 현실 세계는 통제에 강제력이 필요하며, 이에는 많은 집행자를 요구하는 것이라고 하였다.

따라서 개인의 재산에 관계되는 많은 사항을 대상으로 하는 법적 강제의사인 사법권은 국왕에 전속되는 것이다. 교황은 비록 속인의 재산소유에 대하여 관여한다 하더라도 사법권을 갖는 것은 아니다. 이러한 영속 양권의 운영 한계를 논의하며, 존은 국왕이 교황에 대하여도 사법권을 행사할 수 있는 지위에 있다고 결론지었다.

그는 과거에 교황이 그의 조국 프랑크 왕국의 멜로빙가 왕조를 당시 재상이었던 피핀으로 대체시킨 것은 불법이라고 하였다. 그는 왕이 교황을 축출할 수 있는 적극적인 권한을 가지고 있지는 않지만, 만일에 교황이 그의 고유한 임무인 인민을 선한 신앙생활로 인도하는데 실패한다면 그는 배척되고 제거되어야 하며 이에 왕은 소극적으로나마 관여할 수 있다. 그리고 이를 수행할 수 있는 적극적인 기관은 교회의 공의회라고 선언하였다.

그는 영속 관계는 물론이고 국왕과 인민 간의 관계를 합리적으로 그 의의를 밝혔다. 무엇보다도 존이 역사적 접근방법을 적용하여 민족국가의 지위를 실증적으로 규명한 의의는 중세 관념과 질서 체계에 대하여 새로운 시대를 개척하는 혁명적인 것이었다. 특히 그는 최초로 단테의 세계 군주론을 준열하게 비판하였다.

그러한 공상적인 이론은 시초에 인민의 권리를 침해하여 착취하려는 의도에서 시도된 것이라고 하였다. 따라서 문명이 발달한 시대에 사는 인간이 그러한 의미의 정치성에 항거하여 자주 독립을 요구하지 않아서야 되겠는가고 강경한 의사를 토로하였다.

이 말에 담긴 그의 정치사상의 성격은 근대 민족주의 국가와 장래의 민주주의를 지향하는 것이다. 그는 자연적인 정치 단위를 지방자치 단체라고 하여, 단테와는 정반대의 방향을 가리켰던 것이다.

존의 이론은 비록 군주권의 옹호가 중심이었으나 그 안에는 풍부한 혁명적 요소를 포함하고 있다. 그러나 아리스토텔레스의 영향으로 조화와 중용의 정신을 중시한 그는 그러한 혁명적 요소를 확실한 주장으로 표현하지는 못하였다.

이에 비하여 성직자가 아니었던 듀 보아는 오직 강력한 왕권을 중심으로 하는 민족국가를 원하였지만 그의 이상에는 단테의 희망이 내포되어 있다. 그는 노르만 출신으로 등족회의[17] 의원이기도 하였다.

그는 현실상으로 물리적 힘이 필요한 왕권과 정신상의 교화(敎化)의 임무를 갖는 영계의 영역이 혼동되서는 안 된다고 하였다. 또한 힘을 무시하는 견유적(犬儒的) 입장을 조소하며 힘의 유용성을 발휘하여 보람 있는 현실적 효과를 기대하여야 한다고 하였다.

그는 프랑스 국왕이 재정관계를 포함한 국정 운영을 효과적으로 수행하는 점을 들어 지배력의 확대를 적극적으로 찬동하였다. 그리하여 유럽에서 기독교 왕국의 새로운 모습이 실현될 것을 희망하였다.

순수한 신앙선(信仰善)을 관리하는 교황의 지위는 인정하되 기독교 정신이 투철한 세속권자가 당연히 최고 지배권을 장악하여 현실에서 기독교 보편주의를 효능해야 한다는 것이다. 그는 신성로마제국의 사명으로 기대되었던 기독교 제국의 통일을 프랑스 왕국에 희망하였다.

그는 제국주의적 이상의 정열에서 이에 반대하는 교황 보니파키우스를 공격하였다.

존과 듀 보아는 14세기 초 양권의 충돌에서 속권 옹호론을 전개하였고, 15세기의 교의회 운동의 이념 역시 존이 표명한 것이다.

보니파키우스와 단려왕 필리프 사이의 갈등에 이은 교황 요한 22세와 루드비히 간의 왕위 계승권을 위요(圍繞)한 양권의 투쟁과 그 여파로 야기된 여러 논쟁은 속권을 변호하는 측에게는 이론적 계기를 마련하여 준 것이다. 그러나 이전의 경우와는 달리 이 후기의 충돌은 보다 국제관계가 얽히고 황제 선임권 문제까지 덧 붙여져 국면이 확대되었다.

아뷔뇽의 교황 요한은 프랑스의 유력한 프란시스코 수도회가 내세

17) 서양 중세 궁정 자문회의 후신이며, 근대의회의 전신으로 13-17세기에 볼 수 있었던 회의체로 귀족, 성직자, 시민(농민)의 3부로 구성되었다. 이들은 국왕에 대한 독립된 권력 주체로서 국왕에 조언하고 과세 승인권을 중심으로 국토의 분할, 선전 포고, 강화(講和) 등에 참여하고, 또 최고 재판소의 기능도 가졌다. 이 3부회의는 1788년 프랑스 대혁명 직전 시민계급이 스스로 국민회의라 칭하고 나머지 2부를 부정함으로써 종결되었다.

운 기독교 복음의 청빈주의를 이단이라 비난하고 그러한 신앙생활을 중지시켰다. 이러한 교황의 행동에 대하여 격렬한 비난과 반대운동이 전개되었다. 수도회를 동정하여 지지하던 논객들은 도리어 교황 요한을 이교(異教)라고 공격하였다.

그리하여 독일 후왕 루드비히와의 투쟁이 발전하게 되자 마르시리오와 옥캄의 윌리암 등 최종적으로 교황권을 거부하는 논객들이 등장하였다. 이들은 이탈리아와 프랑스에서 축출 또는 망명하여 루드비히의 왕정(王廷)으로 피신하여 교황에 대한 정면 투쟁의 이론을 펴나갔다. 이제 영권의 문제는 속권과의 대립보다도 영권 내의 갈등으로 변질되었다.

2) 마르실리오(Marsiglio of Padua, 1270-1340)

이탈리아 사람인 마르실리오[18]는 파리 대학의 총장을 역임하고 아퀴나스와 파리의 존이 집필하였던 그곳에서 그의 저서 『평화 옹호론자(Defensor Pacis), 1324』를 완성하였다.

그는 중세의 가장 탁월하고 독창적인 이론가였다. 그의 고향인 파두아는 이탈리아의 작은 도시국가였으며 정치적으로는 반 교황주의와 공화주의 노선을 걷고 있었다. 이 정치전통은 마르실리오 정치사상의 모태(母胎)가 되었다. 그는 파두아에서 의학을 공부하였으며 아리스토텔레스의 영향을 강하게 받고 있던 그곳 대학에서 수학하였다. 사실 그는 아리스토텔레스의 철저한 추종자로 토마스 아퀴나스보다는 아베로이스주의자(Averroist)[19]이었다.

---

18) 그의 저서 『평화수호자』는 1324년 완성되었었으며, 곧 종교재판소의 심문대상이 되었다. 그와 그의 조수 존 장당(John of Jandun, 1286-1328)은 1327년 아뷔뇽 교황 요한 22세에 의하여 이단 선고를 받았다. 이들은 '악마의 자식'으로 불리어졌고 교황 크레멘트 6세는 '이단들 중 가장 사악한 이단'이라고 불렀다. 교황청은 그들이 망명한 루드비히 황제의 궁정으로부터 그를 끌어내려 하였으나 실패하였다. 그는 평신도 역시 일종의 성직자로 보아 후에 마르틴 루터가 선언한 '모든 기독교인이 사제(司祭)'라는 이념을 선편(先鞭)하였다. 그러나 그의 정치철학이 종교적 자유에 대한 옹호는 아니었다. 당시까지 교황 내지 교직자와 일반 평신도는 교회조직에 함께 묶여 있을 뿐 그 교회기구를 벗어난 개인 신앙이란 존재하지 않았다.

19) 아베로에스(Averroes, 1126-98)는 스페인 출신 아랍 철학자로서 아리스토텔레스에 대한 주석으로 유명하며 종교와 철학적 진실은 모순된다고 주장하였다. 그의 추종자

한편 그의 정치사상의 배경에는 '아뷔뇽의 유수'라는 충격적인 사건이 있었다. '이 "충격"이 제시한 이론적 쟁점의 핵심은, 삶의 초월적 가치와 목표의 절대성에 대한 인식을 그 토대로 하였던 신정적·보편적 주권론과 이에 정면으로 맞섰던 세속적·지역적 정치주권의 절대성 여부에 대한 것이었다.'20)

이러한 문제에 대한 이제까지의 중세 아리스토텔레스주의자들은 아퀴나스에서 볼 수 있듯이 영속 양권의 병존으로 두 개의 정부를 지지하였다. 그러나 마르실리오는 인간이성의 완비성을 확신하는 아베로이스트로서 이중진리설(Theory of Twofold Truth)의 입장에서 교권의 속권에 대한 완전한 복속(服屬), 즉 국가안의 교회를 주장하였다. 이러한 합리적인 정치권력에 대한 논의에는 이미 그의 인민주의가 내포되어 있었다.

그의 저서 제1부는 아리스토텔레스적 국가 원리에 대한 논술로 시작된다. 그는 국가는 자주적 공동체라는 생각에 따라 정치원리와 질서는 인간 본성적 욕구에 입각한 탈 종교적이어야 만하며 '충족한 삶'이라는 목표는 정치공동체의 평화 안에서만 이룩된다. 그는 평화는 사회를 형성하는 부분들이 이성에 의하여 부여된 고유한 기능을 완벽하게 수행하는 상태라고 하였다.21)

그는 평화가 사회의 각 기능이 정상적으로 운영되었을 때 이룩되고 투쟁은 기능이 악용되어 상호 간섭하는 데서 비롯된다고 확신하였다. 따라서 무엇보다도 영속 양계의 성질의 차이를 밝히고 각기 기능간의 정상적인 관계를 규정하려 하였다.

그는 신앙의 영구한 구원을 인정하였으나 그것은 세속적 관심과는

들을 아베로이스트(Averroist)라고 부르며 이들은 교황의 세속권력에 대해 부정적 입장이었다. 아베로이스트 주의는 철저한 자연주의와 합리주의자들로 계시의 절대적 진실을 인정하지만 신앙을 철학과 완전히 분리 때로 배치도 가능하다는 입장이었다.

20) 『서양 중세 정치사상 연구』, 박은구, p.65

21) 이제까지의 중세관념에서 평화는 모든 사물에 내재하는 보편적 질서, 즉 신법적 체계가 구현된 상태로 특히 인간에게 있어 신 내지 신적 가치체계와의 내면적 일치를 의미하였다(『서양 중세 정치시상 연구』, 박은구, p.110)

전혀 무관한 것이라 하여 이 둘의 영역에 담을 쌓았다. 즉 현세의 선(善)은 이성이, 내세(來世)는 신앙과 계시에 의하여 주도되는 것이다. 성직자의 임무는 성서에 표명된 선(善)을 구제하는 데 있으며, 영혼의 문제는 다만 가르치고 충고할 뿐이다. 따라서 영권은 물리적 강제력을 전혀 가질 수 없다. 왜냐하면 그러한 힘의 성질은 세속에 속하는 것이기 때문이다.

또한 영혼을 구제하는 교회의 기능이 현실에 영향하여 나타나는 효과 역시 현세의 평화와 질서에 관련되는 것이므로 시민 정부의 관심에 복종하여야 한다. 그는 성직자 계층이 다른 국가계층들과 다를 바 없는 국가의 한 부분에 지나지 않는다고 하였다. 그가 사회의 상호 협력을 주장한 것은 이처럼 교회를 국가권력 아래 둠으로써 교황의 정신적 권위를 극력 제한하려던 것이다.

그는 교황이 사법권을 주장하며 의도적으로 로마법을 무시하여 평화를 깨뜨렸다고 하였다. 그에 의하면 당시의 정치공동체의 평화에 대한 최대의 위협은 교황 전능권을 앞세운 교황청의 세속사에 참여·지배하려는 탐욕이었다.

아뷔뇽의 교황 요한 22세는 일반적으로 권위를 의심받는 권력이 그러하듯 더욱 강한 세속정부에의 간섭 내지 지배를 요구하였다. 또한 영계 안에서는 도덕성을 강조하며 절대 청빈을 주장하는 성 프란시스 수도원을 파문 조치하여 그는 반 교황 속권주의와 교회 내 청빈주의 양면으로부터 적을 만들었다.

마르실리오의 교황 혐오증은 모든 부패에 대한 책임 이외에 교황을 이탈리아 통일을 저해하는 제일의 공적(公敵)으로 보는 단테와 같은 생각 때문이었다. 그의 교황권에 대한 공격은 이제까지의 어느 누구보다도 철저하였다. 던닝 교수에 의하면 영권 옹호론자들이 속권을 '교수형을 집행하는 따위 …'라고 비하한 그대로 주교를 '신의 뒤치다꺼리나 하는 종'이라고 비아냥거렸다고 한다.

그는 국가를 법에 복종하는 인간 단체라고 정의하였다. 마르실리오는 법에는 신법과 인위법의 두 종류가 있음을 인정하였고 신법이 근원적인 것이라고 믿었다. 그러나 신법은 내세의 삶을 위해 이 땅에서 행하거나 행하지 말아야 하는 인간의 의지적(意志的) 행위에 대한 하느님이 직접 내린 명령이며 인위법과는 달리 사후(死後)의 형벌로 지상적 형벌은 그에 속하는 것이 아니다. 즉 신법의 특징은 탈정치적. 비강제성에 있다.

이에 비하여 인위법은 정치공동체의 현세적 사회적 행위들을 조절 규제하는 강제적·이성적 규칙이며, 이는 자연법으로부터 나온 것이 아니고 시민전체의 명령 또는 시민에 의하여 위임된 대표자들의 의사로 이루어지는 것이라고 지적하였다(Defensor Pacis).

그의 인정법의 특징은 합리를 법률의 우선적 본질로 보지 않고 법의 강제성을 강하게 주장한 데 있다.

강제력은 그 내용이 절대적으로 옳기 때문이 아니라 정당한 형식을 갖추고 있다는 것을 근거로 성립된다. 즉 인민의 동의에 의한 법률은 어느 개인이나 계층의 자의적 해석으로 왜곡되거나 위협받아서는 안 된다. 따라서 법률 자체는 그 자신을 지킬 수 있는 강제성이 요구된다.

그는 법을 보장하는 것은 법을 위반하는 자에 대한 처벌을 강제하는 데서 가능하다.

법률은 그것을 강제하는 정부가 없이는 평화의 붕괴가 불가피하다. 나아가 행정관리가 위법한 행위나 정책 운영에 실패하는 경우, 인민에 의하여 파직되어야 한다고 지적하였다.

존(John of Paris)은 아리스토텔레스적 입장에 따랐지만 법의 구성 논리가 민주이념에까지는 이르지 못하였었다. 이에 비하여 마르실리오는 신법, 자연법 등 위로부터의 권위주의 체제를 타파하여 인민의 의사라는 민주적 성격에서 법의 정당성을 찾았다.

이러한 논의의 배경에는 물론 아리스토텔레스의 '국가가 자족적 실체'라는 명제가 있었다. 그는 국가가 가족 사회로부터 발전한 것으로 현세적 정치권력의 종국적이고 실천적인 토대가 인민집단 전체임을 천명하였다. 이는 중세 이념을 극복하는 근대성의 가장 핵심적인 요소이다.

마르실리오는 입법기능의 최고성 그리고 행정기관과 입법행위가 구별되는 것이라는 것을 암시하였다. 그가 입법기능이라고 할 때, 그것은 단순한 입법행위가 아니고 입법의 원리로서의 공동체 의지, 즉 인민 주권을 의미한다. 주권의 형식적 소재와 실천적 행위기관을 구분하는 이러한 의식에는 국가와 정부를 분별하는 계기가 있다. 그리고 이러한 논리에 따르면 군왕은 행정권을 갖는 인민의 최고 대표자일 뿐이다.

입법자로서의 인민의 지위와 그 기관으로서 인민 대표자 회의는 교회 공의회(教會 公議會)에 기초적인 이념이며 그 전제이다. 그리고 그에 대한 구체적인 논의는 옥캄의 윌리암의 몫이 되었다. 사실 교회를 국가권력 아래 두는 단일 정부를 주장하는 마르실리오에게 교회정부에 관한 논의는 부차적인 것이며, 다만 인민주권의 입장에서 취급하였다.

그는 입법자를 인민이거나 그들 대부분[22)]이라고 말하였고, 그들이 그 법을 통하여 사회활동으로 해야 할 일과 해서는 안 될 일을 규정하고 명령한다고 생각하였다(동서). 통일된 법은 국가의 질서 보전에 필수적인 것이며, 행정은 그러한 법의 기능을 관리하는 데 있다. 한편으로 그는 관습법의 중요성을 인정하였고 정부 기관의 구성 방법은 각 나라의 실정에 따라 다를 수 있다고 하였다.

마르실리오스의 정부에 관한 이론은 두 가지 측면에서 논의된다. 그 하나는 세속과 교회, 두 정부 간의 관계에 대한 것이고, 다른 하나는 세속정부 자체의 구성에 대한 것이다.

영속 정부 간의 문제에 대하여는 이미 언급한데로 성직자 계층 역시 국가에 복속된 한 부분이라는 단일 정부론을 펼침으로써 아퀴나스

---

22) 마르실리오는 이 '대부분'이라는 어휘에서 질과 양을 함께 고려하였다. 그는 수적 증대와 그것의 질적 향상을 분리해서 생각하지 않았다. 수와 질로 구성되는 공동체에 있어 전체를 반드시 대표해야 할 '중요 부분' 즉 '비중 있는 다수'를 가리키는 개념이었다. 그는 아리스토텔레스가 부(富)를 일종의 가치 있는 인간의 조건 혹은 그 자체로 본데 반대하여 교육을 그것에 대치하여 생각하였다. 이는 청빈을 강조하는 종교적 입장에서는 당연한 것이다.

와 같은 병행주의에 반대하였다. 세속정부의 단일성은 정치공동체의 자율적 주권과 사회적 질서의 단일성, 즉 법률의 단일성을 의미하는 것이다. 또한 이는 주권적 입법체인 인민 집단의 권위와 권한의 단일성을 전제한다.

따라서 그들 전체의 의사와 동의에 입각한 합법적인 단일 세속정부의 경우 사실상 그것은 전체적 성격의 강제적이고 독점적인 정치적 권위와 권한을 위임받은 것이다.[23)]

세속정부의 형태에 관한 이론은 대체로 아리스토텔레스의 견해에 따랐다.

통치자 내지 정부에는 두 유형이 있다. 건강한 정부와 병든 정부가 그것이다. 그리고는 좋은 정부 셋과 나쁜 정부 셋을 열거하였고, 다만 좋은 정부에 속하는 민주정을 폴리티(Polity)로 대체하였을 뿐이다.

그는 군주정을 ① 제한 군주정, ② 세습제 전제군주정, ③ 선거에 의한 군주제, ④ 세습적 승계와 더불어 선거에 의해 선출되고 법률에 따르는 건강한 군주정, ⑤ 가부장적 군주정 등의 다섯으로 나누었다. 그가 가장 선호한 것은 선거제 군주정이었다.

그가 군주정을 택한 것은 단일성의 확보와 그로 인한 효율성을 기대한 것이다. 선거제는 이를 통해 인민집단의 자유롭고 자발적인 의사에 따른 정치적 권력의 형성이라는 인민주권을 확인한 것이다.

그는 책의 제2부에서 전개한 교회 운영에 대한 논의에서 민주적인 중요한 주장을 하였다.

기독교 본래의 참 뜻은 인민의 평화의사에 있고 그들의 권능에 의지하여 이를 실현할 수 있다고 생각하였다. 즉 그는 새로운 질서와 그에 조화되는 평화의 소재가 인민의 평화의사에 있음을 밝히고 이러한 원리를 호소한 것이다. 이와 같이 위에서부터의 권위적인 지배가 아닌 밑으로부터의 평화의사의 운영을 존 보다 의식적이고 구체성을 가지고 제시하였다.

---

23) 동서, 박은구, p.177

교회는 신의 뜻에 기인한 사회단체이므로 반드시 성직자만으로 구성되어야 할 이유는 없고 보통의 신자도 참가하는 일반단체라야 한다. 그리고 영권의 운영도 교회 공회의[24]에서 심의·결정하여야 한다.

이 공회의에서는 교황의 선임을 비롯하여 교회 입법, 성서 해석, 파문, 예배의식 내지 교직자 수의 조정과 충당(充當) 등 모든 일을 포함하며 의사결정에 다수결 원칙을 포함시켰다. 그러나 교회는 사법적 강제력을 갖는 것은 아니다.

교회 공의회는 기독교인 사이의 분란과 무질서를 조정하여 방지할 뿐이며, 조직체의 압력으로 강제력을 행사할 것은 아니다. 영적 분쟁의 해결은 영속 간의 회의에서 토의 결정하여야 하나 그 결정권은 세속권자에게 있다. 물론 영적 처벌의 집행권도 세속측에 있다. 왜냐하면 속권상의 통치자만이 지상의 평화와 신앙생활의 안정에 책임이 있기 때문이다.

마르실리오는 교회공의회를 구성하는 데는 모든 기독교인들의 집회를 비롯하여 중요한 사회단체와 지역 단위도 그 인구수와 성질에 비례하여 대표수를 정하고 거기에서 선출된 위임받은 자들의 회의체 이어야 한다고 하였다.

이러한 영권 운영의 근대 성향의 민주 원리는 15세기의 교회 개혁 운동을 밑받침하였고, 16세기 종교개혁 운동의 정신적 기초가 주어진 것이다. 마르실리오는 존과 함께 중세를 극복하는 이념들을 자세하게

---

24) 공의회주의의 이론은 교황청의 사법적 권한을 제약하려는 교회법학자들의 이론에서 기원했으며 신도집단 전체를 대표하는 공의회가 그 권위에 있어 교황보다 우월하다고 주장하게 되었고 15세기 중엽에는 공의회가 상황과 필요에 따라 교항을 선출 또는 폐위할 수 있다는 공의회주권론으로 진전되었다. 교황권의 남용과 교황청의 아뷔뇽 유수(1305-1377) 그리고 교회의 대분열(1378-1417)은 공의회주의 운동에 비옥한 토양을 제공하였다. 공의회주의는 이론상의 강조점이 변화함에 따라 세 시기로 구분된다.

먼저 제1기(1378-1383)는 마르실리오와 옥캄의 견해가 광범위하게 수용되었다. 제2기(1408-1418)에는 교황과 주교간의 권력 분점론이 지배적이었다. 그리고 제3기에는 공의회의 무제한적인 주권이 강조되었다. 그러나 콘스탄스 공의회(141-1418)로 대분열이 종식되자 그 열기는 급격하게 식어 15세기 중엽이후 교황권이 재확립됨에 따라 그 영향력은 상실되었다.

논리적으로 표명 내지 암시하였는데, 이는 후세의 현실과 사상에 시사(試寫)하는 바가 크다.

그의 주장은 당시의 전통적 권위에 부딪치어 진행과정이 쉽지는 않았으나, 그 사상적인 통찰과 이념상의 지향은 14세기의 사태진전을 주도하는 기성 지도력에 힘을 실어주는 충분한 효과가 있었다.

마르시리오의 『평화 옹호론자』와 함께 광범하게 읽혀지고, 또 영향을 끼친 책은 윌리암의 『대화(Dialogue, Treatise)』였다.

3) 옥캄의 윌리암(William of Ockam)

파리 대학에서 수학한 영국인 옥캄의 윌리암[25]은 처음부터 프란시스코 수도원의 소속으로 교황의 재산 문제, 그리고 교회의 사치에 대하여 매우 통렬하게 비판 공격하였다.

당시 교황은 반(反)교황 속권주의와 절대 청빈주의의 두 교의로부터 공격받았다. 마르실리오는 앞의 단테와 자신 그리고 마키아벨리로 이어지는 이탈리아인으로서의 생래적인 반 교황주의에서 출발한데 비하여, 옥캄은 후자 즉 절대 청빈주의 입장에서 시작하여 루드비히에 투신한 이후 뮌헨학파[26]를 형성하여 반교황의 이론을 발전시켜 나갔다.

---

25) 옥캄의 윌리암 : 1300-49. 영국의 스콜라학자. 어릴 때 프란체스코 교단에 입단. 옥스퍼드 대학에서 신학을 연구한 뒤 유럽 각지를 유학하고 귀국. 파리에서는 둔스 스코투스에게서 사사하고 스콜라주의의 해체에 영향력을 발휘하였다. 그는 대표적인 유명론자였다.
그는 철학에서 경험론을 표방하면서 신앙의 절대적이고 자기 충족적 확실성을 강조하여 신앙에 대한 철학의 영향을 최소한으로 줄여버렸다. 그러나 교황의 절대성, 무오류성을 반대하고 군주의 절대권도 반대했다.
귀국 후 옥스포드 대학에서 신학 강의를 통하여 선동을 일으켰으며 이 강의로 1324년 아뷔뇽의 교황에 의해 이단으로 낙인 찍혔고 파문당하였다. 그는 아뷔뇽으로부터 도망하여 루두비히 왕에게 가담하였다. 그는 '황제이시여 칼로서 나를 지켜주소서 나는 붓으로 황제를 지켜드리겠습니다.'라고 하였다고 한다. 그러나 그는 루드비히 사후에 교황 측과 화해하려고 애썼고 자기의 과거의 태도를 철회하였다. 1349년 뮌헨에서 페스트로 사망하였다.
그와 마르실리오 등을 뮌헨 학파 또는 옥캄주의라고 부르기도 한다(『서양철학사』, Johannes Hirschberger, p.713).

26) 교황 요한 22세와 독일 후왕 루드비히 간의 논쟁에서 루드비히의 궁전이 있는 뮌헨을 중심으로 많은 반 교황 이론가들이 모여들었다. 특히 옥캄의 윌리암과 마르실리오는 교황의 위험으로부터 탈출하여 이 속권주의 이론에 중심이 되었다. 그러나

그의 철학적 태도는 철저한 합리지향의 주지주의(主知主義)로 종교. 정치에 대한 그의 논의 역시 합리성을 중심으로 일관하였다. 그는 대체로 마르실리오와 사상적 경향이 같았으나 영속 정부 간의 관계에 대하여는 그와는 달리 병행정부로 기울었다. 그러나 그의 교회정부와 세속정부의 병행은 아퀴나스의 같은 입장과는 완전하게 반대되는 정신적 배경을 가진 것이다.

즉 아퀴나스는 '이성과 계시(啓示)간의 조화'라는 대전제에서 두 정부 간에도 '조화와 협업'을 통하여 인민의 삶을 충족시킬 수 있다는 생각이었다. 그리고 이는 종교적 의미를 전제한 것이다.

그러나 옥캄의 뜻은 오히려 두 정부를 완전히 별개의 영역으로 가르려는데 있었다. 이 두 정부는 다른 법률체계에 의하여 관리되며 교회정부는 탈세속화되어야 한다. 그는 그렇게 함으로써 교회정부의 권한을 제한하려 하였다.

옥캄은 교황의 일상권(Ordinary Power)과 신성성은 인정하였다. 그러나 옥캄 사상의 근저에는 항상 두 가지 명제가 전제되고 있었다.

그 하나는 '인간 본성에 근거를 둔 자유로운 개인' 그리고 그 개인의 사상의 자유가 절대적 가치로 자리잡고 있다. 교회는 교황과 사제집단이 아니라 그러한 개인들로 이루어진 신도(信徒) 집단에 속하는 것이다.

교회정부의 토대는 신도집단의 자율적인 판단과 자발적 순종에 있다. 이는 인간에 대한 긍정적 판단에서만 가능한 논리이다. 사실 그는 원죄 이후에도 인간에게는 신의 의사에 부합되는 본성을 가지고 있다고 하여 비관적 인간관을 벗어나 있었음을 알 수 있다.

다른 하나는 교회는 기독교 본연의 모습을 회복하는 복음주의에서 벗어나서는 안 된다는 것이 옥캄의 신앙에 대한 근본자세이다. 그의 교황에 대한 비난의 초점 역시 요한 22세가 복음의 정신을 저버린 이단자라는 데 있었다. 그는 교황 요한 22세가 교황이 황제의 선거에

이 학파의 의미는 당대의 영속권의 논의를 넘어서 후세 인민주권 사상을 비롯한 근대사상의 길을 열어 보인데 있다.

간여할 수 있다고 주장하는 행태는 이교적이라고 공격하였다.

교황은 이성을 존중하고 세속의 일과 신앙에 관계된 일을 구별하여 자신의 임무의 한계를 분명히 영적 구제에 국한시켜야 하며, 그 영적 구제는 비강제적인 것이라고 하여 마르실리오의 견해와 같았다.

또한 그는 교황의 재산문제에 대하여 재산의 소유는 인정(人定)제도이므로 속권에 속하며 교회정부에 속한 재산에 대하여도 교황은 그 관리권을 행사할 뿐, 소유권은 신도집단의 것이라고 하였다.

교회정부는 신법에 의하여 운용되며 진리와 신법은 올바른 이성에 의하여 밝혀진다.

그는 합리적 추론에 의하여 선(善)으로 입증되지 않은 것은 악(惡)이라고 할만큼 이성에 대한 철저한 확신이 있었다.[27] 마르실리오가 합법의 기초를 본성의 욕구와 강제성에서 구한 반면, 그에게는 올바른 이성만이 합법의 근거이다. 따라서 교황의 전능권은 부정된다.

옥캄은 세속정부의 정치적 권한이 신으로부터 유래된 것이라 하여 교황주의자들의 주장을 일축하였다. 그것은 신이 자율적으로 영위되는 인간사회를 매체로 하여 부여한 권한으로 결코 교회정부의 하위개념이 아님을 설명하였다. 그는 기독교 형성 이전에 확립된 로마제국의 합법성을 기독교 사도들이 인정한 역사적 예를 들어 그 정당성을 입증하였다. 그리고 이러한 그의 설명이 힘을 실을 수 있었던 것은 기독교도들에게 초기 기독교사회는 완전한 공동체로서 이상적 존재로 인정되어 있었던 것이다.

인민은 스스로 특정 개인 또는 가계(家系)를 통치자로 선택할 수 있다. 정부형태 역시 그들의 의사로 선택될 수 있다. 그는 정당한 정부는 자유로운 인민들의 개별적 권리를 보호해야 하며 공공이익을 추구하여야 한다. 그러나 이때 공공이익이 반드시 종교적 가치를 전제하

27) 그러나 그가 생각하는 이성은 절대적 가치에 상응할 만한 순수하고 완벽한 것이어야 하며 그는 인민 대중의 이성에서는 그러한 수준을 기대하지 않았다. 이것이 그가 신적 권위주의에 서서 인민주권 문제로부터 거리를 두게 되는 이유이다. 그는 플라톤의 영향에서 귀족주의적 성향을 가지고 있다.

여야 할 이유는 없다.

교회정부가 탈세속적이어야하는 것과 같이 세속정부 역시 탈종교화함으로써 둘 사이의 한계를 분명히 하여 첨예하게 분리시킴과 동시에 이들 공히 제한정부일 것을 요구하였다.

이는 어떤 집단이나 제도의 권위도 인간 본성에 입각한 개인적 자유와 권리보다 우선될 수 없다는 신념의 표현이었다. 이러한 옥캄의 논의는 그가 속한 성 프란시스 수도회의 특성이랄 수 있는 것, 즉 모든 수도사들의 이성적 판단과 자율적 동의를 신성시하는 독특한 전통에서 유래된 것이다.

그는 군주정을 원리상으로 추천하고 군왕은 인위법에 제한되지 않으며, 다만 자연법에는 복종하여야 한다(대화)고 하였다. 그러나 그의 이러한 군주의 법적 지위에 대하여는 먼저 그의 법체계에 대한 이해가 전제된다.

법은 신의 뜻인 계시(啓示)와 자연의 이성(異性)이라는 두 가지 원리에서 비롯된다.

평등의 내용과 관습은 시대와 사회 환경에 따라 변경되지만 그 저변의 원리는 영원히 변하지 않는다.

권위는 공공선(公共善)의 실현으로 정당화된다. 그리고 그 권위는 자연의 정의와 건전한 도덕에 일치하여야 한다.

이러한 법과 권위에 적합하다고 인정되지 않는 힘은 폭군적이랄 수 있고, 그러한 국가는 아우구스티누스가 말한 바와 같이 '큰 틀의 고급 강도일 뿐이다.' 그러나 궁극적으로는 선악의 구별은 신의 의사에 귀결된다. 그의 법 이론은 이러한 그의 형이상학에서 도출된 것이다.

옥캄의 법체계는 모든 법률의 종국적 토대로서의 신법과 자연법 그리고 인위법으로 나누었다. 그는 신법(神法)을 그리스도의 명령 내지 복음의 법칙으로, 그리고 자연법(自然法)은 신의 의지(意志)로 파악하여 아퀴나스 등이 신의 이성(理性)으로 이해한 관점과 달랐다. 그러나 그는 자연법과 신법 모두가 신적이고 동시에 이성적이라고 하였다.

그는 자연법을 ① 자연이성과 완벽하게 일치하는 절대적 자연법, ② 원죄 이전의 자연적 형평상태(재산 공유, 보편적 자유)에서 유지되었던 이상적 자연법, 그리고 ③ 모든 사람이 동의하는 정당한 이유에 근거한 조건적 자연법으로 나누었다. 그리고 이 세 번째인 조건적 자연법에서는 사유재산이 인정된다.

뿐만 아니라 만민법은 그 근본이 보편적 질서와 관련된 것으로 역시 이 자연법에 포함된다.[28] 그는 만민법의 원리는 모든 국가와 국민에게 공통한다고 믿어 전쟁에 관한 법, 외국 대사의 지위, 포로 취급 등 국제법적인 규범이 있게 될 것이라고 그로티우스에 3세기나 앞서 지적하였다.

군주가 인위법에 구속되지 않는다는 것은 그가 제정한 인위법에 한정된 것이며 만민법에는 구속되는 존재이다. 법을 만드는 군주의 권위는 자연법과 만민법에서 그 자격이 정당화된 것으로 생각하여야 한다. 따라서 그 법, 즉 자연법과 만민법이 인정한 개인의 재산권은 존중되어야 한다.

옥캄이 자연법 개념을 현실 세계의 범주 안으로까지 확대해석하는 이유는 자연법이 그 추상성으로부터 벗어나 인간세계에 직접적인 강제성으로 작용하기를 바랐고 그 자신의 철학적 특성인 절대적 이성에 대한 믿음으로 자연법과 이성의 합일을 자신(自信)한 때문이다.

옥캄은 마르실리오와 같이 인민에게 주권자의 지위를 형식상으로 인정한 것은 아니고 군주정의 형태에서 인민을 위하는 진정한 법을 이념하여 내용상의 주권을 목표하였다. 그리하여 그는 엄격한 의미에서의 주권의 소재에 대하여는 교회와 군왕 모두에 대하여 부정적이었다.

주권은 신법과 자연법에 위배되지 않는 한 모든 일을 할 수 있는 막중한 권력으로 그 만큼 위험이 뒤따를 수 있는 것이다. 따라서 주권은 통치자가 그에 상응하는 덕을 갖추었을 때에 한하여 인정되어야 하는 제한적 의미를 갖는다.

---

28) 동서, 박은구, p.395.

옥캄은 보다 중세적인 인물이었다. 그는 신만이 절대적이라 하여 마르실리오와는 구별되는 권위주의를 표방하였다. 그가 교황에 반대하는 것은 정통성을 상실한 아뷔뇽의 교황 요한 22세의 권위에 대한 불신에서 빌미된 것이다. 교회공회의에 대한 구상도 참된 기독교 권위를 세우기 위한 것이었다. 사실상 교황권과 이를 극복하려는 왕권 집중과의 투쟁에서 순수한 의미의 민주적 이념 문제는 그 대상에서 벗어난 것이었다.

유럽 정치·역사가 증명하는 바에 따르면 교황권세의 대를 이어 등장한 것은 전제 군주시대였다. 그 다음에 올 시민사회의 시대는 그 실력이 충분히 준비된 이 후에 민주주의가 압정(壓政)에 항거하는 적극적인 의식으로 진전되었을 때에야 가능한 것이었다. 14세기 속권 옹호론에 나타난 민주이념의 효과는 사회가 진전하여야 할 방향과 성격을 가리키는 선각적인 것이었다. 그러나 아직은 중세성에서 완전하게 벗어난 것은 아니었다.

이들에 이은 교황권에 의한 교회주의를 민주적으로 개혁하려는 운동의 정신과 실천이념 역시 이에 직·간접으로 자극을 받은 것이다. 교황권을 극복하려는 교회개혁은 필연적으로 그 실행에 민족국가의 힘이 필요하였고 그들의 개혁의지 역시 속권 옹호론자들의 노선을 따르게 되었다.

교회공의회 운동은 마르실리오와 옥캄이 정치사상에 크게 기여한 주권개념과 교회의 대표자원리를 호소한 것에 뒤 따른 것이다. 그리고 이들의 이념은 근대 민주주의에 그대로 적용되는 것이었다. 그러나 이러한 이념은 당시의 일반 사회생활에서도 찾을 수 있는 현상으로 결코 돌출적인 이념은 아니었다.

사실 정치권에서는 이미 등족회의가 국왕의 통치력에 협조하는 뜻에서 봉건 지방의 대표자들로 구성되고 있었다. 영국, 이탈리아, 스페인 등에서는 14세기에 이 회의가 입헌적 기능을 효용하였다. 프랑스 등족회의는 1302년에 개설되었고, 교회의 공의회도 여기에서 자극을 받은 것이다.

이 모든 일은 12세기 아리스토텔레스문헌의 회복과 연구에서 사상적으로 정비되어 왔다. 특히 스페인의 아라비아 철학과 아벨로스(Averros, 1226-1198) 같은 철저한 아리스토텔레스주의자의 영향이 컸다.

4) 교회 개혁의 이론-위크리프(John Wycliff, 1320-1384)

교회 개혁운동은 옥캄에 뒤를 이어 영국인 위크리프[29]에 의하여 선도되었다. 그는 옥스퍼드대학의 철학 및 신학 교수였으며 최초로 그리스의 히브리어 성서를 라틴어로 번역한 『불가타(Vulgate) 성서』를 다시 영어로 번역하여 출판하였다.

그의 정치사상의 근원에는 '은총 없이는 합법적 군주가 있을 수 없다.'는 철학적 아우구스티누스주의와 교황의 세속권 요구는 반 그리스도적이라는 정치적 반교황주의가 병존해 있다. 그의 신학적 입장은 성서(聖書) 제일주의이며, 인간은 신에게 직접 호소할 수 있는 권한이 있다는 주장이었다.

그는 또한 그와 함께 교회 개혁운동을 지도한 후스(Johanese Huss)[30]에 많은 영향을 주었다. 그는 아우구스티누스를 따라 원죄설에 의한 사회형성과정을 설명하였다. '현세 사회는 창세인들의 원죄의 산물이다. 그러므로 현세의 모든 권력의 유일한 목적은 인간의 원죄성을 제어함으로써 창세시의 무구(無垢; Innocence)한 상태를 회복하는 데 있다.' 그는 왕정에는 늘 죄악의 냄새가 난다(Dominium Civili Sapitamen Veniale Pecatum)고 하며, 생활의 청빈을 강조하였다.

그의 사상적 성격은 시민 정부(De Civile Dominio)의 논의에서 플라톤의 공유사상을 지지하였으며, 아리스토텔레스의 공격으로부터 그를 비

---

29) 위크리프(John Wycliffe, 1320-84) : 영국의 종교 개혁의 선구자. 카톨릭의 교직 계급제도를 비판하고 교황청에 대한 공납을 거부할 것을 주장했다. 1376년에는 De Dominio Divino를 저술. 교회의 세속 재산제도를 공격하여 교황 그레고리 11세에 의하여 이단으로 몰렸는데 그의 주장은 롤라드파에 의해 설교로 하층사회에 널리 보급되어 1381년의 농민 반란의 정신적 원동력이 되었다.

30) 후스(Johannes Hus, 1373-1415) : 종교개혁의 선구자. 빈농출신으로 프라하의 베들레헴 교회의 설교자가 되었다. 위크리프의 개혁사상에 공명, 교회개혁을 부르짖다가 1415년 이단으로 몰려 화형당하였다. 보헤미아의 민족운동 지도자이기도 하였다.

호하는데서 볼 수 있다. 그는 오직 의로운 자만이 재산과 권한을 갖는다고 하였다.

신의 뜻에 충실한 자만이 신적 그리고 시민적 종주권(Lordship－Dominium)을 인정받을 수 있고 권력은 이 종주권의 그림자에 불과한 것이다. 재산관리도 근원적으로는 신에게 속하는 것으로 '적극적 의미에서의 재산 소유는 신이나 인류 모두에 용인되지 않는다'고 하여 원리상의 공유를 지시하였다.

교황을 중심으로 한 교회의 부패를 공격하여 '왕관과 복장이 성직자를 만드는 것이 아니다－그리스도가 부여한 힘이 그를 만든 것이다.'고 하였다. 그런데 부와 권력은 교황을 그리스도의 적(敵)으로 만들었다.

이제 교회는 교황을 필요로지 않는다. 오히려 교회공의회에 의한 교회의 통치가 더욱 바람직하다.

이러한 그의 생각은 '대분열'(1378-1417)의 직접적인 영향을 받은 것이다.

그는 교황의 교회 권한에 대한 독점권과 교회의 의식주의(儀式主義)를 공격하고 오직 신의 뜻에 따르는 힘만을 인정하여 교황의 파문권 행사를 비판하였다. 죄의 사면과 추방은 교회가 아니라도 신의 뜻으로 실질적으로 이루어진다. 또한 조세나 재산권에 관련하여 이를 파문권으로 위협하고 강제로 징수하여서는 안 된다고 하였다. 이러한 죄에 대한 사면권과 교회 재산권은 교회를 타락시키는 가장 중대한 두 요인이었다.

영국에서 위크리프와 그의 동료이며 추종자였던 후스는 그들의 종교적 신념을 대중운동으로 이끌었는데 대중운동으로 발전하게 된 계기가 바로 교회에 의한 속죄(贖罪; 공을 세워 지은 죄를 비겨 없앰)에 대한 권한을 맹렬하게 비난하며 시작된 것이다. 특히 면죄부 같은 죄에 대한 금납(金納)은 있을 수 없는 일이라고 하였다.

따라서 그러한 속죄행위에 대하여 불만과 동시에 위안 받던 대중은 교회에 등을 돌릴 수밖에 없었고 자연스럽게 교회정부의 월권 내지 권력남용에 대한 논의는 인민적 논의의 광장으로 옮겨지면서 교회 문제뿐만 아니라 사회적·경제적 차별에 대한 공격으로 확대시켰다.

이렇게 요구된 당시 교회정부의 개혁은 이미 대중적인 문제이었고 자연스럽게 대중의 정치의식을 고양시켰던 것이다. 그리고 이러한 맥락에 따라 후스는 후에 독일에 대한 보헤미아의 자주독립운동에 참여하였다.

위크리프의 신학적 입장은 중세적인 관념에 따라 오로지 순수한 가치를 신의 뜻에 직결시켜 이해하려는 것이었다. 따라서 그는 그리스도가 결코 세속적인 권한을 행사한 적이 없다는 점을 강조하였다.

그는 교황의 부와 권력을 증오하였다. 당시의 교황의 재산에 대하여 1376년 영국의회는 '교회의 영지(領地)가 전 국토의 3분의 1 이상이고 영국으로부터 유출되는 교황청의 수입이 군주의 그것에 5배에 이른다.'[31]라고 보고하였다.

따라서 위크리프는 분열시기의 교황들을 '한 토막의 뼈다귀를 차지하기 위해 으르렁거리는 개들'이라는 폭언을 서슴지 않았다.

위크리프는 교회의 추락을 저지하는 방법으로 기독교 신자들 모두가 참여하는 교회의 통일을 주장하였다. 성직자만이 아니고 속인도 기독교인이면 이에 참가하여 완전하고 통일된 사회로 재조정되어야 한다며, 이를 위하여 일반 신도들의 권능이 집중되어야 할 것을 강조하였다.

교회는 진정한 가치를 지녀야 하고 이는 신도들의 민주적 힘으로 가능하다. 그는 진정한 종교적 가치와 그 의의를 진흥시키려면 교회개혁이 필수적이라고 생각하였다. 그리고 이를 완수하는데 민족국가의 국왕 내지 귀족 세력의 힘에 의지하려 했다.

이처럼 위크리프의 영권 개혁을 위한 급진적 사상에는 속권 옹호론의 입장을 반영한 측면이 있다. 그러나 당시에 이미 속권 옹호론자들에 의하여 군왕의 지위에 대한 민주적 성격과 절차가 논의되고 있었

---

31) 동서, 박은구, p.539.

음에도 그는 그러한 문제들에 대하여는 별 관심이 없었다.

그가 실현하고자 하는 교회개혁 역시 민주적 절차를 요구하는 것이기는 하였지만, 역설적으로 그는 근본적으로 속권 옹호론자도 민주개혁자도 아니었다. 그것들은 다만 그의 이상주의적 종교정신에 부수된 효과였을 뿐이었다.

그러나 민주적 가치는 그의 일차적 관심은 아니지만 그의 사상의 저변을 형성한 것이다.

그는 왕권이 인위법에 의존하는 것이기는 하지만 그 권위의 본질은 신의 자비에 있다고 생각하여 왕권에 대하여 긍정적이었다. 그는 입헌적 군주정을 선호하였다. 그러나 그는 군주의 지위가 세습이건 선임이건 그다지 상관없다는 입장이었다. 즉 중세 전통에 따라 군주는 세습되고 선출될 뿐 아니라 신의 은총에 의하여 세워진다는 생각에 안주한 것이다.

그는 세 가지 유형의 종주권 관계를 구별하여 설명하였다. 첫째가 신과 자연의 종주권 관계이고, 둘째가 군주와 인민의 관계, 그리고 셋째로 소유주에 대한 노예와 재산의 종주권 관계이다. 이러한 구별을 근거로 하여 그는 군주정이 정치의 최고 형식임을 인정하였다.

그는 '군주는 신의 대리인이며, 그에게 반항하는 것은 죄악이다(De Offices Regis).'라고 하였다.

현실적으로도 정치권력은 공익과 그 실천을 위한 강제력이 요구되며 이는 한 사람에 의해 효율적일 수 있다. 그러나 군왕은 법률을 판단할 것이 아니라 그에 따라야 한다. 그리고 정당한 법률을 현명하게 운용하는 것이 그의 의무이다.

또한 지상에 관한한 주교도 그 권력을 국왕에게서 인출한 것이다. 따라서 군왕은 성직자 임명권과 교회재산에 대한 배타적 관리권을 가져야 한다. 그는 법률은 신적 진리와 인간이성의 결정체이며, 군왕은 신의 현세적 대리인이라고 하였다.

그의 민족주의적 성향은 영국의 영토는 군왕의 것으로 교황자체의 존재이유가 부정되는 상황에서 신의 현세적 대리인인 영국 국왕이 국민교회의 수장이 되어도 부당하지 않다고 생각한 것이다. 그러나 그가 생각한 것은 '영국내의 교회'이지 '영국의 교회'는 아니었다.

위크리프의 사상은 1381년 영국의 농민반란에 정신적 원동력이 되었다. 그러나 농민반란이 일어나자 그는 중립적 입장을 취하여 이에 가담하지 않았다. 그는 결코 창백한 지식인은 아니었고 오히려 그의 청빈을 실천하는 삶은 대중에 강한 감화력을 가지고 있었다. 그러나 그가 추구하였던 것은 지적 사상적 모색이었다. 더구나 그는 신앙과 이성문제에 있어 순수한 가치를 지키는 원칙주의자로서 분잡(紛雜)한 대중의 정서와는 함께 행동하기는 어려웠다.

위크리프의 사상은 보헤미아 사람인 후스에 영향을 주었다. 그들의 정신적 지향은 교회의 독립과 자족성을 주장하며 반성직권주의(反聖職權主義; Anti-Clercialism)를 기본으로 하였다. 이러한 그들의 교회 개혁운동은 급진 이상주의로 당대의 실정에서는 이들은 위험한 선동가로 인식되어 후스는 1415년 콘스탄스회의에서 완강한 이단자로 파문. 화형당했고, 위크리프도 그의 사후에 소급처벌 되었다.

그러나 위크리프의 사상은 그 후 영국의 사회현실에 반영되어 중대한 영향을 주었다. 그가 생각한 군주 권한의 지고한 성격과 군주가 교회의 수장 지위를 겸할 수 있다는 암시는 16세기 튜더(Tudor) 왕조에서 전제 군주가 왕권을 집중시키며 그대로 실현되었다. 그리고 그의 열렬하고 순수한 정열과 영속을 통일하는 교회 정신은 후세에 영국 정치의 특징으로 존속하였다.

옥캄의 윌리암과 함께 그의 영국적인 특성은 그 유형에 있어서 대륙과 차이를 보였다. 즉 위크리프의 논지에 반영된 플라톤적 정신의 경향은 대체로 대륙의 속권옹호론의 형적(形迹)에서 찾을 수 있는 아리스토텔레스의 영향과 비교되는 것이다.

유럽대륙의 중세 역사는 아리스토텔레스의 영향을 받는 시점(時點)을 기준으로 역사적 단계를 나눌 수 있다. 즉 12세기 아리스토텔레스

문헌과 주석서에 대한 연구로, 유럽의 사고방식은 종래의 신앙 중심에서 합리적 과학적인 방법론으로의 사상적 전환을 겪으며, 속권을 옹호하는 방식에서 종래와는 다른 모습이었다.

그러나 영국은 지리적으로 뿐 아니라 정치 사회적 여건의 차이로 아리스토텔레스의 흡인력으로부터 비교적 거리를 가지고 있었다. 따라서 대륙에서의 공의회 운동과 그 이론은 영국의 교회 개혁운동과는 차이를 보였다.

5) 교회 공의회(公議會)운동과 그 이론

15세기 공의회 운동은 원래부터 종교와 정치가 밀접한 관계에 있었던 중세전통에서 '대분열'이라는 상황을 극복하고 수습하여 새로운 통일을 유지하려는 방향에서 이루어진 것이다.

그 분열은 민족국가의 정치적 독립과 그들 간의 대립에서 크게 자극받은 것으로 교회도 그러한 추세에 합류하여 종파분열의 대립을 노골화하였다. 이는 영속권이 동일한 유대위에서 결합된 중세 전통에서는 당연한 것이기도 하였다.

1378년에 시작하여 1417년에 종식된 '대분열'로 인해 교황 권위가 더 할 수 없이 실추하였다. 이러한 분열 상태에서 공의회 운동은 교회정부 구성에 있어, 정통성의 확립과 새로운 통일을 모색하려는 계기에서 이루어졌다.

공의회 운동은 교황의 절대적 권위에 대한 논쟁과정에서 옥캄에 의하여 구체적인 형태를 선보였다.

옥캄의 기본적인 공의회에 대한 생각은 공의회가 신도집단을 대리할 수 있고, 일상적인 업무는 교황에 대한 조언이지만 교회 교의(教義)에 대한 판단과 비상(非常)시기에는 이단자, 심지어 교황을 징벌할 수도 있다. 그러나 공의회 소집권은 교황에게 있고 결의사항에 대하여는 교황의 동의가 요구된다는 것 등이었다.

그는 법의 질적(質的) 수준을 중요하게 생각했다. 이러한 입장은 당시의 타락한 영권 행사를 비판하고 공격하는 과정에서 논의하게 되었고 공의회는 필히 공평성과 상당한 법률적 수준이 요구되었다.

옥캄은 이를 확보하기 위하여 의회를 구성하는 과정을 매우 신중하게 생각하였다. 그는 이를 구상하고 제안하였는데 제일 먼저 각 교구 또는 작은 사회 단위의 모든 신도로 구성되는 첫 번째 집회에서 대표자를 선출한다. 여기서 선출된 대표자들은 두 번째로 교회 관구 또 왕국 기타 정치적 영역을 대표할 위임자(대리인)를 선출하여, 그들로 하여금 공의회를 회의체 형태로 구성한다는 것이다. 그리고 이 공회의가 진정으로 교회를 대표한다.

이러한 이중선거에 의한 공의회지만 옥캄은 이를 전폭적으로 신뢰할 만할 것이라고는 기대하지 않았다. 인간이라는 존재가 어떻게 절대적인 진리에 도달하리라고 확신할 수 있는가 라고 하여 공의회 역시 그릇된 입법을 할 수 있다고 생각하였다.

그는 '여하한 집단 또는 개인도 오류가 있을 수 있으며, 인민집단의 의사라 하여 반드시 정당한 것은 아니다.'(『대화』 중에서)라고 생각하였다. 이는 그의 지적 절대주의에서 비롯된 것으로 그는 '면도날'이라는 별명을 얻고 있었다.

내심 그는 진리에 관한 결정은 제도적 권력에 속하는 것이 아니고 현인(賢人)에 따라야 한다고 하여 그의 귀족주의적 성격을 내비치었다. 이러한 회의적 생각은 그가 말년에 교황과의 화해를 시도하게 한 내면적 요인이라고 볼 수 있다.

프랑스 국왕이 아뷔뇽 교황을 임의로 임명하고 조종·이용하자 다른 여러 나라들의 영속계 모두가 이를 비난하고 반발하였다.

반 프랑스, 반 교황의 정치적·종교적 세력이 모여 종파별로 교황을 선출하여 각기 교회 정부의 권위를 행사하였다. 처음에 로마교황 선출과정에 문제가 있다고 하여 프랑스 추기경들이 아비농에서 또 한명의 교황을 선임하였다. 그리고 반 교황파들이 주도한 1409년 피사(Pisa)의 종교회의[32]에서는 이 두 교황을 무시하고 알렉산더 5세를 교황으로 세워 3명의 교황이 정립(鼎立)되었다.

이러한 상황 아래서 모든 교회가 승인하는 하나의 교황을 임명하기 위한 공의회(General Council)의 조직이 비로소 14세기 속권 옹호론자들의 이론(理論)에 따라 실행되었다. 이 회의체는 옛 교회 정부의 조직을 개혁하여 유럽 각 민족(이·영·프·독·스페인)별 투표에서 구성한 것이다. 그리고 이들의 노력은 1414년에서 1418년까지의 콘스탄스 회의(Council of Constance)[33]에서 하나의 교황을 선출하는 데 성공하였다.

그런데 이러한 콘스탄스 회의의 업적과 그 목적은 위크리프와 후스가 목표한 교회 자체의 개혁과는 달랐다.

물론 교회의 통일이라는 형식면에서는 다를 바 없었다. 그러나 위크리프와 후스의 종교개혁 운동은 절차에서 민주적인 급진주의에 있었다. 더욱이 종교적 이념은 가치본위의 권위주의였다.

그 종교정신은 신과 법의 인민에 대한 종주권 의식에서 플라톤적이었다. 세이빈교수는 이를 무산 계급의 평등에 관한 의식이 기독교정신에 따라 출현한 것이라고 하였다.

콘스탄스 회의에서 이들은 이단으로 낙인 찍혀 반대되었다. 1415년 7월의 후스의 화형과 위크라프의 사후 처벌도 이 회의에서 결의하여 시행된 것이다. 콘스탄스 회의는 종파 분열문제와 세 교황 정립(鼎立) 상태를 조정하여 하나의 교황 임명으로 통일을 이루어내었다. 이는

---

32) 1409년 3월 25일 피사에서 소집된 종교회의.
13명의 아뷔뇽과 로마 양파 추기경들은 교회의 재통일을 위한 방안으로 500명 이상의 주교, 수도원장, 대학 대표 등을 소집하고 6월 5일 양파 두 교황을 파면하고 알렉산더 5세를 교황으로 선출하였다. 그러나 두 교황은 그 결정에 불복 오히려 세 교황이 정립(鼎立)되었다. 그러나 이 회의는 반 교황적 성격으로 후세의 공인을 받지 못하였다.

33) 카톨릭 교회의 제16회 공의회. 1414-18년까지 개최되었다. 통일 문제, 개혁 문제 그리고 신앙 문제 등 세 가지 과제를 해결하기 위해 피사회의파와 아뷔뇽파가 합세하여 그들 교황들의 폐위를 결정하고 그리고 로마 교황의 자발적 퇴위가 있은 후 공의회는 마르티누스 5세를 교황에 선출함으로 분열 상태를 극복하였다.
신앙 문제는 위크리프 설을 이단으로 선언하였다. 이에 이어 후스를 소환하여 유죄임을 단정 화형 하였고 위크리프는 사후 처벌하였다.
의회는 교령을 발동하여 공의회는 교회 최고의 권위이며 교황권의 상위에 있음을 선언하였다.

교회조직과 행정개혁을 통하여 평화와 질서를 회복하려는 정치적 목적과 연결되어 있었다. 이는 유럽의 대륙적 합리성이 민주형식으로 이룩해낸 쾌거인 것이다.

젤손은 이를 잘 인식하여 교회쇄신의 목표라는 이념을 달성시키려던 대표적 사상가였다.

6) 젤손(John Gerson, 1363-1429)

젤손[34]은 파리 대학의 유능한 총장이었을 뿐 아니라 교회 평의회를 위하여 여러 해 동안 활약하였다. 그는 『교회권론(De Potestate Ecclesiastica)』과 『교회통일론(De Unitate Ecclesiastica)』에서 교회정부를 위한 제한군주제의 원리를 제공하였다.

그는 개혁은 이념에서가 아니고 사실의 필요에 근거하여야 하며 행복을 목적으로 하는 것이어야 한다고 하였다. 그가 생각하기에는 개혁은 환경의 압력에 따르는 것이지 개인의 창조적 이념에 의존하는 것은 아니다.

젤손은 교회 단체는 교황의 전통적인 권위를 침범하지 않는 한도에서 전반적인 범주에 걸쳐 우월성을 보존한다고 말하였다. 그의 영권조직의 원리에 따르면 형식적인 주권은 로마교황에게 있고, 그 실질의 구체성은 공의회로 대표되는 교회에 있는 것이다. 공의회는 권력행사자를 지정하고 법에 의하여 교황권의 행사를 조절하는 임무를 가진다. 그리고 교회법의 해석과 그 조정의 권한은 공의회에 속한다. 그러나 교황은 교회의 행정 대표자로 회의를 소집할 권한을 갖는다. 그리고 그것이 불가능할 경우 교황자신이 중요 사항에 대하여 판결권을 갖는다.

이러한 조직 원리는 근본적으로 세속 정부에도 해당된다고 하여 제한 군주제의 정치 이념을 표명하였다. 그는 영·속 양권의 우열에 관

34) 젤손(Gerson, 1363-1429) : 제르송에서 출생. 프랑스의 신학자이자 신비가이다. 파리 대학 신학교수. 옥캄의 월리암을 추종하였으나 유명론과 실재론을 조화시키려 시도하였고 후에는 신비주의를 받아들였다.

하여는 합리적인 형식상의 견해를 피력하는데 그쳤다.

영권은 가치에서 속권보다 우월하다. 그리고 교황에게는 군주의 의사가 법이 되는 세속적 원칙은 적용되지 않는다. 그 이유는 속권과 영권은 원리에서 전혀 다르며 영계의 일이 보다 신중을 요하는 것으로 평의회의 우수한 기능에 위촉하여야 한다는 것이다. 그는 영권을 매우 존중하였다.

또한 영속을 막론하고 정부는 왕과 귀족층에 기초한 명예와 덕으로 결성될 것을 요청하였다. 그는 고대 혼합정부의 이념에 따라 아리스토텔레스의 명예정체(금권 정체; Timocratia)를 모범적 형태로 보았다. 또한 권력 간의 조정의 필요를 아리스토텔레스적 중용 이념에 따라 해결하여 정치제도로 정착시키려 한 것이다.

특히 모세가 이끌던 이스라엘의 국가 체제를 최상의 형태로 인정하였다(De Pote-). 즉 모세의 군주적 지위와 72인의 귀족원과 그 밑의 관리들로 구성된 혼합 정부를 최상의 형태로 생각한 것이다. 그는 법은 가장 존중되어야 하며 일반의 행복을 위한 평등의 원리가 진정한 법의 지배에서 효과되어야 한다고 하였다. 그리고 그는 당시 프랑스 왕국은 민주적 요소가 결여되어 최고선이 못된다고도 하였다.

젤손의 사상은 아리스토텔레스적 이념체계에 종교성을 부여한 것이다. 그는 교회 공의회의 정치적 기능이 민주적으로 운영되어야 할 것을 밝혔다. 세속권에 대하여 그는 그 체제가 비록 봉건적인 것이지만 등족회의 또는 국왕을 보필하는 회의 형식에서 민주적 의미를 찾았다.

그의 정치사상의 온건한 경향은 민주주의를 부추김이 없이 군주의 권한을 제한하는 방법을 통하여 민주적 효과를 확보하는 길을 모색하였다. 따라서 군주가 인민의 자유를 과도하게 유린하지 않는 한 그의 지위는 불가침이라고 보았다.

젤손은 같은 파리 대학의 선배 마르실리오의 사상을 계승하였으나 그 보다는 훨씬 온건하였다. 그가 당시의 역사에 이바지한 것은 교회 공의회 운동에 현실적 합리성을 부여한 데 있다.

7) 법률가의 공헌

법률가들은 공의회 운동에 이론적 근거를 제공함으로써 근대 민주주의 의회제도에 선구적 내용을 제시하는 데 크게 공헌하였다. 15세기의 이 운동은 로마법을 연구하는 법률가들이 공의회의 목적을 법적으로 효과하게 하려는 구상에 따라 전개된 것이다.

게르만법의 관념은 12세기 이래로 로마법 연구에 영향을 받아 새로운 법의식으로 전환되어 단체에 법인격(法人格)을 부여하는 새로운 개념을 낳았다. 일반회의체인 공의회는 그러한 법률적 의미에서 정치적 주체성을 갖게 되었다.

이렇게 하여 단체(Universitas, Corp)로서의 공의회의 독립적 지위는 전 유럽에 걸친 종교적 통치행위가 필요한 경우에 교황의 동의 여부를 무시하고서도 그 기능을 담당할 수 있는 것으로 생각될 수 있었다. 즉 교황이 소집을 거부하거나 소집이 불가능한 때라도 그들은 자율적으로 소집될 수 있다는 것이다.

모든 문제의 대상은 교회 자체이다. 공의회에서는 교회의 문제들을 유스티니안 대법전과 캐논법령집에 포함된 원리에 따라 해석하고 판단할 수 있고, 그것이 바로 입법 효과를 갖는다. 따라서 교황은 공의회 결의를 집행하는 제일의적 관리(官吏)에 비유되었다.

공의회를 구성하는데 있어 교회는 하나의 의사 단위가 되어 이들을 대표하는 협동 단체로서의 공의회가 모든 교회의 합동의사를 의결한다. 공의회의 의사 구성은 그 결정을 다수결에 따랐고, 다수자와 소수자 간의 문제 또는 의사 표시 없는 자의 취급 등도 논의되었다.

이렇게 하여 지방교구(Synod)의 작은 집단에서부터 제국이라는 집단에 이르기까지 모든 집단 내에서 소속원의 의사반영은 중세라는 한계에서나마 민주성과 개인본위 여부가 문제로 의식되기 시작한 것이다.

그러나 전통적인 권위의식의 위세는 아직 건재하였다. 즉 로마제국 황제에서 로마교황으로 이어진 종주권 개념은 뚜렷한 관념의 모습으로 건재하고 있었다.

한편으로 민족국가의 왕권 집중 현상은 시대의 지배적인 정치성향으로 자리매김하였다.

앞서 말한 개인본위의 민주성과 전통적인 권위의식 내지는 왕권의 권력집중이라는 화합하기 어려운 두 이념은 콘스탄스회의를 계기로 분명하게 모습을 드러내었다.

각국의 기본적인 민주적 요구는 이해관계에 따라 서로 다른 주장으로 나타났고, 이로 인해 야기된 의견 대립은 분열로 이어졌다. 사실 이 회의체의 기본적인 약점은 지방적·민족적 이해관계에 따른 분열을 저지시킬 수 있는 정치적 응집력이 결여되었다는 데 있었다.

이에 따른 혼란과 알력이 격화되자 이를 승기(乘機)하여 반동적인 정치성향이 바아젤 회의(Council of Basel, 1431)[35]를 통하여 나타났다.

역사적으로도 바젤회의를 기점으로 공의회 운동은 실패로 돌아갔다.[36] 즉 교황과 그 추종자들이 강력하게 공의회 반대운동을 전개하여 로마 교황청의 교황권이 점진적으로 소생하였다. 그러나 이러한 사태는 반대세력을 더욱 급진적으로 몰아갔다. 따라서 젤슨이 기대한 귀족을 지반으로 하는 반 교황이론이 이제는 민주주의 영역으로 비약하게 되었다.

철학자 쿠사의 니코라스는 이러한 혼란의 위기에서 조화(調和)의 이념으로 문제들을 결집, 해결하려 하였다. 그의 사상은 영속 양 영역에 걸쳐 과학적 정신에서, 그러나 아직 신비로운 합리성이라고 할 수 밖에 없는 중세 최종의 사상적 면모를 보인다.

---

35) 스위스 바젤에서 열린 종교회의(1431-47). 당시 교황 에기디우스 4세가 회의의 부름에 응하지 않자 1439년 교황을 파면하고 대립 교황 페릭스 5세를 선출할 만큼 힘이 있었으나 내부분열로 회의는 실패로 끝났다.

36) 공의회 운동은 콘스탄스회의에 의하여 '대분열'의 추락으로부터 어느 정도 벗어나자 그 열기가 급격하게 감퇴하였다. 사실상 이 공의회 운동은 교황의 협력 없이는 거의 존립 자체가 불가능하였다. 이 운동이 결국 논쟁일 뿐 역사를 만들지 못하고 끝나면서 그 한계를 드러내자 반동적인 교황 절대권이 급부상하였다. 이 운동은 교회를 개혁하지도 교회정부의 형태를 변혁시키지도 못하였으나 이는 서양 중세에서 입헌주의에 대한 최대의 논쟁으로 평가된다.

8) 쿠자누스의 니콜라스(Nichlas of Cusanus, 1401-1464)

쿠자의 니콜라스[37]는 독일의 가난한 집에서 출생하였으나 고용주의 도움으로 파두아 대학에서 공부할 수 있었다. 그는 법학사 자격을 획득하여 실무에도 종사하였으나, 곧 신학과 철학의 연구에 몰두하였다.

브릭손의 주교로서 추기경(Cardinal)이 된 그는 교황 대리로 많은 교회와 관계를 가지고 있었으며 바아젤 회의를 위해 중요한 역할을 하였다. 그러나 그는 바젤회의가 실패로 끝나자 입장을 전환하여 교황측에 서서 교황의 종주권을 변호하는 강력한 논의를 펼치었다.

그에 의하면 인간의 이성에는 한계가 있으며, 신은 직관에 의해서만 이해될 수 있다.

후기 스콜라 철학의 극단적 합리주의를 비판한[38] 그는 정치에 관련되는 책 『카톨릭의 조화(De Concordanita Catholica)』를 바아젤 회의를 위해 저술하였다. 그리고 그는 이 책의 제3권에서 이 회의에 대한 충고로서 연례회의를 제안하고 간접선거와 비밀투표 같은 근대적 방법에

---

37) 니콜라스 쿠자누스(Nicholas of Cusa, 1411-64). 독일 출신의 신학자, 철학자, 수학자. 선원의 아들로 태어나 하이델베르그 대학과 파도바 대학에서 수학(修學). 바젤 공회의에서 교회 평의회의 우월성을 옹호 했으나 후일 교황권 옹호로 돌아서 1448년 추기경이 되었다.

그의 저서 『카톨릭의 조화』에서 그는 '신앙인 전체인 공동체가 법률의 근원이고 그들에 의한 찬성과 승인이 법률의 본질적 요소이다. 교황과 교회의 계급적 조직은 전체 집단의 기관이며 하인이다.'라고 하였다.

38) 아리스토텔레스가 지배했던 한 시대의 말에 이 로마 추기경은 아리스토텔레스의 논리학은 기독교의 무한한 하나님에 의하여 창조된 우주를 탐구할 수 있는 적절한 도구가 아니라고 결정내렸다. 아리스토텔레스주의는 15세기 끝에 와서 그 종국에 이르렀다(질송, p.737).

그는 12세기 플라톤주의 사르트르 학파를 자주 회상하였다. 그는 스콜라 철학의 삼단논법이나 강단 철학의 권위 숭배와는 인연이 멀었으며 오히려 철학을 이러한 방법적인 강제로부터 해방 시키려했다. 그의 사상을 구성하는 세 요소는 기독교, 플라톤주의 그리고 자연과학으로 이 요소들의 근원에까지 거슬러 올라가 보다 더 깊이 이해하고 종합함으로 새로운 삶을 부여하려했다. 그의 이러한 철학적 의미는 후세의 '독일관념론'에서 비로소 그 힘을 발휘 '독일 철학의 진장한 창시자'가 되었다(『서양철학사』, 요하네스 힐쉬베르그, p.724).

이러한 철학의 추세는 이탈리아의 피렌체에서도 문예 부흥과 함께 플라톤의 영향력이 우세하여졌다.

버금가는 교황 선거제도를 제시하였다(동서).

그는 정치는 영계와 속계가 병행하는 조화에서 진정한 가치를 실현할 수 있다고 하였다. 그에 의하면 정신과 물질은 본질적으로 상응하며, 권위서열에서는 정신이 보다 우월한 것이다. 이는 모든 것이 신의 섭리, 즉 의사에 근원하기 때문이다.

그는 개체와 전체는 서로 상응하는 관계에 있다고 보았다. 개체의 가치는 독립성이 있으나, 전체는 동일한 가치의 보다 완결된 형태이며 개체는 여기에 직결되어 있다. 따라서 아무리 보잘 것 없는 개체라도 전체와의 긴밀한 관계에서 전체를 반영하는 동시에 그 필수 부분이 되도록 설계되어 있는 것이다. 그리고 우주는 정신과 물질, 개체와 전체가 함께 교섭하며 상응 조화하는 '유기체적 발전 체계'로 이것이 신의 섭리현상이다. 그의 정치사상에서는 이러한 신학적이며 철학적인 세계 질서에 합치되는 정의, 즉 세계의 항구평화를 목표로, 이를 추구하는 영속간의 지위와 운영 관계를 논의하고 있다.

니콜라스는 저서의 대부분을 '신적 자연적 정의'의 원리에 관하여 상론(詳論)하였다. 이미 말한 바와 같이 니콜라스는 법률 권위의 정당성의 근거를 '조화와 동의(同意)'에 두었다.

이것이 그의 이론의 가장 중요한 전제이며 모든 이론의 전개는 이 두 원칙으로부터 연역(演繹)된다. 그러나 그가 말하는 '조화'는 수평적 관계 사이의 타협으로 이루어지는 것을 의미하는 것이 아니다.

플라톤주의자인 그의 의도는 모든 개념적 구분을 신비적 직관의 통일 속에 잠그려는 것이다. 즉, 완벽한 개념화를 이룩하려는 것이 아니라 그것을 극복하는 것이 그의 이상(理想)이다.

'동의' 역시 하나의 사안(事案)에 대하여 단위로서 참여하여 결정하는 각자의 승인이라는 근대적 법률적 의미는 아니다. 그것은 공동체의 자연적 자유에 관한 강조의 뜻으로 무의식적 내지는 자연적인 실력자의 의사를 통한 동의이다. 당시까지는 아직 의사결정 단위로서의 개인이라는 개념은 정립되지 않았다. 그러나 그는 대체로 아퀴나스의 법 서열 관계에 따라 신의 섭리를 배경으로 하는 자연법과 이에 위배되는 인위법의 무효 내지 무가치함을 주장하였다.

그는 '자연법은 자연에 의하여 이성 안에 있다. 그러므로 모든 법(Lex)은 기본적으로 인간과 더불어 존재한다.' 그리고 '모든 인간은 자연에 의하여 자유'이다. '모든 정부는 성문법에 의거하든 통치자 의사에 의존하든 인민의 동의에서 성립한다. 왜냐하면 인민은 자연적으로 통치자와 동일한 자유와 힘을 가진 존재로 통치권력은 그들 인민의 동의 없이는 형성될 수 없기 때문이다.'(동서)

이는 17세기 록크[39]와 같은 자유민주주의 이념과 거의 다를 바 없는 민주적 합리성이 선언된 것이다. 그러나 정의, 즉 법의 표준은 결코 인민 자유에 따르는 무조건적인 것은 아니다. 즉 '캐논법 만이 진정한 법이 될 수 있는 모든 법의 표준'인 것이다. 그는 관습 또는 관례를 중시하여 '거기에 위반된 법은 배척·제거되어야 한다'고 항의하였다.

그는 정치적 권위가 피치자의 동의에 따라 성립된 것임을 관례를 들어 설명하였다. 통치자는 한 사람이지만 그의 통치 의사는 모든 인민의 의사를 수렴한 것이며, 또 그러한 것이어야 한다. 그러한 통치자는 인민의 선을 도모하고 추진하며 조화되도록 하여야 한다. 따라서 인민이 악행을 하지 못하도록 자유를 조절하는 기능이 상응되어야 한다(동서).

그러나 한편 모든 폭력은 법에 반대된다. 통치자에 복종하는 것은 인간성의 신뢰에 근거하는 것이므로 야심에 이끌리어 자의(恣意)로 행동하는 통치자를 용인해서는 안 된다고 하여 통치의 정의를 윤리성에서 찾았다.

---

39) 록크 : 1632-1704. 영국의 철학자, 정치사상가. 런던 출생.
계몽철학 및 경험론 철학의 원조라 일컬어지고 있다. 일찍 데카르트철학과 뉴톤에 의해 완성된 자연과학에 관심을 가졌고 반(反)스콜라적이었다.
법·정치사상에서는 계약설을 취하지만 홉스의 전제주의를 자연 상태보다도 더 나쁘다고 생각하였다. 주권 재민과 국민의 반항권을 인정하여 대표제에 의한 민주주의, 삼권분립, 이성적인 법에 따른 통치와 개인의 자유. 인권과의 양립 등을 강조하며 종교적 관용을 역설하였다. 그의 정치사상은 명예혁명을 대변하고 프랑스 혁명이나 아메리카 독립 등에 커다란 영향을 주어 서유럽 민주주의의 근본사상이 되었다.

니콜라스는 선험적으로는 신 이외의 어떠한 자에게도 특별한 권위를 용인하지 않았고 특히 로마교황에게 준열(峻烈)한 비판을 가하였다. 그는 베드로가 그리스도에게 있어 다른 사도들과 다름없는 지위에 있음을 성서를 인용하여 증명하였다. 이는 베드로의 법통을 이어 받은 로마교황의 권위 체계에 막심한 타격을 주었다.

베드로는 그리스도가 '이 바위 위에…'라고 하며 교회 즉 나라를 세울 것을 위촉하였으나 그는 그리스도의 본뜻을 이해하지 못하고 '그리하지 마옵소서'라 하였다.[40] 따라서 그리스도가 베드로에게 위촉하였던 교회 초석으로서의 '바위'는 오직 그리스도만의 의미로 열려진 체 남겨진 것이다.

그는 사도의 임무를 양치기에 비유하여 '나의 양을 치우라(사육하라)'고 한 것은 모든 사도들에게 내린 말씀으로 아우구스티누스 역시 이를 증언한 바 있다고 주장하였다. 따라서 일체의 권력행위는 오직 그리스도에 따른 것이고 주교와 신부는 파문권을 제외한 재판에서 교황과 같은 권한을 갖는다고 하였다(동서).

이러한 니콜라스의 사상은 태동하는 민족국가의 지역 교회에 힘을 실어주고 16세기 종교 개혁에도 한 계기로 영향을 주었다. 그는 관습을 존중할 것과 법이 동의 형식으로 성립하지만 그러나 최고권자의 승인을 필요로 한다고 하였다. 이는 로마교황의 종주권을 인정한다는 우회적 의미인 것이다.

그는 로마 교황의 우월한 권위에 대하여 '그 이유는 명확하지 않다'고 고백하였다. 다만 알렉산드리아 교회가 북 아프리카 전역에서 종주권을 갖듯이 로마 교회는 니케아 회의에서부터 그 지위를 향유하였다고 하였다.

그는 인민의 동의를 대표하는 일반회의가 영속을 아울러 가장 중추

40) 이 말은 그리스도(메시아)가 이제 자기가 십자가에 못 박혀 죽고 삼일 후에 부활할 것이라고 하였을 때 베드로가 이를 만류하는 뜻으로 한 것이다. 그러나 성 바울이 '예수는 십자가에 못 박혀 죽음으로 개선(凱旋)하였다'고 말 한데로 그리스도의 죽음과 부활은 진정한 의미에서 성령의 세계의 시작을 의미하는 것이다. 이처럼 베드로는 그리스도의 본뜻을 이해하지 못하였다는 것이다.

적인 기능을 갖는다고 주장하였다. 그러면서도 그는 교황과 황제 그리고 그 아래 영주 귀족 등 봉건적 권위 서열을 그대로 인정하였다. 뿐만 아니라 이들 특권층이 그 지역에서 회의체를 형성하는 중심계층이며 공의회를 구성하는 집단으로 제국 전체를 대표한다고 하였다(동서).

그의 이러한 자세는 그가 현실 과정에 대한 신의 섭리를 전폭적으로 신뢰하여 일면 모순되는 현실적 논의를 포괄적인 정의로운 질서의 체계 안으로 받아들인 때문이다.

그는 '고대 이래 모든 해결은 회의체를 통하여 이루어졌고 이보다 더 좋은 방법은 없다'고 하였다.

그러나 그의 민주 이념은 완전히 근대적인 것은 아니었다. 그는 공의회를 지지하여 이 회의가 영권 사항을 의결하는 외에 부패하고 법을 지키지 않는 교황을 추방할 수 있다. 그러나 대권은 교황에게 있고 공의회의 소집권도 그에게 있다고 하였다.

또한 '군주는 신앙과 신에 대한 숭배에 관한 한 영적 제도에 복종하여야 한다. 세속 통치자도 그들 상위의 수도(Metropolitan), 즉 제국의 권위에 복종하여야 한다.'고 하였다.

한마디로 그의 논의에는 궁극적 권위의 소재가 불분명하였다. 이는 그가 비록 바젤회의를 위한 노력을 하였음에도 불구하고 결국에는 교황권의 회복이라는 교회공의회에 반대하는 입장으로의 전향(轉向)이 예감되는 부분이기도 하다. 그는 공의회에 신의적(神意的)인 가치를 기대하였으나 바아젤 회의의 분열과 알력을 보고 실망하여 이를 단념하고 교황 측으로 급전(急轉)하였던 것이다.

그에게 중요한 것은 법적 종속관계가 아니라 쌍방의 협동이었다. 그는 세속 제국의 황제는 인민의 동의를 받은 대표들이 선거하며 세속법도 이들에 의하여 승인되어야 한다고 하였다. 그러나 이는 인민의 동의를 간접적으로 표현하는 논리이기는 하였지만 실제로는 인민의 대표를 선임하는 구체적 제안은 없었다.

또한 형식상 이들 대표가 인민의 선(善)을 책임져야 한다고 하면서도 그 선의 실천에는 집행권을 가진 자가 인민의 의사에 직접적인 관심을 가져야 한다고 주장하였다.

집행권자는 대표자회의를 통솔하여 정치의 통일을 수행하여야 한다. 완전하고 정확한 정치 효과는 집행권자의 인민에 대한 직접적 관심에 좌우된다. 따라서 그러한 권한을 갖는 신성로마제국의 황제를 선출하는 제국회의(Imperial Diet Reichstag)의 임무는 가장 중요하다.

니콜라스는 공의회의 존재와 기능을 인민 동의라는 측면에서 거듭 강조하였다. 이는 근대 독일 제국의 정치 제도에 대하여 민주적 의의와 그 운영을 이념적으로 선구한 것이다.

그는 군주를 신임하는 인민의 소리가 신이 제왕을 임명하는 소리라고 하였다.

신의 힘이 인민을 통하여 통치자에게 결집된다는 논리는 '조화와 동의'라는 전제에 따른 것으로 통치자 권능의 절대성과 인민에 의한 민주 효과를 동시에 정당화시키는 것이다. 그런데 이러한 신의 전능, 주권적 인민 그리고 통치자의 절대 권능이라는 상호 모순되는 이념을 통합시킬 수 있는 이론적 체계는 유기체 이론에서나 가능한 것이다.

사실 그는 신과 인간의 관계를 가히 자연 과학적이라고 할 만한 유기체의 원리로 논의하였다.

현실에서의 모든 정신적 물질적 힘은 신의 힘이 반영된 것이며 그리고 그것은 인간 즉 인민에게 잠재하고 있다고 하였다. 그리고 현실에서 선의 실현은 상위의 가치를 갖는 자, 즉 통치권자의 의지 내지는 의사에 의하여 실현될 것이라고 지적하였다(동서).

그는 영계에서 교황보다 주교들이 기독교인들이 선출한 대표로서 교회를 정확하게 상징한다고 하였다. 그러나 이 뜻이 교황을 배척하거나 그 지위를 용인하지 않는 것은 아니다. 그가 당시의 부패하고 타락한 교황권에 대하여 공의회 운동을 주도한 것은 영권 귀족층의 입장에서 이를 쇄신하려는 것이었다.

그는 마르실리오 같이 대표의 의미를 인민의 수(數)와의 관계로 생각하지도 않았고 민주적 대표단을 조직하려고도 하지 않았다. 되도록 적은 수의 대표자로 신의적(神意的)인 가치이념을 효과적으로 추구하려한 것이다.

니콜라스는 인민 주권이 실질에서 실현되는 합리론을 규명하였으나 아직은 중세적인 권위전통과 그 질서 체계인 봉건 제도의 틀을 벗어난 것은 아니었다. 그는 자연법도 신의 의사에 직결되어 있다는 캐논법 학자에 따랐고 그 자연법에 기초하여 교황도 캐논법에 구속되어있다고 하였다.

그는 신성로마제국이 독일 제후국의 봉건적 자치와 그들이 연방제 형식에서 하나가 될 것을 희망하였고 이렇게 하여 황제권이 합리적으로 재조정될 수 있다는 기대로 이를 적극적으로 지향하였다. 그리고 제국 건립의 원래 의의이었던 기독교 세계주의를 회복하고 이를 정화(淨化)하려 하였다. 또한 그 자신이 고위 성직자이었던 만큼 세속 세계의 연방제 통일에 맞추어 영권을 쇄신함으로서 그 뜻을 이룰 수 있다고 믿은 것이다. 그리고 이러한 기독교 세계주의는 후세 독일 민족의 정치 성격을 상징하는 이상주의였다.

니콜라스가 인민 동의라는 민주 입장을 밝힌 것은 11세기에 독일인 마네골드에 의하여 이미 선언된 것이다. 게르만 민족은 원래부터 민주적인 집단생활을 운영하여 중세 봉건 사회에서도 황제의 법 선포에 그러한 민주적 동의 형식이 있어 왔다. 그러나 니콜라스의 이념이 갖는 의미는 인간의 자유를 특히 자연법에 기초하여 논의 한 것과 민주적일 수 있는 연방제의 원리를 제시한 것이다.

개체와 전체의 유기체적 통일 그리고 개체의 상대적 독립성과 전체가 가치 완결이라는 뜻에서 제1의적(第一義的)이라는 형이상학은 민주효과를 실질 내용에서 기대하는 것이다. 그러나 이러한 이상주의가 또한 얼마나 위험한 것인가는 후세에 헤겔을 거처 나치즘에서 볼 수 있다. 물론 그 위험에 대한 책임이 철학자의 몫은 아니다.

철학사의 입장에 보아 그는 중세와 근대의 전환기에 다리를 놓고 데카르트와 칸트에 이어지는 근대 자연과학의 길과 개념을 이끌어 내었다. 그리고 정치사상 쪽에서 보면 그의 이상주의는 중세 봉건제를 지향하는 보수주의에 민주적 이상을 조화시키려는 것이었다.

◆ 중세 말기 정치논의의 근대적 지위

게르만법의 역사적 연구가로 베를린대학 총장을 역임한 길케(Otto Fridrich von Gierke, 1841-1921)는 그의 명저『중세 정치이론(Political theories of the Middle Age, trans by Maitland)』에서 서술하기를 11세기 이래로 앞에서 논의된 정치 논평가들의 논저에는 17, 18세기 민주주의 이론에서 볼 수 있는 거의 모든 근대적 요소가 포함되어있다고 하였다.

즉 국가 또는 법을 중심으로 하는 주권, 인민주권, 사회 계약적인 국가 의의는 물론이고 대표자 개념과 다수결 원칙을 찾을 수 있고 자유 평등의 자연권과 저항권 및 법인 개념 등이 바로 근대적인 특성을 거의 해명하고 있다.

중세에서 최종적으로 가장 권위 있는 존재는 자연법(Lex Naturalis)이었다. 자연법은 신에 의한 자연이성으로 지상의 목적이 거기에서 달성되기 때문이다. 이에 비하여 신법은 인간을 초월한 그리고 신에 의한 것이다. 만민법(ius Gentium)은 모든 민족이 동의하고 인정한 것으로 이 역시 자연법에서 유출된 것이다. 자연법은 국가 이전의 규범으로 교황이나 황제를 포함하는 모든 인류 전체가 거기에 종속하는 의무적 규범이다. 자연법에 위반되면 어떠한 것도 무가치하고 무효한 것이다.

이러한 자연법 이론은 일면에서 국가에 대한 고대 관념을 회복시키고 타면에서는 자유에 관한 기독교-게르만 이념(Christians-Germanic Idea)을 발전시키며 근대 철학의 교의를 마련하였다. 또한 나눌 수 없고 양도할 수 없다는 주권 개념은 12세기에 이미 배태되었다.

이 주권은 인위법인 실정법에 대하여는 상위를 차지한다. 그러나 한 사람에 의한 주권 행사가 인민에게 혐오와 소원(疎遠)의 대상이 되면서 주권의 절대주의는 입헌군주제(Constitutional Monarchy)를 통하여 공화정 개념의 인민 주권으로 낙착되었다. 그리고 계약 사상도 속권에 대한 영권의 우월성을 주장하는데 반대하여 그 불합리성을 지적하는 논리로 나타났다. 즉 인민이 한 쪽의 당사자가 된 계약으로 국가가 기원하였다는 이론을 발견하고 주장하였다.

이는 게르만법에 나타나는 역사적 사건들에서 자극을 받았을 뿐 아니라 성서에서도 그 단서를 찾은 것이다. 즉 다비드(David)와 이스라엘 민족간의 헤브론(Hebron)에서의 계약이 성서에 기록되어있다는 것이다.

이리하여 통치권이 인민의 의사에 근거하며 인민이 계약에 의하여 스스로의 권리를 통치자에게 위임하였다는 이론은 12세기 이래로 널리 수용되었다.

법률가들은 다수의 권력이 전체를 대표한다고 하였다. 또 한편으로는 교회와 함께 국가에 인격 개념이 부여되는 일이 법률가들의 이론에 현저하였다고 한다. 발두스(Baldus)는 국가 인격 개념을 정밀하게 구성하여 군주는 공적 인간 그리고 정부 행위는 공동 사회의 행위가 되어 오직 공동 사회 만이 불멸하는 것이었다.

사실 중세에 이르기까지 개인주의란 없었다. 각기의 인민은 공동체 사회의 전체적인 보편성을 구성하는 의미에서 인격적인 것으로 생각되었다. 개인이 아니고 개인의 집합 총화가 인민의 관념을 구성한 것이다.

고대의 국가 개념은 국가가 공동 사회의 최고 그리고 완정한 형식이고 자족적이라는 것이다. 일단 이러한 고대 개념이 아리스토텔레스의 '정치학'을 통하여 소개되고 연구됨에 따라 초현세적인 종교적 가치에 의해 지배되던 중세라는 거대한 구조물은 서서히 무너져갔다.

길케는 제10장 『근대국가의 시초』에서 다음과 같이 말하였다. 『고대-근대의 이념(Antique-Modern Idea)』은 중세 사회제도의 파괴와 국가의 『자연-정당성의 이론(Naturalrightly Theories)』의 성립에서 배태되었다.

길케의 논술은 주로 유럽 대륙의 경우를 중심으로 쓰였다. 그러나 14세기 초 대륙과 영국에는 각기 속권론자의 쌍벽으로 마르실리오 대

옥캄의 윌리암이 있었고 교회를 대상으로 한 개혁 운동가로서 젤슨과 니콜라스 대 위크리프의 이념이 있었다. 이들은 얼마간의 차이는 있었으나 그들의 이념의 특질은 근대성으로 발전한 형적을 볼 수 있다.

대륙과 영국은 11세기 이래 현실정치에서 민주주의가 발전하는 양상과 그 정치사상의 표현에서 성격상의 차이를 보인다. 유럽 대륙은 11세기 말에 이미 정치 사회적으로 전면적인 동요를 겪은데 비하여 영국은 1066년 노르만 정복 이후에 봉건 제도는 왕권 아래서 순조롭게 정비되었다.

이들의 지배 세력은 토지 귀족층이라는데 별 다를 바 없었다. 그러나 12, 13세기부터 진행된 사회 경제의 변동과 계급간의 유대 관계에서 이 둘은 차이 있게 발전하였다.

대륙에서는 봉건 토지 귀족은 상업을 천시하고 퇴락(頹落)하는 농노경제에 의탁하는 전통에 매여 있었다. 반면에 신흥시민 계층은 국왕과의 결탁을 추진하였다. 이 둘은 정부의 재정 이득과 신흥 상업계층의 정치권으로부터 보호 육성을 받으려는 필요가 상호간의 긴밀한 협조를 가능하게 하였다. 이러한 협력 관계는 토지 귀족층이 국왕의 통일 노력은 물론이고 신흥 시민층의 지위 향상에도 적대적이었기 때문이었다.

이후로 국왕은 점차로 토지 귀족층을 흡수하여 군주권을 집중하며 성장하였고 다른 한 편에서는 시민 사회의 민주적 의식이 점차로 고양되어갔다. 대륙에서의 근대화 과정은 왕권과 시민 사회라는 이 두 세력의 충돌에서 비롯되었고 이는 어쩌면 예정된 것이었다.

그런데 영국에서는 사정이 이와는 달랐다. 토지 귀족이 토지 경제를 적극적으로 화폐 자본으로 바꾸어 나갔다. 12, 13세기부터 토지 임대료를 화폐로 받고 나아가 영주의 토지를 차입하며 자본을 축적하였다. 한편 곡물 가격이 앙등하면서 일부 농민의 지위가 향상되어 자유농민층이 형성되어 갔다.

이 자유농민(Yeoman)계층의 자본 축적이 증대학고 산업의 발전은 이

제 토지가 공업 상품의 원료생산에 이용되기 시작하였다. 도시의 모직 공업이 유리한 이윤 대상으로 부상(浮上)하며 양모 생산을 위하여 농지가 목장으로 변하여갔다. 16세기에 들어서는 영주 직할지의 소위 앤크로저 운동(Encloser Movement)이 더욱 촉진되었다. 도시의 중세식 상업 조직인 길드(Guild)는 바로 이러한 농업 자본에 의하여 침식되어 붕괴과정을 밟게 되었다.

이처럼 영국에서는 근대화가 농촌에서 진척되어 계층 간의 대립 양상은 대륙과는 다르게 나타났다.

사회 지도력은 농업 자본가로 전환한 종래의 토지 귀족과 지방 신사를 중심을 형성되었다. 그러나 공업자본이 빠르게 형성되어 농업 경제의 지반이 무너져 사회가 심각한 문제들에 직면하게 되었다.

초기 앤크로저 운동은 그 땅을 경작하던 소작인들을 도시 빈민층으로 몰아내어 생산 공장주들에 의한 횡포와 수탈로 이어졌다.

1516년에 쓰여진 토마스 무어(Thomas Moore)의 『유토피아』에서 그는 이러한 현상을 양이 인간을 잡아먹는다고 야유하였다. 이러한 참담한 현실에 대하여 그는 공상적인 이상향(理想鄕)을 그려 이에 응수하였다.

플라톤적이고 귀족 정신적인 이상주의는 이미 14세기 초에 속권론자인 옥캄(William of Ockam) 그리고 그 세기 말에 위크리프의 교회 개혁 정신에도 뚜렷하였다.

옥캄의 민주 이론에서는 이상주의의 귀족적 성격이 때로 세계 군주의 이념에까지 비상하였다.

위크리프는 영국을 휩쓴 흑사병과 그 후에 일어난 농민 반란(1381)에 영향을 주고 그 역시 자극을 받았다. 그리고 이 둘은 모두 신의 순수한 사랑과 청빈주의를 표방하여 이상주의적인 성품을 보였다.

영국 철학자 릿지(Richie)에 의하면 영국에서의 플라톤 전통은 중세로부터 연면하였다고 한다.

또한 세이빈 교수는 키케로 정신에 연결되는 로마법의 특질이 영국법과 통하는 바가 있다고 하였다.

서구의 여러 개혁 이론은 변동하는 사태에 따라 세대 간의 차이와 함께 서서히 성장한 민족의식에 따른 민족 간의 차이를 부인할 수 없다. 길케가 지적한 '고대-근대적 이념'의 성격을 띤 민족국가는 이러한 차이를 더욱 증대 시키었다. 근대 유럽 정치사상을 체계적으로 이해하는 데는 이러한 지적을 염두에 두어야할 것이다.

서구에서 공의회파는 바젤회의를 고비로 실패로 돌아갔고 속권에서의 대의제도 역시 퇴조하였다. 15세기 중엽에는 교황 절대주의가 급속도로 소생하였고 세속 정부에서의 왕권 역시 빠르게 성장하였다. 이 과정에서 수도원의 재산은 절대군주에게 몰수되어 새로운 중산 계급에 부를 제공하였다.

또한 프랑스에서는 등족회의가 왕에 대한 영향력을 상실하였다. 그러나 주권자의 개념은 16세기에는 정치사상의 일반적 형태가 되었다. 경제권역의 확대는 무역의 통제와 상품의 표준화가 요구되었고 이러한 요구와 함께 노동 시장의 안정의 필요성 등은 절대 군주제와 부합되는 것이었다.

한편으로 서구 세계의 빠른 세속화와 민족국가들의 설립은 영권 자체의 개혁 운동과 맞물리어 교황 절대주의는 그 수명을 다할 수밖에 없도록 하였다.

마르실리오는 기독교의 선을 저 세상의 것으로 경계지어 현실 세계에서의 이성의 자율성을 주장하였으나 마키아벨리는 두 가지 진리라는 개념에서 오는 종래의 알력(軋轢)을 이미 벗어나 있었다. 이러한 두 사상가의 표징하는 바에서 시대사상의 변화를 읽을 수 있다.

중세 유럽의 종말에 계기가 된 동서세계의 교섭은 거대한 역사적 현상으로 나타났다. 1453년에 비잔틴제국은 오스만 터키의 집요하고 장기간에 걸친 공격을 견디지 못하여 난공불락이라던 수도 콘스탄티노플의 성문을 열었다. 한때 콘스탄티노플은 오스만 터키의 공격으로부터 방어하기 위하여 몽골의 후예인 티무르 왕의 힘을 빌리기도 하였는데 1453년의 마지막 날에는 바로 그 티무르왕조(王朝)에 의하여 중앙아시아의 연고지로부터 밀려난 오스만 터키에 의하여 종말을 고하였다. 이것으로 유럽 중세사는 막을 내렸다.

그리스 문명과 동방 문화의 교섭으로 천여 년에 걸쳐 육성된 비잔틴 문화는 이제 터키족의 압박으로부터 피난하는 학자들에 의해 그 중심이 이탈리아로 옮겨졌다. 그리고 이것은 문예부흥 즉 르네상스의 직접적인 계기가 되었다. 그리스 문명에 대한 회고와 인간의 자유를 재발견하여 근대 지성과 문예가 전폭적으로 개척된 것이다.

한편 로마 카톨릭과 유별되는 그리스 정교는 콘스탄티노플의 비잔틴 교회에서 발전되었으나 이제는 회교도의 난을 피하여 연고지에 따라 북쪽 스라브 민족권으로 옮겨갔다. 비잔틴 제국은 로마 제국이 수도를 콘스탄티노플로 옮긴 이래 동방 사라센의 회교도 침략으로부터 기독교 세계를 지켜왔다. 또한 그들의 독특한 종교적 문화적 유산으로 인류문명에 공헌하였다.

제4장 | 중세 동양 정치사상의 발전

제1절 동서 비교 개론

서구에서의 고대의 종식(終熄)과 중세의 시작은 3, 4세기 게르만족의 침공에 의한 로마제국의 멸망을 그 기점으로 구분하는 것이 일반적이다. 이는 대체로 한(漢)의 멸망과 남북조 시대[1]가 시작된 시기와 일치하며 만족(蠻族)에 의한 국가 기틀의 혼란 내지 붕괴라는 같은 정치적 상황을 연출한 것이다.

그러나 중국 정치의 실제나 사상의 양면 모두에서 B.C. 211년에 이룩한 진(秦)의 통일은 그 의미가 너무나 막중하고도 확고하여 역사 구분의 획을 분명하게 그은 것이다.

정치사상 면에서는 제자백가의 활발한 사상적 경쟁, 전개과정인 소위 백화제방(百花齊放)의 시기를 끝내고 정치의 실제에 있어서는 법가사상에 따른 강권 정치로 중국을 통일하여 춘추전국시대를 마감하였던 것이다.

따라서 중국에서의 고대는 서구보다 500년이나 앞선 B.C. 200년경 진의 통일로 막을 내리고 중세는 단명한 진과 이를 이은 한(漢)나라(진

---

1) 진(晉)나라와 수(隨)나라 사이의 시대(420-589). 이 시기에 중국은 남조(南朝)와 북조로 갈리어 왕조가 교체되었다.
북조는 5호 16국의 혼란을 북위(北魏)의 태무제(423-452)로부터 수습하기 시작하여 이 북위가 동위와 서위 등으로 교체되는 과정을 거쳐 북주(北周)의 외척 양견(수 문제)이 양위받아 중국을 통일하였다.
남조는 한족인 송의 문제(424-453)로부터 시작하여 진(陳)이 수의 문제에게 멸망한 589년까지 6개의 왕조가 분립하여 일명 육조 시대로도 불린다.

한시대)로부터 시작된다고 구분할 수밖에 없는 정치성격상의 중요한 차이를 지시하고 있다. 사실상 중국학자들은 고대라는 용어 대신에 선진시대(先秦時代)라 하여 이를 구분하고 있다.

그 정치성격상의 중요한 차이의 하나는 통일 중앙 집권적 정부이고 다른 하나는 유가적 정치이념이 주도권을 장악한 것이다.

중국에서 한나라 이후부터 청조(淸朝)에 이르기까지 중앙집권적 군주제와 유가 사상은 의심받지 않는 정치 신념이었다. 물론 때로 국가가 분열되고 봉건제가 시행되기도 하였으나 근본적으로는 통일 중앙 집중 관료주의가 정치를 이끄는 부동의 원리였다. 그리고 유가이념 역시 위진남북조 시대 등 혼란한 시대에는 도가에게 자리를 양보하였으나 일단 정치적 안정시기가 오면 국가의 지도적 이념의 지위를 확보하였다.

1. 역사 전개상의 비교

중국의 역사 발전은 농경사회의 특징인 순환이론에 따라 진전하였다.

헤겔이 주장한 '동양의 정체성(停滯性)'이라는 중국정치에 대한 역사적 평가는 중국이 변증법적 역사 발전과정을 거치지 않았다는 의미에서는 옳을 수 있다. 그러나 변증법에 따른 역사 해석, 즉 정반(正反)의 투쟁을 거쳐 한 단계 높은 수준의 새로운 것이 나타난다는 식의 이론으로는 중국을 옳게 이해하기는 어려운 것이다.

중국의 정치사상은 독창적이고 위대하였으며, 그 역사적 과정 역시 그리 간단하게 몰아붙일 성격의 것은 아니다. 거기에는 서구적 변증법이라는 단순한 합리론으로는 설명할 수 없는 통합적이고 완벽한 우주론에 근거한 가치체계를 함축하고 있다.[2] 오히려 그러한 합리론의

2) 『동양문화사(라이샤워·페어뱅크 공저)』에 의하면 '13세기에 이르기까지 중국은 다른 어느 문명만큼 빠른 속도로 발전을 해왔다. 13세기 주자학이 정통학파가 되었다는 의미는 중국 문화가 고정된 하나의 형태를, 그것도 최종 형식이라고 할 만한 것을 이룬 것이다. 그 문명은 자체의 지도 이념과 기술적 한계 안에서 하나의 완전한 사회를 이룩한 것이다. 이에 따라 중국인들은 고도의 정치적 사회적 정신적 안정을 즐

적용으로는 근본적인 이해로부터 더욱 멀어질 수밖에 없는 구조적 성격을 갖고 있다.

기원 후 4세기 이래의 동양은 서구세계와 세계사적으로 비슷한 과정을 거의 때를 같이 하여 겪었다. 4세기 말엽 서구에서의 게르만족의 대이동 시기에 중국에서는 북쪽의 여러 민족이 대거 남침하여 소위 5호 16국 시대(五胡十六國)[3]로 정치판국이 들끓고 있었다.

그리고 서기 589년 수(隋)나라가 양자강 이북을 석권하여 천하를 통일하기까지 정치적 혼란시대가 계속되었다. 그러나 39년에 그친 수나라의 업적(業績)을 대체하여 계승한 당(唐)나라 시대(618-907)에 한(漢)민족은 역사상 최고의 황금기를 누렸다.

이때 신라(新羅)는 당의 세력을 몰아내고 민족통일을 이룩하였다(676년). 신라의 국운은 근 천년 간 계속되었고, 서기 935년에는 왕건(王建)이 고려(高麗) 태조(太祖)로 신라를 이어 받았다. 그리고 서구에서는 프랑크제국(5세기 말의 멜로빙가에 의한 프랑크 왕국이 샤를 마뉴 때 제국으로 승격되었다(800년))과 신성 로마제국이 대체로 이 시기에 번성하였다.

12세기 몽골의 영향은 중국에서는 몽골제국의 일원인 원(元)에 의하여 전제정치를 강화하는 방향으로 나갔으나 반대로 서구에서는 르네상스를 촉발하였고 또한 민족의식을 자각시키는 계기가 되었다. 이에

길 수 있었다. 같은 시기에 유럽이 처한 생활과 사상의 끊임없는 혼란보다는 아마 그것이 나았을 것이다. 불안정한 세계에 살고 있는 현대인들은 13세기에서 19세기까지의 중국의 평화와 안정에 부러운 눈길을 보낼 것이다.'(동서, p.303) 이들 서양 전문 사학자들의 중국에 대한 평가는 헤겔이 몰아붙인 낙후된 '정체성'과는 차이가 있음을 알 수 있다.

중국이라는 거대하고 뿌리 깊은 정치 문화적 전통을 절대주의 합리론으로 재단하는 것은 마치 유크리드 기하학과 뉴톤의 물리학으로 현대 물리학을 해석하려는 것과 같은 오류라고 할 수 있다.

3) 중국의 화북(華北) 지방에서 304년 유연의 건국에서 439년 북위에 의한 북조의 통일까지의 시기에 흥망 했던 오호(五胡) 및 한인의 나라들을 말한다. 오호는 흉노, 갈(羯-흉노의 한 갈래), 선비(鮮卑-터키계), 저(氐-티벳계)와 강(羌-티벳계)의 다섯이다.
이는 이민족(異民族)에 의한 중국 지배의 최초의 형태이다. 이들은 불교를 숭상하여 구마라즙과 도안 등의 역경 사업으로 중국 불교 발전에 기여하였다.
이들의 작은 부족제가 통일을 저해하였는데 이는 동시대 서구의 게르만 족에서도 같은 현상을 보였다.

따라 서구에서는 14세기 이래로 중세를 지양(止揚)하고 정치적인 민족 국가주의가 새로운 세력으로 등장하였다.

한(漢)민족은 몽골지배의 원(元)나라가 쇠퇴하면서 이를 기회로 주권 회복운동을 적극적으로 추진하였다. 그렇게 하여 설립된 명(明)나라의 성격은 당연히 통일된 민족주의 국가였다. 그리고 그와 같은 통일 민족국가는 조선(朝鮮)의 국가 성격이기도 하였다.

그러나 서구에서 동양에서와 같은 통일 민족국가들은 19세기에 와서야 나타났다. 이처럼 14세기 명나라의 민족국가주의는 동서양에 걸치는 몽골의 세계사적 역할에 관련된 것이며, 몽골의 영향은 비록 정도가 다를지라도 세계사에 민족의식을 흔들어 깨우는 계기가 되었다.

중국에서 한(漢)민족이 민족국가주의(民族國家主義)의 기치아래 설립한 명(明)나라는 비록 동양형(東洋型)의 전제군주국가이었으나, 그 민족주의의 성격은 19세기 서구에 유행한 형태에 근사한 것이었다.

14세기 후반에 명나라 초기의 뛰어난 유학자 방효유(1359-1402)는 근대적인 인민주권론을 서구 16, 17세기적 논리로 주장하였다. 그는 정국(政局)의 상황을 바로 잡으려는 목적으로 인민주권과 폭군방벌론을 주창하였을 뿐 아니라 근대 민주정치의 기본인 지방자치를 역설하며 그 제도와 운영방법에 대하여 자세하게 논리를 전개하였다.

2. 종교의 영향

중세의 동서세계는 공통적으로 종교적 성격에 기초하였다는 유사한 분위기에 있었으나 문화적인 또 정치현상과 정치사상에서 큰 차이를 갖고 있었다.

불교는 후한(後漢)[4]의 명제 때(B.C 67) 전래하여 정신사(精神史)적 관점에서 보면 서구세계에서의 기독교의 영향에 버금가리만치 생활정서를 지배하였다. 불교는 전래되던 당시부터 그 보급과정에 이르기까지 배척되기보다는 환영받은 면이 컸다.

4) 왕망에게 빼앗겼던 한의 제위를 25년 만에 유수(劉秀)가 되찾고 중흥한 왕조.

중국의 삼국시대(三國時代)를 마감한 위(魏), 진(晉)시대[5]만 해도 소위 청담도(淸徒徒)의 유행에서 볼 수 있듯이 노장사상이 풍미하였다. 그러나 남북조(南北朝)-육조(六朝)[6]시대에 들면서부터 정부나 민간 모두에 불교의 감화력이 단연 우세하였다. 그리고 불교의 8대 종파(八大宗派)가 정비되는 당 나라에는 뛰어난 승려들이 나타나고 특히 선종(禪宗)을 중심으로 중국불교가 대성하였다.

우리나라에는 불교가 4세기말(372) 고구려(高句麗)에 전래(傳來)된 이래 삼국의 정신계를 지배하는 전통을 이루고 통일신라에서는 당 나라에 비견할 만한 황금기를 맞이하였다. 신라는 불교를 호국종교로 삼았고, 이는 고려에서 국교로 계승되었다. 고려에서는 불교가 국교(國敎)로 되어 승려들이 정치에 간섭하게 되는 동양으로서는 특이한 사태도 있었다.

당나라에서는 왕실(王室)은 도교를 원래부터 숭상하였고[7] 민간에는 기독교의 일파인 네스토리우스교를 위시하여 이스람교, 조로아스타교, 마니교 등도 일부에서 신앙되었으나 종교적, 문화적으로 불교의 보편적 지위는 확고하였다.

그러나 중세의 서양세계가 영권과 속권으로 대립되어 끊임없이 투쟁해 온 것과는 달리 중국에서는 정치에 관한 유가의 역할은 부동(不動)하였다. 그러나 정치의 실제에서는 도교와 불교 역시 덕을 공통으로 시인하는 입장이었음으로 유가는 그들에게서 영향을 받았다.

불교의 사상적 성격과 특질은 들어내지 않고 생활정서에 스며들어

---

5) 먼저 위(魏)는 촉(蜀), 오(吳)와 더불어 삼국이라 하며 진(晉)은 낙양을 도읍으로 하는 서진과 오호십육국의 난으로 중원을 잃고 건강에 도읍을 한 동진으로 갈린다. 한의 멸망(220)으로부터 남조에서 송이 건국할 때까지를 위진 시대라고 하지만 일반적으로 위진 남북조를 함께 묶어 사용한다.

6) 육조 시대란 남조의 한민족이 세운 여섯 나라 송, 남제, 양, 진(陣)과 오, 동진을 합하여 육조를 이룬다. 때로는 위·진·남북조시대 전체를 지칭해서 사용하기도 한다.

7) 당의 개조인 이연은 노자 이이(李耳)를 자신의 먼 조상이라고 믿어 궁내에 묘당을 짓고 제사를 지냈다. 또한 조정에서는 도교의 도사들을 불교 승려 앞에 서도록 하였고 도교의 경전을 과거 시험과목으로 채택하였다고 한다. 그리고 집집마다 『도덕경』을 비치토록 하였다.

현실의 실제에 효능하는 데 있다.

실제 당의 관용(寬容)정치와 송(宋)나라의 문약(文弱)정치는 불가(佛家)의 영향을 받은 일반사회의 문화적 성격을 나타낸 것이다. 뿐만 아니라 불교의 영향은 유교자체의 사고형식에 혁명적인 전기(轉機)를 촉진하여 실재 정치 내지 사상에 새로운 국면을 개척하였다.

3. 농본 국가로서의 특성

동서세계에서의 구별되는 환경조건의 하나는 농업의 경제적 비중과 경작의 지리적 조건이다.

윌리암손은 중국의 내부적 사회경제 체계를 정당하게 이해함이 없이는 변강(邊疆) 상태와 왕안석 같은 인물의 개혁의 힘을 바르게 분석할 수도 서술할 수도 없다고 하였다.

전설적인 '우임금의 9년 치수 사업'에서 볼 수 있듯이 중국은 상고부터 농사용 관개(灌漑)와 광대한 국토의 유통을 위한 수로(水路)를 형성하는 치수(治水) 사업이 국토 생활의 절대적이고 또한 중국 특유의 정치 성패의 조건이었던 것이다.

천수답(天水畓)이 주를 이룬 서구(西歐)는 인공 관개에 의한 농업이라는 중국과는 그 기반에서 차이가 있다.

중국 역사가 포오겔은 '관개는 어디에서나 있어 왔던 것이라고, 즉 어느 나라든 농업에는 수리사업이 절대적으로 필요한 것이라고 그릇되게 가정(假定)하여서는 안 된다'고 하였다.

또한 수로 형성을 위한 토목공사는 힘들고 거창한 사업으로 때로 한 왕조의 수명(壽命)을 바꾸어 놓기도 하였다. 수양제(隋煬帝)가 그 대표적 예인데 그는 이 사업의 필요를 잘 알아 남북을 연결하는 대운하를 건설하였으나 그로 인해 국가는 단명(短命)하게 되었다.

명(明)나라 때 우신행(于慎行)은 수양제의 이 토목공사를 두고 '치세(治世)의 수명을 단축시켰으나, 만대에 걸쳐 이익을 주었다. 그의 지배는 냉혹한 것이었으나 그 공적(功績)은 불후(不朽)의 것이라 칭찬받을

만하다'고 하였다.[8)]

인민의 노력동원(徭役)이라는 면에서 보더라도 유럽 봉건제에서의 요역은 성벽, 궁전과 도로 건설에 투입되었다. 그러나 중국은 거대한 제방(堤防)의 축조와 만리장성 그리고 경제, 정치 및 군사 발전에 가장 중요한 운하를 건설하는 데 동원되었다.

중국은 자신들이 스스로를 천하(天下)라 부를만큼 광대한 영토와 그를 능가하는 인구를 안고 있다. 이 '천하'라는 생각에는 스스로가 자족적인 따라서 폐쇄적일 수 있는 성향을 내포하고 있다. 그 많은 인구의 식생활을 해결해야 하는 것은 중국정치의 화두(話頭)로서 사실상 농본주의 외에는 달리 생각할 여지가 없다. 따라서 농업 생산력을 확충하려는 치수사업은 모든 것에 우선하였다.

중국에서 상공업은 발전하더라도 공동생활에 필요한 한도에 그쳐 부수적인 지위로 중시되지 않았다. 상업의 발달은 중국정치에서 항상 왕조의 운명에 깊은 영향을 주었고 역대 왕조는 이 문제를 해결하려는 고통스러운 투쟁을 해왔다. 왜냐하면 중국은 기본적으로 농업 경제에 기반을 두고 있어 생산하지 않고 이득을 취하려는 상업주의는 중국인들의 기본 가치관을 뒤흔들어 생산의지를 꺾고 또한 상업자본의 농촌경제로의 유입은 토지제도의 근간을 위태롭게 하는 것이었다.

따라서 정부로서는 팽창하는 인구에 따른 농업생산의 중요성을 물자의 유통이라는 중요한 경제적 기능을 담지(擔持)하는 자본주의 화폐경제 세력과 어떻게 경계 내지는 조정하여 농업 입국의 기틀을 수호할 것인가가 그 중심 문제였다.

이러한 이유에서 사농공상(士農工商)의 네 계층적 집단에서 상업을 그 최하위에 두어 경계하게 되었다. 즉 일반적으로 유가적 가치개념으로 알고 있는 사농공상의 서열 관념은 먼저 정치적 경제적 이유에서 결과된 것이다.

또한 사회적으로는 농업 위주사회에서 농경에 필요한 노동에서의

---

8) 『중국의 과학과 문명』, 조셉 니담 저, p.147.

남녀 간의 힘의 차이가 남존 여비사상이 유래하게 되는 원인이 되었고 천재나 흉년 때에 일차적인 희생의 대상은 여자들이었다.

그리고 대가족제도는 경비절약과 생활수호의 필요에서 전통된 것으로 이러한 사회에서의 정치실정(實情)과 국가의의(國家意義)는 가족 윤리의 테두리를 크게 벗어나지 못하였다.

4. 지정학적 특성

중국의 지정학적 특성은 내부적 문제와 외부 세력과의 관계라는 두 측면을 가지고 있다.

먼저 내부조건으로 서구가 끊임없이 변화할 지정학적 요인을 가졌음에 비하여, 중국은 광대한 그러나 한정된 지역과 동일한 민족으로 고정되어 춘추전국시대를 지나면서 정치실정과 사상에 있어서 좋은 의미든 나쁜 의미든 간에 완결된 형편이었다.

송나라의 왕안석의 시정(施政)과 그 사회 실정에서 전형적으로 볼 수 있듯이 중국에서는 토지 영역이 국한(局限)된 상태에서 인구가 팽창할 뿐 아니라, 부단한 외부침략 그리고 상업자본의 영향과 천재지변 등이 병행하여 일어나는 엇갈리는 순환이 계속되었다.

서구에서는 지배 지역을 확장하여 필요와 어려움을 간단하게 해결할 수 있었음에 비하여, 중국은 거대한 민족 생활의 수호와 타개를 그 자체 영역 안에서 꼼작 없이 풀어나가야 하는 어려움이 순환되었다.

다음 외부 세력과의 문제를 보면 한(漢)민족은 종족간의 격렬한 투쟁과정을 거쳤을 뿐 아니라 중국을 차지한 후에도 주로 북방 만족과 끊임없이 전쟁을 치렀다. 춘추전국 시대에도 혈연적으로 같은 민족만의 전쟁이 아니었고, 진 나라의 통일과 한 나라 이후에도 기회마다 북방으로부터의 침공이 있어 왔다.

드디어 당·송 이후에는 한 민족과 호족(胡族)의 왕조가 서로 번갈아가며 설립되었다. 국경을 외부침공으로부터 수호하는 로마제국에서와 같은 정치상황은 중국에서는 수 천 년의 역사를 통하여 항상 존속하였다.

그러나 중세 유럽세계의 외족에 의한 역사과정은 여러 가지 면에서 중국과는 달랐다.

중세 유럽의 외부 침공은 동방에서만 있어 왔고, 이에 대한 방어는 주로 비잔틴 제국이 떠맡았다. 따라서 유럽에서는 비교적 안정적으로 교황권에 의거하여 기독교화되어 가면서 정치제도 측면에서는 봉건제가 오랫동안 유지 정비되어 갔다.

결국 이러한 큰 차이들로 포오겔은 '중국의 사회 과학이 서양의 사회 경제사에서 배울 수 있는 것은 극히 적다. 따라서 서양 원서를 중국어로 번역하지 않는 것이 나을 것이라는 확신에 도달한 것은 이상한 일이 아니다.'라고 하였던 것이다.

5. 노예제도

동서를 막론하고 고대와 중세의 경제적 기반은 농노제(農奴制)가 그 근간을 이루고 있었다. 그러나 중국의 노예제도는 서구와 성격상의 차이가 있었다.

중국의 역사 이래 노예는 죄에 대한 징벌과 전쟁 포로라는 형식이었으나, 당나라 때에 이르면 관노(官奴), 사노(私奴) 등 여러 종류의 노예들이 많아져 이들을 다룰 천민(賤民)제도가 생기기도 하였다. 사노 중에는 부곡(部曲)(예속 평민) 등 매매가 금지된 종류도 있었으나, 일반적으로 노예 시장에서 거래품으로 취급되었다.

중국의 노예 제도에는 느슨한 면이 있었고 노예는 신분적으로 고정되어 있는 것이 아니었다. 따라서 중국의 노예 제도에서는 양민이 노예가 되는 일도 있었고, 노비가 양민이 되는 일도 있었으며, 나이 먹고 병들거나 사면에 의해 해방도 되었다. 장원(莊園) 소유자들은 이들을 대거 흡수하여 생활을 유지하게 시켜주므로 일종의 사회보장의 역할을 하기도 하였다.

정부의 태도는 일찍부터 관후(寬厚)하여 중죄를 지은 자들에 대한 처우 특히 영구 노예가 되는 경우를 따로 규정하였다. 즉 '도적 및 모반 대역죄 항반(降叛; 반역자에게 항복한 자), 악역죄(惡逆; 도리에 어긋나는 극악한 죄)는 모두 잡호(雜戶)로 구분 배당하고 이들이 도적질을 하고 도망가면 이름을 적어 내걸고 만약에 재범을 하고 세 번 도주하면 그 일신은 영구히 노예 신분으로 묶어두었다'(명율(明律) 형법지(刑法志) 중에서)

노비로 전락하는 유민의 발생은 주로 천재로 인한 흉작에 원인이 있었다. 그러한 흉년이 들면 황제들은 그것이 자신의 덕이 부족한 것에 대한 하늘의 응징이라고 생각하여 조세를 감면하는 것이 일반 통례였다. 청(淸)나라 때 계속 몇 번이나 세금을 감면하여 왕실 비용이 없어 때로 어느 민간인보다도 생활이 어려웠다고 지적하는 역사가도 있다.

이러한 노예를 취급하는 데 신중한 자취는 후세의 문헌에서도 볼 수 있다.

6. 정치사상과 현실관계

동양 정치사상 표현방법에는 서구와는 다른 중요한 차이점이 있다.

유가사상은 본질적으로 실천윤리의 행위성격으로 반드시 사상과 실천이 논리적 또는 현실적으로 분명하게 갈려지는 것은 아니다. 보다는 정치 실제상의 현실에서 사상 본래의 면모를 규지(窺知; 엿 보아 알다)하여야 만하는 특수한 성격이다. 논어(論語)는 이러한 성격을 여실히 보여준다.

서구 정치세계에서 사상과 실제는 각기 독립적인 지위(地位)에서 때론 사상적인 선각이 한 지표를 가리켜 실제(實際)가 거기에 따랐고, 또 때로는 실제정치의 한 국면에 사상이 결집되는 등 그 관계가 뚜렷하였다.

서구에서의 근대 민주주의는 전자에 해당하는 것으로, 즉 전면적으로 사상의 지표에 따르는 투쟁의 역사이었다. 이러한 서구적 정치 이념의 성격에서 알 수 있듯이 서구의 역사는 한 주체가 상대와의 이념적 대결형식을 통해 이를 극복해가는 과정이었다.

서구의 근대는 교황권과 대결한 속세 정치권력이 승리하여 전제군주시대를 연 것이다. 기독교가 정신생활을 계속하여 밑받침하고 있으나, 14세기 이래로 교황권을 극복하고 이를 지양하는 사회·경제적 과정은 대립적인 투쟁의 방향으로 달렸다,

봉건체제(封建體制), 교황권위(教皇權威) 그리고 농노경제(農奴經濟)를 각기 그에 상응하여 시민사회(市民社會), 절대왕권(絕對王權), 그리고 상업 자본주의(商業資本主義)로 극복되었다. 물론 이러한 대립에서 승리하여 발전하게 되는 시대에도 종래의 요소가 전혀 포함되지 않은 것은 아니다.

또한 문제의 성격을 다른 시각에서 보면 중세에는 농업과 상업 간의, 보편교회주의(普遍教會主義)와 개인 신앙자유 간의 그리고 전제군주와 인민주권 간의 대결(對決)로 발전하였고, 이들이 대결하는 일련의 분규과정에서 민족국가 간의 세력다툼 역시 매우 치열하였다.

이러한 대결은 정치 사상적인 표현을 얻어 여러 가지 주의로 그 세력을 결집시키어 정치적인 현실투쟁이 세계대전으로까지 확대된 것이다. 사실상 서구근대사에 표현된 주요한 요소간의 변증법적인 역사성은 매우 복잡다단(複雜多端) 하였다.

헤겔(Hegel)은 이러한 현상을 절대정신(絕對精神)의 세계사적 자기 전개(展開)라고 설파하였다.

'현실적인 것이 이성적(理性的)인 것이고, 이성적인 것이 현실적인 것이다.'라고 하여 이성(理性)인 절대정신이 현실이 되어 세계진전을 수행한다. 그리고 게르만 독일 민족국가(民族國家)가 절대정신의 최종단계를 대표하는 최고위(最高位)에 있다는 것이다. 이에 비하여 동양세계는 가장 저급한 지위인 애매성 단계를 경험했을 뿐이라고 한다.

그러나 이런 헤겔의 생각은 동양세계가 서구세계와 같은 변증법적인 발전을 하지 않았다는 뜻에서만 옳은 것이다. 동양의 정치사상의 실정은 그 나름대로의 충분한 의미와 가치를 갖고 있는 것이며, 오히

려 변증법－아무런 근거도 없이 모든 사회가 통과하는 어떤 기준 즉 직선(直線)의 연속적인 단계가 존재한다.－의 규칙이 적용될 수 없는 것이 동양적인 특질인 것이다.

중국의 사회 내부에는 서구 세계의 고대 중세 근대적 요소들이 일찍이 병행(竝行)하여 내재하였고, 근대로의 발전노력도 꾸준하게 존속하였다. 그러나 이러한 동양적 사회형은 서구와는 다른 것이다.

20세기에 포오겔은 일찍이 따듯한 동정에서 중국 사료를 연구하다 그 방대한 문헌의 무게를 견디지 못하여 포기하고 말았다. 그런 그는 앞서 말한 이외에도 '역사연구와 가족연구는 서로 보충하여 중국 문명의 고도(高度)의 동적(動的) 성격이 중국의 '정체적' 과거에서도 그리고 현재(1938년)에도 확실히 존재함을 보여준다'고 하면서 오늘날 중국 문명이 과학적 태도에는 그 원초적 형식에서 약간 뒤지기는 하였으나 서양 문명과 다름없다는 확신을 얻었다고 하였다.

'이 큰 인민은 보다 나은 미래를 향하는 행진에서 비록 더디기는 하더라도 정지하지는 않을 것이다. 이는 문헌에 의한 연구와 개인적 경험에서 얻은 믿음이다.'라고 하였다.

7. 현실조건의 사적(史的) 구조

중국의 정치 세계는 매우 조숙하여 이미 선진(先秦) 시대에 현실적 사상적 여러 요소가 함께 있게 되어 각기의 이념들이 완결된 형태를 나타내었다. 그리고 주요한 학문 계통이 자신들의 시대를 넘어서 통일 진나라에서 군현(郡縣)제도와 법에 의한 정치라는 사상적(思想的) 실체를 얻어 근대적 면모로 표현되었다. 그러나 이러한 진나라는 영원하리라는 진시황의 기대와는 달리 폭정으로 단명하였다.

한나라의 설립은 진나라의 방대한 중국의 통일과정에서 나타날 수 밖에 없었던 과도한 정치행위와 그로 인한 정치 사회적 혼란을 수습하는 지위에서 가능하였다.

즉 통일의 정치논리인 법가의 획일성이 그 대상 범주를 행정상의 필요에 국한시키지 않고 사상과 생활 전반에 걸쳐 엄혹(嚴酷)하게 규율하려는 데서 오는 필연적 결과였다. 따라서 한(漢) 고조(高祖)가 약법삼장(約法三章)[9]으로 인민을 무마하려는 시도는 당연한 것이었다.

한(漢)의 설립으로 전국시대의 주요한 학파인 유, 묵, 도, 법가(法家) 중 법가가 몰락한 것은 당연하였고, 묵가는 자체 논리의 한계와 법가의 핍박으로 이미 존재하지 않았다.

전국시대 말기와 진에 걸쳐 '정치'로 인한 혹심한 홍역을 치른 중국은 왕실과 인민 모두가 도가의 '무위(無爲)'를 전폭적으로 지지하게 되었고, 도가 철학은 '위아(爲我)'라는 자신들의 틀에서 벗어나 정치 안정을 추구하는 참여에의 길을 걸었다. 그러나 도가[10]는 정리된 치세의 철학도 없었고 행정관료로서의 지식도 갖추지 못하였다.

이에 비하여 유가는 이를 담당할 유일한 학파로 후세까지 그 전통을 확실하게 보존 유지하고 있었다. 즉 유(儒)는 사상가들이었고 고대 문화유산의 담지자(擔持者)였다.[11]

중국의 중세(中世)는 이 두 학파와 외래 종교인 불교, 이 셋의 영향력에 의하여 전개되었다.

여기서 집고 넘어가야 할 문제는 진(秦)에 대한 역사적 평가이다. 회자(膾炙)되고 있는 진시황에 대한 부정적인 측면은 인정하더라도 다른 한편에는 그가 중국 정치 문화에 세운 업적은 간과되기에는 너무나 막중한 것이다.

---

9) 약법삼장(約法三章)은 살인한 자는 사형에 처하고(殺人者死) 절도 또는 상해를 한 자는 그 값에 해당하는 벌을 받는다(傷人及盜抵罪). 그러나 이러한 간단한 규정 밖의 모든 진(秦)의 법규는 폐지한다(餘悉除去秦法)(사기: 권8).

10) 도교는 한말에 이민족(異民族) 신앙인 불교의 흥왕에 격분한 민족 감정에서 비롯된 결과인 것이다. 이에는 도가적 이론에 원시 샤마니즘 요소와 자연과학적인 통찰이 결집되어있다. 도교는 언제나 불교와 적대적이었으나 아이러닉하게도 도가 철학은 언제나 불교 철학의 벗이었다.

11) 숙손통(叔孫通)은 한 고조에게 글을 올렸다. '학자는 제국을 정복할 수는 없지만 그것을 유지하는데 도움이 될 수 있습니다. 그래서 말씀드리오니 노(魯; 유가의 본거지 임)의 학자 전부를 징집해서 조정의 의식(儀式)을 작성토록 명령하십시오.' 최초의 시도가 끝난 후 황제는 '짐은 오늘 비로소 황제의 존엄이라는 것이 어떤 의미를 가졌는지를 알았노라'고 하였다(『통감강목』, 권 3).

첫째는 정승 이사의 보좌에 의하여 문어(文語)의 표준화[12]를 추진하였고,

둘째는 중국사 전체를 특징화시킨 관료적 정부를 만들었고 도량형을 표준화하였다.

셋째는 기존의 몇 개의 성벽을 연속된 방어벽인 만리장성을 건설하였고 이 결과는 군사적 목적을 성공시켰을 뿐 아니라 스스로를 농업생산에 의존하게 만들었다.

이러한 실제적 측면과는 다른 차원에서 보면 그가 이룬 중국의 최초의 통일국가의 성립은 중국인들 의식에 중국이 통일된 민족국가라는 점을 각인(刻印)시켰다. 따라서 이후로 중국인들에게 통일국가는 전국시대처럼 꿈이나 이상(理想)이 아니라 당위(當爲)로서 정치 행위의 정당성의 근거로 반드시 유지되어야 할 가치가 된 것이다.

역사적 전개 과정에서 중국 중세 정치사의 특징적인 면모는 앞에서 언급한 끊임없는 외래만족(外來蠻族)과의 관계와, 다른 하나는 남방과 북방의 두 정치 경제권의 관계에서 볼 수 있다.

오호십육국시대(五胡十六國時代)부터의 중국북방지역에서 최초로 이민족에 의한 지배형태가 시작되어 남북조시대(南北朝時代)까지는 그들 세력은 북방에 한정되어 있었다. 송(宋)을 침공한 거란(契丹)과 여진(女眞; 금(金)) 역시 남송(南宋)을 인정한 상태로 북방에 머물렀다.

그러나 산해관(山海關)에서 헝가리의 부다페스트 그리고 이락의 바그다드에 이르는 대 영역을 지배하였던 징기스칸의 몽골은 남방을 정복하여 중국을 통일하였다. 그리고 이러한 만족(蠻族)에 의한 지배는

12) 니담은 한자(漢字)를 '응축성과 간결함 그리고 비명(碑銘)의 성질을 띄고 있으며 엄숙한 우아함, 웅혼함의 인상을 주는 점에 있어서 지금까지 발명된 어느 Communication 수단에 비길 바 없는 우수한 것이다'라고 평하였다.
한번 쓰인 글자는 천 년 전에 것이든 어제 막 쓰던 것이든 충분히 이해된다.
표음 문자가 2, 3세기만 지나도 그 뜻을 알기 어려워지는 경우와 비교되는 것이다.
이같이 시공간상의 제약을 넘어 동일한 의미를 전달할 수 있는 한자의 힘은 또한 중국과 같이 지역적 장애가 많은 나라에서 중국 문화의 통일을 확립 하는데 결정적인 역할을 한 것이다. 이러한 문화의 통일성은 오호십육국 시대를 문화의 힘으로 한(漢)민족의 역사적 승리로 이끈 주역이기도 한 것이다(동서, 1권, p.32-49).

명나라를 뒤이은 만주족의 청(淸)에 의하여 되풀이 되었다.

일반적으로 외부의 침략전쟁은 단기적이고 국부적인 것이다. 침략세력이 물러나거나 아니면 피침세력의 멸망으로 끝이 난다. 그러나 그 침략이 장기적이고 전면적인 경우, 즉 두 문명의 충돌(衝突)로 이어질 경우에는 그 양상이 다를 수밖에 없었다. 그러한 예로서 서구에서의 로마제국과 게르만족의 만남은 새로운 제3의 형태인 기독교 국가에서 통합되었다.

그러나 중국에서는 침략에 성공하여 정치를 장악한 외족(外族)들은 모두 한족(漢族)의 문화에 동화되어[13] 흡수되었으며, 만족이라는 의미는 통치계층의 혈관에만 남아있어 중국 정치문화의 전통은 의심받지 않고 고유성이 유지되었다. 따라서 그들이 통치한 시대 역시 중국의 정사(正史)로 인정되고 있다.

중국인들은 국가라면 마땅히 중국의 법을 시행해야 하며 부득이 할 때는 화이(華夷)의 경계를 없앨지언정 강상(綱常)을 유지해야 한다고 생각하였다. 그들의 인식으로는 삼강오상(三綱五常)이 바르기만 하면 화이가 다를 바 없다는 것이다.

이처럼 중국의 민족주의인 중화사상(中華思想)은 혈통적이기보다는 문화적인 측면이 중심되었다고 할 수 있다. 중국인들은 정치적으로는 만족의 지배를 받지만 문화적으로는 오히려 그들을 지배한다고 생각하였다. 그리고 사실상 중국문화의 고유한 성격과 가치는 영속되어 외족(外族)의 통치하에서도 결코 단절된 적이 없었다.

중국이라는 실체는 그 정치 문화의 정통성을 확고하게 유지하고 있었다. 그리고 침략에 성공한 외족은 다만 정치에서 권력 구조의 상층을 구성하여, 다음 정권으로 교체될 때까지 실체의 외곽을 순환하며 그 수명을 다 하는 것이다.

따라서 이러한 변환의 시기에도 정치사상이나 현실의 문제는 새로

---

13) 가장 철저한 한화(漢化)정책은 북위의 여러 황제들에 의해 이루어졌다. 특히 탁발굉(拓跋宏)은 태화 18년에는 호족의 옷을 금지하고 19년에는 호족의 언어를 금지했고 20년에는 성씨를 원(元)으로 고쳤다(『중국 정치사상사』, 소공권, p.691).

운 정치 철학의 노선에 대한 고민이 아니고 항상 민생이 최고의 화두(話頭)였다. 유불도 세 세력이 때로는 공허한 담론(談論)으로 그리고 때로는 개혁적 의지를 표현하고 있으나 크게 새로운 것이 있을 수 없었다. 그것은 그들의 경제생활을 담지(擔持)하는 국토가 비록 광활하기는 하나, 이미 고정되어 새로운 변수를 찾을 수 없기에 더욱 어려웠다.

그러한 영토의 조건에서 중국은 북방권과 남방권으로 나뉘어 발전하였다.

북방은 항상 정치 소요의 중심으로 대부분의 정치적 결정은 이곳에서 시작되고 끝이 났다. 장안(長安)과 낙양(洛陽)을 중심으로 하는 이 중국의 서북지역은 정치권(政治權)에서 항상 우세하였다.[14] 그러나 비교적 안정된 사회 조건과 지리(地利)와 기후에서 농경에 유리하였던 남방, 즉 보다 정확하게는 중국 동-중앙부의 양자강 유역은 당연히 경제력에서 우세하였다.

역사적으로 한족의 세력이 약화되면 그들은 항상 남방에 밀려나 있었다. 그러나 비록 정치력이 약화된 상태에서도 훌륭한 문화를 꽃피울 수 있었던 것은 남방의 유리한 농경 덕택이었다.

중국에서는 이 둘을 하나의 생활 문화권으로 묶는 것이 곧 진정한 통일을 완수하는 것이었다. 이것이 역대 제왕들이 관개(灌漑) 이외에 수로(水路)사업을 국가의 가장 중요하고 우선적인 사업으로 할 수밖에 없었던 다른 한 이유이다. 그것은 국가의 동맥을 이어주는 것이며, 기(氣)를 순환시키는 생명의 작업이다. 앞서 수양제(隨煬帝)의 예를 들어 말한 바와 같이 이러한 어려운 토목공사로 인하여 때로는 한 국가의 수명(壽命)이 결정되기도 하였던 것이다.[15]

---

14) 한문에서는 패북(敗北)이라 쓰고 '패배'라고 읽는데 이 말의 어원이 남쪽 세력이 항상 북쪽에게 싸움에 지기 때문에 생긴 것이라고 한다. 그러나 이 우세는 문예 부흥 시기라 할 수 있는 당나라 후기부터는 그 무게 중심이 양자강 유역의 남부로 옮기기 시작하였다. 남송의 찬란한 문화가 이 지역을 중심으로 꽃피웠던 것이다. 당은 중국역사에서 위수(渭水)지역에 수도를 두었던 마지막 왕조이었고 그 이후에는 북경을 중심으로 하는 동북지역이 남방과 그 세력을 나누었다.

15) 이 대운하는 남북 간의 전통적 전장(戰場 ; 전쟁터)을 곧장 가로 질러 낙양에서 양자강변에 있는 양주까지 그리고 항주에서 북경까지 전장 1,930Km를 연결하였다. 이

제 2 절 중세 정치사상의 이념원형과 정치사상의 진전

1. 정치사상의 이념적 구조

유방(劉邦)에 의하여 설립된 한(漢)나라는 진의 경험을 반성하고 춘추전국시대를 회고하여 진정한 신념을 수립하려 노력하였다. 이러한 신념을 위하여 한 무제(漢武帝)시대에는 국가의 기반을 튼튼히 하려는 목적에서 유교를 국교화하였다.

정치이념을 그 원천에서부터 다시 시작하려는 노력은 상고 이래의 정신에 관심이 집중되었다. 그리하여 나라의 흥망성쇠가 '천(天)'의 섭리에 따른다는 전통적 신념은 전한(前漢)의 여러 사상가들에서는 천인(天人)이 상응(相應)한다는 정치이념으로 되어, 이는 당시 사상가들에 공통적으로 나타났다.

동중서의 이념에는 '수명(受命)'이라는 도참(圖讖) 사상이 현저하였다. '수명'은 '천(天)'이 만물을 주재한다는 신념에 기초한 것이다. 즉 천자(天子)로서의 황제가 인간세계를 대표하여 '천'의 명을 받아 인민을 교화·양육시키려는 하늘의 뜻을 시행한다는 이념이다.

이는 서양 정치사상의 기독교 교의에서 영향을 받은 왕권신수설[1]에 상통하는 종교적 성격을 갖는다. 그러나 '천' 사상은 다만 순수한 이념으로 기독교의 신격(神格)과는 유(類)가 다르다. 더구나 유태인들의

운하를 따라 도로와 역참(驛站)이 세워졌다. 이 거대한 사업에는 '지역에 따라서는 15세부터 50세까지의 일반 백성 전원 도합 550만 명의 인구를 동원하여 경찰 5만 명의 감독 하에서 일하게 하였다. 5세대당 한 사람의 비율로 차출시켜 보급과 식사 준비에 참가시켰다. 이 명령을 완수하지 못하거나 응하지 않는 자는 태형과 목에 칼을 씌우는 벌이 과해 졌고 … 200만 명 이상의 인명을 잃었다고 한다.'(『중국의 과학과 문명』 1권, 니담, p.147).

1) 양세계 근대 절대왕정에서 나타나는 왕권신수설은 예수가 베드로에게 위촉하여 나라를 세웠다는 즉 교황이 하느님의 부르심에 의한 것이라는 교황신수설을 차용한 이론이었다.

선민의식과 결부된 배타적인 신성성과는 근원부터 다른 것이다.

천 사상은 상고 이래로 노자의 자연관과 유가사상에 보편하는 것으로 그들 이념이 유래한 연원(淵源)이었다. 그것은 다만 원리로서의 초재적인 주재자라고 신념되었을 뿐이다.

전한 초기에 성행하였던 도교를 대표하는 가의(賈誼)의 천지인(天地人) 사상과 유교의 대표적 학자 동중서의 천명주의(天命主義)가 모두 천을 중심으로 민족이념을 찾는데서 비롯되었다. 그리고 사실 이 천 사상은 자연과 인간의 조화라는 근원적 이해에서 신념된 것이다.

한 민족의 생활 감성에는 서구 세계의 경험과는 구별되는 면모가 있었다. 서구의 자연법이 인간 세계를 포함하여 일체의 것을 절대적으로 규범 또는 규율하는 절대 권위적 존재라는 일방적 관계로 사유된데 비하여, 한 민족의 경우는 물론 그러한 면도 인정하면서 나아가 인간 자신이 자연법 원리를 조정할 수 있다는 쌍방적인 관계로 이념(理念)한 것이다.

자연현상과 인간사를 천행(天行)에 결부시켜 생각하였으며 기본적으로 천(天)의 뜻에 따라 인간의 삶이 운행된다는 데에는 큰 차이가 있는 것은 아니다. 그러나 중국에서는 인간의 본성적 능력이 자연법의 운행에 영향을 주어 조화롭게 방향 지을 수 있다고 믿었다.

서경(書經)에는 황제의 덕이 비바람에 응수하여 자연과 인간사를 조화롭게 할 수 있다고 하였다. 장마나 오랜 가뭄, 혹서(酷暑)나 혹한(酷寒)은 주권자인 황제의 포악, 과오, 게으름, 성급함에 상응하는 '천'의 뜻이며, 자연을 통해 상징적으로 내보이는 것이다(홍범). 여기에 천, 자연, 인간이 본성에서 조화 상응하는 원리가 있다. 이러한 세계관은 한 민족에게만 원래적으로 개척된 인류사상사 상에 유례없고 경이로운 것이다.

이러한 중국의 인도주의(人道主義)는 정치사상적으로 서양과 특질을 갈리게 하는 근본적인 계기이다. 그들은 '하늘의 뜻이 땅의 이로움만 못하고, 지리는 인간의 화목만 못하다(天心不如地利 地利不如人和)'라고 말할 줄 아는 인도주의의 길을 간 것이다.

고대 그리스의 소아시아 출신 자연철학자 중에는 중국의 기(氣) 또는 오행사상(五行思想)과 비슷한 물질요소의 운행으로 자연을 설명하는 세계관이 있음을 우리는 제2장에서 살펴본 바 있다.

엠페도클레스는 동양의 음양원리2)와 같은 사랑과 투쟁의 힘의 관계로 우주의 작용을 설명하였다.

그러나 플라톤의 '이데아' 이념에서부터 절대적 가치로서의 정신적 실체라는 권위적 개념이 틀이 잡히고 아리스토텔레스 역시 그에게서 멀리 벗어나지는 않았다. 그는 자연법이 객관적 규범으로 절대적 성격을 갖는다고 보았다. 그러나 아리스토텔레스에게 있어서는 절대적 성격이 순수한 형상과 질료, 즉 우주만상이 거기서 시작되고 완성되는 신의 자연 기능으로 다소 유연한 것이었다.

스토아사상에서 자연법은 자연이성(自然理性)이 우주를 절대적으로 규율하는 최고선이며 보편적 권위였다.

그러나 중세 기독교 왕국에서는 자연법은 신법 아래에 있는 하위 개념이 되었다. 기독교의 여호와 신은 창조주로서 인간 세계를 포함한 일체의 것을 오로지 그 자신의 의사에만 따르는 전지전능한 존재이다.

한(漢)민족 문화의 천과 자연법 관념에서 인간은 그 자신 성품의 능력과 행위가 진리일 수 있고, 자유가 인간 존재의 본성이라는 고유한 지위가 용인된다. 천은 먼저 자연법도에서 길흉화복(吉凶禍福)을 자체 원리로서 범형(範形)을 보인다. 그리고 인간이 길하고 복된 법도를 선택하여 행하면 흥하고, 흉과 화의 법도를 취하면 망한다는 것이다.

---

2) 성리학에서는 태허가 곧 기이고 또 기는 물질이자, 만물을 낳으면서도 만물과 기는 서로를 변화시킨다. 태극도에서 원(圓)은 원기를 상징하고 원안에는 단지 S자형의 분할선만 있다. 이는 음양이 형성되고 운동과 생명이 있게 된 것을 의미한다. 마치 두 마리의 물고기가 서로의 머리와 꼬리를 물고 있는 듯한 이 음양 이체(二體)의 형상은, 네 안에 내가 있고 내안에 네가 있으며 배척하면서도 서로 의존하는 대립과 조화의 통일체를 의미한다.
이 조그만 도형은 우주의 축소형이며 그 S자의 곡선은 바로 원기와 생명의 흐름이자 쉼 없는 우주의 움직임이라 말할 수 있다(『소나무와 나비』, 임태승, p.163).

즉 이는 인간 자신이 스스로 그 결과에 책임을 지는 선택의 자유를 갖는 것으로 한(漢)민족 정신에 내재한 인간의 자주성이 상징적으로 표현된 이념이다.

'천'은 만물을 생성하고 민생을 사랑 연민하고 교화·양육하며 선행에는 상을 주고 악행에 벌을 주는 주재자인 것이다. 그리고 황제는 인민에 대하여는 천행을 대변하고 하늘의 뜻에 책임지는 지위에 있다. 즉 천의 뜻을 그 자신의 정치적 덕으로 효과할 것을 위촉받은 것이다.

천자(天子)는 형식적 의의에서 신권적인 절대 권위를 부여받은 것에 그치지 않고 현실 정치에서 '천'의 뜻을 실현시키므로 그 자격이 증명되어야 한다. 천은 인민을 고르게 사랑하고 양육하는 것이지 황제의 지위를 위한 것이 아니기 때문이다.

이것이 인심(人心)이 천심으로, 즉 인민의사의 귀추(歸趨)가 천의 뜻이 어디에 있는가를 증명하는 것이다.

요(堯)가 순(舜)에게, 순이 우(禹)에게 왕위를 물려준 것은 인민의사의 귀추에서 증명된 천의 뜻을 수행한 것이다. 걸주(桀紂)를 방벌한 탕문(湯文)을 맹자는 그들은 왕으로서의 걸주가 아닌 일개 필부를 죽인 것이며, 그렇게 함으로써 황제의 지위에 대한 천의 뜻을 수호한 것이므로 천을 거스른 것이 아니라고 하였다.

이러한 한(漢)민족의 정치 이념은 동서를 통하여 가장 모범적인 형태의 민주적 논리일 수 있는 이념적 면모를 고유하게 내포하고 있다 해야 할 것이다.

중국은 상고 이래로 민족정신에 이 같은 문화 감성을 구축하였다. 농업 국가로서 일상생활에서 비바람의 순하고 고름(雨順風和)을 기원하고 천행에 따라 생사문제를 감은하거나 두려워(感恩恐怖)하였다. 그러나 천의 주재성에 대해 외경(畏敬)하면서도 우왕의 9년 치수는 인간의 힘이 단순하게 자연의 작용에 수수방관하지 않음을 증명함으로써 천, 자연, 인간의 삼각구도의 한 축으로서의 인간의 지위를 확인한 것이다. 이것이 인간이 꾸려나가는 역사에서 인간 본위의 사실주의로 나

가게 된 사상적 배경이다

중국의 이러한 사상의 원형은 점차로 학문의 체계를 갖추며, 유가 입장으로 계승되었다.

이 사상의 원형은 『주역(周易)』에서 그 모습을 보인다. 주역의 근본 구조는 '음양의 변화를 관찰하여 괘(卦)를 세우고 강하고 부드러운 힘이 발휘되어 효(爻)[3]를 낳는다. 도덕과 이치가 올바름에 의거하여 화순케 하고 이(理)의 본성을 궁구하여 성명(性命)에 이르게 한다.'(觀變於陰陽而立卦, 發揮於强柔而生爻, 和順於道德而理於義, 窮理性以至於命)라고 설명된다.

그리고 이 주역의 정신은 인간 윤리의 행해야 할 바를 천과 자연 그리고 인간 이들 삼자간의 조화와 그리고 천행을 모범으로 그에 따름으로써 인성(人性)과 천명(天命)의 이치를 깨닫고 그 효능에 도달하려는 것이다. 그리고 예(禮), 악(樂)을 통하여 문물제도를 자연법에 조화롭게 대응하도록 하는 것이다

『중용(中庸)』에서는 그 실천 원리를 성(誠)에 두어 천도(天道)와 인도(人道)가 연결되는 면을 밝혔다. 즉 성은 천도이며, 성을 실행하는 것은 인도(誠者 天之道也 誠之者 人之道也)이다. 그리고 성을 실행한다는 것은 결국 선(善)을 택하여 이를 잡고 굳게 지키는 것(擇善而 固執之者也)이다.

그런데 이 선과 성의 원리는 중화(中和)에 있다. 중은 천하의 근본이고, 화는 천하가 그 도(道)에 이르는 것이다. 중화가 이루어지면 천지가 자리 잡히고 만물이 길러지게 된다(中也者 天下之大本也 和也者 天下之達道也 致中和 天地位焉 萬物之育焉).

인간에게 있어 중화의 중(中)은 희노애락(喜怒哀樂)의 감정이 아직 일어나지 않은 상태를 이르는 것이며 화(和)는 이들이 나타나다 절도[4]

---

3) 괘(掛)의 뜻은 물상(物象)을 걸어 보인다는 것이고 효(爻)는 천하의 움직임. 변화를 효능하는 것이다. 팔괘란 태허에서 음양이라는 양의(兩儀)로 이 양의가 일월성진의 사상(四象)을 낳고 이 사상을 음효와 양효와 결합하여 생겨난 것이다. 이 여덟 개중 음의 힘은 곤(坤-땅), 간(艮-산), 감(坎-물)과 손(巽-바람) 그리고 양의 힘은 건(乾-하늘), 태(兌-못), 이(離-불)과 진(震-천둥)이며 우주의 조화와 균형을 유지하며 변환한다.

4) 화(和)는 천인합일이라는 관념에 뿌리 내리고 있다. 유가에서는 '절도'라는 표현에서

에 맞음을 이른다(喜怒哀樂之未發 謂之中 發而皆中節 謂之和).

인간이 선(善)을 지성으로 실행하면, 이것이 인간 본성(人性)에 따르는 것이며, 이는 사물의 본성(物性)에 통하여 인간과 사물이 함께 섭화(攝化 ; 두둔하고 보호하며 교화함)하는 정치의 길이 열린다.

그리고 이는 천지의 본성인 화육(化育 ; 자연의 이치로 만물을 길러 자라게 함)의 덕(德)에 중화(中和)하는 것이 되어, 그 효용이 전 세계에 보편하는 것이 된다.

『중용』에서는 그 과정을 다음과 같이 설명하고 있다. '진실되므로 말미암아 밝아지는 것을 성(性)이라 하고 밝음으로 말미암아 진실해지는 것을 교(教)라 하니, 진실하면 밝아지고 밝으면 진실해진다'(自誠明謂之性 自明誠謂之教 誠則明矣 明則誠矣).

그리하여 성(誠)과 선(善)을 통해 천하의 근본을 깨닫는 것을 명(明)이라고 한다.

『대학(大學)』에서는 이 『중용』의 '선(善)을 밝히고 지성으로 실행'하는 내용을 삼강령(三綱領)과 팔조목(八條目)으로 밝히었고, 이것은 바로 정치학의 기본 교시(教示)이다.

즉 대학의 도는 밝은 덕을 밝히고 인민을 사랑하고 지극한 선에 머무름(大學之道 在明明德 在親民 在止於善)을 이르는 것이며 명덕(明德), 친민(親民), 지어선(止於善)은 삼강령으로 정치의 으뜸되는 큰 줄기이다. 그리고 명덕, 친민, 지어선이라는 순서는 안정성 있는 정치를 위한 차례이기도 하다.

『대학』에서는 인간이 올바른 사유(思惟)를 하려 면은 먼저 '머무를 데를 안 뒤에라야 정(定)함이 있고, 정하여진 뒤에라야 능히 고요해질 수 있으며, 고요해진 뒤에라야 능히 편안해질 수 있고, 편안해진 뒤에라야 능히 생각할 수 있으며, 생각한 뒤에라야 능히 얻을 수 있는 것이다. 물건에는 근본과 말단이 있고 일에는 끝남과 시작이 있으니 먼저하고 뒤에 할 바를 알면 곧 도(道)에 가까운 것이다(知止而後有定 定

보듯이 현실 모순에 대하여 그 균형을 도모하려는 의지가 있으나 도가에서 화는 현상배후에 있는 무형의 도(道)를 중시할 뿐 탈현실의 자세로 일관한다.

而後能靜 靜而後能安 安而後能慮 慮而後能得 物有本末 事有始終 知所先後則近道矣).'

이러한 의미에 있어 천하(세계)에 덕을 밝히려는 실천과정에도 순서가 있다. 『대학』에서는 이를 팔조목으로 설명하였다.

'예부터 밝은 덕을 천하에 밝히려는 이는 먼저 그의 나라를 다스리고, 그의 나라를 다스리려는 이는 먼저 그의 집안을 바로 잡고, 그의 집안을 바로 잡으려는 이는 먼저 그의 몸을 닦고, 그의 몸을 닦으려는 이는 먼저 그의 마음을 바르게 하고, 그의 마음을 바르게 하려는 이는 먼저 그의 뜻을 진실되게 하고, 그의 뜻을 진실되게 하려는 이는 먼저 그의 앎을 이루어야 하느니, 앎을 이루는 것은 사물의 이치를 투철하게 밝히는데 있다(古之所欲明明德於天下者 先治其國 欲治其國者 先齊其家 欲齊其家者 先修其身 欲修其身者 先正其心 欲正其心者 先誠其意 欲誠其意者 先致其知 致知在格物).'

여기에 『중용』과 『대학』이 성(誠), 지(知), 명(明)의 의미에서 함께 연결되는 계기가 있으니 '앎을 이루는 것은 사물의 이치를 투철하게 밝히는데 있다(致知在格物).'는 의미에서 하나가 되는 것이다. 즉 사물을 성실하게 대하고 투철하게 밝힘으로써 앎에 이르는 것(物格而 後知至)이다.[5]

그러나 여기서의 앎은 그리 단순한 것이 아니다. 즉 사물의 본성을 깨달아 아는 과정인 격지(格知)가 『중용』의 궁리진성(窮理盡性)의 길 곧 성지(誠之)와 같은 지평(地平)에 놓여 성(誠; 천도(天道))을 의식세계로 개현(開顯)시키는 것이다.[6]

---

5) 격물(格物)은 하나하나의 사물을 겪어보고 탐구하면서 그 각각의 성격을 파악하는 것이고, 치지(致知)는 각각의 사물을 통찰하여 만사만물을 꿰뚫는 보편적인 법칙과 원리를 깨닫는 것이다(『소나무와 나비』, 임태승, p.158)

6) 『대학(大學)』에서 격물(格物)은 영원한 이치에 대한 우리의 지식을 넓히는데 그 목적이 있다. 그리고 인식 방법론에서 귀납적으로 구체적인 사물에 근거하여 그에 대한 형이상의 원리를 찾는 것이다. 이에 비하여 『중용(中庸)』의 궁리(窮理)는 곧 바로 형이상의 근원에 대한 사색으로부터 추상적으로 사물에 대한 궁극의 이치를 연역(演繹)하는 것이다. 그러나 『대학』과 『중용』은 '경건함이 없는 사물의 연구는 단순한 지능적 훈련일 뿐'이라 하여, 성(誠)을 전제하고 있음이 더욱 중요한 의미이다.
'격지와 궁리'는 서양 철학 측에서 보면 아리스토텔레스와 플라톤의 학문 태도가 이에 비견되는 것이다.

다시 말하면 『대학』의 격지(格知)는 『중용』의 성(誠)을 의식(意識)으로 끌어올려 사물의 이치와 실행에서 융합되는 것이다. 즉 지성(至誠)은 인간과 사물의 본성을 순차적으로 깨닫게 함으로써 천지의 화육(化育)에 참여하는 것이다. 그리하여 이제는 앎에 이른 후에 뜻이 진실하게 되고, 뜻이 진실해진 후에 마음이 바르게 되고, 마음이 바르게 된 후에 몸을 닦고, 몸이 닦인 후에 집안이 바로 잡히고, 집안이 바로잡힌 후에라야 나라가 다스려지고, 나라가 다스려진 뒤에라야 천하가 태평하게 되는 것이다.

정치에서는 인간 자체를 이해하고 주체적 입장에서 사물을 판단하여 정의(正義)를 균형 있게 실현함으로써 인간과 사물이 조화롭게 살아 갈 수 있도록 하는 것이다. 거듭 말하자면 인간이 천도(天道)인 성(誠)을 지극히 실행하여[誠之] 천행인 자연법에 조응(調應; 점차 길들여 짐)하여 그 효용을 천지와 함께하기에 이르는 것이다.

이 극명(克明)한 인간 본위의 그리고 웅대한 이념논리는 그 유례를 찾기 어려운 것이다.

『중용』은 공자(孔子)의 손자이며 증자(曾子)의 제자인 자사자(子思子)의 작품이라고 전하여 지는 데, 송(宋)나라 주희(朱熹)는 이 『중용』에서 그의 성리철학(性理哲學)의 원리를 확연하게 이해하게 되었다고 그의 책에서 서문(序文)하고 있다.

『중용』에서 말하는 인간과 자연의 관계는 자연법에 관한 서구 논리의 이념면도 포함되어 있다. 그러나 그들과는 달리 자연법의 조리(條理)를 인간이 주체적으로 그에 조응하여 실현시킬 수 있다는 인간주권적(人間主權的)인 것으로 인간의 품성에 대한 믿음은 유학(儒學)의 특질로 매우 찬연(燦然)한 것이다.

그러나 도는 그 사람(성인)을 기다린 뒤에야 행하여지나니, 그러므로 '진실로 지극한 덕이 아니면 지극한 도는 이루어지지 않는다.'(苟不至德 至道不凝焉)고 일러지는 것이다. 그러므로 군자는 덕성을 존중하고 학문을 따르거니와, 넓고 큼을 이루되 자세하고 작은 것에까지 다 미치게 하며, 높고 밝음을 지극히 하되, 중용의 길을 가며 옛것을 익히어 새것을 알며 돈후(敦厚)함으로써 예절을 숭상하여야 한다(중용).

이러한 길을 가는 성인의 도를 『중용』에서는 '넉넉하고 크기도 하여라 — 그러면서도 — 예의(禮儀)가 삼백이요, 위의(威儀)가 삼천이로다'라고 한 것이다.[7] 이는 단순한 이념이나 주의를 넘어 우주의 타당한 원리가 선포되어 있는 것이다.

이러한 유가의 사상은 종사(宗師)인 공자가 그의 인격에서 모범을 보인 것이다.

맹자(孟子)가 말한 천지를 가득 채우는 호연지기(浩然之氣)와 그 인의정신(仁義精神)이 『중용』에서 영향받은 것으로 그는 자사자에게서 배워 유학의 학통을 이은 것이다.

'명덕, 친민, 지어선'이나 '군자'는 본질적으로 인민적이고 사회적인 것으로 굳이 비교하자면 룻소의 '일반의사(一般意思)'라는 개념의 정신이 맹자의 인(仁)의 정치의사(政治意思)에 통하는 바가 있는 것이다.

다만 맹자는 중국이라는 방대한 정치대상을 놓고 군주제의 이념을 타당하다고 한 것이다.

룻소의 일반의사와 영국의 대의정치이념이 모두 개인 자유를 지향하면서도 인민 전체와 개인 간의 관계를 보는 시각에 차이가 있었음을 본다면 맹자와 룻소의 비교도 가능하다고 할 것이다.

맹자가 비록 중용의 중화 정신을 이어 받기는 하였으나 정치 사상가로서는 그 이념 실천에 매우 치열한 성품을 지녀 플라톤과 같은 이상주의(理想主義)의 성격에 가까웠다. 이 점에서는 룻소 역시 그러하였다.

폭군에 대한 항의라는 과제에서 룻소는 '일반의사'로 인민의 복리를 보호하려 하였고 맹자는 폭군방벌의 정당성을 주장하였다.

『중용』에서는 함께 화목하는[和同] 세계 대동주의(大同主義)를 내세우는데 이는 화해와 상호양보라는 군자의 행위 지침에 맞물려 있다. 그러나 이 대동주의는 '대의명분(大義名分)'이라는 원리에 따라야 하는

7) 주초(周初)에 제정한 예법으로 사람이 지켜야할 도리를 더 쪼갤 수 없을 만큼 지극히 작음에 이르기까지 망라했음을 말한다.

것이다. '대의명분'은 중국 정치사상을 관통하는 중심 요소로 『중용』에서는 '예의삼백(禮儀三百), 위의삼천(威儀三千)'라 하여 예치(禮治) 관념이 되었다.

유교에서의 정의(正義)는 천(天)에서 서열(序列)되는 자연법적 질서관(秩序觀)에 따른 가치체계(價値體系)의 규범에서 찾을 수 있다. 정명사상(正名思想)은 단적으로 군왕은 군왕다워야 하고 신하는 신하, 아버지는 아버지, 자식은 자식다워야 한다(君君 臣臣 父父 子子)라고 표현된다.

그러나 이 '대의명분'은 그 이름에 해당하는 가치를 가져야 한다는 절대적 요청이 전제되어야만 하는 것이다. 그러하지 못하고 형식에 치우치면 역효과로 많은 폐해를 가지고 온다. 현실에서 그릇된 권위주의는 이 '명분'을 권력을 옹호하는 수단으로 이용하여 고루한 보수주의에 떨어진다. 그리고 유가 정치사상이 오해된 것도 바로 여기에 연유되어 있다.

그러나 어느 유형의 사상, 특히 정치사상은 그 운용이 건전하지 못할 때는 항상 위험과 병폐가 따르는 것이다. 유가의 현실성이 갖는 위험에 정면으로 반대 입장을 취한 것이 노자사상이라 할 수 있다. 그러나 노자는 소극적인 자연주의로 본질상 비정치적이었음을 부인할 수 없는 것이다.

반면에 노자와 같은 자연법사상에 근거한 법가(法家)는 정치에 적극적이었으나 그들 역시 그 내용이 공허하고 상세하지 못한 것[空疎]이 되면 법의 물리적 힘만 횡행(橫行)하는 병폐를 피할 수 없었다.

따라서 중국정치에서 법치형식은 후세에도 꾸준하게 유지되었으나 그 정치의 실질내용은 역시 인치본위의 유가입장에 따랐고 법은 수단적인 효용의 범주를 넘지 못하였다.

그러한 생각을 인정한다면 에스카다의 다음과 같은 유교 이해는 정당한 것이라 할 수 있을 것이다. 즉 그는 '유교는 인간 내지 사물의 상태와 관계를 주체적인 그리고 정당한 관계에서 동력화(動力化)하려는 세계관적 입장에 있다'고 하였다.

2. 정치사상의 진전

중국 중세 정치사상은 환경 조건의 변동에 따라 유·불·도의 영향이 서로 교류 융통하는 형식으로 진전되었다. 법가와 묵자의 정신도 사회적 모순이 갈등하는 사태에 따라서 꾸준하게 정책상의 주장으로 나타났다.

정치적인 모든 이념은 이미 춘추전국시대에 이루어졌고, 이들이 현실정치에 반영될 때 반드시 유가니 도교니 하고 구별되어 차이를 명확하게 하는 것은 아니었다.[8)]

그리고 불교는 육조(六朝)시대 이래로 현저하게 전파되었으나, 정치사상에 뚜렷하게 영향을 주게 되는 것은 당(唐)나라 말기였다. 물론 직접 정치적인 주장을 한 것은 아니고 사유 형식에 혁명적인 효능을 하여 정치·사회적 문제 해결에 새로운 면을 각성(覺醒)케 한 것이다. 그렇게 하여 정치사상의 중심이 일정한 방향으로 흐르게 한 것이다.

1) 한(漢)과 위·진시대

① 여불위(呂不韋)·회남자(淮南子)·가의(賀誼)

i. 여불위

여불위[9)]는 진(秦)을 정통으로 인정하지 않았고 스스로 황제가 되려

8) 소공권은 전·후한 400여년의 정치사상을 크게 '유가'와 이에 구별하여 '도가와 잡가'의 두 흐름으로 나누었다. 이를 그는 유가로서 가의, 동중서와 중장통 등을 그리고 도·잡가로 여불위, 회남자 그리고 왕충 등을 나누어 서술하였다.
그리고 유가는 제1기는 한 고조 이후 60년으로 황·노사상이 번성한 시기로 가의를 대표적으로 제2기는 무제로부터 신(新)의 왕망까지의 160년까지로 이 시기는 음양오행과 부명(符命)이 판치던 시기로 동중서를 그 대표로 그리고 마지막 제3기는 후한 200여년에 해당하고 여전히 도참(圖讖)을 믿는 사회로 이미 유학은 쇠퇴하였다. 그는 이 시기를 대표하여 순열과 중장통을 다루었다(소공권, 『중국정치사상사』, p.506). 그러나 어느 학파도 그 순수형태를 유지하는 못하였고, 이러한 구분은 다만 상대적인 의미만을 갖는 것이다.

9) 전국시대 말기 진(秦)의 정치가.
원래 하남의 큰 상인으로 조(趙)나라에 갔을 때 진나라의 서공자(庶公子)인 자초(子楚)가 볼모로 잡혀있어 그를 도왔다. 그의 도움으로 귀국한 자초는 장양왕(莊襄王)이

고 했던 사람이다. 그가 그를 찾아든 식객 학자들에 의뢰하여 집성한 『여씨 춘추』는 잡가(雜家)의 대표적 저서이다. 그는 정치사상으로는 존군(尊君) 입장에서 절대군주를 천명한 법가를 배척하고 유가에 동정하였던 만큼 폭군의 방벌을 수용했고, 상앙의 엄형(嚴刑)을 반대하였고, 진이 채택한 중앙집권제에 반대하여 봉건을 주장하였다.

한(漢)나라가 건립되기 이전에 여불위는 일종의 도교를 근본으로 유교를 적용하는 도체유용(道體儒用)의 사상 형식으로 천지만물의 이치를 풀어 나갔다(여씨 춘추, B.C. 241).

그러나 『여씨 춘추』는 공자를 가장 많이 인용하였다. 정치의 목적은 인간의 삶을 완전하게 이루도록 하는 데 있다. 인간의 성정(性情)이 이기적이므로 적당한 욕정의 만족은 피할 수 없는 것이다. 천자는 천(天)의 낳고 기르는 일을 맡아 정부를 세우고 나라를 다스린다. 인민들의 약육강식의 상태를 벗어나게 하는 존재이나 천하는 한사람을 위한 천하가 아니다.

그의 도가적 영향은 민심에 순응하여 '마땅한 일을 하지 않음으로 마땅한 일이 필요 없도록 하고, 아무것도 얻으려 하지 않음으로 얻는 것의 효능이 이미 이룬 것이 되도록(無當爲當 以無得爲得)하여야 한다.' 또한 정치는 군왕 자신이 해서는 안 되고 현명한 사람들에 맡기어 행하도록 하여야 한다고 하였다.

그는 정치도(政治道)를 제(帝), 왕(王), 백(伯)의 세 종류로 나누었다. 먼저 도를 앞세우고 후에 덕을 베푸는 것(先道後德)이 제도(帝道)이고, 먼저 가르치고 후에 벌하는 것(先教後罰)이 왕도이고, 먼저 일을 만들고 후에 군사를 일으키는 것(先事後兵)이 백도이다.

여불위는 당대는 백도(伯道)의 권모술수가 유행하는 살벌한 말세라고 이를 개탄하였다.

되어 여불위는 승상이 되었다.
장양왕이 죽은 후에 『사기』에 여불위의 친자식이라고 기록된 태자 정(政-후에 진시황제)이 왕위에 올라 그는 상국이 되어 중용되었으나 진시황의 모후와의 밀통사건에 연루되어 파면 자살하였다. 『여씨춘추』는 그의 식개들을 시켜 편찬한 것이다

ii. 회남자(淮南子)

한나라 도가의 큰 스승 역할을 한 회남자[10]는 도가의 정통을 이어받았다. 그는 정치는 쇠세(衰世)에서 일어나는 것이라고 하였다. 그러나 그는 황노(黃老)를 받들며 유가, 묵가의 장점을 가리고 명가, 법가의 핵심을 붙잡아 효용을 극대화하려 하였다.

그는 옛 사람들의 순박함을 들어 선악과 간흉(姦凶)은 예의와 재화(財貨)가 생기어 이에서 비롯된 것으로 속임과 거짓 그리고 명예와 원한(怨恨)에서 근원한 것이라고 하였다. 그는 원칙으로 무위자연을 치술의 근본으로 삼았다. 따라서 치술에는 용인(用人), 명법(明法), 행화(行化)와 족식(足食)의 네 가지만 필요하다고 하였다.

즉 정치의 바른 길은 임금은 가혹한 령을 내리지 않고 관은 다스림에 번잡하지 않게 하는(上無苛令 官無煩治) 데 있다. 그리고 또한 인민의 성품이 균형 있게 형성되도록 교육하며, 고르게 만족될 수 있는 사회로 인도하여야 한다.

회남자는 유가, 법가가 모두 정치하는데 필요하다고 인정하였다. 그는 유가의 인치 사상을 취하여 '법이 있다고 해도 반드시 성인이 있어야 다스릴 수 있고 율(律)이 주어졌다 해도 귀가 있어야 들을 수 있다. 따라서 국가가 존속하는 소이는 법이 있기 때문이 아니라 현인이 있기 때문이다(홍렬 19 태족훈).'라고 하였다. 또한 인의(仁義)를 근본으로 하여 상벌을 공정하게 하고 법과 제도는 사회 변동에 따라 융통성 있도록 하여야 한다.

그는 인구가 많고 재화가 부족한 것이 난리의 원인이라고 지적하고 '식량은 인민의 기본 욕구이며 인민은 나라 구성의 기본이고 나라는 군왕의 근본이다(食者民之本也 民者國之本也 國者君之本也).'라고 하여 근

10) 전한의 회남왕 유안(劉安, ?-123)이 저술한 책으로 빈객과 방술가(方術家)를 모아 편찬한 것으로 내·외편과 잡록이 있었으나 내편 21권만이 전해진다. 원도편이라는 형이상학이 있으며 그 외에 천문, 지리 등 자연과학과 정치학, 병학을 포함하고 있다.
그의 사상적 성격은 노·장·도가와 음양오행가, 유가, 법가 등의 혼합으로 매우 복잡하며 재이미신(災異迷信) 사상과 연결되어 있다. 그의 정치사상은 봉건통치를 위해 법을 절대화하고, 군주를 최고 독재자로 하는 중앙집권제를 반영하고 있다.

대적 이념을 투철하게 표명하였다. 통치자는 인민이 재화에 여유가 있어 자연히 싸움이 일어나지 않도록 사태를 살피고 욕심을 절제하여야 한다고 주장하였다.

iii. 가의(B.C. 200-168)

가의는 인민을 최후의 목적으로 도(道)를 최고의 원리로 생각하였다. 그는 비교적 유가에 가까운 태도에서 '인민은 큰 가족이고 힘이 많으면 적이 없다(民者大族也 多力而不可敵).'라고 하여, 인민이 국가의 운명을 쥐고 있다고 생각하였다. 그의 생각에는 맹자의 '귀민(貴民)'과 법가의 '존군(尊君)'이 양립하고 있다.

그는 일종의 여론 정치의 필요성을 인식하고 있었다. 군왕은 밝은 정치를 위하여 현명한 인재를 등용해야 한다. 그러나 그 현명함도 민심의 소리를 듣는 것만은 못하다(人君以知賢爲明而 知賢莫若聽民)고 하였다. 군왕은 인간 본성인 육행(六行 ; 인의예지신악[仁義禮智信樂])에서 사표(師表)가 되어야 하고 명분 있는 형벌제도를 시행하여야 한다.

또한 가의는 유가적 경향에서 군왕의 인격을 중시한 데 그치지 않고 태자(太子)를 가르치어 선량한 군주의 자질을 갖도록 하여야 한다고 하여 플라톤의 철인군주를 닮은 생각이었음을 보여준다.

그는 계몽군주사상의 입장에서 봉건제에 동의하였다. 군현제 중앙집권을 비판하고 권력의 지방 분산과 자치단위를 설립하여 전제정치를 제어(制御)함으로 인민 생활의 안정을 가져오려 하였다(번강편[藩彊篇]). 이것이 그가 봉건제에 동의한 이유로 그의 사상에는 민주적 성향이 깃든 것을 알 수 있다.

그는 경제정책으로는 중국의 정통에 따라 농업보호를 역설하였다. 지금 근본을 버리고 지엽을 좇아 많은 사람들이 유리걸식하니, 이는 천하에 크게 해로운 일이다(今背本而 趨末 遊食者甚衆 是天下之大殘也)라고 격분하며 주장하였다. 이 시기, 즉 한나라 말기에 황건적(黃巾賊)은 일종의 농민봉기 형식으로 진전되는 양상을 보였다.

진나라와 한나라 초기에 해당하는 이 시기에 천인감응설과 도참(圖

讖)사상이 매우 극성스럽게 유행하였다. 이러한 경향은 후한에도 부단하게 존속하였는데, 이는 중국 정치세계의 환경에 따라 언제든지 그 난세를 반영하여 나타나는 것이다. 이는 천 사상에 연관된 중국 고유의 종교적 성격으로 서구 세계의 기독교에서 보이는 신의 섭리(攝理) 정신과 유사한 성격을 띠고 있다.

② 동중서(董仲舒)(B.C. 170(?)-120(?))

동중서[11]는 음양오행설을 기본으로 한 유기체설(有機體說)에 유가의 천인합일사상을 접목하여 우주론을 체계적으로 발전시켰다. 이러한 우주론에 의거하여 하늘과 인간 사이에는 밀접한 관계가 있다는 천인감응설(天人感應說)을 주장하였다.

동중서에 의하면 우주의 상(像)은 극단적으로 정밀하게 질서지어 진 것으로 엄밀하게 유지 보좌(保佐)되어, 그 사이에 하나의 머리카락조차 낄 틈이 없을 것이라고 하였다.[12]

11) 동중서 : B.C. 170-B.C. 120(?). 중국 전한 때의 유학자.
그는 3년 동안이나 정원에 나가지 않고 또 장막을 치고 제자를 가르치었기 때문에 그의 얼굴을 모르는 제자도 있었을 만큼 홀로 학문에 정진하였다. 한 무제가 즉위하여 새로운 문교 정책에 참획하게 되었다.
오경박사를 두고 국가의 문교 정책의 중심이 유가에 통일된 것은 그의 헌책(獻策)에 힘입은 바 크다. 그러나 뒤에 자기의 학설(재이)로 투옥되는 등 파란 많은 생애를 살았다.

12) 동양의 우주론은 서양의 신의 존재에 대한 물음과 같은 성격을 갖는다.
인간은 '존재자 전체에 대한 물음'이라는 형이상학의 질문 앞에서 절대적 불안과 함께 자신에게 적절한 답을 갖고자한다. 그 때 '전체적 표상 안에서 만족을 누리기 위해 모든 것의 근저에 하나의 전체성, 체계화, 조직화를 상정했을 때 일종의 통일, 어떠한 형태의 것이든, 일원론에 대한 신앙을 통해서 인간은 자신보다 우월한 전체에 깊이 연대돼 있고 의존해 있다고 느끼면서 신성의 한 형태가 된다. 그리고 보편자가 번영하기 위하여 개체의 헌신이 요구된다.'(『니체와 니힐리즘』, 하이덱거, p.79)
이러한 심리적 요구에서 갖게 되는 답은 하나의 세계관일 뿐 진리 자체는 아니다. 그리고 모든 문화권에는 그러한 요구를 충족시켜주는 우주론 내지는 세계관을 마련하고 있다.
중국의 경우 니담에 의하면 '중국인은 어떠한 시대에 있어서도 어떠한 계층에서도 자연의 질서(도)가 맹목적이며 무의도적인 우연성을 인정하지 아니하였다. 즉 인간의 탄생 이전이나 이후에도, 다만 별종의 유기체가 있어서 각각 그 '도(道)'를 따라서,(지휘자도 없이) 만물을 포함하는 '도'로 정리되어 있었다.'(동서 3권, 니담, p.145) 고하여 천인감응설이 중국인들의 일반적 믿음이었음을 설명하였다.
중국인은 도가(道家)의 자연주의적 입장에서의 우주에 대한 이해와 유가(儒家)의 인

만물의 근본은 원(元)이다. 원은 천지와 실질은 같으나 이름만 다른 것이다. 즉 추상적 원리로 말하면 '원(元)'이고 구체적 운용으로 말하면 천지이다. 그리고 천지의 구체적인 운용으로 일월(日月), 성신(星辰), 풍우(風雨)가 형상을 나타내고 초목(草木), 어충(魚蟲), 금수(禽獸)가 성명(性命)을 들어낸다.

천지의 기(氣)는 하나로 합쳐지고, 음양으로 나뉘고 4시로 갈라지고 5행으로 배열된다. 따라서 우주에는 음양의 기(氣)가 있고 마치 물고기가 언제나 물에 잠겨 살듯이 우주 만물은 기에 잠겨 있다.

오행은 목, 화, 토, 금, 수인데 이들은 서로 상생(相生)과 상승(相勝)의 관계에 있다.

상생이라 함은 목생화(木生火)요, 화생토이고 토생금, 금생수, 수생목이다. 역으로 상승은 목승토(木勝土)이고, 토승수이며, 수승화, 화승금, 금승목으로 이처럼 여기에는 어느 절대자도 없으며 오직 조화만이 있다.

이 음양과 오행은 공간과 시간을 주재한다. 즉 우주 공간을 동서남북과 중앙으로 나누고 시간을 네 개의 계절과 그 하위 단위 개념으로 나눈다.

'양(陽)의 기운이 점점 자라 동(東)에서 목(木)의 기운을 돋우어 움직이면 봄이 오며, 다시 양이 점점 강하게 되어 남(南)으로 움직이어 화(火)의 기운을 돋우면 여름이 온다. 그런데 『노자』와 『역전(易傳)』에서 주장한 것처럼 이 우주의 되돌아가는 도(道)는 성장 다음에는 반드시 소멸이 뒤따르게 마련이다. 그러므로 양이 절정에 달하여 쇠잔하기 시작하면 음(陰)이 성장하여 동쪽으로 움직이어 금(金)의 기운을 돋우어 가을이 오고, 음이 점점 힘을 얻어 북(北)으로 이동하여 수(水)의 기운을 돋우면 겨울이 된다. 그러나 음도 그 절정에 달하면 쇠퇴하기 시작하고 동시에 양이 새로운 성장을 한다.'라고 하여 계절의 순환을

간 존재가치의 확신이라는 두 믿음을 고대로부터 물려받았다.
동중서의 '우주론'은 이 두 학파의 종합으로 형성되었으며, 중국인의 무의식 세계를 지배하는 절대적 지위에 있었다.

음양설로 설명하였다.

또한 인간의 성정(性情)을 성품(性稟)과 정감(情感)으로 나누어 성품은 선(善)한 양이고, 정감은 악한 음으로 보아 단순한 성선이나 성악의 범주를 벗어났다. 그는 인간이 추구하는 덕성, 즉 오상(五常)을 오행에 연결시켰다. 인(仁)은 목과 동에, 의(義)는 금과 서에, 예(禮)는 화와 남에, 지(智)를 수와 북에, 신(信)을 토와 중앙에 관련시켰다.

인간의 몸 역시 하늘이 일 년의 수(數)로 이룬다. 큰 마디가 12개이고 작은 마디가 366개인 것이다.

오행은 천지의 색상(色相)까지도 구분하여 동은 청색, 남은 홍색, 서는 백색, 북은 흑색 그리고 중앙은 황색으로 배열하였다. 색상은 단순한 자연의 표현이 아니라 사회 현상에 대한 상징적 의미를 갖는다.

남방은 통치와 관계되어 중앙의 황제는 반드시 황색 의상을 입고 남면(南面)하여 정치를 한다. 이로부터 '남면한다'는 곧 정치한다는 말과 같이 쓰이고 있다. 그러나 색상이 정치적 상징으로 쓰이는 일은 공산당이 붉은 색을, 나치가 검은 색으로 자신들을 표현하는 데서도 보듯 중국 역사에서만 있었던 것은 아니다.

당연히 관제(官制)도 하늘의 시(時)를 본받아 정해진다.

'동방은 목(木)이다. 사농(司農)이 주관하는 곳이고 인(仁)을 숭상한다. 농본에 힘쓰게 하여 의식을 족하게 한다. 창고가 충실하면 사마(司馬)가 곡식을 먹는다. 사마는 화(火)관이다. 그래서 목생화(木生火)라고 한다. 남방은 화방이다. 사마가 주관하는 곳이고 지(智)를 숭상한다. '홀로 밝게 존망(存亡)의 기미를 봄'으로써 군주를 보필하여 천하를 평정한다. 군주와 관리를 편안하게 것이 사영(司營)이다. 그래서 화생토(火生土)라고 한다. 중앙은 토방이다. 사영이 주관하는 하는 곳이고 신(信)을 숭상한다. '성패를 밝게 보아 선을 받아들이고 악을 물리친다.' 하늘에 응하여 시에 따라 크게 다스리는 것이 사도(司徒)이다. 사도는 금관이고, 그래서 목생금(木生金)이라고 한다. 서방은 금방이다. 사도가 주관하는 곳이고 의(義)를 숭상한다. '백성이 따르고 변경이 안녕하고 구적이 일어나지 않아' 편안하게 법을 집행하는 것이 사구(司寇)이다. 사구는 수(水)관이다 그래서 금생수(金生水)라고 한다. 북방은 수방이다. 사구가 주관하는 곳이고 예(禮)를 숭상한다. 예치가 수립되면 '상하로 순서가 있게 된다'. 백공(百工)이 때를 지켜 기계를 만든다. 기계가 만들어지면 사농에게 납입한다. 사농은 목관이다 그래서 수생목(水生木)이라 한다.'(춘추번로 58 『오행상생』)

만약 오관(五官)이 직분을 바르게 수행하지 못하면 오행이 순서를 잃는다. 그러면 상생이 상승으로 바뀐다. 예를 들면 사농이 간사해지면 농민이 반란을 일으킨다. 사도가 그것을 토벌하면 금승목(金勝木)이다. 이처럼 제 직분을 유지하지 못하였을 때 정치사회에서 오행은 상승으로 바뀌어 혼란이 일어난다.

'성인은 하늘의 운행에 따라 통치했다. 그래서 경(慶)으로써 따뜻함에 부응하여 봄(春)을 맞이하고, 상(賞)으로써 더움에 부응하여 여름(夏)을 맞이하고, 벌(罰)로써 서늘함에 부응하여 가을(秋)을 맞이하고, 형(刑)으로써 추위에 부응하여 겨울(冬)을 맞이했다. 경상벌형은 서로 다르지만 나름의 공(功)을 지닌다.'(춘추번로 55 사시지부)라고 하여, 정치행위와 자연 질서의 관계를 설명하였다.

우주 질서 중에도 하늘, 땅, 사람(天地人)은 만물의 근본이다. 하늘은 만물을 낳고, 땅은 기르고, 사람은 완성시킨다. 그리고 인간은 예악(禮樂)을 통하여 우주 질서에 참여한다.

예(禮)는 인간상호 간의 질서에 적용되는 데 그치지 않고 천인의 관계 역시 고려한 것이다. '예의 삼백, 위의 삼천'이라 할 때, 이는 인간행위에 대한 세세(細細)한 규범으로서 뿐만 아니라, 이 규범은 우주 질서의 규정에 한 부분으로서의 의미를 갖는 것이다. 그리하여 문화와 문명의 힘으로 만물을 완전하게 할 수 있다.

이를 『중용』에서는 성인은 천지의 화육(化育)을 협찬함으로써 천지와 더불어 하나가 된다고 하였다.

인간 사회를 포함한 우주만물은 '대응(對應)의 표(表)'에 의해 연결되었다. 그리고 이 완벽한 질서체계를 두고 동중서는 '머리카락 한 올 낄 틈이 없다'라고 한 것이다.

그러나 동중서의 우주관은 그의 독창적인 것이 아니다. 그 우주관의 정미(精微)한 관계 설명은 그의 것이라 할 수 있으나, 본체는 그 시대에 이르기까지의 중국문화의 결집인 것이다.

이러한 우주관은 이미 중국인의 무의식에 자리 잡고 있어 이와 다른 천인 불상간(不相干)같은 천인(天人) 관계론은 이 거대한 무의식의 세계에 대한 반발적인 '의식(意識)' 작용으로 그 논리가 아무리 합리적이라 하더라도 생명력에서 비교될 바가 아닌 것이다.

중국인에게 항상 질서(秩序)가 법(法)보다 상위 개념인 것은 이 우주관을 통해 분명해진다.

서양에서처럼 법 자체가 최고의 가치를 지니고 있는 것이 아니라 법은 우주 질서의 유지에 필요한 최소한의 공권력의 의미를 갖는 것이다. 이를 정치 현상에서 보면 양(陽)은 하늘의 덕행이고 음(陰)은 하늘의 형벌이다. 즉 훌륭한 군주란 양인 덕을 최고도로, 음을 최소일 수 있도록 하는 것이다.

춘추전국 시대의 유가는 한 학파에 지나지 않았으나, 한 나라에 와서는 음양가, 명가, 법가의 사상을 흡수하여 통치 원리로서의 역할을 맡아 왕도정치의 이론을 세웠다.

유가의 효제(孝悌)사상은 동중서에 이르러 이를 삼강오상(三綱五常)이라는 사회적 개념으로 확정시켰다.

맹자의 '백성은 존귀하고, 사직은 그 다음이며, 군왕은 가벼운 존재'라는 유학 사상은 '백성을 설복하여 군왕에게 복종시키고 군왕을 설복하여 하늘에 복종케 해야 한다'는 존군 사상으로 변화·발전되었다.13)

동중서는 한(漢)의 국기(國基)를 확립하는데 큰 기여를 하였다. 현실정치에서 동중서는 한 무제에게 현명한 인재 중심의 정책을 제안하여 주효(奏效)하게 하였고, 『춘추(春秋)』를 연구하여 정치·경제 방면에 많

---

13) 『중국 유학사』, 조길혜 외 3인, p.26.

은 저서를 남겼다.

한(漢) 고조는 유가의 이상(理想)인 주(周)의 봉건제가 아닌 진(秦)의 중앙집권제를 채택하였고 이는 통일이 된지 얼마 되지 않은 시점으로는 당연한 선택이었다. 따라서 이 제도를 확립·유지하는 데는 많은 행정관리가 필요하였다. 이러한 요구에 부응하여 동중서는 유가를 정통(正統)으로 하는 과거제도를 시행하고 체제를 정비할 것을 건의하였고 이를 현실 정치에 반영시켜 한나라의 관료제도에 기틀을 마련하였다.

그런데 이 제도는 봉건 제도에서와는 달리 정치력과 경제력을 분리시킬 수 있어 귀족·토호들의 세력을 견제할 수는 장점이 있었다. 또한 황제로서는 행정관리들의 권력이 상속(相續)되지 않게 하는 이점을 가지고 있었다.

동중서에 의하면 군왕은 천으로부터 명을 받은 것이다. 왜냐하면 천도(天道)는 고원(高遠)하여 범인은 미칠 수 없고 반드시 군주의 가르침을 기다려야 하기 때문이다. 그러므로 동중서의 천인론은 곧 천군론(天君論)이다.

천(天)은 정치가 되어가는 것을 살펴보고, 국운을 좌우하는 절대적 권위를 갖는다. 그러나 천의 명령은 항상 같지 않고(天命無常) 오로지 덕에만 따르는 것으로 도가 무도를 징벌하는 것이 하늘의 이치(有道伐無道 此天理也)이다. 따라서 군주가 천명을 어기면 인민이 군왕의 명령을 거역하게 된다. 그리고 이는 무도한 군왕을 인민이 토벌하는 것은 '천'이 허용하는 것이라는 의미인 것이다.

그는 왕조의 삼통 교체설[14]도 펼쳐 절대 왕정의 권력에 압력을 주었다.

물론 천자는 오직 '천'에 대해서만 책임을 진다. '천'의 명령을 수행

---

14) 삼통이란 흑통, 백통, 적통으로 각기 그 자신의 통치체계를 가지고 있으며 각 왕조는 하나의 통을 대표한다. 예를 들면 하 왕조는 흑통을, 상 왕조는 백통을, 그리고 주 왕조는 적통을 대표하는데 이것이 역사 발전의 한 주기(週期)라는 것이다.
이는 역사 발전을 순환적인 논리에 따라 설명하려는 중국적인 인식뿐 아니라, 절대 왕정의 권력을 제한하려는 데 그 정치적 의도가 있다고 하겠다(『동양 정치사상 연구』, 전락희, p.224).

하는 정치도리는 인민을 교화하여 인민의 본성을 성취시키는 데 있다. 그리고 법률의 목적과 효용도 이를 돕는다. 단 인민의 자유를 규제하는데 있어 군왕은 정당한 방향으로 규범되도록 이끌어야 한다.

그는 행정의 요결(要訣)은 빈부를 조화롭고 균등하게 하는데 있다고 하였다.

한서(漢書)에 보면 그는 '진(秦)나라에서 상앙의 법을 채택하여 역대 제왕의 제도를 바꾸어 정전(井田)제가 무너졌다. 사람들이 토지를 매매하게 되자 부자들의 밭은 그 밭둑길이 끝없이 이어지고 가난한 자들은 송곳 하나 꽂을 땅이 없다 …'라고 개탄하였다.

물론 그도 정전제는 회복할 수 있다고 생각한 것은 아니었다. 그러나 그는 당시에 귀족 세도가들이 과다하게 토지마저 소유하면서 인민이 농노화(農奴化)되는 것에 격분하여 군왕의 전제권력을 이용하여 균전(均田)정책을 시행하려 하였다. 이러한 경제적인 사회균등을 역설하는 정의감은 후세에 중국정치사상을 관통하는 일련의 징표로서 나타난 것이다.

③ 왕망·왕충

ⅰ. 왕망(王莽)

왕망(B.C. 45-A.D. 23)[15]은 한(漢)의 왕위를 찬탈(簒奪)하여 정치권을 장악하고, 신(新)이라는 새 왕조를 세웠으나, 도참사상에 따른 급진적인 이상주의로 치달아 실패하였다.

그의 사회주의적 개혁은 거의 모든 분야에 걸쳐 시행되었다. 관료(官僚)를 강화하고 경작지를 국유화하여 농민에게 분배하고 노예해방

---

15) 왕망 : B.C. 45-A.D. 23. 전한 말의 정치가. 산동 사람. 신(新)왕조(8-24)의 건국자. 한 왕조의 외척으로 권모술수로 역사상 최초로 선양(禪讓) 혁명으로 전한의 황제권을 빼앗았다. 오행참위설과 부명을 이용하여 기원 후 8년 한나라를 멸망시키고 국호를 '신'이라 하였다.
주나라 정전법을 모방하여 토지개혁을 단행하고 싼 이자로 자금을 융자하고 화폐제도를 개혁하였으나 쌓였던 모순을 해결하지 못하고 오히려 농민에게 고통을 주었다. 각지의 호족들과 이해관계가 상반된 것도 실패의 원인이 되었다.

을 시도하였다. 그러나 정치적 정통성을 인정받지 못한 상태에서 지나친 급진주의와 도덕적 실추까지 겹치어 단명하였다. 그는 후한의 유수(劉秀)에게 패하여 멸망하였다.

ⅱ. 왕충(王充)

왕충[16]은 천인감응설을 반대하는 과학적 회의주의자였다. 그는 기본적으로 무신론·유물론자였다. 그는 말하기를 '사람이 죽으면 혈맥이 다 없어지고 정기(精氣)가 소멸, 형체가 썩어 흙이 되는데 무엇으로 귀신이 되겠는가?'고 하였다.

그는 국가의 치난(治亂)을 운명에 맡겼다. 그는 '옷과 밥이 하늘에 의해 나오는 것이 아니라면, 군주도 역시 하늘에 의해 세워지는 것이 아니다.'

그가 보기에는 상고 시대의 천권 사상이나 천인감응, 오행 생극(生剋)의 설들은 허망한 것이다. 그리고 그의 논저 『논형(論衡)』은 바로 이 허망을 반대하는 것을 종지로 삼은 것이다. '하늘의 도는 자연적인 것이고 무위(無爲)한 것이다. 만약 하늘이 사람을 꾸짖고 훈계한다면 이는 유위(有爲)한 것으로 자연적인 것이 아니다.'라고 하여 그 논지를 분명히 하였다.

그는 이와 같이 천도(天道)와 인사(人事)를 구별하여 이론적으로 참위(讖緯 ; 미래의 길흉 화복의 조짐이나 그에 대한 예언) 사상의 오류를 지적하여 군권신수설을 흔들었다.

그가 비록 과학적 사유를 하고 무신론자였다고는 하나, 그 과학적 사유는 당시, 즉 2천 년 전의 사회인식을 기준으로 한 것이다. 즉 그는 인간의 운명을 개인 간의 소질(性)에 부여된 정령(精神)과 별에서 발산되는 특별한 작용(점성술의 영향) 그리고 우연에 의해 결정된다고 보

16) 왕충 : 30(?)-100. 후한의 사상가 자는 중임(仲任). 절강성 출신.
그는 철저하게 반속(反俗)정신의 소유자로 독창성 넘치는 자유주의 사상가였다. 유교의 테두리 안에서 다듬어진 한 대(漢代)의 사상을 타파하고 언론의 자유를 내세우는 위·진적 사조를 만들어 낸 사상적 전환기에 있어서 선구자였다. 그가 당시의 정치나 학문을 비판한 『논형(論衡)』이 남아 있다. 관료로서는 매우 불우하였다.

았다. 그는 '예정설'을 믿어 삶이 인간의 의지와 관계가 없다고 했다.

순자가 천인감응을 미신이라 하여, 이를 타파하려고 한 것은 인본주의에 입각한 적극적인 정치관을 세우려한 것이지만 왕충은 비관적인 숙명론을 말하는데 그쳤다. 기원후 80년경에는 계속되는 전제정치의 실패에서 사회가 도탄에 빠져 왕충(王充)이 숙명론을 언급하기에 이른 것이다.

④ 중장통(仲長統)·서간(徐幹)·순열(荀悅)

중장통[17]은 인사(人事)가 근본이라 하며, 모든 것을 자신에게서 구하지 않고 '천'에 구하는 자는 가장 어리석은 자라고 비판하였다. 그는 부호들의 사치와 교만을 문제로 지적하고 귀족의 권리를 억제해야 한다고 주장하였다. 왕부(王符)도 중형(重刑)주의를 말하였는데, 이 역시 귀족층의 특권에 대하여 격앙된 것에서 비롯된 것이다[獨夫論].

그는 치란의 원인을 추궁하며 전제의 병폐를 지적하였다. 그는 대담하게 첫째로 봉건제도를 없애야 한다고 하였다. 직무를 태만하게 하는 관리는 파면하여야 하고 정전제를 회복하고 황무지를 개간하여 가난한 농민에게 분배해야 한다(昌言 34편).

중장통은 '난세는 길고 평화로운 세상은 짧다(亂世長而化世短).'라 한탄하였다.

한(漢)의 유자들은 가의에서 동중서까지는 천하의 일을 낙관하였다. 그러나 이 시기에 이르러서는 중장통은 현실을 구제할 방법이 있는가를 회의하여 전제정치와 유가의 치술에 대하여 실망을 나타내었다.

서간(徐幹)은 공맹을 따를 것을 주장하는 한편, 무엇보다도 인구를 정확하게 파악하는 것이 가장 긴요한 일이라고 하였다. 그리하여야 공부법(貢賦法)에 따라 농지를 공평하게 분할할 수 있다는 것이다.

---

17) 중장통 : 179-220. 후한 시대의 학자 자는 공리(公理). 산동성 출신.
직언을 즐겨 당시 사람들이 광생(狂生)이라고 부를 정도로 비판 정신이 투철하였다. 그의 저서로 『창언(昌言)』 34편 10여만 어(語)가 있었다고 하나 전해지지 않고 겨우 세편이 남아있다. 그는 왕충·왕부 등과 마찬가지로 전통적인 유교 사상을 바탕으로 당시의 사상과 사회를 비판한 것으로 전해진다.

또한 상벌을 엄격히 할 것을 아울러 주장하였다(중론[中論] 2권 20편).

순열(荀悅)은 이 시기에 정치체제론을 서술하였는데 거의 오늘날의 형식에 가까운 것이었다(신감[申鑒] 5편 헌제에의 헌책). 그의 제도론과 상벌을 엄격하게 시행할 것을 주장하는 것은 도·유가적 입장에서 법가 사상을 포섭한 것이다. 그는 가의(賈誼)처럼 당시의 문제를 전제정치에 있다고 보았으나, 왕부(王符)가 다만 왕후들이 방자한데서 원인을 찾는 것에는 반대 입장이었다. 그는 봉건제를 선호하여 그것에서 가능성을 찾으려 했다.

후한 중엽 이후에 전제정(專制政)의 폐단으로 그를 구명(究明)하는 중장통(仲長統)의 이론은 열렬하였고, 순열(荀悅)이 정체론을 전개한 것은 당시의 어려운 세태를 반영한 것이다.

2) 남북조(南北朝) 시대

후한(後漢)의 사직이 붕괴한 뒤에 삼국시대를 거쳐 북위(北魏)에서는 정전제를 회고하여 만든 균전제(均田制)를 채택하였다. 역대 왕조 역시 농토 개척과 보호를 위해 관개 치수 사업을 대폭적으로 추진하였다.

그러나 식생활을 해결하는 토지문제는 인구팽창으로 갈수록 사회적 모순들을 더해가며 인민의 생활 역시 핍박의 도가 심각한 수준에 이르렀다.

육조시대(六朝時代)는 도교와 불교의 영향도 있어 이로 인한 난세로 무정부적인 현상이 많았다. 육조 시대의 첫 머리인 위·진(魏晉) 시기는 중국 역사에서 가장 퇴폐적이고 부패한 쇄란(鎖亂)의 시대였다고 한다. 계속되는 전제 정치의 실패는 사회 전반에 실망을 안겨주어 유·도가 모두에서 비관적인 추세가 두드러졌다.

위진에서는 한말에 진시황의 분서갱유에 버금가는 재앙도 있어[18]

18) 동탁이 도읍을 옮길 때(190년) 난대(蘭臺) 등 여러 곳에 보관하던 장정과 전책과 문장이 흩어지고 말았다. 왕윤이 서쪽으로 거두어 간 것은 단지 70수레였다. 그 중에도 길이 험하고 멀었기 때문에 절반을 버렸다. 뒤에 그나마도 장안의 난으로 일시에 타 없어져 거의 사라지고 말았다(후한서 79상 『유림전』).

유가(儒家)가 힘을 잃고, 도가가 번성하여 노장(老莊)의 독존시대가 되었다. 또한 자유방임주의의 세풍(世風)이 유행하였는데, 이는 주로 노장계통의 청담도(淸談道)[19]에 의한 것이었으나 양주학(楊朱學)적인 개인쾌락을 추구하는 공리주의도 이에 가세한 것이었다.

청담도 중에서도 자연주의 무군(無君)을 변호하는 주장이 단지 청정의 다스림 만(無爲)을 주장한 학자들 보다 큰 목소리를 내었다.

① 왕필(王弼)과 청담·갈홍

이 중에 다스림에서 무위(無爲)를 선호한 측은 하안(何晏)이나 왕필[20] 등으로 이들은 노자의 천하불인(天下不仁)이라는 생각과 왕충의 숙명론을 받아들였다.

무위의 주장에 따르면 군주의 할 바는 첫째로 신하를 통해 천하를 다스릴 뿐 군주는 무위하여야 하며 둘째는 가혹하고 번잡한 정치를 하지 않는 것과 셋째는 방임이다. 즉 재유(在宥 ; 풀어주어 자재토록 하는 것)에 있는 것이다. 이들의 생각은 인의(仁義)는 도덕이 상실된 후에 나타나는 하덕(下德)으로 택할 바가 아닌 것이다.

한편 군주의 필요를 부정하는 측은 완적(阮籍)을 위시하여 도잠(陶潛 ;

---

19) 위·진 육조시대에 유행한 철학적 담론.
청의란 원래는 유가가 선양한 도덕 원칙에 따라 인물에 대한 성격분석을 하는 인물평을 말하였다. 그 뜻이 점차 변질되어 청담으로 바뀌었다. 이들은 난세에 생명을 부지하고자 세속을 떠나 예절의 속박을 벗고 고담준론(高談峻論)을 즐겼다. 죽림칠현으로 대표되는 이 담론의 성격은 후일 도교와 불교가 섞인 정교한 모습으로 선(禪)의 성립에 영향을 주었다.
동진(東晋)의 인사들은 중원이 몰락하게 된 주된 원인이 청담(淸談)이라고 인식했다. 범녕(范寧)은 '왕필과 하안의 죄는 걸·주 보다 무겁다. 왜냐하면 한 세상의 화(禍)는 가볍고 역대의 죄는 무겁기 때문이다'라고 질타하였다.

20) 왕필 : 226-249. 삼국시대의 위(魏)의 학자. 자는 보사(輔嗣). 산동성 출신.
풍부한 재능을 타고난 데에다가 극히 유복한 학문적 환경에서 자라 일찍이 학계에서 두각을 나타냈다. 하안(何晏)과 함께 위진의 현학(玄學 ; 노장학)의 시조로 일컬어진다.
한나라 때의 상수(象數 ; 괘(卦)에 나타난 형상과 변화)나 참위설(예언학의 일종)을 물리치고 의(義)와 이(理)의 분석적·사변적 학풍을 창설하여 중국 중세의 관념론 체계에 큰 영향을 주었다. 무(無)를 본체로 무위를 그 작용으로 하는 본체론을 전개하여 노자의 무위자연에 귀일함으로 현실의 모순을 해결하려 하였다.

자는 淵明)21) 포경언(鮑敬言) 등이며, 주로 장자(壯者)의 입장에서 '무군(無君)'을 주장하였다. 무위를 말하는 측에서는 정치제도가 자연에 따른 것이라고 한데 반하여 이들은 그것을 부정하였다.

첫째 군주를 세우는 것은 천명으로 말미암은 것이 아니며, 둘째로 그것이 민의(民意)도 아니라는 것이다. 인간의 성정은 자유와 평등을 추구하는데 국가는 오히려 이를 박탈한다. 셋째로 군주는 생살의 권병(權柄)을 가지고 있기 때문에 그의 자의(恣意)를 막을 방법이 없다는 것이다.

이들은 세속의 잘못이 욕구가 많은 것 뿐 아니라 예(禮)에 구속되기 때문이라고 하여 무위 측보다 더욱 자연의 정당(正當)함을 확신하였다.

ⅰ. 갈홍(葛洪)

위, 진 시대에 도가로서 정치적으로 적극성을 띈 예는 포박자(抱朴子) 갈홍22)으로 그는 적난(賊亂)을 평정하는 공을 세웠다. 그는 진 나라(선진[先秦])의 법가정신에서 당시 진(晋)의 방탕한 사회풍조를 격렬하게 비판하였다.

그는 유가와 도가를 조화시키려는 체계적 작업을 하였다. 그러나 그는 '도교는 유가의 근본이고(道者 儒之本也), 유가는 도교의 지엽이다(儒者 道之末也)'라 하여 도가의 우수함을 강조하였다.

그러나 정치를 인정하는 그의 예법(禮法)사상은 대체로 유가의 표준을 따랐다.

그는 냉엄한 정치 규율을 주장하며 군주주의를 역설하였다. 군주를

---

21) 도잠 : 365-427. 동진·송대의 시인. 이름은 잠(潛) 자는 연명(淵明) 또는 원량(元亮). 강서성 출신.
29세 때 벼슬길에 올라 주(州)의 제주(祭酒)가 되었으나 사임. 다시 관직을 가졌으나 41세 때 현령을 사임하고『귀거래사(歸去來辭)』를 썼다. 당시의 유행하던 기교나 유희문학이 아니라 민간 생활 자체를 평담(平淡)한 시어로 썼기 때문에 당시에는 경시되었다. 그러나 당의 왕유, 유종원 등에 영향을 주어 그들이 주도한 고문운동에서 다시 평가되어 육조 최고의 시인으로 추앙되었다.

22) 갈홍 : 283- 343(?). 호는 포박자(抱朴子). 강소성 사람. 진(晋)나라의 학자. 석빙(石氷)의 난 때 공을 세워 열후 바로 아래인 관내후가 되었다. 그는 연단가(煉丹家)이었으며 선도(仙道)를 배웠으나 과학자였다.

세우는 것이 자연의 명(命)이며, 인민에게 이로울 뿐 아니라 필요한 것이라고 하였다. 또한 청담론자들을 공격하여 무군(無君)을 내세우는 것은 화재를 걱정하여 집을 무너뜨리는 것과 같다고 비유하였다.

왕필은 군주의 현명한 덕성을 중요하게 생각하였으나, 갈홍은 유가의 정명주의에 따라 군주의 지위가 정치 효능에 필요한 요소라고 강조하였다. 그러나 도교가 일면 정치적인 극단에 서기도 하지만 이는 기독교 신학에서와 같은 신정(神政)을 주장하는 것은 아니다,

② 불교의 전파

불교는 일찍이 한 대에 들어와 위·진 시대에는 크게 번성하였다.[23)] 경전(經典)의 수와 신도가 날로 많아지고 사찰도 크게 늘었다. 이처럼 불교는 도입되는 초기부터 별 저항 없이 비교적 환영받는 입장이었다. 그러나 그렇다고 하여 아무런 논쟁이 없었다는 것은 아니다.

첫째는 중국 전통적 가정 윤리와의 마찰, 즉 불교의 출가(出家)는 중국 가족제도의 근본적인 가치에 어긋나는 것이었다. 또한 삭발과 화장(火葬)문화는 조상숭배에 배치되는 습속이었다.

둘째는 그들의 중화(中華)라는 자부심의 입장에서 볼 때 이적(夷狄) 즉 오랑캐의 종교를 받아들이는 데 대한 거부감이었다. 따라서 이러한 거부감이 없는 이민족의 왕조인 북조(北朝) 특히 북위(北魏)에서는 불교가 국가 종교적인 성격이 강하였다. 남조에서도 불교가 성행한 것은 사실이었으나 주로 개인적인 차원에서였다. 당연한 현상으로 지금 남아있는 거대한 불교 유적인 운강(雲崗)과 용문(龍門)의 석굴은 북조의 대대적인 조불(造佛) 사업을 통해 이루어진 것들이다.

특히 중국의 이 시기, 즉 오호십육국의 시대에 해당하는 시기의 서구는 게르만족에 의하여 로마제국이 멸망한 때로 문명사적으로 암흑

---

23) 기원후 381년까지 이미 서북 중국 주민들의 10분의 9가 불교로 개종하였다고 한다. 그리하여 북위(386-534)에 들면 불교는 국교의 지위에 오르게 된다.
도교는 하나의 열등한 수준의 진리로서, 그리고 유교는 불교 자체의 기본적인 가르침과 대립하지 않는 정치사회 철학으로 이를 관용하였다. 4세기 중엽부터 8세기 말엽까지 중국은 불교의 시대였다(『동양 문화사 상권』, 라이샤워 외, p.185).

시대였다. 게르만족은 로마제국에 대한 침공에는 성공하였으나, 그 문명을 전수받는 데는 실패하였다. 우리에게 알려진 훌륭한 로마 문명, 그러나 그것은 일부 상류층에 전유물이었으며 야만에 가까운 게르만족은 그 문명을 받아들일 수 있을 만큼 개명되지 못하였다.

중국에 침입한 만족들은 당시의 게르만 족과 비슷한 문화 수준이었다고 한다. 그러나 당시의 중국인들은 로마제국의 문명이 그 저변에까지 확산되지 못하였던 상황에 비하여 유가를 비롯한 여러 학파들의 지혜가 이미 일반 인민에도 깊이 침투되어 있어 그 문화 수준은 훨씬 우위에 있었었다.

따라서 그 민중에 의한 만족(蠻族)들에 대한 문명의 영향력은 자연스럽고 광범위한 것이었다.

또한 확실한 문명매체인 한자(漢字)의 힘은 이러한 문화현상의 배경이 되었을 뿐 아니라 이들 만족이 중국의 문명을 받아들이는데 크게 기여하였다.

이 시기에 정치적으로는 혼란스러웠으나 오히려 회화, 서예, 시(詩) 등은 사대부의 교양으로 인정되어 문화 예술에서 찬란한 꽃을 피웠다. 문학(文學)도 유교의 구속을 벗어나 독자적인 가치를 주장하게 되었다. 이러한 배경에서 동진(東晋)에서는 왕희지(王羲之, 307-365)[24)]라는 중국 최고의 서예가와 도연명(陶淵明, 365-427) 같은 문장가를 배출하기도 한 것이다.

또한 지식인들의 정치적 관심이 퇴조하여 자연히 종교적·철학적 문제에 주의가 돌려졌고 '신도가'로 불리 우는 현학(玄學)[25)]이 전성기를

24) 왕희지 : 동진(東晋)의 서예가. 산동성 출신. 자는 일소(逸少) 우군(右軍)장군의 벼슬을 하였다.
그는 명문 출신이며 경세의 재략이 있었으나 일찍이 속세를 피하려는 뜻을 품고 있었다. 그는 당시 성숙하지 못하였던 해서(楷書) 행서(行書) 초서(草書)의 삼체를 예술적인 경지에 까지 끌어 올렸다. 그는 특히 예서(隸書)를 잘 썼고 그의 서풍은 전아(典雅)하고 힘차며 귀족적인 기품이 매우 높다.

25) 『노자』 첫머리에 나오는 현지우현(玄之又玄), 즉 도는 '현묘한 것 가운데에서도 또 현묘하다'에서 따온 이름으로 즉 노·장의 학문이라는 뜻이다.
현(玄)은 인식을 초월한 우주생성의 근원을 말하며 도의 다른 이름이기도하다. 특히

이룬 것도 이 시기이다.

불교의 영향은 철학과 종교사상에서는 비약적인 발전을 하였으나 사회와 정치생활에는 별 도움이 되지 못하였다.[26] 다시 한 번 말하자면은 도가사상은 항상 사회가 불안한 시기에 인민의 요구를 반영하여 번성하는 반면에, 유가는 사회가 성장의 준비를 하는 동안에 그 세력을 얻게 된다.

수(隨)·당(唐)이 통일함으로써 민족의 자신감을 되찾게 되자 유가는 다시 사회를 지배하는 정치이념으로서의 기능을 수행하게 되었다. 그리고 당말(唐末)과 송의 건립 사이인 오대(五代)[27]의 혼란 시기에 도가는 다시 짧은 기간 힘을 얻게 된다.

위진시대(3-4세기)에 명가의 이론과 연계되어 형이상학적 담론 또는 철학적 색채가 짙어졌다.

26) 소공권은 중국역사 문화에 대한 하나의 가정으로 위진 때 불교가 아니고 그리스 철학이나 로마 법률이 들어 왔다면 그 후 천년의 역사는 아주 다르게 적극적인 내용과 신속한 변화를 할 수 있었을 것이라고 한다(동서, 소공권, p.689).

27) 당의 멸망(907년)과 송의 건립(960년) 사이의 후한 등 다섯 나라가 있었고 이를 지칭한다. 이 오대라는 중국의 분열상은 불과 50년에 그쳤다. 이것이 시사하는 바는 이제 중국이 하나의 통일 국가이어야 한다는 관념이 중국인 모두에게 확실하게 뿌리내렸다는 것을 가리킨다.

제 3 절 당·송의 정치철학과 성리학의 성립

1. 당의 초기 정치적 환경

한(漢)이 진나라의 통일 기반을 이어 받았듯이 당은 수나라[1]의 통일 이후의 혼란을 정리하며 국가 기틀을 확립하였다. 당[2]의 시조인 이연(李淵)은 618년 수의 양제가 반란군의 우문화급(宇文化及)에게 살해되자 양제의 손자 공제(恭帝)를 협박하여 선위(禪位)를 받아 즉위하고, 국호를 당(唐)이라고 하였다.

당에서 도교와 불교는 왕조의 적극적 지원으로 중국 역사상 최고의 전성기를 맞이하였다. 그러나 당의 황제들은 결코 유가 정통파를 희생시켜가면서 불교나 도교를 애호한 것은 아니었다.

622년 관리등용을 위한 과거제도가 다시 실시되고 유가의 오경(五經)이 기본 교재가 되고 유가 경전의 공식적인 관방판본(官方板本)이 준비되었다. 그리고 628년에는 국자감(國子監 ; 대학)이 재편성되었다.[3]

동양의 여러 나라에 결정적인 영향을 주었던 당의 정치제도는 문(文), 무(武)와 감찰기관 셋으로 권력을 나누어 서로 상대의 권능을 침범할 수 없는 권력 분립의 체제를 정비하였다.

---

1) 중국의 통일 왕조. 581-618.
양견(楊堅 ; 문제)이 북주의 왕으로부터 양위를 받아 나라를 개창. 589년에 남조의 진(陣)을 멸망시켜 중국을 통일함. 양제·공제의 3대 38년으로 단명하였다.
오랜만에 진·한의 고대 통일 국가를 재현함. 불교를 크게 일으키고 남북 문화의 교류를 이루었다.

2) 수를 이은 중국의 왕조. 618년 이연(李淵)이 건국하여 907년 애제(哀帝) 때 후량의 주전충(朱全忠)에게 멸망하기까지 20대 290년에 걸쳤다. 그러나 중기 안록산의 난 이후 이민족(異民族)의 흥기와 지배 계층의 모순이 들어나 중앙집권제가 동요하였다. 884년 황소의 난으로 결정적 타격을 받았다.

3) 7세기 중엽에는 이르면 국자감(대학)은 거의 오늘날(1930년대)의 케임브리지와 비슷한 약 오천명의 학생을 가지게 되었다. 그밖에 754년 한림원(翰林院 ; 왕실 아카데미)이 창립되어 청 말까지 계속되었다(동서 1권, 니담, p.151).

행정상으로는 상서성(尙書省) 아래 육부구사(六部九寺)가 대상 별로 그 기능을 분담하였다. 그러나 차츰 유교가 관리의 등용문인 과거시험(科擧試驗)의 수단으로 전락하여 원래 면목을 상실하여 갔음에 비하여[4] 불교는 각파의 교종(敎宗)을 완비하면서 선종(禪宗)을 중심으로 중국 불교의 황금시대를 현출하였다. 당대 학자들은 대개 불교를 숭앙하였으나, 정치를 논하는 일은 대단히 드물었다.

그러나 육경여(陸敬輿)는 천명론을 반대하고 민심의 중요성을 강조하고 과세를 줄이고 인민을 구휼할 것을 호소하였다. 이는 나라가 관용 정치로 인하여 기강이 무너지고, 사회질서가 전면적으로 혼란한 상태가 되었기 때문이다.

당대(唐代)의 토지 정책은 이제까지의 경험을 참구하여 소위 반전(班田 ; 나라에서 백성에게 나누어 주는 밭)이라는 타협적인 조화를 시도하였다. 이러한 목적을 달성하기 위해 토지의 국유제를 세밀하게 운영하였다. 그러나 엄격한 규제에도 불구하고 귀족층의 영업전(永業田 ; 영원히 개인 사유화한 농지)이 증대하고, 사찰과 부호들의 장원(莊園)토지 소유가 성행하였다.

이러한 토지정책에 부정적인 주요 요인으로 등장하는 세도층의 발생 연원은 그 기원이 한 나라로 거슬려 올라간다.

한(漢)무제의 북벌성공과 로마의 포에니 전쟁은 같은 시기에 이루어졌다. 그리고 양 세계에서 이 전쟁 승리의 결과는 일부 귀족 부호층이 농촌 경제를 무단(武斷)으로 침탈하여 피폐시켰고 그들의 사치한 생활이 경쟁적으로 이루어졌다. 특히 중국에서는 천재(天災)와 전쟁이 오히려 이들에게는 기회로 생각되어 더욱 발호하였다.[5]

4) 유학의 오경이 관방판본에 의해 확정된 후 경전에 대하여 이의(異意)가 없었다. 그러나 이는 경의(經義)와 경문을 통일하는 작용을 하였지만 다른 한편 이로 인하여 유능한 인재들의 자유로운 정신으로 경전을 해석하려는 정신활동을 속박하여 유학은 생기를 잃고 경화시켰다. 이는 많은 인재들이 불교에 전이하는 계기가 되었다.

5) 갈홍의 『포박자』에는 '노복들이 병사처럼 많고 대문을 닫으면 뜰 안이 시장처럼 흥성했다. 산과 들에는 그들의 소와 양 때가 노닐고 그들의 밭과 양어장은 천리에 이어졌다'고 하였다.
정치·경제의 특권을 갖고 있는 이런 지주계급은 중국 중세기 역사에서 극히 특수한 이러한 정치를 농간하는 중간 세도층의 발생은 한(漢)나라에 그치지 않고 당·송에 이어졌으며, 이는 중국적인 권력구조의 기현상을 만들어 낸 것이다. 이러한 인위적 원인에 더하여 천재(天災) 흉년이 겹쳐 도망하는 자, 떠도는 자 등 유민(流民)이 급증하여 호족(豪族)의 한 장원에 농노가 수백, 수천에 달하였다.

이에 비하여 상업자본은 이미 전국(戰國)시대부터 대두하여 한(漢)대에는 비약적으로 발흥하였고, 당의 대외 무역은 실크로드를 통한 서역과의 교류로 장안은 세계 최대의 국제도시로 성장하였다. 이러한 흐름은 송 대 도시경제의 은성(殷盛)으로 이어졌고, 10세기 이탈리아의 베네치아를 비롯한 몇몇을 제외한다면 어느 세계에서도 그 유비(類比)가 없는 현상이었다.

그러나 중국의 광대한 영역과 엄청난 인구라는 경제적 여건에서는 농업이 아니고는 민생을 해결할 수 없었으며, 상업의 비중은 부수적인 효능에 그치는 것이었다. 당의 말기에도 토지 정책이 무너지고 재정이 파탄된 상태에서 중간 특권층과 호족들의 발호로 인민의 생활은 도탄에 빠졌다.

드디어 안사(安史)의 난[6]이 9년을 끌며 당조(唐朝)는 기진하였다. 이후 당의 멸망까지 끊임없는 혼란으로 마침내 조광윤(趙匡胤)의 역성혁

계층인 문벌 사대부 계층(門閥世族)을 형성하였다(『중국 유학사』, 조길혜 외 3인, p.98). 그리고 이들은 19세기 중국에서는 군벌(軍閥)이라는 특이한 형태의 정치세력으로 나타났다.

6) 당나라 중기에 안록산(安祿山)과 사사명(史思明) 등이 일으킨 8년간의 반란(755-763). 당 왕조(618-907)는 현종 때(712-756) 국력이 절정에 달하였고 전통문화도 집대성되어 외형적으로는 화려하였으나 균전제나 부병제의 이완 내지 붕괴로 자립 소농민층이 와해되어 유민화(流民化)됨으로서 그 지반이 무너졌다.
안록산은 여러 지역의 절도사를 겸임할 정도로 실력이 막강하였으나 현종 밑에서 재정을 장악한 양귀비의 일족인 양국충은 그를 견제하려고 그가 모반을 하려 한다고 하며 소환토록 하여 이 둘은 대결하게 되었다.
이 난중에 양국충과 양귀비는 죽었고 안록산과 사사명은 모두 자신들의 아들에게 살해당하였다. 이 난의 특징은 양군 모두 이민족 즉 반란군은 거란 철륵 등이 정부군은 위그루족이 그들의 주력부대로 활약한 점이다.
중앙집권의 약화로 귀족세력은 타격을 받고 당 왕조 전기의 체제가 붕괴되어 지배체제와 이에 수반되는 문화는 근본적으로 변질되지 않을 수 없었다. 이렇게 하여 당의 후기에는 사회문화 전반에 걸쳐 새로운 사조가 형성되기 시작하였다.

명으로 송(宋)이 설립되었다.

2. 당의 후기

1) 개 요

라이샤워와 페어뱅크라는 동양학의 최고 석학들이 공저한 『동양 문화사』에서 그들은 당 왕조를 전기와 후기로 나누고, 그 차이를 설명하였다.

당은 하나의 왕조가 갖는 통일된 동질성으로 해석되기에는 후기의 역사 전개가 정치·문화적으로 전기와는 확연히 다른 특질을 보였다고 하였다. 그들은 당의 전기를 육조(六朝)와 더불어 고대 국가로서의 마지막 국면을 그리고 후기를 송(宋)과 더불어 후세 중국을 여는 첫 문예 부흥기로 보았다(동서, p.231)[7)]

당초(唐初)에는 공개적이고 세계주의 정신으로 그 기상은 상무적이었다. 그러나 후기에 들면 점차 편협하고 배타적이 되어, 중국 중심의 내성적인 태도로 바뀌었다

그 원인의 하나로 '안사의 난' 중에 거란과 위그루 등 만족들이 중국 정치상황에 개입되면서 많은 외세의 크고 작은 침공이 있었고 당말에 이르면 이들 외이(外夷)에 대한 공포와 분개가 증대하였다.

외래 신앙인 불교는 819년 한유에 의하여 강력하게 공격받은 이후 왕조도 이에 동조하기에 이르러 841년부터 845년까지 대배불(大背佛) 박해가 있었다.[8)] 그리하여 당 후기에는 불교시대가 종국에 이르러 중

7) 당대를 전후기로 나누는 생각은 중국인 학자에서도 볼 수 있다.
진인각(陳寅恪)은 그의 저서 『논한유(論韓愈)』에서 '당대의 역사는 전후 두 개의 시기로 나눌 수 있다. 전기는 남북조로부터 내려온 낡은 국면을 결속하였고 후기는 송나라에 이르기까지의 새로운 국면을 열어 놓았다. 정치, 사회, 문화, 학술 등 어느 부문도 이러하지 않은 것이 없다. 한유는 당나라 문화 학술 사상을 승전(承傳)하여 후세의 길을 열어주는 관건적 역할을 하였다.'(『중국 유학사』, 조길혜 외 3인, p.281)고 하였다.

8) 유교관리들은 845년에 사원 4600개를 파괴했고 승려 26만 명을 환속시켰으며 불당 4만개를 폐지하고 경작지 수백만 에이커를 몰수하고 노예 15만 명을 해방시키는데 성공하였다(『중국의 과학과 문명』 1권, 니담, p.150). 관료들은 이들이 중국사회의 기

국화된 선종(禪宗)만이 활기를 유지하였다.

이러한 결과로 가장 우수한 두뇌나 예술적 기능을 가진 자들이 불교와 도교에서 다시 유가적 전통으로 돌아 서게 되었다. 소위 당송 팔대가[9]로 불리는 사람들도 거의 모두 불가에서 수학한 경력들을 가지고 있었다.

당의 후기는 문예부흥시기로 주대(周代)의 고전문헌의 주요성을 새로 인식하고 기본적 가치평가에 결정적인 변동을 가져왔다. 그리고 이러한 변화를 요구하게 된 상항은 분명히 외래 신앙인 불교의 영향이 주도했으며, 이에 자극받은 민족적인 자긍심도 크게 작용하였다.

도가의 융성과 불교의 도입으로 사람들은 형이상학적 문제에 관심을 갖게 되었다.

불교의 융성은 한편으로는 관세음보살의 지나친 자비정신으로 인한 사회기강의 해이와 사회의 혼란을 야기한 부정적인 측면과 다른 한편 정미(精微)한 논리학이나 객관적 인식론에 대한 고도로 세련된 이론을 제공하여 새로운 철학적 사유의 기틀을 제공하는 긍정적인 양면을 가지고 있었다.

따라서 한(漢) 민족의 지도층으로서는 이 양면 모두가 해결하고 극복해야 할 과제였다. 그리고 이 과제에 대한 해답은 서구의 르네상스와 마찬가지로 그들의 고유한 전통에서 찾고자 하였다.

서구에서의 르네상스는 그리스 철학의 재발견으로 인하여 새로운 정신세계를 펼칠 수 있었다. 그러나 아랍 문명권에 의하여 보존된 그리스 사상은 거의 천 오백년에 가까운 세월의 단절과 기독교 문명으

반에 도전하게 될지도 모를 국가 중의 국가로 성장해가는 것을 우려하였던 것이다.

9) 당의 한유, 유종원과 송의 구양수, 소순, 소식, 소철, 증공, 왕안석 등 8명의 산문 학자의 총칭이다. 이들 대부분은 직간접적으로 불교적 수행의 경험이나 그 교의에 영향을 받았다.
이들은 당·송 시대에 가장 유명한 문예가이며 동시에 정치사상가들이기도 하였다.
중국 정치문화의 특징은 내성외왕(內聖外王)을 지향하여 개인적으로 추구하는 바는 성인이 되는 것이고 사회적 입장에서는 훌륭한 정치를 실현하는데 있다. 이 둘은 결코 상호 모순관계가 아니고 삶의 이상이 현실에 융해되어 있어 따로 존재하는 것은 아니었다.

로 변질된 유럽으로서는 그것을 재발견으로 보기보다는 오히려 새로운 도입으로 보는 편이 본뜻에 가까울 것 같다.[10)]

그러나 중국에서는 사정이 달랐다. 중국인들은 항상 예민하게 과거의 학문을 되돌아보는 특성이 있었기 때문에 서구의 르네상스처럼 전혀 새로운 이상을 발견한다는 것은 있을 수 없었고 다만 재해석하는 일일 뿐이었다. 그리고 이들의 고전에 대한 재해석은 당시의 사회 문화적 상황에 대처하기 위한 이념, 특히 외래신앙인 불교의 영향력으로부터 벗어나려는 목표를 가지고 있었다.

중국 문화를 지탱하는 한문(漢文)이라는 표의문자(表意文字)의 위력은 시공(時空)의 거센 도전에서 고전(古典)이 갖은 본래의 의미(意味)를 '최소한의 훼손(毁損)'만으로 보존할 수 있었다. 따라서 중국에서는 고전문헌의 새로운 해석에 서구가 겪었던 그리스 철학의 이중, 삼중의 번역으로 인한 의미굴절로부터 자유로울 수 있었다.

그러나 이러한 이점에도 불구하고 중국에서의 문예부흥에는 서구보다도 더 긴 시간이 필요하였다. 왜냐하면 서구의 문예부흥은 그리스 철학의 일방적 우세로 다만 수입하고 적용 내지 절충한다는 단순한 과정이었으나 중국에서는 '유·불·도라는 세 개의 사상을 하나로 통합하는 힘든 철학적 과제가 요구되었기 때문이다. 이 통합은 단순한 절충이 아니라 동질적인 총체(總體)로 형성되는 순수한 체계이다.'(『중국철학사』, 펑유란, p.334)

당의 후기에 문예부흥이 가능할 수 있었던 것은 앞서 말한 불교와 도교로부터 우수한 인재가 유가 전통으로 돌아왔다는 사실과 함께 정

---

10) 사실상 르네상스 이후의 그리스 사상이라고 이해되고 있는 내용은 기독교의 영향으로 굴절되어 본래의 고대 그리스인들의 사유와는 근본적인 차이가 있음에도 불구하고 이점이 오해되고 있다.
중세 기독교 신학에 의하면 세계는 신이 생각(계산)한대로 창조되었고 이러한 의식구조에서 신의 자리에 인간이 들어서자 인간은 주체로서 인간 이외의 자연세계를 단순한 객체·대상으로 전락시켰다.
하이데거는 이러한 사태를 '존재망각'에서 비롯된 것으로 그리스 시대에서 'Subjectum(주체)는 '자체로부터 이미 현존하고 있는 것'으로 인간·자아·자아성이라는 개념들은 이 본질 개념으로부터 멀리하여야 한다. 왜냐하면 돌, 식물, 동물도 주체이기 때문이다'라고 하여 기독교 영향 이전 본래의 그리스 철학의 근본을 적시하였다.

치 제도권에서 유가들이 과거제도의 전통을 지켜준 데 있었다. 그로 인해 '지도권은 출생과 관계없이 지덕(知德)이 우월한 자에게로'라는 공자의 유교무류(有教無類)에 따른 유교주의 관념이 실재로 승리, 당 후기와 송대(宋代)로 이어 지면서 많은 인재들을 배출할 수 있었다.

공자에 대한 재평가는 남북조 시대 후미에 신도가(新道家)들에 의하여 유가의 경전을 노·장의 정신으로 재해석되는 과정에서 시도된 바 있었다. 왕필 같은 사람은 도가이면서도 노자나 장자보다 공자를 더욱 위대하다고 하였다.

당나라 후기에도 원래의 유가(儒家)를 재해석하려는 움직임이 있었다. 즉 논어, 맹자, 중용 특히, 주역 같은 책에서 논의되었던 여러 교리들이 새로운 시대의 문제에 대처하기 위하여서는 새로운 해석이 필요하다는 생각이 대두되었다. 이고(李翺)는 그의 『부성론(復性論)』에서 그러한 뜻을 표명하였고 한유와 유종원에 의한 고문운동(古文運動)[11] 역시 이 흐름을 주도한 것이었다.

고전 문헌의 재해석의 필요를 인식하고 추구하면서 유가 본래의 사상적 진면목(眞面目)이 경세치용(經世致用; 학문은 실사회에 이바지되는 것이어야 한다)에 있음을 확인하였고, 다른 하나는 유가 경전에 포함된 요소, 특히 『주역』을 궁구(窮究)하여 유가 자신의 형이상학적 체계를 세울 수 있다는 방향을 찾았다.

유가의 철학에서 가장 취약한 부분은 형이상학 부면이었고, 그 중에도 우주론은 항상 불교에게 밀리는 원인이었다. 따라서 유가에서의 고전문헌의 재해석은 이 형이상학 부분에 집중되었다.

---

11) 한유 유종원 등은 육조이후 산문의 내용이 공허하고 화려한 글귀만을 선택하는 허공에 뜬 기풍을 비판하였다. 화려한 문장에 그치는 것에 반대, 반성하여 진·한 이전의 고문으로 돌아가 유가적 정신을 바탕으로 실질적인 기풍을 진작하고 글에 있어서는 간결하고 뜻의 전달을 우선으로 하는 운동을 전개하였는데 이를 고문 운동이라고 한다.

'뜻의 전달을 우선으로 한다'는 의미는 곧 전달하고자 하는 뜻의 내용을 함께 생각하는 과정을 필연으로 동반하게 되는 것이다. 따라서 이 운동에는 문장의 진솔함을 되찾는데 그치지 않고 유가 본래의 정신을 되살리려는 뜻이 함축되어 있다. 이 운동은 송대의 팔대가들에 이어졌다.

이고(李翺)는 그의 부성서(復性書)에서 다음과 같이 말하였다. '본성과 천명에 관한 서적은 아직까지도 남아있지만, 어느 학자도 그것을 이해하고 있지는 않다. 그러한 까닭에 그들은 모두 도교 내지 불교에 몰두하고 있다. 무지한 사람들은 스승(공자)의 후계자들이 본성과 천명에 관한 가르침을 탐구할 수 없다고 말하고 많은 사람이 그들의 말을 믿는다.'

이것은 당대에 있어 유가가 도가를 능가하기 위한 우주론과, 불교와 논쟁을 벌이기 위한 형이상학이 부족함을 절실히 느끼기 시작하였다는 것을 강력하게 말하여 주고 있다.

송대의 신유학은 유·불·도 3교 총합의 고심작이다.[12] 신유학은 정주학(程朱學)이라고도 하는데 즉 정이천, 정명도 형제와 주자에 의하여 완성되었다. 그러나 이들의 학문은 그에 앞선 특히 중요한 세 학자들에 힘입은 것이다.

주돈이(周敦頤, 1017-1073)는 『주역』 '계사편'을 연구하며 도교의 '무극도(無極圖)'에서 힌트를 얻어 '태극도설'로서 우주론의 창시자가 되었고 소옹(邵雍, 1011-1077) 역시 『주역』을 연구 재해석하여, 우주론과 현존하는 세계에 관한 정밀한 연대기표인 『황극경세(皇極經世)』를 남겼다. 장재(張載 ; 횡거[橫渠]선생, 1020-1077) 또한 역전에 근거를 둔 우주론과 특히 기(氣) 사상을 펼쳐 후대 신유가에 직접적인 영향을 주었다.

당(唐) 후기 문예부흥의 다른 한 흐름은 구실(求實)주의이고 정치사상 측면에서 보자면 이는 더욱 중요한 의미를 갖는다.

---

12) 도가는 유가의 『역경』을 유용하였고 유가는 도가의 음양오행설을 차입하였다. 또한 『중용』은 유가와 불가 사이의 일종의 공통 지반이 되었다.
그러나 이들 학파의 개념에는 미묘한 차이가 있다.
유가의 '역(易)'은 개별적 세계의 사물을 지배하는 여러 개의 원리를 말하며 도가의 '도'는 우주에 있는 만물이 유래되는 통일된 원초의 그 무엇이다(동서, 평유란, p.350)
도가와 불가에 있어서 궁극적 원리는 도가에서는 '도(道)'이고 불가에서는 '불성(佛性)'이다. 그러나 '도'는 오묘하고 오묘한 것(玄之又玄)으로 자연주의 관점에 따른 자연의 이치이지만 '불성'은 우주의 마음으로 표현된다. 이는 도가를 유물론으로 불가를 유심론으로 규정지으려는 단서가 되는 것이다. 도교의 '무(無)'는 '무명(無名)'으로 다만 이름 붙일 수 없을 뿐 결코 진정한 의미의 '무'는 아닌 것이다. 이에 비해 불가의 '무'는 형이상학적 관념으로 마음, 사랑 같은 사물에 내재하는 동력의 근원인 것이다(동서, 소공권 참조).

한(漢)의 유학자들은 긴 전쟁의 후유증으로 옛 책을 발굴하고 정리하는 일에 급급하여 유가의 올바른 뜻을 제대로 새기지 못하였었다. 특히 유가의 근본정신인 '경세치용'을 소홀히 하고, 인의를 내세워 왕도와 패도의 구분이라는 명분론에 치우쳤다. 따라서 구실주의 입장에서는 공자의 제세(齊世)의 취지와 양민(養民)의 중요성에 대한 가르침을 재해석하여 '공리(功利)는 응당 유학에 내포되어야 할 의(義)'라고 주장한 것이다.

후일 송나라의 섭적은 명분론을 다음과 같이 공박하였다. '동중서는 인의를 바르고 마땅함을 좇을 뿐, 이(利)를 도모하지 않고 도리를 밝힐 뿐 공(功)을 따지지 않는다고 말했다. 그것은 얼핏 보면 매우 좋으나 자세히 보면 엉터리이다. 옛 사람들은 다른 사람들을 이롭게 하면서도 스스로 그것을 공으로 내세우지 않았다. 그래서 도의가 밝게 빛났던 것이다. 뒤의 유자들은 동중서의 주장을 그대로 받아들여 공적(功績)을 멀리 했다. 그로 말미암아 도의는 무용한 빈말이 되고 말았다.'(습학기언[習學記言] 23 섭적)

이 당의 후기에 시작된 문예부흥이랄 수 있는 사조(思潮)는 송나라에 와서 꽃을 피웠다. 즉, 당 후기에 착상되어 송대에 완결되었던 것이다.

이 중 형이상학적 사유의 체계는 신유가에서 결실을 맺었고, 구실주의는 왕안석에 의하여 위대한 실천이 이루어졌다.

2) 한유·이고·유종원

① 한유(韓愈, 768-824)

당 나라 말기에 이르러 유명한 유학자 한유[13]는 당시 사태에 격앙(激昂)하여 그 책임을 불교에 묻는 배불론(排佛論)을 펼쳤다.

---

13) 한유 : 768-824. 당나라 문학자, 사상가. 자는 퇴지(退之).
주로 국자감에서 근무. 819년 헌종이 불골(佛骨)을 모신 것을 간하다가 좌천당했다. 그는 유종원 등과 자유로운 형식의 고문(古文)을 창도하였다. 유가의 사상을 존중하고 도교, 불교를 배격하였으며 송대 이후의 도학의 선구자가 되었다.

불교의 영향으로 인한 정치의 지나친 관용정책으로 사회는 기강이 문란해져 크게 붕괴하는 상태로 급진전하자, 그는 『원도론(原道論)』에서 유교만이 현실적인 정당성이 있고, 도교 특히 불교는 선을 악으로 바뀌게(以善化惡)하며 사람들을 속이는 학설이라 하였다.

그가 펼친 배불론의 요점은,

첫째 불교는 중국의 선왕지도(先王之道)가 아니라 오랑캐의 법이고,

둘째 출가수행은 중국의 사회 윤리강상(綱常)을 폐기하는 행위이고,

셋째 생산에 종사하지 않아 사회경제를 파괴하며,

넷째 윤회와 지옥에 대한 두려움으로 사람들을 현혹하고 있으나 부처는 영감하지 않아 화와 복을 내리지 못하므로 이는 허구일 뿐이라고 하였다.

한유는 『원도론』에서 '내가 도라고 일컫는 것은 도가. 불가에서 말하는 도가 아니다. 이 도(道)는 요·순·우·문무·주공을 거쳐 공자에서 크게 일고 맹자로 이어졌으나, 맹자 후에는 도가 전하여 지지 못하였다.'[14]고 하였다.

이러한 한유는 자신을 당대의 맹자로 자처하며 도통(道統)의 유전(流傳)을 자신의 과업으로 삼았다. 그는 맹자를 매우 숭상하여 유가의 여러 경전 중에서 『대학』과 『맹자』를 중요한 지위에 올려놓았다.

인의로서 선왕의 도를 밝히고 『대학』을 강령으로 치국의 이론을 정립하였다. 이처럼 그는 『대학』에 다시 생기를 넣어 송·명대에는 유학의 중요한 경전이 되었다.

그는 인간의 성품(性品)을 셋으로 나누고, 인간의 성정이 지향하는 바는 인·의·예·지·신(仁義禮智信)의 오덕을 갖추는데 있고, 이들이 통

---

14) 도가 전수된다는 생각은 불교의 '이심전심(以心傳心)'에 의한 정통성의 인수인계 즉 의발(衣鉢)을 전수하는 형식에 영향 받은 것이다. 부처님은 염화미소(拈華微笑)로서 가섭(迦葉)에게 정법안장 열반묘심(正法眼藏 涅槃妙心)을 전수하여 이것이 전통이 되었다. 유가의 도통은 2황 3대를 거쳐 공자–안자–증자–자사–맹자로 이어졌고 송대에 주렴계–정명도–정이천–주자라는 계보를 형성한다.
그러나 유가는 불교와는 달리 사제지간의 직접적인 전수를 기준하지 않고 천리(天理)를 기준으로 하였다. 순자는 천(天)을 부정하였다고 하여 유가의 정통에서 제외되었다. 순자는 천론(天論)을 말하였으나 천명(天命)을 믿지는 않았다.

일하여 조화를 이루어야 함을 중용(中庸)의 이치로 설명하고 주장했다.

그러나 이러한 인식방법은 현장대사(玄奘大師)의 법상종(法相宗) 유식론(唯識論)15)에서 영향받은 것이다. 이 『원도론』은 후에 송유학(宋儒學)이라 불리는 이학(理學)의 인간성정의 분석적 특징에 대하여 그 선구적 위치에 있다.

송나라 유가의 성리철학(性理哲學)이야말로 유학이 불교의 영향을 받아 혁명적인 계기를 자기입장에서 완수한 것이다. 즉, 유가는 성리철학에서 실질적 주관성(主觀性)이라는 전통에서 벗어나 인식 합리론의 객관성으로의 사상적 전향 내지 진전을 한 것이다. 이러한 사상의 실천으로 정치·사회적 현상에 대하여 과학적으로 사리를 판단하는 길이 학문적으로 성숙하였다.

한퇴지(韓退之 ; 한유)가 격분한 사태, 즉 황제로부터 서민에 이르기까지 온 나라가 선(禪)의 유행에 빨려 들어간 사회현상의 다른 한편에서는 이러한 사유형식이 진척되어 실천되고 있었던 것이다.

② 이고(李翺, 772-836)

당의 후기에 들어 불교의 폐단이 더욱 심해지자 한유는 배불론의 앞에 서서 강경하게 항의하였는데, 이는 이고16)에 의하여 저술된 『부성서』에 영향을 받은 바 있다.

이고는 청빈 강직한 성품으로 정도가 아니면 행하지 않았고 특히 안자(顔子)를 그리워 하였다고 한다.

---

15) 일체의 객관적 존재는 분별 작용으로서의 식(識)에 의해 알려지는 것으로서 현성(現成)하기 때문에 식 이외에 그 대상은 존재하지 않는다고 주장.

16) 농서성 출신으로 임지인 양주에서 죽었다(772-836).
'안사의 난' 이후 10년에 출생. 그는 양세법(量稅法)을 수정할 것을 상소하다 변방인 토번(티베트)의 절도사로 쫓겨났다. 양세법은 종래의 농민의 가호(家戶)중심의 세금을 재산의 많고 적음으로 징세의 표준을 바꾼 것으로 이는 지주 호족에게도 세를 부과하는 제도였다. 그러나 당시는 이미 이 세법이 제정된지 40년이 경과하여 수정이 필요한 시기였다.
그의 저서인 『부성서』는 불교의 폐단을 유교로 대항하고자 한 것이었다. 그러나 그는 유교를 도교, 불교와 섞어서 자신의 사상을 피력하였다는 이유로 주자에 의하여 도외시, 매장되었다.

한유가 현실생활과 연계하여 불교를 배척하는 이론을 전개하면서 유교부흥을 주도하였다면, 이고는 경제적 측면을 중시하면서도 한편으로는 심성수양론(心性修養論)이라는 철학적 근거를 제시하여 이를 도왔다.

그는 『부성론』에서 유가 경전을 중심으로 끊어지고 버려졌던 성인의 도를 부활시킴으로써 불교의 해탈론을 극복하고 백성들을 성명(性命)의 도(道)로 인도하고자 한 것이다.

'성명의 도'를 밝히는 근거로 그가 주목한 책은 『중용(中庸)』이었으며 『역』, 『예기』, 『논어』, 『맹자』, 『대학』을 그 이론의 근거로 삼아 『부성서』를 지었다. 이는 주자에 영향을 주어 사서(四書) 체계를 형성하였다.

또한 그는 인성설(人性說)에서 성(性)을 정(靜)이라고 주장하였는데 이는 송대 주렴계의 주정설(主靜說)의 연원이라고 할 수 있다. 그러나 그는 불교 자체를 부정한 것이 아니라 당대의 현실을 직시할 때 불교인들의 작위(作爲)가 잘못되었음을 지적한 것이다.

③ 유종원(柳宗元, 773-819)

송나라 도학(道學)의 터전은 한퇴지와 같은 시대의 유종원[17]에 의하여 이루어진 것이다.

그는 왕통(王通)[18]의 논의를 따라 유·불·선 삼교의 합일론을 제창하였고, 과거의 사상들을 묶어 과학적인 인식과 합리론을 효시(嚆矢)한 개혁적 정치가였다.

---

17) 유종원 : 773-819. 당나라의 시인. 자는 자후(子厚). 장안 태생. 저서로는 유하동집(柳河東輯)이 있다.
한유, 유우석 등과 친교를 맺고 있었다. 혁신적 진보학자로 왕숙문의 신정에 참획했으나 실패하여 변경으로 좌천. 13년간의 변경생활이 그의 사상과 문학을 더욱 심화시켰다.
한유와는 사상적 입장에서는 대립되었다. 한유가 전통적인데 반하여 그는 유불도를 참작하고 신비주의를 배격하는 자유 합리주의 입장이었다.
산수의 시를 특히 잘하여 도연명과 비교되었고 왕유 등과 당시(唐詩)의 자연파를 형성하였다.

18) 왕통 : 584-617. 수나라의 사상가. 자는 중암(仲庵). 하남성 출신.
어려서부터 준민하여 시·서·예악에 통달 스스로 유자(儒者)임을 자부하였다. 수 문제에게 '태평10책'을 상주하였으나 채택되지 않고 다음 황제인 양제의 부름에는 응하지 않았다. 그러나 정자나 주자는 그를 견유(犬儒)로 평가하였다.

당의 대종(代宗) 대력(大曆) 8년(773)에 출생한 자후(子厚) 유종원은 23세에 정치사회의 기원론을 전개하여 원시자연에서 인간생활 형태와 그 과정을 『유하동집(柳河東輯)』에서 거의 현대 사회학의 지식수준에 비견할 정도로 정치의 기원을 해명하였다.

또한 '봉건론(封建論)'을 정치학적으로 개진(開陣)하여 그의 관찰이 과학정신에 기초한 것임을 보여준다. 이러한 대상에 대한 객관적 인식방법이 송나라에 들어서는 현실적인 구실(求實)주의를 합리적으로 주장하여 적극 추진되었다. 이는 현실을 타파하기 위한 유가의 입장이었다.

'처음에는 사람들이 수풀처럼 무리지어 살았고, 눈서리 비바람에 그대로 노출되었다. 그러다가 나무 위에 둥우리를 틀고, 땅을 파서 굴집을 만들고 초목을 꺾고, 피혁을 얻는 방법을 알게 되었다. 그러나 아직 식용과 성욕에 쫓겼다. 그러다가 짐승을 뜯어 먹고, 과일과 곡식을 씹어 먹고, 짝을 지어 거처하는 방법을 알게 되었다. 그러나 아직 반목하고 싸웠다. 힘이 센 자는 때리고 이(齒)가 날카로운 자는 깨물고, 손톱이 굳센 자는 할퀴고, 무리가 많은 자는 빼앗고. 무기가 좋은 자는 살상했다. 흩어져 어수선하게 되고 초야는 피로 물들었다. 그러다가 강력한 자가 나와 다스리게 되었다. 험한 곳에서 무리를 위하여 호령을 내고 거느렸다. 그래서 관직의 법제가 섰다. 덕을 쌓는 자는 관직을 잇게 하고, 도에 태만한 자에 대하여는 그의 관직을 빼앗았다.'(유하동집)

그는 이어 군왕과 형정이 필요하게 된 이유를 설명하여 다툼이 끊이지 않으면 '반드시 곡직(曲直)을 판단할 수 있는 자에게 나아가 명을 받아야 한다. 지혜롭고 명석한 자로 하여금 뭍사람을 굴복시키게 해야 하는 것이다. 그런데 솔직하게 말하면 고치지 않고, 반드시 아프게 해야만 두려워 한다. 그로 말미암아 군주와 형정이 생기게 되었던 것이다.'(必就其能斷曲直自而聽命焉 其智而明者 所伏必衆告之以直而不改 必痛之而後畏 由是君長刑政生焉)(동집 3 봉건론).

또한 그는 '천'과 인간이 서로 간섭하지 않는 이치를 밝혔고 봉건제도가 정치조직으로서 작은 규모에서 큰 규모로 확장되는 과정에서 최종의 것이라고 하였다.

먼저 천인불상간(天人不相干)에 대하여 '음양은 큰 초목이며 천지는 큰 열매이다'라고 한 다음 '생식과 재앙은 모두가 하늘에 달려 있다. 그리고 법제와 패란은 모두가 사람에게 달려 있다. 이 둘은 별개로 서로 간여하지 않는다'(先植與災荒皆天也 法制與悖亂皆人也 二之而已 其事不相預). 그럼에도 불구하고 후세에는 '삿되고 미혹하여 신에게 재앙을 없애고 행복을 비는 제사를 지내는 일이 사회에 압도적로 만연하는 기괴한 일(邪惑禱禳壓勝鬼怪之事)'이 일어났다고 하였다.

그는 봉건제를 종래의 학자들이 군주가 신하에게 봉토를 나누어 준 결과라는 설명에 반대하였다. 그는 봉건제는 정치조직이 다툼을 조정해결하는 덕의 크기를 좇아 마을의 서리가 나온 다음에 현의 대부가 나왔고, 다음에 제후가 그리고 큰 제후로 되는 발전의 최후의 결과라고 하였다.

유종원은 가렴주구(苛斂誅求)를 공격하고 정치의 올바른 길은 인민을 양육하는데 있으며, 각자가 각기의 직무에 충실하여 안분(安分)하는 것이 도를 천하에 이루도록 하는 것이라고 하였다.

그에게는 정치 현상을 완전하게 인간자신의 책임이며, 모든 사람에게는 각자의 몫이 있다고 생각하여 언뜻 혁명적이기까지 한 사상적 면모가 있었다.

유원종의 친구 유우석은 인간이 '천'에 따르는 것보다 나을 수 있는 것은 법이다(人勝乎天者法也)라고 하여, 그 친구의 의견에 힘을 실어주었다.

한유와 유종원은 당송 팔대가에 드는 문장가들이었다. 이들에 의한 고문운동(古文運動)은 송대에 소씨 삼부자를 포함한 팔대가들에게 이어졌다. 그리고 이들의 사상적인 중요성은 송대의 성리사상에 단서를 제공한 점이었다.

3) 기 타

한유와 같은 시대 사람인 원결(元結, 723-772)[19]은 당시의 국가, 사회, 가정, 개인할 것 없이 만연(蔓延)된 부패상(腐敗相)을 공격하였다.

그리고 무능자(無能者)는 절대평등, 자유라는 원시시대의 순결성을 주장하여 부자형제의 윤리조차도 부정하였다. 순박, 애린(愛隣), 협동을 주장하였으나 군신간의 윤리를 직접으로 부인하지는 않았다.

그러나 당 나라 말기의 정치적 난맥상을 당하여는 군왕이 필요 없다는 기군론(棄君論)을 과감하게 선언하였다.

이러한 극단적인 주장은 도가사상이 비록 정치에는 소극적이나, 한편 정치성의 치열한 면을 가지고 있는 본래의 기질의 표현이었다. 이는 서구의 키니크학파에서 볼 수 있는 정치의 이상성 추구와 같은 맥락에 있다. 그러나 이러한 사상적 표현은 어느 일정한 정치이념을 따른 것이 아니고 인간의 고고한 정신세계를 지향하는 사상이 현실 세계에 조우(遭遇)하여 비상(飛上)한 것이다.

그러나 도교에서도 학자에 따라서는 유가 정치사상에 동조하는 태도를 보이기도 하였다.

당나라 말기 라은(羅隱, 833-909)에 의하면 군주의 필요성을 지적하며 정치제도가 물리적, 인간적으로 자연스러운 것으로 긍정되었다. 그는 인간은 날 때부터 불평등하고 비록 상대적이긴 하지마는 강한 자와 약한 자가 같지 않고 이들이 서로 의존하는 사회생활에서 정치가 성립한다(양동서, 강약 제2). 다만 사치스러운 폭군은 이를 공격하여 제거할 것을 암시하였다.

신선이 되어 떠났다는 자소도인(紫 雨[비우] 아래肖[하늘 소]道人) 담초(譚峭)는 무위(無爲)를 최고의 이상으로 보았으나, 한편 정치도(政治道)

---

19) 원결 : 723-772. 당대의 시인. 자는 차산(次山).
안록산의 난을 피해 강서성에 은거하였으나 759년 숙종의 부름으로 반란군 토벌에 공을 세웠다. 민심을 천자에게 들려주려는 의도로 만들어진 계악부(系樂府)는 백거이(白居易)의 신악부에 선구가 되었다. 또한 표현의 기교보다 내용을 중시하는 간고(簡古)한 그의 작품과 문장은 한유, 유종원의 고문 운동에 영향을 끼쳤다.

를 인정하여 무릇 정치는 백성에게는 식량을 풍족하게 하는 것이 첫째라고 하였다. 그리고 검소가 모든 문제 해결의 요체(要諦)라 하여 일체의 사치와 허식이 욕심에서 나오므로 이를 경계하여야 하고 토탄에 빠진 민생이 구제되어야 한다고 호소하였다(화서[化書]).

도가사상은 그 본래기질에서 정치현실을 비판하고 통치자의 수탈로부터 인민을 보호하고 방위하는 입장에서 중세기에 민주의식을 자극하였다. 이에 비하여 불교는 사물판단에 인식론적인 사유형식을 제공하였을 뿐 아니라, 통치자가 자비정신과 자유로운 마음을 갖도록 하여 통치자의 민주정치적 성품을 배양하였다.

당나라 말기에는 한퇴지가 관용으로 인한 혼란상태의 책임이 불교에 있다고 지적하며 항의하였다. 이러한 경향에 따라 당대(唐代)의 감성적 퇴폐를 시정하려는 송나라의 유학(儒學)의 노력이 진전하였다. 그러나 당나라의 일반 문화에서는 불교의 영향이 이미 부동의 비중을 차지하고 있었다.

3. 송(宋)

1) 배 경

송조(宋朝)의 기본적인 정치노선인 문치주의는 송의 건국자인 태조에 의하여 결정되었다. 그는 후주(後周)의 부장으로서 근위병의 추대를 받고 천자에 올라(900년) 송나라[20]를 건국하였다.

그는 자신의 무인(武人)으로서의 정치적 행적과 그 결과를 잘 알았기 때문에 무관을 억압하고 문관을 우대하여 문치를 채택하였다. 특히 그가 경계하는 인물들은 바로 자기측근의 군인들이어서 일찍이 이들을 정리하였다.[21]

---

20) 역사상 당. 오대10국에 이어지는 왕조. 960-1277.
처음에 개봉에 도읍하였으나 1126년 정강의 변으로 강남으로 옮겨 임안(臨按; 지금의 항주)에 천도하였다. 개봉시대를 북송, 임안 시대를 남송이라고 한다.
오대 유일의 명군이었던 후주의 세종이 죽은 후 그의 부장이던 조광윤이 근위병의 추대를 받아 천자에 올랐다. 무관을 억압하고 문관을 우대하는 문치주의와 전제통일기구를 완비하였다.

그러나 그의 문치주의는 내란을 방지하는 데는 성공하였으나 외침(外侵)에는 전혀 무력하여 역대 한 왕조(漢王朝)들과는 반대로 오랑캐에게 조공을 받침으로써 평화를 얻을 수 있었다. 그러나 문치의 긍정적 효과는 다음의 조셉 니담의 서술에서 확인할 수 있다.

그에 의하면 송은 '일찍이 상상도 하지 못한 고도의 문화와 과학의 흥륭이 있는 제국시대로 발을 들여놓게 되었다. 카터는 이 시대를 성숙의 시대라고 훌륭하게 명칭하였다. 당대(唐代)의 서정시가 학구적 산문(散文)에게, 종교적 신앙이 철학적 사색과 과학적 서술에게 길을 양보하는 한편, 기술상으로는 당대의 착상(着想)이 송에서는 실용에 옮겨졌다.'고 한다(『중국의 과학과 문명』, p.158).

또한 정치적으로는 그간 여러 왕조에서 시행되던 전제정체(專制政體)의 발전이 송대에서 완성되어 사마광의 존군(尊君)사상에 집약되었다.

불교와 도교에 의한 철학적 사색의 영향으로 새로워진 유가의 모습이 송에서는 분명한 두 갈래의 흐름으로 분기되었다. 그 하나는 구실주의(求實主義)이고, 다른 하나는 이학(理學)의 완성이다.

불교는 객관주의 입장에서 이 두 흐름 모두에 영향을 주었다. 즉, 형이상학적 측면에서의 객관주의는 유교를 주관주의에서 벗어나 우주론에 접근토록 하였다. 즉, 주관적인 시(詩) 또는 담론(談論)을 배척하고 사물의 성리(性理)를 연구하는 진리탐구의 길이 열렸고, 남송(南宋)대에 이르러 비로소 학문적인 성공을 완수하였다.

다른 하나, 즉 사회과학적으로는 경세치용정신에 따른 실사구시(實事求是)의 길에 합리적 방법을 추구하는 사유형식을 제공하였다.

불교가 이 길로 이끄는 것이 가능하였던 것은 '모든 현상에 대한 불교도들의 태도에는 사물들은 무(無)라고 가정하고 모든 것은 시험하여 객관적으로 냉정하게 검증해야 한다는 매우 근대 과학적인 면을 본질

---

21) 송 제국이 확립되자 태조는 그를 도운 공신들을 한 자리에 모은 연회에서 '짐은 밤에 잠을 편하게 잘 수 없노라'고 한 뒤에 그 원인을 묻는 신하들에게 '경들 중에 누가 짐의 왕위를 노리지 않을까?' 걱정하는 때문이라고 하였다. 그러면서 낙향하는 자에게 여생을 부유하게 살만한 여건을 제공할 것이라고 하였다. 이튿날 그들은 병을 핑계 삼아 일괄 사표를 내고 고향으로 돌아갔다(동서, 니담, p.157)

로 갖고 있었던 것이다.'[22] 그러나 사실상 이학(理學)은 중국 철학사에 크게 자리하는 철학체계를 세웠지만 정치사상에는 별 관심을 보이지 않았다.

송나라의 국가 재정은 형편이 매우 어려웠다. 초기부터 거란(契丹)의 환란(患亂)을 입고 연운(燕雲) 십육주(十六洲)를 결국 회복하지 못한 채로 요(遼)와 서하(西夏)의 침공을 끊임없이 받다가 드디어 몽골군의 엄습을 당하였다. 송 태조의 문치주의의 정책에서도 영향을 받아 송나라는 군사력도 약하고 재정을 근본에서 다스리지 못하고 미봉에 그쳐 정사(政事)의 혼란을 면치 못하였다.

문치주의로 문화면에서는 많은 결실을 거둔 반면에 민생은 도탄에 빠져 들어갔다.

비록 상업은 한나라 때 발흥한 이래 외족과의 교섭과 당의 서역과의 물자 교역 등을 통하여 발전하고 도시 경제를 일으켜 세웠으나 농업 국가로서의 경제 토대가 무너져 많은 인민이 생활고에 시달리고 있었다.

그러나 한대(漢代) 이래로 당대에 이르기까지 유가들은 맹자의 인의에 의한 왕도만을 내세워 공적(功績)과 패도(覇道)를 경멸하는 공소(空疎)한 주장으로 일관하였다. 이들은 경세치용(經世致用)이 본래 유학의 전통적인 목표였음을 이해하지 못하고 있었던 것이다.

이에 대하여는 구실주의는 이미 앞에서 인용한 바대로 12세기 영가학파(永嘉學派)[23]인 섭적에 의하여 명확하게 설명되었다. 즉, 옛 사람들은 다른 사람들을 이롭게 하면서도 스스로 그것을 공으로 내세우지 않았을 뿐 공적(功績)을 멀리한 것은 아니었다. 그래서 도의가 밝게 빛났던 것이다.

---

22) 『동양은 어떻게 서양을 계몽했는가』, J.J. Clarke, p.245.

23) 북송 때의 공리사상의 중심지는 강서였고 남송에서는 절강(浙江)이었다.
영가학파(永嘉學派)는 절강의 영가지방에서 시작되었고 진량과 섭적 등이 이에 속한다. 특히 섭적에 의하여 영가의 공리사상은 새로워진다. 그들은 육경(六經)은 모두 치용(治用)의 학문이고 성인의 도는 인민을 편안하게하고 국가를 다스리는 일이다. 그들은 이학파(理學派)와 대립되어 많은 논쟁을 벌이기도 하였다

송대의 재정은 바닥이 나고 민생은 도탄에 빠져 의식 있는 학자들은 나라를 멸망으로부터 구해내기 위하여서는 그 해결책이 빈말을 떠벌리는 것이 아니라, 실학에 근거한 구실주의(求實主義)에 있음을 알고 있었다. 사실 송대까지도 공리적 삶이나 인간의 욕망은 천시되고 제어해야 할 대상이라는 것이 일반적인 유가의식이었다.

당 후기의 고전 문헌에 대한 새로운 해석은 허례와 과장에 대한 심각한 반성 그리고 민족적 자긍심의 회복을 위한 노력과 함께 오랜 동안 묻히어져 있던 유가의 경세치용의 정신을 흔들어 깨웠다. 그들은 기본적으로 이학의 무리들이 하듯 현묘한 것만을 찾아 정치현실에 수수방관하는 입장에 서있을 수만은 없었다.

이러한 사조에 영향을 받은 대표적인 사람들에는 구양수(歐陽修)와 이구(李覯), 왕안석 그리고 진량, 섭적 등이 있었다.

물론 이학자들 중에도 기일원론자(氣一元論者)인 장제(張載) - 횡거(橫渠)는 토지의 재분배를 제안하여 근농(勤農)정책을 지시하였고, 도학자인 정호(程顥) - 명도(明道)도 신종(神宗)에게 올리는 나라를 다스리는 열가지 일(治法十事)에서 균전제를 역설하였다. 반대로 구실주의자인 진량은 주희와 성리학에 대하여 매우 심도 깊은 논쟁을 벌이기도 하였다. 그러나 후일 왕안석의 신법을 반대하는 사상적 계열은 주로 이학파(理學派)들로 구성되어 있었으며, 이들은 구법당[원우당]을 만들어 왕안석을 공격하였다.

2) 이구·왕안석

① 이구(李覯, 1009-1059)

이구는 맹자의 민본과 순자의 예치를 조화시키려 했다. 그는 당시의 인의(仁義)만을 정치술로서 인정하여 왕도는 이에 따르는 것이고, 패도는 이를 어기는 자라는 종래의 구별에 반대하였다. 왕도와 패도의 구별은 그 지위의 정당성에 의한 것이며 정치술에는 이 둘의 차이는 없다고 하였다. 즉, 안민(安民)만이 군주의 할 바이고, 정치의 목적인 것이다. 그는 '역(易)'이 가르치고자 하는 바는 천도(天道)에 있는 것이 아니라 인륜과 세용(世用)에 있다고 하였다.

그는 부국책에서 주장하기를 유자들은 흔히 의리를 귀하게 여기고 공리를 천하게 생각한다. 그래서 말은 도덕과 교화에 관한 것뿐이다. 그러나 홍범의 팔정(八政)은 첫째가 식(食)이고, 둘째가 화(貨)이다.

공자는 말하기를 '식이 족하고 병(兵)이 족하면 인민이 믿는다.'고 했다. 그러니 '국가를 다스리는 것은 실로 반드시 재용에 근본이 있다.'라고 하여 구실(求實)의 뜻을 고전 문헌을 해석하는 방식으로 설명하였다.

이러한 생각을 가지고 있던 이구(李覯)는 그의 『국용편(國用編)』에서 부국강병의 12항목의 요강(要綱)을 주로 경제정책 중심으로 설계하여 인민 모두가 일해야 하며 노무(勞務)는 균등해야 한다고 제창하였다.

뿐만 아니라 그는 왕안석에 앞서 수리사업과 세제를 개혁하고 도량형제를 정비하여 상인의 시장질서를 확립하여야 한다고 역설하였다. 그리고 국가가 인민의 재난과 질병을 공공시설에서 구제할 것도 지시하였다.

② **왕안석**(1021-1086)

송대에 들어 실용주의 정치사상이 제고되었다. 이러한 영향으로 중국 역사에서 최고의 정치가로 불리는 개포(介甫) 왕안석(王安石)[24]의 수많은 사회정책이 근대적인 합리성을 가지고 실천되기에 이른 것이다. 상업자본주의의 자유방임을 통제하여 농업입국을 이루려는 노력에서 온갖 종류의 사회경제정책이 당대에 실천할 수 있는 한에서 현대적 수준의 합리성을 가지고 단행되었다.

---

24) 왕안석 : 1021-1086. 북송 중기의 정치가. 자는 개포(介甫). 강서성 사람.
1061년 신종 즉위 후에 참지정사(參知政事 ; 부재상)으로 발탁되고 다음해에 재상이 되어 8년간 신법을 시행하였다. 보수파와 싸우면서도 결국 적자 재정의 회복에 성공하고 정계를 물러나 종산에 은거하였다.
신종 사후 정권이 구법당에 옮겨져 신법이 차례로 폐지되는 것을 목격하고 66세에 죽었다. 당송 팔대가의 한 사람으로 시문에도 능하였다.

그의 정치의 기본적인 지향은 '유위(有爲)의 치술'이었다. 그는 만물이 이루어지는 데는 인력이 필요하며, 정치에서는 예악형정을 통하여 이에 참여한다. 그러나 형정(刑政)은 관리의 몫이고, 군왕이 할 바는 아니라는 생각이었다.

왕안석은 일찍부터 정치가로서의 길을 순탄하게 밟아왔다. 그는 인종(仁宗)에게 글을 올려 인재 양성을 위한 교육의 필요와 나라를 부강하게 하는 제도를 정비할 것을 진언하였다. 그리고 신종의 신임을 얻어 '신법(新法)'을 단행하였다. 그러나 왕안석은 교육이 먼저 해결되어야 개혁이 순조로울 수 있다고 주장하였으나, 신종은 정치효과를 앞세워 신법의 시행을 급하게 진전시켰다.

신법은 사회, 경제, 지방자치, 군정 등 모든 면을 망라한 것이다.

가난한 농사꾼에게 한 해 두 차례 돈을 빌려주고 수확기에 저리로 상환하게 하는 청묘법(靑苗法) 외에 각 지방의 물가를 조정하는 균수법(均輸法)을 마련하였다.

그리고 시장에서 팔리지 않는 물품을 정부가 사들이거나 정부의 비축 물품과 교환해주는 동시에 상인에게 돈을 빌려주어 이자를 거두어들이는 시역법(市易法)도 단행하였다.

또한 국가 재정을 위해 노역 대신에 봄, 가을로 돈을 납부하도록 하였던 모역법(募役法)과 농민에 대해 세금을 균등하게 하기 위해 토지의 질을 다섯 등급으로 조사, 편성하여 세율을 다르게 하였다. 그리고 논밭을 네모로 반듯하게 구획하여 과세의 편의를 도모하였다.

농업 경제의 구제와 갱생을 위한 왕안석의 정치실적은 경탄할 만한 것이었다.

송나라의 동남쪽 일대에 있는 여러 인공 수리전(水利田)의 효율적인 관리를 위하여 각종 기하학적인 인수로(引水路)를 만들고 농민에게 그 이용시간을 배당하였다. 그는 청묘법(靑苗法)과 함께 황하 준설(浚渫) 같은 치수사업을 희녕(熙寧) 3년부터 9년에 걸쳐 실행하였다. 이로 인하여 10,793개에 이르는 수로를 개척하여 방대(尨大)한 새로 만들어진

논밭이 361,178개소에 이른다고 기록되었다.

지방자치에 대하여는 가옥의 호수에 따라 '보(保)'라는 단위를 편성하고 치안 등 '보'의 기능과 여기에서 각호에 의무를 균등하게 제공하도록 하는 보갑제도(保甲制度)를 조직, 시행하였다.

군정(軍政)은 나이 많은 자에게 병역 면제의 길을 열어주고 젊은이들에게는 훈련을 엄격하게 하여 정예군사를 지향하는 무위군(武衛軍)을 조직하였다. 한편 학교를 많이 세워 문과 무를 함께 배우게 하되 특히 무술을 교육의 기초로 삼았다. 그리고 과거시험에서 시부(詩賦)를 제외시키고 무예, 법률, 의술을 설정하였다.

또한 그는 덕, 감찰과 형정(德, 察, 刑)이 함께 갖추어져 한편에 기울거나 폐지되어서는 안 된다고 하였다.

왕안석은 재정 금융과 시장 그리고 물가조정에서 과학적 방법의 근대 정책을 적용한 것이다. 그의 재정정책에서는 취렴빈구(聚斂貧求 ; 세금을 엄중하게 받아들여 가난한 사람들을 구제)책을 택하였다. 이러한 왕안석의 경제정책은 자본주의 화폐경제의 실정과 해악에 대해 현대 수준의 합리성을 갖는 방안으로 대응한 것이다.

이 신법은 국민 경제가 균형되도록 조정하고 각 방면의 생업에 대한 전면적인 수준 향상을 획책함으로써 부국강병이라는 목표를 함께 이루려는 거대한 시도였다. 그러나 그의 과감한 실천과 그 효능은 이를 반대하는 거대한 조류에 밀려 오래 지탱할 수 없었다.

왕안석의 신법에 대하여 유명한 유학자인 귀현(貴顯) 등에 의한 반대운동이 치열하였다. 역대 중국에서는 일찍이 동중서가 한흥이미개(漢興而未改)라 하여, 개혁에 대한 부정적인 생각을 내세운 이래 대체로 사회 추세를 관용하는 보수적 경향이 강하였고 그 세력은 거대하였다.

동중서는 '예전의 정전법은 이미 실행하기 어려우나 국가의 재정을 민간에 나누어 준 땅 만으로는 부담하기 어려우므로 토지 겸병의 길을 막고, 소금과 철(鐵)은 인민에게 고르게 나누어주고, 노비들의 생명을 마음대로 죽이지 못하게 하여 그들에게 생명의 위협을 제거하여 주고, 세금은 장부에 기재된 대로 검약한 수준에서 징수하고, 요역은 인민의 힘으로 감당할 수 있는 관용을 베풀 면은 이를 선정(善政)이라 할 수 있다.'고 하였다.

이러한 선정에 대한 소극적 생각이 역대 왕조가 따랐던 바로 보수적인 유가 정치사상을 상징적으로 대변하는 것이다. 그들은 신법이 상업적 경향을 신장시키는 것으로 농본정신의 입장에서 그것은 이단적이라고 공박하였다. 즉, 인민들이 영리를 다투게 한다고 비난한 것이다.

이에 동조한 인사로는 원순인(苑純仁), 소철(蘇轍), 한기(韓琦), 여공저(呂公著), 조변(趙抃), 사마광(司馬光), 부필(富弼), 문언박(文彦博) 등이 있었고 이들은 앞을 다투어 신법을 폄적(貶謫 ; 헐뜯고 꾸짖다)하였다고 한다.

그러한 실정이었으므로 그 정책의 실천과정은 매우 어려웠고 왕안석의 정치적 입지 역시 안전하지 못하였다.

그러나 왕안석의 정치가로서의 태도는 매우 분명하였다. 그는 노·장을 배척하고 통치자는 '필히 네 가지를 잘 다루어야 하는데 그 네 가지란 예, 악, 형, 정이다. 이들로서 만물을 편하게 한다. 이는 예로부터 성인이 마땅히 해야 할 일이다(… 必制四術 四術 禮樂刑政是也 所以成萬物者也 故聖人唯務 修其成).'이라고 하여, 그의 현실주의 입장을 밝혔다.

동시에 그는 교육이 중대사로서 가장 먼저 해결해야 할 중요한 일임을 주장하였다. '형의 법제는 정치의 근본이 아니고 다만 관리의 일이고 주요한 것이 아니다. 정신의 기운이 마음을 움직여 사람과 자연을 다룸에 선을 택하고 죄를 멀리하게 하는 것이 주된 할 바이다(刑名法制 非治之本 是爲吏事 非主道也 情神之運 心術之化 使人自然 遷善遠罪者主道也).'라고 선언하여 교육의 정신주의를 강조하였다.

사실 그는 당송 팔대문호(八代文豪) 중의 한 사람이었고, 고전경서(古典經書)에 관하여 근 300권의 주해(註解)를 저서로 남겼다.

신법 중 균수법 등은 극심한 반대에 부딪히어 시행되지 못하였으나 그의 근 9년간의 정치 실적은 상당한 효과를 거두었다. 원풍(元豊) 세대에는 신법시행에 의하여 물부민강(物阜民康 ; 물자는 많아지고 인민은 편안해짐)이 효과적으로 이루어져 훗날 소식(蘇軾)은 그가 왕안석을 공박한 것을 후회하였다고 한다.

왕안석은 당 후기의 고전문헌을 다시 해석하는 문예부흥의 영향인 실사구시의 흐름에 따랐다.

신법을 반대하는 논리 중에는 그가 주(周)나라 예법을 적용시키려 한다고 하며, 그 시대착오를 비판하기도 하였다. 그러나 왕안석은 옛 사람이 예라고 했다고 하여, 지금 그것을 반드시 따른다면(古之人 以是爲禮而吾今必由之) 고례(古禮)의 뜻에 부합하지 못할 것(是未必合於古之禮)이라고 하였다. 즉, 일을 옛 사람이 한 대로만 따라만 한다면 실제 내용이 다를 것이기 때문에 성공하기는커녕 천하에 막대한 해를 끼치게 될 것이다(事同於古人之跡 而異於其實則 其爲天下之害莫大)라고 하였다.

그가 '주례'를 떠받들고 인용 또는 변호하기도 하였으나, 그의 이 같은 고전해석은 정치실천이 현실의 실정에 부합되는 것이어야 함을 명확히 하였다.

신법이 사회 현실에 대한 합리적인 인식에 기초하여 과학적인 정치 효능을 목표로 한 것은 바로 당대(當代)의 흐름이었다. 이는 유원종에게서 뚜렷이 볼 수 있었던 불교의 영향, 즉 객관적 인식이라는 사고형식(思考形式)이 송(宋)대에 들어 실사구시(實事求是)를 추구하는 흐름으로 이어온 것이다.

왕안석은 자신의 생애 중에 그가 그토록 심혈을 기울인 신법이 구법당[원우당]의 사마광에 의해 하나씩 폐기되는 과정을 보아야만 하였다. 이후 신법당이 잠시 세력을 장악하였으나, 그 시기는 신법을 다시 펼 만큼 길지 못하였다.

송대의 정치사상은 크게 이학(송유학)과 구실(求實)사상으로 나눌 수 있다. 그리고 이학은 다시 주자학(朱子學)과 육학(陸學 ; 육구연을 따르는 학파)으로 나뉘고 구실사상은 북송의 강서(江西) 중심의 학자들, 즉 구양수(歐陽修)와 이구, 왕안석 등과 남송시대에 절강성 중심의 영가학파(永嘉學派)를 위시한 영강 금화학파 등으로 나누어 볼 수 있다.

따라서 남송 시기만을 본다면 정치사상 내지 정치사상에 영향을 줄 수 있는 사상계(思想界)는 주자학과 육학 그리고 영가학파가 셋으로 정립(鼎立)을 이루었다.

이들 중 진량과 섭적으로 대표되는 영가학파에서는 사람을 가르침에 있어 공소(空疎)한 것을 배제하여 반드시 일을 중심으로 그 실질을 이해하게 하여 모든 것을 실속 있게 하였으며, 꼭 실행할 수 있는 말을 하도록 하였다(간제학안[艮齊學案]).

이러한 영가학파가 등장하게 되는 사회적 배경은 왕안석에 의하여 추진되었던 변법 개혁(變法 改革)이 사마광을 중심으로 하는 이학 내지 사회 보수적 집단에 의하여 좌절되는 과정을 겪은 사회적 경험을 바탕으로 하고 있다.

3) 사마광·소식·소철

① 사마광(司馬光, 1019-1086)

왕안석의 신법을 반대하여 당파 세력을 결성한 집단의 영수(領袖)는 사마광[25]이었다.

그는 대의명분이라는 형식에서 전제 군주권을 내세워 존군 사상을 옹호하였다. 즉, 맹자가 말한 민귀(民貴)의 시대는 지나갔고 군신 간의 명분은 자연스러운 것으로 존중되어야 하며 또한 맹자와는 반대로 덕(德)이 작위(爵位)에 대항할 수 없다고 하여 절대 전제를 지향하였다.

그러나 그의 전제군주는 그 아래 공작(公爵), 백작(伯爵) 등 봉건적인 분권 단위를 거느리는 것으로 제후(諸侯)국가를 통합하는 일종의 세계

25) 사마광 : 1019-1086. 북송의 정치가 사학자. 시호는 문정. 산서성 사람.
1070년에 신법에 반대 추밀부사를 사퇴하고 지방으로 나갔다. 그의 명저인 『자치통감(資治通鑑)』을 쓰는 데는 신법을 시행한 신종도 비록 정치적 견해는 다르지만 지원을 아끼지 않았다. 1084년 『자치통감』을 완성하였다.
그는 당시의 년호를 따라 '원우(元祐)의 재상'이라 하여 구법당인 원우당을 이끌었다.

군주국가의 이상을 내포하고 있다. 즉, 군왕은 '천하의 도'의 자리에서 권위(權威)하며 직접 통치하지는 않는다는 것이다.

'왕은 천하를 합쳐 군림한다. 왕은 반드시 삼공을 세운다. 삼공 가운데서 둘은 천하를 다스리니 이백이라는 것이 그것이다. 나머지 하나는 안에 거처한다. 그러나 모두가 왕의 관리이다. … 맹자와 순자 이래로 모두가 말하기를 왕도를 행하면 왕이요, 백도를 행하면 백이라 했다. 도가 어찌 둘이겠는가? 도를 얻음에 깊고 얕음이 있고 공을 이룸에 크고 작음이 있을 뿐이다.'(合天下而君之之謂王 王者必立三公 三公分天下而治之曰二伯 一公處乎內 皆王官也 … 自孟荀氏而下皆曰 由王道而王 由伯道而伯 道豈有二哉 得之有深淺 成功有大小耳)

왜냐하면 '인의라는 것은 국가를 다스리고 제후를 복종시키는 소이(所以)이다. 황·제·왕·패가 모두 그것을 쓴다. 다만 크고 작음, 높고 낮음, 멀고 가까움, 많고 적음의 차이가 있을 뿐이다.'(仁義者 所以治國家而服諸候也 皇帝·王·覇皆用之 顧其所以殊者 大小高下遠近 多寡之間耳)라 하였다.

그는 '유위의 정치'는 현실적으로 백성에게 해롭다고 하였다. 그에 의하면 이재(理財)를 거론하는 것은 관청을 늘려 인민의 재물을 탈취하고 이를 정부에 흡수하려는 것 뿐이라고 하였다. 옛 성현은 정치를 관료들에게 위임하고 그들에게 그 직책에 따른 책임을 추궁하는 것이고 민생을 보살피는 도리는 조세부과를 경감해주는 것뿐이라고 하였다.

그는 조상의 종법(宗法)은 바뀌어서는 안 된다고 하고, 또한 노자의 무위자연을 칭송하기도 하였다. 이는 이 시기(時期)의 학자들에게 불·도가의 영향은 일반화된 현상으로 사마광 역시 그의 정치철학에서 그러한 면모를 보인 것이다.

② 소식(蘇軾, 1036-1101)

소순(蘇洵), 소식, 소철의 3부자는 아버지인 소순만이 당파에 불참하였고, 철은 원우당(元祐黨)[26]에, 식은 촉(蜀)의 당수였다. 소순은 통치자

26) 원우당 : 왕안석의 신법에 반대하여 모인 구법 수호를 위한 당으로 당시의 년호가

가 유가적 태도에서 덕을 닦아야 한다는 정도에 머물렀다.

호(號)가 동파(東坡)인 소식[27]은 사회는 인간의 본성이 실제 들어나는 바를 바탕으로 다스려져야 한다고 하였다. 이러한 의미에서 소식은 민심과 여론에 관하여 실로 경탄할 만큼 그 흐름을 투철하게 살피었다. 그는 중국 정치사상의 역사에 그 유례가 없는 합리론을 전개하였다.

'선비는 힘으로 이길 수는 없다. 그러므로 인민의 뜻에 따라야 한다. 많은 앞에 나서는 사람들이 떠드는 것을 따르라는 것이 아니라 인민의 말하지 않은 바를 알아서 하여 그것이 말하여졌을 때와 같은 효과를 내는 것이 참으로 인민을 따르는 것이 된다. 나서는 사람들의 입은 인민의 진실을 말하는 것이 아니다.

통치자의 귀에 들리게 하는 말은 개인의 이기심에 의한 사사로운 것이다. 그 말하는 사람은 자신의 뜻이 민중의 그것이라고 생각하지만 천하의 입장에서는 보잘 것 없는 소수의 뜻밖에 되지 않는다. 저 인민이 말하지 않고 속으로만 요량하는 이유는 그들이 떠드는 소리를 반겨하지 않기 때문이다. 그러므로 떠드는 것을 싫어한다고 민중이 말하지 않고 속으로만 요량하는 것을 버릴 것 같으면 좋아할 자는 적고 좋아하지 않을 자는 많게 될 것이다.'(사치론[思治論] 집 권 21)

이는 매우 정직하고도 여론의 들어나지 않는 예민한 계기까지 살피는 논조로 특히 동양적인 특성인 '실질적인 민주' 성격을 천명(闡明)한 것이다.

그는 '군왕은 일의 옳고 그름을 논하기 전에 먼저 민중의 동향을 살펴야 한다(是以君子未論行事之是非 先視衆人之向背).'(신종황제에 올리는 글)라 하여 촉(蜀) 당수로서 그가 민중의사에 따름을 암시하였다.

더 나아가 그는 민중의 의사를 어떻게 반영할 것인가를 설명하였

'원우'라서 비롯된 이름이다. 이에는 사마광을 위시하여 소식, 소철 등이 합세하였다.

27) 소식 : 1036-1101. 송나라 때 대 시인.
소철의 형으로 대소(大蘇)라고도 불리었고 송나라 제일의 시인이며 당송 팔대가의 한 사람. 구법당에 속하여 출세와 유배를 이들과 같이 하였다. 당시(唐詩)가 서정적인데 대하여 그의 시는 철학적 요소가 짙었고 새로운 시경(詩境)을 개척하였고 특히 적벽부(赤壁賦)는 불후의 명작으로 꼽힌다.

다. '인민이 옳다고 하는 바를 성취시키고 인민이 그르다고 하는 것을 버려야 한다. 그리고 인민은 항상 공공연함으로 군왕은 그 공공연한 의사를 주재하여야 한다(衆之所是 我則興之 衆之所非 我則去之 夫衆未有不公 而人君者天下公議之主也)'(속집 9론 시정장(時政狀).

그는 사회의 분란은 도적과 소인배들이 떼거리가 되어 난을 일으키는데 원인이 있다고 하고 '도적을 없애는 도리는 의식주를 해결하는데 있고, 소인배를 없애는 것은 부귀의 문을 열어 놓아야 한다' '대저 지혜, 용기, 판단력과 체력의 넷을 갖춘 사람은 빼어난 호걸인(夫 智勇辯力 此四者 天下之秀傑也) 바 이들이 실직(失職)하는 일이 없도록 천하의 부귀를 갈라 주어야 한다.'

그는 과거의 정치상의 난을 다스린 역사의 예를 살펴본 결론으로 그러한 걸출한 자들을 어떻게 대하였는가가 매우 중요한 일이라고 생각하였다. 그는 정치가 '3대(하, 은, 주) 이전에는 학문에 기초하였고 전국 시대에서 진나라에 이르기까지는 걸출한 외래(外來)인사들에 의지하였다. 그러나 한나라 이후에는 군현의 관리에게 맡겨졌고 위·진 시대에는 구품중정(九品中正)이 담당하였다. 그리고 수·당에서 오늘에 이르기까지는 관리가 중심이 되어 운영되었다. 이어 육국(六國)의 군주가 인민을 학대한 것이 진시황 2세보다 덜하지 않았으나 인민의 반란이 없었던 것은 인민중의 많은 걸출한 자들을 객원(客員)으로 두고 직업을 주었기 때문이다. 진시황도 처음에는 객들을 쫓으려 하였으나 이사(李斯)의 충언을 듣고 그들을 받아들였다.

그러나 천하를 통일한 후에는 그들이 소용없다 하여 거주를 허락하지 않고 호걸들을 죽이게 되었다. 그리하여 호걸들은 도망가고 흩어져 초야(草野)에 묻히었다. 전에 사공자(四公子)라 하여 봉록을 받은 여불위의 무리는 초야에 묻히지도 못하고 죽임을 당하였다. 진나라의 난이 2세에 일어났다고 하지만, 만일에 진시황이 사공자를 아껴 직책을 주어 있게끔 하였다면 진나라의 멸망이 그렇게 급속하게 되지는 않았을 것이다(후집 11 지림[志林]).

이러한 소동파의 이론에는 후세에 민주정치에 관한 실제 운영에 원리적인 계기가 내포된 것이다.

이처럼 호방한 자유로운 정신을 가진 동파가 왕안석의 과거시험 개혁을 반대한 이유는 시부(詩賦)로서 선비를 가려 얻을 수 있다고 생각한 것이다. 왕안석의 과거에서 시부를 폐지한 방식으로는 부패한 유생(儒生)들만 나서기 쉽다는 것이다. 즉, 우활교탄(迂濶嬌誕 ; 세상살이에서 이로움에 아부하고 속이는)한 무리들만 나올 것이라고 믿었던 것이다.

그는 성리학(性理學)도 현실에서 멀리 떨어지고 무용한 것이라 하여 이를 배척하였다.

사실 왕안석과 소동파는 유종원과 함께 당송 팔대문호에 드는 인사들이었다. 이 팔대가에는 소씨 3부자가 들어 있었다.

③ 소철(蘇轍, 1039-1112)

동파의 친 동생 소철[28]은 '사물이 고르지 않은 것이 사물의 실정이다(物物不齊 物之情也)라고 하여, 사회에는 빈부가 있는 것이 자연스러우며 간섭할 것이 아니라고 생각하였다. 다만 부유한 사람은 횡포하지 말 것이며, 가난한 사람은 가난을 받아들이고 상대적인 상태를 인정하여 편안한 관계를 오래토록 하는 것이면 족하다. 이 점에서 개포 왕안석은 가난한 사람들의 처지를 참지 못하고 부자들을 질시하여 그들에게 손실을 가져와 가난한 사람들에게 혜택을 주고자 하여 그것이 바르지 못함을 알지 못했다는 것이다.'(3집 권 8 시병오사[詩病五事])

자유(子由) 소철은 인의(仁義)를 존중하여 구실주의를 배척하고 부국강병을 주장하는 세상풍토를 탄식하고 왕안석을 이 구실정책에 실패하였다고 조롱하였다.

이에 대하여 소공권(蕭公權)은 그의 『중국 정치사상사』에서 자유(子

---

28) 소철 : 1039-1112. 송나라 때 문학자. 자는 자유(子由). 사천성 출신. 당송팔대가의 한사람.
소순의 아들로 19세 때에 형 소식과 함께 진사 시험에 합격 정계에 들어갔으나 구법당으로 왕안석의 신법에 반대. 그 역시 부침(浮沈)을 구법당과 같이 하였다.

由)를 준엄하게 비판하였다.

'소철의 논의는 기득권을 변호하는 취지가 뚜렷하고 이는 성인의 말씀을 크게 어기는 것이다. 이는 스스로 소인 유생(小人 儒生)으로 빠져들어 소인배들이란 사람을 배척하고 성실함을 오히려 이상하게 생각한다는 것을 깨닫지 못한 것이다.'(蘇轍之論則 顯然爲 豪民之旣得利益辯護 大偉聖人之言 自陷於小人儒而不覺乃以小丈夫 斥人 誠可怪矣)라고 규탄하였다.

그리고 이어 왕안석의 신법은 개포 자신이 말한 것같이 '옛 사람들이 그것을 예라고 했다고 해서 지금 반드시 따른다면 그 취지에 어긋난다. … 그(왕안석)는 변법의 이름을 빌어 복고(復古)를 실행하려고 한 것은 아니었다. 자유(소철)의 논의는 표적 없는 화살과 같은 것이다'라고 말하였다(동서, 소공권, p.492).

4) 진량·섭적·주희

① 진량(陳亮, 1143-1194)

남송에서는 정치사상에 상당히 근대적 성격을 갖는 여러 요소들이 나타났다.

진량[29)]은 중앙 집권을 반대하여 인민의 복리를 표적으로 하는 구실주의를 주장하였다. 그는 맹자의 사상에 따라 민심의 동향이 통치권을 구성하는 것이라고 하였다. 그는 '천하위공'을 말하면서 군주의 지위가 인민의 추대에 의한 것이면 공(公)이며, 세습에 의하면 사(私)라 하였다.

이는 제위가 세습되고 있던 현실정치와 부합되는 이론은 아니었으

---

29) 진량 : 1143-1194. 송나라 유학자. 자는 동보(同甫). 절강성 사람.
청년 시절에 큰 뜻을 품어 '왕도(王道)의 대략(大略)'을 즐겼으며 국사에 열심이고 군사(軍事)를 논하기를 좋아하였다. 사람들은 그를 용천(龍川)선생이라고 불렀고 『용천문집』을 남겼다.
두 번이나 모함(謀陷)을 당하여 옥에 갇혔지만 호방한 기개가 줄어들지 않고 강직한 성미를 고치지 않았다. 영가학파 사람으로 경세제민(經世濟民)을 논하고 남의 뒤를 좇아 글줄만을 외우는 자들을 조소하였다.

나, 뒤 이은 정치의 목적에 대한 논의에서 인민을 이롭게 하는 것이 곧 공이라는 주장에 힘을 실어주려는 의도로 이해되어야 할 것이다.

② 섭적(葉適, 1150-1223)

섭적(葉適)[30]은 정치제도론을 전개하였는데 이 제도론은 근대정치적 성격을 표명한 것이었다.

그는 정치의 목적은 정치체제와 행위가 서로 상응하는 체계에서 비로소 완수될 수 있다고 하였다. 그는 중앙집권적인 군현제와 봉건제를 절충할 것을 주장하며 한(漢)나라의 제도를 찬양하였다. 그러나 그는 정치덕(政治德)이 군현 단위의 자치행정에서 집약적으로 실효된다고 분명하게 논하였다.

중앙집권제의 전제정(專制政)은 비록 군왕이 어질고 신하가 현명하더라도 그 효력을 다 발휘하지 못하고 천하의 안정도 이룩하지 못한다고 하여 봉건제의 장점을 이에 절충할 것을 주장하였다. 이 섭적의 제도론은 비교사적 방법에 따른 것으로 중국 정치사상의 역사에서는 매우 드물게 과학적인 인식에서 기획된 것이었다.

섭적은 왕안석같이 이재(理財)가 합리적으로 운영되는 것이 필요하다고 인식하였으나 신구 양당의 당쟁에는 이를 배척하였다.

③ 주희(朱熹, 1130-1200)

성리학은 그 자체로서는 당대의 정치현실에 크게 영향을 주지는 못하였다. 그러나 다른 성리학자와는 달리 주희[31]는 현실정치에 대하여

---

30) 섭적 : 1150-1223. 송나라 유학자. 자는 정즉(正則). 절강성 사람.
1178년 진사에 급제하여 30여 년 간의 공직생활을 하여 관직은 태학정 박사, 통의대부를 역임 공부시랑(工部侍郎)에까지 이르렀다. 조정의 난국(抗金戰爭)에 임하여 힘을 다 하였으나 재상의 탄핵으로 직을 잃었다. 그는 여러 분야의 학설을 겸유, 융통하여 영가학파의 집대성자가 되었다. 말년에 저작에만 전념하여 수심집(水心集)이 있다.

31) 주희 : 1130-1200. 송나라의 유학자. 자는 원회(元晦). 호는 회암(晦庵) 등등. 안휘성의 호족 출신. 불교와 노자의 학문에도 흥미를 가졌으나 24세때 이연평을 만나 사숙하면서 유학으로 복귀하였다. 논적(論敵) 육상산이 있음으로 주자의 학문은 비약적으로 발전 심화하여 중국사상사에 유래 없는 사변철학과 실천윤리의 체계를 확립할 수 있었다.

도 깊은 관심을 가지고 그의 의견을 피력하였다.

그는 기본적으로 왕안석의 변법(變法)에 동정하였고 오히려 더욱 철저했어야 한다고 생각하였다. 그는 과거 제도와 학교 교육이 가장 큰 문제라고 하였다. 따라서 과거제도 역시 실용학문을 학습하여 응시하도록 고쳐야 한다고 주장하였다. 그는 고금을 통해 꼭 지켜야 할 일정한 제도가 있는 것은 아니며, 실정에 맞도록 고쳐야 한다는 것이다.

그의 정치관은 왕안석과 별로 다르지 않았다. 사창(社倉)을 두어 곡식의 수급을 원만히 하려는 것은 이미 왕안석의 청묘법에서 제시된 것이다.

그는 사회 정의(正義) 정신에서 전토(田土)를 고르게 하고 기강을 확립하여 세제(稅制)가 바로 운영되도록 하여야 한다고 하였다. 또한 상벌과 시비를 엄격하게 해야 한다는 등을 주장하였다.

그는 외교적인 문제인 금(金)과의 관계를 말하며, 그들과의 화의(和議)에 극력 반대하였다. 화의는 인민들이 비굴한 편안함에 빠져 그러한 관계를 극복할 희망을 영원히 잃게 될 것이라고 경계하였다.

4. 성리학의 성립

1) 성립 배경

신유가들은 유럽에서 그리스 사상에 접근하려는 번역운동이 고조되었을 때와 같은 시기에 활약하였다.

유럽에서는 기독교 교리가 아리스토텔레스의 영향 아래 스콜라 철학으로 거듭나기 위한 연구 작업이 진전되기에 조금 앞서 중국에서는 신유가들이 유·도·불의 세 요소를 성리학으로 결집시키는 노력이 있었다.

당시의 유가는 맹자, 순자, 동중서와 같은 인물이 나타나 사회적 지도이념으로서의 역할을 수행한 이래 그 생명력을 잃은 지 오래되었다. 유교는 도교와 불교가 전횡하던 400년간의 남북조 시대에는 물론이고 당나라에서 비록 622년 과거제도의 실시로 유가의 오경이 기본 교재가 되고 경전이 관방판본으로 정리되기는 하였으나, 이로 인하여 유가 본래의 이념이 경색(梗塞)되어 그 본 면목을 보여주지 못하였다.

따라서 당나라 말기에 한유, 이고 등은 새로운 시대에 대처하기 위하여 논어, 맹자, 중용 특히 주역에 대한 새로운 해석과 해명이 필요함을 절실하게 느껴 그러한 시도를 하였다(한유의 『원도론』).

이러한 때에 도교 측에서는 그들의 음양이론을 유가에 제공하여 신유가의 우주론을 형성할 수 있게 하였다. 외래 종교인 불교의 도전에 직면하여 한민족의 통일적 세계관을 만들어내기 위해 도교와 유교는 이제 연합세력으로 되어 갔다.

소옹은 자연을 수리적으로 이해하는 '역위설(易緯說)'을 주장하였다. 또한 장재(張載-횡거[橫渠])의 기일원론적(氣一元論的)인 세계관은 성리철학의 배경이 되였다고 본다.

사실 도교와 유가는 상고 이래로 '천(天)' 사상이라는 공통기반에서 갈라진 것이다.

소강절의 『황두경세(皇極經世)』라는 책에는 우주와 인생의 흐름의 관계를 설명하는 운도론(運度論)에서 황, 제, 왕, 패(皇, 帝, 王, 覇)가 서로 바꾸어가며 융성하는 도수(度數), 즉 우주의 연대기를 주역의 괘(卦)와 효(爻)들의 배정으로 설명하였다. 여기에서 도가와 유가의 공통 기반을 볼 수 있다.

신유가의 직접적인 공헌은 '태극(太極)'이론을 정립한 주돈이(周敦頤)[32]와 주역을 새롭게 해석한 소옹[33] 그리고 기(氣) 사상을 주희에게

---

32) 주돈이 : 1017-1073, 중국 송나라 유학자. 자는 무숙(茂叔). 호는 염계(濂溪). 호남성 출신. 지방관으로서 공적을 세운 후 만년에는 염계서당에 은퇴하였다.
도가 사상의 영향을 받고 새로운 유교이론을 창시하였다. 즉 우주의 근원인 태극(太極-無極)으로부터 만물이 생성하는 과정을 도해(圖解)하는 『태극도설』을 썼고 정명도, 정이천 형제를 가르쳐 도학(송대의 신유교)의 개조라 칭해진다.
그는 중정(中正), 인의(仁義)의 도를 지키고 마음을 성실하게 하여 성인이 되어야 한다고 가르치며 우주생성의 원리와 인간의 도덕원리는 본래 하나라는 이론을 제시하였다.

33) 소옹 : 1011-1077. 송대의 학자, 시인. 시호는 강절(康節). 하남 출신.
주염계와 동시대 사람으로 도서, 천문, 역수(易數)를 배워 인종 때 벼슬을 추대 받았

물려준 장재[34]에게 돌아간다.

고대에는 '도(道)'라는 용어로 만족하였으나, 이제는 보다 명확한 이론으로 개현될 수 있는 것이 필요했고, 이에 응하여 신유가의 '이(理)'의 개념이 생겨난 것이다.

이학(理學)의 태두(泰斗)는 정호(程顥, 호는 명도(明道))[35]와 정이(程頤, 호는 이천(伊川))[36] 형제라 할 수 있다.

그러나 공교롭게도 이 형제는 후세에 각기 다른 학파를 형성하게 되었는데, 즉 동생 정이의 사상은 주희에게 이어져 좁은 의미의 성리학을 일으켰고, 형인 정호의 철학은 육구연(陸九淵, 1139-1193)이 받아들여 왕수

으나 사양하고 일생을 낙양에서 숨어 살았다. 사마광 등 구법당과 친교하면서 학자로서 평생을 마쳤다. 주자는 주염계, 정명도, 정이천과 함께 강절을 도학의 중심인물로 간주하였다.
강절은 도가 사상과 유교의 역(易)철학을 발전시켜 특이한 수리철학을 만들어 내었다. 그는 『황극경세서(皇極經世書)』에서 천지간의 모든 현상을 수리로서 해석하였다. 역의 음양 이원 대신 음양강유의 사원(四元)을 근본으로 삼고 독일의 라이프니츠에게 많은 영향을 주었다.

34) 장재 : 북송 중기의 학자. 자는 자후(子厚). 횡거(橫渠)선생이라고 불리운다. 장안 사람.
송대 최초로 기일원론(氣一元論)의 철학 사상을 전개하여 우주의 만유는 기의 집산에 의거, 생멸·변화하는 것이라고 하며 이 기의 본체는 태허(太虛)로서 태허가 곧 기라고 설파하였다.
그는 『중용』을 읽도록 종용받았으나 만족하지 못하고 다시 불교와 노장에서 깊은 뜻을 찾고자하였다. 정명도, 정이천과 역경을 논하게 되면서 그들의 학문의 깊이에 감복하였다. 그는 『역경』과 『중용』을 기본으로 송나라 유학의 기초를 세웠다.

35) 명도 : 1032-1085. 중국 북송 중기의 유학자. 자는 백순(伯淳), 호는 명도(明道). 하남성 낙양 출신.
동생 정이천와 함께 이정자(二程子)로 알려져 있다. 이 두 형제는 주돈이에게서 배웠다.
신종의 부름을 받고 '저작좌랑'이 되었으나 왕안석과 뜻이 맞지 않아 자청하여 지방관이 되었다. 그는 제자 노장 불교도 공부하였으나 결국 유학으로 복귀하여 자신의 학설을 확립하였다. 그는 우주의 근본 원리를 이(理)라하고 '이기일원론'을 주창하여 육왕학파의 영향을 주었다.

36) 이천 : 1033-1107. 북송 중기의 유학자 자는 정숙(正叔), 호는 이천(伊川).
철종 초에 사마광의 추천으로 국자감 교수가 되었다. 그는 왕안석. 소식 등과 뜻이 맞지 않았고 당화(黨禍)를 입어 사천성으로 귀양을 가기도하였다.
학자로서는 『역경』에 대한 영구가 특히 깊었고 '이기이원론(理氣二元論)'의 철학을 수립하여 주자에 계승되었다. 학문의 방법에서 형 명도는 오직 정좌(靜坐)를 주장하였으나 그는 경(敬)을 중시하여 거경궁리(居敬窮理)에 힘썼다.

인(王守仁, 1473-1529)이 완성한 육왕학파, 즉 양명학으로 발전하였다.

2) 성리학

성리학은 태극과 이(理)와 기(氣)의 개념을 구사하여 우주의 생성과 구조, 인간심성의 구조, 사회에서의 인간의 자세 등에 관하여 깊이 사색함으로써 종래 한과 당 초기의 훈고학이 다루지 못하였던 형이상학적, 내성적 실천 철학 등 여러 분야에서 새로운 유학사상을 수립하였다.

일반적으로 성리학은 크게 네 부분으로 나누어 설명하지만, 이처럼 네 부분으로 나누는 것은 다만 설명을 위한 필요에 의해서일 뿐 이 넷은 기본적으로는 동양 특유의 유기체설[37]에 근거한 것으로 서로가 보완하는 관계에 있다.

이 넷은 즉 태극설(太極說), 이기론(理氣論), 심성론(心性論) 그리고 수양(修養)에 관한 논의들이다.

태극설은 만물의 근원적인 생성에 관한 것으로 그 진행과정은 태극－음양－오행－만물이라고 본다. 당연히 그러한 진행을 주관하기 위해 태극은 천지만물의 이치를 총괄하는 것이다. 이 태극은 플라톤의 이데아의 세계와 그리고 아리스토텔레스의 형상(形象)에 비유될 수 있다.

이기론은 우주와 인간의 성립과 구성을 이(理)와 기(氣)의 두 원칙으로 설명한다. 형이상의 이(理)는 물리적 우주가 생기기 이전에 이미 존재한 것으로 사물은 이치(理致)의 구체적 실재이다. 형이하의 기(氣)는 만물을 생성하는 근본으로 사물은 이 기운이 엉켜 모인 것이다.

기가 형질을 지니고 운동하는 것임에 비하여, 이는 형질도 없고 운

---

37) 중국인이 제시한 세계상(世界像)의 유기체적 성격은 라이프니츠를 중개로 하여 서양 철학의 흐름 속에 이식되었다.
서양 철학이 해결할 수 없는 철학사상의 과제는 신학적 관념론과 원자론적 유물론간의 이율배반의 문제였다. 그리고 이를 극복하는 최초의 위대한 총합화(總合化)에로의 노력은 중국적인 유기체적 세계상으로부터 강하게 영향을 받은 것이다. 이후 어느 것이든 유기체철학으로 자기를 주장하는 조류가 생겨났으나 이들은 모두 중국 문화에 영향을 받은 라이프니츠까지 거슬러 올라간다(『중국의 과학과 문명』 3권, 니담, p.206) 이와 거의 같은 견해가 『동양은 어떻게 서양을 계몽시켰는가?』에도 보인다(p.78).

동도 하지 않는 관념적으로 파악되는 것이다. 그렇지만 이(理)가 존재하지 않는다면, 기(氣)는 그 작용 뿐 아니라 그 존재도 불가능해질 수밖에 없다.

성리학에서 이와 기의 관계는 극히 미묘하여 주자 등의 이기이원론(理氣二元論)과 육구연(陸九淵) 등의 이기일원론으로 대립되면서 좁은 의미의 성리학과 양명학으로 갈라지게 되는 계기가 되는 것이다.

심성론 인간의 심성에 대한 해설이다. 주자는 인간의 심성을 본연지성(本然之性)과 기질지성(氣質之性)으로 나누어, 본연지성은 이(理)요 선(善)이고, 기질지성은 타고난 기질에 따라 청탁과 정편(正偏)이 있어 반드시 선한 것만은 아니고 때로 악하게 된다고 하였다. 이렇게 하여 그는 맹자의 성선을 보완하였다.

다음으로 수양(修養)은 인간이 자연의 진리와 근원적 도리에 도달하기 위해 필요한 것이다. 그런데 그 요체를 불교에서는 정(靜)에 『중용』에서는 성(誠)에 두었으나, 정이와 주자는 경(敬)을 꼽았다. '경'은 '정'이나 '성'에 비해 인간의 주체적 행위로서의 의미가 강하다. 이 점, 즉 주체로서의 인간의 행위라는 '경'의 의미가 불교가 형이상학적 원리에 머문데 비하여, 이들은 유가의 인의(仁義)에로의 길을 찾은 것이다.

이학(理學)에서 정치의 기본은 인도주의에 있고 인류의 도덕 생활을 실현하는 것이다. 천지 만물에 이가 있다면 통치에도 역시 이가 있어야 하며 이학에서의 통치의 이(理)는 곧 성현들이 정치에서 실현하고자 하였던 가르침이다. 그리고 그 가르침은 실천되었건 아니건 간에 관계치 않고 영원히 존재하는 객관적 원리이다. 그 원리는 인간들에 의하여 훼손당하고 허물어지곤 했지만 그렇다고 소멸되는 것은 아니다.

주자는 결국에는 맹자의 인의의 정치를 따랐고, 이 기준을 놓고 왕도와 패도를 구분하여 당시 구실주의의 진량과 논쟁을 벌였다.

여기서 『동양 문화사』의 성리학에 대한 서구식 표현을 인용하면 성리학이 구상한 우주론은 '물질 에너지(기, 氣)로 만들어졌으며, 보편적인 조직 원리(이, 理)에 의하여 통일되고 어떠한 인격신이 창조한 것이 아니며 그 지배를 받는 것도 아니다. 완전히 리얼한 우주이며, 모든 점에서 인간 최고의 가치(사랑, 정의, 희생)를 실현하기에 족할 정도로 높은 통합적 수준을 갖는 존재자(성인)가 나타날 때 그들 여러 가치는 명백히 들어내는 특성을 가지며 진실로 과학과 합치하는 세계관이다. 이(理)는 우주에 있어서 일종의 4차원적인 유형으로 생각되었다. 그것에 의해 사물은 잠재에서 현실로 이동하는 것이다. …'(『동양 문화사』 상권, 라이샤워 외, p.206)라고 극히 간명하게 그 핵심을 지적하였다.

특히 '과학과 합치하는 세계관'이라는 지적은 중국인의 객관적 현실주의를 수긍하게 하는 의미에서 주목할 만한 것이다.

11세기에 들어 사마광(司馬光)은 사회진화론을 펼치고 소씨 부자(蘇氏父子)는 사회여론의 정치적 성격을 해명하고 이를 존중할 것을 주장하였다. 그리고 이미 말한 바와 같이 명나라의 방효유(方孝儒)는 인민주권사상을 이론적으로 지적하기에 이른다. 이러한 여러 정치사상은 유교와 불교가 조화된 것이다.

반면에 8세기 말에서부터 14세기 초까지 도교(道教)는 당 나라 황제들이 노자(老子)를 존중하는 배경에서 불교를 배척하는 경향이 있었으나 보다는 유가의 정치를 공격하는 비판정신으로 나아갔다.

이러한 유·불·도 간의 조화협력 또는 대립배척의 관계는 중국정치사상에 항상 연면(連綿)하였다.

5. 명 초기(明 初期)

1) 명의 건국

조광윤(趙匡胤)이 송(宋)나라를 세운 이래로 여러 외족의 침공으로 국운이 쇠퇴하여 수도를 남쪽으로 옮기게 되었고, 원(元)나라는 이 남송을 엄습하여 멸망시킴으로써 고금에 없는 대원제국(大元帝國)이 출현하였다.

주자의 성리학은 그의 당대에는 이를 위학(僞學)이라 하여, 박해를 받았으나 원대에 이르러 관학(官學)으로 채택되었다. 원(元)[38]왕조 인종 때인 1313년 신유가들이 선정(選定)하고 주자가 주석을 붙인 사서(四書; 논어, 맹자, 대학, 중용)는 과거시험의 기본교재가 되어, 서양 문물이 들어오기 전까지 그 생명력을 유지하였다.

그러나 도교는 몽골족에 의한 원대(元代)에 들어 심한 압박을 받았다. 이미 말한 대로 도교는 그 탄생동기에서부터 민족의식을 담고 있었다. 원 왕조가 티베트 불교로 귀의한 다음부터 지하로 추방된 도교는 곧 바로 이민족 지배에 반항하는 투쟁을 통하여 일종의 민족 신앙으로 자리하게 되었다. 이는 도교가 갖는 성격에는 혁명과 결부될 소지가 충분하여 이 투쟁을 효과적으로 수행할 수 있었다.

원나라 약 100년 동안에 한(漢)민족의 국권회복 운동은 계속되었고 드디어 주원장(朱元璋)이 원을 멸망시키고(1368), 명(明)나라를 세워 홍무제(洪武帝)의 전제군주시대가 개기(開基)되었다. 이러한 명나라[39]의 국가 성격이 민족주의일 수밖에 없었던 것은 이민족(異民族) 정권을 투쟁으로 무너뜨린 당연한 결과였다.

명나라 초기에는 원나라 때 몽골족의 한족 박해에 격앙된 민족적 원한은 오호십육국(五胡十六國) 이래의 중국 영토를 침략한 여러 호족(胡族; 오랑캐) 세력들의 잔재까지도 축출 소탕하여 한(漢)의 민족주의를 선양하였다. 제3대 영락제(永樂帝)부터는 북벌에 성공하고, 베트남을 정복하여 남해의 여러 나라와 멀리 페르시아와 아프리카까지 해군을 파견하였다.

국내 정치는 태조 이래로 정주학(程朱學; 성리학[性理學])을 중시하는 문교정책을 펼치고 당·송제를 회복시켜 민본의 정치 실천에 힘썼다.

---

38) 1271년부터 1368년까지의 중국의 왕조.
중국 본토를 중심으로 거의 동아사아 전역을 지배하는 몽골족의 왕조.
종교, 문화, 습속에 대해 일반적으로 관대하였으나 원나라 황실과 몽골 귀족층은 티베트 불교에 심취되어 도교와는 마찰이 심하였다.

39) 1368-1644. 중국의 통일 왕조. 명의 시조인 주원장(朱元璋)은 몽골족이 세운 원조를 멸망시키고 한민족의 지배를 회복시켰다. 명대는 중국이 근대화하는 시기와 직접 접속되는 시기로 중요한 성장 변혁기였다. 후에 만주족이 세운 청조에 멸망당하였다.

2) 유기·방효유

① 유기(劉基, 1311-1375)

유기[40]는 태조의 건국에도 공이 있었다. 그는 천과 인간이 서로 조응하는 기일원론적(氣一元論的)인 세계관에서 군왕 주권의 지위를 말하였다.

'천(天)이 인민을 낳았으나 그들은 자치의 능력이 없다. 이에 군왕을 세워 죽이고 살리는 권한을 주고 폭행과 살인, 난을 금지토록 하고 거만하고 모진 자를 억제시키고 약하고 착한 사람을 돕도록 하였다.' (天生民 不能自治 於是乎立之君 付之以生殺之權 使之禁暴誅亂 抑頑惡而扶弱善也)

즉, 군왕은 하늘을 대신하여 인민을 다스리는 것을 전담한 것이다. 그러나 만일 포악한 정치를 하게 되면 곧 혁명을 초래하게 되는 것이 '천'의 뜻에 관계되어 있음을 지적하였다. 즉, '인민은 비록 어리석다고 하나 속일 수는 없는 것'이기도 하다.

유기는 명나라의 군주전제를 지지하였으나 이는 민본사상을 전제(前提)로 한 일종의 계몽군주론을 전개한 것이다. 그리고 주변의 만족들과도 대동할 것을 주장하였다.

그는 근대적인 주권관념의 내용을 군주권 중심이라는 형식으로 포섭하여 자연법적인 테두리에서 상념하였다. 이는 16세기 서구 보당(Bodin)의 사상적 성격과 상통하는 면이 있었다. 다만 상고 이래의 전통 의식에 따라 보당과는 달리 군주주권을 말하였지만 이에 못지않게 인민의 혁명적 권리 역시 인정하였다.

그는 대동주의(大同主義)에서 일종의 국제적인 타협에 의한 평화도 논하였다.

---

40) 유기 : 1311-1375. 명나라 학자 군사. 절강성 출신. 자는 백온(伯溫).
어려서부터 총명하고 책 읽기를 좋아해서 천문, 기상, 역법, 군사 등의 분야에 정통하였다. 원나라 때 관직을 지냈으나 여러 차례 배척당한 뒤에 관직을 버리고 고향에 숨어 지냈다. 그의 조부 때부터 반원(反元) 운동에 동참하였고 1358년 주원장의 부름으로 그의 모사가 되어 중국을 통일하는데 중요한 역할을 하였다.

② 방효유(方孝儒, 1357-1402)

방효유[41]는 영락제의 찬위(簒位; 왕의 지위를 빼앗음)에 의분하여 주권 관념을 완전히 인민의 지위에서 절창(絕唱)하였다. 연왕(燕王)인 영락제가 자신의 황제 즉위에 따른 조서(詔書)의 기초를 요구하자 그는 이를 거부하여 끝내 지조를 굽히지 않고 죽임을 당하였다. 이때 그를 따르는 많은 사람들이 희생되었다.

방효유는 폭군에 대한 인민의 반항할 권리를 명백하게 승인하였다. '인민은 진나라에서부터 반란을 하게 되었고, 여러 왕조는 대개 인민의 힘에 의하여 멸망된 것이다.'

그러나 그가 인민 혁명 사상을 고취하고자 한 것은 아니고 다만 그 이유를 인정한 것이다.

명나라 학자들이 기론(氣論)을 중심으로 자연법적 관념에서 사물을 관찰하는 태도는 방효유에게서도 보인다.

'하늘이 인민을 낳음에 어찌 모두가 삶을 얻기를 바라지 않겠는가! 그런데 바라는 대로 할 수가 없다. 그래서 누구에게 맡겨서 남는 것으로 모자라는 것을 보충케 하는 것이다. 지혜로움과 어리석음 그리고 가난과 부유함의 차이는 기운(氣運)의 자극으로 말미암아 이루어진다. 하늘이 불평등을 원하는 것이 아니다. 어쩔 수 없이 그렇게 되는 것이다.

기(氣)가 천지 사이에 운행하고 만물이 그로부터 발생한다. 마치 강물의 흐름과 같이 몰려서 솟기도 하고 밀려나 가라앉기도 하여 부딪치는데 따라 모양도 달라져 크고 작은 여러 사물이 있게 된다. 큰 흐름은 교룡(蛟龍)과 같고 작은 흐름은 구슬과 같다. 소리가 수 천리밖에

---

41) 방효유 : 1357-1402. 명 초기의 학자. 절강성 사람. 자는 희직(希直). 평소부터 왕도를 밝히고 태평을 이룩하는 것이 자신의 임무라 생각하고 일체의 욕심을 멀리하였다. 혜제를 섬겨 두터운 신임을 받았으나 연왕(燕王)(후일 성조 영락제(永樂帝))이 황위를 찬탈하고 즉위의 조서(詔書)를 기초토록 하였으나 이를 거부하여 극형을 당하였다. 이때 그의 일족과 친우, 제자 등 847명이 연좌되어 죽었다고 한다. 손지제집 24권에 전해지고 있다.

펴지기도 하고 혹은 그치듯, 강물이 뜻이 있어 크고 작게 모양을 달리 하는 것이 아니듯, 만물이 서로 얽히어 다른 모습을 나타내듯, 사람들도 각기 다른 것이다.

지혜로운 사람은 천하를 통달할 수도 있지만도, 어리석은 사람은 제 한 몸 살피지 못한다. 부자는 재산이 후대까지 풍족할 수 있지만, 어려운 사람은 입에 풀칠하기도 힘들다. 하늘이 사람들 모두 슬기롭고 부유하게 하려고 하지 않은 것이 아니다. 다만 인간의 세도(勢道)가 그렇게 하지 못하도록 하는 것이다. 그러나 세도는 하늘에 매인 것이 아니고 인간이 하는 일이다.

그러므로 군왕을 세워 다스리게 함이니 하늘의 덕을 이어받아 그 효용은 자신만을 위한 것이 되지 않도록 하려 함이다. 말하자면 가난한 자들도 생활해 나 갈수 있게 마련해 주어야 하며 그렇게 함으로써 천지의 본뜻에 도달하게 되는 것이다. 성인의 마음 씀을 행하여 비로소 정치의 교훈이 살려질 수 있는 것이다.'

다시 말하면 '하늘이 사람을 낳고 각기 평안토록 하는데 인간에게 맡기는 부분이 있다. 여유를 덜어 부족한 곳을 보족(補足)하도록 함이니 지혜, 우둔, 빈부의 상대적 차이는 다만 천지의 기운이 얽히며 이루어질 뿐 하늘이 그렇게 고르게 할 뜻이 없는 것은 아니다. 다만 갑자기 되는 것이 아닐 뿐이다.'

정전제를 주장하는 방효유는 '부자는 위력을 행사하여 위로는 정권을 농락하고, 아래로는 평민의 재물을 함부로 빼앗았다. 국가는 재물을 평민에게 분산시키지만 평민은 얻지 못하고 부자에게 빼앗기니 대신하여 옮길 따름이다. 부자는 더욱 부유해지고 빈자는 더욱 가난해진다. 부자와 가난한 자는 모두 혼란의 근본이다(富者之威 上足以持公府之柄 下足以鉗小民之財 公家有散於小民 小民未必得也 有取於富家 則小民己代輸之矣 富者益富 貧者益貧 二者皆難之本也)'라고 하였다.

이는 사회의 형세와 경제적 관계가 세도에 결합되면 어떠한 상태를 표출하는가를 여실히 보여주는 우국론(憂國論)이다.

그는 고대의 제도를 그대로 회복하려는 것은 아니었다. '강한의 이북은 평탄한 땅이 천리나 된다(江漢以北 平壤千里). 따라서 정전을 행하기가 쉽다. 그런데 강남은 땅이 험하고 인구가 조밀하여 나누기가 어렵다. 그래도 마땅히 그들에게도 땅을 갖도록 하여야 한다. 그리고 공전(公田)을 두어 힘을 합하여 경작토록 해야 한다'고 하여 토지, 경제 여건의 제약을 인정하며 그러한 여건 아래서도 가능한 합리적 농토 운영을 통하여 문제를 해결할 것을 제안한 것이다.

후에 그는 이 제도의 미비점을 향족(鄕族)의 법제로서 보완하여 향당(鄕黨)의 자치조직을 활용코자 하였다.

그가 구상한 것은 수백 집 단위로 향당을 구성하여 족장(族長) 전례(典禮 ; 1. 법과 예의에 대한 의식, 2. 예의 집행을 맡은 벼슬이름), 전사(典事), 학교와 병원 등을 상설기관으로 설치하고 자치세를 토지의 크기에 따라 곡식으로 받아 비축하여 흉년을 대비하고 빈부를 고르게 조정한다.

또한 이 향당은 향민의 선행과 악행을 게시(揭示)하여 이를 권장, 경계한다. 학교를 세워 일정한 규정을 두어 교육을 진흥한다. 가을에 연회를 열어 향민의 친목을 도모한다는 등의 목표를 가지고 있었다.

이러한 향약(鄕約)에 의한 지방자치 정신은 중국에서는 일찍부터 실천되었다. 정치사상의 근간을 『대학』에 따랐던 주자(朱子)도 앞선 세대의 설계를 감안하여, 이 향약에 주의를 기울인 바 있었다.

많은 향약 제도가 지도자에 따라 그 구상과 실천에서 다소간의 차이를 보였다. 그러나 모두 덕과 생업에 근면하고 잘못을 규율하며 문화교육을 시행하는 한편 환난구휼(患難救恤)을 목표로 하였다. 송나라 때까지는 향약의 참가와 탈퇴를 개인이 자유롭게 할 수 있었다. 그러나 방효유의 향당제는 이를 근대적인 지방자치로 제도화하려 한 것이다.

그는 민족정신에도 열렬하여 중국의 과거 역사를 정통(正統), 부통(附統), 변통(變統)으로 구별하였고, 찬신(簒臣 ; 임금의 자리를 빼앗은 신하)과 여후(女后 ; 여자황제)를 오랑캐 무리와 동일하게 보았다.

그는 오랑캐들의 무도함을 경멸하였고 한민족(漢民族)의 문물과 예의 윤리정신을 찬양하였다.

제 5 장 | 서양 근대성의 성립

1. 근대로의 여정

서구세계가 중세를 벗어나 근대로 진입하는 여정(旅程)에는 르네상스와 지리적 발견 그리고 종교개혁이라는 큰 산들이 있었고, 이들을 넘어서야 근대세계의 지평이 펼쳐졌다.

서구세계는 중세를 일관하여 다른 민족과의 정치적 대결은 주로 비잔틴 제국이 치러냈다. 따라서 이 제국의 소멸은 필연적으로 많은 변화를 예고하는 것이었다. 그리고 그 중요한 변화들 중에는 르네상스와 지리적 발견의 모티브를 제공한 것이 포함된다.

12세기부터 아리스토텔레스가 서구에 소개되면서 그리스 문화에 대한 관심이 일기 시작하였고, 비잔틴 제국의 멸망은 그리스학자들을 대거 이탈리아로 이주케 하였고 이들은 이곳을 중심으로 서구에 본격적인 영향력을 행사하였다.

르네상스는 고대 그리스를 회고하여 인간의 본성을 재발견하려는 문화 자유운동이었다. 르네상스 운동은 중세 관념을 타파하는 근대적 성격을 전면적으로 개발, 촉진시켰다. 즉 중세 신학의 세계관에 항거하여 이성의 자유를 주장하였고, 고대 그리스 문화의 인본주의적 윤리관의 회복을 희망하였다. 이것이 후세 정치사상의 핵심적인 요소로 중세 전통 관념을 대체한 것이다.

르네상스는 동서 세계의 새로운 관계를 성립케 하는 역사적 사태와 병행하였다. 지중해에서 동방으로 가는 무역로(貿易路)가 터키제국에 의하여 차단되어 서구 세계는 대서양에서의 동양 항로를 모색할 수밖에 없었다. 마르코 폴로(Marco Polo)의 『동방 견문록』이 서구인의 동양에 대한 동경을 자극한 것은 이미 오래 전부터였다. 15세기 후반은 소위 '세계 발견시대'라고 하여, 인도와 중국 등을 목표로 하는 새로운 항로를 찾는 과정에서 남아프리카의 희망봉과 아메리카 대륙을 발견하였고 마젤란(Magellan)의 세계 일주가 성공하였다. 한편 상업의 기반은 은행의 설립으로 더욱 확충되었다.

이때부터 스페인과 포르투갈이 선도하는 서구 세력의 동점이 시작되어 아프리카와 남·북미주 대륙을 장악하였다

이러한 서구 세계의 세계화 과정에는 항상 혁신 구교인 예수회[1)]가 기독교의 전도를 목적으로 상업 자본에 앞서 아니면 동시에 새로운 세계로 진출하였다.

이러한 르네상스 그리고 지리적 발견과 함께 근대의 지평을 연 종교 개혁은 전통적인 영속 양 제도권의 투쟁에 더하여 개인의 종교적 자유를 위한 투쟁이라는 삼각 구도를 형성하게 되었다. 그리고 개인 의식의 성장이 물론 르네상스의 인본주의에 빚지고 있는 것은 사실이다. 그러나 아직 '개인'은 전면에 나설 만큼 성장해있었던 것은 아니었다.

초기 종교 개혁시기의 종교자유는 그 개인을 대리하여 제후국이나 단위 집단의 문제이고 그들에 의한 선택이라는 성격을 갖고 있었다. 이러한 루터의 종교 개혁운동은 마키아벨리의 말년에야 비로소 시작되었다.

마키아벨리와 함께 르네상스가 낳은 정치사상가로서는 네덜란드인(人) 에라스무스(Desiderus Erasmus, 1466-1536)와 영국인 토마스 무어(Thomas Moore, 1478-1535)가 있다. 그들은 각기의 특성을 가지고 있어

---

1) 예수회(Jesuit Order) : 1534년 스페인 군인 출신 로욜라(Ignatius Loyola 1495-1556)에 의하여 결성되었다. 카톨릭 사가(史家) 크리스토퍼 도손(Christopher Dawson)은 예수회의 결성과 신교들의 개혁 요구에 자극되어 교회혁신, 교황 지상권, 교회의 우월과 종교재판에 의한 이단의 박멸을 결의한 트리엔트(Trient) 종교회의를 구교의 개혁(Catholic Reform)이라고 하였다.

후세에 다른 전형(典型)을 대표적으로 이념하였다. 에라스무스와 무어는 서로 우정을 나누는 친구로 서로의 저서에 대하여 평(評)을 주고받는 사이였다. 그리고 그들 삶이 지향하는 정신의 공통 노선은 인도주의였다.

2. 에라스무스·토마스 무어

1) 에라스무스(Desiderius Erasmus, 1466-1536)

그는 네델란드의 인문 학자였으며, 파리 대학에서 신학을 연구하였다.

에라스무스가 쓴 『기독교 군주교육론(Institutes Principis Christiani)』은 스페인의 국왕이면서 신성로마제국의 황제까지 겸하여 유럽 세계에 보수적 절대권자로 군림한 찰스 5세(1516-1558)에게 깊은 영향을 주었다. 이 책은 당대 여러 나라 국왕의 교육서로서 널리 채택되었다.

에라스무스는 또한 자신이 카톨릭 신자였음에도 신약 성서의 최초 인쇄 교정본을 간행하였다.

그는 군주가 갖추어야 할 인품을 중시하였다. 그에 의하면 군주는 철학자인 동시에 참된 기독교 신도라야 한다. 군주는 물론 신이 아니다. 그러나 옳지 못한 군주가 되기보다는 올바른 인간이 되기를 희망하여야 한다. 군주는 스스로가 사표(師表)가 되는 인격을 갖춤으로 인민을 따르게 하여야 하며, 국가가 개선되고 번영하는데서 기쁨을 얻어야 한다고 하였다.

그는 군주의 통치와 책임에 대하여 말하기를 군주는 큰 가족의 가장과 같은 것이며 모든 것이 그에게 맡겨져 있다. 따라서 계승 받은 것보다 더욱 선량한 정치를 실현하도록 항상 노력을 경주하여야 한다.

지배자로서 교만하면 형벌위주의 공포정치를 하게 된다. 신은 인간을 죄수로서 지배하는 것이 아니고, 신의 영광을 인간에게 나누어 주는 것이다.

그와 같이 군주는 인민을 노예처럼 복종시킬 것이 아니라 자발적으로 승복하게 하는 것이 완전한 것이다. 신민은 법을 준수함으로써 비교적 선한 생활의 의미를 가질 수 있으나, 군주는 자신이 지혜로워지지 않으면 쉽게 선한 뜻을 망각하게 된다.

이처럼 에라스무스는 유럽이 전제군주 시대를 진척시키는 시기에 최초로 계몽군주의 이념을 모든 면에 걸쳐 전개하였다.

그는 근본적으로 인도(人道)·인문주의자였다. 그의 인문주의(人文主義)의 현실적 표현은 그가 신앙면에서 카톨릭 신자였음에도 교회의 타락을 준열하게 비판하고 복음 정신으로의 복귀를 역설하고 고대 학예를 소개함으로써 경화된 중세의 사고방식을 시정하려고 노력한 형적에서 확인된다. 이러한 그의 사상적 경향으로 그의 제자들 중에는 많은 종교 개혁자가 나왔다.

그러나 그는 카톨릭 교회에 대한 비판을 하였지만 교회 내에서의 개혁을 원하였지 반역하는 데는 동의하지 않았다. 중년 이후부터 그는 그가 공격한 카톨릭 교회 측으로부터는 물론이고 신교도들 중의 광신도들로부터도 그들에 가담하지 않는다는 이유로 분노의 대상이 되어 곤경에 처하였다.

그러나 카톨릭 신자로서『신약 성서』의 교정본을 인쇄하는 그의 인품은 바로 그가 세계주의적 정신의 소유자임을 보여주는 것이다. 이러한 성품의 또 다른 표현은 그의 국제적 감성에서 볼 수 있다.

그는 외교 관계에서는 평화와 자유를 주장하였다. 전쟁은 외적이 침공하였을 경우에 한하여 최소한으로 수행하며 피해를 극력 방지하여야 한다. 또한 평상시의 무역 관세 정책에는 일방의 기회를 저해함이 없도록 균등해야 한다고 하여 국제조약이 상호평등한 지위와 평화를 목적으로 하는 것임을 밝혔다.

그는 당시의 군주들에게 '기독교 군주들은 평화에의 노력이 부족하다. 성서가 지시하는 평화를 지향하는 군주로서 전쟁을 방지하지 않는 한 결코 기독교 군주라고 말할 수 없다.'고 하여 평화를 위한 적극적인 노력을 요구하였다. 이러한 그의 견해는 한 세기 후에 등장하는 네델란드인 그로티우스(Grotius)[2)]의 사상적 성격과 국제법 정신에 영향을 주었다.

전체적으로 보아 에라스무스는 보수주의에 머물러 있고 제한 군주제가 조화와 균형을 위하여 정당한 통치형식이라고 타협적 입장을 피력하였다. 그의 인도주의와 정치상의 중용은 후세 민주주의 과정에서 한 경향으로 꾸준히 존속하였다. 그러나 그는 정치사상의 범주를 넘어 보다도 근대 자유주의의 선구자로서 문화사상사에 미친 영향은 현저하였다.

2) 토마스 무어

무어의 『유토피아』는 영국사회의 근대화 과정에서 보여준 사회적 참상(慘狀)에 자극을 받아 쓰인 것이다.

에라스무스의 『기독교 군주론』보다 일 년 앞서 라틴어로 출간된 이 책은 완전히 공상으로 설계한 이상세계(理想世界)를 그리고 있다.

16세기에 들어 영국에서는 토지 귀족에 의한 양모 산업이 기업 형태로 성장하여 농토의 산업 자본화가 급속하게 진척되었다. 경제적 여건이 급격하게 변동하며 도시에서는 길드 조직이 붕괴하며 근대화가 촉진되었다. 무어의 '양이 사람을 잡아먹는다'는 표현에서 볼 수 있듯이 양모 생산을 위해 농토가 목장으로 바뀌며 양들에게 쫓겨난 농민들은 도시의 하층민으로 전락하여 열악한 방직공장의 생산 조건에서 착취당하고 있었다.

무어는 런던의 저명한 법률가의 아들로 태어나서 자신도 법률학을 전공하였다. 그리고 런던 부시장, 외교 사절, 추밀원 고문과 대장성 등 고위직을 거쳐 1529년에는 대법관이 되었다.

---

2) Hugo Grotius : 1583-1645. 네덜란드의 법학자로서 '국제법의 아버지'라고 불린다. 그는 변호사였고 공직에도 봉사하였다. 1619년 종교분쟁에 휘말려 종신금고, 재산몰수의 형을 선고받고 복역 중 2년 후 아내의 도움으로 탈출하여 파리로 갔다. 루이 13세의 비호 아래 『전쟁과 평화의 법(De Jure Belli ac Pacis)(1625)』을 썼다. 그는 이 책에서 전쟁의 권리. 원인, 방법에 대하여 최초로 논술하였다. 그는 자연법 원리에 입각하여 국제법의 기초를 확립하였다.

그는 청렴한 생활과 준엄한 판결로 당대 민중들의 예찬을 한 몸에 받았다. 그는 튜더 왕조의 헨리 8세의 총애를 받았으나 그가 황후 캐서린과 이혼하고 궁녀인 앤과 결혼하려고 하자 강경하게 항의하였다. 1530년 귀족과 성직자들이 바티칸 교황청에 이혼 청구서를 제출하려 했을 때 무어는 서명을 거부하였다.

헨리 8세는 교황청의 승인이 어렵게 되자 크렘머(Thomas Crammer)를 캔터버리 대주교로 임명하여 그의 승인이라는 형식절차를 밟아 결혼하였다. 그리고 그는 영국 교회를 '국교회'라 명칭하며 로마 교황청으로부터 독립하여 스스로가 영국교회의 영적 지도자가 되어 로마 카톨릭과 결별을 선언하였다.

무어는 헨리 8세와 결혼한 앤 왕비의 대관식에 불참하고 전 왕비 캐서린 측의 왕위계승권을 박탈하려는 왕위 계승법 개정에 동의하지 않았다. 그리하여 1534년 5월에 반역죄로 체포되어 처형당하였다.

『유토피아』의 서술방식은 아메리고 베스푸치(Amerigo Vespucci)[3]의 탐험대에 동행한 모험가 히스로데아(Raphael Hythlodaye)가 무어에게 그의 이방(異邦)견문을 이야기하는 형식을 취하였다.

유토피아는 수도(首都) 아마우로툼(Amaurotum)을 중심으로 독립적 지위를 갖는 54개의 도시로 형성된 국가인데 이는 당시 잉글랜드와 웨일즈가 54개 주(州)였음을 빗댄 것이다

전반적인 국정은 각 도시에서 3명씩 원로원 의원을 수도에 파견하여 결정하며, 각 도시의 행정조직은 40명, 300가구, 200필라쿠스 등 플라톤의 도시 국가 구성 계획처럼 수학적 상상력을 동원한 유토피아 즉 '세상 어디에도 존재하지 않는' 말 그대로의 공상(空想)적인 것이다.

무어의 이상론적 공상은 사회 경제조직, 노동 정책 뿐 아니라 문화, 종교, 풍기, 청년, 교육과 전쟁과 동맹 등 모든 면에 걸쳐서 논급되었다. 이 중에서 특히 무어는 국제외교를 불신하여 이를 날카롭게 풍자하였다.

---

3) 아메리고 베스푸치(1451- 512)는 실존인물로 아메리카를 탐험하여 그곳이 신대륙임을 확인한 사람이다. 아메리카라는 대륙의 명칭이 그의 이름에서 비롯된 것임은 잘 알려진 사실이다.

그는 인민들 간의 절대평등과 검약한 생활을 장려하였다. 인민의 주택까지도 동일 양식으로 또 정기적으로 추첨에 의하여 교환할 것도 규정하였다. 그러나 그 역시 소수의 노예는 인정하였고 그들의 생활은 사치스럽지 않을 뿐 풍족하다. 그는 하루 여섯 시간만 일하고도 풍족할 수 있는 이유를 당시의 영국처럼 '놀고 먹으면서도 사치스러운 생활을 하는 부류'가 없기 때문이라고 하였다.

무어의 유토피아는 플라톤의 이상주의를 따라 공동작업, 공동식탁, 공동육아를 말하고 사회를 협동계급체제로 이해한 것이다. 그러나 플라톤과는 달리 가족을 사회구성의 기초단위로 인정하였다.

물론 무어가 협동 공동체로의 회귀를 꿈 꾼 것은 아니다. 그가 『유토피아』에서 말하고자 한 것은 공동체의 목적과 이상(理想)이었다. 속박이 없는 정신의 자유, 선량한 시민, 지성적 인간, 근면, 수탈의 방지 등 현실 세계가 잃어버린 것에 대한 도덕적 영감이 이 책을 쓰게 한 것이다.

정치학에서 필요 불가결한 요소가 정치의 이상에 관한 논의이다. 정치이상은 바로 정치학의 동기(動機)이며, 그 지향하는 바의 정통성에 대한 가치기준을 제공하는 것이다. 무어를 정치학자라고 말할 수는 없을지라도 그의 위대한 인본주의 정신과 도덕적 영감은 정치사상사에 확실하게 그의 이름을 각인시켰다.

그러나 뒤 이은 시대는 과격한 신학적 투쟁으로 일관되어 무어의 인도주의적 합리성은 함몰되고 만다. 그러나 그것은 사라진 것이 아니라 다가오는 인본주의 시대에 배아(胚芽)로서 잠재되어 있었다.

이러한 인도주의적 공상론(空想論)은 영국에서만 있었던 것은 아니었다. 약 1세기 후에 이탈리아인 캄파넬라(Thomaso Campanella, 1568-1639)의 『태양의 나라(Civias Solis, 1620)』가 보다 낭만적인 이상주의정신에서 저술되었다.

3. 마키아벨리

1) 정치적 배경

근대를 형성하여 나아가는 세계사적 동향 속에서 이탈리아의 정치 정세는 매우 복잡하고 어려운 형편이었다. 영속 양권 간의 오랜 투쟁 과정에서 승리한 여러 유럽 민족국가들은 이탈리아를 장악함으로써 로마제국의 정통성을 이어받아 유럽의 패권을 자임(自任)하려 세력 경쟁을 벌이고 있었다.

이는 이탈리아의 입장에서 보면 중세의 시작은 야만 게르만 부족들의 로마제국으로의 침입으로부터였고 이제 천년이 지나 중세를 마감하고 근대로의 이행하는 시기에는 민족국가를 이룬 그들 후손들이 다시 이탈리아를 장악하려는 야망으로 인하여 혼란에 빠져들게 된 것이다. 이처럼 불행한 역사가 되풀이되고 있었다.

이들의 국제 관계는 매우 미묘하였다. 마키아벨리 당시 이탈리아의 분열은 나폴리 왕국, 밀라노 공국, 베네치아 공화국, 플로렌스 공화국과 로마교황령으로 통합되어 있었다. 이들 다섯 나라는 역사적 연관 그리고 현실적 이해에 따라 유럽 대륙의 열강들인 독일, 프랑스, 스페인 그리고 스위스 등과 관계를 맺고 있었다. 따라서 이들 열강은 각기 이탈리아 안에 자신들에 호응하는 기반을 가지고 있다는 생각을 하고 있었다. 이러한 이탈리아 자체의 원인 제공은 스스로를 열강들이 서로 다투는 전쟁터가 되게 하였다.

마키아벨리의 고향인 플로렌스는 공화국 이전에는 메디치 왕가에 의한 왕국이었다.

플로렌스는 대 로렌조 치세(1469-1492)[4]에 황금기를 가졌고, 문예부

---

4) 대 로렌초(Lorenzo de Medici) : 1449-1492. 이탈리아 문예부흥기의 피렌체 공화국의 수반(首班)으로 메디치가 및 피렌체의 황금기를 가져왔으며 '위대한 로렌초'로 불렸다. 그는 은행을 통한 엄청난 부와 뛰어난 외교수완으로 로마교황 및 나폴리 왕을 설득하여 전쟁을 피하고 세력균형을 유지하였다. 문예옹호자로서 레오나르도 다빈치, 미켈란젤로 같은 예술가와 피코와 폴리치아노 같은 인문 학자를 보호하였다. 그

흥의 천재들도 이 시기에 배출되었다. 그러나 그의 아들 피에로(Piero d'Medichi)는 프랑스의 찰스 8세의 침입을 받자 쉽게 굴복하였다. 그리고 이에 격분한 폭도들에 의하여 피에로는 추방되었고 공화정이 성립되었다(1494).[5]

그러나 스페인과 독일은 원래부터 플로렌스의 왕정을 지지하였었다. 1512년 스위스를 포함한 스페인과 독일이 이미 이탈리아를 침공하고 있던 프랑스의 찰스 8세를 패퇴시키므로 플로렌스는 정치적 자유를 회복하였고, 그리고 교황 유리우스의 원조를 함께 받아 메디치 왕정이 회복되었다.

2) 마키아벨리의 생애

플로렌스 출신의 마키아벨리(Niccolo Machiavelli, 1469-1527)는 가난한 귀족의 아들로 태어났다. 그는 1498년부터 1512년까지 플로렌스 공화국에서 그의 생애에서 가장 중요한 공직생활을 하였다. 그러나 그는 왕정이 회복되자 실각하고 짧은 기간 죄수로 옥에 갇히었었다.

마키아벨리의 『군주론(1513)』은 다시 공직을 얻고자 메디치왕가에 대한 헌책(獻策)으로 썼으나 그들로부터 공직을 얻는 데는 실패하였다.

공화정 당시의 플로렌스에서 마키아벨리의 활약은 대단하였다. 주로 군사, 외교에 관한 중요한 직책을 수행하며 프랑스 등에 파견되었었다. 이때 그는 민족통일과 군주권 중심의 정치이론을 생각하며, 이들 나라의 정치 현실을 용의주도하게 관찰하였다.

그의 정책 중에 특히 돋보이는 것은 민병대(民兵隊)의 창설이었다. 당시 이탈리아에서 거의 모든 전쟁은 용병(傭兵)들에 의하여 치러져 전쟁에서의 애국심이나 충성심 같은 동기는 전혀 개입될 여지가 없었다.

마키아벨리는 민병대를 조직하고 훈련하는 데 힘을 기울였으나 이

자신도 시작품을 남겼다.

5) 이탈리아에 대한 침공은 1494년 프랑스에 의하여 개시되었고 그 후 30년 간 이들 나라들은 동맹관계를 바꾸어가며 혼전 끝에 그 결실은 스페인이 거두었다. 1530년 교황이 스페인의 카를 5세에게 왕관을 씌워주었고 밀라노 공국과 나폴리 왕국은 그에 귀속되었다.

제도가 자리 잡게 할 만한 시간이 그에게는 허용되지 않았다. 이 민병대의 필요성에 대한 인지(認知)는 그의 근대적 감각을 표출한 것이다.

그가 다시 공직 생활로 나가게 된 계기는 교황 레오 10세가 모집한 플로렌스 자치 개혁안에 응모하여 인정을 받아서 가능하였다. 이리하여 비로소 메디치가에 봉사할 기회를 얻었으나, 로마가 외국군에 유린되고 메디치가를 다시 추방하는 분란 중에 1527년에 병사하였다.

세이빈 교수는 마키아벨리는 당시 서구의 정치적 진전(進展)의 방향을 누구보다도 분명하게 인식하고 있었으나, 그는 다음 세기에 있을 종교적 역할에 대해서는 예상치 못하였다고 한다.[6)]

그는 당시의 도덕적 정치적 부패 그리고 민족적 통일에 대처할 권력의 필요성과 그때 요구되는 권력의 성격을 간파하고 있었다. 그러할 만큼 마키아벨리의 이성은 날카로웠고 지적 능력은 정확하였다.

3) 이탈리아의 정치사상적 특성

근대의 특징 중에 하나인 서구의 민족국가의 대두(擡頭)는 다른 민족 세력과의 대응 관계에서 성립한 것이 아니라 이미 형성되어 있던 민족국가의 지위를 로마 교황의 고삐로부터 독립하는 형식으로 나타난 것이다.

당시의 정치 사회적 상황은 민족국가의 성립을 지향하는 정치적 집단과 다른 한편, 즉 종교적으로 중세신학의 세계관에 반대하는 개혁적 입장에 서있는 사람들 이 두 집단이 형성되어 가고 있었으며 이들의 이해(利害)는 다 같이 교황의 반대편에 서있었다. 따라서 16세기의 유럽대륙에서는 이들 종교개혁을 주장하는 측과 민족 단위의 국가독립을 추구하는 집단들 간에는 일종의 동맹관계를 결성하는 추세에 있었다.

사태가 진전되어 로마 교황권위에서 벗어나 종교적 삶의 국가화(國家化)가 이루어지면서 정치영역에서는 기독교적 규범의 보편적 유효성

---

6) 마키아벨리가 관심하였던 대상은 오직 이탈리아의 통일이었으며 그가 대륙에서의 종교적 역할에 대하여 알았는지의 여부는 전혀 중요한 것이 아니다.

은 인정하지만 그 해석은 국민의 선택의 문제라고 하는 자율적인 정치 질서가 등장하였다.

그러나 유럽의 신흥국가들은 실제적으로는 종교적인 제도의 통제로부터 독립적인 정치적 자율성을 가졌다고 할 수 있었으나, 이들이 정치적 자율성을 획득할 수 있었던 것은 종교적 신념에 바탕을 둔 투쟁의 결과였기 때문에 이들 대륙의 정치 이론가들은 생래적(生來的)으로 종교를 무시할 수 없었으며, 다만 종교에 대한 상이한 태도를 취할 수 있었을 뿐이었다.

그러나 이탈리아의 입장은 달랐다. 일찍이 비잔틴제국의 몰락으로 유입된 동방문화는 그들과 상업적, 문화적으로 가장 깊은 연계를 유지하고 있던 이탈리아를 중심으로 대 로렌초 같은 귀족들의 보호 아래 본격적인 르네상스를 꽃 피웠고, 영속 간의 갈등이라는 종교적 논쟁에도 휘말리지 않았다.

마키아벨리 시대의 교황들은 권위의 보편성을 상실하고 다만 여러 통치자들 중의 하나로 전락하였다.

그러나 교황들은 이미 잃어버린 보편적 권위에 대한 향수에서 이탈리아가 민족국가로 통일하는 것을 반대하였을 뿐 아니라 외세의 개입을 초래하는 행위를 서슴지 않았다.

따라서 이탈리아의 입장에서 로마 교황청의 중요성은 영적(靈的) 지도력으로서가 아니라 대내적인 정치에서 차지하는 역할 때문이었고 마키아벨리는 이들을 극도로 증오하였다.[7)]

당시 이탈리아는 르네상스라는 문화적 배경 이외에도 민족적 일체

7) 로마 교황령은 이탈리아 반도의 허리 한 가운데 가로놓여있어 이탈리아의 통일은 이를 비켜갈 수 없었다. 그러나 교황청은 이탈리아 국토 안에 존재하지만 세계보편적인 카톨릭의 입장에서 이탈리아 만에 귀속될 수는 없는 것이다. 교황청 자체로서의 정치적 영적 독립이라는 가치는 지켜져야만 했으나 이탈리아 입장에서는 통일의 큰 걸림돌이었던 것만은 사실이다. 더구나 교황은 이탈리아를 장악할 만큼 충분히 강력하지도 못했고 다른 세력이 장악하는 것을 허용할 만큼 허약하지도 않은 것이 문제를 어렵게 하였다.
이탈리아의 통일은 그로부터 300년이 훨씬 지난 후(1870년)에야 이루어질 수 있었고 그 과정에서 로마교황령은 결국 무력에 의하여 점거된 후에 협상에 의해 바티칸시로 독립하였다.

감의 결여와 도시국가들의 정치적 불안정 그리고 정치적 모험가들을 유혹하는 지위와 권력에 대한 접근의 용이성이 상호 작용하여 극도의 정치적 혼란을 겪고 있었다.

이러한 정치적 차원의 심각한 혼란상황을 해결하기 위해서는 정치적 논리 이외의 다른 일체를 배제한 효과적인 권력 운용에 따르는 것만이 그 방법일 수 있었다. 철두철미하게 정치적인 차원에서 사고하고 활동하려면 종교적 세계관이 정치를 엄격하게 통제하던 사고방식은 반드시 청산되어야만 하였다. 그리고 이탈리아만이 그럴 수 있는 정치적, 정신적 여건을 갖추었었다.

초기 문예부흥기의 현실주의적인 저술의 가장 중요한 측면은 종교적인 논쟁의 부재(不在)로 특징된다. 그리고 순수한 정치적인 관점에서 질서와 권력의 문제를 다루었다(『마키아벨리의 이해』, 틴 스키너와 셸던 월린 공저, p.157). 마키아벨리의 정치사상은 이러한 이탈리아의 시대적 배경에서 잉태된 것이다.

마키아벨리의 정치사상의 구조는 한편으로 객관적 현실주의 그리고 다른 한편, 열정적인 민족주의라는 두 면모를 보여준다. 그의 객관적 현실주의가 이루고자 하는 정치학은 막연한 이상(理想)을 제거하고 자연법과 같은 전통적 규범을 정치영역 밖으로 밀어내어 순수하고 독립적인 탐구 자세로 정치의 자율성을 확보하는 것이었다.

그에게 정치의 정당성은 자율적인 정치영역의 범주 안에서 스스로 확보되는 그런 성격의 것이다.[8]

그는 정치학의 주된 관심을 종래의 안정된 정치세계가 가지게 되는 체제유지를 가능케 하는 이념이 함축(含蓄)된 '정당한 권위(權威)'의 형성이라는 문제로부터 벗어나 '권력운영의 문제' 즉 운동하는 여러 세력으로 구성된 불안정한 복합체를 통제함으로써 지배력을 획득하는 능력의 문제로 전환하였다.

---

8) 마키아벨리의 이러한 자세는 니체가 '신은 죽었다'고 선언한 것과 같은 맥락, 즉 초재적인 가치의 부정(否定)을 보여준다. 다만 마키아벨리는 순수한 '정치적 영역'의 독립성을 주장하였고, 니체는 존재 전반에 대하여 신을 포함한 초감성적인 존재의 부정이라는 차이가 있다.

일반적으로 자기능력에 의한 것이 아니라 종교나 자연법, 세습 등과 같이 '밖으로부터 온' 정치권위는 그의 관심 밖의 것이었다. 통치자 자신의 행동과 살아가는 방식에 관계없이 권좌를 유지하게 하는 물려받은 권위는 그의 정치학에서 다룰 것이 아니었다. 왜냐하면 마키아벨리가 생각하는 정치영역에서는 '운동과 변화'만이 정치현실이다.

그가 생각하는 정치영역 안에서 '효율적인 폭력'은 '정치선(政治善)'의 지위에 해당한다.

왜냐하면 통치행위란 폭력의 행사를 전제로 한 것이며 폭력의 불가피성을 인정하는 상황에서는 최소의 폭력으로 최대의 효과를 얻을 수 있다면, 그것이 곧 정치선(政治善)일 수 있기 때문이다.

이것이 그가 『군주론』에서 권력운용에 대하여 천착한 진정한 이유였다.

이와 함께 그가 권력행사에 천착한 다른 이유는 '비난받아야 할 것은 사태를 악화시키기 위해 폭력을 사용하는 것이지 개선을 위해서 폭력을 사용하는 것은 정당할 뿐 아니라 필요한 것이며' 이에 대한 회피는 경멸해야 한다는 믿음이었다.[9)] 그리고 당연히 통치자에게 일차적으로 요구되는 것은 항상 특정한 상황에 적합한 최소한의 정확한 폭력의 양(量)을 처방할 수 있는 능력이다.

그가 기대한 군주는 권력에 굶주린 야비한 인간이 아니라 적막한 도덕적 침묵이 흐르는 세계에서 자신의 역할을 수행하는 헌신적 인간이다(『마키아벨리의 이해』, 틴 스키너와 셸던 월린 공저, p.167).[10)]

이러한 헌신적인 군주는 '모든 사람들은 사악(邪惡)하여 기회가 주어지면 그들의 마음속에 내재하는 악에게 항상 분출구를 열어준다,'라는 그리스 정치학에서는 한 번도 염두(念頭)에 둔적이 없고, 기독교의

---

9) '어쩔 수 없는 전쟁은 정의로운 전쟁이며 무력 이외에는 그 어떤 희망도 없을 때 무력 또한 신성한 것이 된다.'(리비우스, 『로마사』 제9권 중에서).

10) 마키아벨리는 군주와 그들의 신민이 새롭게 태어 날 수 있다는 믿음에 집착한다. 그는 효과적인 정치적 행동을 낳을 수 있는 통치를 구상하고 가르칠 수 있다고 느낀 것이다. 또한 이를 통해 인간의 사악함을 극복 할 수 있다고 생각한 것이다(『서양 정치사상』, Brian Redhead 엮음 중에서 '마키아벨리' Sydney Anglo 씀, p.117).

교의(教義)에서는 결코 의심해본 적이 없는 주장과는 달랐다.

그가 정치현실을 다루는 솜씨는 무자비하였고 그의 논리와 언어는 날카롭기 비할 바 없었다. 그러나 마키아벨리의 민족 통일을 염원하는 정치이론가로서 그 소명(召命)에 대한 헌신적인 자세는 어느 누구보다도 도덕적이었다. 이는 근원적으로 인간에 대한 관심에서 비롯되는 도덕적인 반응이다.

그가 이탈리아의 정치 질병에 관하여 기술하고자 하였을 때, 그는 도덕적인 열정의 언어를 구사하였다.

'이탈리아는 예수의 육신처럼 과거의 죄를 대속(代贖)하기 위해서는 해체라는 고통을 겪게 되어 구원받기 전에 약탈과 예종(隷從)을 겪게 되는 것은 필연적이다.'라고 하여 종교적 감정과 언어가 민족의 이미지에 전이(轉移)·승화(昇華)되어 있다. 그의 정치이론은 자기만족적인 것이 아니라 그 추동력을 민족적인 영감에서 끌어낸 것이다(『마키아벨리의 이해』, 틴 스키너 외).

4) 『군주론』의 성격

마키아벨리의 객관적 현실주의는 자신이 물려받은 정치사상의 개념들로서는 진정으로 더 이상 정치적인 현상을 다루지 못한다는 판단과 '부패한 시대의 위대함은 비도덕적인 수단에 의해서만 성취될 수 있다'는 두 믿음에서 비롯된다.

이것이 『군주론』의 성격을 결정지었다. 그는 이러한 그의 정치 철학을 전통적인 이정표(里程標)의 도움 없이, 그 자신의 노력으로 이룩하였다.

마키아벨리는 토마스 무어 같은 이상주의의 공상적인 비상(飛上)과는 완전히 대조적 입장에 있다.

영국이나 프랑스의 경우는 이미 민족 통일이 완수되어 국권이 확립되어 있었다. 따라서 에라스무스나 무어에게는 그들이 정치적 목적이 추구하는 바를 이들 국왕을 교육적으로 지도하거나 또는 비판함으로써 가능한 여건에 있었다. 그러나 마키아벨리의 정치사상의 대상인 이탈리아는 이들과는 전혀 다른 역사적 과정에 놓여 있었던 것이다.

권모술수(權謀術數)의 효용성을 주장한 이 『군주론』은 200년 전 같은 고향 사람인 단테의 동명 저서와는 너무나 대차적인 특질을 가진 것이다. 단테는 중세적 이념을 시적(詩的) 상념으로 써나간 것에 비하여 그는 정치적 현실에 충실하여 그 실효논리를 추구하였던 것이다. 그러나 이러한 성격은 실제로는 『군주론』에도 예시한 것처럼 당대 정치 사회현상에 따른 일반적 경향이었다.

중세 이탈리아는 해상무역에 기반을 두고 있어 그 생활권은 지중해를 중심으로 멀리 흑해에까지 이르도록 광범위하였고 생활은 역동적이었다. 해상 무역의 성격상 그들은 항상 새로운 상항에 대처하여야 하였다.

수많은 자치도시[11]들의 난립은 정리된 정치이념에 따르기 보다는 그때그때의 현실 조건에 대응하는 방법론의 중요성이 강조되었던 것이다.

다른 하나는 마키아벨리는 르네상스에서 촉진된 문화적 감성에서 그의 정치적 논리의 접근 방식을 포착하였다. 르네상스에는 근대성을 개척한 몇 가지 동기가 혼융되어 있었다.

레오나르도 다빈치나 갈릴레오 등 이들 천재들은 그들의 예술과 학문을 함에 있어 자연과학적이고 수리적(數理的)인 논리로 사물을 관찰하는 접근방법을 적용하여, 이후의 예술과 학문 분야에서 중대한 전

---

11) 자치도시(Commune)는 고대 그리스의 도시국가와도, 로마적 행정 지방자치제와도 구별 된다. 도시국가가 정신적으로나 물리적으로 완전한 자족을 지향한데 비하여 자치도시는 방어적 개념의 소극적이고 필요한 경우에는 상위의 국가조직을 인정 또는 그로부터 자치범주를 인정받는 것이 일반적 형태였다.
또한 자치도시가 도시발전과 변천의 전후관계에서 이해되기는 하지만 반드시 도시에 국한되는 것은 아니었다. 즉 성곽을 중심으로 한 자치도시, 농촌 중심으로 한, 또는 교회 중심, 계곡 중심으로 하는 등 그 형태는 다양하였다.
이들은 10세기의 지역적 분열과 정치적인 무정부 상태에서 방어적 목적으로 시작되어 차츰 법이나 행정면에서 자주적인 지위와 통제능력을 갖추면서 정치 행정의 자결권을 행사할 수 있게 되었다. 그 초기에는 집정관제가 일반적이었으나 영주제도 그리고 군주제로까지 진전되었다(『이탈리아사』, 허인, p.347).

기(轉機)를 마련하였다. 이는 주로 동방 아랍문화의 영향을 받은 비잔틴 문화에 포함된 것으로 마키아벨리의 군주론은 그러한 관찰과 방법론에 따른 것이었다.

이처럼 이탈리아의 생활 조건에서부터 비롯된 방법론의 중요성에 대한 자각 그리고 르네상스의 합리적 접근방법이라는 사유형식은 『군주론』 전체에 일관되는 것이다.

마키아벨리의 목적은 오직 이탈리아의 민족국가로의 정치적 통일이었다. 『군주론』은 그의 이러한 염원으로 쓰였다. 그는 군주가 그의 권력을 효과적으로 운영하는 방법, 즉 일종의 권력행사의 기술론을 전개하였다. 그러나 역설적으로 이탈리아의 당시 사태를 보아서는 그러한 방법론이 최상의 가치 추구일 수 있었다.

이탈리아는 분열되고 그들 도시국가 간의 알력으로 외국세력을 끌어들여 국가들 간의 패권 다툼의 전쟁터가 되어 있었다. 사회는 사회대로 서로 간의 모략중상(謀略中傷)이 난무하였고 힘 있는 자들은 사병(私兵)을 양성하여 통치권에 도전하였다. 이러한 와중에 사적인 구금, 추방, 암살 등으로 살벌하고 포악한 상태가 일반화되었다.

마키아벨리는 메디치 왕가가 회복되기 이전 공화정 시기에 정치적 활약을 하며 이러한 상태를 체험하였다.

따라서 메디치 왕가의 복귀로 군주정이 재정립되자 그는 군주 권력의 효용성에 의탁(依託)한 민족 통일을 위하여 권력의 운용 방법을 생각한 것이다.

그는 정치적 목적을 위한 권모술수를 대담하게 전개하였다. 정치의 최고 덕목은 국가 권위의 앙양과 확대에 있고, 이를 위하여 군주는 그의 권능 행사에 주저할 필요가 없다는 것이 그의 논의의 전제이다.

마키아벨리는 당시 교황 알렉산드로 6세의 서자(庶子)이었던 폭군 체사레 보르지아(Caesar Borgia)를 '정치 목적을 위한 수단'이라는 관계 측면에서 보아 호의적으로 취급하였다. 그는 보르지아가 잔혹하였다는 일반 평을 부당한 판단이라고 일축하였다.

마키아벨리는 결과를 중시하여 하였다. '그러한 방법이 바로 로마냐(The Romagna)를 함락하여 순종시키므로 통일과 평화를 이룬 것이다.' 라고 하였다. 뿐만 아니라 군주는 자신의 지위를 유지하기 위해서는 관용이라는 함정에 빠져서는 안 되며, 특히 군주는 자기 자신을 방어하기 충분한 재산과 힘을 가져야 한다고 강조하였다. 이는 에라스무스와는 완전히 다른 관점에서 군주를 본 것이다

그는 군주가 유연하고 착하여서는 안 될 이유를 다음과 같이 말하였다. '군주가 착하여 권위나 재산을 잃고 후에 다시 이를 회복하려고 하면 도리어 극단적으로 포악하게 된다. 그러면 모든 것을 잃게 된다. 즉 어느 입장에도 떨어지지 않아야 된다. 군주가 재물을 상실하면 인민의 경멸이 따르게 된다. 그러므로 관대함으로써 얻는 것은 거의 없다. 군주가 정중하고 예의바르다고 칭찬되다가는 통치지위를 상실한다.'(동서)

모든 인간은 본질적으로 이기적인 동물이며 그 행위 역시 배은, 변덕, 사기, 비겁, 탐욕스러운 것이다. 따라서 이에 대하여는 공포만이 목적을 효과적으로 수행할 수 있는 직접적인 수단이 된다. 그리고 '단순한 심정의 인간과 순간의 필요에 복종하도록 되어 있는 인간' 따위는 배려할 것이 없다.

일반적으로 인간은 생성(生成)의 세계를 받아들이기 어려우며 불변적(不變的)인 것들을 갈망하여 환상(幻想)의 세계를 창조하고 그것을 행위의 진정한 근거인양 취급하여 정치의 진정한 목적을 방해한다.

따라서 그는 이 환상의 정체를 폭로할 뿐 아니라 목적 수행에 도움이 되는 환상을 만들어 이를 이용하여야 한다고 하였다. '기만하려는 자는 기만당할 만한 인간을 항상 발견'하는 것이다(동서).

군주는 아무도 믿어서는 안 된다. 오직 자기 자신이 사실을 확인하고 지위의 보장을 점검해야 한다.

즉 '사자의 맹위와 여우의 교활함을 함께 갖추어야 한다. 사자는 함정에 빠질 염려가 있고 여우는 늑대에게 먹힐 위험이 있기 때문이다.'(동서)

또한 인간이란 유산 앞에서는 아버지의 죽음을 쉽게 잊어버리는 것이다(동서). 따라서 인민에 대한 약속은 군주의 편익(便益) 중심으로 임의에 따라 조정되어야 마땅한 것이다. 다만 국가를 위태롭게 하는 비행(非行)은 삼가야 한다. 또한 군주의 외모는 성실, 정의, 도의, 경건 등 온갖 미덕을 들어내 보여야 한다.

그러나 마키아벨리가 정치선이라는 도의성을 부정한 것은 아니다. 만일 인간이 천성적으로 착하다면 권모술수가 필요없다는 것이 그의 고충에서 나온 변명이었다.

몇 사람에게 잔학하여 사회 전체에 자비가 되도록 하는 것이 어쭙지 않게 자비를 베풀다가 결국 사회일반에 살인과 약탈이 횡행하게 되는 것보다 얼마나 고마운 일이며, 참된 자비의 뜻이 되는가 하고 다짐하였다.

군주는 인민에게 공포와 친애 양면 모두의 대상이 되는 것이 필요하다. 그러나 이 둘을 함께 할 수 없다면 친애보다는 공포 쪽이 유리하다. 로마에 진군한 한니발이 여러 민족의 혼성군(混成軍)을 이끌며 어려움 속에서도 불평 없이 통일 상태를 유지할 수 있었던 것은 그가 잔인하였기 때문이다. 반면에 그의 상대인 대(大)스키피오가 스페인에서 연패한 것은 너무 관대하여 군에 자유를 주었기 때문이다.

물론 군주는 증오되거나 경멸되어서는 안 된다. 또한 잔인하다는 오명을 피하여야 한다. 여기서 군주로서 인민의 재산이나 처자(妻子)를 강탈하는 따위의 어리석음을 저지르는 자는 논의될 필요가 없다.

이들이 마키아벨리가 『군주론』에서 정치적인 목적을 위한 권력 운영 방법론의 일부이다. 현실은 정치적 목적을 실현시키는 데 윤리와 실천기술이 언제나 조화될 수 있는 것은 아니라는 것을 그처럼 대담하게 피력한 예는 없었다.

그는 통상적으로 인정된 도덕이라도 그것이 예견하지 않았던 상황 넘어까지 일률적으로 확대·적용되었을 때 그 질서와 권력은 파괴된다고 보았다. 다른 한편 정치적 상황에는 일종의 연금술(鍊金術)이 작용하여 선한 것이 악한 것으로, 악한 것이 선한 것으로 변형되는 경우가 있다.

예를 들면 '관대'라는 미덕은 그가 베푼 관용의 비용이 세금으로 전환되어 인민의 분노를 야기시킨다. 반대로 '잔인함'은 소수에게 절약해서 사용하면 다수에게 자비보다 훨씬 큰 효과로 나타날 수 있다.

그가 전통적인 정치사상에 반(反)하여 권모술수의 효능주의를 주장한 것은 윤리와 통치기술이 조화될 수 있을 것이라는 입장에서 보면 상당히 일방적인 것이다. 그러나 당시 이탈리아의 민족 통일이라는 명제는 정치의 윤리선(倫理善)이며 의심할 바 없이 정당한 것으로 이는 그를 평가하는데 간과(看過)해서는 안 되는 것이다.

『군주론』은 정치사상으로서의 의의(意義)보다 방법론상의 새로운 국면을 천명한 지위에 있다.

5)『군주론』과『로마사론』

마키아벨리의 정치사상의 참 모습은 조국 이탈리아의 옛 영광을 회고하는『로마사론(Discourse on The First Decade of Titus Livius)』(1521)에서 볼 수 있다. 이에 비하여 그를 근대 정치학의 비조(鼻祖)로 불리게 한『군주론』은 이념적 사상이라기보다는 차라리 정치 방법론상의 새로운 기축(機軸)을 제시한 것이다.

마키아벨리는『군주론』을 쓴 후 8년이 경과한 후에 고전(古典)인 리비우스의 저작『로마사』의 처음 10장을 논의하므로 실은『군주론』에서 다루지 못한 그의 정치사상을 전개한 것이다. 그의 책에는 국가의 기원, 정체론, 법과 관습 등이 다루어졌다. 그리고『군주론』에 유일한 정치사상의 면모인 '정치덕(政治德)은 곧 국권의 번창과 확대'라는 견해는 그대로 유지하였다. 또한 이 두 저서는 로마의 융성과 쇠망의 원인과 통치자의 역할에 관심하였다.

그는 국가의 기원에 관하여 원주민이 건립하는 국가 이외에 다른 민족에 의하여 건립되는 경우가 있다고 하였다. 전자는 공동 방위의 필요에서 그리고 후자는 민족 이동 또는 국왕이 위세를 확장하거나 식민지의 발전에서 건립된다. 그러나 비교적 자유로운 국가는 원주민이 형성한 경우이다. 타민족에 의한 국가는 자유롭지 못한 것이다.

국가 장래를 위해서는 국토가 척박한 것이 오히려 좋다. 비옥한 토지를 가진 인민은 자칫 게으르고 정에 끌릴 염려가 있다. 국가의 생명력은 스스로 근로하는 인민의 실질적이고 강의(剛毅)한 정신에서 키워진다.

따라서 비옥한 토지의 인민이 유약하게 되지 않도록 하기 위해서는 법률의 특별한 관심이 필요하다고 하였다.

그는 정체론을 대체로 아리스토텔레스의 방법에 따라 전개하였다. 혼합 정체가 가장 견실하여 최상의 것이라고도 하였다. 그러나 그는 아리스토텔레스는 물론이고 폴리비우스나 키케로와는 다른 근대적인 특질을 표명하였다. 그는 이 책에서 군주제, 귀족제, 민주제의 장단을 논술하며 민주제가 비교적 타당한 조건을 많이 가졌다고 설명하였다.

그러나 마키아벨리가 민주제를 지지하는 이유는 그것이 국가의 팽창에 보다 잘 적응할 수 있다고 생각한 때문이다. 왜냐하면 국가는 팽창을 추구함으로써만 영원한 생명력을 유지 존속하는 것이기 때문이다. 그리고 만약에 팽창 정책에 적응할 수 없게 되면, 국가의 기초가 파열되며 헌법은 결정적으로 무너지고 말 것이다.

'인간은 항상 움직이고 있으며 한 곳에 그대로 머물러 있을 수는 없다. 즉, 진행 아니면 퇴보이다. 그리고 사회는 이성(理性)이 앞에서 인도하지 않는 곳에서는 다만 필요(必要)가 이를 조종한다. 따라서 팽창 없이 단순한 존재로 머문 국가는 필요에 휩쓸리어 가기에 적합하여 더욱 빨리 붕괴되는 것이다'(동서).

그는 그리스 이념의 우수성은 인정하였으나 아테네와 스파르타는 타산적이고 이기적인 현존재로서의 인간을 전제로 하는 정치의 주요한 지혜를 결여했다. 사실상 이기적인 인간들로 구성된 현실은 그러한 훌륭한 이념의 내용을 획득하기에는 너무나 동떨어져 있다고 하였다.

그리스인들이 이념한 완전하게 균형을 이룬 국가, 즉 모든 정파의 이기적 당쟁에서 벗어난 자유는 그것이 정치로서 희망되어야 할 진정한 상태일 것이다. 그러나 인간은 재산을 가지면 가질수록 더욱 바라고 권력 역시 가질수록 더욱 추구하는 성품을 가진 이기적이고 불완전한 존재이다.

그는 정치의 이상적 모델을 영원한 이성이나 신앙적 입장이라는 관념적 형태가 아닌 역사 속에 보존된 위대한 모습에서 그 확실성을 발견하였다.12)

그는 역사상 그러한 오직 하나의 모델로서 로마공화정을 꼽고 그들에 의해 인간의 현실에서 가장 이상적인 정치현상이 실현되었다고 보았다. 로마 공화정은 여러 가지 우수한 점을 가지고 있었으나 그 첫째는 필요에 따라 독재정치가 될 수 있는 길을 열어 놓은 것이다. 국가의 위대한 발전이 이러한 독재의 공헌으로 지속된 것이다(동서).

이러한 견해에 따라 그는 공화정 운영에 관한 몇 가지 주의사항을 제시하였다. 공화정은 위기에 신속하고도 효과적인 활동을 할 수 있는 규정이 필요하다. 만일 필요한 시기에 권위의 집중을 준비하지 않으면, 헌법은 항상 위협받는다. 필요한 경우에 제때에 대응 하지 못하면 헌법은 무시되고 파괴된다. 따라서 아무리 선한 동기에서 성립된 헌법이라도 결과적으로는 악한 것이 되고 만다.

또한 로마는 일반 여론의 길을 열어 놓아 발전하였다. 평민과 귀족 간의 투쟁은 로마 사회가 건전하지 않았다는 표시는 아니고 오히려 위대해지기 위해 없어서는 안 될 과정이었다. 야망(野望)의 공개는 은밀(隱密)한 음모를 불필요하게 할 뿐 아니라 구성원의 영향력을 제도화하여 새로운 능력을 지속적으로 공급 가능케 하는 것이다. 경쟁과

---

12) 이러한 사유형식에 따른 가치판단은 중국인들이 항상 고대 선조들로부터 그 이상을 찾으려는 자세와 상통한다. 이는 현실 이외의 초월적 이상에서 또는 관념적 가치체계에서 인간사의 해답을 구하는 것과는 확연히 구별된다. 그러나 마키아벨리의 로마제국에 대한 회고는 공자가 주(周)의 문물을 따르려는 것과는 같으나 맹자나 기타 중국 사상가들이·생각한 상고시대와는 다르다. 왜냐하면 그들이 본받으려는 상고는 오히려 이상화 내지 관념화된 역사에 가까운 것이기 때문이다.

투쟁은 국가에 활력을 불어 넣었고 일반 인민의 정서와 야심이 배양되었다. 그리고 그 시련의 힘이 국가의 근기(根基)를 견고하게 하였다.

로마 공화정은 끈임 없는 전쟁정책을 통하여 유능한 인물들이 지도력을 장악할 수 있었다.

무사하고 평화로운 때에는 능력이 월등하면 대중의 의혹을 사게 될 뿐이고 지도력은 부(富)와 정실(情實)에 따라 타락하기 때문이다. 실제로 인민은 일반적으로 사물이 실질을 보지 못하고 나타난 현상을 보는 데 만족한다.

그는 아리스토텔레스와 같이 인민에 토대하는 국가의 자연적인 성립과 발전을 시인하였다. 그러한 근거에서 입법은 관습과의 긴밀한 관계에서 구상되어야 한다고 생각하였다. 법의 변경은 관습이 바뀌기를 기다리면 쉽게 할 수 있으나, 이는 국가를 붕괴시키는 원인이 된다. 왜냐하면 법을 변경해야 할 상항은 이미 법질서와 사회현실 간의 모순이 들어난 현상을 의미하며, 이는 국가의 체제(Constitution)를 위협하는 조화의 상실을 가져오기 때문이다.

공화정을 유지하기 위하여 변천하는 국가 사회의 상태에 따라 입법과 함께 헌법도 그에 순응하여 변경되는 것이 불가피하다고 하였다. 즉 공화정의 헌법은 연성(軟性)이어야 한다고 하면서 로마공화정의 헌법은 경직되어 변경이 필요한 경우 그것은 심각한 투쟁을 거쳐 이루어졌고, 따라서 옛 질서가 완전하게 파괴되기 쉬운 결점이 있었다고 지적하였다.

로마의 역사를 해석하는 입장은 『군주론』의 효용주의적 정치 방법과 같은 주장으로 이 두 저서 사이에는 서로 상통하는 면모를 찾을 수 있다. 때로 그는 로마의 역사적 사례를 『군주론』의 관점에서 과격하게 비판하였다. 즉, 국가의 생명을 구출하가 위하여서는 못할 일이 없어야 한다는 것이다(동서).

그는 공화정과 군주정을 비교하며 그 바람직한 정치의 기준을 '힘과 팽창'에 두고 이에 주안점을 두었다.

로마 공화정은 도시 인구의 증대, 주변 국가와의 동맹관계를 형성 내지 유지하는 일, 정복 지역에 식민지 건설, 전쟁 수행과 국고 수입의 증대, 국가 재정이 개인 생계에 우선하는 정책, 잘 훈련된 군대의 유지 등을 통하여 '힘과 팽창'이라는 관점에서 볼 때 위대한 국가를 실현하였다(동서).

마키아벨리는 자기 당대의 프랑스와 스페인을 칭찬하며 특히 군주와 인민의 사회(Community)적 단합을 그 첫째 이유로 지적하였다. 군주의 의사에 인민의 통합된 힘이 하나로 표현되는 점을 예찬한 것이다.

보다 좋은 정치나 생활 방식이란 반드시 인민이 보다 자유스러워진다는 것을 의미하는 것은 아니다.

대중은 개인 자신과 그 재산의 안전을 우선으로 관심한다. 따라서 공화정은 다수의 인민에게 재산을 획득할 기회를 제공하여야 한다. 그런데 국가의 독립이란 부(富)가 다른 국가에 종속되지 않는다는 의미이고, 그런 상태에서만 부가 증가하므로 독립이 단순한 인민의 자유보다는 우선적으로 필요한 것이다(동서).

마키아벨리는 철저한 현실주의를 표방하였으며 귀족제에 대하여 매우 적대적이었다. '귀족은 오만하여 민심을 격앙케 할 뿐 아니라 인민으로 하여금 그들의 탐욕과 악덕 내지 사치를 모방하게 한다. 또한 부귀에 대한 욕심을 조장하여 국가의 기초를 흔들리게 한다.'고 하였다.

마키아벨리같이 변화하고 움직이는 현실에서 자신만의 힘으로 능동적으로 대처해나가는 인간상을 신봉하는 입장에서는 주어진 기득권으로 온갖 영화와 이익을 챙기는 귀족들이 혐오의 대상인 것은 당연하다고 하겠다.

그의 군주정 논리에는 미묘한 민주주의 사상을 감지할 수 있다. 그는 표면상 군주[13]의 전제권력을 강조하지만 그 정치적 효과는 인민에게 귀속되는 것이다. 이는 당시의 이탈리아의 갈등하는 정치 정세를 반영한 것이다.

---

13) 마키아베리의 '군주'는 로마공화정에서의 일시적인 '독재관'의 승화된 형태의 일종이다(『마키아베리의 이해』, 틴 스키너·셸던 월린 공저, p.213).

그가 체질적으로 공화주의자였음은 그의 경력과 『로마사론』을 쓰게 된 동기와 내용에서 볼 수 있다. 그의 급진적 정치사상은 당시 이탈리아의 급박한 정세에서 비롯된 것이고 그 애국정신도 처열(凄烈)하였다.

마키아벨리가 군주제보다 민주제를 추천한 것은 사실이다. 그 근거로서 그는 '전체로서의 인민은 군주보다 현명하고 덜 변덕스럽다. 공화정의 배은망덕은 군주에 의한 것보다 더 심한 것은 아니다. 인민의 판단은 특히 관리의 선임과 명예 수여 같은 문제에서는 대체로 건전하여 비난받지 않을 수 있다. 군주제는 정치적 법적제도의 기틀을 마련하는 데는 가장 적합하지만 그 유지를 위하여서는 공화정이 더욱 적합하다. 그는 인민들에 '대한' 힘의 행사보다는 인민들의 힘에 '의해서' 유지되는 것이 폭력에 소요되는 비용을 절약할 수 있다.'고 생각하였다.

공화정에서는 사태에 대한 대응이 더디게 진행되어 오히려 신뢰를 준다. 군주가 융통성이 없는 데 비하여, 공화정은 구성상 필요한 때에 특수한 경우라도 그에 적합한 인물을 찾아낼 수 있다. 그는 공화정이 공동 사회의 사회 복지와 경제적 평등을 가능하게 하는 최상의 그리고 유일한 정부 형태라고 언명하였다.

이러한 그의 정치 이념은 아리스토텔레스를 답습한 것이다.

정치사상에서 정치와 윤리·도덕을 분리 독립시킨 최초의 논의는 아리스토텔레스에 의하여 이루어졌다. 마키아벨리 역시 순수한 정치영역을 고집하여 일체의 규범적 개념을 그로부터 제외시켰다. 그러나 정치가 윤리적 기준과 무관하게 행해져야 한다는 것이 아니라 그 기준은 '밖으로부터 주어지는 것'이 아니라 자기완성적인 것이라야 한다는 것이다. 그리고 이들의 정치철학은 반(反)도덕적이 아니라 비(非)도덕적일 뿐이다.

그러나 앞에서 살펴본 바와 같이 아리스토텔레스는 정치학을 순수과학과 실천과학의 두 가지 관점(Double Sence)에서 접근하여 전자의 시각으로는 절대선과 이상국가 같은 윤리적 내용을 마치 플라톤과 별

다를 바 없이 펼치고 있다. 반면 마키아벨리는 아리스토텔레스가 그의 실천과학적 입장에서 취한 효용적 방법론에 일관하였다.

마키아벨리의 정치사상에 대한 여러 사람들의 판단과 비평은 일치하지 않는다. 그의 정치사상 체계와 이론에는 여러 디렘마적인 요소를 포함하고 있는 것이 사실이다. 그러나 근대 후세에 정치사상에서만이 아니고 역사적 실제 현실에 그가 끼친 영향은 던닝 교수의 말을 빌자면 '아무리 강조하여도 과장되었다고 할 수 없다.'할 만큼 막중한 것이다.

마키아벨리에 대한 비난은 주로 권모술수의 악덕성(惡德性)에 그 초점이 맞추어져 있다.

그들 중에서도 프러시아의 프레데릭(Frederick) 2세는 계몽군주를 자처하며 마키아벨리를 비판하였다. 그러나 역설적이게도 그의 만년에 프러시아를 강대하게 하는 실천의 과정은 마키아벨리의 노선을 따랐던 것이다. 여기에 권모술수의 정치적 의의가 사실로서 증명된 일면이 있는 것이다.

그는 악의가 활개치는 정치 여건에서 굳게 지켜야 할 정치선이 인간의 선의(善意)에만 의존하여서는 불가능하다는, 즉 인간의 약점을 사실로서 인정한 것이다. 그는 무엇보다도 그의 조국광복을 촉진시킬 수 있는 실제 수단만을 생각하여 거기에 어떠한 우회(迂廻) 또는 가식(假飾)도 덧붙이지 않는 정직한 면을 볼 수 있는 것이다.

그의 이념에 내재하는 모순은 그 역시 중세적인 종교적 영향을 벗어날 수 없었던 고충에 따른 것이다.

또한 아리스토텔레스 정치학의 진정한 정신인 윤리선(倫理善)의 영향이 그를 일관된 효용성의 논리에만 따를 수 없게 한 원인이 되기도 하였을 것이다. 따라서 그는 인간의 '사회생활에서 볼 수 있는 표징(標徵)이 선(善)하다 면은 어떻게 이러한 말을 할 수 있을 것인가?'라고 말하였다.

마키아벨리는 좋든 싫든 간에 사실 논리의 합리성이라는 측면에서 근대 지성 그리고 16세기 이래의 유럽 정국(政局)의 실천적인 면에서 그의 논리가 획기적인 기초가 되었음을 부인할 수 없는 것이다. 그는 중세에 종지부를 찍고 종교와 정치를 구별시켰고, 또한 정치와 윤리를 분리하여 근대 정치학의 비조(鼻祖)가 된 것이다.

던닝 교수는 마키아벨리의 이론에 대하여 마키아벨리는 국가의 강대화(强大化)에 대한 그의 논의가 어느 경우에는 인종(人種)의 동질성이라는 한계에 직면할 수 있다고 논리적으로 강조한 것은 아니지만 이를 암시하였고, 이는 19세기 유럽의 문제에 영향을 주었다.

그러나 국가의 팽창을 탁월하게 효능하였던 '민족'[14]이라는 교의(教義)는 실제로는 마키아벨리의 근본 원리와는 아무런 논리적 관계가 없다. 팽창을 지향하는 그의 노선에서 보면 '민족'은 다만 일시적이고 과도기적인 것에 불과한 것이다. '팽창의 논리'는 힘의 팽창 자체에 의한 자기 확인 이외에 다른 논리적 보장이란 없는 것이다. 이러한 관점이 마키아벨리를 정당하게 이해하는 것이다.

오늘 날에는 정복(征服)을 정당화시키는 이론은 민족 말고도 많은 다른 논리적 근거들이 있음을 익숙하게 알고 있다.

정치력의 확대를 정당화한 예는 아리안족이 셈족이나 우랄 알타이어족을 지배해야 할 이유로 그들이 정신적으로 더욱 계발(啓發)되었기 때문이라고 한다. 즉, 이들에 따르면 '정치적인 인민'이 '비정치적인 인민' 위에, 문화인이 몽매한 인간들 위에서 지배하는 것이 요청된다는 것이다.

역사적으로도 이러한 사례들의 맨 처음에는 예수회가 있었고, 더욱 근대로 와서는 백인의 부담(White Burden)이라는 이름으로 서구의 야만적 수탈 행위가 자행되었다.

서구인들은 근대 이후 서구문명의 권위적 세계지배를 마키아벨리의

---

14) 마키아베리가 민족주의자인 것만은 사실이지만 그것은 당시 이탈리아의 민족적 상황의 참담한 현실에서부터 이를 구출하려는 염원이며 민족 지상주의를 뜻하는 것은 아니었다. 즉 민족의 상황을 개선하려는 필요이지 절대적 가치를 염두에 둔 것은 아니었다.

노선에 따라 이루었음에도 불구하고 이제는 그를 비판하는 입장을 취한다. 이러한 그들의 입장은 마키아벨리의 단순한 물리적 힘에 정신의 우월이라는 포장을 한 것이다.

6) 결 어

마키아벨리적인 정치성의 논리는 동양에서는 이미 전국 시대말엽 법가 사상에서도 나타났다. 그러나 마키아벨리만큼 악덕을 그대로 들어내는 추론(推論)은 중국의 어느 전통 관념 또는 정치적 실천정신에서도 감히 내세워졌던 것은 아니다.

만일 마키아벨리의 사실적 측면을 근대성이라고 한다면, 동양에서는 전국시대나 그러했을 뿐 다른 시대에는 그러한 의미의 근대성이란 찾기 어려운 것이다. 물론 이는 정치 세계에 일부 실제상까지 부인하려는 것은 아니다.

동양 정치사상에는 이념으로서의 민주성을 고대 이래로 연면(連綿)히 지니고 있었다. 다만 동서 세계는 사회적 경제적으로 국가의 조건이 달랐고 그에 따른 역사적 유형 역시 구별되는 것이다. 요컨대 동양이 방위형이라면, 서양은 전취형(戰取型)으로 볼 수 있다.

다음 세대의 서구 세계는 마키아벨리적 분위기에 만족할 수는 없었다. 따라서 중세전통의 종교적 성격에 대항하여 근대 세계의 형성에 이르는 과정에서 서구는 수많은 종교적 사상적 투쟁을 치러 왔다. 즉 마키아벨리가 생애를 마치기 전에 루터(Luther)가 정신 운동의 기치를 올렸으니, 이는 유럽의 지적(知的) 정력을 신학과 도덕의 영역에 전면적으로 쏟게 되어, 그 앞으로의 150년간의 사태에 대한 길을 열은 것이다.

그러나 다른 한편 마키아벨리에 의하여 주장된 정치가 인간의 내면적인 상태와 하등의 관계가 없다는 주장은 '국가 통치술'과 '영혼 통치술'의 오래된 동반 관계를 청산함으로써 종교개혁은 힘을 받을 수 있었다.

던닝 교수는 마키아벨리의 근대적 지위와 이것의 관계를 다음과 같이 말하였다. '그러나 마키아벨리가 근대 형성에 자극적인 영향을 끼친 것은 그가 중세 정치 이론의 모든 성격을 과감하게 배척하고 제거함으로써 그것으로 근대가 도입된 것은 아니다. 서구 세계는 단번에 이성화(理性化)될 수도, 또 이교화(異教化)될 수도 없었다.'

마키아벨리의 교의는 비록 그 이름이 모든 종파에 의하여 저주되었기는 하지만 현실정치에서는 그 저주되는 동안에도 그 영향력을 발휘하였다. 그리고 종교 개혁이 혁명에 의하여 성공하였다는 것이 명백해진 이후에 이르러서야 마키아벨리의 철학적 깊이와 실제 정치에서의 총명이 공개적으로 승인되었던 것이다.

◈ 참고 문헌 ◈

1. 정치 사상사 Sabine
2. 서양의 역사와 문화 한양 대학교 서양사 연구실
3. 그리스인들과 비이성적인 것 Eric R. Dodds
4. Political Theories Dunning
5. 소피스트 운동 George B. Kerferd
6. 니체와 니힐리즘 Martin Heidegger
7. 희랍철학 입문 W.K.C. Guthrie
8. 서양 철학사 Anthony Kenny
9. 서양철학의 파노라마 Anthony Gottlieb
10. 로마인 이야기 시오노 나나미
11. 헬레니즘 철학 Anthony Long
12. 중국 철학사 펑유란(馮友蘭)
13. 중국사상 명강의 미조구찌 유조
14. 동양은 어떻게 서양을 계몽했는가 J. J. Clarke
15. 중국의 유가와 도가 임계유(任繼愈)
16. 강의 신영복
17. 케임브리지 독일사 Martin Kichen
18. 비잔틴제국사 George Ostrogorsky
19. 서양의 지혜 Bertrend Russel
20. 서양 정치사상 Brian Redhead 편집
21. 중세 철학사 Etienne Gilson
22. 중국의 과학과 문명 Joseph Needham
23. 서양 철학사 Johannes Hirschberger

24. 서양 중세 정치사상사 Walter Ulmanne
25. 서양 중세 정치사상연구 박은구
26. 중국 정치사상사 소공권(蕭公權)
27. 중국 정치사상사 유택화(劉澤華)
28. 소나무와 나비 임태승
29. 동양 정치사상연구 전락희
30. 동양 문화사 E. O. Reischauer 외 2인
31. 중국 유학사 조길혜 외 3인
32. 이탈리아사 허 인
33. 마키아베리의 이해 틴.스키너 외 1인
34. 고대 그리스 철학 Friedo Ricken

[저자소개]

김영두

1916.3 경남 합천군 출생
1941.3 일본 고지(高知) 고등학교 문과 졸업
1944.9 일본 구주(九州) 제국대학 법문학부 정치과 졸업
1945.9-1949.7 공주공립농업중고등학교 교감
1949.9-1951.7 국립대학 수원 농과대학 전임강사
1951.7-1953.8 공주사범대학 전임강사
1953.9-1981.3 고려대학교 정경대학 조교수, 교수
1977.9 명예법학박사
1981.4 고려대학교 명예교수로 추대

지기영

1960. 서울 경동고등학교 졸업
1966.8 연세 대학교 행정학과 졸업
1968.8 고려 대학교 대학원 정치학과 졸업 정치학 석사
1983. (주)용지전자 대표이사
1993. 인도 배낭 여행
1996. 티벳 수미산 순례

東西 政治思想史(1)

2011년 8월 20일 | 초판 인쇄
2011년 8월 25일 | 초판 발행

지은이 | 김영두 · 지기영
발행인 | 고준영
발행처 | 법영사
등 록 | 1987. 11. 5 제3-125호(윤)
주 소 | (135-280) 서울특별시 강남구 대치동 611
전 화 | (02)501－8898
팩 스 | (02)501－8895
Site : www.bubyoungsa.co.kr
E-mail : bypuco@chol.com
ISBN : 978-89-7032-275-9

정 가 30,000원